한국어문회
지정지침서

한자능력
검정시험

3급

권하는 글

우리 겨레는 아득한 옛날부터 우리말을 쓰면서 살아 왔다. 아마 처음에는 요사이 우리가 쓰고 있는 아버지, 어머니, 위, 아래, 하나, 둘, 바위, 돌, 물, 불 같은 기초어휘가 먼저 쓰였을 것이다.

그러다가 약 2천년 전부터, 당시로는 우리 겨레보다 文化水準(문화수준)이 높았던 이웃 나라의 中國(중국)사람들과 접촉하면서 그들의 글자와 글인 漢字와 漢文을 받아들이게 되고 漢字로 이루어진 어휘도 많이 빌려 쓰게 되었다. 이리하여 우리 겨레는 우리의 고유어와 함께, 父(부)·母(모), 上(상)·下(하), 一(일)·二(이), 岩(암)·石(석)과 같은 漢字語를 쓰게 되었으며, 본래 우리말의 기초어휘에 없던 추상적인 말, 예를 들면 希望(희망), 進步(진보), 勇氣(용기), 特別(특별)과 같은 어휘와, 사회제도 및 정부 기구를 나타내는 科擧(과거), 試驗(시험), 判書(판서), 捕校(포교) 등도 함께 써 오게 되었다.

이러한 현상은 오늘날에도 마찬가지여서, 새로운 文物制度(문물제도)가 생기고 學問(학문)이 발달하면, 자연스러이 漢字로 새 단어를 만들어 쓰는 일이 많다. 治安監(치안감), 元士(원사), 修能試驗(수능시험), 面接考査(면접고사), 高速電鐵(고속전철), 宇宙探索(우주탐색), 公認仲介士(공인중개사) 등 예를 이루 다 들 수가 없다.

따라서 우리는 이미 우리말 안에 녹아들어 있는 漢字語를 정확하게 이해하여, 순수한 우리의 고유어와 함께 우리말을 더욱 올바르게 사용하기 위하여 漢字를 공부하여야 한다.

韓國語文敎育硏究會에서는 우리 국민의 漢字에 대한 이해를 촉진시키고 국어 생활의 수준을 향상시키고자 여러 한자 학습 교재를 편찬해 왔다. 또 한편으로는 韓國漢字能力檢定會에서 시행하고 있는 全國漢字能力檢定試驗에도 對備(대비)할 수 있도록 級數(급수)別로 漢字를 배정하고, 漢字마다 표준이 된 訓과 音, 그리고 長短音(장단음)을 표시하였으며, 누구나 알아야 될 類義字(유의자), 反意字(반의자), 故事成語(고사성어), 漢字의 部首(부수), 널리 쓰이고 있는 略字(약자) 등도 자세히 제시해 두고 있다.

우리의 漢字學習 目的(목적)은 어디까지나 국어 안의 한자어를 제대로 알고자 하는 데 있으나, 이러한 한자학습을 통하여 우리의 文化遺産(문화유산)인 漢文(한문) 典籍(전적)을 읽어 내고, 漢語(한어)를 배우는 데도 도움이 될 수 있을 것이라고 믿는다.

韓國語文敎育硏究會 會長　姜信沆

머리말

　國語(국어) 어휘의 70% 정도를 차지하고 있는 것이 漢字語(한자어)입니다. 30여년 간의 한글 專用(전용) 교육은 국민의 國語 能力(능력)을 低下(저하)시킴으로써 상호간 意思疏通(의사소통)을 모호하게 하고, 學習(학습) 能力(능력)을 減少(감소)시켰을 뿐만 아니라, 傳統(전통)과의 단절, 한자문화권 내에서의 孤立(고립)이라는 결과를 빚어냈습니다.

　이미 30여년 전에 이런 한글 專用 교육의 盲點(맹점)을 파악하고 漢字 교육을 통한 國語 교육 正常化(정상화)를 기치로 내세워 발족한 韓國語文教育研究會는 잘못된 語文(어문) 정책을 바로잡기 위한 여러 활동을 꾸준히 벌여 왔습니다. 語文 정책을 바로잡기 위한 활동의 강화 차원에서 社團法人 韓國語文會를 창립하였고, 公教育(공교육)에서 담당하지 못하고 있는 漢字 교육을 장려하기 위하여 韓國漢字能力檢定會를 설립하였습니다.

　국민의 言語 能力, 事務(사무) 能力 低下(저하)는 필연적으로 國家(국가)와 社會(사회) 양쪽에서부터 반성을 불러 일으켰습니다. 政府(정부)는 公文書(공문서)에 漢字를 倂記(병기)하자는 결정을 내렸으며, 한편으로 經濟(경제) 단체에서는 漢字 교육의 필요성을 力說(역설)하고 있습니다. 머지않아 公教育에서도 漢字가 混用(혼용)된 교재로 정상적인 학습을 할 날이 到來(도래)할 것을 의심치 않습니다.

　한글 전용 교육을 받고 자라난 世代(세대)가 이제는 社會의 중장년층이 된 바, 漢字를 모르는 데서 오는 불편을 후손에게 대물림하지 않기 위하여 漢字 교육에 관심을 보이고 있습니다. 이는 全國漢字能力檢定試驗에 응시하는 미취학 아동과 초등학생 지원자의 수가 꾸준히 증가하는 것에서 확인할 수 있습니다.

　韓國語文教育研究會는 全國漢字能力檢定試驗 교재를 이미 10여년 전에 출간하였으나 그 내용이 지나치게 간단하였기에, 학습자들이 보다 쉽게 漢字를 익히고, 全國漢字能力檢定試驗에 대비할 수 있는 級數別(급수별) 自習書(자습서)의 보급이 필요하다고 판단하여, 이 학습서를 출간하게 된 것입니다. 이 책은 각 級數別 읽기와 쓰기 配定 漢字를 구별하여, 각각의 활용 단어를 넣었으며, 그 외 字源(자원), 訓音(훈음), 讀音(독음), 長短音(장단음), 筆順(필순), 四字成語(사자성어) 등을 갖춤으로써 종합적 漢字(한자) 학습을 가능케 하였습니다.

　이 학습서가 全國漢字能力檢定試驗을 준비하는 모든 분들에게 훌륭한 길잡이가 되기를 바라 마지않습니다.

韓國語文教育研究會 編纂委員長　　　　　　南 基 卓

한자능력검정시험이란

한자능력검정시험은 사단법인 한국어문회가 주관하고 한국한자능력검정회가 시행하는 한자 활용능력 검정시험입니다.

1992년 12월 9일 전국적으로 시행하여 현재에 이르기까지 매년 시행하고 있는 한자 자격시험으로, 2001년 5월 19일 18회부터 국가공인시험(2012년 현재 특급~3급Ⅱ 국가공인)으로 치러지고 있으며, 시험에 합격한 재학생은 내신반영은 물론, 2000학년도부터 3급과 2급 합격자를 대상으로 일부 대학에서는 특기자 특별전형으로 신입생을 모집함으로써 권위 있는 한자자격시험으로 인정받고 있습니다.

현재 한자능력검정시험은 8급에서 4급까지를 교육급수로, 3급Ⅱ에서 특급까지를 공인급수로 구분하고 있으며, 초등학교에서 1,000자, 중·고등학교에서 1,000자, 대학교에서 1,500자 정도로 전체 3,500자의 한자를 배정하였습니다.

초등학교는 학년별로, 중학교 이상은 급수별로 습득할 한자 수를 분류하였으며, 한자에 대한 훈음, 장단음, 반의어/상대어, 동의어/유의어, 동음이의어, 뜻풀이, 약자, 한자 쓰기, 완성형, 부수 등에 대한 문제를 내용으로 하고 있습니다. 한자능력검정시험은 한자 학습의 필요성을 깨우치고, 개인별 한자 습득 정도에 대한 객관적인 검정자료로 활용되어 한자 학습 의욕을 증진시키고, 사회적으로 한자 활용능력을 인정받는 우수한 인재를 양성함을 목적으로 합니다.

한자를 익히고 배우려는 뜻있는 학습자들께 한자능력검정시험이 작은 기쁨과 보탬이 되길 바랍니다.

알려두기

이 책의 특징은 한자능력검정시험에 필요한 모든 정보를 제공하여 수험자로 하여금 시험에 대비하도록 하기 위하여, 읽기배정한자와 쓰기배정한자를 분류하였고, 그 글자에 해당하는 유의자, 반의자, 약자 등을 정보란에 정리하였을 뿐만 아니라, 부록부분에 이들을 모아 전체를 한 눈으로 보고 집중적으로 공부할 수 있도록 하였다. 기출문제와, 실제 한자능력검정시험의 기출문제와 같은 유형의 실전문제를 두어 시험에 대비하도록 하였다.

이 책을 이용하는데 꼭 알아두어야 할 사항들은 다음과 같다.

1 **한자의 배열**은 대표음을 가나다순으로 배열하였다. 각 한자에 해당하는 급수를 제시하여 다른 급수를 학습하는 데 도움을 주었다.

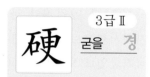

2 **글자풀이란**을 두어 한자의 구성원리를 쉽게 이해하고 오래도록 기억할 수 있도록 하였으며, 이 때의 글자풀이는 수험자가 쉽게 이해할 수 있도록 자원풀이보다는 파자(글자를 풀어 설명하는)의 방법을 사용하였다.

돌(石)은 세월이 지나도 고쳐지거나(更) 변하지 않고 계속 단단하다(硬)는 의미이다.

3 **훈과 음**은 (사단법인) 한국어문회, 한국어문교육연구회, 한국한자능력검정회가 지정한 대표 훈과 음을 따랐다.

4 훈음에는 **장단음 표시**를 하여 수험자가 쉽게 장단음을 익히도록 하였다. 오직 장음으로만 발음되는 한자는 : 로, 장음과 단음이 단어에 따라 다른 것은 (:)로, 단음인 것은 표시를 하지 않았다.

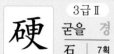

3급 Ⅱ

硬　굳을　경

石 ｜ 7획

비 更(다시 갱/고칠 경)
便(편할 편)
동 堅(굳을 견)
固(굳을 고)
確(굳을 확)
반 柔(부드러울 유)
軟(연할 연)

글자 풀이

돌(石)은 세월이 지나도 고쳐지거나(更) 변하지 않고 계속 단단하다(硬)는 의미이다.

읽기한자

硬度(경도) 硬性(경성) 硬水(경수) 硬直(경직) 硬質(경질) 硬化(경화)
硬貨(경화) 硬音化(경음화) 强硬(강경) 動脈硬化(동맥경화) 生硬(생경)

5   각 한자의 부수와 획수를 밝혔으며, 이 때의 획수는 총
획에서 부수의 획수를 뺀 나머지 획으로 통일하였다.

6   배정한자 아래에는 **정보란**을 두어 그 배정한자에 해당
하는 비슷한 한자(비), 유의자(동), 반대 또는 상대자
(반), 약자(약)를 밝혀 시험 대비를 하는데 도움을 주도
록 하였다. 3급 이상의 급수에 해당하는 한자들도 수록
하여 참고가 되도록 하였다.

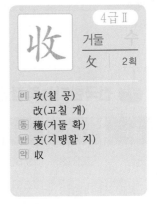

7   한자능력검정시험의 **읽기** 배정한자와 **쓰기** 배정한자가 다른 점을 감안하여 이를 구별하
여 수험자들이 시험 대비에 효과를 극대화 할 수 있게 했다.

8   부록에는 각 급수에 해당하는 **사자성어, 유의자(동의자), 반대자(상대자), 동음이의어,
약자**를 모아 집중적으로 공부할 수 있도록 하였다. 각 유형별 한자마다 급수를 표시하여
실질적인 급수시험에 충분히 대비할 수 있도록 하였다.

9   **기출문제** 6회분과, 실제 한자능력검정시험의 기출문제와 같은 유형의 **실전문제**를 2회분
두어 지금까지 학습한 내용을 점검하고 실전에 대비하게 하였다. ➜**부록Ⅱ**

한자능력검정시험 응시 요강

漢字能力檢定試驗

 전국한자능력검정시험 급수별 배정한자 수 및 수준

급수	읽기	쓰기	수준 및 특성
특급	5,978	3,500	국한혼용 고전을 불편 없이 읽고, 연구할 수 있는 수준 고급
특급 II	4,918	2,355	국한혼용 고전을 불편 없이 읽고, 연구할 수 있는 수준 중급
1급	3,500	2,005	국한혼용 고전을 불편 없이 읽고, 연구할 수 있는 수준 초급
2급	2,355	1,817	상용한자의 활용은 물론 인명지명용 기초한자 활용 단계
3급	1,817	1,000	고급 상용한자 활용의 중급 단계
3급 II	1,500	750	고급 상용한자 활용의 초급 단계
4급	1,000	500	중급 상용한자 활용의 고급 단계
4급 II	750	400	중급 상용한자 활용의 중급 단계
5급	500	300	중급 상용한자 활용의 초급 단계
5급 II	400	225	중급 상용한자 활용의 초급 단계
6급	300	150	기초 상용한자 활용의 고급 단계
6급 II	225	50	기초 상용한자 활용의 중급 단계
7급	150	–	기초 상용한자 활용의 초급 단계
7급 II	100	–	기초 상용한자 활용의 초급 단계
8급	50	–	한자 학습 동기 부여를 위한 급수

▶▶ 초등학생은 4급, 중·고등학생은 3급, 대학생은 1급, 전공자는 특급 취득에 목표를 두고 학습하길 권해 드립니다.

전국한자능력검정시험 급수별 출제유형

구분	특급	특급II	1급	2급	3급	3급II	4급	4급II	5급	5급II	6급	6급II	7급	7급II	8급
읽기 배정 한자	5,978	4,918	3,500	2,355	1,817	1,500	1,000	750	500	400	300	225	150	100	50
쓰기 배정 한자	3,500	2,355	2,005	1,817	1,000	750	500	400	300	225	150	50	0	0	0
독음	45	45	50	45	45	45	32	35	35	35	33	32	32	22	24
훈음	27	27	32	27	27	27	22	22	23	23	22	29	30	30	24
장단음	10	10	10	5	5	5	3	0	0	0	0	0	0	0	0
반의어	10	10	10	10	10	10	3	3	3	3	3	2	2	2	0
완성형	10	10	15	10	10	10	5	5	4	4	3	2	2	2	0
부수	10	10	10	5	5	5	3	3	0	0	0	0	0	0	0
동의어	10	10	10	5	5	5	3	3	3	2	0	0	0	0	0
동음이의어	10	10	10	5	5	5	3	3	3	2	0	0	0	0	0
뜻풀이	5	5	10	5	5	5	3	3	3	3	2	2	2	2	0
필순	0	0	0	0	0	0	0	0	3	3	3	3	2	2	2
약자·속자	3	3	3	3	3	3	3	3	3	3	0	0	0	0	0
한자 쓰기	40	40	40	30	30	30	20	20	20	20	20	10	0	0	0
한문	20	20	0	0	0	0	0	0	0	0	0	0	0	0	0

▶▶ 상위급수 한자는 모두 하위급수 한자를 포함하고 있습니다.
▶▶ 쓰기 배정 한자는 한두 급수 아래의 읽기 배정한자이거나 그 범위 내에 있습니다.
▶▶ 출제유형표는 기본지침자료로서, 출제자의 의도에 따라 차이가 있을 수 있습니다.
▶▶ 공인급수는 교육과학기술부로부터 국가공인자격 승인을 받은 특급·특급II·1급·2급·3급·3급II이며, 교육급수는 한국한자능력검정회에서 시행하는 민간자격인 4급·4급II·5급·5급II·6급·6급II·7급·7급II·8급입니다.
▶▶ 5급II·7급II는 신설 급수로 2010년 11월 13일 시험부터 시행되었습니다.
▶▶ 6급II 읽기 배정한자는 2010년 11월 13일 시험부터 300자에서 225자로 조정되었습니다.

 # 한자능력검정시험 합격기준

구분	특급	특급II	1급	2급	3급	3급II	4급	4급II	5급	5급II	6급	6급II	7급	7급II	8급
출제문항수	200 (100)	200 (100)	200 (100)	150 (100)	150 (100)	150 (100)	100 (100)	100 (100)	100 (100)	100 (100)	90 (100)	80 (100)	70 (100)	60 (100)	50 (100)
합격문항수	160 (80)	160 (80)	160 (80)	105 (70)	105 (70)	105 (70)	70 (70)	70 (70)	70 (70)	70 (70)	63 (70)	56 (70)	49 (70)	42 (70)	35 (70)

▶▶ ( )는 100점 만점으로 환산한 점수입니다.
▶▶ 특급·특급II·1급은 출제 문항수의 80% 이상, 2급 ~ 8급은 70%이상 득점하면 합격입니다.

한자능력검정시험 합격자 우대사항

- 본 우대사항은 변경이 있을 수 있습니다. 최신 정보는 한국한자능력검정회 홈페이지를 참고하시기 바랍니다.
- 자격기본법 제27조에 의거 국가자격 취득자와 동등한 대우 및 혜택
- 대학 수시모집 및 특기자 전형 지원. 대입 면접시 가산점(해당 학교 및 학과)
- 고려대, 성균관대, 충남대 등 수많은 대학에서 대학의 정한 바에 따라 학점, 졸업인증에 반영
- 유수 고등학교에서 정한 바에 따라 입시에 가산점 등으로 반영
- 육군 간부 승진 고과에 반영
- 한국교육개발원 학점은행의 학점에 반영
- 기업체 입사 및 인사고과에 반영(해당기업에 한함)

1. 대학 수시모집 및 특기자 전형 지원

대학	학 과	자격
건양대학교	중국어, 일본어	한자능력검정시험 5급이상
경북과학대학	관광영어과,관광일어과, 관광중국어과	한자능력검정시험 4급이상
경북대학교	사학과, 한문학과	한자, 한문 특기자
경상대학교	한문학과	한자능력검정시험 2급 이상(한국어문회 주관)
경성대학교	한문학과	한자능력검정시험 3급 이상(한국어문회 주최)
고려대학교	어학특기자(한문학과)	한문 특기자
공주대학교	한문교육과	국가공인 한자급수자격시험(3급이상) 취득자
국민대학교	중어중문학과	한자능력시험(한국어문회 주관) 1급 이상
군산대학교	어학특기자	중국어 : 한어수평고사(HSK) 6급 ~ 11급인 자 또는 한자능력검정 1, 2급인 자, 한자능력급수 1, 2급인 자 ※한자능력검정의 경우 한국한자능력검정회, 대한민국한자급수검정회, 대한민국한문교육진흥회, 한국어문회 발행만 인정.
단국대학교 (서울)	한문특기자	한국어문회 주관 한자능력검정시험 3급 이상 취득한 자
대구대학교	문학 및 한자 우수자	한자능력검정시험 3급 이내 합격자

대학	학과	자격
동서대학교	어학, 한자, 문학, 영상	어학, 한자, 문학, 영상에서 3위 이상 입상자
동아대학교	한문특기자	한자능력검정시험(한국한자능력검정회 주최) 3급 이상 자격증 소지자
동의대학교	어학특기자	한자능력검정시험 1급 이상 또는 HSK 6급이상인자
명지대학교	어학특기자	검정회 및 한국어문회에서 주관하는 한자능력검정시험 2급 이상자
부산대학교	모집단위별 가산점 부여	한국어문회 시행 한자능력검정시험(1급 ~ 3급) 가산점 부여
상명대학교 (서울)	한문특기자	한자능력검정시험(3급 ~ 1급) (한국한자능력검정회 시행)
선문대학교	경시대회입상 전형	(국어〈백일장, 한문, 문학〉, 수학, 과학)
성결대학교	외국어 및 문학 특기자	한자능력검정고시 3급 이상 취득자
성균관대학교	한문 특기자	전국한자능력검정시험(한국어문회) - 2급 이상
연세대학교	문과대학	한문 특기자
영남대학교	어학 특기자	한자능력검정시험(한국한자능력검정회 시행) 2급 이상 자격증 소지자
원광대학교	한문교육과	최근 3년 이내 행정기관, 언론기관, 4년제 대학 등 본교가 인정하는 공신력있는 단체에서 주최한 전국규모의 한문경시대회 개인 입상자
중앙대학교	문과대학 국어국문학과	한자능력검정시험(한국어문회 주관) 3급 이상 합격자
충남대학교	어학특기자	전국한자능력검정시험 3급 이상
한성대학교	한문특기자	전국한자능력검정시험(사단법인 한국어문학회 주최) 1급 이상 취득자
호남대학교	공인 어학능력 인증서 소지자	한문자격시험(한자급수시험)

▶▶ 대입 전형과 관련된 세부사항은 변경될 수 있으므로 해당 학교 홈페이지, 또는 입학담당부서로 문의바랍니다.

2. 대입 면접 가산 · 학점 반영 · 졸업 인증

대학	내 용	비고
건양대학교	국문학부 면접시 가산점 부여	대학입시
성균관대학교	졸업인증 3품 중 국제품의 경우 3급이상 취득시 인증	졸업인증
경산대학교	전교생을 대상으로 3급이상 취득시 인증	졸업인증
서원대학교	국문과를 대상으로 3급이상 취득시 인증	졸업인증
제주한라대학	중국어통역과를 대상으로 3급이상 취득시 인증	졸업인증
신라대학교	인문/자연/사범/예체능계열을 대상으로 4급이상 취득시 인증	졸업인증
경원전문대학	전교생 대상, 취득시 학점반영	학점반영
덕성여자대학교	전교생 대상, 취득시 학점반영	학점반영
한세대학교	전교생 대상, 취득시 학점반영(한문 교양 필수)	학점반영

▶▶ 변경될 수 있으므로 해당학교(학과)의 안내를 참조바랍니다.

3. 기업체 입사 · 승진 · 인사고과 반영

구분	내 용	비고
육군	부사관 5급 이상 / 위관장교 4급 이상 / 영관장교 3급 이상	인사고과
조선일보	기자채용 시 3급 이상 우대	입사

▶▶ 변경될 수 있으므로 해당기관의 안내를 안내를 참조바랍니다.

한자능력검정시험 시험시간

구분	특급	특급II	1급	2급	3급	3급II	4급	4급II	5급	5급II	6급	6급II	7급	7급II	8급
시험시간	100분	90분	60분				50분								

▶▶ 응시 후 시험 시간동안 퇴실 가능 시간의 제한은 없습니다.
▶▶ 시험 시작 20분 전(교육급수 − 10:40 / 공인급수 − 14:40)까지 고사실에 입실하여 주시기 바랍니다.

한자능력검정시험 검정료

구분	특급	특급II	1급	2급	3급	3급II	4급	4급II	5급	5급II	6급	6급II	7급	7급II	8급
검정료	50,000원		30,000원			25,000원									

▶▶ 창구접수 검정료는 원서 접수일부터, 마감시까지 해당 접수처 창구에서 받습니다.

한자능력검정시험 접수방법

◉ 창구접수(모든 급수, 해당 접수처)

응시 급수 선택	검정시험 급수 배정을 참고하여, 응시자에게 알맞는 급수를 선택합니다.
원서 작성 준비물 확인	반명함판사진(3×4cm) 3매/급수증 수령주소/주민번호/이름(한자) 응시료(현금)
원서 작성 · 접수	정해진 양식의 원서를 작성하여 접수창구에 응시료와 함께 제출합니다.
수험표 확인	수험표를 돌려받으신 후 수험번호, 수험일시, 응시 고사장을 확인하세요.

※인터넷 접수 가능 : 접수 방법은 바뀔 수 있으므로 한국어문회 홈페이지(www.hanja.re.kr)를 참고하시기 바랍니다.

한자능력검정시험 시상기준

급수	문항 수	합격문항	우량상			우수상		
			초등이하	중등	고등	초등이하	중등	고등
특급	200	160	–	–	–	160	160	160
특급Ⅱ	200	160	–	–	–	160	160	160
1급	200	160	–	–	–	160	160	160
2급	150	105	–	105	112	105	112	120
3급	150	105	–	105	112	105	112	120
3급Ⅱ	150	105	112	120	127	120	127	135
4급	100	70	75	80	85	80	85	90
4급Ⅱ	100	70	75	80	85	80	85	90
5급	100	70	85	85	–	90	90	–
5급Ⅱ	100	70	85	85	–	90	90	–
6급	90	63	76	–	–	81	–	–
6급Ⅱ	80	56	68	–	–	72	–	–
7급	70	49	59	–	–	63	–	–
7급Ⅱ	60	42	51	–	–	54	–	–
8급	50	35	42	–	–	45	–	–

▶▶ 시상기준표의 숫자는 "문항 수" 입니다.
▶▶ 대학생과 일반인은 시상대상에 해당되지 않습니다.

昏定晨省

혼정신성

저녁에 이부자리를 보고 아침에 자리를 돌아본다는 뜻으로,
자식이 조석으로 부모의 안부를 물어서 살핌을 말함

CONTENTS

한자의 기초

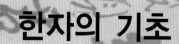

漢字能力檢定試驗

육서

한자를 만드는 여섯 가지 원리를 일컬어 육서라고 한다. 육서에는 한자를 만드는 원리를 해설하는 상형, 지사, 회의, 형성과 기존의 한자를 사용하여 문자의 원리를 해설한 전주, 가차의 방법이 있다.

▶ **상형문자**(象形文字 – 그림글자)

한자를 만드는 가장 기본적인 원리로 구체적인 사물의 모양을 본뜬 글자

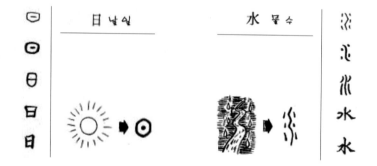

▶ **지사문자**(指事文字 – 약속글자)

구체적인 모양을 나타낼 수 없는 사상이나 개념을 선이나 점으로 나타내어 글자를 만드는 원리

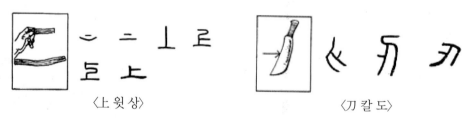

〈上 윗 상〉　　　　　　　〈刀 칼 도〉

▶ **회의문자**(會意文字 – 뜻 모음 글자)

두 개 이상의 글자가 뜻으로 결합하여 새로운 글자를 만드는 원리

* 明(밝을 명) = 日(날 일) + 月(달 월)

* 林(수풀 림) = 木(나무 목) + 木(나무 목)

▶ 형성문자(形聲文字 – 합체글자)

뜻을 나타내는 부분과 음을 나타내는 부분을 결합하여 새로운 글자를 만드는 원리

* 問(물을 문) = 門(문 문) + 口(입 구)
* 記(기록할 기) = 言(말씀 언) + 己(몸 기)

▶ 전주문자(轉注文字 – 확대글자)

이미 있는 글자의 뜻을 확대, 유추하여 새로운 뜻을 나타내는 원리

惡	본 뜻	악할 악	예) 惡行(악행)
	새로운 뜻	미워할 오	예) 憎惡(증오)

▶ 가차문자(假借文字 – 빌린 글자)

글자의 본래 의미와는 상관없이 소리가 비슷한 글자를 빌려서 나타내는 원리

* 스페인(Spain) = 西班牙(서반아)　　　　　* 유럽(Europe) = 歐羅巴(구라파)

부수의 위치와 명칭

▶ 邊(변) : 글자의 왼쪽에 있는 부수

* 木 나무목변 : 校(학교 교), 植(심을 식), 樹(나무 수)
* 氵(水) 물수변 : 江(강 강), 海(바다 해), 洋(큰 바다 양)

▶ 傍(방) : 글자의 오른쪽에 있는 부수

* 阝(邑) 우부방(고을 읍 방) : 郡(고을 군), 部(떼 부)
* 刂(刀) 선칼도방(칼 도 방) : 利(이할 리), 別(다를/나눌 별)

▶ 머리 : 글자의 위에 있는 부수

* 宀 갓머리(집 면) : 室(집 실), 安(편안 안), 字(글자 자)
* ++(艸) 초두(艸頭) : 萬(일만 만), 草(풀 초), 藥(약 약)

▶ **발** : 글자의 아래에 있는 부수

* 心 마음 심 발　　　　　　　　: 感(느낄 감), 意(뜻 의), 念(생각할 념)
* 儿 어진사람인발(사람 인) : 先(먼저 선), 兄(형 형), 光(빛 광)

▶ **엄** : 글자의 위와 왼쪽을 싸고 있는 부수

* 广 엄호(집 엄)　　　　: 度(법도 도/헤아릴 탁), 序(차례 서), 廣(넓을 광)
* 尸 주검시엄(주검 시) : 局(판 국), 屋(집 옥), 展(펼 전)

▶ **책받침** : 글자의 왼쪽과 밑을 싸고 있는 부수

* 辶(辵) 갖은책받침(쉬엄쉬엄 갈 착) : 道(길 도), 過(지날 과)
* 廴　　민책받침(길게 걸을 인)　　: 建(세울 건)

▶ **몸**(에운담) : 글자를 에워싸고 있는 부수

* 囗 에운담(큰 입 구) : 國(나라 국), 圖(그림 도), 園(동산 원)
* 門 문문몸　　　　　　: 間(사이 간), 開(열 개), 關(관계할 관)

▶ **諸部首**(제부수) : 한 글자가 그대로 부수인 것

* 車(수레 거/차), 身(몸 신), 立(설 립)

필순

▶ **위에서 아래로**

例) 言 말씀 언 : `丶 亠 亠 言 言 言 言`

▶ **왼쪽에서 오른쪽으로**

例) 川 내 천 : `丿 刂 川`

▶ **가로획을 먼저**

例) 用 쓸 용 :　　丿 刀 月 月 用

▶ **가운데를 먼저**

例) 小 작을 소 :　　亅 小 小

▶ **몸을 먼저**

例) 同 한 가지 동 :　　丨 冂 冂 冋 同 同

▶ **글자를 꿰뚫는 획은 나중에**

例) 中 가운데 중 :　　丶 冂 口 中

　　母 어미 모 　:　　乚 囗 囗 母 母

▶ **점은 맨 나중에(오른쪽 위의 점)**

例) 代 대신할 대 :　　丿 亻 亻 代 代

▶ **삐침(丿)을 파임(丶)보다 먼저**

例) 父 아비 부 :　　丷 丷 丿 父

3급 배정한자

漢字能力檢定試驗

※급수 표기 : 30(3급), 32(3급II), 40(4급), 42(4급II), 50(5급), 52(5급II), 60(6급), 62(6급II), 70(7급), 72(7급II), 80(8급)
※획수는 해당 한자에 노출된 부수의 획수를 제외한 나머지 획수입니다.

급수	한자	부수	획수	대표훈음	급수	한자	부수	획수	대표훈음
		ㄱ			60	感	心	09	느낄 감:
72	家	宀	07	집 가	42	減	水	09	덜 감:
70	歌	欠	10	노래 가	42	監	皿	09	볼 감
52	價	人	13	값 가	40	敢	攴	08	감히/구태여 감:
50	加	力	03	더할 가	40	甘	甘	00	달 감
50	可	口	02	옳을 가:	32	鑑	金	14	거울 감
42	假	人	09	거짓 가:	40	甲	田	00	갑옷 갑
42	街	行	06	거리 가(:)	72	江	水	03	강 강
40	暇	日	09	틈/겨를 가:	60	強	弓	08	강할 강(:)
32	佳	人	06	아름다울 가:	42	康	广	08	편안 강
32	架	木	05	시렁 가:	42	講	言	10	욀 강:
62	各	口	03	각각 각	40	降	阜	06	내릴 강:, 항복할 항
62	角	角	00	뿔 각	32	剛	刀	08	굳셀 강
40	刻	刀	06	새길 각	32	綱	糸	08	벼리 강
40	覺	見	13	깨달을 각	32	鋼	金	08	강철 강
32	脚	肉	07	다리 각	60	開	門	04	열 개
32	閣	門	06	집 각	50	改	攴	03	고칠 개(:)
30	却	卩	05	물리칠 각	42	個	人	08	낱 개(:)
72	間	門	04	사이 간(:)	32	介	人	02	낄 개:
40	干	干	00	방패 간	32	槪	木	11	대개 개:
40	看	目	04	볼 간	32	蓋	艸	10	덮을 개(:)
40	簡	竹	12	대쪽/간략할 간(:)	30	慨	心	11	슬퍼할 개:
32	刊	刀	03	새길 간	30	皆	白	04	다(總) 개
32	幹	干	10	줄기 간	52	客	宀	06	손 객
32	懇	心	13	간절할 간:	72	車	車	00	수레 거, 수레 차
32	肝	肉	03	간 간(:)	50	去	厶	03	갈 거:
30	姦	女	06	간음할 간:	50	擧	手	14	들 거:
30	渴	水	09	목마를 갈	40	居	尸	05	살 거

급수	한자	부수	획수	대표훈음	급수	한자	부수	획수	대표훈음
40	巨	工	02	클 거:	50	景	日	08	별 경(:)
40	拒	手	05	막을 거:	50	競	立	15	다툴 경:
40	據	手	13	근거 거:	50	輕	車	07	가벼울 경
32	距	足	05	상거(相距)할 거:	42	境	土	11	지경 경
50	件	人	04	물건 건	42	慶	心	11	경사 경:
50	健	人	09	굳셀 건:	42	經	糸	07	지날/글 경
50	建	廴	06	세울 건:	42	警	言	13	깨우칠 경:
32	乾	乙	10	하늘/마를 건	40	傾	人	11	기울 경
40	傑	人	10	뛰어날 걸	40	更	日	03	고칠 경, 다시 갱
30	乞	乙	02	빌 걸	40	鏡	金	11	거울 경:
42	檢	木	13	검사할 검:	40	驚	馬	13	놀랄 경
40	儉	人	13	검소할 검:	32	徑	彳	07	지름길/길 경
32	劍	刀	13	칼 검:	32	硬	石	07	굳을 경
52	格	木	06	격식 격	32	耕	耒	04	밭갈(犁田) 경
40	擊	手	13	칠(打) 격	32	頃	頁	02	이랑/잠깐 경
40	激	水	13	격할 격	30	卿	卩	10	벼슬 경
32	隔	阜	10	사이뜰 격	30	庚	广	05	별 경
52	見	見	00	볼 견:, 뵈올 현:	30	竟	立	06	마침내 경:
40	堅	土	08	굳을 견	62	界	田	04	지경 계:
40	犬	犬	00	개 견	62	計	言	02	셀 계:
30	牽	牛	07	이끌/끌 견	42	係	人	07	맬 계:
30	絹	糸	07	비단 견	40	季	子	05	계절 계:
30	肩	肉	04	어깨 견	40	戒	戈	03	경계할 계:
30	遣	辵	10	보낼 견:	40	系	糸	01	이어맬 계:
52	決	水	04	결단할 결	40	繼	糸	14	이을 계:
52	結	糸	06	맺을 결	40	階	阜	09	섬돌 계
42	潔	水	12	깨끗할 결	40	鷄	鳥	10	닭 계
42	缺	缶	04	이지러질 결	32	啓	口	08	열 계:
32	訣	言	04	이별할 결	32	契	大	06	맺을 계:
32	兼	八	08	겸할 겸	32	桂	木	06	계수나무 계:
32	謙	言	10	겸손할 겸	32	械	木	07	기계 계:
60	京	亠	06	서울 경	32	溪	水	10	시내 계
52	敬	攴	09	공경 경:	30	癸	癶	04	북방/천간 계:

급수	한자	부수	획수	대표훈음	급수	한자	부수	획수	대표훈음
30	繫	糸	13	맬 계:	62	果	木	04	실과 과:
62	高	高	00	높을 고	62	科	禾	04	과목 과
60	古	口	02	예 고:	52	課	言	08	공부할/과정 과(:)
60	苦	艸	05	쓸(味覺) 고	52	過	辵	09	지날 과:
52	告	口	04	고할 고:	32	寡	宀	11	적을 과:
50	固	口	05	굳을 고(:)	32	誇	言	06	자랑할 과:
50	考	老	02	생각할 고(:)	30	郭	邑	08	둘레/외성 곽
42	故	攴	05	연고 고(:)	52	觀	見	18	볼 관
40	孤	子	05	외로울 고	52	關	門	11	관계할 관
40	庫	广	07	곳집 고	42	官	宀	05	벼슬 관
32	姑	女	05	시어미 고	40	管	竹	08	대롱/주관할 관
32	稿	禾	10	원고/볏짚 고	32	冠	冖	07	갓 관
32	鼓	鼓	00	북 고	32	寬	宀	12	너그러울 관
30	枯	木	05	마를 고	32	慣	心	11	익숙할 관
30	顧	頁	12	돌아볼 고	32	貫	貝	04	꿸 관(:)
50	曲	日	02	굽을 곡	32	館	食	08	집 관
40	穀	禾	10	곡식 곡	62	光	儿	04	빛 광
32	哭	口	07	울 곡	52	廣	广	12	넓을 광:
32	谷	谷	00	골 곡	40	鑛	金	15	쇳돌 광:
40	困	口	04	곤할 곤:	32	狂	犬	04	미칠 광
30	坤	土	05	땅 곤	30	掛	手	08	걸(懸) 괘
40	骨	骨	00	뼈 골	32	壞	土	16	무너질 괴:
72	工	工	00	장인 공	32	怪	心	05	괴이할 괴(:)
72	空	穴	03	빌 공	30	塊	土	10	흙덩이 괴
62	公	八	02	공평할 공	30	愧	心	10	부끄러울 괴:
62	共	八	04	한가지 공:	80	敎	攴	07	가르칠 교:
62	功	力	03	공(勳) 공	80	校	木	06	학교 교:
40	孔	子	01	구멍 공:	60	交	亠	04	사귈 교
40	攻	攴	03	칠(擊) 공:	50	橋	木	12	다리 교
32	供	人	06	이바지할 공:	32	巧	工	02	공교할 교
32	恐	心	06	두려울 공(:)	32	較	車	06	견줄/비교할 교
32	恭	心	06	공손할 공	30	矯	矢	12	바로잡을 교:
32	貢	貝	03	바칠 공:	30	郊	邑	06	들(野) 교

급수	한자	부수	획수	대표훈음	급수	한자	부수	획수	대표훈음
80	九	乙	01	아홉 구	40	勸	力	18	권할 권:
70	口	口	00	입 구(:)	40	卷	卩	06	책 권(:)
62	球	玉	07	공 구	32	拳	手	06	주먹 권:
60	區	匚	09	구분할/지경 구	30	厥	厂	10	그(其) 궐
52	具	八	06	갖출 구(:)	30	軌	車	02	바퀴자국 궤:
52	舊	臼	12	예 구:	50	貴	貝	05	귀할 귀:
50	救	攴	07	구원할 구:	40	歸	止	14	돌아갈 귀:
42	句	口	02	글귀 구	32	鬼	鬼	00	귀신 귀:
42	求	水	02	구할(索) 구	50	規	見	04	법 규
42	究	穴	02	연구할 구	30	叫	口	02	부르짖을 규
40	構	木	10	얽을 구	30	糾	糸	02	얽힐 규
32	丘	一	04	언덕 구	40	均	土	04	고를 균
32	久	丿	02	오랠 구:	32	菌	艸	08	버섯 균
32	拘	手	05	잡을 구	42	極	木	09	다할/극진할 극
30	俱	人	08	함께 구	40	劇	刀	13	심할 극
30	懼	心	18	두려워할 구	32	克	儿	05	이길 극
30	狗	犬	05	개 구	60	根	木	06	뿌리 근
30	苟	艸	05	진실로/구차할 구	60	近	辵	04	가까울 근:
30	驅	馬	11	몰 구	40	勤	力	11	부지런할 근(:)
30	龜	龜	00	거북 구, 거북 귀, 터질 균	40	筋	竹	06	힘줄 근
80	國	囗	08	나라 국	30	僅	人	11	겨우 근
52	局	尸	04	판(形局) 국	30	斤	斤	00	근(무게단위)/날(刃) 근
32	菊	艸	08	국화 국	30	謹	言	11	삼갈 근:
80	軍	車	02	군사 군	80	金	金	00	쇠 금, 성(姓) 김
60	郡	邑	07	고을 군:	62	今	人	02	이제 금
40	君	口	04	임금 군	42	禁	示	08	금할 금:
40	群	羊	07	무리 군	32	琴	玉	08	거문고 금
40	屈	尸	05	굽힐 굴	32	禽	内	08	새 금
42	宮	宀	07	집 궁	32	錦	金	08	비단 금:
40	窮	穴	10	다할/궁할 궁	62	急	心	05	급할 급
32	弓	弓	00	활 궁	60	級	糸	04	등급 급
42	權	木	18	권세 권	50	給	糸	06	줄 급
40	券	刀	06	문서 권	32	及	又	02	미칠 급

급수	한자	부수	획수	대표훈음	급수	한자	부수	획수	대표훈음
30	肯	肉	04	즐길 긍:	42	暖	日	09	따뜻할 난:
72	氣	气	06	기운 기	42	難	隹	11	어려울 난(:)
72	記	言	03	기록할 기	80	南	十	07	남녘 남
70	旗	方	10	기 기	72	男	田	02	사내 남
52	基	土	08	터 기	40	納	糸	04	들일 납
52	己	己	00	몸 기	32	娘	女	07	계집 낭
50	技	手	04	재주 기	72	內	入	02	안 내:
50	期	月	08	기약할 기	32	耐	而	03	견딜 내:
50	汽	水	04	물끓는김 기	30	乃	丿	01	이에 내:
42	器	口	13	그릇 기	30	奈	大	05	어찌 내
42	起	走	03	일어날 기	80	女	女	00	계집 녀
40	奇	大	05	기특할 기	80	年	干	03	해 년
40	寄	宀	08	부칠 기	52	念	心	04	생각 념:
40	機	木	12	틀 기	32	寧	宀	11	편안 녕
40	紀	糸	03	벼리 기	42	努	力	05	힘쓸 노
32	企	人	04	꾀할 기	42	怒	心	05	성낼 노:
32	其	八	06	그 기	32	奴	女	02	종 노
32	畿	田	10	경기(京畿) 기	72	農	辰	06	농사 농
32	祈	示	04	빌 기	32	腦	肉	09	골/뇌수 뇌
32	騎	馬	08	말탈 기	30	惱	心	09	번뇌할 뇌
30	幾	幺	09	몇 기	52	能	肉	06	능할 능
30	忌	心	03	꺼릴 기	32	泥	水	05	진흙 니
30	旣	无	07	이미 기					
30	棄	木	08	버릴 기					
30	欺	欠	08	속일 기	60	多	夕	03	많을 다
30	豈	豆	03	어찌 기	32	茶	艸	06	차 다, 차 차
30	飢	食	02	주릴 기	62	短	矢	07	짧을 단(:)
32	緊	糸	08	긴할 긴	52	團	口	11	둥글 단
50	吉	口	03	길할 길	50	壇	土	13	단 단
					42	單	口	09	홑 단
					42	斷	斤	14	끊을 단:
30	那	邑	04	어찌 나:	42	檀	木	13	박달나무 단
32	諾	言	09	허락할 낙	42	端	立	09	끝 단

급수	한자	부수	획수	대표훈음	급수	한자	부수	획수	대표훈음
40	段	殳	05	층계 단	40	盜	皿	07	도둑 도(:)
32	丹	丶	03	붉을 단	40	逃	辶	06	도망할 도
32	但	人	05	다만 단:	32	倒	人	08	넘어질 도:
32	旦	日	01	아침 단	32	刀	刀	00	칼 도
42	達	辶	09	통달할 달	32	桃	木	06	복숭아 도
50	談	言	08	말씀 담	32	渡	水	09	건널 도
42	擔	手	13	멜 담	32	途	辶	07	길(行中) 도:
32	淡	水	08	맑을 담	32	陶	阜	08	질그릇 도
72	答	竹	06	대답 답	30	塗	土	10	칠할 도
32	踏	足	08	밟을 답	30	挑	手	06	돋울 도
30	畓	田	04	논 답	30	稻	禾	10	벼 도
62	堂	土	08	집 당	30	跳	足	06	뛸 도
52	當	田	08	마땅 당	62	讀	言	15	읽을 독, 구절 두
42	黨	黑	08	무리 당	52	獨	犬	13	홀로 독
32	唐	口	07	당나라/당황할 당(:)	42	毒	毋	05	독 독
32	糖	米	10	엿 당	42	督	目	08	감독할 독
80	大	大	00	큰 대(:)	30	篤	竹	10	도타울 독
62	代	人	03	대신할 대:	30	敦	攴	08	도타울 돈
62	對	寸	11	대할 대:	30	豚	豕	04	돼지 돈
60	待	彳	06	기다릴 대:	32	突	穴	04	갑자기 돌
42	帶	巾	08	띠 대(:)	80	東	木	04	동녘 동
42	隊	阜	09	무리 대	72	動	力	09	움직일 동:
32	臺	至	08	대 대	70	冬	冫	03	겨울 동(:)
32	貸	貝	05	빌릴/꿀 대:	70	同	口	03	한가지 동
52	德	彳	12	큰 덕	70	洞	水	06	골 동:, 밝을 통:
72	道	辶	09	길 도:	62	童	立	07	아이 동(:)
62	圖	口	11	그림 도	42	銅	金	06	구리 동
60	度	广	06	법도 도(:), 헤아릴 탁	32	凍	冫	08	얼 동:
52	到	刀	06	이를 도:	60	頭	頁	07	머리 두
50	島	山	07	섬 도	42	斗	斗	00	말 두
50	都	邑	09	도읍 도	42	豆	豆	00	콩 두
42	導	寸	13	인도할 도:	30	屯	屮	01	진칠 둔
40	徒	彳	07	무리 도	30	鈍	金	04	둔할 둔:

급수	한자	부수	획수	대표훈음	급수	한자	부수	획수	대표훈음
42	得	彳	08	얻을 득	42	麗	鹿	08	고울 려
70	登	癶	07	오를 등	40	慮	心	11	생각할 려:
62	等	竹	06	무리 등:	32	勵	力	15	힘쓸 려:
42	燈	火	12	등 등	72	力	力	00	힘 력
30	騰	馬	10	오를 등	52	歷	止	12	지날 력
					32	曆	日	12	책력 력
					52	練	糸	09	익힐 련:
42	羅	网	14	벌릴 라	42	連	辵	07	이을 련
62	樂	木	11	즐길 락, 노래 악, 좋아할 요	32	戀	心	19	그리워할/그릴 련:
50	落	艸	09	떨어질 락	32	聯	耳	11	연이을 련
32	絡	糸	06	이을/얽을 락	32	蓮	艸	11	연꽃 련
40	亂	乙	12	어지러울 란:	32	鍊	金	09	쇠불릴/단련할 련:
40	卵	卩	05	알 란:	30	憐	心	12	불쌍히여길 련
32	欄	木	17	난간 란	42	列	刀	04	벌릴 렬
32	蘭	艸	17	난초 란	40	烈	火	06	매울 렬
40	覽	見	14	볼 람	32	裂	衣	06	찢어질 렬
30	濫	水	14	넘칠 람:	30	劣	力	04	못할 렬
52	朗	月	07	밝을 랑:	30	廉	广	10	청렴할 렴
32	廊	广	10	사랑채/행랑 랑	30	獵	犬	15	사냥 렵
32	浪	水	07	물결 랑(:)	50	令	人	03	하여금 령(:)
32	郎	邑	07	사내 랑	50	領	頁	05	거느릴 령
70	來	人	06	올 래(:)	32	嶺	山	14	고개 령
50	冷	冫	05	찰 랭:	32	靈	雨	16	신령 령
40	略	田	06	간략할/약할 략	30	零	雨	05	떨어질/영(數字) 령
30	掠	手	08	노략질할 략	60	例	人	06	법식 례:
52	良	艮	01	어질 량	60	禮	示	13	예도 례:
50	量	里	05	헤아릴 량	30	隷	隶	08	종 례:
42	兩	入	06	두 량:	70	老	老	00	늙을 로:
40	糧	米	12	양식 량	60	路	足	06	길 로:
32	梁	木	07	들보/돌다리 량	52	勞	力	10	일할 로
32	涼	水	08	서늘할 량	32	爐	火	16	화로 로
30	諒	言	08	살펴알/믿을 량	32	露	雨	13	이슬 로(:)
52	旅	方	06	나그네 려	60	綠	糸	08	푸를 록

급수	한자	부수	획수	대표훈음
42	錄	金	08	기록할 록
32	祿	示	08	녹 록
30	鹿	鹿	00	사슴 록
42	論	言	08	논할 론
32	弄	廾	04	희롱할 롱:
32	賴	貝	09	의뢰할 뢰:
32	雷	雨	05	우레 뢰
50	料	斗	06	헤아릴 료(:)
30	了	亅	01	마칠 료:
30	僚	人	12	동료 료
40	龍	龍	00	용 룡
32	樓	木	11	다락 루
32	漏	水	11	샐 루:
32	累	糸	05	여러/자주 루:
30	屢	尸	11	여러 루:
30	淚	水	08	눈물 루:
52	流	水	07	흐를 류
52	類	頁	10	무리 류(:)
42	留	田	05	머무를 류
40	柳	木	05	버들 류(:)
80	六	八	02	여섯 륙
52	陸	阜	08	뭍 륙
40	輪	車	08	바퀴 륜
32	倫	人	08	인륜 륜
42	律	彳	06	법칙 률
32	栗	木	06	밤 률
32	率	玄	06	비율 률, 거느릴 솔
32	隆	阜	09	높을 륭
32	陵	阜	08	언덕 릉
70	里	里	00	마을 리:
62	利	刀	05	이할 리:
62	理	玉	07	다스릴 리:
60	李	木	03	오얏/성(姓) 리:

급수	한자	부수	획수	대표훈음
40	離	隹	11	떠날 리:
32	吏	口	03	벼슬아치/관리 리:
32	履	尸	12	밟을 리:
32	裏	衣	07	속 리:
30	梨	木	07	배 리
30	隣	阜	12	이웃 린
70	林	木	04	수풀 림
32	臨	臣	11	임할 림
72	立	立	00	설 립

◨

급수	한자	부수	획수	대표훈음
50	馬	馬	00	말 마:
32	磨	石	11	갈 마
32	麻	麻	00	삼 마(:)
32	幕	巾	11	장막 막
32	漠	水	11	넓을 막
32	莫	艸	07	없을 막
80	萬	艸	09	일만 만
42	滿	水	11	찰 만(:)
32	晚	日	07	늦을 만:
30	慢	心	11	거만할 만:
30	漫	水	11	흩어질 만:
50	末	木	01	끝 말
52	望	月	07	바랄 망:
50	亡	亠	01	망할 망
32	妄	女	03	망령될 망:
30	忘	心	03	잊을 망
30	忙	心	03	바쁠 망
30	罔	网	03	없을 망
30	茫	艸	06	아득할 망
72	每	毋	03	매양 매(:)
50	買	貝	05	살 매:
50	賣	貝	08	팔 매(:)

급수	한자	부수	획수	대표훈음	급수	한자	부수	획수	대표훈음
40	妹	女	05	누이 매	80	木	木	00	나무 목
32	媒	女	09	중매 매	60	目	目	00	눈 목
32	梅	木	07	매화 매	42	牧	牛	04	칠(養) 목
30	埋	土	07	묻을 매	32	睦	目	08	화목할 목
42	脈	肉	06	줄기 맥	32	沒	水	04	빠질 몰
32	麥	麥	00	보리 맥	32	夢	夕	11	꿈 몽
32	孟	子	05	맏 맹(:)	32	蒙	艸	10	어두울 몽
32	猛	犬	08	사나울 맹:	40	墓	土	11	무덤 묘:
32	盲	目	03	소경/눈멀 맹:	40	妙	女	04	묘할 묘:
32	盟	皿	08	맹세 맹	30	卯	卩	03	토끼 묘:
70	面	面	00	낯 면	30	廟	广	12	사당 묘:
40	勉	力	07	힘쓸 면:	30	苗	艸	05	모 묘:
32	免	儿	05	면할 면:	50	無	火	08	없을 무
32	眠	目	05	잘 면	42	務	力	09	힘쓸 무:
32	綿	糸	08	솜 면	42	武	止	04	호반 무:
32	滅	水	10	꺼질/멸할 멸	40	舞	舛	08	춤출 무:
72	名	口	03	이름 명	32	茂	艸	05	무성할 무:
70	命	口	05	목숨 명:	32	貿	貝	05	무역할 무:
62	明	日	04	밝을 명	30	戊	戈	01	천간 무:
40	鳴	鳥	03	울 명	30	霧	雨	11	안개 무:
32	銘	金	06	새길 명	32	墨	土	12	먹 묵
30	冥	冖	08	어두울 명	32	默	黑	04	잠잠할 묵
80	母	毋	01	어미 모:	80	門	門	00	문 문
42	毛	毛	00	터럭 모	70	問	口	08	물을 문:
40	模	木	11	본뜰 모	70	文	文	00	글월 문
32	慕	心	11	그릴 모:	62	聞	耳	08	들을 문(:)
32	謀	言	09	꾀 모	32	紋	糸	04	무늬 문
32	貌	豸	07	모양 모	72	物	牛	04	물건 물
30	侮	人	07	업신여길 모(:)	32	勿	勹	02	말(禁) 물
30	冒	冂	07	무릅쓸 모	60	米	米	00	쌀 미
30	募	力	11	모을/뽑을 모	60	美	羊	03	아름다울 미(:)
30	暮	日	11	저물 모:	42	味	口	05	맛 미:
30	某	木	05	아무 모:	42	未	木	01	아닐 미(:)

급수	한자	부수	획수	대표훈음	급수	한자	부수	획수	대표훈음
32	尾	尸	04	꼬리 미:	42	防	阜	04	막을 방
32	微	彳	10	작을 미	40	妨	女	04	방해할 방
30	眉	目	04	눈썹 미	32	芳	艸	04	꽃다울 방
30	迷	辵	06	미혹할 미(:)	30	倣	人	08	본뜰 방
80	民	氏	01	백성 민	30	傍	人	10	곁 방:
30	憫	心	12	민망할 민	30	邦	邑	04	나라 방
30	敏	攴	07	민첩할 민	50	倍	人	08	곱 배(:)
42	密	宀	08	빽빽할 밀	42	拜	手	05	절 배:
30	蜜	虫	08	꿀 밀	42	背	肉	05	등 배:
					42	配	酉	03	나눌/짝 배:
				ㅂ	32	培	土	08	북돋울 배:
60	朴	木	02	성(姓) 박	32	排	手	08	밀칠 배
42	博	十	10	넓을 박	32	輩	車	08	무리 배:
40	拍	手	05	칠 박	30	杯	木	04	잔 배
32	薄	艸	13	엷을 박	80	白	白	00	흰 백
32	迫	辵	05	핍박할 박	70	百	白	01	일백 백
30	泊	水	05	머무를/배댈 박	32	伯	人	05	맏 백
62	半	十	03	반(半) 반:	60	番	田	07	차례 번
62	反	又	02	돌이킬/돌아올 반:	32	繁	糸	11	번성할 번
62	班	玉	06	나눌 반	30	煩	火	09	번거로울 번
32	盤	皿	10	소반 반	30	飜	飛	12	번역할 번
32	般	舟	04	가지/일반 반	42	伐	人	04	칠(討) 벌
32	飯	食	04	밥 반	42	罰	网	09	벌할 벌
30	伴	人	05	짝 반:	40	犯	犬	02	범할 범:
30	叛	又	07	배반할 반:	40	範	竹	09	법 범:
30	返	辵	04	돌이킬 반:	32	凡	几	01	무릇 범(:)
62	發	癶	07	필 발	52	法	水	05	법 법
40	髮	髟	05	터럭 발	42	壁	土	13	벽 벽
32	拔	手	05	뽑을 발	32	碧	石	09	푸를 벽
72	方	方	00	모(棱) 방	52	變	言	16	변할 변:
62	放	攴	04	놓을 방(:)	42	邊	辵	15	가(側) 변
42	房	戶	04	방 방	40	辯	辛	14	말씀 변:
42	訪	言	04	찾을 방:	30	辨	辛	09	분별할 변:

급수	한자	부수	획수	대표훈음	급수	한자	부수	획수	대표훈음
60	別	刀	05	다를/나눌 별	42	富	宀	09	부자 부:
60	病	疒	05	병 병:	42	府	广	05	마을(官廳) 부(:)
52	兵	八	05	병사 병	40	否	口	04	아닐 부:
32	丙	一	04	남녘 병:	40	負	貝	02	질(荷) 부:
30	屛	尸	08	병풍 병(:)	32	付	人	03	부칠 부:
30	竝	立	05	나란히 병:	32	扶	手	04	도울 부
42	保	人	07	지킬 보(:)	32	浮	水	07	뜰 부
42	報	土	09	갚을/알릴 보:	32	符	竹	05	부호 부(:)
42	寶	宀	17	보배 보:	32	簿	竹	13	문서 부:
42	步	止	03	걸음 보:	32	腐	肉	08	썩을 부:
40	普	日	08	넓을 보:	32	賦	貝	08	부세 부:
32	補	衣	07	기울 보:	32	附	阜	05	붙을 부(:)
32	譜	言	12	족보 보:	30	赴	走	02	다다를(趨而至)/갈(趨) 부:
60	服	月	04	옷 복	80	北	匕	03	북녘 북, 달아날 배:
52	福	示	09	복 복	62	分	刀	02	나눌 분(:)
42	復	彳	09	회복할 복, 다시 부:	40	憤	心	12	분할 분:
40	伏	人	04	엎드릴 복	40	粉	米	04	가루 분(:)
40	複	衣	09	겹칠 복	32	奔	大	05	달릴 분
32	腹	肉	09	배 복	32	奮	大	13	떨칠 분
32	覆	襾	12	덮을 부, 다시 복	32	紛	糸	04	어지러울 분
30	卜	卜	00	점 복	30	墳	土	12	무덤 분
60	本	木	01	근본 본	72	不	一	03	아닐 불
52	奉	大	05	받들 봉:	42	佛	人	05	부처 불
32	封	寸	06	봉할 봉	32	拂	手	05	떨칠 불
32	峯	山	07	봉우리 봉	30	崩	山	08	무너질 붕
32	逢	辶	07	만날 봉	30	朋	月	04	벗 붕
32	鳳	鳥	03	봉새 봉:	50	比	比	00	견줄 비:
30	蜂	虫	07	벌 봉	50	費	貝	05	쓸 비:
80	父	父	00	아비 부	50	鼻	鼻	00	코 비:
70	夫	大	01	지아비 부	42	備	人	10	갖출 비:
62	部	邑	08	떼 부	42	悲	心	08	슬플 비:
42	副	刀	09	버금 부:	42	非	非	00	아닐 비(:)
42	婦	女	08	며느리 부	42	飛	飛	00	날 비

급수	한자	부수	획수	대표훈음	급수	한자	부수	획수	대표훈음
40	批	手	04	비평할 비:	32	司	口	02	맡을 사
40	碑	石	08	비석 비	32	斜	斗	07	비낄 사
40	祕	示	05	숨길 비:	32	沙	水	04	모래 사
32	卑	十	06	낮을 비:	32	祀	示	03	제사 사
32	妃	女	03	왕비 비	32	蛇	虫	05	긴뱀 사
32	婢	女	08	계집종 비:	32	詞	言	05	말/글 사
32	肥	肉	04	살찔 비:	32	邪	邑	04	간사할 사
42	貧	貝	04	가난할 빈	30	似	人	05	닮을 사:
30	賓	貝	07	손 빈	30	巳	己	00	뱀 사:
30	頻	頁	07	자주 빈	30	捨	手	08	버릴 사:
50	氷	水	01	얼음 빙	30	斯	斤	08	이 사
30	聘	耳	07	부를 빙	30	詐	言	05	속일 사
					30	賜	貝	08	줄 사:
		ㅅ			32	削	刀	07	깎을 삭
80	四	口	02	넉 사:	30	朔	月	06	초하루 삭
72	事	亅	07	일 사:	80	山	山	00	메 산
62	社	示	03	모일 사	70	算	竹	08	셈 산:
60	使	人	06	하여금/부릴 사:	52	産	生	06	낳을 산:
60	死	歹	02	죽을 사:	40	散	攴	08	흩을 산:
52	仕	人	03	섬길 사(:)	42	殺	殳	07	죽일 살, 감할/빠를 쇄:
52	史	口	02	사기(史記) 사:	80	三	一	02	석 삼
52	士	士	00	선비 사:	32	森	木	08	수풀 삼
50	寫	宀	12	베낄 사	72	上	一	02	윗 상:
50	思	心	05	생각 사(:)	52	商	口	08	장사 상
50	査	木	05	조사할 사	52	相	目	04	서로 상
42	寺	寸	03	절 사	50	賞	貝	08	상줄 상
42	師	巾	07	스승 사	42	常	巾	08	떳떳할 상
42	舍	舌	02	집 사	42	床	广	04	상 상
42	謝	言	10	사례할 사:	42	想	心	09	생각 상:
40	射	寸	07	쏠 사(:)	42	狀	犬	04	형상 상, 문서 장:
40	私	禾	02	사사(私事) 사	40	傷	人	11	다칠 상
40	絲	糸	06	실 사	40	象	豕	05	코끼리 상
40	辭	辛	12	말씀 사	32	像	人	12	모양 상

급수	한자	부수	획수	대표훈음	급수	한자	부수	획수	대표훈음
32	償	人	15	갚을 상	62	線	糸	09	줄 선
32	喪	口	09	잃을 상(:)	52	仙	人	03	신선 선
32	尙	小	05	오히려 상(:)	52	鮮	魚	06	고울 선
32	桑	木	06	뽕나무 상	50	善	口	09	착할 선:
32	裳	衣	08	치마 상	50	船	舟	05	배 선
32	詳	言	06	자세할 상	50	選	辵	12	가릴 선:
32	霜	雨	09	서리 상	40	宣	宀	06	베풀 선
30	嘗	口	11	맛볼 상	32	旋	方	07	돌(廻) 선
30	祥	示	06	상서 상	32	禪	示	12	선 선
70	色	色	00	빛 색	62	雪	雨	03	눈 설
32	塞	土	10	막힐 색, 변방 새	52	說	言	07	말씀 설, 달랠 세:
32	索	糸	04	찾을 색, 노(새끼줄) 삭	42	設	言	04	베풀 설
80	生	生	00	날 생	40	舌	舌	00	혀 설
80	西	襾	00	서녘 서	30	攝	手	18	다스릴/잡을 섭
62	書	日	06	글 서	30	涉	水	07	건널 섭
50	序	广	04	차례 서:	72	姓	女	05	성 성:
32	徐	彳	07	천천할 서(:)	62	成	戈	03	이룰 성
32	恕	心	06	용서할 서:	62	省	目	04	살필 성, 덜 생
32	緖	糸	09	실마리 서:	52	性	心	05	성품 성:
32	署	网	09	마을(官廳) 서:	42	城	土	07	재 성
30	庶	广	08	여러 서:	42	星	日	05	별 성
30	敍	攴	07	펼 서:	42	盛	皿	07	성할 성:
30	暑	日	09	더울 서:	42	聖	耳	07	성인 성:
30	誓	言	07	맹세할 서:	42	聲	耳	11	소리 성
30	逝	辵	07	갈(往) 서:	42	誠	言	07	정성 성
70	夕	夕	00	저녁 석	72	世	一	04	인간 세:
60	席	巾	07	자리 석	52	歲	止	09	해 세:
60	石	石	00	돌 석	52	洗	水	06	씻을 세:
32	惜	心	08	아낄 석	42	勢	力	11	형세 세:
32	釋	釆	13	풀 석	42	稅	禾	07	세금 세:
30	昔	日	04	예(古) 석	42	細	糸	05	가늘 세:
30	析	木	04	쪼갤 석	80	小	小	00	작을 소:
80	先	儿	04	먼저 선	70	少	小	01	적을 소:

급수	한자	부수	획수	대표훈음	급수	한자	부수	획수	대표훈음
70	所	戶	04	바 소:	52	首	首	00	머리 수
62	消	水	07	사라질 소	42	修	人	08	닦을 수
42	掃	手	08	쓸(掃除) 소(:)	42	受	又	06	받을 수(:)
42	笑	竹	04	웃음 소:	42	守	宀	03	지킬 수
42	素	糸	04	본디/흴(白) 소(:)	42	授	手	08	줄 수
32	燒	火	12	사를 소(:)	42	收	攴	02	거둘 수
32	疏	疋	07	소통할 소	40	秀	禾	02	빼어날 수
32	蘇	艸	16	되살아날 소	32	垂	土	05	드리울 수
32	訴	言	05	호소할 소	32	壽	士	11	목숨 수
30	召	口	02	부를 소	32	帥	巾	06	장수 수
30	昭	日	05	밝을 소	32	愁	心	09	근심 수
30	蔬	艸	12	나물 소	32	殊	歹	06	다를 수
30	騷	馬	10	떠들 소	32	獸	犬	15	짐승 수
60	速	辵	07	빠를 속	32	輸	車	09	보낼 수
52	束	木	03	묶을 속	32	隨	阜	13	따를 수
42	俗	人	07	풍속 속	32	需	雨	06	쓰일/쓸 수
42	續	糸	15	이을 속	30	囚	囗	02	가둘 수
40	屬	尸	18	붙일 속	30	搜	手	09	찾을 수
30	粟	米	06	조 속	30	睡	目	08	졸음 수
60	孫	子	07	손자 손(:)	30	誰	言	08	누구 수
40	損	手	10	덜 손:	30	遂	辵	09	드디어 수
42	送	辵	06	보낼 송:	30	雖	隹	09	비록 수
40	松	木	04	소나무 송	30	須	頁	03	모름지기 수
40	頌	頁	04	기릴/칭송할 송:	52	宿	宀	08	잘 숙, 별자리 수:
32	訟	言	04	송사할 송:	40	叔	又	06	아재비 숙
30	誦	言	07	욀 송:	40	肅	聿	07	엄숙할 숙
32	刷	刀	06	인쇄할 쇄:	32	淑	水	08	맑을 숙
32	鎖	金	10	쇠사슬 쇄:	32	熟	火	11	익을 숙
32	衰	衣	04	쇠할 쇠	30	孰	子	08	누구 숙
80	水	水	00	물 수	52	順	頁	03	순할 순:
72	手	手	00	손 수(:)	42	純	糸	04	순수할 순
70	數	攴	11	셈 수:	32	巡	巛	04	돌(廻)/순행할 순
60	樹	木	12	나무 수	32	旬	日	02	열흘 순

급수	한자	부수	획수	대표훈음	급수	한자	부수	획수	대표훈음
32	瞬	目	12	눈깜짝일 순	32	飾	食	05	꾸밀 식
30	循	彳	09	돌(環) 순	62	信	人	07	믿을 신:
30	殉	歹	06	따라죽을 순	62	新	斤	09	새 신
30	脣	肉	07	입술 순	62	神	示	05	귀신 신
62	術	行	05	재주 술	62	身	身	00	몸 신
32	述	辵	05	펼 술	52	臣	臣	00	신하 신
30	戌	戈	02	개 술	42	申	田	00	납(猿) 신
40	崇	山	08	높을 숭	32	愼	心	10	삼갈 신:
60	習	羽	05	익힐 습	30	伸	人	05	펼 신
32	濕	水	14	젖을 습	30	晨	日	07	새벽 신
32	拾	手	06	주울 습, 열 십	30	辛	辛	00	매울 신
32	襲	衣	16	엄습할 습	80	室	宀	06	집 실
60	勝	力	10	이길 승	60	失	大	02	잃을 실
42	承	手	04	이을 승	52	實	宀	11	열매 실
32	乘	丿	09	탈 승	70	心	心	00	마음 심
32	僧	人	12	중 승	42	深	水	08	깊을 심
32	昇	日	04	오를 승	32	審	宀	12	살필 심(:)
72	市	巾	02	저자 시:	32	甚	甘	04	심할 심:
72	時	日	06	때 시	30	尋	寸	09	찾을 심
62	始	女	05	비로소 시:	80	十	十	00	열 십
50	示	示	00	보일 시:	32	雙	隹	10	두/쌍 쌍
42	施	方	05	베풀 시:	40	氏	氏	00	각시/성씨(姓氏) 씨
42	是	日	05	이(斯)/옳을 시:					
42	視	見	05	볼 시:			◉		
42	試	言	06	시험 시(:)	52	兒	儿	06	아이 아
42	詩	言	06	시 시	32	亞	二	06	버금 아(:)
32	侍	人	06	모실 시:	32	我	戈	03	나 아:
30	矢	矢	00	화살 시:	32	牙	牙	00	어금니 아
72	食	食	00	밥/먹을 식	32	芽	艸	04	싹 아
70	植	木	08	심을 식	32	阿	阜	05	언덕 아
60	式	弋	03	법 식	32	雅	隹	04	맑을 아(:)
52	識	言	12	알 식	30	餓	食	07	주릴 아:
42	息	心	06	쉴 식	52	惡	心	08	악할 악, 미워할 오

급수	한자	부수	획수	대표훈음	급수	한자	부수	획수	대표훈음
30	岳	山	05	큰산 악	42	羊	羊	00	양 양
72	安	宀	03	편안 안	40	樣	木	11	모양 양
50	案	木	06	책상 안:	32	壤	土	17	흙덩이 양:
42	眼	目	06	눈 안:	32	揚	手	09	날릴 양
32	岸	山	05	언덕 안:	32	讓	言	17	사양할 양:
32	顔	頁	09	낯 안:	30	楊	木	09	버들 양
30	雁	隹	04	기러기 안:	70	語	言	07	말씀 어
30	謁	言	09	뵐 알	50	漁	水	11	고기잡을 어
42	暗	日	09	어두울 암:	50	魚	魚	00	고기/물고기 어
32	巖	山	20	바위 암	32	御	彳	08	거느릴 어:
42	壓	土	14	누를 압	30	於	方	04	어조사 어, 탄식할 오
30	押	手	05	누를 압	50	億	人	13	억(數字) 억
32	仰	人	04	우러를 앙:	32	憶	心	13	생각할 억
32	央	大	02	가운데 앙	32	抑	手	04	누를 억
30	殃	歹	05	재앙 앙	60	言	言	00	말씀 언
60	愛	心	09	사랑 애(:)	30	焉	火	07	어찌 언
32	哀	口	06	슬플 애	40	嚴	口	17	엄할 엄
30	涯	水	08	물가 애	62	業	木	09	업 업
42	液	水	08	진 액	42	如	女	03	같을 여
40	額	頁	09	이마 액	42	餘	食	07	남을 여
30	厄	厂	02	액 액	40	與	臼	07	더불/줄 여:
60	夜	夕	05	밤 야:	30	予	亅	03	나 여
60	野	里	04	들(坪) 야:	30	余	人	05	나 여
30	也	乙	02	이끼/어조사 야:	30	汝	水	03	너 여:
30	耶	耳	03	어조사 야	30	輿	車	10	수레 여:
62	弱	弓	07	약할 약	42	逆	辵	06	거스릴 역
62	藥	艸	15	약 약	40	域	土	08	지경 역
52	約	糸	03	맺을 약	40	易	日	04	바꿀 역, 쉬울 이:
32	若	艸	05	같을 약, 반야 야	32	亦	亠	04	또 역
30	躍	足	14	뛸 약	32	役	彳	04	부릴 역
60	洋	水	06	큰바다 양	32	疫	疒	04	전염병 역
60	陽	阜	09	볕 양	32	譯	言	13	번역할 역
52	養	食	06	기를 양:	32	驛	馬	13	역 역

급수	한자	부수	획수	대표훈음	급수	한자	부수	획수	대표훈음
70	然	火	08	그럴 연	72	午	十	02	낮 오:
42	演	水	11	펼 연:	42	誤	言	07	그르칠 오:
42	煙	火	09	연기 연	32	悟	心	07	깨달을 오:
42	硏	石	06	갈 연:	32	烏	火	06	까마귀 오
40	延	廴	04	늘일 연	30	傲	人	11	거만할 오:
40	燃	火	12	탈 연	30	吾	口	04	나 오
40	緣	糸	09	인연 연	30	嗚	口	10	슬플 오
40	鉛	金	05	납 연	30	娛	女	07	즐길 오:
32	宴	宀	07	잔치 연:	30	汚	水	03	더러울 오:
32	沿	水	05	물따라갈/따를 연(:)	50	屋	尸	06	집 옥
32	燕	火	12	제비 연(:)	42	玉	玉	00	구슬 옥
32	軟	車	04	연할 연:	32	獄	犬	11	옥(囚舍) 옥
50	熱	火	11	더울 열	60	溫	水	10	따뜻할 온
32	悅	心	07	기쁠 열	30	擁	手	13	낄 옹:
30	閱	門	07	볼(覽) 열	30	翁	羽	04	늙은이 옹
32	染	木	05	물들 염:	32	瓦	瓦	00	기와 와:
32	炎	火	04	불꽃 염	30	臥	臣	02	누울 와:
32	鹽	鹵	13	소금 염	50	完	宀	04	완전할 완
50	葉	艸	09	잎 엽	32	緩	糸	09	느릴 완:
60	永	水	01	길 영:	30	曰	曰	00	가로 왈
60	英	艸	05	꽃부리 영	80	王	玉	00	임금 왕
42	榮	木	10	영화 영	42	往	彳	05	갈 왕:
40	映	日	05	비칠 영(:)	80	外	夕	02	바깥 외:
40	營	火	13	경영할 영	30	畏	田	04	두려워할 외:
40	迎	辵	04	맞을 영	52	要	襾	03	요긴할 요(:)
32	影	彡	12	그림자 영:	50	曜	日	14	빛날 요:
30	泳	水	05	헤엄칠 영:	42	謠	言	10	노래 요
30	詠	言	05	읊을 영:	30	搖	手	10	흔들 요
42	藝	艸	15	재주 예:	30	腰	肉	09	허리 요
40	豫	豕	09	미리 예:	30	遙	辵	10	멀 요
32	譽	言	14	기릴/명예 예:	50	浴	水	07	목욕할 욕
30	銳	金	07	날카로울 예:	32	慾	心	11	욕심 욕
80	五	二	02	다섯 오:	32	欲	欠	07	하고자할 욕

급수	한자	부수	획수	대표훈음	급수	한자	부수	획수	대표훈음
32	辱	辰	03	욕될 욕	40	怨	心	05	원망할 원(:)
62	勇	力	07	날랠 용:	40	援	手	09	도울 원:
62	用	用	00	쓸 용:	40	源	水	10	근원 원
42	容	宀	07	얼굴 용	80	月	月	00	달 월
30	庸	广	08	떳떳할 용	32	越	走	05	넘을 월
72	右	口	02	오를/오른(쪽) 우:	52	偉	人	09	클 위
52	友	又	02	벗 우:	50	位	人	05	자리 위
52	雨	雨	00	비 우:	42	爲	爪	08	하/할 위(:)
50	牛	牛	00	소 우	42	衛	行	09	지킬 위
40	優	人	15	넉넉할 우	40	危	卩	04	위태할 위
40	遇	辵	09	만날 우:	40	圍	口	09	에워쌀 위
40	郵	邑	08	우편 우	40	委	女	05	맡길 위
32	偶	人	09	짝 우:	40	威	女	06	위엄 위
32	宇	宀	03	집 우:	40	慰	心	11	위로할 위
32	愚	心	09	어리석을 우	32	僞	人	12	거짓 위
32	憂	心	11	근심 우	32	胃	肉	05	밥통 위
32	羽	羽	00	깃 우:	32	謂	言	09	이를 위
30	于	二	01	어조사 우	30	緯	糸	09	씨 위
30	又	又	00	또 우:	30	違	辵	09	어긋날 위
30	尤	尢	01	더욱 우	70	有	月	02	있을 유:
62	運	辵	09	옮길 운:	60	油	水	05	기름 유
52	雲	雨	04	구름 운	60	由	田	00	말미암을 유
32	韻	音	10	운 운:	40	乳	乙	07	젖 유
30	云	二	02	이를 운	40	儒	人	14	선비 유
50	雄	隹	04	수컷 웅	40	遊	辵	09	놀 유
60	園	口	10	동산 원	40	遺	辵	12	남길 유
60	遠	辵	10	멀 원:	32	幼	幺	02	어릴 유
52	元	儿	02	으뜸 원	32	幽	幺	06	그윽할 유
50	原	厂	08	언덕 원	32	悠	心	07	멀 유
50	院	阜	07	집 원	32	柔	木	05	부드러울 유
50	願	頁	10	원할 원:	32	猶	犬	09	오히려 유
42	員	口	07	인원 원	32	維	糸	08	벼리 유
42	圓	口	10	둥글 원	32	裕	衣	07	넉넉할 유:

급수	한자	부수	획수	대표훈음	급수	한자	부수	획수	대표훈음
32	誘	言	07	꾈 유	52	以	人	03	써 이:
30	唯	口	08	오직 유	50	耳	耳	00	귀 이:
30	惟	心	08	생각할 유	42	移	禾	06	옮길 이
30	愈	心	09	나을 유	40	異	田	06	다를 이:
30	酉	酉	00	닭 유	32	已	己	00	이미 이:
70	育	肉	04	기를 육	30	夷	大	03	오랑캐 이
42	肉	肉	00	고기 육	30	而	而	00	말이을 이
32	潤	水	12	불을 윤:	42	益	皿	05	더할 익
30	閏	門	04	윤달 윤:	32	翼	羽	11	날개 익
60	銀	金	06	은 은	80	人	人	00	사람 인
42	恩	心	06	은혜 은	50	因	口	03	인할 인
40	隱	阜	14	숨을 은	42	印	卩	04	도장 인
32	乙	乙	00	새 을	42	引	弓	01	끌 인
62	音	音	00	소리 음	42	認	言	07	알(知) 인
62	飮	食	04	마실 음:	40	仁	人	02	어질 인
42	陰	阜	08	그늘 음	32	忍	心	03	참을 인
32	淫	水	08	음란할 음	30	姻	女	06	혼인 인
30	吟	口	04	읊을 음	30	寅	宀	08	범(虎)/동방 인
70	邑	邑	00	고을 읍	80	一	一	00	한 일
30	泣	水	05	울 읍	80	日	日	00	날 일
42	應	心	13	응할 응:	32	逸	辶	08	편안할 일
30	凝	冫	14	엉길 응:	52	任	人	04	맡길 임:
62	意	心	09	뜻 의:	32	壬	士	01	북방 임:
60	衣	衣	00	옷 의	32	賃	貝	06	품삯 임:
60	醫	酉	11	의원 의	70	入	入	00	들 입
42	義	羊	07	옳을 의:					
42	議	言	13	의논할 의(:)				ㅈ	
40	依	人	06	의지할 의	72	子	子	00	아들 자
40	儀	人	13	거동 의	72	自	自	00	스스로 자
40	疑	疋	09	의심할 의	70	字	子	03	글자 자
30	宜	宀	05	마땅 의	60	者	老	05	놈 자
30	矣	矢	02	어조사 의	40	姉	女	05	손윗누이 자
80	二	二	00	두 이:	40	姿	女	06	모양 자:

급수	한자	부수	획수	대표훈음	급수	한자	부수	획수	대표훈음
40	資	貝	06	재물 자	62	才	手	00	재주 재
32	刺	刀	06	찌를 자:, 찌를 척, 수라 라	60	在	土	03	있을 재:
32	慈	心	09	사랑 자	52	材	木	03	재목 재
32	紫	糸	06	자줏빛 자	52	財	貝	03	재물 재
30	恣	心	06	마음대로/방자할 자:	50	再	冂	04	두 재:
30	玆	玄	05	이 자	50	災	火	03	재앙 재
62	作	人	05	지을 작	32	栽	木	06	심을 재:
62	昨	日	05	어제 작	32	裁	衣	06	옷마를 재
30	爵	爪	14	벼슬 작	32	載	車	06	실을 재:
30	酌	酉	03	술부을/잔질할 작	30	哉	口	06	어조사 재
40	殘	歹	08	남을 잔	30	宰	宀	07	재상 재:
32	暫	日	11	잠깐 잠(:)	50	爭	爪	04	다툴 쟁
32	潛	水	12	잠길 잠	50	貯	貝	05	쌓을 저:
40	雜	隹	10	섞일 잡	42	低	人	05	낮을 저:
80	長	長	00	긴 장(:)	40	底	广	05	밑 저:
72	場	土	09	마당 장	32	抵	手	05	막을(抗) 저:
60	章	立	06	글 장	32	著	艸	09	나타날 저:
42	將	寸	08	장수 장(:)	52	的	白	03	과녁 적
42	障	阜	11	막을 장	50	赤	赤	00	붉을 적
40	壯	士	04	장할 장:	42	敵	攴	11	대적할 적
40	帳	巾	08	장막 장	40	積	禾	11	쌓을 적
40	張	弓	08	베풀 장	40	籍	竹	14	문서 적
40	腸	肉	09	창자 장	40	績	糸	11	길쌈 적
40	裝	衣	07	꾸밀 장	40	賊	貝	06	도둑 적
40	奬	犬	11	장려할 장(:)	40	適	辵	11	맞을 적
32	丈	一	02	어른 장:	32	寂	宀	08	고요할 적
32	掌	手	08	손바닥 장:	32	摘	手	11	딸(手收) 적
32	粧	米	06	단장할 장	32	笛	竹	05	피리 적
32	臟	肉	18	오장 장:	32	跡	足	06	발자취 적
32	莊	艸	07	씩씩할 장	32	蹟	足	11	자취 적
32	葬	艸	09	장사지낼 장:	30	滴	水	11	물방울 적
32	藏	艸	14	감출 장:	72	全	入	04	온전 전
30	墻	土	13	담 장	72	前	刀	07	앞 전

급수	한자	부수	획수	대표훈음	급수	한자	부수	획수	대표훈음
72	電	雨	05	번개 전:	32	亭	亠	07	정자 정
62	戰	戈	12	싸움 전:	32	廷	廴	04	조정 정
52	傳	人	11	전할 전	32	征	彳	05	칠 정
52	典	八	06	법 전:	32	淨	水	08	깨끗할 정
52	展	尸	07	펼 전:	32	貞	貝	02	곧을 정
42	田	田	00	밭 전	32	頂	頁	02	정수리 정
40	專	寸	08	오로지 전	30	訂	言	02	바로잡을 정
40	轉	車	11	구를 전:	80	弟	弓	04	아우 제:
40	錢	金	08	돈 전:	62	第	竹	05	차례 제:
32	殿	殳	09	전각 전:	62	題	頁	09	제목 제
52	切	刀	02	끊을 절, 온통 체	42	制	刀	06	절제할 제:
52	節	竹	09	마디 절	42	提	手	09	끌 제
42	絶	糸	06	끊을 절	42	濟	水	14	건널 제:
40	折	手	04	꺾을 절	42	祭	示	06	제사 제:
30	竊	穴	17	훔칠 절	42	製	衣	08	지을 제:
52	店	广	05	가게 점:	42	除	阜	07	덜 제
40	占	卜	03	점령할 점:/점칠 점	42	際	阜	11	즈음/가(邊) 제:
40	點	黑	05	점 점(:)	40	帝	巾	06	임금 제:
32	漸	水	11	점점 점:	32	諸	言	09	모두 제
42	接	手	08	이을 접	32	齊	齊	00	가지런할 제
30	蝶	虫	09	나비 접	30	堤	土	09	둑 제
72	正	止	01	바를 정(:)	70	祖	示	05	할아비 조
62	庭	广	07	뜰 정	60	朝	月	08	아침 조
60	定	宀	05	정할 정:	52	調	言	08	고를 조
52	情	心	08	뜻 정	50	操	手	13	잡을 조(:)
50	停	人	09	머무를 정	42	助	力	05	도울 조:
42	政	攵	05	정사(政事) 정	42	早	日	02	이를 조:
42	程	禾	07	한도/길(道) 정	42	造	辶	07	지을 조:
42	精	米	08	정할 정	42	鳥	鳥	00	새 조
40	丁	一	01	고무래/장정 정	40	條	木	07	가지 조
40	整	攵	12	가지런할 정:	40	潮	水	12	밀물/조수 조
40	靜	靑	08	고요할 정	40	組	糸	05	짤 조
32	井	二	02	우물 정(:)	32	兆	儿	04	억조 조

급수	한자	부수	획수	대표훈음	급수	한자	부수	획수	대표훈음
32	照	火	09	비칠 조:	32	柱	木	05	기둥 주
32	租	禾	05	조세 조	32	株	木	06	그루 주
30	弔	弓	01	조상할 조:	32	洲	水	06	물가 주
30	燥	火	13	마를 조	32	珠	玉	06	구슬 주
72	足	足	00	발 족	32	鑄	金	14	쇠불릴 주
60	族	方	07	겨레 족	30	舟	舟	00	배 주
42	尊	寸	09	높을 존	42	竹	竹	00	대 죽
40	存	子	03	있을 존	42	準	水	10	준할 준:
52	卒	十	06	마칠 졸	30	俊	人	07	준걸 준:
30	拙	手	05	졸할 졸	30	遵	辵	12	좇을 준:
52	種	禾	09	씨 종(:)	80	中	丨	03	가운데 중
50	終	糸	05	마칠 종	70	重	里	02	무거울 중:
42	宗	宀	05	마루 종	42	衆	血	06	무리 중:
40	從	彳	08	좇을 종(:)	32	仲	人	04	버금 중(:)
40	鍾	金	09	쇠북 종	32	卽	卩	07	곧 즉
32	縱	糸	11	세로 종	42	增	土	12	더할 증
72	左	工	02	왼 좌:	40	證	言	12	증거 증
40	座	广	07	자리 좌:	32	憎	心	12	미울 증
32	坐	土	04	앉을 좌:	32	曾	日	08	일찍 증
30	佐	人	05	도울 좌:	32	症	疒	05	증세 증(:)
50	罪	网	08	허물 죄:	32	蒸	艸	10	찔 증
70	主	丶	04	임금/주인 주	30	贈	貝	12	줄(送) 증
70	住	人	05	살 주:	70	地	土	03	따 지
62	注	水	05	부을 주:	70	紙	糸	04	종이 지
60	晝	日	07	낮 주	52	知	矢	03	알 지
52	州	巛	03	고을 주	50	止	止	00	그칠 지
52	週	辵	08	주일 주	42	志	心	03	뜻 지
42	走	走	00	달릴 주	42	指	手	06	가리킬 지
40	周	口	05	두루 주	42	支	支	00	지탱할 지
40	朱	木	02	붉을 주	42	至	至	00	이를 지
40	酒	酉	03	술 주(:)	40	持	手	06	가질 지
32	奏	大	06	아뢸 주(:)	40	智	日	08	슬기/지혜 지
32	宙	宀	05	집 주:	40	誌	言	07	기록할 지

급수	한자	부수	획수	대표훈음	급수	한자	부수	획수	대표훈음
32	之	丿	03	갈 지	52	着	目	07	붙을 착
32	枝	木	04	가지 지	32	錯	金	08	어긋날 착
32	池	水	03	못 지	30	捉	手	07	잡을 착
30	只	口	02	다만 지	40	讚	言	19	기릴 찬:
30	遲	辶	12	더딜/늦을 지	32	贊	貝	12	도울 찬:
72	直	目	03	곧을 직	42	察	宀	11	살필 찰
42	職	耳	12	직분 직	52	參	厶	09	참여할 참
40	織	糸	12	짤 직	30	慘	心	11	참혹할 참
42	眞	目	05	참 진	30	慙	心	11	부끄러울 참
42	進	辶	08	나아갈 진:	62	窓	穴	06	창 창
40	珍	玉	05	보배 진	50	唱	口	08	부를 창:
40	盡	皿	09	다할 진:	42	創	刀	10	비롯할 창:
40	陣	阜	07	진칠 진	32	倉	人	08	곳집 창(:)
32	振	手	07	떨칠 진:	32	昌	日	04	창성할 창(:)
32	辰	辰	00	별 진, 때 신	32	蒼	艸	10	푸를 창
32	鎭	金	10	진압할 진(:)	30	暢	日	10	화창할 창:
32	陳	阜	08	베풀 진:/묵을 진	40	採	手	08	캘 채:
32	震	雨	07	우레 진:	32	債	人	11	빚 채:
52	質	貝	08	바탕 질	32	彩	彡	08	채색 채:
32	疾	疒	05	병 질	32	菜	艸	08	나물 채:
32	秩	禾	05	차례 질	52	責	貝	04	꾸짖을 책
30	姪	女	06	조카 질	40	冊	冂	03	책 책
62	集	隹	04	모을 집	32	策	竹	06	꾀 책
32	執	土	08	잡을 집	42	處	虍	05	곳 처:
32	徵	彳	12	부를 징	32	妻	女	05	아내 처
30	懲	心	15	징계할 징	32	尺	尸	01	자 척
					32	戚	戈	07	친척 척
					32	拓	手	05	넓힐 척
		ⓧ			30	斥	斤	01	물리칠 척
42	次	欠	02	버금 차	70	千	十	01	일천 천
40	差	工	07	다를 차	70	天	大	01	하늘 천
32	借	人	08	빌/빌릴 차:	70	川	巛	00	내 천
32	此	止	02	이 차	40	泉	水	05	샘 천
30	且	一	04	또 차:					

급수	한자	부수	획수	대표훈음	급수	한자	부수	획수	대표훈음
32	淺	水	08	얕을 천:	80	寸	寸	00	마디 촌:
32	賤	貝	08	천할 천:	70	村	木	03	마을 촌:
32	踐	足	08	밟을 천:	42	總	糸	11	다(皆) 총:
32	遷	辶	11	옮길 천:	42	銃	金	06	총 총
30	薦	艹	13	천거할 천:	30	聰	耳	11	귀밝을 총
50	鐵	金	13	쇠 철	50	最	日	08	가장 최:
32	哲	口	07	밝을 철	32	催	人	11	재촉할 최:
32	徹	彳	12	통할 철	70	秋	禾	04	가을 추
30	尖	小	03	뾰족할 첨	40	推	手	08	밀 추
30	添	水	08	더할 첨	32	追	辶	06	쫓을/따를 추
30	妾	女	05	첩 첩	30	抽	手	05	뽑을 추
80	青	青	00	푸를 청	30	醜	酉	10	추할 추
62	淸	水	08	맑을 청	50	祝	示	05	빌 축
42	請	言	08	청할 청	42	築	竹	10	쌓을 축
40	廳	广	22	관청 청	42	蓄	艹	10	모을 축
40	聽	耳	16	들을 청	40	縮	糸	11	줄일 축
30	晴	日	08	갤 청	32	畜	田	05	짐승 축
62	體	骨	13	몸 체	30	丑	一	03	소 축
32	滯	水	11	막힐 체	30	逐	辶	07	쫓을 축
30	替	日	08	바꿀 체	70	春	日	05	봄 춘
30	逮	辶	08	잡을 체	70	出	凵	03	날(生) 출
30	遞	辶	10	갈릴 체	52	充	儿	04	채울 충
70	草	艹	06	풀 초	42	忠	心	04	충성 충
50	初	刀	05	처음 초	42	蟲	虫	12	벌레 충
40	招	手	05	부를 초	32	衝	行	09	찌를 충
32	礎	石	13	주춧돌 초	42	取	又	06	가질 취:
32	肖	肉	03	닮을/같을 초	40	就	尢	09	나아갈 취:
32	超	走	05	뛰어넘을 초	40	趣	走	08	뜻 취:
30	抄	手	04	뽑을 초	32	吹	口	04	불 취:
30	秒	禾	04	분초 초	32	醉	酉	08	취할 취:
32	促	人	07	재촉할 촉	30	臭	自	04	냄새 취:
32	觸	角	13	닿을 촉	42	測	水	09	헤아릴 측
30	燭	火	13	촛불 촉	32	側	人	09	곁 측

급수	한자	부수	획수	대표훈음	급수	한자	부수	획수	대표훈음
40	層	尸	12	층(層階) 층	40	彈	弓	12	탄알 탄:
50	致	至	04	이를 치:	40	歎	欠	11	탄식할 탄:
42	治	水	05	다스릴 치	30	誕	言	07	낳을/거짓 탄:
42	置	网	08	둘(措) 치:	40	脫	肉	07	벗을 탈
42	齒	齒	00	이 치	32	奪	大	11	빼앗을 탈
32	値	人	08	값 치	40	探	手	08	찾을 탐
32	恥	心	06	부끄러울 치	30	貪	貝	04	탐낼 탐
32	稚	禾	08	어릴 치	32	塔	土	10	탑 탑
50	則	刀	07	법칙 칙	32	湯	水	09	끓을 탕:
60	親	見	09	친할 친	60	太	大	01	클 태
80	七	一	01	일곱 칠	42	態	心	10	모습 태:
32	漆	水	11	옻 칠	32	殆	歹	05	거의 태
42	侵	人	07	침노할 침	32	泰	水	05	클 태
40	寢	宀	11	잘 침:	30	怠	心	05	게으를 태
40	針	金	02	바늘 침(:)	52	宅	宀	03	집 택
32	沈	水	04	잠길 침(:), 성(姓) 심:	40	擇	手	13	가릴 택
32	浸	水	07	잠길 침:	32	澤	水	13	못 택
30	枕	木	04	베개 침:	80	土	土	00	흙 토
40	稱	禾	09	일컬을 칭	40	討	言	03	칠 토(:)
					32	兔	儿	06	토끼 토
					32	吐	口	03	토할 토(:)
			ㅋ		60	通	辵	07	통할 통
42	快	心	04	쾌할 쾌	42	統	糸	06	거느릴 통:
					40	痛	疒	07	아플 통:
			ㅌ		42	退	辵	06	물러날 퇴:
50	他	人	03	다를 타	40	投	手	04	던질 투
50	打	手	02	칠 타:	40	鬪	鬥	10	싸움 투
30	墮	土	12	떨어질 타:	32	透	辵	07	사무칠 투
30	妥	女	04	온당할 타:	60	特	牛	06	특별할 특
50	卓	十	06	높을 탁					
30	托	手	03	맡길 탁					
30	濁	水	13	흐릴 탁				ㅍ	
30	濯	水	14	씻을 탁	42	波	水	05	물결 파
50	炭	火	05	숯 탄:	42	破	石	05	깨뜨릴 파:

급수	한자	부수	획수	대표훈음	급수	한자	부수	획수	대표훈음
40	派	水	06	갈래 파	30	飽	食	05	배부를 포:
30	把	手	04	잡을 파:	42	暴	日	11	사나울 폭, 모질 포:
30	播	手	12	뿌릴 파(:)	40	爆	火	15	불터질 폭
30	罷	网	10	마칠 파:	30	幅	巾	09	폭 폭
30	頗	頁	05	자못 파	62	表	衣	02	겉 표
50	板	木	04	널 판	42	票	示	06	표 표
40	判	刀	05	판단할 판	40	標	木	11	표할 표
32	版	片	04	판목 판	30	漂	水	11	떠다닐 표
30	販	貝	04	팔(賣) 판	52	品	口	06	물건 품:
80	八	八	00	여덟 팔	62	風	風	00	바람 풍
50	敗	攴	07	패할 패:	42	豐	豆	06	풍년 풍
30	貝	貝	00	조개 패:	32	楓	木	09	단풍 풍
70	便	人	07	편할 편(:), 똥오줌 변	40	疲	疒	05	피곤할 피
40	篇	竹	09	책 편	40	避	辵	13	피할 피
32	偏	人	09	치우칠 편	32	彼	彳	05	저 피:
32	片	片	00	조각 편(:)	32	皮	皮	00	가죽 피
32	編	糸	09	엮을 편	32	被	衣	05	입을 피:
30	遍	辵	09	두루 편	52	必	心	01	반드시 필
72	平	干	02	평평할 평	52	筆	竹	06	붓 필
40	評	言	05	평할 평:	32	畢	田	06	마칠 필
40	閉	門	03	닫을 폐:	30	匹	匸	02	짝 필
32	廢	广	12	폐할/버릴 폐:					
32	弊	廾	12	폐단/해질 폐:					
32	肺	肉	04	허파 폐:	72	下	一	02	아래 하:
30	幣	巾	12	화폐 폐:	70	夏	夂	07	여름 하:
30	蔽	艸	12	덮을 폐:	50	河	水	05	물 하
42	包	勹	03	쌀(裏) 포(:)	32	何	人	05	어찌 하
42	布	巾	02	베/펼 포(:), 보시 보:	32	荷	艸	07	멜 하(:)
42	砲	石	05	대포 포:	32	賀	貝	05	하례할 하:
40	胞	肉	05	세포 포(:)	80	學	子	13	배울 학
32	捕	手	07	잡을 포:	32	鶴	鳥	10	학 학
32	浦	水	07	개(水邊) 포	80	韓	韋	08	한국/나라 한(:)
30	抱	手	05	안을 포:	72	漢	水	11	한수/한나라 한:

급수	한자	부수	획수	대표훈음	급수	한자	부수	획수	대표훈음
50	寒	宀	09	찰 한	40	憲	心	12	법 헌:
42	限	阜	06	한할 한:	32	獻	犬	16	드릴 헌:
40	恨	心	06	한(怨) 한:	30	軒	車	03	집 헌
40	閑	門	04	한가할 한	42	驗	馬	13	시험 험:
32	汗	水	03	땀 한(:)	40	險	阜	13	험할 험:
30	旱	日	03	가물 한:	40	革	革	00	가죽 혁
32	割	刀	10	벨 할	62	現	玉	07	나타날 현:
32	含	口	04	머금을 함	42	賢	貝	08	어질 현
32	陷	阜	08	빠질 함:	40	顯	頁	14	나타날 현:
30	咸	口	06	다 함	32	懸	心	16	달(繫) 현:
60	合	口	03	합할 합	32	玄	玄	00	검을 현
42	港	水	09	항구 항:	30	絃	糸	05	줄 현
42	航	舟	04	배 항:	30	縣	糸	10	고을 현:
40	抗	手	04	겨룰 항:	42	血	血	00	피 혈
32	恒	心	06	항상 항	32	穴	穴	00	굴 혈
32	項	頁	03	항목 항:	30	嫌	女	10	싫어할 혐
30	巷	己	06	거리 항:	42	協	十	06	화할 협
72	海	水	07	바다 해:	32	脅	肉	06	위협할 협
52	害	宀	07	해할 해:	80	兄	儿	03	형 형
42	解	角	06	풀 해:	62	形	彡	04	모양 형
30	亥	亠	04	돼지 해:	40	刑	刀	04	형벌 형
30	奚	大	07	어찌 해	32	衡	行	10	저울대 형
30	該	言	06	갖출(備)/마땅(當) 해	30	亨	亠	05	형통할 형
40	核	木	06	씨 핵	30	螢	虫	10	반딧불 형
62	幸	干	05	다행 행:	42	惠	心	08	은혜 혜:
60	行	行	00	다닐 행(:), 항렬 항	32	慧	心	11	슬기로울 혜:
60	向	口	03	향할 향:	30	兮	八	02	어조사 혜
42	鄕	邑	10	시골 향	60	號	虍	07	이름 호(:)
42	香	香	00	향기 향	50	湖	水	09	호수 호
32	響	音	13	울릴 향:	42	呼	口	05	부를 호
30	享	亠	06	누릴 향:	42	好	女	03	좋을 호:
50	許	言	04	허락할 허	42	戶	戶	00	집 호:
42	虛	虍	06	빌 허	42	護	言	14	도울 호:

급수	한자	부수	획수	대표훈음	급수	한자	부수	획수	대표훈음
32	浩	水	07	넓을 호:	40	環	玉	13	고리 환(:)
32	胡	肉	05	되(狄) 호	32	換	手	09	바꿀 환:
32	虎	虍	02	범 호(:)	32	還	辵	13	돌아올 환
32	豪	豕	07	호걸 호	30	丸	丶	02	둥글 환
30	乎	丿	04	어조사 호	72	活	水	06	살 활
30	互	二	02	서로 호:	60	黃	黃	00	누를 황
30	毫	毛	07	터럭 호	40	況	水	05	상황 황:
40	或	戈	04	혹 혹	32	皇	白	04	임금 황
32	惑	心	08	미혹할 혹	32	荒	艸	06	거칠 황
40	婚	女	08	혼인할 혼	62	會	日	09	모일 회:
40	混	水	08	섞을 혼	42	回	口	03	돌아올 회
32	魂	鬼	04	넋 혼	40	灰	火	02	재 회
30	昏	日	04	어두울 혼	32	悔	心	07	뉘우칠 회:
32	忽	心	04	갑자기 홀	32	懷	心	16	품을 회
40	紅	糸	03	붉을 홍	32	劃	刀	12	그을 획
32	洪	水	06	넓을 홍	32	獲	犬	14	얻을 획
30	弘	弓	02	클 홍	32	橫	木	12	가로 횡
30	鴻	鳥	06	기러기 홍	72	孝	子	04	효도 효:
80	火	火	00	불 화(:)	52	效	攴	06	본받을 효:
72	話	言	06	말씀 화	30	曉	日	12	새벽 효:
70	花	艸	04	꽃 화	72	後	彳	06	뒤 후:
62	和	口	05	화할 화	40	候	人	08	기후 후:
60	畫	田	07	그림 화:, 그을 획(劃)	40	厚	厂	07	두터울 후:
52	化	匕	02	될 화(:)	30	侯	人	07	제후 후
42	貨	貝	04	재물 화:	60	訓	言	03	가르칠 훈:
40	華	艸	07	빛날 화	30	毀	殳	09	헐 훼:
32	禍	示	09	재앙 화:	40	揮	手	09	휘두를 휘
30	禾	禾	00	벼 화	30	輝	車	08	빛날 휘
42	確	石	10	굳을 확	70	休	人	04	쉴 휴
30	擴	手	15	넓힐 확	30	携	手	10	이끌 휴
30	穫	禾	14	거둘 확	52	凶	凵	02	흉할 흉
50	患	心	07	근심 환:	32	胸	肉	06	가슴 흉
40	歡	欠	18	기쁠 환	50	黑	黑	00	검을 흑

급수	한자	부수	획수	대표훈음	급수	한자	부수	획수	대표훈음
42	吸	口	04	마실 흡	40	喜	口	09	기쁠 희
42	興	臼	09	일(盛) 흥(:)	32	稀	禾	07	드물 희
42	希	巾	04	바랄 희	32	戱	戈	13	놀이 희

본문학습

可 옳을 가:
5급
口 | 2획

비 司(맡을 사)
河(물 하)
何(어찌 하)
반 否(아닐 부)

글자 풀이
큰 입(口)을 벌려서 외쳤으므로 입 안에 있던 소리가 기세(丁) 좋게 나오도록 되었다는 의미이다.

읽기한자
可居之地(가거지지) 可憎(가증) 裁可(재가) 可汗(가한)

쓰기한자
可驚(가경) 可否(가부) 可危(가위) 可疑(가의) 可採(가채)
可縮性(가축성) 可否決定(가부결정)
可決(가결) 可能(가능) 可笑(가소) 可逆(가역) 可用(가용) 可票(가표)
不可(불가)

加 더할 가
5급
力 | 3획

비 功(공 공)
동 增(더할 증)
添(더할 첨)
반 減(덜 감)
削(깎을 삭)

글자 풀이
손만이 아니고 입(口)도 모아서 기세(力)를 도우려(加)는 의미이다.

읽기한자
加敍(가서) 加贈(가증) 加飾(가식) 加用貢物(가용공물) 加累(가루)
加麻(가마)

쓰기한자
加擊(가격) 加階(가계) 加納(가납) 加額(가액) 加資(가자) 加錢(가전)
加點(가점) 加減(가감) 加擔(가담) 加羅(가라) 加味(가미) 加算(가산)
加稅(가세) 加勢(가세) 加速(가속) 加熱(가열) 加律(가율) 加恩(가은)
加速度(가속도)

佳 아름다울 가:
3급 II
人 | 6획

비 住(살 주)
柱(기둥 주)
往(갈 왕)
桂(계수나무 계)
동 美(아름다울 미)
麗(고울 려)
반 醜(추할 추)

글자 풀이
서옥(圭)처럼 아름다운 사람(人)이라는 데서 아름답다, 좋다(佳)의 의미이다.

읽기한자
佳朋(가붕) 佳客(가객) 佳果(가과) 佳句(가구) 佳局(가국) 佳氣(가기)
佳期(가기) 佳器(가기) 佳郞(가랑) 佳良(가량) 佳名(가명) 佳味(가미)
佳配(가배) 佳婦(가부) 佳城(가성) 佳詩(가시) 佳辰(가신) 佳實(가실)
佳約(가약) 佳容(가용) 佳月(가월) 佳意(가의) 佳日(가일) 佳作(가작)
佳節(가절) 佳絕(가절) 佳兆(가조) 佳酒(가주) 佳趣(가취) 佳篇(가편)
佳品(가품) 佳話(가화) 佳興(가흥) 佳子弟(가자제)

暇 틈/겨를 가:
4급
日 | 9획

비 假(거짓 가)

글자 풀이
휴일(日)을 얻어(叚) 겨를(暇)이 있다는 의미이다.

읽기한자
乞暇(걸가) 寧暇(영가)

쓰기한자
暇式(가식) 暇日(가일) 公暇(공가) 病暇(병가) 餘暇(여가) 寸暇(촌가)
閑暇(한가) 休暇(휴가)

架 3급Ⅱ 시렁 가: 木 | 5획

글자 풀이

물건을 더(加) 많이 얹기 위하여 나무(木)를 건너질러 만든 시렁(架)을 의미한다.

읽기한자

架空(가공) 架工齒(가공치) 架橋(가교) 架構(가구) 架臺(가대)
架尾(가미) 架上(가상) 架線(가선) 架設(가설) 架版(가판)
書架(서가) 高架道路(고가도로)

家 7급Ⅱ 집 가 宀 | 7획

비 蒙(어두울 몽)
　 宗(마루 종)
동 戶(집 호) 屋(집 옥)
　 室(집 실) 宅(집 택)
　 堂(집 당) 閣(집 각)
　 館(집 관) 宇(집 우)
　 宙(집 주) 庫(곳집 고)

글자 풀이

옛날 돼지는 그 집의 재산이었으므로 그만큼 돼지(豕)는 집(宀)에 딸린 가축이었다는 것에서 집(家)을 의미한다.

읽기한자

家忌(가기) 家豚(가돈) 家奴(가노) 家宴(가연) 妻家(처가) 家譜(가보)
家畜(가축) 廢家(폐가)

쓰기한자

家系(가계) 家君(가군) 家屬(가속) 家計(가계) 家門(가문) 家業(가업)
家庭(가정) 家難(가난) 家寶(가보) 家勢(가세) 家戶(가호) 親家(친가)
宗家(종가)

假 4급Ⅱ 거짓 가: 人 | 9획

비 暇(틈/겨를 가)
동 僞(거짓 위)
반 眞(참 진)
약 仮

글자 풀이

타인한테 물건을 빌렸을 때는 다시 원래의 사람(人)에게 돌려주어야(反) 하므로 임시(假)로 자기 것이라는 의미이다.

읽기한자

假睡(가수) 假飾(가식) 假葬(가장)

쓰기한자

假骨(가골) 假髮(가발) 假裝(가장) 假建物(가건물) 假道(가도)
假登記(가등기) 假量(가량) 假令(가령) 假面(가면) 假名(가명)
假文書(가문서) 假分數(가분수) 假使(가사)

街 4급Ⅱ 거리 가(:) 行 | 6획

비 往(갈 왕)
　 桂(계수나무 계)
　 掛(걸 괘)
동 巷(거리 항)

글자 풀이

정확히 토지(土)가 구획되어 사방팔방(行)으로 길이 보기 좋게 뻗어있는 것에서 큰 거리가 있는 곳, 화려한 마을(街)이라는 의미이다.

읽기한자

街販(가판) 街巷(가항) 繁華街(번화가)

쓰기한자

紅燈街(홍등가) 歡樂街(환락가) 街談(가담) 街道(가도) 街頭(가두)
街燈(가등) 街路(가로) 街路燈(가로등) 街路樹(가로수) 街上(가상)
街業(가업) 街村(가촌) 大學街(대학가) 商街(상가) 市街(시가)

歌 7급
노래 **가**
欠 | 10획

- 비 軟(연할 연)
- 동 曲(굽을/노래 곡)
- 謠(노래 요)

글자 풀이

입을 크게 벌려서(欠) 유창하게 소리를 뽑아 올리는 것(哥)에서 노래하다(歌)는 의미이다.

읽기한자

戀歌(연가)

쓰기한자

歌劇(가극) 歌舞(가무) 歌辭(가사) 歌曲(가곡) 歌手(가수) 歌謠(가요)
歌唱(가창) 校歌(교가) 高聲放歌(고성방가) 國歌(국가) 軍歌(군가)
牧歌(목가) 悲歌(비가) 聖歌(성가) 詩歌(시가) 愛國歌(애국가)
流行歌(유행가) 祝歌(축가)

價 5급Ⅱ
값 **가**
人 | 13획

- 비 賣(팔 매)
- 買(살 매)
- 賈(장사 고)
- 동 値(값 치)
- 약 価

글자 풀이

상인(人)은 가치가 있는 상품(貝)을 상자(襾)에 넣어 놓고 값(價)을 정한다는 의미이다.

읽기한자

價値(가치) 同價紅裳(동가홍상) 稀少價値(희소가치) 株價(주가)

쓰기한자

價額(가액) 營養價(영양가) 評價(평가) 酒價(주가) 價格(가격)
高價(고가) 單價(단가) 代價(대가) 市價(시가) 原價(원가) 低價(저가)
定價(정가) 呼價(호가)

各 6급Ⅱ
각각 **각**
口 | 3획

- 비 客(손 객)
- 名(이름 명)
- 반 合(합할 합)
- 同(한가지 동)
- 共(한가지 공)

글자 풀이

걸어서(夂) 되돌아와 말(口)하는 사람들 모두가 일치하지 않는 것에서 따로따로, 각각(各)이라는 의미이다.

읽기한자

各字竝書(각자병서) 各葬(각장)

쓰기한자

各個擊破(각개격파) 各個戰鬪(각개전투) 各界各層(각계각층) 各散(각산)
各樣各色(각양각색) 各層(각층) 各派(각파) 各各(각각) 各個(각개)
各界(각계) 各房(각방) 各床(각상) 各色(각색) 各姓(각성) 各種(각종)
各自(각자) 各處(각처)

角 6급Ⅱ
뿔 **각**
角 | 0획

- 비 勇(날랠 용)
- 用(쓸 용)

글자 풀이

동물의 뿔과 뾰족한 것의 모서리를 의미한다.

읽기한자

角逐(각축) 角逐戰(각축전) 鹿角(녹각) 銳角(예각)
角戲(각희) 觸角(촉각)

쓰기한자

角粉(각분) 角錢(각전) 角點(각점) 角層(각층) 角端(각단) 角帶(각대)
角度器(각도기) 角燈(각등) 角狀(각상) 角聲(각성) 角星(각성)
角者無齒(각자무치) 角質(각질) 對角線(대각선) 直角(직각)

却 물리칠 각
3급
卩 | 5획

비 劫(위협할 겁)
  怯(겁낼 겁)
  脚(다리 각)
동 退(물러날 퇴)

글자 풀이
몸을 움츠리고(卩) 간다(去)는 데서 물러나다, 물리치다(却)는 의미이다.

읽기한자
棄却(기각) 燒却(소각) 却說(각설) 却下(각하) 冷却(냉각) 忘却(망각)
賣却(매각) 消却(소각) 退却(퇴각)

刻 새길 각
4급
刀 | 6획

비 核(씨 핵)
  該(갖출 해)
동 刊(새길 간)
  銘(새길 명)

글자 풀이
딱딱한 멧돼지(亥)의 뼈에 칼(刂)로 조각을 해서 장식품으로 한 것에서 새기다(刻)는 의미이다.

읽기한자
刻骨難忘(각골난망) 刻骨銘心(각골명심) 刻銘(각명) 刻薄(각박)
頃刻(경각) 浮刻(부각) 刻漏(각루) 刻削(각삭)

쓰기한자
刻苦(각고) 刻骨(각골) 刻骨痛恨(각골통한) 刻木(각목) 刻石(각석)
刻心(각심) 刻印(각인) 刻字(각자) 刻板(각판) 時刻(시각) 深刻(심각)
陽刻(양각) 陰刻(음각) 正刻(정각) 板刻(판각)

脚 다리 각
3급 Ⅱ
肉 | 7획

비 劫(위협할 겁)
  怯(겁낼 겁)
  却(물리칠 각)

글자 풀이
몸(肉)의 일부로서 무릎의 마디(卩)를 구부려 걸어가게(去) 하는 다리(脚)를 의미한다.

읽기한자
脚光(각광) 脚氣病(각기병) 脚本(각본) 脚色(각색) 脚線美(각선미)
健脚(건각) 馬脚(마각) 木脚(목각) 失脚(실각) 二人三脚(이인삼각)
立脚(입각) 行脚(행각)

閣 집 각
3급 Ⅱ
門 | 6획

비 閑(한가할 한)
  開(열 개) 閉(닫을 폐)
  閤(쪽문 합)
동 家(집 가) 戸(집 호)
  室(집 실) 堂(집 당)
  屋(집 옥) 宅(집 택)
  宙(집 주) 宇(집 우)

글자 풀이
여러 사람이 각각(各) 찾아드는 문(門)이 달린 다락집(閣)을 의미한다.

읽기한자
閣僚(각료) 閣議(각의) 閣下(각하) 改閣(개각) 巨閣(거각) 高閣(고각)
內閣(내각) 樓閣(누각) 入閣(입각) 組閣(조각)

覺 4급
깨달을 **각**
見 | 13획

비 學(배울 학)
동 悟(깨달을 오)
약 覚

글자 풀이

눈으로 보거(見)나 배우거(學)나 해서 사물의 도리를 깨달아 기억하는 것에서 기억하다, 깨닫다(覺)는 의미이다.

읽기 한자

覺悟(각오) 觸覺(촉각) 錯覺(착각)

쓰기 한자

覺苦(각고) 覺書(각서) 覺知(각지) 覺行(각행) 感覺(감각) 警覺心(경각심)
味覺(미각) 發覺(발각) 先覺(선각) 視覺(시각) 自覺(자각) 聽覺(청각)
知覺(지각)

干 4급
방패 **간**
干 | 0획

비 于(어조사 우)
　 牛(소 우)
　 午(낮 오)
　 千(일천 천)
동 盾(방패 순)
반 矛(창 모)
　 戈(창 과)

글자 풀이

손잡이가 달린 방패의 모양을 본뜬 것으로 적을 찌르거나 막기도 하는 무기라는 것에서 범하다, 거스르다의 의미이다. 또 〈건〉이라는 음이 〈乾〉과 같은 것에서 말리다(干)라는 의미도 된다.

읽기 한자

干涉(간섭) 干拓地(간척지) 若干(약간)

쓰기 한자

干滿(간만) 干城(간성) 干與(간여) 干潮(간조) 干支(간지) 如干(여간)

刊 3급 Ⅱ
새길 **간**
刀 | 3획

비 刑(형벌 형)
　 列(벌릴 렬)
　 別(다를 별)
동 刻(새길 각)
　 銘(새길 명)

글자 풀이

활자를 새겨서 책을 펴낸다는 의미이다.

읽기 한자

刊印(간인) 刊行(간행) 季刊(계간) 發刊(발간) 夕刊(석간) 新刊(신간)
年刊(연간) 月刊(월간) 日刊(일간) 朝刊(조간) 終刊(종간) 週刊(주간)
創刊(창간) 出刊(출간) 休刊(휴간) 廢刊(폐간)

肝 3급 Ⅱ
간 **간(:)**
肉 | 3획

비 朋(벗 붕)

글자 풀이

몸(肉)에 들어오는 독을 분해하고 막는 방패(干) 역할을 하는 간(肝)을 의미한다.

읽기 한자

肝要(간요) 肝腸(간장) 九曲肝腸(구곡간장) 洗肝(세간) 心肝(심간)
肝炎(간염)

看

4급
볼 **간**
目 | 4획

비 省(살필 성)
着(붙을 착)
差(다를 차)
동 觀(볼 관)
視(볼 시)
見(볼 견)
監(볼 감)

글자 풀이
눈(目) 위에 손(手)을 올리고 멀리 본다(看)는 의미이다.

읽기한자
看役(간역) 癎疾(간질)

쓰기한자
看過(간과) 看病(간병) 看守(간수) 看破(간파) 看板(간판) 看護(간호)
走馬看山(주마간산)

姦

3급
간음할 **간:**
女 | 6획

비 妥(온당할 타)
妄(망령될 망)

글자 풀이
계집 녀(女) 셋을 써서 간사함(姦)을 의미한다.

읽기한자
姦婦(간부) 姦夫(간부) 姦生子(간생자) 姦所(간소) 姦淫犯(간음범)
姦淫罪(간음죄) 姦情(간정) 姦通(간통) 姦通罪(간통죄) 強姦(강간)
近親相姦(근친상간) 輪姦(윤간)

間

7급 II
사이 **간(:)**
門 | 4획

비 問(물을 문)
聞(들을 문)
閑(한가할 한)
開(열 개)
동 隔(사이뜰 격)

글자 풀이
닫혀있는 문(門) 사이에서 아침 해(日)가 비추어오는 형태에서 사이,
틈(間)을 의미한다.

읽기한자
眉間(미간) 巷間(항간)
瞬間(순간) 間隔(간격)

쓰기한자
間或(간혹) 離間(이간) 間斷(간단) 間伐(간벌) 間選(간선) 間食(간식)
間接(간접) 間紙(간지) 空間(공간) 區間(구간) 近間(근간) 期間(기간)
民間(민간) 世間(세간) 時間(시간) 夜間(야간) 年間(연간) 人間(인간)
晝間(주간) 行間(행간)

幹

3급 II
줄기 **간**
干 | 10획

비 乾(마를 건)
軒(집 헌)
軟(연할 연)
반 根(뿌리 근)
枝(가지 지)

글자 풀이
하늘을 향해 자라는 줄기를 의미한다.

읽기한자
幹部(간부) 幹事(간사) 幹線道路(간선도로) 骨幹(골간) 根幹(근간)
語幹(어간) 才幹(재간) 主幹(주간) 幹枝(간지)

懇

3급 Ⅱ
간절할 **간:**
心 | 13획

비 墾(개간할 간)

글자 풀이

두 손(爫)과 마음(心)을 다하여(艮) 간절히(懇) 기도하고 정성을 쏟는다는 의미이다.

읽기 한자

懇曲(간곡) 懇求(간구) 懇談會(간담회) 懇切(간절) 懇請(간청)

簡

4급
대쪽/간략할 **간(:)**
竹 | 12획

비 間(사이 간)
　 節(마디 절)
　 範(법 범)
동 略(간략할 략)

글자 풀이

엷은 대나무(竹)를 끈으로 묶어서 이은 틈새(間)가 있는 뚜껑에 글자를 써넣은 것에서 서책, 편지(簡)를 의미한다.

읽기 한자

簡易驛(간이역)

쓰기 한자

簡潔(간결) 簡單(간단) 簡略(간략) 簡明(간명) 簡素(간소) 簡約(간약)
簡要(간요) 簡易(간이) 簡紙(간지) 簡册(간책) 簡擇(간택) 簡便(간편)
內簡(내간) 書簡(서간) 竹簡(죽간)

渴

3급
목마를 **갈**
水 | 9획

비 揭(걸 게)
　 謁(뵐 알)

글자 풀이

햇(日)볕에 싸여서(勹) 사람(人)이 물(氵)을 마시고 싶어한다는 데서 목마르다(渴)는 의미이다.

읽기 한자

渴求(갈구) 渴急(갈급) 渴望(갈망) 渴水期(갈수기) 渴愛(갈애) 渴症(갈증)
枯渴(고갈) 苦渴(고갈) 飢渴(기갈) 燥渴(조갈) 酒渴(주갈) 解渴(해갈)

甘

4급
달 **감**
甘 | 0획

비 甚(심할 심)
　 日(날 일)
　 目(눈 목)
반 苦(쓸 고)

글자 풀이

입 안에 사탕을 물고 있는 모양을 나타낸다.

읽기 한자

甘井(감정) 甘湯(감탕)

쓰기 한자

甘結(감결) 甘苦(감고) 甘味(감미) 甘味料(감미료) 甘辭(감사) 甘受(감수)
甘水(감수) 甘食(감식) 甘心(감심) 甘言(감언) 甘言利說(감언이설)
甘雨(감우) 甘油(감유) 甘精(감정) 甘酒(감주) 甘泉(감천) 甘草(감초)
苦盡甘來(고진감래)

減 덜 감:
4급 Ⅱ
水 | 9획

- 비 滅(멸할 멸)
  感(느낄 감)
  咸(다 함)
- 동 削(깎을 삭)
- 반 加(더할 가)
  增(더할 증)
  添(더할 첨)
- 약 减

글자 풀이

잘 익은 열매를 전부 먹어버리면 없어지듯이 물(氵)이 다(咸) 없어지는 것에서 줄다(減)는 의미이다.

읽기한자

減價償却(감가상각) 減壽(감수) 加減乘除(가감승제) 減免(감면)
削減(삭감)

쓰기한자

減點(감점) 減縮(감축) 減刑(감형) 激減(격감) 減價(감가) 減軍(감군) 減等(감등)
減量(감량) 減配(감배) 減産(감산) 減算(감산) 減稅(감세) 減勢(감세) 減少(감소)
減速(감속) 減殺(감쇄) 減水(감수) 減收(감수) 減數(감수) 減員(감원) 輕減(경감)
節減(절감) 增減(증감)

敢 감히/구태여 감:
4급
攵 | 8획

- 비 取(취할 취)
  嚴(엄할 엄)

글자 풀이

손에 칼을 들고(攵) 가서 적의 귀(耳)를 베니(工) 감히(敢) 굳세다는 의미이다.

읽기한자

焉敢生心(언감생심) 敢言之地(감언지지)

쓰기한자

敢犯(감범) 敢不生心(감불생심) 敢死(감사) 敢戰(감전) 敢請(감청)
敢鬪(감투) 敢行(감행) 果敢(과감) 勇敢(용감)

感 느낄 감:
6급
心 | 9획

- 비 滅(멸할 멸)
  歲(해 세)
  減(덜 감)
  咸(다 함)

글자 풀이

모처럼 잘 익은 과일을 전부(咸) 먹어서 좋은가 어떤가하고 마음(心)이 흔들리는 것에서 마음이 움직인다, 느낀다(感)는 의미이다.

읽기한자

感泣(감읍) 鈍感(둔감) 敏感(민감) 感銘(감명) 感染(감염) 感觸(감촉)
感歎詞(감탄사) 感悔(감회) 感懷(감회) 距離感(거리감) 靈感(영감)
隔世之感(격세지감)

쓰기한자

感覺(감각) 感激(감격) 感度(감도) 感動(감동) 感服(감복) 感謝(감사)
感想(감상) 感性(감성) 感聲(감성) 感情(감정) 感知(감지) 感化(감화)

監 볼 감
4급 Ⅱ
皿 | 9획

- 비 鑑(거울 감)
  濫(넘칠 람)
  藍(쪽 람)
- 동 觀(볼 관)
  見(볼 견)
  視(볼 시)
  看(볼 간)
- 약 监

글자 풀이

사람(亻)이 눈(臣)으로 그릇(皿)에 담긴 물을 내려다 보면서 자기의 얼굴을 살핀다(監)는 의미이다.

읽기한자

監奴(감노) 監葬(감장)

쓰기한자

監營(감영) 監觀(감관) 監禁(감금) 監督(감독) 監理(감리) 監房(감방)
監査(감사) 監事(감사) 監修(감수) 監視(감시) 監院(감원) 監察(감찰)
警監(경감) 校監(교감) 教育監(교육감) 大監(대감) 令監(영감) 舍監(사감)
收監(수감) 移監(이감) 入監(입감) 治安監(치안감)

鑑

3급Ⅱ

거울 **감**

金 | 14획

비 監(볼 감)
　濫(넘칠 람)
　藍(쪽 람)
동 鏡(거울 경)
약 鑑

글자 풀이

쇠(金)를 갈고 닦아서 자기 모습을 살펴볼(監) 수 있는 거울(鑑)을 만든다는 의미이다.

읽기한자

龜鑑(귀감) 鑑戒(감계) 鑑古(감고) 鑑別(감별) 鑑賞(감상) 鑑識(감식)
鑑定(감정) 鑑定價(감정가) 鑑定書(감정서) 鑑察(감찰) 鑑票(감표)
圖鑑(도감) 年鑑(연감) 印鑑(인감)

甲

4급

갑옷 **갑**

田 | 0획

비 申(납 신)
　由(말미암을 유)
　田(밭 전)
　中(가운데 중)

글자 풀이

호도, 복숭아 등의 씨앗의 모양으로 껍질이 단단하다는 데서 갑옷(甲)을 의미한다.

읽기한자

甲班(갑반) 甲宴(갑연) 還甲(환갑) 甲盤(갑반)

쓰기한자

甲家(갑가) 甲勤稅(갑근세) 甲利(갑리) 甲方(갑방) 甲邊(갑변) 甲兵(갑병) 甲部(갑부)
甲富(갑부) 甲士(갑사) 甲狀(갑상) 甲時(갑시) 甲申(갑신) 甲申政變(갑신정변) 甲夜(갑야)
甲葉(갑엽) 甲午(갑오) 甲衣(갑의) 甲日(갑일) 甲子(갑자) 甲種(갑종) 甲蟲(갑충)
甲板(갑판) 甲板長(갑판장) 機甲(기갑) 同甲(동갑) 裝甲車(장갑차) 進甲(진갑)
鐵甲(철갑) 回甲(회갑)

江

7급Ⅱ

강 **강**

水 | 3획

비 工(장인 공)
반 山(메 산)

글자 풀이

물(水)이 오랜 세월 흐르면서 만든(工) 것이 강(江)이라는 의미이다.

읽기한자

江郊(강교) 江幅(강폭) 渡江(도강) 江陵(강릉)

쓰기한자

江南(강남) 江邊(강변) 江山(강산) 江心(강심) 江村(강촌) 江湖(강호)
漢江(한강)

降

4급

내릴 **강:**
항복할 **항**

阝 | 6획

비 隆(높을 륭)
　陵(언덕 릉)
반 昇(오를 승)

글자 풀이

높은 산의 벼랑(阝)에서 낮은 곳에 내려오는(夅) 것으로 산이나 언덕, 비탈 등을 내려가다, 강하하다(降)는 의미이다.

읽기한자

降臨(강림) 降板(강판) 昇降機(승강기) 沈降(침강)

쓰기한자

降階(강계) 降壇(강단) 降等(강등) 降福(강복) 降雪量(강설량)
降水(강수) 降水量(강수량) 降神(강신) 降雨(강우) 降下(강하)
降伏(항복) 降書(항서) 下降(하강) 投降(투항)

剛

3급 II

굳셀 **강**

刀 | 8획

비 岡(언덕 강)
罔(없을 망)
鋼(강철 강)
綱(벼리 강)
동 強(강할 강)
健(굳셀 건)
반 弱(약할 약)
柔(부드러울 유)

글자 풀이
산등성이(岡)의 바위도 자를 만한 칼(刂)이니 굳세다(剛)는 의미이다.

읽기한자
剛健(강건) 剛健體(강건체) 剛氣(강기) 剛斷(강단) 剛度(강도)
剛毛(강모) 剛性(강성) 剛烈(강렬) 剛柔(강유) 剛日(강일) 剛正(강정)
剛志(강지) 剛直(강직) 剛體(강체) 金剛山(금강산) 外柔內剛(외유내강)

康

4급 II

편안 **강**

广 | 8획

비 庚(천간 경)
慶(경사 경)
동 安(편안 안)
寧(편안할 녕)

글자 풀이
한낮에는 바깥(广)에서 노동한 후에 밤에 이르기(隶)까지 집안에서 일할
정도로 몸이 튼튼한 것에서 건강(康)을 의미한다.

읽기한자
康寧(강녕)

쓰기한자
康居(강거) 康健(강건) 康國(강국) 康年(강년) 康里(강리) 康福(강복)
健康(건강) 小康(소강)

強

6급

강할 **강(:)**

弓 | 8획

동 健(굳셀 건)
반 弱(약할 약)

글자 풀이
활(弓)에 사용하는 실은 누에고치(雖)에서 뽑은 실을 송진 등을 발라서
강한 힘으로 당겨도 끊어지지 않도록 한 것에서 강하다, 강하게 하다(強)는
의미이다.

읽기한자
強姦(강간) 補強(보강) 強奪(강탈)

쓰기한자
強勸(강권) 強盜(강도) 強烈(강렬) 強點(강점) 強健(강건) 強國(강국)
強度(강도) 強速球(강속구) 強買(강매) 強賣(강매) 強盛(강성) 強勢(강세)
強弱(강약) 強調(강조)

綱

3급 II

벼리 **강**

糸 | 8획

비 岡(언덕 강)
罔(없을 망)
鋼(강철 강)
剛(굳셀 강)
網(그물 망)
동 紀(벼리 기)

글자 풀이
실(糸)로써 산등성이(岡) 같이 단단하게 꼬아 놓은 것이 벼리(綱)라는
의미이다.

읽기한자
綱領(강령) 綱目(강목) 綱常(강상) 綱要(강요) 大綱(대강) 要綱(요강)
三綱(삼강) 政綱(정강) 三綱五倫(삼강오륜) 紀綱(기강)

鋼	3급Ⅱ
	강철 **강**
	金 | 8획

비 岡(언덕 강)
　岡(없을 망)
　綱(벼리 강)
　剛(굳셀 강)
　網(그물 망)
동 鐵(쇠 철)

글자 풀이

산등성이(岡)의 바위처럼 굳센 쇠(金)이니 강철(鋼)을 의미한다.

읽기한자

鋼船(강선) 鋼線(강선) 鋼鐵(강철) 鋼筆(강필) 鍊鋼(연강) 製鋼(제강)
鐵鋼(철강)

講	4급Ⅱ
	욀 **강:**
	言 | 10획

비 構(얽을 구)
　購(살 구)
동 誦(욀 송)

글자 풀이

단어(言)를 조합(冓)해서 상대에게 잘 이해할 수 있게 이야기하고 화해하
는 것에서 설명하다(講)는 의미이다.

읽기한자

補講(보강) 講誦(강송)

쓰기한자

講評(강평) 聽講(청강) 講究(강구) 講壇(강단) 講堂(강당) 講讀(강독)
講論(강론) 講士(강사) 講師(강사) 講義(강의) 講習會(강습회)
講演會(강연회) 講義室(강의실) 講話(강화) 講和(강화) 開講(개강)
缺講(결강) 受講(수강) 終講(종강) 出講(출강) 特講(특강) 休講(휴강)

介	3급Ⅱ
	낄 **개:**
	人 | 2획

비 芥(겨자 개)

글자 풀이

사람(人)이 양쪽(刂) 사이에 끼어든다(介)는 의미이다.

읽기한자

介潔(개결) 介意(개의) 介入(개입) 介在(개재) 媒介(매개) 仲介(중개)

改	5급
	고칠 **개(:)**
	攵 | 3획

비 攻(칠 공)
　政(정사 정)
　收(거둘 수)
동 更(고칠 경)

글자 풀이

나쁜 행위를 한 사람(己)을 채찍(攵)으로 두들겨 고쳐서 좋게 한다, 바꾸
다(改)는 의미이다.

읽기한자

朝令暮改(조령모개) 改閣(개각) 改稿(개고) 悔改(회개)
改過遷善(개과천선)

쓰기한자

改差(개차) 改痛(개통) 改標(개표) 改憲(개헌) 改革(개혁) 改良(개량)
改備(개비) 改修(개수) 改正(개정) 改造(개조) 改築(개축) 改置(개치)
改票(개표) 朝變夕改(조변석개)

皆 3급 다(總) 개 | 白 | 4획

비 階(섬돌 계)
동 咸(다 함)

글자 풀이

나란히(比) 서 있는 사람들의 말(白)이 모두, 다(皆) 같다는 의미이다.

읽기한자

皆勤(개근) 皆兵(개병) 擧皆(거개)

個 4급Ⅱ 낱 개(:) | 人 | 8획

비 固(굳을 고)
약 个

글자 풀이

사람(人)이나 굳은(固) 것은 낱개(個)로 센다는 의미이다.

읽기한자

幾個(기개) 個我(개아)

쓰기한자

各個擊破(각개격파) 個當(개당) 個物(개물) 個別(개별) 個別的(개별적)
個性(개성) 個數(개수) 個人(개인) 個人技(개인기) 個體(개체) 別個(별개)
半個(반개)

開 6급 열 개 | 門 | 4획

비 閉(닫을 폐)
  問(물을 문)
  聞(들을 문)
반 閉(닫을 폐)

글자 풀이

빗(幵)장을 양손으로 들어올려 벗기고 출입문(門)을 여는 것에서 열다(開)는 의미이다.

읽기한자

開拓(개척) 疏開(소개)

쓰기한자

開管(개관) 開鑛(개광) 開式辭(개식사) 開閉(개폐) 開婚(개혼)
開講(개강) 開缺(개결) 開關(개관) 開國(개국) 開發(개발) 開放(개방)
開城(개성) 開所(개소) 開始(개시) 開議(개의) 開通(개통) 開票(개표)
開學(개학) 開港(개항) 開花(개화) 開化(개화) 公開(공개) 滿開(만개)
未開(미개)

蓋 3급Ⅱ 덮을 개(:) | 艹 | 10획

비 蓄(쌓을 축)
약 盖

글자 풀이

그릇(皿) 속의 물건이 사라지지(去) 않도록 풀잎(艹)으로 덮는다(蓋)는 의미이다.

읽기한자

蓋果(개과) 蓋石(개석) 蓋世(개세) 蓋瓦(개와) 蓋車(개차) 蓋草(개초)
蓋板(개판) 蓋皮(개피) 蓋然性(개연성) 硬口蓋(경구개)
口蓋音化(구개음화) 頭蓋骨(두개골) 無蓋車(무개차) 軟口蓋(연구개)
覆蓋(복개)

慨	3급	
	슬퍼할 개:	
	心	11획

비 槪(대개 개)
　 旣(이미 기)
동 悼(슬퍼할 도)
　 哀(슬플 애)
반 喜(기쁠 희)
　 歡(기쁠 환)
약 慨

글자 풀이

이미(旣) 잘못된 일을 마음(心) 속으로 분개하고 슬퍼한다(慨)는 의미이다.

읽기 한자

慨歎(개탄) 感慨無量(감개무량) 憤慨(분개)

槪	3급Ⅱ	
	대개 개:	
	木	11획

비 旣(이미 기)
　 慨(슬퍼할 개)
약 槩

글자 풀이

평미레로 밀어서 곡식이 되면 양이 대개(槪) 고르다는 의미이다.

읽기 한자

槪觀(개관) 槪念(개념) 槪略(개략) 槪論(개론) 槪算(개산) 槪說(개설)
槪要(개요) 景槪(경개) 氣槪(기개) 大槪(대개) 節槪(절개)
日氣槪況(일기개황)

客	5급Ⅱ	
	손 객	
	宀	6획

비 容(얼굴 용)
　 各(각각 각)
동 旅(나그네 려)
　 賓(손 빈)
반 主(주인 주)

글자 풀이

집안(宀)에 각각(各) 찾아온 사람이 머무르면서 이야기한다는 것에서 찾아온 사람, 불려온 사람(客)을 의미한다.

읽기 한자

客虎(객호) 乘客(승객) 賀客(하객)

쓰기 한자

客居(객거) 客廬(객려) 客辭(객사) 客家(객가) 客苦(객고) 客工(객공)
客觀(객관) 客官(객관) 客軍(객군) 客氣(객기) 客年(객년) 客談(객담)
客堂(객당) 客待(객대) 客冬(객동) 客旅(객려) 客禮(객례) 客味(객미)
客房(객방) 客兵(객병) 客費(객비) 客使(객사) 客舍(객사) 客狀(객상)
客床(객상)

更	4급	
	고칠 경	
	다시 갱:	
	曰	3획

비 吏(관리 리)
　 曳(끌 예)
　 便(편할 편)
　 史(사기 사)
　 硬(굳을 경)
동 改(고칠 개)

글자 풀이

하루하루(日) 살아가면서 손(丈)으로 다시(更) 일하며, 불편한 것을 고쳐 나간다(更)는 의미이다.

읽기 한자

更蘇(갱소) 更巡(경순) 更換(경환)

쓰기 한자

更年期(갱년기) 更生(갱생) 更新(갱신) 更紙(갱지) 更張(경장) 更點(경점)
三更(삼경) 五更(오경)

去 갈 거: | 厶 | 3획 | 5급

비 怯(겁낼 겁)
　劫(위협할 겁)
동 往(갈 왕)
반 來(올 래)

글자 풀이

안(厶)에 있는 것을 꺼낼 때 뚜껑(土)을 뜯어 제거하는 것에서 가다, 떠나다(去)의 의미이다.

읽기한자

去皮(거피) 七去之惡(칠거지악)

쓰기한자

去就(거취) 去冷(거냉) 去年(거년) 去毒(거독) 去來(거래) 去聲(거성)
去勢(거세) 去處(거처) 過去(과거) 收去(수거) 除去(제거) 退去(퇴거)

巨 클 거: | 工 | 2획 | 4급

비 臣(신하 신)
동 大(큰 대)
　太(클 태)
반 小(작을 소)

글자 풀이

손잡이가 달린 큰(巨) 자의 모양을 본떴다.

읽기한자

巨姦(거간) 巨役(거역)

쓰기한자

巨家(거가) 巨金(거금) 巨大(거대) 巨盜(거도) 巨頭(거두) 巨木(거목)
巨物(거물) 巨富(거부) 巨商(거상) 巨石(거석) 巨船(거선) 巨視的(거시적)
巨額(거액) 巨人(거인) 巨勢(거세) 巨室(거실) 名門巨族(명문거족)

車 수레 거/차 | 車 | 0획 | 7급 Ⅱ

비 東(동녘 동)
　束(묶을 속)

글자 풀이

수레(車)의 모양을 본떴다.

읽기한자

乘用車(승용차)

쓰기한자

車庫(차고) 車輪(차륜) 自轉車(자전거) 車馬(거마) 車馬費(거마비)
車道(차도) 停車場(정거장) 急停車(급정거) 人力車(인력거) 汽車(기차)
馬車(마차) 列車(열차) 電車(전차) 電動車(전동차) 停車(정차) 火車(화차)

居 살 거 | 尸 | 5획 | 4급

비 局(판 국)
　尾(꼬리 미)
　屋(집 옥)
　屈(굽을 굴)
동 住(살 주)

글자 풀이

사람이 집(尸)에 오랫동안(古) 머물러 산다(居)는 의미이다.

읽기한자

居喪(거상)

쓰기한자

居家(거가) 居官(거관) 居留(거류) 居留民(거류민) 居民(거민) 居士(거사)
居山(거산) 居常(거상) 居生(거생) 居西干(거서간) 居所(거소) 居室(거실)
居接(거접) 居停(거정) 居住(거주) 居住地(거주지) 居處(거처) 居村(거촌)
居宅(거택) 居鄕(거향) 群居(군거) 起居(기거) 同居(동거) 別居(별거)
隱居(은거) 雜居(잡거) 占居(점거) 住居(주거)

拒

막을 거:
手 | 5획

4급

비 距(상거할 거)
倨(거만할 거)
巨(클 거)
통 抗(막을 항)
障(막을 장)

글자 풀이
손(手)을 크게(巨) 움직여 적과 겨루고 막는다(拒)는 의미이다.

읽기 한자
拒却(거각)

쓰기 한자
拒納(거납) 拒否(거부) 拒否權(거부권) 拒守(거수) 拒逆(거역) 拒戰(거전)
拒絕(거절) 抗拒(항거) 障拒(장거)

距

상거할 거:
足 | 5획

3급Ⅱ

비 拒(막을 거)
倨(거만할 거)
巨(클 거)
통 離(떠날 리)
隔(사이뜰 격)

글자 풀이
발(足)로 크게(巨) 걸어서 떨어져(距) 나간다는 의미이다.

읽기 한자
距離(거리) 短距離(단거리) 長距離(장거리)

據

근거 거:
手 | 13획

4급

비 劇(심할 극)
戲(놀이 희)
통 依(의지할 의)
약 拠

글자 풀이
산에서 호랑이(虍)나 멧돼지(豕)를 만나면 손(扌)에 든 무기에 의지하여 (據) 위기를 면한다는 의미이다.

읽기 한자
據執(거집) 割據(할거)

쓰기 한자
據守(거수) 據室(거실) 據有(거유) 據點(거점) 根據(근거) 根據地(근거지)
論據(논거) 雄據(웅거) 依據(의거) 占據(점거) 證據(증거)

擧

들 거:
手 | 14획

5급

비 與(더불 여)
譽(명예 예)
興(일 흥)
약 挙, 舉

글자 풀이
코끼리의 상아는 크고 귀중하므로 여럿(與)이서 들어올리고(手) 소중하게 나르는 것에서 높이 올리다, 들어올리다(擧)는 의미이다.

읽기 한자
擧皆(거개) 薦擧(천거) 輕擧妄動(경거망동) 被選擧權(피선거권)

쓰기 한자
擧國(거국) 擧黨的(거당적) 擧動(거동) 擧名(거명) 擧論(거론)
擧事(거사) 擧手敬禮(거수경례) 擧用(거용) 擧止(거지) 擧行(거행)
檢擧(검거) 科擧(과거) 大擧(대거) 選擧(선거) 列擧(열거) 義擧(의거)
長擧(장거) 一擧一動(일거일동) 行動擧止(행동거지)

件 물건 건 | 人 | 4획 | 5급

비 仕(섬길 사)
任(맡길 임)
佳(아름다울 가)
동 物(물건 물)

글자 풀이

노예(亻)나 소(牛)와 같이 매여서 자유의 몸이 되지 못한다는 것에서 움직이지 않는 것, 물건(件)을 의미한다.

읽기 한자

某件(모건) 訴件(소건)

쓰기 한자

無條件(무조건) 與件(여건) 條件(조건) 立地條件(입지조건)
條件反射(조건반사) 件名(건명) 件數(건수) 物件(물건) 事件(사건)
案件(안건) 餘件(여건) 要件(요건) 用件(용건) 人件費(인건비)

建 세울 건: | 廴 | 6획 | 5급

비 康(편안 강)
健(굳셀 건)
동 立(설 립)
반 崩(무너질 붕)
壞(무너질 괴)

글자 풀이

옛날 붓(聿)을 세워서(廴) 방위나 땅모양을 확인하고 장소를 정했듯이 일을 하기 시작할 때는 잘 생각해서 순서를 밟는 것에서 만든다, 세운다, 제안하다(建)의 의미이다.

읽기 한자

封建主義(봉건주의) 啓建(계건)

쓰기 한자

建碑(건비) 建國(건국) 建軍(건군) 建極(건극) 建物(건물) 建設(건설)
建玉(건옥) 建議(건의) 建議案(건의안) 建除(건제) 建制(건제) 建造(건조)
建築(건축) 建築物(건축물) 建築費(건축비) 建興(건흥) 假建物(가건물)

健 굳셀 건: | 人 | 9획 | 5급

비 康(편안 강)
建(세울 건)
동 康(편안 강)
剛(굳셀 강)
壯(장할 장)
반 弱(약할 약)

글자 풀이

사람(人)이 글자를 슬슬(廴) 쓰듯(聿) 병치레를 하지 않고 건강하다(健)는 의미이다.

읽기 한자

健忘症(건망증) 健脚(건각) 剛健(강건) 健胃(건위)

쓰기 한자

健壯(건장) 健鬪(건투) 健康(건강) 健婦(건부) 健勝(건승) 健實(건실)
健兒(건아) 健全(건전) 保健(보건) 不健全(불건전)

乾 하늘/마를 건 | 乙 | 10획 | 3급Ⅱ

비 幹(줄기 간)
軒(집 헌)
동 燥(마를 조)
반 濕(젖을 습)
坤(따 곤)

글자 풀이

구불구불하게 생긴 초목의 새싹(乙)이 해가 떠오르듯 땅을 뚫고 나와 하늘(乾)을 향한다는 의미이다.

읽기 한자

乾坤(건곤) 乾畓(건답) 乾杯(건배) 乾燥(건조) 無味乾燥(무미건조)
乾固(건고) 乾空(건공) 乾期(건기) 乾達(건달) 乾德(건덕) 乾性(건성)
乾位(건위) 乾材(건재) 乾菜(건채) 乾川(건천) 乾草(건초) 乾濕(건습)
白手乾達(백수건달)

傑 _{4급}
傑 뛰어날 **걸**
人 | 10획

- 비 隣(이웃 린)
  憐(불쌍히여길 련)
- 동 俊(준걸 준)
  秀(빼어날 수)
- 반 拙(졸할 졸)
  劣(못할 열)

글자 풀이

많은 사람(人) 중에서 빼어났다(桀)하여 호걸(傑)이라는 의미이다.

읽기한자

俊傑(준걸) 怪傑(괴걸) 豪傑(호걸)

쓰기한자

傑觀(걸관) 傑句(걸구) 傑氣(걸기) 傑立(걸립) 傑物(걸물) 傑舍(걸사)
傑士(걸사) 傑作(걸작) 傑出(걸출) 傑行(걸행) 女傑(여걸) 人傑(인걸)

乞 _{3급}
乞 빌 **걸**
乙 | 2획

- 동 丐(빌 개)

글자 풀이

사람(人)이 새(乙)처럼 몸을 굽힌 것으로 빌다(乞)의 의미이다.

읽기한자

乞求(걸구) 乞盟(걸맹) 乞命(걸명) 乞不並行(걸불병행) 乞食(걸식)
乞人(걸인) 求乞(구걸) 哀乞伏乞(애걸복걸)

劍 _{3급 II}
劍 칼 **검:**
刀 | 13획

- 비 檢(검사할 검)
  險(험할 험)
  儉(검소할 검)
- 동 刀(칼 도)
- 약 剣

글자 풀이

여러(僉) 사람이 모여서 칼(刂)싸움을 한다는 데서 칼(劍)의 의미이다.

읽기한자

刻舟求劍(각주구검) 劍客(검객) 劍道(검도) 劍舞(검무) 劍術(검술)
短劍(단검) 刀劍(도검) 名劍(명검) 銃劍術(총검술)

儉 _{4급}
儉 검소할 **검:**
人 | 13획

- 비 檢(검사할 검)
  險(험할 험)
  劍(칼 검)
- 반 奢(사치할 사)
  侈(사치할 치)
- 약 倹

글자 풀이

사람(人)은 누구나 다(僉) 검소(儉)하여야 한다는 의미이다.

읽기한자

廉儉(염검) 儉薄(검박)

쓰기한자

儉年(검년) 儉德(검덕) 儉省(검생) 儉素(검소) 儉約(검약) 勤儉(근검)
勤儉節約(근검절약)

檢

4급 II

검사할 검:

木 | 13획

비 險(험할 험)
儉(검소할 검)
劍(칼 검)
약 検

글자 풀이

나무(木)를 여러(僉)개 모아 놓고 바리케이트를 쌓은 다음 지나가는 사람을 검사한다(檢)는 의미이다.

읽기 한자

臨檢(임검)

쓰기 한자

檢鏡(검경) 檢納(검납) 檢卵(검란) 檢討(검토) 點檢(점검) 檢擧(검거)
檢見(검견) 檢官(검관) 檢斷(검단) 檢督(검독) 檢量(검량) 檢流(검류)
檢律(검률) 檢問(검문) 檢問所(검문소) 檢便(검변) 檢事(검사) 檢算(검산)
檢數(검수) 檢水(검수) 檢視(검시) 檢案(검안) 檢藥(검약) 檢溫(검온)
檢字(검자) 檢定(검정) 檢察(검찰) 檢出(검출) 檢波(검파)

格

5급 II

격식 격

木 | 6획

비 洛(물이름 락)
落(떨어질 락)
동 式(법 식)

글자 풀이

나뭇가지(木)가 뻗어 서로(各) 부딪치게 되었으므로 서로 친다는 의미가
되고, 또 뻗은 나뭇가지(木)가 각각(各) 격식(格)대로 되어 있다는 의미이다.

읽기 한자

昇格(승격)

쓰기 한자

格納(격납) 格差(격차) 格鬪(격투) 骨格(골격) 嚴格(엄격) 資格(자격)
適格(적격) 格上(격상) 格式(격식) 格言(격언) 格子(격자) 格調(격조)
格致(격치) 格下(격하) 規格(규격) 同格(동격) 性格(성격) 神格(신격)
失格(실격) 人格(인격) 主格(주격) 體格(체격) 破格(파격) 品格(품격)
合格(합격)

激

4급

격할 격

水 | 13획

비 倣(본뜰 방)
傲(거만할 오)

글자 풀이

물길(氵)이 바위에 부딪혀(敫) 부서지는 모습에서 격렬하다(激), 기세
좋다는 의미이다.

읽기 한자

激突(격돌) 自激之心(자격지심)

쓰기 한자

激減(격감) 激勸(격권) 激怒(격노) 激落(격락) 激烈(격렬) 激流(격류)
激務(격무) 激發(격발) 激變(격변) 激賞(격상) 激聲(격성) 激成(격성)
激語(격어) 激音(격음) 激獎(격장) 激戰(격전) 激切(격절) 激情(격정)
激增(격증) 激讚(격찬) 激痛(격통) 激鬪(격투) 激波(격파) 激爆(격폭)
激化(격화) 感激(감격) 過激(과격) 急激(급격) 激憤(격분)

擊

4급

칠 격

手 | 13획

비 繫(맬 계)
동 打(칠 타)
약 撃

글자 풀이

손에 창(殳)을 들거나 혹은 맨손(手)으로 적군(軍)을 친다(擊)는 의미이다.

읽기 한자

擊滅(격멸) 擊追(격추) 擊沈(격침) 排擊(배격) 襲擊(습격) 追擊(추격)
衝擊(충격) 被擊(피격)

쓰기 한자

擊發(격발) 擊退(격퇴) 擊破(격파) 攻擊(공격) 目擊(목격) 反擊(반격)
射擊(사격) 遊擊隊(유격대) 人身攻擊(인신공격) 一擊(일격) 進擊(진격)
銃擊(총격) 出擊(출격) 打擊(타격) 砲擊(포격) 爆擊(폭격)

隔
3급Ⅱ
사이뜰 격
阝 | 10획

동 間(사이 간)
반 接(이을 접)

글자 풀이
阝는 사다리를, 鬲은 발이 셋 달린 솥을 본뜬 것으로 땅과 사이가 떠 있다(隔)는 의미이다.

읽기 한자
隔墙有耳(격장유이) 隔年(격년) 隔離(격리) 隔世之感(격세지감)
隔月(격월) 隔意(격의) 隔日(격일) 隔差(격차) 間隔(간격) 懸隔(현격)

犬
4급
개 견
犬 | 0획

비 大(큰 대)
丈(어른 장)
太(클 태)
동 狗(개 구)

글자 풀이
개의 옆 모양을 본떴다.

읽기 한자
犬馬之勞(견마지로) 狂犬病(광견병) 猛犬(맹견)

쓰기 한자
犬馬(견마) 軍犬(군견) 愛犬(애견) 忠犬(충견) 鬪犬(투견) 犬齒(견치)
名犬(명견)

牽
3급
이끌/끌 견
牛 | 7획

비 索(찾을 색)
동 引(끌 인)
挽(당길 만)
반 推(밀 추)

글자 풀이
외양간(宀)에 있는 소(牛)를 새끼줄(玄)로 묶어 끌어낸다(牽)는 의미이다.

읽기 한자
牽強附會(견강부회) 牽連之親(견련지친) 牽絲(견사) 牽牛織女(견우직녀)
牽牛花(견우화) 牽引(견인) 牽制(견제) 拘牽(구견) 連牽(연견)

見
5급Ⅱ
볼 견:
뵈올 현:
見 | 0획

비 具(갖출 구)
貝(조개 패)
頁(머리 혈)
동 觀(볼 관)
看(볼 간)
視(볼 시)
監(볼 감)

글자 풀이
제일 위에 큰 눈(目)이 있어 잘 보인다는 것에서 보다, 보인다(見)의 의미이다.
무릎꿇고(儿) 보는(目) 것을 見이라 하고, 서서 보는 것을 望이라 한다.

읽기 한자
謁見(알현) 見執(견집) 目不忍見(목불인견) 先見之明(선견지명) 偏見(편견)

쓰기 한자
見困(견곤) 見屈(견굴) 見機(견기) 見積(견적) 見樣(견양) 私見(사견)
豫見(예견) 異見(이견) 見聞(견문) 見背(견배) 見本(견본) 見佛(견불)
見習(견습) 見識(견식)

肩

3급
어깨 **견**
肉 | 4획

비 屋(집 옥)

글자 풀이

몸(月)의 일부로서 물건을 메서 머물게(戶) 할 수 있는 곳이니 어깨(肩)를 의미한다.

읽기한자

肩骨(견골) 肩關節(견관절) 肩帶(견대) 肩等(견등) 肩部(견부) 肩輿(견여) 肩章(견장) 肩次(견차) 肩把(견파) 路肩(노견) 比肩(비견) 雙肩(쌍견)

堅

4급
굳을 **견**
土 | 8획

비 竪(더벅머리 수)
臥(누울 와)
賢(어질 현)
緊(긴할 긴)
동 固(굳을 고)
硬(굳을 경)
確(굳을 확)
반 柔(부드러울 유)
약 坚

글자 풀이

굳을 간(臤)에 흙 토(土)가 합친 자로 땅(土)이 단단하다(臤)는 데서 굳다, 굳세다(堅)는 의미이다.

읽기한자

堅剛(견강) 堅忍(견인) 堅執(견집) 堅硬(견경)

쓰기한자

堅甲(견갑) 堅强(견강) 堅決(견결) 堅固(견고) 堅果(견과) 堅利(견리) 堅氷(견빙) 堅石(견석) 堅城(견성) 堅守(견수) 堅信(견신) 堅實(견실) 堅約(견약) 堅確(견확) 中堅(중견) 中堅作家(중견작가)

遣

3급
보낼 **견:**
辶 | 10획

비 遺(남길 유)
選(가릴 선)
동 送(보낼 송)

글자 풀이

귀관으로(貴) 하여금 먼 길(辶)을 가서 근무하도록 보낼(遣) 예정이라는 의미이다.

읽기한자

遣歸(견귀) 派遣(파견)

絹

3급
비단 **견**
糸 | 7획

비 組(짤 조)
終(마칠 종)
線(줄 선)
동 錦(비단 금)

글자 풀이

누에의 몸(月)의 일부인 주둥이(口)에서 나온 실(糸)로 짠 명주(絹)를 의미한다.

읽기한자

絹本(견본) 絹絲(견사) 絹織物(견직물) 生絹(생견) 人造絹(인조견)

決 결단할 결
5급 II
水 | 4획

비 快(쾌할 쾌)
缺(이지러질 결)

글자 풀이
물(氵)을 터놓아(夬) 제방을 끊는다는 것에서 끊다, 결단하다(決)는 의미 이다.

읽기 한자
決裁(결재) 卽決(즉결) 決裂(결렬)

쓰기 한자
決鬪(결투) 決判(결판) 否決(부결) 判決(판결) 決斷(결단) 決明子(결명자)
決死(결사) 決算(결산) 決選(결선) 決勝(결승) 決心(결심) 決案(결안)
決意(결의) 決議(결의) 決戰(결전) 決定(결정) 決處(결처) 決行(결행)
可決(가결) 對決(대결) 未決(미결)

缺 이지러질 결
4급 II
缶 | 4획

비 快(쾌할 쾌)
決(결단할 결)
반 出(날 출)
약 欠

글자 풀이
동이(缶)의 한 귀퉁이가 깨졌다(夬)는 것에서 이지러지다(缺)는 의미 이다.

읽기 한자
缺陷(결함) 補缺(보결)

쓰기 한자
缺勤(결근) 缺點(결점) 缺損家庭(결손가정) 缺講(결강) 缺禮(결례)
缺席(결석) 缺食(결식) 缺如(결여) 缺員(결원) 缺航(결항)
完全無缺(완전무결) 病缺(병결)

結 맺을 결
5급 II
糸 | 6획

비 納(들일 납)
終(마칠 종)
동 契(맺을 계)

글자 풀이
물건주머니의 입구(口)를 끈(糸)으로 확실히 묶어서(土) 물건을 자루 속에 가둔다, 맺는다(結)는 의미이다.

읽기 한자
妥結(타결) 結像(결상) 結尾(결미)

쓰기 한자
結構(결구) 結納(결납) 結髮(결발) 結負(결부) 結辭(결사) 結怨(결원)
結腸(결장) 結錢(결전) 結講(결강) 結果(결과) 結句(결구) 結局(결국)
結黨(결당) 結氷(결빙) 結稅(결세) 結束(결속) 結實(결실) 結願(결원)
結義(결의) 結制(결제)

潔 깨끗할 결
4급 II
水 | 12획

비 契(맺을 계)
동 淸(맑을 청)
淨(깨끗할 정)
반 汚(더러울 오)

글자 풀이
칼(刀)로 막대봉(丰)에 멋있게 조각을 새기듯이 실타래(糸)를 모아서 물(氵) 속에 넣어 깨끗이 하는 것에서 더러움이 없다, 깨끗하다(潔)는 의미 이다.

읽기 한자
淨潔(정결)

쓰기 한자
簡潔(간결) 潔白(결백) 潔身(결신) 高潔(고결) 純潔(순결) 淸潔(청결)
不潔(불결)

訣

3급II
이별할 **결**
言 | 4획

동 離(떠날 리)
別(다를 별)
반 遇(만날 우)

글자 풀이

각자 따로 흩어져서(夬) 갈 것을 말한다(言)는 것에서 이별하다(訣)는 의미이다.

읽기한자

訣別(결별) 訣要(결요) 口訣(구결) 道訣(도결) 妙訣(묘결) 辭訣(사결)
四句訣(사구결) 生訣(생결) 神訣(신결) 永訣(영결) 要訣(요결)
引訣(인결) 眞訣(진결)

兼

3급II
겸할 **겸**
八 | 8획

비 廉(청렴할 렴)
謙(겸손할 겸)

글자 풀이

손(ㅋ)에 벼 두 포기를 아울러서(兼) 쥔다는 의미이다.

읽기한자

兼備(겸비) 兼床(겸상) 兼業(겸업) 兼用(겸용) 兼任(겸임)
兼職(겸직) 兼人之勇(겸인지용) 男女兼用(남녀겸용)

謙

3급II
겸손할 **겸**
言 | 10획

비 兼(겸할 겸)
廉(청렴할 렴)
동 讓(사양할 양)
반 傲(거만할 오)
慢(거만할 만)

글자 풀이

말(言)에 아울러(兼) 행동까지 겸손(謙)하다는 의미이다.

읽기한자

謙德(겸덕) 謙讓(겸양) 謙稱(겸칭) 謙虛(겸허)

京

6급
서울 **경**
亠 | 6획

비 涼(서늘할 량)
亭(정자 정)
亨(형통할 형)
享(누릴 향)
반 鄕(시골 향)
村(마을 촌)

글자 풀이

어전의 주위에는 많은 사람이 살고 있던 것에서 어전을 중심으로 한 마을, 도읍(京)을 의미한다.

읽기한자

京畓(경답) 京畿(경기)

쓰기한자

京劇(경극) 京仁線(경인선) 歸京(귀경) 京觀(경관) 京府(경부) 京城(경성)
京田(경전) 京制(경제) 京察(경찰) 京鄕(경향) 上京(상경) 入京(입경)

庚 별 경	**3급**
广 | 5획	

비 慶(경사 경)
康(편안 강)

글자 풀이

사람(人)이 손(⦿)으로 집(广)과 국가를 위하여 별(庚)을 볼 때까지 일한다는 의미이다.

읽기 한자

庚癸(경계) 庚方(경방) 庚伏(경복) 庚熱(경열) 庚炎(경염)
庚辰(경진) 同庚(동경)

徑 지름길/길 경	**3급Ⅱ**
彳 | 7획	

비 經(지날 경)
輕(가벼울 경)
동 道(길 도)
路(길 로)
약 径

글자 풀이

베틀의 날실(巠)처럼 곧게 난 길(彳)이란 데서 지름길, 곧다(徑)는 의미이다.

읽기 한자

口徑(구경) 半徑(반경) 直徑(직경)

耕 밭갈 경	**3급Ⅱ**
耒 | 4획	

비 籍(문서 적)

글자 풀이

쟁기(耒)로 네모진(井) 논밭을 간다(耕)는 의미이다.

읽기 한자

耕作(경작) 耕地(경지) 農耕(농경) 水耕(수경) 晝耕夜讀(주경야독)
筆耕(필경)

竟 마침내 경:	**3급**
立 | 6획	

비 意(뜻 의)
境(지경 경)
鏡(거울 경)
동 畢(마칠 필)

글자 풀이

어진 사람(儿)이 뜻(音)을 세워 노력하면 마침내(竟) 이룬다는 의미이다.

읽기 한자

究竟(구경) 畢竟(필경)

頃

3급 II
이랑/잠깐 **경**
頁 | 2획

비 項(항목 항)
傾(기울 경)
동 瞬(눈깜짝일 순)

글자 풀이

머리(頁)의 방향을 바꿔서(匕) 잠깐(頃) 뒤를 돌아본다는 의미이다.

읽기 한자

頃刻(경각) 頃年(경년) 頃步(경보) 頃歲(경세) 頃日(경일) 頃者(경자)
頃田(경전) 萬頃蒼波(만경창파) 命在頃刻(명재경각)

景

5급
볕 **경(:)**
日 | 8획

비 影(그림자 영)
동 陽(볕 양)
光(빛 광)

글자 풀이

높은 곳(京)에서 밖을 내다보면 햇볕(日)을 받아 선명하게 정취 있는 모습이
잘 보인다는 것에서 경치(景)를 의미한다.

읽기 한자

景概(경개) 佳景(가경)

쓰기 한자

景況(경황) 珍風景(진풍경) 景觀(경관) 景光(경광) 景氣(경기) 景福(경복)
景致(경치) 景品(경품) 景福宮(경복궁) 光景(광경) 雪景(설경) 夜景(야경)
全景(전경) 絶景(절경) 造景(조경) 不景氣(불경기) 好景氣(호경기)

卿

3급
벼슬 **경**
卩 | 10획

비 鄕(시골 향)
동 官(벼슬 관)
爵(벼슬 작)
尉(벼슬 위)

글자 풀이

출입하는 사람이 많고(卯) 식록(食)이 많아 부귀를 누리면서 벼슬(卿)을
한다는 의미이다.

읽기 한자

卿輩(경배) 卿士大夫(경사대부) 卿相(경상) 公卿(공경)

硬

3급 II
굳을 **경**
石 | 7획

비 更(다시 갱/고칠 경)
便(편할 편)
동 堅(굳을 견)
固(굳을 고)
確(굳을 확)
반 柔(부드러울 유)
軟(연할 연)

글자 풀이

돌(石)은 세월이 지나도 고쳐지거나(更) 변하지 않고 계속 단단하다(硬)는
의미이다.

읽기 한자

硬度(경도) 硬性(경성) 硬水(경수) 硬直(경직) 硬質(경질) 硬化(경화)
硬貨(경화) 硬音化(경음화) 強硬(강경) 動脈硬化(동맥경화) 生硬(생경)

敬
5급Ⅱ
공경 경:
攵 | 9획

비 警(깨우칠 경)
　驚(놀랄 경)
동 恭(공손할 공)

글자 풀이

사람들을 채찍(攵)으로 다스려서 순한 양처럼 착하게(苟) 인사를 하도록 한 것에서 공경하다, 존경하다(敬)는 의미이다.

읽기 한자

恭敬(공경)　敬慕(경모)

쓰기 한자

敬稱(경칭)　敬歎(경탄)　敬老(경로)　敬禮(경례)　敬拜(경배)　敬愛(경애)
敬語(경어)　敬遠(경원)　敬天(경천)　敬天愛人(경천애인)　尊敬(존경)

傾
4급
기울 경
人 | 11획

비 境(지경 경)
　頃(이랑 경)
동 斜(비낄 사)

글자 풀이

사람(人)의 머리가 한쪽으로 비뚤어진(頃) 모양을 나타내어 기울어지다(傾)는 의미이다.

읽기 한자

傾國之色(경국지색)　傾倒(경도)　傾斜(경사)　急傾斜(급경사)

쓰기 한자

傾角(경각)　傾庫(경고)　傾度(경도)　傾性(경성)　傾差(경차)
傾注(경주)　傾聽(경청)　傾河(경하)　傾向(경향)　左傾(좌경)

經
4급Ⅱ
지날/글 경
糸 | 7획

비 徑(지름길 경)
　輕(가벼울 경)
반 緯(씨 위)
약 経

글자 풀이

베틀에서 세로의 실(糸)을 몇 줄이나 늘이(巠)는 것에서 세로(經)를 의미한다.

읽기 한자

經緯(경위)　金剛經(금강경)　經穴(경혈)

쓰기 한자

經營(경영)　經過(경과)　經口(경구)　經國(경국)　經度(경도)　經力(경력)
經歷(경력)　經路(경로)　經理(경리)　經費(경비)　經常(경상)　經常費(경상비)
經書(경서)　經世濟民(경세제민)　經由(경유)　經典(경전)　經濟(경제)

境
4급Ⅱ
지경 경
土 | 11획

비 竟(마침내 경)
　意(뜻 의)
　鏡(거울 경)
동 界(지경 계)

글자 풀이

국토(土)의 끝(竟)인 경계(境)를 의미한다.

읽기 한자

無我境(무아경)　越境(월경)

쓰기 한자

境遇(경우)　困境(곤경)　環境(환경)　祕境(비경)　境界(경계)　境內(경내)
境地(경지)　國境(국경)　國境線(국경선)　邊境(변경)　死境(사경)
仙境(선경)　心境(심경)　逆境(역경)　接境(접경)　地境(지경)

輕

5급
가벼울 **경**
車 | 7획

비 徑(길 경)
　經(지날 경)
반 重(무거울 중)
약 軽

글자 풀이
좁은 길을 가는(巠) 데는 작고 가벼운 수레(車)가 좋다는 것에서 가볍다, 간단하다(輕)는 의미이다.

읽기한자
輕擧妄動(경거망동) 輕妄(경망) 輕微(경미) 輕薄(경박) 輕率(경솔) 輕症(경증)

쓰기한자
輕犯(경범) 輕傷(경상) 輕減(경감) 輕量(경량) 輕視(경시) 輕洋食(경양식) 輕油(경유) 輕音樂(경음악) 輕重(경중) 輕快(경쾌)

慶

4급Ⅱ
경사 **경:**
心 | 11획

비 麗(고울 려)
　薦(천거할 천)
반 弔(조상할 조)

글자 풀이
남의 경사에 사슴(鹿)의 가죽을 가지고 가서 사랑하는 마음(愛)으로 드린다는 데서 경사, 하례(慶)를 의미한다.

읽기한자
慶弔(경조) 慶賀(경하)

쓰기한자
慶事(경사) 慶節(경절) 慶祝(경축) 慶祝日(경축일) 國慶日(국경일) 大慶(대경) 同慶(동경)

警

4급Ⅱ
깨우칠 **경:**
言 | 13획

비 敬(공경 경)
　驚(놀랄 경)
동 戒(경계할 계)
　覺(깨달을 각)

글자 풀이
존경하는(敬) 분이 오신다고 말하고(言) 통행을 제한하고 경계(警)한다는 의미이다.

읽기한자
警吏(경리) 巡警(순경)

쓰기한자
警覺(경각) 警覺心(경각심) 警戒(경계) 警鍾(경종) 警標(경표) 警監(경감) 警告(경고) 警科(경과) 警務(경무) 警防(경방) 警報(경보) 警部(경부) 警備(경비) 警省(경성) 警世(경세) 警長(경장) 警政(경정) 警正(경정) 警察(경찰) 警責(경책) 警護(경호) 警護員(경호원) 軍警(군경) 夜警(야경) 警句(경구)

鏡

4급
거울 **경:**
金 | 11획

비 竟(마침내 경)
　意(뜻 의)
　境(지경 경)
동 鑑(거울 감)

글자 풀이
쇠(金)의 표면(竟)을 닦아 모습이 비치도록 거울(鏡)을 만든다는 의미이다.

읽기한자
擴大鏡(확대경) 鏡鑑(경감) 鏡臺(경대) 鏡像(경상) 雙眼鏡(쌍안경) 鏡架(경가)

쓰기한자
鏡面(경면) 鏡映(경영) 鏡察(경찰) 鏡花水月(경화수월) 望遠鏡(망원경) 明鏡止水(명경지수) 色眼鏡(색안경) 水鏡(수경) 眼鏡(안경)

競 5급
다툴 경:
立 | 15획

비 兢(삼갈 긍)
동 爭(다툴 쟁)
　 鬪(싸움 투)
　 戰(싸움 전)
반 和(화할 화)

글자 풀이
두 사람(儿 儿)이 마주 서서(竝) 강한 언성으로 말(口)다툼하는 것에서 다투다(競)는 의미이다.

읽기 한자
競舟(경주)

쓰기 한자
競技(경기) 競落(경락) 競馬(경마) 競買(경매) 競賣(경매) 競步(경보) 競演(경연) 競爭(경쟁) 競走(경주) 競進(경진) 競合(경합)

驚 4급
놀랄 경
馬 | 13획

비 警(깨우칠 경)
　 敬(공경 경)

글자 풀이
말(馬)을 공경하다니(敬) 정말로 놀랄(驚) 일이라는 의미이다.

읽기 한자
驚騷(경소) 驚搖(경요) 驚怪(경괴) 驚倒(경도)

쓰기 한자
驚起(경기) 驚氣(경기) 驚異(경이) 驚風(경풍) 驚天動地(경천동지) 驚歎(경탄) 大驚失色(대경실색)

系 4급
이어맬 계:
糸 | 1획

비 糸(실 사)
　 係(맬 계)
　 紅(붉을 홍)

글자 풀이
손(丿)으로 실다발(糸)을 걸치고 있는 모양으로, 손과 실이 이어져 있는 것에서 이어지다(系)는 의미이다.

읽기 한자
傍系(방계) 系譜(계보) 直系卑屬(직계비속)

쓰기 한자
系圖(계도) 系列(계열) 系統(계통) 家系(가계) 大系(대계) 同系(동계) 母系(모계) 母系社會(모계사회) 父系(부계) 世系(세계) 直系(직계) 直系尊屬(직계존속) 體系(체계)

戒 4급
경계할 계:
戈 | 3획

비 戎(되 융)
　 械(기계 계)
동 警(깨우칠 경)

글자 풀이
두 손(廾)으로 창(戈)을 들고 적을 경계한다(戒)는 의미이다.

읽기 한자
懲戒(징계) 戒刀(계도)

쓰기 한자
戒告(계고) 戒功(계공) 戒具(계구) 戒器(계기) 戒壇(계단) 戒德(계덕) 戒力(계력) 戒令(계령) 戒律(계율) 戒名(계명) 戒文(계문) 戒法(계법) 戒色(계색) 戒世(계세) 戒身(계신) 戒心(계심) 戒嚴(계엄) 戒嚴令(계엄령) 戒飮(계음) 戒場(계장) 戒足(계족) 戒責(계책) 戒體(계체) 戒行(계행) 戒香(계향) 戒護(계호) 警戒(경계) 世俗五戒(세속오계) 十戒(십계)

季

4급

계절 계:

子 | 5획

비 李(오얏 리)
　秀(빼어날 수)

글자 풀이

익은 벼(禾)를 거둬들이는 시기(季), 또는 거둬들이는 수확이 맨 나중의
작업임을 빗대어 끝(季)을 의미한다.

읽기 한자

季刊(계간)

쓰기 한자

季節(계절) 季氏(계씨) 冬季(동계) 四季(사계) 秋季(추계) 春季(춘계)
夏季(하계)

界

6급 Ⅱ

지경 계:

田 | 4획

비 留(머무를 류)
동 境(지경 경)

글자 풀이

논밭(田)을 구획해서(介) 경계를 만든다는 것에서 경계(界)를 의미한다.

읽기 한자

臨界(임계)

쓰기 한자

界盜(계도) 界域(계역) 界標(계표) 界面(계면) 界限(계한) 各界(각계)
境界(경계) 境界線(경계선) 經濟界(경제계) 郡界(군계) 別世界(별세계)
世界(세계) 視界(시계) 眼界(안계) 外界(외계) 財界(재계) 政界(정계)
他界(타계) 學界(학계)

癸

3급

북방/천간 계:

癶 | 4획

비 發(필 발)
　揆(헤아릴 규)

글자 풀이

천신(天)에게 제사를 올리고(癶) 감사하며(癸) 즐긴다는 의미이다.

읽기 한자

癸方(계방) 癸未(계미) 癸水(계수) 癸坐(계좌) 癸丑(계축)
癸丑日記(계축일기)

契

3급 Ⅱ

맺을 계:

大 | 6획

비 喫(마실 끽)
　潔(깨끗할 결)
동 結(맺을 결)

글자 풀이

손(手)에 칼(刀)을 들고 크게(大) 새겨서 계약을 맺는다(契)는 의미이다.

읽기 한자

契機(계기) 契約(계약) 契員(계원) 契丹(계단) 假契約(가계약)
默契(묵계)

係

4급 II

맬 계:

人 | 7획

비 系(이어맬 계)
絲(실 사)
紅(붉을 홍)

글자 풀이

사람(人)이 실(糸) 끝(丿)을 서로 맨다(係)는 의미이다.

읽기 한자

係累(계루)

쓰기 한자

係數(계수) 係員(계원) 係長(계장) 關係(관계)

計

6급 II

셀 계:

言 | 2획

비 訃(부고 부)
討(칠 토)
訓(가르칠 훈)
동 算(셈 산)
策(꾀 책)
數(셈 수)

글자 풀이

열(十)을 한 단계로 크게 소리쳐(言) 가며 헤아린다, 셈한다(計)는 의미이다.

읽기 한자

計巧(계교) 計策(계책) 計劃(계획) 家計簿(가계부) 累計(누계)

쓰기 한자

計略(계략) 計算機(계산기) 計座(계좌) 推計(추계) 計量(계량)
計理士(계리사) 計算(계산) 計算書(계산서) 計上(계상) 計數(계수)
計定(계정) 計測(계측) 大計(대계) 美人計(미인계) 三十六計(삼십육계)
生計(생계) 設計(설계) 時計(시계) 爲計(위계) 日計(일계) 集計(집계)
總計(총계) 統計(통계) 合計(합계) 會計(회계)

桂

3급 II

계수나무 계:

木 | 6획

비 柱(기둥 주)
株(그루 주)
住(살 주)
往(갈 왕)
佳(아름다울 가)

글자 풀이

서옥(圭)같이 아름다운 나무(木)라는 데서 계수나무(桂)를 의미한다.

읽기 한자

桂冠詩人(계관시인) 桂樹(계수) 桂皮茶(계피차) 月桂冠(월계관)
月桂樹(월계수)

啓

3급 II

열 계:

口 | 8획

비 牧(칠 목)

글자 풀이

집집(戶)에 사는 사람(口)들을 가르쳐(攵) 슬기와 지능을 열어준다(啓)는 의미이다.

읽기 한자

謹啓(근계) 啓導(계도) 啓蒙(계몽) 啓發(계발) 啓示(계시)
狀啓(장계) 天啓(천계)

械

3급Ⅱ

기계 계:

木 | 7획

비 戒(경계할 계)
동 機(틀 기)

글자 풀이

죄인을 벌 줄(戒) 때 쓰는 나무(木)이니 형틀(械)을 의미한다.

읽기한자

機械(기계) 器械(기계) 農機械(농기계)

階

4급

섬돌 계

阝 | 9획

비 皆(다 개)
陸(뭍 륙)
陛(섬돌 폐)
동 段(층계 단)

글자 풀이

모두(皆)가 꽃을 진열해 놓듯이 정연히 갖추어 만든 산(阝)의 오르막길이라는 것에서 계단(階)을 의미한다.

읽기한자

補階(보계) 昇階(승계)

쓰기한자

階級(계급) 階段(계단) 階層(계층) 段階(단계) 位階(위계) 音階(음계)
層階(층계) 品階(품계) 無産階級(무산계급)

溪

3급Ⅱ

시내 계

水 | 10획

비 奚(어찌 해)
鷄(닭 계)
鶴(학 학)
동 川(내 천)
河(물 하)

글자 풀이

손(爪)과 손(大)으로 실(糸)을 늘어뜨리듯이 물(氵)이 길게 흐르니 시내(溪)라는 의미이다.

읽기한자

溪谷(계곡) 溪流(계류) 溪水(계수) 碧溪水(벽계수) 清溪川(청계천)

繼

4급

이을 계:

糸 | 14획

비 斷(끊을 단)
동 連(이을 련)
續(이을 속)
承(이을 승)
반 斷(끊을 단)
絕(끊을 절)
약 継

글자 풀이

실 사(糸)와 이을 계(㡭)의 합친 글자로 실(糸)을 이어(㡭) 맨다(繼)는 의미이다.

읽기한자

繼緒(계서) 繼襲(계습) 繼妻(계처)

쓰기한자

繼母(계모) 繼父(계부) 繼夫(계부) 繼續(계속) 繼承(계승) 繼走(계주)
引繼引受(인계인수) 中繼放送(중계방송) 後繼者(후계자)

鷄 닭 계 | 4급
鳥 | 10획

- 비 鶴(학 학)
- 동 酉(닭 유)

글자 풀이

새(鳥)의 하나로 유달리 배가 커(奚) 보이는 것이 닭(鷄)이라는 의미이다.

읽기한자

鷄鳴狗盜(계명구도) 鷄冠(계관) 群鷄一鶴(군계일학) 烏骨鷄(오골계)

쓰기한자

鷄口(계구) 鷄卵(계란) 鷄卵有骨(계란유골) 養鷄場(양계장) 鬪鷄(투계)

繫 맬 계: | 3급
糸 | 13획

- 비 擊(칠 격)
- 동 縛(묶을 박)
- 반 解(풀 해)
- 약 繋

글자 풀이

둘 이상의 물건을 끈(糸)으로 묶어 하나로 만드는(毄) 것으로 매거나 묶는(繫)다는 의미이다.

읽기한자

繫留(계류) 繫馬(계마) 繫船(계선) 繫獄(계옥) 繫風捕影(계풍포영)
連繫(연계) 捕繫(포계)

古 예 고: | 6급
口 | 2획

- 비 右(오른 우)
  石(돌 석)
  占(점령할 점)
- 동 舊(예 구)
  久(오랠 구)
- 반 新(새 신)
  今(이제 금)

글자 풀이

어버이에서 자식으로, 자식에서 손자로 10대(十)에 걸친 오랜 동안 구전(口)되어온 옛날 옛적의 일이라는 것에서 옛날(古)을 의미한다.

읽기한자

古蹟(고적) 古稀(고희) 古色蒼然(고색창연) 蒙古(몽고)

쓰기한자

古家(고가) 古宮(고궁) 古今(고금) 古代(고대) 古來(고래) 古木(고목)
古文(고문) 古物(고물) 古書(고서) 古書畫(고서화) 古語(고어) 古典(고전)
古參(고참) 古風(고풍) 考古學(고고학) 復古(복고) 上古(상고) 中古品(중고품)
太古(태고) 東西古今(동서고금) 萬古不變(만고불변) 自古以來(자고이래)

考 생각할 고(:) | 5급
耂 | 2획

- 비 老(늙을 로)
  孝(효도 효)
- 동 思(생각 사)
  想(생각 상)
  念(생각 념)
  慮(생각할 려)

글자 풀이

나이를 먹으면(老) 지금까지의 경험을 토대로 해서 생각을 키우는(丂) 것이 가능하므로 생각하다(考)를 의미한다.

읽기한자

考訂(고정) 考較(고교)

쓰기한자

考慮(고려) 考證(고증) 顯考(현고) 考古學(고고학) 考課(고과) 考究(고구)
考試(고시) 考案(고안) 考察(고찰) 論考(논고) 備考(비고) 思考(사고)
先考(선고) 長考(장고) 再考(재고) 祖考(조고) 參考(참고)

告

5급Ⅱ

고할 **고:**

口 | 4획

비 浩(클 호)
　牛(소 우)
동 報(알릴 보)

글자 풀이

신령님께 소(牛)를 공양하면서 소원을 비는(口) 것에서 고하다,
알리다(告)는 의미이다.

읽기 한자

謹告(근고) 告祀(고사) 告訴(고소) 啓告(계고) 追告(추고) 被告(피고)

쓰기 한자

戒告(계고) 勸告(권고) 宣告(선고) 豫告(예고) 告發(고발) 告白(고백)
告別(고별) 告示(고시) 告知書(고지서) 告解聖事(고해성사) 警告(경고)
公告(공고) 廣告(광고) 論告(논고) 密告(밀고) 報告(보고) 社告(사고)
上告(상고) 申告(신고) 原告(원고)

固

5급

굳을 **고(:)**

口 | 5획

비 囚(가둘 수)
　因(인할 인)
　困(곤할 곤)
동 堅(굳을 견)
　確(굳을 확)
　硬(굳을 경)
반 軟(연할 연)
　柔(부드러울 유)

글자 풀이

옛날(古)부터 계속 지켜온 중요한 사물을 한층 엄중하게 지키기 위해서
바깥쪽을 둘러싼다(口)는 것에서 단단하다, 굳다(固)를 의미한다.

읽기 한자

凝固(응고) 固執(고집)

쓰기 한자

堅固(견고) 固辭(고사) 固守(고수) 固有(고유) 固定(고정) 固着(고착)
確固不動(확고부동) 固體(고체) 固形(고형)

苦

6급

쓸 **고**

艹 | 5획

비 若(같을 약)
　芳(꽃다울 방)
반 樂(즐길 락)
　甘(달 감)

글자 풀이

막 눈이 나온 풀은 쓰지 않지만 오래된(古) 풀(艹)은 쓰다는 것에서 쓰다,
괴롭다(苦)는 의미이다.

읽기 한자

苦惱(고뇌) 苦杯(고배) 辛苦(신고) 千辛萬苦(천신만고) 苦役(고역)
獄苦(옥고) 忍苦(인고)　鶴首苦待(학수고대)

쓰기 한자

苦盡甘來(고진감래) 苦痛(고통) 刻苦(각고) 苦難(고난) 苦樂(고락)
苦味(고미) 苦生(고생) 苦心(고심) 苦言(고언) 苦戰(고전) 苦學(고학)
苦海(고해) 苦行(고행) 客苦(객고) 勞苦(노고)

姑

3급Ⅱ

시어미 **고**

女 | 5획

비 枯(마를 고)
　故(연고 고)
반 婦(며느리 부)

글자 풀이

여자(女)가 늙으면(古) 시어미(姑)가 된다는 의미이다.

읽기 한자

因循姑息(인순고식) 姑母(고모) 姑母夫(고모부) 姑婦(고부) 姑息(고식)
姑息之計(고식지계) 姑從(고종) 王姑母(왕고모)

孤 | 4급

외로울 고
子 | 5획

- 비 弧(활 호)
  狐(여우 호)
  瓜(오이 과)
  爪(손톱 조)
- 동 獨(홀로 독)
  寂(고요할 적)

글자 풀이
오이(瓜)가 열매만 남고 덩굴은 시들어 버리듯 자식(子)만 있고 부모가 없다는 데서 외롭다(孤)는 의미이다.

읽기한자
孤軍奮鬪(고군분투) 孤寂(고적)

쓰기한자
孤苦(고고) 孤高(고고) 孤島(고도) 孤獨(고독) 孤立(고립) 孤兒(고아)
絶海孤島(절해고도)

枯 | 3급

마를 고
木 | 5획

- 비 姑(시어미 고)
  故(연고 고)
- 동 燥(마를 조)
  乾(마를 건)
- 반 榮(영화 영)

글자 풀이
나무(木)가 오래(古)되니 말라죽는다(枯)는 의미이다.

읽기한자
枯渴(고갈) 枯骨(고골) 枯木(고목) 枯死(고사) 枯葉(고엽)
榮枯盛衰(영고성쇠)

故 | 4급 II

연고 고(:)
攵 | 5획

- 비 姑(시어미 고)
  枯(마를 고)

글자 풀이
옛날(古)부터 전해오는 관습을 때려 고쳐서(攵) 바꾸게 하는 것에서 오랜 관습, 원래(故)를 의미한다.

읽기한자
忌故(기고)

쓰기한자
緣故(연고) 故國(고국) 故事(고사) 故人(고인) 故意(고의) 故障(고장)
故鄕(고향) 無故(무고) 事故(사고) 有故(유고) 作故(작고)
溫故知新(온고지신) 竹馬故友(죽마고우)

高 | 6급 II

높을 고
高 | 0획

- 동 崇(높을 숭)
- 반 低(낮을 저)
  下(아래 하)

글자 풀이
성 위에 높이 치솟은 망루를 본뜬 글자로 높다(高)는 의미이다.

읽기한자
高官大爵(고관대작) 高臺廣室(고대광실) 高僧(고승) 高揚(고양)
高率(고율) 高架(고가) 氣高萬丈(기고만장) 眼高手卑(안고수비)
天高馬肥(천고마비) 最高峯(최고봉) 高溫多濕(고온다습) 高尙(고상)

쓰기한자
高價品(고가품) 高見(고견) 高潔(고결) 高金利(고금리) 高空(고공)
高貴(고귀) 高級(고급) 高度(고도) 高等學校(고등학교) 高名(고명)

庫

4급

곳집 **고**

广 | 7획

비 庚(별 경)
동 倉(곳집 창)

글자 풀이

수레(車) 등을 넣어 두는 집(广)이니 창고(庫)를 의미한다.

읽기한자

冷藏庫(냉장고) 倉庫(창고)

쓰기한자

國庫(국고) 金庫(금고) 文庫(문고) 寶庫(보고) 氷庫(빙고) 書庫(서고)
入庫(입고) 在庫(재고) 車庫(차고) 出庫(출고) 彈藥庫(탄약고)
火藥庫(화약고)

鼓

3급Ⅱ

북 **고**

鼓 | 0획

비 喜(기쁠 희)
　臺(대 대)

글자 풀이

손(又)에 북채(十)를 들어 길하다(吉)고 두 손(艹)으로 북을 친다(鼓)는
의미이다.

읽기한자

鼓角(고각) 鼓動(고동) 鼓舞(고무) 鼓手(고수) 鼓吹(고취)
法鼓(법고) 勝戰鼓(승전고) 申聞鼓(신문고)

稿

3급Ⅱ

원고/볏짚 **고**

禾 | 10획

비 橋(다리 교)
　矯(바로잡을 교)

글자 풀이

볏단(禾)을 높이(高) 쌓아 올린다는 데서 볏짚(稿)인데, 원고(稿)를 많이
쓰면 쌓인다는 의미이다.

읽기한자

稿料(고료) 寄稿(기고) 送稿(송고) 原稿(원고) 原稿料(원고료)
原稿紙(원고지) 遺稿(유고) 草稿(초고) 脫稿(탈고) 投稿(투고)

顧

3급

돌아볼 **고**

頁 | 12획

비 雇(품팔 고)
동 回(돌아올 회)

글자 풀이

집(戶)에서 기르는 새(隹)가 주인이 다가가자 머리(頁)를 갸웃이 돌아보고
(顧) 지저귄다는 의미이다.

읽기한자

顧客(고객) 顧慮(고려) 顧問(고문) 四顧無親(사고무친) 一顧(일고)
回顧錄(회고록)

5급
曲 굽을 곡
日 | 2획

비 由(말미암을 유)
　田(밭 전)
동 歌(노래 가)
　屈(굽을 굴)
반 直(곧을 직)

글자 풀이

갈고랑이처럼 굽어져 있는 것을 본뜬 것으로 굽다(曲), 당연한 것이 아니다라는 의미이다.

읽기한자

懇曲(간곡) 九曲肝腸(구곡간장) 戱曲(희곡) 編曲(편곡) 雙曲線(쌍곡선)

쓰기한자

曲射砲(곡사포) 曲折(곡절) 曲盡(곡진) 屈曲(굴곡) 曲流(곡류)
曲馬團(곡마단) 曲目(곡목) 曲線美(곡선미) 曲水(곡수) 曲藝(곡예)
曲節(곡절) 曲筆(곡필) 曲解(곡해) 歌曲(가곡) 名曲(명곡) 別曲(별곡)
不問曲直(불문곡직)

3급 II
谷 골 곡
谷 | 0획

비 浴(목욕할 욕)
　容(얼굴 용)
　穴(구멍 혈)
동 洞(골 동)

글자 풀이

바위가 있고 물이 흐르는 골짜기의 모양을 본떴다.

읽기한자

谷風(곡풍) 谷泉(곡천) 溪谷(계곡) 深山幽谷(심산유곡)
進退維谷(진퇴유곡)

3급 II
哭 울 곡
口 | 7획

비 器(그릇 기)
동 泣(울 읍)
　啼(울 제)
　鳴(울 명)
반 笑(웃을 소)

글자 풀이

개(犬)처럼 크게 소리(口口) 내어 울다(哭)는 의미이다.

읽기한자

哭泣(곡읍) 弔哭(조곡) 哭聲(곡성) 痛哭(통곡) 號哭(호곡)
大聲痛哭(대성통곡) 放聲大哭(방성대곡)

4급
穀 곡식 곡
禾 | 10획

비 毀(무너질 훼)
　聲(소리 성)
약 穀

글자 풀이

창(殳)으로 두드려도 부서지지 않는 견고한 껍질을 쓰고(殼) 있는 곡물(穀)을 의미한다.

읽기한자

穀倉(곡창)

쓰기한자

穀價(곡가) 穀氣(곡기) 穀類(곡류) 穀物(곡물) 穀食(곡식) 穀日(곡일)
米穀(미곡) 糧穀(양곡) 五穀(오곡) 雜穀(잡곡) 秋穀(추곡) 脫穀機(탈곡기)

困	4급
	곤할 **곤:**
	口 | 4획

비 囚(가둘 수)
因(인할 인)
동 窮(궁할 궁)
疲(피곤할 피)

 글자 풀이

좁은 울타리(口) 속에 나무(木)가 갇혀서 자라지 못하여 곤하다(困)는
의미이다.

읽기 한자

困惑(곤혹) 食困症(식곤증)

쓰기 한자

困境(곤경) 困窮(곤궁) 困馬(곤마) 勞困(노곤) 貧困(빈곤) 春困(춘곤)
疲困(피곤)

坤	3급
	땅 **곤**
	土 | 5획

비 伸(펼 신)
申(납 신)
동 地(따 지)
반 乾(하늘 건)
天(하늘 천)

글자 풀이

흙(土)이 넓고 넓게 펼쳐져(申) 있으니 땅(坤)을 의미한다.

읽기 한자

坤殿(곤전) 坤方(곤방) 乾坤(건곤)

骨	4급
	뼈 **골**
	骨 | 0획

비 育(기를 육)
반 肉(고기 육)

글자 풀이

동물의 몸을 지탱하고 있는 뼈(冎)와 살(肉)점을 합쳐서 뼈가 섞인 고기를
말하는 것이었다가 오늘날은 뼈, 뼈대(骨)를 의미한다.

읽기 한자

刻骨難忘(각골난망) 白骨難忘(백골난망) 皆骨山(개골산) 骨幹(골간)
露骨(노골) 皮骨相接(피골상접) 頭蓋骨(두개골)

쓰기 한자

骨格(골격) 骨相(골상) 骨肉相殘(골육상잔) 骨材(골재) 骨子(골자)
骨折(골절) 甲骨文字(갑골문자) 鷄卵有骨(계란유골) 納骨堂(납골당)
毛骨(모골) 無骨(무골) 無骨好人(무골호인) 色骨(색골) 弱骨(약골)

工	7급Ⅱ
	장인 **공**
	工 | 0획

비 土(흙 토)
士(선비 사)
干(방패 간)

글자 풀이

어려운 작업을 할 때에 사용하는 잣대(工)에서 물건을 만든다(工)는
의미이다.

읽기 한자

工巧(공교) 陶工(도공) 沙工(사공)

쓰기 한자

工高(공고) 工具(공구) 工團(공단) 工大(공대) 工兵(공병) 工夫(공부)
工事(공사) 工産品(공산품) 工業(공업) 工藝品(공예품) 工員(공원)
工作(공작) 工場(공장) 工程(공정) 工學(공학) 加工(가공) 輕工業(경공업)
起工(기공) 木工(목공) 石工(석공) 細工(세공) 手工業(수공업) 施工(시공)

가

公	6급 II
	공평할 **공**
	八 | 2획

반 私(사사 사)

글자 풀이

사사로운(厶) 일을 떨쳐버리니(八) 공평하다(公)는 의미이다.

읽기 한자

公館長(공관장) 公企業(공기업) 公債(공채)

쓰기 한자

公納金(공납금) 公憤(공분) 公私(공사) 公判(공판) 公評(공평)
先公後私(선공후사) 公開(공개) 公告(공고) 公共(공공) 公課金(공과금)
公權力(공권력) 公金(공금) 公論(공론) 公利(공리) 公賣(공매)
公文書(공문서) 公明(공명) 公法(공법) 公社(공사) 公事(공사) 公式(공식)
公安(공안) 公約(공약)

孔	4급
	구멍 **공:**
	子 | 1획

비 浮(뜰 부)
　乳(젖 유)
동 穴(구멍 혈)

글자 풀이

아기(子)가 젖(乙)을 물고 젖의 구멍(孔)에서 나오는 젖을 빨아 먹는다는
의미이다.

읽기 한자

孔穴(공혈)

쓰기 한자

孔劇(공극) 孔子(공자) 九孔炭(구공탄) 氣孔(기공)

功	6급 II
	공 **공**
	力 | 3획

비 攻(칠 공)
　巧(공교할 교)
　切(끊을 절)
반 過(지날 과)

글자 풀이

힘(力)을 다하고 궁리(工)를 다해 이루어진 결과에 대한 공(功)이 있다는
의미이다.

읽기 한자

螢雪之功(형설지공)

쓰기 한자

功過(공과) 功德(공덕) 功勞(공로) 功利(공리) 功名(공명) 功臣(공신)
功效(공효) 論功行賞(논공행상) 富貴功名(부귀공명) 成功(성공)
恩功(은공) 戰功(전공)

共	6급 II
	한가지 **공:**
	八 | 4획

비 洪(넓을 홍)
　供(이바지할 공)
동 同(한가지 동)
반 異(다를 이)

글자 풀이

많은 사람(甘)들이 힘을 합쳐서(八) 일하는 것에서 더불어, 같이(共)를
의미한다.

읽기 한자

共謀(공모) 滅共(멸공)

쓰기 한자

共鳴(공명) 共犯(공범) 共感(공감) 共同(공동) 共生(공생) 共産黨(공산당)
共榮(공영) 共用(공용) 共有(공유) 共和國(공화국) 公共(공공) 反共(반공)
勝共(승공) 容共(용공) 天人共怒(천인공노) 共學(공학)

攻 칠 **공:**
攵 | 3획

4급

비 改(고칠 개)
　政(정사 정)
　功(공 공)
동 擊(칠 격)
　伐(칠 벌)
　侵(침노할 침)
반 防(막을 방)
　守(지킬 수)

글자 풀이

장인(工)이 만든 무기를 손에 들고(攵) 상대방을 친다(攻)는 의미이다.

읽기 한자

攻襲(공습)

쓰기 한자

攻擊(공격) 攻略(공략) 專攻(전공) 攻守(공수) 侵攻(침공)
攻防戰(공방전) 強攻(강공) 速攻(속공) 特攻隊(특공대)

空 빌 **공**
穴 | 3획

7급 II

비 室(집 실)
　完(완전할 완)
　究(연구할 구)
동 虛(빌 허)
반 滿(찰 만)

글자 풀이

머리(工) 위에 덮어씌운 천정(穴)은 하늘과 같다고 하는 것에서 텅빈(空)을 의미한다.

읽기 한자

空腹(공복) 空輸(공수) 空襲(공습) 架空人物(가공인물)

쓰기 한자

空轉(공전) 空閑地(공한지) 空間(공간) 空軍(공군) 空氣(공기) 空洞(공동)
空白(공백) 空想(공상) 空席(공석) 空中(공중) 空行(공행) 空虛(공허)
防空訓練(방공훈련) 領空(영공) 卓上空論(탁상공론) 虛空(허공)

供 이바지할 **공:**
人 | 6획

3급 II

비 洪(넓을 홍)
　共(한가지 공)

글자 풀이

사람(人)이 두 손을 함께(共) 써서 물건을 준다는 데서 이바지하다, 받들어 모시다(供)는 의미이다.

읽기 한자

供給(공급) 供物(공물) 供述(공술) 供養(공양) 供養米(공양미)
供與(공여) 供出(공출) 佛供(불공) 提供(제공)

恭 공손할 **공**
心 | 6획

3급 II

비 洪(넓을 홍)
　共(한가지 공)
　供(이바지할 공)
동 敬(공경 경)

글자 풀이

상대편의 뜻에 마음(忄)을 함께(共)하여 공경하고 뜻을 받든다(恭)는 의미이다.

읽기 한자

恭敬(공경) 恭待(공대) 不恭(불공)

貢	3급Ⅱ 바칠 공: 貝 | 3획

비 賀(하례할 하)
동 獻(바칠 헌)

글자 풀이

백성들이 땀 흘려 생산한(工) 재물(貝)을 나라에 공물로 바친다(貢)는 의미이다.

읽기한자

貢女(공녀) 貢物(공물) 貢獻(공헌) 朝貢(조공)

恐	3급Ⅱ 두려울 공(:) 心 | 6획

비 汎(넓을 범)
동 怖(두려워할 포)

글자 풀이

모든(凡) 공사(工)에는 마음(心) 속에 안전 사고와 실수를 염려하는 두려움(恐)이 따른다는 의미이다.

읽기한자

恐龍(공룡) 恐水病(공수병) 恐妻家(공처가) 可恐(가공)

果	6급Ⅱ 실과 과: 木 | 4획

비 東(동녘 동)
菓(과자 과)
동 實(열매 실)
반 因(인할 인)

글자 풀이

밭(田)에 있는 나무(木)에서 열린 과일(果)을 의미한다.

읽기한자

果菜類(과채류) 沙果(사과) 果糖(과당)

쓰기한자

果敢(과감) 五穀百果(오곡백과) 果斷性(과단성) 果木(과목)
果樹園(과수원) 果實(과실) 果然(과연) 結果(결과) 無花果(무화과)
水正果(수정과) 實果(실과) 成果(성과) 藥果(약과) 因果(인과)
因果應報(인과응보) 戰果(전과) 靑果(청과) 效果(효과)

科	6급Ⅱ 과목 과 禾 | 4획

비 料(헤아릴 료)

글자 풀이

됫박(斗)으로 곡물(禾)을 달아 검사해서 종류를 나누는 것에서 구별, 과목(科)을 의미한다.

쓰기한자

科擧(과거) 科落(과락) 科目(과목) 科學(과학) 敎科書(교과서) 內科(내과)
大科(대과) 登科(등과) 武科(무과) 文科(문과) 百科事典(백과사전)
兵科(병과) 眼科(안과) 理科(이과) 前科(전과) 罪科(죄과) 學科(학과)

過

5급 II
지날 과:
辶 | 9획

ㅂ 禍(재앙 화)
동 去(갈 거)
　　失(잃을 실)
　　誤(그르칠 오)

글자 풀이

생성되었다가 사라지고, 사라졌다가 생성되는 소용돌이(咼)와 같이 차례차례로 나타나 떠돌아다니는(辶) 것에서 통과하다, 지나치다(過)는 의미이다.

읽기 한자

過敏(과민) 過慾(과욕) 超過(초과) 過渡期(과도기) 改過遷善(개과천선)
默過(묵과)

쓰기 한자

過激(과격) 過納(과납) 過大包裝(과대포장) 過去(과거) 過年(과년)
過多(과다) 過當(과당) 過勞(과로) 過不足(과부족) 過分(과분) 過歲(과세)
過小(과소) 過速(과속) 過信(과신) 過失(과실) 過言(과언) 過熱(과열)

誇

3급 II
자랑할 과:
言 | 6획

ㅂ 課(과정 과)
　　諾(허락할 낙)

글자 풀이

말(言)로써 자기의 재주가 비상하다고 잘난체한다(夸)는 데서 자랑하다 (誇)는 의미이다.

읽기 한자

誇大(과대) 誇大妄想(과대망상) 誇示(과시) 誇飾(과식) 誇言(과언)
誇張(과장)

寡

3급 II
적을 과:
宀 | 11획

동 少(적을 소)
반 多(많을 다)
　　衆(무리 중)

글자 풀이

집(宀)의 머리(頁)인 남편과 나뉘어져서(分) 혼자 사는 과부(寡)는 돈이 적다(寡)는 의미이다.

읽기 한자

寡頭政治(과두정치) 寡默(과묵) 寡婦(과부) 寡少(과소) 寡守(과수)
寡慾(과욕) 寡人(과인) 多寡(다과) 獨寡占(독과점) 衆寡不敵(중과부적)

課

5급 II
공부할/과정 과(:)
言 | 8획

ㅂ 誇(자랑할 과)
　　諾(허락할 낙)

글자 풀이

공부한 결과(果)를 물어(言) 본다 하여 시험하다, 공부하다(課)는 의미이다.

읽기 한자

課役(과역) 賦課(부과) 租課(조과)

쓰기 한자

課業(과업) 課外(과외) 課程(과정) 課題(과제) 考課(고과)
公課金(공과금) 日課(일과)

郭 3급 둘레/외성 곽 阝 | 8획	글자 풀이

郭 3급
둘레/외성 **곽**
阝 | 8획

비 孰(누구 숙)
　熟(익을 숙)
　敦(도타울 돈)

글자 풀이
고을(阝)의 평안을 누리기(享) 위하여 쌓은 외성(郭)을 의미한다.

읽기한자
城郭(성곽) 外郭(외곽) 郭氏(곽씨)

官 4급Ⅱ
벼슬 **관**
宀 | 5획

비 宮(집 궁)
　管(대롱 관)
동 爵(벼슬 작)
반 私(사사 사)
　民(백성 민)

글자 풀이
건물(宀) 안에 많은 사람이 모여(目) 있는 것에서 일하는 관청, 관리(官)를 의미한다.

읽기한자
官僚(관료) 高官大爵(고관대작) 貪官汚吏(탐관오리) 官公署(관공서)
官吏(관리)

쓰기한자
官營(관영) 官廳(관청) 官家(관가) 官權(관권) 官界(관계) 官能(관능)
官報(관보) 官服(관복) 官舍(관사) 官事(관사) 官運(관운) 官印(관인)
官認(관인) 官職(관직) 官許(관허) 警官(경관) 舊官(구관) 器官(기관)
內官(내관)

冠 3급Ⅱ
갓 **관**
冖 | 7획

비 寬(너그러울 관)
　冥(어두울 명)
동 帽(모자 모)

글자 풀이
법도(寸), 신분에 따라 머리(元)에 쓰는(冖) 갓(冠)을 의미한다.

읽기한자
冠帶(관대) 冠絶(관절) 冠形詞(관형사) 冠婚喪祭(관혼상제)
鷄冠(계관) 金冠(금관) 弱冠(약관) 王冠(왕관) 衣冠(의관)
月桂冠(월계관)

貫 3급Ⅱ
꿸 **관(:)**
貝 | 4획

비 慣(익숙할 관)
　實(열매 실)
동 徹(통할 철)
　通(통할 통)

글자 풀이
조개(貝) 껍질을 실로 뚫어 꿴다(貫)는 의미이다.

읽기한자
貫徹(관철) 貫通(관통) 貫鄕(관향) 本貫(본관) 始終一貫(시종일관)
初志一貫(초지일관) 貫祿(관록)

寬
3급Ⅱ
너그러울 **관**
宀 | 12획

비 冠(갓 관)
　實(열매 실)
약 寛

글자 풀이

집(宀)에서 화초(卄)를 보는(見) 마음이 즐겁다는 데서 너그럽다, 용서하다(寬)는 의미이다.

읽기한자

寬大(관대) 寬待(관대) 寬容(관용) 寬厚(관후)

管
4급
대롱/주관할**관**
竹 | 8획

비 官(벼슬 관)

글자 풀이

관청(官)에서 대나무(竹)로 만들어 불던 피리(管)를 의미한다.

읽기한자

管絃樂(관현악) 管掌(관장) 管制塔(관제탑) 氣管支炎(기관지염)
雷管(뇌관)

쓰기한자

管內(관내) 管理(관리) 配管(배관) 保管(보관) 所管(소관) 移管(이관)
主管(주관) 眞空管(진공관) 總管(총관) 血管(혈관)

慣
3급Ⅱ
익숙할 **관**
心 | 11획

비 貫(꿸 관)
　實(열매 실)
동 習(익힐 습)

글자 풀이

마음(心)이 그 원리를 꿰뚫어(貫) 금방 익숙해진다(慣)는 의미이다.

읽기한자

慣例(관례) 慣性(관성) 慣習(관습) 慣用(관용) 慣行(관행) 習慣(습관)

館
3급Ⅱ
집　　**관**
食 | 8획

동 家(집 가) 戶(집 호)
　室(집 실) 堂(집 당)
　屋(집 옥) 宅(집 택)
　閣(집 각) 宮(집 궁)
　庫(곳집 고)
약 舘

글자 풀이

옛날 관원(官)들이 먹고(食) 묵어 갈 수 있도록 지은 객사(館)를 의미한다.

읽기한자

館驛(관역) 館長(관장) 開館(개관) 公館(공관) 舊館(구관) 大使館(대사관)
美術館(미술관) 博物館(박물관) 別館(별관) 本館(본관) 成均館(성균관)
新館(신관) 旅館(여관) 領事館(영사관) 會館(회관) 休館(휴관)

關

5급 Ⅱ
관계할 **관**
門 | 11획

[비] 開(열 개)
　　 閉(닫을 폐)
[약] 関

글자 풀이
문(門)을 통해 얽히고 얽힌(絲) 관계(關)를 맺는다는 의미이다.

읽기 한자
關聯(관련) 玄關(현관)

쓰기 한자
關與(관여) 關係(관계) 關門(관문) 關北(관북) 關稅(관세) 關節(관절)
難關(난관) 相關(상관) 稅關(세관) 有關(유관) 通關(통관)

觀

5급 Ⅱ
볼 **관**
見 | 18획

[비] 權(권세 권)
　　 勸(권할 권)
　　 歡(기쁠 환)
[동] 見(볼 견)
　　 看(볼 간)
　　 視(볼 시)
　　 監(볼 감)
[약] 观, 覌, 観

글자 풀이
민첩하게(蕥) 큰 눈으로 본다(見)는 의미에서 유념하여 잘 본다, 둘러본다(觀)는 의미이다.

읽기 한자
觀照(관조) 槪觀(개관) 明若觀火(명약관화)

쓰기 한자
觀覽(관람) 觀點(관점) 壯觀(장관) 觀客(관객) 觀光(관광) 觀念(관념)
觀燈(관등) 觀望(관망) 觀相(관상) 觀戰(관전) 觀察使(관찰사)
觀測通(관측통) 可觀(가관) 景觀(경관) 達觀(달관) 美觀(미관) 悲觀(비관)
史觀(사관) 外觀(외관) 人生觀(인생관) 主觀(주관) 直觀(직관) 參觀(참관)

光

6급 Ⅱ
빛 **광**
儿 | 4획

[동] 色(빛 색)

글자 풀이
사람(儿)이 불(火)을 들고 있으니 빛(光)이 난다는 의미이다.

읽기 한자
燭光(촉광) 螢光燈(형광등) 光臨(광림) 光彩(광채) 光澤(광택) 脚光(각광)

쓰기 한자
光景(광경) 光年(광년) 光度(광도) 光明(광명) 光復(광복) 光線(광선)
光速(광속) 光陰(광음) 光合成(광합성) 觀光(관광) 發光(발광) 眼光(안광)
夜光(야광) 榮光(영광) 月光(월광) 一寸光陰(일촌광음)
電光石火(전광석화) 風光(풍광)

廣

5급 Ⅱ
넓을 **광:**
广 | 12획

[비] 黃(누를 황)
　　 鑛(쇳돌 광)
　　 擴(넓힐 확)
[반] 狹(좁을 협)
[약] 広

글자 풀이
껴안은 팔 속에서 틈새가 생기듯이 집안(广)이 휑하니(黃) 비어있는 것에서 넓다(廣)는 의미이다.

읽기 한자
高臺廣室(고대광실)

쓰기 한자
廣範圍(광범위) 廣域(광역) 長廣舌(장광설) 廣告(광고) 廣大(광대)
廣野(광야) 廣義(광의) 廣場(광장)

鑛

4급

쇳돌 광:

金 | 15획

비 廣(넓을 광)
  擴(넓힐 확)
약 鉱

글자 풀이

원석(金)을 캐낸 뒤의 갱도가 넓게(廣) 텅비어 있는 모습에서 그곳에서 캐낸 광물(鑛)을 의미한다.

읽기한자

廢鑛(폐광)

쓰기한자

鑛工業(광공업) 鑛區(광구) 鑛口(광구) 鑛脈(광맥) 鑛物(광물) 鑛夫(광부)
鑛山(광산) 鑛石(광석) 鑛業(광업) 金鑛(금광) 採鑛(채광) 炭鑛(탄광)

狂

3급 II

미칠 광

犬 | 4획

비 枉(굽을 왕)
  汪(넓을 왕)

글자 풀이

王은 往의 줄임으로 개(犬)가 미쳐서 여기저기 나다닌다(往)하여 미치다(狂)는 의미이다.

읽기한자

狂歌(광가) 狂客(광객) 狂犬(광견) 狂氣(광기) 狂亂(광란) 狂夫(광부)
狂奔(광분) 狂藥(광약) 狂言妄說(광언망설) 狂飮(광음) 狂人(광인)
狂症(광증) 狂態(광태) 狂暴(광포) 狂風(광풍) 發狂(발광) 熱狂(열광)

掛

3급

걸 괘

手 | 8획

비 封(봉할 봉)

글자 풀이

점괘(卦)를 누구나 볼 수 있도록 손(手)으로 벽에 걸어(掛) 놓는다는 의미이다.

읽기한자

掛念(괘념) 掛圖(괘도) 掛鍾(괘종) 掛鍾時計(괘종시계)

怪

3급 II

괴이할 괴(:)

心 | 5획

비 堅(굳을 견)
통 奇(기이할 기)

글자 풀이

흙(土)을 재료로 하여 손(又)으로 늘 보는 사람의 모양을 만들려고 해도 마음(心)대로 되지 않으니 괴이한(怪) 일이라는 의미이다.

읽기한자

怪常罔測(괴상망측) 怪談(괴담) 怪盜(괴도) 怪力(괴력) 怪聞(괴문)
怪物(괴물) 怪變(괴변) 怪獸(괴수) 怪異(괴이) 怪漢(괴한) 奇怪(기괴)
奇巖怪石(기암괴석)

塊	3급
	흙덩이 괴
	土 | 10획

비 槐(회화나무 괴)
鬼(귀신 귀)
愧(부끄러울 괴)
魂(넋 혼)

글자 풀이

도깨비(鬼) 머리통처럼 못생긴 흙(土)덩이(塊)를 의미한다.

읽기 한자

塊石(괴석) 金塊(금괴) 土塊(토괴)

愧	3급
	부끄러울 괴:
	心 | 10획

비 槐(회화나무 괴)
鬼(귀신 귀)
塊(흙덩이 괴)
魂(넋 혼)

글자 풀이

부끄러운 마음(心)이 들어 얼굴이 도깨비(鬼)처럼 붉어진다는 데서 부끄러워하다(愧)는 의미이다.

읽기 한자

愧色(괴색) 自愧(자괴) 慙愧(참괴)

壞	3급Ⅱ
	무너질 괴:
	土 | 16획

비 懷(품을 회)
동 滅(멸할 멸)
崩(무너질 붕)
약 坏

글자 풀이

호주머니 속의 거울이 땅(土)에 떨어져서 깨진다는 데서 무너지다, 파괴하다(壞)는 의미이다.

읽기 한자

崩壞(붕괴) 壞滅(괴멸) 壞血病(괴혈병) 損壞(손괴) 破壞(파괴)

巧	3Ⅱ
	공교할 교
	工 | 2획

비 功(공 공)
攻(칠 공)
切(끊을 절)
반 拙(졸할 졸)

글자 풀이

기술적으로(丂) 만든다(工)는 데서 교묘하다, 공교롭다(巧)는 의미이다.

읽기 한자

巧拙(교졸) 巧妙(교묘) 計巧(계교) 技巧(기교) 精巧(정교)

交	6급
사귈 **교**	
亠 | 4획	

비 校(학교 교)

글자 풀이
양손, 양발을 벌려서 서있는 사람이 다리를 교차시킨 형태에서 교차하다, 뒤섞이다(交)는 의미이다.

읽기 한자
交涉(교섭) 交付(교부) 交換(교환) 交尾(교미) 交錯(교착)

쓰기 한자
交易(교역) 交遊(교유) 交雜(교잡) 交感(교감) 交代(교대) 交流(교류)
交分(교분) 交信(교신) 交友(교우) 交際(교제) 交通(교통) 國交(국교)
斷交(단교) 社交(사교) 性交(성교) 修交(수교) 外交官(외교관) 絕交(절교)
親交(친교)

郊	3급
들 **교**	
ß | 6획	

동 野(들 야)

글자 풀이
고을(ß)과 인접하여 사귀고(交) 있는 들(郊)을 의미한다.

읽기 한자
郊外(교외) 近郊(근교) 近郊園藝(근교원예)

校	8급
학교 **교:**	
木 | 6획	

비 交(사귈 교)

글자 풀이
나무와 나무(木)를 엇갈리게(交) 해서 만든 나무 도구를 의미하는 것으로 선생과 생도가 섞여서 공부하는 곳, 학교(校)를 의미한다.

읽기 한자
校訂(교정) 廢校(폐교)

쓰기 한자
校誌(교지) 閉校(폐교) 校歌(교가) 校監(교감) 校內(교내) 校舍(교사)
校外(교외) 校外指導(교외지도) 校友(교우) 校長(교장) 校正(교정)
校庭(교정) 校則(교칙) 校訓(교훈) 開校(개교) 登校(등교) 母校(모교)
復校(복교)

教	8급
가르칠 **교:**	
攵 | 7획	

비 啓(열 계)
　徹(통할 철)
동 訓(가르칠 훈)
반 學(배울 학)

글자 풀이
어른(老)과 아이(子)가 뒤섞여서, 어른이 채찍(攵)으로 어린이를 엄격하게 가르치는 것에서 가르치다(敎)는 의미이다.

읽기 한자
殉敎(순교) 敎鍊(교련) 敎皇(교황) 三遷之敎(삼천지교)

쓰기 한자
敎派(교파) 敎科書(교과서) 敎官(교관) 敎具(교구) 敎區(교구) 敎權(교권)
敎壇(교단) 敎導(교도) 敎領(교령) 敎理(교리) 敎務(교무) 敎門(교문)
敎本(교본) 敎師(교사) 敎勢(교세) 敎授(교수) 敎習(교습) 敎養(교양)
敎育(교육)

較 3급Ⅱ
비교할/견줄 **교**
車 | 6획

비 軟(연할 연)
동 比(견줄 비)

글자 풀이

차(車)가 서로 이웃해서 사귈(交) 때에는 두 차의 크기나 모양 등을 견주게(較) 된다는 의미이다.

읽기한자

較略(교략) 比較(비교) 日較差(일교차)

橋 5급
다리 **교**
木 | 12획

비 稿(원고 고)
矯(바로잡을 교)
동 梁(들보 량)

글자 풀이

높은 곳(高)에 걸려 있는 굽은 나무(木), 즉 하천 등에 걸려 있는 다리(橋)를 의미한다.

읽기한자

橋脚(교각) 浮橋(부교) 橋梁(교량) 架橋(가교)

쓰기한자

石橋(석교) 陸橋(육교) 人道橋(인도교) 鐵橋(철교)

矯 3급
바로잡을 **교:**
矢 | 12획

비 稿(원고 고)
橋(다리 교)

글자 풀이

나무(木)처럼 휘어진 화살(矢)을 나무틀에 끼워서 곧게 바로 잡는다(矯)는 의미이다.

읽기한자

矯角殺牛(교각살우) 矯導(교도) 矯僞(교위) 矯正(교정)

九 8급
아홉 **구**
乙 | 1획

비 丸(둥글 환)
力(힘 력)

글자 풀이

1에서 9까지의 숫자 중에서 맨 마지막 숫자로 수가 많은 것을 의미이다.

읽기한자

九曲肝腸(구곡간장)

쓰기한자

九折羊腸(구절양장) 九泉(구천) 九官鳥(구관조) 九死一生(구사일생)
九牛一毛(구우일모) 九十春光(구십춘광) 九日(구일) 十中八九(십중팔구)

口	7급
	입 구(:)
	口 | 0획

글자 풀이

입의 모양을 본떴다.

읽기 한자

口尙乳臭(구상유취) 口述(구술) 突破口(돌파구) 浦口(포구)
口蓋音化(구개음화) 口徑(구경)

쓰기 한자

口辯(구변) 口舌數(구설수) 鑛口(광구) 異口同聲(이구동성) 險口(험구)
口頭(구두) 口文(구문) 口味(구미) 口實(구실) 口語(구어) 口演(구연)
口傳(구전) 口號(구호) 家口(가구) 食口(식구) 有口無言(유구무언)
耳目口鼻(이목구비) 人口(인구) 一口二言(일구이언) 入口(입구)
衆口難防(중구난방) 窓口(창구) 出口(출구) 通風口(통풍구)

久	3Ⅱ
	오랠 구:
	ノ | 2획

비 夕(저녁 석)

글자 풀이

떠나려는 사람(人)의 다리를 꼭 잡고(丶) 놓지 않아 오래도록(久) 머물게
한다는 의미이다.

읽기 한자

久遠(구원) 耐久性(내구성) 未久(미구) 悠久(유구) 永久不變(영구불변)
長久(장구) 持久力(지구력)

丘	3급Ⅱ
	언덕 구
	一 | 4획

비 兵(병사 병)
동 岸(언덕 안)
　陵(언덕 릉)

글자 풀이

언덕의 모양을 본떴다.

읽기 한자

丘陵(구릉) 丘木(구목) 丘墓(구묘) 丘山(구산) 丘民(구민)
首丘初心(수구초심) 靑丘永言(청구영언)

句	4급Ⅱ
	글귀 구
	口 | 2획

비 旬(열흘 순)
약 勾

글자 풀이

입(口)에서 나오는 말로서 한 묶음으로 묶여질(勹) 수 있는 구절(句)을
의미한다.

쓰기 한자

句讀點(구두점) 美辭麗句(미사여구) 句節(구절) 結句(결구) 警句(경구)
文句(문구) 語句(어구) 一言半句(일언반구) 字句(자구) 絶句(절구)

求 4급II 구할 **구** 水 | 2획	**글자 풀이** 가죽옷은 좋은 의류였으므로 사람들이 갖고 싶어하는 것에서 구하다, 탐내다(求)는 의미이다.

비 氷(얼음 빙)
　救(구원할 구)
　球(공 구)

읽기한자

求乞(구걸) 刻舟求劍(각주구검) 懇求(간구) 欲求不滿(욕구불만)
促求(촉구) 追求(추구)

쓰기한자

求心點(구심점) 求刑(구형) 求婚(구혼) 緣木求魚(연목구어) 探求(탐구)
求愛(구애) 求職(구직) 急求(급구) 要求(요구) 請求書(청구서)

究 4급II 연구할/궁구할 **구** 穴 | 2획	**글자 풀이** 동굴(穴)의 가장 깊숙한 곳(九)까지 조사하게 된다는 것에서 최후까지 조사하다(究)는 의미이다.

비 空(빌 공)
　突(갑자기 돌)

읽기한자

究竟(구경)

쓰기한자

窮究(궁구) 究極(구극) 究明(구명) 講究(강구) 研究(연구) 學究熱(학구열)

具 5급II 갖출 **구(:)** 八 | 6획	**글자 풀이** 조개(貝)는 보물이나 금전을 나타내며 이것을 양손(ハ)에 든 것에서 갖춤, 갖추어지다(具)는 의미이다.

비 且(또 차)
　俱(함께 구)
　其(그 기)
동 備(갖출 비)

읽기한자

具陳(구진)

쓰기한자

具象(구상) 機具(기구) 裝身具(장신구) 寢具(침구) 具備(구비) 具色(구색)
具眼(구안) 具體化(구체화) 具現(구현) 家具(가구) 工具(공구) 器具(기구)
道具(도구) 筆記具(필기구)

苟 3급 구차할/진실로 **구** 艹 | 5획	**글자 풀이** 글(句)하느라고 돈을 못 벌어 풀(艹)만 먹고 살아 생활이 구차하다(苟)는 의미이다.

비 狗(개 구)
　拘(잡을 구)

읽기한자

苟免(구면) 苟安(구안) 苟且(구차) 苟活(구활)

拘
3급Ⅱ
잡을 **구**
手 | 5획

비 狗(개 구)
　苟(구차할 구)
동 捕(잡을 포)
　執(잡을 집)
　獲(얻을 획)

글자 풀이
손(手)으로 사람을 묶어(句) 잡아(拘) 가둔다는 의미이다.

읽기한자
拘禁(구금) 拘留(구류) 拘束(구속) 拘引狀(구인장) 拘置所(구치소)
不拘(불구)

狗
3급
개 **구**
犬 | 5획

비 拘(잡을 구)
　苟(구차할 구)
동 犬(개 견)
　戌(개 술)

글자 풀이
작은(句) 개(犭)라는 데서 집에서 기르는 개(狗)를 의미한다.

읽기한자
水狗(수구) 羊頭狗肉(양두구육) 走狗(주구) 黃狗(황구)

俱
3급
함께 **구**
人 | 8획

비 具(갖출 구)
　其(그 기)
동 同(한가지 동)
　皆(다 개)
　咸(다 함)

글자 풀이
사람(人)이 갖춰야(具) 할 것을 모두, 다(俱) 가지고 있다는 의미이다.

읽기한자
俱樂部(구락부) 俱存(구존) 俱現(구현)

區
6급
구분할/지경 **구**
匸 | 9획

비 樞(지도리 추)
동 別(나눌 별)
약 区

글자 풀이
일정한 구역(匸) 안에 있는 건물, 인구(品)를 본떠서 구역(區)을 의미한다.

읽기한자
獵區(엽구) 區劃(구획)

쓰기한자
區域(구역) 區廳(구청) 接道區域(접도구역) 區間(구간) 區內(구내)
區別(구별) 區分(구분) 地區(지구)

球

6급Ⅱ

공 구

玉 | 7획

[비] 求(구할 구)
救(구원할 구)

글자 풀이

털(求)을 둥글게 해서 만든 구슬(玉)로 구슬, 둥근형의 물건, 공(球)을 의미한다.

읽기 한자

球審(구심) 排球(배구) 球菌(구균)

쓰기 한자

球根(구근) 球技(구기) 球團(구단) 球速(구속) 球場(구장) 氣球(기구)
白血球(백혈구) 北半球(북반구) 眼球(안구) 野球(야구) 赤血球(적혈구)
電球(전구) 地球(지구) 直球(직구)

救

5급

구원할 구:

攵 | 7획

[비] 求(구할 구)
[동] 護(도울 호)
濟(건널 제)

글자 풀이

도움을 구하는(求) 사람에게 손을 써서(攵) 구원하다(救)는 의미이다.

읽기 한자

救荒(구황) 振救(진구)

쓰기 한자

救援(구원) 救國(구국) 救急藥(구급약) 救命(구명) 救世軍(구세군)
救護(구호) 救濟(구제) 救助(구조) 救出(구출) 自救(자구)

構

4급

얽을 구

木 | 10획

[비] 講(욀 강)
購(살 구)
[동] 造(지을 조)
築(쌓을 축)

글자 풀이

나무(木)를 격지격지(井) 그리고 거듭(再)짜서 얽는다(構)는 의미이다.

읽기 한자

架構(가구) 構禍(구화)

쓰기 한자

構內(구내) 構圖(구도) 構文(구문) 構想(구상) 構成(구성) 構造(구조)
構築(구축) 機構(기구) 虛構性(허구성)

舊

5급Ⅱ

예 구:

臼 | 12획

[동] 古(예 고)
久(오랠 구)
[반] 新(새 신)
[약] 旧

글자 풀이

풀(艹)이나 검불을 새(隹)가 물어다가 절구(臼) 모양의 둥지를 엮은 것이 오래(舊)되었다는 의미이다.

읽기 한자

舊曆(구력) 舊稿(구고)

쓰기 한자

舊態依然(구태의연) 送舊迎新(송구영신) 依舊(의구) 舊官(구관)
舊敎(구교) 舊面(구면) 舊石器(구석기) 舊式(구식) 舊習(구습) 舊惡(구악)
舊正(구정) 舊形(구형) 復舊(복구) 新舊(신구) 親舊(친구)

懼

3급

두려워할 **구**

心 | 18획

비 權(권세 권)
동 恐(두려울 공)
　 怖(두려울 포)

글자 풀이

새(隹)가 독수리의 침입을 당해 눈을 크게 뜨고(目目) 마음(心) 속으로 두려워한다(懼)는 의미이다.

읽기한자

懼然(구연) 疑懼心(의구심)

驅

3급

몰 **구**

馬 | 11획

비 鷗(갈매기 구)

글자 풀이

말(馬)을 일정한 지역(區)으로 몬다(驅)는 의미이다.

읽기한자

驅迫(구박) 驅步(구보) 驅使(구사) 驅逐(구축) 驅蟲(구충) 先驅者(선구자)
乘勝長驅(승승장구)

龜

3급

거북 **구/귀**
터질 **균**

龜 | 0획

약 亀

글자 풀이

거북의 모양을 본떴다.

읽기한자

龜鑑(귀감) 龜甲(귀갑) 龜頭(귀두) 龜毛兎角(귀모토각) 龜卜(귀복)
龜船(귀선) 龜占(귀점) 龜裂(균열)

局

5급Ⅱ

판 **국**

尸 | 4획

비 尾(꼬리 미)
　 居(살 거)
　 屋(집 옥)

글자 풀이

자(尺)로 재듯이 정확한 말(口)로 법도에 따라 일을 하는 관청의 일부(局)라는 의미이다.

읽기한자

局署(국서) 換局(환국)

쓰기한자

亂局(난국) 局量(국량) 局面(국면) 局番(국번) 局部(국부) 局外者(국외자) 局長(국장)
局地戰(국지전) 局限(국한) 開局(개국) 難局(난국) 當局(당국) 對局(대국) 本局(본국)
放送局(방송국) 分局(분국) 事務局(사무국) 時局(시국) 藥局(약국) 電話局(전화국)
政局(정국) 終局(종국) 支局(지국) 總局(총국) 破局(파국) 形局(형국)

	3급Ⅱ
菊	국화 국
	++ │ 8획

비 茂(무성할 무)
菌(버섯 균)

글자 풀이

국화의 모양을 본뜬 글자이다.

읽기한자

菊月(국월) 菊版(국판) 菊花(국화) 梅蘭菊竹(매란국죽) 水菊(수국)
黃菊(황국)

	8급
國	나라 국
	口 │ 8획

비 圖(그림 도)
圓(둥글 원)
園(동산 원)
域(지경 역)
약 国

글자 풀이

영토(口), 국방(戈), 국민(口), 주권(一)으로서 나라(國)를 의미한다.

읽기한자

殉國(순국) 國葬(국장) 國策(국책) 賣國奴(매국노) 還國(환국)

쓰기한자

國籍(국적) 國家(국가) 國境(국경) 國慶日(국경일) 國交(국교) 國軍(국군)
國權(국권) 國旗(국기) 國難(국난) 國道(국도) 國力(국력) 國立(국립)
國民(국민) 國法(국법) 國史(국사) 國勢(국세) 國手(국수) 國是(국시)
國樂(국악) 國語(국어) 國益(국익) 國政(국정) 國土(국토) 國學(국학)

	4급
君	임금 군
	口 │ 4획

비 郡(고을 군)
群(무리 군)
동 王(임금 왕)
皇(임금 황)
帝(임금 제)
반 臣(신하 신)
民(백성 민)

글자 풀이

손(크)에 권력(ノ)을 쥐고 입(口)으로 명령하여 나라를 다스리는
임금(君)을 의미한다.

읽기한자

君臨(군림) 郎君(낭군) 諸君(제군) 梁上君子(양상군자)

쓰기한자

君師父一體(군사부일체) 君臣有義(군신유의) 君子(군자) 君主(군주)
檀君(단군) 大君(대군) 夫君(부군) 不事二君(불사이군) 四君子(사군자)
聖君(성군) 暴君(폭군)

	8급
軍	군사 군
	車 │ 2획

비 運(옮길 운)
揮(휘두를 휘)
동 兵(병사 병)
士(선비 사)

글자 풀이

전차(車)를 빙 둘러싸고(冖) 있는 형태에서 군대, 전쟁(軍)을 의미한다.

읽기한자

叛軍(반군) 孤軍奮鬪(고군분투) 我軍(아군)

쓰기한자

軍犬(군견) 軍紀(군기) 軍納(군납) 軍亂(군란) 軍糧(군량) 軍縮(군축)
白衣從軍(백의종군) 豫備軍(예비군) 軍歌(군가) 軍旗(군기) 軍氣(군기)
軍隊(군대) 軍備(군비) 軍士(군사) 軍事(군사) 軍樂隊(군악대) 軍政(군정)
軍票(군표) 強行軍(강행군) 建軍(건군) 國軍(국군) 農軍(농군) 大軍(대군)
敵軍(적군) 進軍(진군)

郡	6급
고을 군:	
阝 | 7획	

비 群(무리 군)
　君(임금 군)
　郞(사내 랑)
동 邑(고을 읍)
　洞(골 동)

글자 풀이

원래는 군주(君)의 영지(阝)였지만, 지금은 행정구역(郡)의 이름을 의미한다.

읽기한자

隣郡(인군) 郡縣(군현)

쓰기한자

郡廳(군청) 郡界(군계) 郡內(군내) 郡民(군민) 郡守(군수)

群	4급
무리 군	
羊 | 7획	

비 郡(고을 군)
동 衆(무리 중)
반 獨(홀로 독)
　孤(외로울 고)

글자 풀이

지시하기도 하고 전체를 통괄하는(君) 양치기에 의해 한 무리가 된 양(羊)들의 모습에서 무리(群)를 의미한다.

읽기한자

群鷄一鶴(군계일학) 群像(군상) 群雄割據(군웅할거) 症候群(증후군)
拔群(발군)

쓰기한자

群居(군거) 群島(군도) 群落(군락) 群舞(군무) 群小(군소) 群衆(군중)
群衆心理(군중심리) 魚群(어군) 語群(어군)　學群(학군)

屈	4급
굽힐 굴	
尸 | 5획	

비 屋(집 옥)
　尾(꼬리 미)
동 曲(굽을 곡)
　折(꺾을 절)
반 直(곧을 직)

글자 풀이

굴 속으로 몸(尸)이 빠져 나갈(出) 때 몸을 굽힌다(屈)는 의미이다.

읽기한자

屈辱(굴욕) 卑屈(비굴)

쓰기한자

屈强(굴강) 屈曲(굴곡) 屈力(굴력) 屈服(굴복) 屈伏(굴복) 屈折(굴절)
屈指(굴지) 百折不屈(백절불굴)

弓	3급Ⅱ
활 궁	
弓 | 0획	

비 引(끌 인)

글자 풀이

활의 모양을 본떴다.

읽기한자

弓矢(궁시) 弓腰(궁요) 弓道(궁도) 弓術(궁술) 國弓(국궁) 名弓(명궁)
洋弓(양궁)

宮 집 궁
4급 Ⅱ

宀 | 7획

- 비 官(벼슬 관)
- 동 家(집 가) 戶(집 호)
  室(집 실) 堂(집 당)
  屋(집 옥) 宅(집 택)
  閣(집 각) 館(집 관)
  庫(곳집 고)

글자 풀이

방(呂)의 수가 많이 있는 집(宀)에 빗대어 훌륭한 저택(宮)을 의미한다.

읽기한자

尙宮(상궁) 皇宮(황궁)

쓰기한자

宮刑(궁형) 龍宮(용궁) 宮女(궁녀) 宮城(궁성) 宮庭文學(궁정문학)
宮調(궁조) 宮體(궁체) 宮合(궁합) 古宮(고궁) 王宮(왕궁) 月宮(월궁)
子宮(자궁) 合宮(합궁) 後宮(후궁)

窮 다할/궁할 궁
4급

穴 | 10획

- 비 射(쏠 사)
- 동 乏(가난할 핍)
  困(곤할 곤)
  貧(가난할 빈)
  極(다할 극)

글자 풀이

굴(穴) 속으로 몸(身)을 활(弓)처럼 구부리고 피신한다는 데서 궁하다, 궁구하다(窮)는 의미이다.

읽기한자

窮餘之策(궁여지책) 追窮(추궁) 窮塞(궁색)

쓰기한자

窮究(궁구) 窮極(궁극) 窮氣(궁기) 窮理(궁리) 窮狀(궁상) 窮色(궁색)
窮地(궁지) 困窮(곤궁) 無窮無盡(무궁무진) 無窮花(무궁화) 貧窮(빈궁)
四窮(사궁) 春窮(춘궁)

券 문서 권
4급

刀 | 6획

- 비 卷(책 권)
  拳(주먹 권)

글자 풀이

옛날에 약속을 한 사람들이 나무판을 칼(刀)로 새겨 나눈 다음 각자 보관하였다는 것에서 증서, 증표(券)를 의미한다.

읽기한자

割引券(할인권) 株券(주권) 債券(채권)

쓰기한자

馬券(마권) 發券(발권) 福券(복권) 食券(식권) 旅券(여권) 入場券(입장권)
證券(증권) 回數券(회수권)

卷 책 권(:)
4급

㔾 | 6획

- 비 券(문서 권)
  拳(주먹 권)
- 동 冊(책 책)

글자 풀이

두루마리(㔾) 종이에 손(拳)으로 문서를 적는 데서 두루마리, 책(卷)을 의미한다.

읽기한자

卷尾(권미) 卷尺(권척)

쓰기한자

卷頭(권두) 卷末(권말) 卷數(권수) 上卷(상권) 席卷(석권) 下卷(하권)
壓卷(압권) 通卷(통권)

拳

3급 II
주먹 권:
手 | 6획

비 券(문서 권)
卷(책 권)

가

글자 풀이

불(火)같이 강한 힘을 갖는 두(二) 손(手)이니 주먹(拳)을 의미한다.

읽기한자

拳法(권법) 拳銃(권총) 拳鬪(권투) 鐵拳(철권)

勸

4급
권할 권:
力 | 18획

비 觀(볼 관)
歡(기쁠 환)
權(권세 권)
동 獎(장려할 장)
약 劝, 勧

글자 풀이

기쁜(歡) 마음으로 힘껏(力) 일하라고 권(勸)한다는 의미이다.

읽기한자

勸善懲惡(권선징악) 勸誘(권유)

쓰기한자

勸告(권고) 勸農(권농) 勸勉(권면) 勸士(권사) 勸獎(권장) 勸酒(권주)
勸學(권학) 強勸(강권)

權

4급 II
권세 권
木 | 18획

비 勸(권할 권)
歡(기쁠 환)
觀(볼 관)
약 权, 權

글자 풀이

새(隹)도 나무(木)나 풀(艹) 속에서는 먹고 지저귈(口口) 권세(權)가
있다는 의미이다.

읽기한자

權謀術數(권모술수) 越權(월권) 著作權(저작권) 執權(집권) 權衡(권형)
債權(채권)

쓰기한자

權威(권위) 權座(권좌) 權稱(권칭) 投票權(투표권) 權能(권능) 權道(권도)
權度(권도) 權量(권량) 權力(권력) 權利(권리) 權勢(권세) 權益(권익)
權限(권한) 公權力(공권력) 官權(관권) 敎權(교권) 女權(여권) 利權(이권)
復權(복권) 父權(부권) 分權(분권)

厥

3급
그 궐
厂 | 10획

비 壓(누를 압)
闕(대궐 궐)
동 其(그 기)

글자 풀이

벼랑(厂) 밑에서 고개를 숙이고 숨이 차게 돌을 파낸다(厥)는 의미이다.

읽기한자

厥角(궐각) 厥女(궐녀) 厥尾(궐미) 厥者(궐자) 厥後(궐후) 突厥(돌궐)

軌	3급
	바퀴자국 궤:
	車 | 2획

비 軋(삐걱거릴 알)

글자 풀이

수레(車)가 지나가면 굽은(九) 바퀴자국(軌)이 생긴다는 의미이다.

읽기한자

軌度(궤도) 軌道(궤도) 軌範(궤범) 軌跡(궤적) 廣軌(광궤) 同軌(동궤)
常軌(상궤)

鬼	3급Ⅱ
	귀신 귀:
	鬼 | 0획

비 塊(흙덩이 괴)
　愧(부끄러울 괴)
동 神(귀신 신)

글자 풀이

도깨비의 모양을 본떴다.

읽기한자

餓鬼(아귀) 鬼面(귀면) 鬼神(귀신) 鬼才(귀재) 鬼火(귀화) 客鬼(객귀)
惡鬼(악귀) 雜鬼(잡귀) 吸血鬼(흡혈귀)

貴	5급
	귀할 귀:
	貝 | 5획

비 責(꾸짖을 책)
　貧(가난할 빈)
　遺(남길 유)
　遣(보낼 견)
동 稀(드물 희)
반 賤(천할 천)

글자 풀이

바구니 속에(忠) 돈(貝)이 계속 들어가니 부하고 귀하여 진다(貴)는
의미이다.

읽기한자

貴賓(귀빈) 貴賤(귀천) 稀貴(희귀)

쓰기한자

貴骨(귀골) 貴金屬(귀금속) 富貴榮華(부귀영화) 珍貴(진귀) 貴宅(귀댁)
貴公子(귀공자) 貴官(귀관) 貴婦人(귀부인) 貴人(귀인) 貴族(귀족)
貴中(귀중) 貴重品(귀중품) 貴體(귀체) 貴下(귀하) 高貴(고귀)
富貴功名(부귀공명) 尊貴(존귀) 品貴(품귀)

歸	4급
	돌아갈 귀:
	止 | 14획

비 婦(며느리 부)
　掃(쓸 소)
반 還(돌아올 환)
약 帰

글자 풀이

아내(婦)가 친정에 갔다가 시집(戶)을 향해 발(足)걸음을 재촉하여
돌아온다(歸)는 의미이다.

읽기한자

歸還(귀환)

쓰기한자

歸家(귀가) 歸結(귀결) 歸京(귀경) 歸國(귀국) 歸農(귀농) 歸路(귀로)
歸省(귀성) 歸屬(귀속) 歸順(귀순) 歸依(귀의) 歸任(귀임) 歸着(귀착)
歸港(귀항) 歸鄕(귀향) 歸化(귀화) 歸休(귀휴) 未歸(미귀) 復歸(복귀)
不歸(불귀) 事必歸正(사필귀정)

叫 부르짖을 규 3급
口 | 2획

비 糾(얽힐 규)

글자 풀이
입(口)을 가로, 세로로 크게 움직여 부르짖는다(叫)는 의미이다.

읽기 한자
叫聲(규성) 絕叫(절규)

規 법 규 5급
見 | 4획

비 現(나타날 현)
동 式(법 식)
　律(법칙 률)
　法(법 법)
　則(법칙 칙)

글자 풀이
한 사람 몫을 해내는 어른(夫)은 사물을 보는 시각(見)이 옳다고 생각되어 왔다. 거기서 어른이 사람으로서 하는 것을 본받는 것에서 본보기, 규범(規)을 의미한다.

읽기 한자
洪規(홍규) 僧規(승규)

쓰기 한자
規戒(규계) 規模(규모) 規範(규범) 大規模(대규모) 規格(규격) 規約(규약) 規律(규율) 規切(규절) 規定(규정) 規程(규정) 規制(규제) 規準(규준) 規則(규칙) 內規(내규) 不規則(불규칙) 例規(예규) 法規(법규) 社規(사규) 新規(신규) 正規(정규)

糾 얽힐 규 3급
糸 | 2획

비 叫(부르짖을 규)

글자 풀이
여러 갈래의 실(糸)이 서로 엉킨다(丩)는 뜻에서 꼬다, 얽히다(糾)는 의미이다.

읽기 한자
糾明(규명) 糾紛(규분) 糾正(규정) 糾錯(규착) 糾察(규찰) 糾彈(규탄) 糾合(규합) 紛糾(분규)

均 고를 균 4급
土 | 4획

비 拘(잡을 구)
　杓(자루 표)
동 平(평평할 평)

글자 풀이
토지(土)의 울퉁불퉁한 것을 골라서(勻) 높은 것을 대등하게 하는 것에서 갈다, 고르다(均)는 의미이다.

읽기 한자
均排(균배) 成均館(성균관) 平均臺(평균대) 均衡(균형)

쓰기 한자
均等(균등) 均配(균배) 均分(균분) 均質(균질)

菌	3급Ⅱ
버섯 균	
++	8획

비 菊(국화 국)

글자 풀이

메주나 누룩 등을 초목(++)이나 볏짚(禾)으로 싸 두면(囗) 버섯, 곰팡이(菌)가 생긴다는 의미이다.

읽기 한자

菌根(균근) 菌類(균류) 滅菌(멸균) 病菌(병균) 大腸菌(대장균)
病原菌(병원균) 保菌者(보균자) 殺菌(살균) 細菌(세균) 雜菌(잡균)

克	3급Ⅱ
이길 극	
儿	5획

비 京(서울 경)

글자 풀이

사람(儿)이 머리(口)에 쓰는 투구(十)의 무게를 능히 이겨낸다(克)는 의미이다.

읽기 한자

克己(극기) 克己心(극기심) 克明(극명) 克服(극복) 克復(극복)

極	4급Ⅱ
극진할/다할 극	
木	9획

비 樞(지도리 추)
동 盡(다할 진)
　 端(끝 단)
　 甚(심할 심)

글자 풀이

나무(木)로 만든 용마루는 사람(人)의 입(口)이나 손(又)이 닿지 않는 집의 끝자리(極)에 있다는 의미이다.

읽기 한자

罔極(망극) 極甚(극심)

쓰기 한자

極祕(극비) 極烈(극렬) 極點(극점) 極盡(극진) 極讚(극찬) 窮極(궁극)
極光(극광) 極端(극단) 極大化(극대화) 極度(극도) 極東(극동)
極樂往生(극락왕생) 極力(극력) 極貧(극빈) 極少(극소) 極小(극소)
極惡無道(극악무도) 極言(극언) 極右(극우) 極左(극좌) 極致(극치)

劇	4급
심할 극	
刀	13획

비 獻(바칠 헌)
　 據(근거 거)
동 甚(심할 심)

글자 풀이

호랑이(虍)와 멧돼지(豕)의 다툼의 격렬함을 칼(刀)로서 표현하여 싸움의 격렬함을 나타내왔지만, 연극이 격렬한 움직임을 하는 것에서 연극(劇)이라는 의미가 되었다.

읽기 한자

戲劇(희극)

쓰기 한자

劇團(극단) 劇本(극본) 劇藥(극약) 劇作家(극작가) 劇場(극장) 劇化(극화)
歌劇(가극) 悲劇(비극) 史劇(사극) 新派劇(신파극) 樂劇(악극) 演劇(연극)
連續劇(연속극) 人形劇(인형극) 唱劇(창극) 寸劇(촌극) 活劇(활극) 喜劇(희극)

斤 **3급** 근/날 **근** 斤 | 0획 비 斥(물리칠 척) 近(가까울 근)	**글자 풀이** 도끼로 나무를 찍는 모양을 본떴다. **읽기한자** 斤兩(근량) 斤量(근량) 百斤(백근) 千斤(천근)
近 **6급** 가까울 **근:** 辶 | 4획 비 返(돌아올 반) 迷(미혹할 미) 반 遠(멀 원)	**글자 풀이** 물건을 달 때 저울추(斤)를 옮겨가는 거리(辶)가 짧다는 데서 가깝다(近)는 의미이다. **읽기한자** 近郊(근교) 近似(근사) 近親相姦(근친상간) 隣近(인근) 近刊(근간) 近影(근영) 附近(부근) 側近(측근) **쓰기한자** 近年(근년) 近東(근동) 近代(근대) 近來(근래) 近方(근방) 近世(근세) 近視眼(근시안) 近因(근인) 近日(근일) 近者(근자) 近海(근해) 接近(접근) 最近(최근) 親近(친근)
根 **6급** 뿌리 **근** 木 | 6획 비 板(널 판) 동 本(근본 본) 源(근원 원)	**글자 풀이** 위쪽으로 뻗은 나뭇가지(木)와는 반대로 땅 밑으로 점점 뻗어가는(艮) 것에서 뿌리(根)를 의미한다. **읽기한자** 根幹(근간) 根抵當(근저당) 草根木皮(초근목피) 禍根(화근) **쓰기한자** 根據(근거) 根源(근원) 根本(근본) 根性(근성) 根絶(근절) 根治(근치) 球根(구근) 男根(남근) 毛根(모근) 事實無根(사실무근) 齒根(치근)
筋 **4급** 힘줄 **근** 竹 | 6획 비 箱(상자 상)	**글자 풀이** 대나무(竹)는 줄기가 많고 마디도 있으며 알통(月)도 솟아있는(力) 팔과 같아 보이는 것에서 몸 속의 줄기, 힘줄(筋)를 의미한다. **읽기한자** 腹筋(복근) 胸筋(흉근) **쓰기한자** 筋骨(근골) 筋力(근력) 筋肉質(근육질) 鐵筋(철근)

僅

3급

겨우 근:

人 | 11획

비 謹(삼갈 근)
槿(무궁화 근)
勤(부지런할 근)

글자 풀이

사람(人)이 얼마 되지 않는 황토(堇) 밭에서 농사지으며
겨우(僅) 살아간다는 의미이다.

읽기한자

僅僅(근근) 僅僅得生(근근득생) 僅少(근소)

勤

4급

부지런할 근(:)

力 | 11획

비 謹(삼갈 근)
槿(무궁화 근)
僅(겨우 근)
동 勉(힘쓸 면)
반 慢(거만할 만)
怠(게으를 태)

글자 풀이

진흙(堇)을 힘(力)있는 대로 잘 개어서 토기를 만들듯이, 모든 것을 다
바치듯이 전력하는 것에서 근무하다, 열심히 하다(勤)는 의미이다.

읽기한자

皆勤(개근)

쓰기한자

勤儉(근검) 勤勞(근로) 勤勉(근면) 勤務(근무) 勤續(근속)
勤實(근실) 勤學(근학) 缺勤(결근) 內勤(내근) 常勤(상근)
夜勤(야근) 外勤(외근) 轉勤(전근) 通勤(통근) 退勤(퇴근)

謹

3급

삼갈 근:

言 | 11획

비 槿(무궁화 근)
僅(겨우 근)
勤(부지런할 근)
동 愼(삼갈 신)

글자 풀이

누런 진흙(堇)을 갖고 도자기를 만드는 정성으로 말씀한다(言)는 데서
삼가다(謹)는 의미이다.

읽기한자

謹啓(근계) 謹告(근고) 謹身(근신) 謹愼(근신) 謹嚴(근엄) 謹弔(근조)
謹賀新年(근하신년)

今

6급Ⅱ

이제 금

人 | 2획

비 吟(읊을 음)
含(머금을 함)
令(하여금 령)
반 古(예 고)
昔(예 석)

글자 풀이

사람(人)이 예부터 지금까지 계속해서 모여 있다(ㄱ)는 것에서 지금(今)을
의미한다.

읽기한자

今昔之感(금석지감)

쓰기한자

今世紀(금세기) 今年(금년) 今明間(금명간) 今時(금시)
今時初聞(금시초문) 今月(금월) 今日(금일) 今週(금주) 今後(금후)
古今(고금) 方今(방금) 昨今(작금)

金 8급
쇠 성
金 | 0획
金김

비 全(온전 전)
　釜(가마 부)

> **글자 풀이**
> 산(人)에 번쩍번쩍하는 임금(王) 돌(丶丶)인 금(金)이 있다는 의미이다.

읽기한자

金塊(금괴) 金剛經(금강경) 金剛石(금강석) 金冠朝服(금관조복)
金蘭之交(금란지교) 金肥(금비) 金子塔(금자탑) 獻金(헌금)
金枝玉葉(금지옥엽)

쓰기한자

金庫(금고) 金科玉條(금과옥조) 金管樂器(금관악기) 金鑛(금광)
金髮(금발) 金屬工藝(금속공예) 金額(금액) 金權萬能(금권만능)
金句(금구) 金力(금력) 金賞(금상) 金色(금색) 金石文(금석문)
金言(금언) 金品(금품)

禽 3급Ⅱ
새 금
内 | 8획

비 獸(짐승 수)
동 鳥(새 조)

> **글자 풀이**
> 짐승의 굽은 뿔의 모양(今)과 뿔 사이가 움푹한(凶)한 네 발(内)을 가진
> 짐승(禽)을 의미한다.

읽기한자

禽獸(금수) 禽獲(금획) 家禽(가금) 猛禽(맹금) 鳴禽(명금)

琴 3급Ⅱ
거문고 금
玉 | 8획

비 班(나눌 반)

> **글자 풀이**
> 지금(今)이라도 옥구슬(玉玉)이 부딪치는 듯한 소리를 낼 수 있는
> 거문고(琴)를 의미한다.

읽기한자

琴道(금도) 琴書(금서) 琴心(금심) 風琴(풍금)

禁 4급Ⅱ
금할 금:
示 | 8획

비 楚(초나라 초)
　礎(주춧돌 초)

> **글자 풀이**
> 신궁(示) 근처에 나무 울타리(林)를 만들어 바람을 피하거나 멋대로 사람들이
> 출입하는 것을 막겠다는 의미에서 멈추게 하다, 그만두다(禁)는 의미이다.

읽기한자

禁忌(금기) 禁慾(금욕) 拘禁(구금)

쓰기한자

禁酒(금주) 禁婚(금혼) 嚴禁(엄금) 禁軍(금군) 禁物(금물) 禁書(금서)
禁食(금식) 禁煙(금연) 禁中(금중) 禁足令(금족령) 禁止(금지)
禁治産者(금치산자) 監禁(감금) 解禁(해금)

錦

비단 금:

金 | 8획

비 綿(솜 면)
線(줄 선)
泉(샘 천)
동 絹(비단 견)

글자 풀이

금(金)처럼 아름답게 빛나는 흰(白) 천(巾)이니 비단(錦)이라는 의미이다.

읽기한자

錦上添花(금상첨화) 錦鷄(금계) 錦衣夜行(금의야행)
錦衣還鄉(금의환향) 錦地(금지)

及

미칠 급

又 | 2획

비 乃(이에 내)
반 落(떨어질 락)

글자 풀이

앞서가는 사람(人)을 쫓아가서 손(又)으로 잡는다는 데서 미치다(及)는
의미이다.

읽기한자

及其也(급기야) 及落(급락) 及第(급제) 可及的(가급적) 未及(미급)
普及(보급) 言及(언급) 後悔莫及(후회막급)

急

급할 급

心 | 5획

비 怒(노할 노)
동 速(빠를 속)
반 緩(느릴 완)

글자 풀이

앞 사람(人)을 붙잡는(彐) 듯한 기분(心)으로 성급해하는 모습에서
서두르다, 불안정하다(急)는 의미이다.

읽기한자

急迫(급박) 急襲(급습) 急症(급증) 緩急(완급)

쓰기한자

急激(급격) 急錢(급전) 急派(급파) 危急(위급) 急減(급감) 急求(급구)
急救(급구) 急落(급락) 急冷(급랭) 急流(급류) 急變(급변) 急報(급보)
急死(급사) 急性(급성) 急所(급소) 急速(급속) 急造(급조) 急增(급증)
急行(급행) 時急(시급) 特急(특급)

級

등급 급

糸 | 4획

비 約(맺을 약)
給(줄 급)
동 等(무리/등급 등)

글자 풀이

실(糸)의 품질이 어디까지 미치느냐(及)하는 데서 등급(級)을 의미한다.

읽기한자

昇級(승급)

쓰기한자

巨物級(거물급) 級數(급수) 級友(급우) 級訓(급훈) 高級(고급) 等級(등급)
首級(수급) 留級(유급) 重量級(중량급) 中級(중급) 進級(진급) 初級(초급)
最上級(최상급) 特級(특급) 下級(하급) 學級(학급)

給

5급

줄 급

糸 | 6획

ⓑ 約(맺을 약)
級(등급 급)
絡(얽힐 락)
終(마칠 종)
ⓓ 授(줄 수)
贈(줄 증)
與(줄 여)

글자 풀이
실(糸)을 모아(合) 맞추면 굵게 늘어나는 것에서 부족한 것을 내다,
내게 하다, 부여하다(給)는 의미이다.

읽기한자
供給(공급) 補給(보급) 需給(수급)

쓰기한자
給與(급여) 給料(급료) 給仕(급사) 給水(급수) 給食(급식) 給油(급유)
官給(관급) 基本給(기본급) 都給(도급) 無給(무급) 發給(발급) 配給(배급)
女給(여급) 日給(일급) 支給(지급) 支給停止(지급정지)

肯

3급

즐길 긍:

肉 | 4획

ⓑ 散(흩을 산)
ⓟ 否(아닐 부)

글자 풀이
뼈에 멈춰(止) 있는 살(月)이란 뜻에서 뼈와 살이 행동을 같이 한다는
데서 수긍하다(肯)는 의미이다.

읽기한자
肯定(긍정) 首肯(수긍)

己

5급Ⅱ

몸 기

己 | 0획

ⓑ 已(이미 이)
巳(뱀 사)
ⓓ 身(몸 신)
自(스스로 자)

글자 풀이
상대에게 허리를 낮추고 있는 형태에서 자기, 우리 자신(己)을 의미한다.

읽기한자
己卯士禍(기묘사화) 克己(극기) 克己訓鍊(극기훈련)

쓰기한자
己未運動(기미운동) 利己主義(이기주의) 自己(자기) 知己(지기)

企

3급Ⅱ

꾀할 기

人 | 4획

ⓑ 金(쇠 금)
ⓓ 圖(그림/꾀할 도)

글자 풀이
사람(人)이 연구소 등에 오래 머물면서(止) 일을 도모한다(企)는 의미이다.

읽기한자
企待(기대) 企圖(기도) 企望(기망) 企業(기업) 企劃(기획) 公企業(공기업)
工企業(공기업) 中小企業(중소기업)

忌	3급 꺼릴 기 心 | 3획

ⓑ 己(몸 기)
念(생각 념)
ⓢ 避(피할 피)

> 글자 풀이

내(己)가 마음(心)으로 미워하다, 꺼리다(忌)는 의미이다.

> 읽기한자

忌故(기고) 忌日(기일) 忌祭(기제) 忌中(기중) 忌避(기피) 禁忌(금기)

技	5급 재주 기 手 | 4획

ⓑ 枝(가지 지)
妓(기생 기)
ⓢ 才(재주 재)
藝(재주 예)
術(재주 술)

> 글자 풀이

대나무(支)를 여러 형태로 구부려서 죽세품을 손(手)으로 만드는 것에서 기예, 솜씨(技)를 의미한다.

> 읽기한자

技巧(기교)

> 쓰기한자

妙技(묘기) 雜技(잡기) 酒色雜技(주색잡기) 技工(기공) 技能(기능)
技士(기사) 技術(기술) 技法(기법) 技藝(기예) 個人技(개인기) 競技(경기)
球技(구기) 神技(신기) 實技(실기) 演技(연기) 長技(장기) 特技(특기)

汽	5급 물끓는김 기 水 | 4획

ⓑ 氣(기운 기)

> 글자 풀이

물(水)이 밑쪽에서 입김(气)처럼 뿌옇게 피어오르는 것에서 수증기(汽)를 의미한다.

> 읽기한자

汽笛(기적)

> 쓰기한자

汽管(기관) 汽船(기선) 汽車(기차)

奇	4급 기특할 기 大 | 5획

ⓑ 寄(부칠 기)
ⓢ 怪(괴이할 괴)

> 글자 풀이

크게(大) 좋은(可) 일은 드물게 나타나는 기이한(奇) 일이라는 의미이다.

> 읽기한자

奇怪(기괴) 奇薄(기박) 奇襲(기습) 奇巖(기암) 奇蹟(기적)
奇巖怪石(기암괴석) 怪奇(괴기) 奇拔(기발)

> 쓰기한자

奇談(기담) 奇妙(기묘) 奇想天外(기상천외) 奇書(기서)
奇聲(기성) 奇緣(기연) 奇異(기이) 奇人(기인) 奇籍(기적)
奇智(기지) 奇特(기특) 新奇(신기) 神奇(신기) 好奇心(호기심)

其
3급 II
그 **기**
八 | 6획

비 箕(키 기)
具(갖출 구)
基(터 기)
반 是(이 시)

글자 풀이

其는 키의 모양을 본떠 그, 그것(其)을 의미이다.

읽기 한자

其間(기간) 其實(기실) 其人(기인) 其他(기타) 各其(각기)
不知其數(부지기수)

祈
3급 II
빌 **기**
示 | 4획

비 社(모일 사)
祕(숨길 비)
析(쪼갤 석)
折(꺾을 절)
동 祝(빌 축)
禱(빌 도)

글자 풀이

제단(示) 앞에서 두 손을 도끼날(斤)처럼 모으고 빈다(祈)는 의미이다.

읽기 한자

祈求(기구) 祈雨祭(기우제) 祈願(기원)

紀
4급
벼리 **기**
糸 | 3획

비 紅(붉을 홍)
동 綱(벼리 강)

글자 풀이

헝클어진 실(糸)의 끝머리(己)를 찾아서 순서대로 잘 들어가는 것에서
절차, 조리(紀)를 의미한다.

읽기 한자

紀綱(기강)

쓰기 한자

紀念(기념) 紀元前(기원전) 紀律(기율) 紀傳體(기전체) 紀行文(기행문)
軍紀(군기) 官紀(관기) 檀紀(단기) 黨紀(당기) 今世紀(금세기) 西紀(서기)
世紀(세기)

氣
7급 II
기운 **기**
气 | 6획

비 汽(물끓는김 기)
약 気

글자 풀이

내뿜은 숨(气)처럼 막 지은 밥(米)에서 솟아오르는 증기(氣)를 의미한다.

읽기 한자

傲氣(오기) 氣槪(기개) 氣高萬丈(기고만장) 氣像(기상) 排氣(배기)
邪氣(사기) 水蒸氣(수증기) 浩然之氣(호연지기) 濕氣(습기)

쓰기 한자

氣骨壯大(기골장대) 氣孔(기공) 氣管支(기관지) 氣候(기후) 窮氣(궁기)
驚氣(경기) 氣球(기구) 氣道(기도) 氣量(기량) 氣力(기력) 氣流(기류)
氣分(기분) 氣色(기색) 氣勢(기세) 氣壓(기압) 氣運(기운) 氣絶(기절)
氣質(기질)

豈 3급
어찌 기
豆 | 3획

[동] 那(어찌 나)
何(어찌 하)
奈(어찌 내)

글자 풀이
콩(豆) 위에 산(山)을 올려 놓는 것이 어찌(豈) 가능하겠는가하는 의미이다.

읽기한자
豈敢(기감) 豈不(기불)

起 4급Ⅱ
일어날 기
走 | 3획

[비] 赴(다다를 부)
越(넘을 월)
[반] 伏(엎드릴 복)
寢(잠잘 침)
臥(누울 와)

글자 풀이
뱀이 들어와 자고 있던 사람(己)이 당황해서 일어나 달려(走) 도망가는 것에서 일어나다, 깨다(起)는 의미이다.

읽기한자
蜂起(봉기) 起訴(기소) 突起(돌기)

쓰기한자
起居(기거) 起伏(기복) 起承轉結(기승전결) 起源(기원) 起點(기점)
起重機(기중기) 起寢(기침) 起工(기공) 起動(기동) 起立(기립) 起案(기안)
起用(기용) 起因(기인) 起草(기초) 提起(제기) 起死回生(기사회생)

記 7급Ⅱ
기록할 기
言 | 3획

[비] 訪(찾을 방)
話(말씀 화)
計(셀 계)
[동] 錄(기록할 록)

글자 풀이
무릎 꿇고 사람(己)이 말(言)한 것을 받아 적고 있는 모습에서 기록하다(記)는 의미이다.

읽기한자
記述(기술) 記憶(기억) 記載(기재) 附記(부기)

쓰기한자
移轉登記(이전등기) 雜記(잡기) 記念(기념) 記錄(기록) 記事(기사)
記入(기입) 記者(기자) 記號(기호) 舊記(구기) 登記(등기) 明記(명기)
書記(서기) 速記(속기) 手記(수기) 暗記(암기) 新記錄(신기록) 日記(일기)
一代記(일대기) 創世記(창세기) 筆記(필기) 後記(후기)

飢 3급
주릴 기
食 | 2획

[비] 飽(배부를 포)
[동] 饉(주릴 근)
餓(주릴 아)
饑(주릴 기)
[반] 飽(배부를 포)

글자 풀이
밥상(几)만 있고 먹을(食) 것이 없어서 굶주린다(飢)는 의미이다.

읽기한자
飢渴(기갈) 飢餓(기아) 飢寒(기한) 虛飢(허기)

基

5급 II

터 기
土 | 8획

비 墓(무덤 묘)
其(그 기)

글자 풀이

흙벽 등을 쌓을 때에 점토(土)와 쌓아올린 토대(其)를 말하는 것으로 토대, 터(基)를 의미한다.

읽기 한자

基幹産業(기간산업) 基礎(기초)

쓰기 한자

基底(기저) 基金(기금) 基督敎(기독교) 基本(기본) 基本權(기본권)
基數(기수) 基因(기인) 基調演說(기조연설) 基準(기준) 基地(기지)
國基(국기)

寄

4급

부칠 기
宀 | 8획

비 奇(기이할 기)
동 附(붙을 부)

글자 풀이

때를 못 만나(奇) 다른 집(宀)에 잠시 동안 기거하기 위해 몸을 의탁한다(寄)는 의미이다.

읽기 한자

寄贈(기증) 寄稿(기고) 寄附金(기부금)

쓰기 한자

寄居(기거) 寄留(기류) 寄宿舍(기숙사) 寄與(기여) 寄生蟲(기생충)
寄港(기항)

旣

3급

이미 기
旡 | 7획

비 槪(대개 개)
慨(슬퍼할 개)
동 已(이미 이)
약 既

글자 풀이

입을 크게 벌려(旡) 밥(食)을 이미(旣) 다 먹었다는 의미이다.

읽기 한자

旣決囚(기결수) 旣得權(기득권) 旣望(기망) 旣成服(기성복)
旣定事實(기정사실) 旣存(기존) 旣婚(기혼)

棄

3급

버릴 기
木 | 8획

비 葉(잎 엽)
약 弃

글자 풀이

나무(木)로 만든 쓰레받기(世)에 담겨 쓰레기 통에 간다(去)는 데서 버리다(棄)는 의미이다.

읽기 한자

棄却(기각) 棄權(기권) 棄世(기세) 棄兒(기아) 遺棄(유기) 破棄(파기)
廢棄(폐기) 自暴自棄(자포자기)

幾
3급
몇 **기**
幺 | 9획

비 機(틀 기)
畿(경기 기)

글자 풀이
창(戈)을 가진 군사(人)가 너무 멀리 있어서 가는 실(絲)처럼 가물가물하여 몇(幾) 명인지 모른다는 의미이다.

읽기한자
幾微(기미) 幾百(기백) 幾日(기일) 幾何(기하)

欺
3급
속일 **기**
欠 | 8획

비 期(기약할 기)
斯(이 사)
동 詐(속일 사)

글자 풀이
좀 모자라는(欠) 사람이 이것을 그것(其)이라고 속인다(欺)는 의미이다.

읽기한자
欺弄(기롱) 詐欺(사기)

期
5급
기약할 **기**
月 | 8획

비 欺(속일 기)
其(그 기)
동 約(맺을 약)

글자 풀이
사각의 물건이 제대로 안정되어 있듯이, 달(月)그림자는 규칙이 정확하다(其)는 것에서 정해진 일시와 시기(期)를 의미한다.

읽기한자
劃期的(획기적)

쓰기한자
納期(납기) 婚期(혼기) 期間(기간) 期年(기년) 期待(기대) 期末(기말)
期成(기성) 期約(기약) 期必(기필) 期限(기한) 短期(단기) 同期(동기)
所期(소기) 定期(정기) 早期(조기) 早期教育(조기교육) 週期(주기)
次期(차기) 初期(초기) 學期(학기)

旗
7급
기 **기**
方 | 10획

비 族(겨레 족)
旅(나그네 려)

글자 풀이
그(其)곳에 서 있는 네모진(方) 깃발(厂)이란 데서 기(旗)를 의미한다.

읽기한자
旗幅(기폭) 弔旗(조기)

쓰기한자
五輪旗(오륜기) 旗手(기수) 旗章(기장) 校旗(교기) 國旗(국기) 反旗(반기)
半旗(반기) 白旗(백기) 萬國旗(만국기) 太極旗(태극기)

畿 3급Ⅱ 경기 기

田 | 10획

비 機(기계 기)
　幾(몇 기)
동 甸(경기 전)

글자 풀이

어린 사람들(丝)까지도 창(戈)을 들고 밭(田), 국토를 지켜야 하는 땅이니 경기(畿)라는 의미이다.

읽기한자

畿內(기내) 京畿(경기) 京畿道(경기도)

器 4급Ⅱ 그릇 기

口 | 13획

비 哭(울 곡)
약 器

글자 풀이

네 식구(口)가 실컷 먹을 수 있는 개(犬)고기를 담을 그릇(器)을 의미한다.

읽기한자

器械(기계) 大器晚成(대기만성) 粉靑沙器(분청사기) 沙器(사기)
藥湯器(약탕기) 漆器(칠기)

쓰기한자

核武器(핵무기) 器官(기관) 器具(기구) 器量(기량) 器物(기물) 器樂(기악)
器材(기재) 器才(기재) 計器(계기) 計量器(계량기) 利器(이기) 木器(목기)
武器(무기) 便器(변기) 兵器(병기) 性器(성기) 消音器(소음기)
呼吸器(호흡기) 火器(화기) 凶器(흉기)

機 4급 틀 기

木 | 12획

비 幾(몇 기)
　畿(경기 기)
동 械(기계 계)

글자 풀이

나무(木)를 짜서 만든 베틀 도구(幾)에서 기계, 장치(機)를 의미한다.

읽기한자

機敏(기민) 機械(기계) 機微(기미) 契機(계기) 臨機應變(임기응변)

쓰기한자

機甲(기갑) 機關(기관) 機構(기구) 機具(기구) 機能(기능) 機先(기선)
機運(기운) 機資材(기자재) 機長(기장) 機種(기종) 機會(기회) 待機(대기)
動機(동기) 時機(시기) 危機(위기) 適機(적기) 轉機(전기) 重機(중기)
投機(투기) 好機(호기)

騎 3급Ⅱ 말탈 기

馬 | 8획

비 騷(떠들 소)
　騏(준마 기)
　駿(준마 준)

글자 풀이

말(馬)은 원래 홀로(奇) 타는(騎) 것이라는 의미이다.

읽기한자

匹馬單騎(필마단기) 騎馬(기마) 騎馬戰(기마전) 騎兵(기병)
騎兵隊(기병대) 騎士(기사) 騎手(기수)

緊

3급 II

긴할 **긴**

糸 | 8획

비 賢(어질 현)
　堅(굳을 견)
동 要(요긴할 요)
약 紧

> **글자 풀이**
> 산에서 호랑이를 눈(臣)으로 보면 활시위 줄(糸)을 당기는 손(又)이
> 팽팽해지고, 급해진다(緊)는 의미이다.

> **읽기한자**
> 緊急(긴급) 緊急事態(긴급사태) 緊密(긴밀) 緊迫(긴박) 緊迫感(긴박감)
> 緊要(긴요) 緊張(긴장) 緊縮(긴축) 要緊(요긴)

吉

5급

길할 **길**

口 | 3획

비 喆(밝을 철)
반 凶(흉할 흉)

> **글자 풀이**
> 선비(士)의 입(口)에서는 길한(吉) 말이 나온다는 의미이다.

> **읽기한자**
> 吉夢(길몽) 吉兆(길조)

> **쓰기한자**
> 吉年(길년) 吉禮(길례) 吉報(길보) 吉運(길운) 吉日(길일) 吉鳥(길조)
> 吉凶(길흉) 不吉(불길) 立春大吉(입춘대길)

那

3급

어찌 **나:**

阝 | 4획

비 耶(어조사 야)
　邪(간사할 사)
　邦(나라 방)
　郞(사내 랑)
동 何(어찌 하)
　豈(어찌 기)
　奈(어찌 내)

> **글자 풀이**
> 고을(阝) 땅을 쓸 수 없게 되었으니 어찌하나(那)를 의미한다.

> **읽기한자**
> 那何(나하) 那邊(나변) 印度支那(인도지나)

諾

3급 II

허락할 **낙**

言 | 9획

비 誇(자랑할 과)
　課(공부할 과)
동 許(허락할 허)
반 拒(막을 서)

> **글자 풀이**
> 젊은이(若)가 부탁하는 말(言)을 승낙한다(諾)는 의미이다.

> **읽기한자**
> 內諾(내락) 受諾(수락) 承諾(승낙) 應諾(응낙) 快諾(쾌락) 許諾(허락)

暖

4급 II

따뜻할 난:

日 | 9획

비 援(도울 원)
緩(느릴 완)
媛(계집 원)
동 溫(따뜻할 온)
반 寒(찰 한)
冷(찰 랭)
涼(서늘할 량)

글자 풀이

해(日)가 나오면 어깨가 축 늘어질(爰) 정도로 추위가 풀어진다는 것에서 따뜻하다(暖)는 의미이다.

쓰기 한자

暖帶(난대) 暖冬(난동) 暖流(난류) 暖房(난방)

難

4급 II

어려울 난(:)

隹 | 11획

비 漢(한나라 한)
歎(탄식할 탄)
離(떠날 리)
반 易(쉬울 이)

글자 풀이

진흙(堇)도, 꽁지가 짧고 재빠른 새(隹)도 다 같이 취급하기 어렵다는 것에서 어렵다(難)는 의미이다.

읽기 한자

刻骨難忘(각골난망) 白骨難忘(백골난망)

쓰기 한자

難易度(난이도) 難攻不落(난공불락) 難聽(난청) 難工事(난공사)
難關(난관) 難局(난국) 難民(난민) 難産(난산) 難色(난색) 難題(난제)
難處(난처) 難破(난파) 難航(난항) 難解(난해) 難兄難弟(난형난제)
苦難(고난)

男

7급 II

사내 남

田 | 2획

동 郞(사내 랑)
반 女(계집 녀)

글자 풀이

논농사는 힘든 것으로 남자 일이었던 것에서 논(田)과 힘(力)을 합쳐서 사나이(男)를 의미한다.

읽기 한자

男爵(남작) 男尊女卑(남존여비)

쓰기 한자

男妹(남매) 男裝(남장) 男根(남근) 男女老少(남녀노소) 男性(남성)
男兒選好(남아선호) 男便(남편) 南男北女(남남북녀) 得男(득남)
美男(미남) 善男善女(선남선녀) 長男(장남)

南

8급

남녘 남

十 | 7획

반 北(북녘 북)

글자 풀이

다행하고(幸) 좋은 방향(冂)이 남쪽(南)이라는 의미이다.

읽기 한자

越南(월남)

쓰기 한자

南派(남파) 南國(남국) 南極(남극) 南男北女(남남북녀) 南道(남도)
南部(남부) 南山(남산) 南洋(남양) 南進(남진) 南侵(남침) 南風(남풍)
南行(남행) 南向(남향) 對南(대남) 三南(삼남) 以南(이남) 指南鐵(지남철)
湖南(호남)

納 들일 납	4급

糸 | 4획

비 結(맺을 결)
終(마칠 종)
組(짤 조)
동 入(들 입)
반 出(날 출)

글자 풀이

예쁜 색으로 물들여 말린 실(糸)을 집안(內)에 보관한다는 것에서 수납하다, 넣다(納)는 의미이다.

읽기한자

返納(반납) 納涼(납량) 納付(납부) 獻納(헌납)

쓰기한자

納骨堂(납골당) 納得(납득) 納本(납본) 納稅(납세) 納品(납품)
納會(납회) 格納庫(격납고) 軍納(군납) 歸納法(귀납법) 半納(반납)
上納(상납) 完納(완납) 容納(용납) 出納(출납)

娘 계집 낭	3급 II

女 | 7획

비 始(처음 시)
妃(왕비 비)
동 女(계집 녀)
반 郞(사내 랑)
男(사내 남)

글자 풀이

여자(女)의 가장 보기 좋은(良) 시절은 소녀, 처녀(娘) 시절이라는 의미이다.

읽기한자

娘娘(낭랑) 娘子(낭자)

乃 이에 내:	3급

丿 | 1획

비 及(미칠 급)

글자 풀이

사람(人)이 말을 멈추었다가 다시 시작(丿)하는 데서 이에, 이리하여(乃)를 의미한다.

읽기한자

乃子(내자) 乃至(내지) 人乃天(인내천)

內 안 내:	7급 II

入 | 2획

반 外(바깥 외)

글자 풀이

밖에서 건물 안(內)으로 들어오는 것에서 들어가다, 안, 속(內)을 의미한다.

읽기한자

內賓(내빈) 內政干涉(내정간섭) 內閣(내각) 內諾(내락) 內幕(내막)
內侍(내시) 內憂外患(내우외환) 內柔外剛(내유외강) 內藏(내장)
內皮(내피) 擧國內閣(거국내각) 外柔內剛(외유내강) 內紛(내분)

쓰기한자

內簡(내간) 內勤(내근) 內亂(내란) 內科(내과) 內規(내규) 內堂(내당)
內陸(내륙) 內面(내면) 內命婦(내명부) 內務(내무) 內密(내밀) 內服(내복)
內部(내부)

奈

	3급
어찌	내
大	5획

비 宗(마루 종)
동 何(어찌 하)
豈(어찌 기)
那(어찌 나)

글자 풀이

크게(大) 보이려면(示) 어찌(奈)할까 하는 의미이다.

읽기한자

奈落(나락) 奈何(내하) 莫無可奈(막무가내)

耐

	3급 II
견딜	내:
而	3획

비 端(끝 단)
瑞(상서 서)
동 忍(참을 인)

글자 풀이

참기 어려울 것이다. 그러나(而) 조금(寸)만 더 견뎌라(耐)하는 의미이다.

읽기한자

耐久性(내구성) 耐熱(내열) 耐寒(내한) 耐火性(내화성) 忍耐(인내)

女

	8급
계집	녀
女	0획

비 安(편안 안)
동 娘(계집 낭)
반 男(사내 남)
郞(사내 랑)

글자 풀이

손을 앞으로 끼고 무릎 꿇고 있는 부드러운 모습에서 여자, 처녀(女)를 의미한다.

읽기한자

姪女(질녀) 醜女(추녀) 女丈夫(여장부) 淑女(숙녀) 侍女(시녀)

쓰기한자

烈女(열녀) 女流文學(여류문학) 女流作家(여류작가) 女史(여사) 女人(여인)
宮女(궁녀) 男女有別(남녀유별) 母女(모녀) 美女(미녀) 父女(부녀) 石女(석녀)
仙女(선녀) 少女(소녀) 修女(수녀) 兒女子(아녀자) 養女(양녀)

年

	8급
해	년
干	3획

비 牛(소 우)
午(낮 오)
동 歲(해 세)

글자 풀이

벼가 결실해서 사람에게 수확되기까지의 기간을 뜻하는 것으로 한 해, 세월을 의미한다.

읽기한자

忘年會(망년회) 閏年(윤년) 享年(향년) 年輩(연배) 年鑑(연감)
同年輩(동년배) 百年佳約(백년가약) 幼年(유년)

쓰기한자

年輪(연륜) 甲年(갑년) 壯年(장년) 年金(연금) 年例(연례) 年齒(연치)
去年(거년) 光年(광년) 近年(근년) 今年(금년) 老年(노년) 來年(내년)
例年(예년) 末年(말년) 每年(매년) 明年(명년) 成年式(성년식)
送年(송년) 新年(신년) 安息年(안식년)

나

	5급Ⅱ
念	생각 념:
	心 | 4획

念

5급Ⅱ

생각 념:

心 | 4획

- 비 忍(참을 인)
- 동 思(생각 사)
  想(생각 상)
  慮(생각할 려)

글자 풀이

지금(今) 마음(心)에 있다는 것에서 쭉 계속해서 생각하고 있다(念)는 의미이다.

읽기 한자

掛念(괘념) 槪念(개념) 默念(묵념) 執念(집념) 追念辭(추념사) 念珠(염주)

쓰기 한자

念慮(염려) 紀念(기념) 記念碑(기념비) 雜念(잡념) 專念(전념) 念佛(염불)
念頭(염두) 念願(염원) 空念佛(공염불) 觀念(관념) 記念(기념) 斷念(단념)
理念(이념) 無念無想(무념무상) 想念(상념) 信念(신념) 餘念(여념)
留念(유념) 一念(일념)

寧

3급Ⅱ

편안 녕

宀 | 11획

- 비 賓(손 빈)
  憲(법 헌)
- 동 安(편안 안)
  康(편안 강)
  便(편할 편)
- 약 寍, 寧

글자 풀이

집(宀)에서 밥상(丁) 위에 음식 그릇(皿)을 올려 놓았을 때 마음(心)이 편안하다(寧)는 의미이다.

읽기 한자

寧日(영일) 寧親(영친) 康寧(강녕) 安寧(안녕)

奴

3급Ⅱ

종 노

女 | 2획

- 비 如(같을 여)
  努(힘쓸 노)
  怒(성낼 노)
- 동 僕(종 복)
- 반 婢(계집종 비)

글자 풀이

손(又)으로 힘써 일하는 여자(女), 즉 종(奴)의 의미이다. 후에 '사내 종'으로 의미 바뀜

읽기 한자

奴婢(노비) 賣國奴(매국노) 守錢奴(수전노)

努

4급Ⅱ

힘쓸 노

力 | 5획

- 비 奴(종 노)
  怒(성낼 노)
- 동 務(힘쓸 무)
  力(힘 력)

글자 풀이

인내력 강하게 일하는 여자(女)처럼 끈질기게(又) 힘(力)을 쓰는 것에서 노력하다(努)는 의미이다.

읽기 한자

奮鬪努力(분투노력)

쓰기 한자

努力(노력)

怒 4급Ⅱ

성낼 **노:**

心 | 5획

비 努(힘쓸 노)
　急(급할 급)
　念(생각 념)
동 憤(분할 분)

글자 풀이

종(奴)은 일은 많고 사람 대접은 제대로 못받아 마음(心)이 늘 성내어(怒) 있다는 의미이다.

읽기한자

震怒(진노) 嫌怒(혐노)

쓰기한자

激怒(격노) 憤怒(분노) 怒氣(노기) 怒發大發(노발대발) 怒號(노호)
大怒(대로) 天人共怒(천인공노)

農 7급Ⅱ

농사 **농**

辰 | 6획

비 晨(새벽 신)
　濃(짙을 농)

글자 풀이

아침 일찍(辰)부터 논에 나가 도구(曲)를 갖고 일하는 것에서 논밭을 간다, 농사를 짓다(農)는 의미이다.

읽기한자

農耕(농경) 農繁期(농번기)

쓰기한자

勸農(권농) 歸農(귀농) 營農(영농) 農酒(농주) 農家(농가) 農歌(농가)
農軍(농군) 農具(농구) 農大(농대) 農老(농로) 農路(농로) 農産物(농산물)
農樂(농악) 農藥(농약) 農業(농업) 農作(농작) 農作物(농작물) 農場(농장)
農地(농지) 農土(농토) 農學(농학) 士農工商(사농공상)
集團農場(집단농장)

惱 3급

번뇌할 **뇌**

心 | 9획

비 腦(골 뇌)
동 煩(번거로울 번)
약 悩

글자 풀이

마음(心)과 머리(甾)로 괴로워하고 번뇌한다(惱)는 의미이다.

읽기한자

惱殺(뇌쇄) 苦惱(고뇌) 百八煩惱(백팔번뇌)

腦 3급Ⅱ

골/뇌수 **뇌**

月 | 9획

비 惱(번뇌할 뇌)
약 脳

글자 풀이

몸(月)의 일부로서 머리털(巛)이 있고 아래에는 글 상자(凶)가 있으니 뇌(腦)를 의미한다.

읽기한자

腦裏(뇌리) 腦死(뇌사) 腦神經(뇌신경) 腦卒中(뇌졸중) 腦炎(뇌염)
腦出血(뇌출혈) 大腦(대뇌) 頭腦(두뇌) 洗腦(세뇌) 首腦部(수뇌부)

能	5급 II
능할 능	
月	6획

비 態(모습 태)
　熊(곰 웅)
　罷(마칠 파)

글자 풀이

곰(熊)의 모양으로 곰은 재주가 여러 가지라는 데서 능하다(能)는 의미이다.

읽기한자

能率(능률) 能熟(능숙)

쓰기한자

機能(기능) 放射能(방사능) 能動(능동) 能力(능력) 能事(능사)
能小能大(능소능대) 能通(능통) 可能(가능) 官能(관능) 權能(권능)
技能(기능) 技能工(기능공) 多才多能(다재다능) 萬能(만능) 無能(무능)
本能(본능) 不能(불능) 性能(성능) 藝能(예능) 有能(유능)
人工知能(인공지능) 才能(재능) 全能(전능) 體能(체능) 效能(효능)

泥	3급 II
진흙 니	
水	5획

비 尼(여승 니)

글자 풀이

여승(尼)이 물(水)이 섞인 진흙(泥)을 파낸다는 의미이다.

읽기한자

泥田鬪狗(이전투구) 泥土(니토) 雲泥之差(운니지차)

多	6급
많을 다	
夕	3획

반 寡(적을 과)
　少(적을 소)

글자 풀이

저녁(夕)때를 두 개 중첩(多)시켜 오늘의 저녁때와 어제의 저녁때, 즉 날짜가 쌓이는 것으로 많다(多)는 의미이다.

읽기한자

多收穫(다수확) 多寡(다과) 一夫多妻(일부다처) 多濕(다습)

쓰기한자

多國籍(다국적) 多辯(다변) 多額(다액) 多樣(다양) 多角的(다각적)
多感(다감) 多極(다극) 多年生(다년생) 多多益善(다다익선) 多大(다대)
多讀(다독) 多量(다량) 多發(다발) 多方面(다방면) 多邊化(다변화)
多福(다복) 多分(다분)

茶	3급 II
차 다/차	
++	6획

비 芥(겨자 개)

글자 풀이

사람(人)이 풀(++)이나 나무(木)의 열매, 잎을 달여서 차(茶)로 마신다는 의미이다.

읽기한자

茶器(다기) 茶道(다도) 茶禮(다례) 茶飯事(다반사) 茶房(다방)
綠茶(녹차) 紅茶(홍차)

丹	3급 II
	붉을 **단**
	、| 3획

비 舟(배 주)
동 赤(붉을 적)
　 紅(붉을 홍)
　 朱(붉을 주)

글자 풀이

광산의 갱도(井) 안에 보이는 붉은 광석(、)을 그려서 광석의 붉은(丹) 색깔을 의미이다.

읽기 한자

丹誠(단성) 丹藥(단약) 丹粧(단장) 丹靑(단청) 丹楓(단풍) 牧丹(목단)
仙丹(선단)

旦	3급 II
	아침 **단**
	日 | 1획

비 早(이를 조)
　 但(다만 단)
　 亘(뻗칠 긍)
　 且(또 차)
동 朝(아침 조)
반 暮(저물 모)

글자 풀이

해(日)가 지평선(一)위에 나타났으니 아침(旦)이라는 의미이다.

읽기 한자

旦暮(단모) 元旦(원단) 一旦(일단)

但	3급 II
	다만 **단:**
	人 | 5획

비 個(낱 개)
동 只(다만 지)
　 唯(오직 유)

글자 풀이

사람(人)이 보통 때는 정장을 하고 있으나 아침(旦)에 일어나면 단지(但) 잠옷차림이라는 의미이다.

읽기 한자

但只(단지) 但書(단서)

段	4급
	층계 **단**
	殳 | 5획

동 階(섬돌 계)

글자 풀이

손(又)에 도구(冂)를 들어 계단(段)을 쌓는다는 데서 층계, 계단(段)을 의미한다.

읽기 한자

昇段(승단)

쓰기 한자

段階(단계) 段落(단락) 段數(단수) 階段(계단) 高段數(고단수) 文段(문단)
三段論法(삼단논법) 上段(상단) 手段(수단) 一段落(일단락) 初段(초단)
下段(하단)

單 4급Ⅱ
홑 단
口 | 9획

비 彈(탄알 탄)
　禪(선 선)
동 獨(홀로 독)
　孤(외로울 고)
반 複(겹칠 복)
약 単

글자 풀이

부채의 모양을 본떴다.

읽기 한자

單刀直入(단도직입)

쓰기 한자

單複(단복) 單細胞(단세포) 單層(단층) 簡單(간단) 孤單(고단)
單價(단가) 單間(단간) 單科(단과) 單獨(단독) 單利(단리) 單色(단색)
單線(단선) 單手(단수) 單數(단수) 單純(단순) 單語(단어) 單元(단원)
單位(단위) 單音(단음) 單一(단일) 單子(단자) 單調(단조)
單行本(단행본) 名單(명단) 食單(식단) 傳單(전단)

短 6급Ⅱ
짧을 단(:)
矢 | 7획

비 矩(곱자 구)
반 長(긴 장)

글자 풀이

화살(矢)은 활보다 짧고, 콩(豆)은 감자나 오이보다 짧다(短)는 의미이다.

읽기 한자

短距離(단거리) 短劍(단검) 短刀(단도)

쓰기 한자

短慮(단려) 短點(단점) 短縮(단축) 短篇(단편) 短見(단견) 短期(단기)
短命(단명) 短文(단문) 短時日(단시일) 短信(단신) 短身(단신) 短打(단타)
短波(단파) 高低長短(고저장단) 一長一短(일장일단)

團 5급Ⅱ
둥글 단
口 | 11획

비 傳(전할 전)
　園(동산 원)
동 圓(둥글 원)
약 団

글자 풀이

오로지(專) 같은 목적으로 둥글게(口) 모인다(團)는 의미이다.

읽기 한자

團塊(단괴) 僧團(승단)

쓰기 한자

入團(입단) 財團(재단) 調査團(조사단) 集團(집단) 合唱團(합창단) 團結(단결)
團旗(단기) 團束(단속) 團員(단원) 團長(단장) 團地(단지) 團體(단체) 團合(단합)
曲馬團(곡마단) 工團(공단) 球團(구단) 大團圓(대단원) 旅團(여단) 社團(사단)
師團(사단) 社團法人(사단법인) 一致團結(일치단결)

端 4급Ⅱ
끝 단
立 | 9획

비 瑞(상서 서)
동 末(끝 말)
　極(극할 극)
반 初(처음 초)

글자 풀이

산(山) 꼭대기에 서(立) 있다. 그러나 떨어지지 않을 정도로 끝(端)에 서 있다는 의미이다.

읽기 한자

尖端(첨단) 端緖(단서) 端雅(단아) 端役(단역) 弊端(폐단)

쓰기 한자

端末機(단말기) 端裝(단장) 異端(이단) 端麗(단려) 端午(단오) 端的(단적)
端正(단정) 極端(극단) 南端(남단) 多端(다단) 兩端(양단) 末端(말단)
發端(발단) 事端(사단) 四端(사단) 上端(상단) 一端(일단) 下端(하단)

壇	5급
	단 **단**
	土 | 13획

비 檀(박달나무 단)

다

글자 풀이

여럿이 제사지낼 수 있도록 흙(土)으로 높고 크게(亶) 쌓아 만든
제단(壇)을 의미한다.

읽기 한자

靈壇(영단) 廟壇(묘단)

쓰기 한자

壇上(단상) 講壇(강단) 敎壇(교단) 登壇(등단) 文壇(문단) 樂壇(악단)
演壇(연단) 祭壇(제단) 花壇(화단)

檀	4급Ⅱ
	박달나무 **단**
	木 | 13획

비 壇(단 단)

글자 풀이

단군 임금이 박달나무(木) 밑에 제단(亶)을 쌓고 제사를 지내셨다는 데서
박달나무(檀)를 의미한다.

읽기 한자

檀弓(단궁) 震檀(진단)

쓰기 한자

檀君(단군) 檀紀(단기) 檀木(단목)

斷	4급Ⅱ
	끊을 **단:**
	斤 | 14획

비 繼(이을 계)
동 絶(끊을 절)
반 繼(이을 계)
　連(이을 련)
　係(맬 계)
　續(이을 속)
약 断

글자 풀이

선반 위의 실들을(㡭) 도끼(斤)로 끊는다(斷)는 의미이다.

읽기 한자

斷機之戒(단기지계) 斷頭臺(단두대) 斷片(단편) 剛斷(강단)
優柔不斷(우유부단) 裁斷(재단) 橫斷步道(횡단보도)

쓰기 한자

斷髮(단발) 斷層(단층) 斷交(단교) 斷念(단념) 斷面(단면) 斷産(단산)
斷線(단선) 斷續(단속) 斷水(단수) 斷食(단식) 斷案(단안) 斷言(단언)
斷然(단연) 斷電(단전) 斷熱材(단열재) 斷絶(단절) 斷定(단정) 斷罪(단죄)
斷指(단지)

達	4급Ⅱ
	통달할 **달**
	辶 | 9획

비 送(보낼 송)
동 通(통할 통)

글자 풀이

길(辶)을 따라 양(羊)이 있는 땅, 장소(土)에 이른다(達)는 의미이다.

읽기 한자

乾達(건달)

쓰기 한자

達辯(달변) 調達廳(조달청) 達觀(달관) 達成(달성) 達人(달인)
洞達(통달) 達筆(달필) 到達(도달) 得達(득달) 未達(미달) 配達(배달)
四通八達(사통팔달) 先達(선달) 速達(속달) 送達(송달) 榮達(영달)
用達車(용달차) 傳達(전달) 通達(통달)

淡	3급 Ⅱ
맑을 담	
水 | 8획	

- 비 炎(불꽃 염)
  洗(씻을 세)
  沒(빠질 몰)
- 동 淑(맑을 숙)
  清(맑을 청)
- 반 濃(짙을 농)

글자 풀이

밝고, 맑은(炎) 물(水)이란 데서 싱겁다, 엷다(淡)는 의미이다.

읽기한자

淡泊(담박) 淡淡(담담) 淡水(담수) 冷淡(냉담)

談	5급
말씀 담	
言 | 8획	

- 비 誠(정성 성)
- 동 話(말씀 화)
  言(말씀 언)

글자 풀이

불(炎)이 훤히 타오르듯 입에서 말(言)이 계속 나오는 것, 즉 얘기하다(談)는 의미이다.

읽기한자

懇談會(간담회) 怪談(괴담) 弄談(농담) 豪言壯談(호언장담)

쓰기한자

談判(담판) 雜談(잡담) 座談(좌담) 險談(험담) 婚談(혼담) 歡談(환담)
談論(담론) 談笑(담소) 談合(담합) 談話(담화) 客談(객담) 古談(고담)
對談(대담) 德談(덕담) 面談(면담) 美談(미담) 密談(밀담) 放談(방담)

擔	4급 Ⅱ
멜 담	
手 | 13획	

- 비 膽(쓸개 담)
- 동 負(질 부)
  任(맡길 임)
- 약 担

글자 풀이

어떤 사람(人)이 위태하다(危)는 말(言)을 듣고 손(手)에 들것을 들고 가 메고(擔) 온다는 의미이다.

읽기한자

擔架(담가) 荷擔(하담)

쓰기한자

負擔(부담) 專擔(전담) 擔當(담당) 擔保(담보) 擔稅(담세) 擔任(담임)
加擔(가담) 分擔(분담) 自擔(자담) 全擔(전담)

畓	3급
논 답	
田 | 4획	

- 비 畜(짐승 축)
- 반 田(밭 전)

글자 풀이

밭(田) 위에 물(水)이 있으니 논(畓)을 의미한다.

읽기한자

畓穀(답곡) 乾畓(건답) 田畓(전답) 天水畓(천수답)

答

7급 II

대답 답

竹 | 6획

비 笛(피리 적)
반 問(물을 문)

글자 풀이

대쪽(竹)에 써 온 편지 내용에 합(合)당하게 답(答)을 써 보낸다는 의미이다.

읽기한자

愚問賢答(우문현답)

쓰기한자

答辯(답변) 答辭(답사) 答訪(답방) 答禮(답례) 答申(답신) 答信(답신)
答案(답안) 對答(대답) 東問西答(동문서답) 名答(명답) 問答(문답)
誤答(오답) 應答(응답) 自問自答(자문자답) 正答(정답)
筆答考査(필답고사) 和答(화답) 回答(회답) 答狀(답장)

踏

3급 II

밟을 답

足 | 8획

동 踐(밟을 천)

글자 풀이

거듭해서(沓) 발(足)을 땅에 대는데서 '밟다' 의 뜻이다.

읽기한자

踏步狀態(답보상태) 踏査(답사) 踏襲(답습) 高踏的(고답적)

唐

3급 II

당나라 당
당황할 당(:)

口 | 7획

비 糖(엿 당)
　康(편안 강)
　庚(별 경)

글자 풀이

입(口)으로 굳센(康) 척 큰소리를 하는 사람이 일을 당하면 오히려
보통사람보다 더 당황한다(唐)는 의미이다.

읽기한자

唐突(당돌) 唐詩(당시) 盛唐詩(성당시)

堂

6급 II

집 당

土 | 8획

비 當(마땅 당)
동 家(집 가) 戶(집 호)
　室(집 실) 宮(집 궁)
　屋(집 옥) 宅(집 택)
　閣(집 각) 館(집 관)

글자 풀이

토대(土) 위에 세운 높은(尙) 건물에서 어전, 큰 건물(堂)을 의미한다.

읽기한자

堂姪(당질) 慈堂(자당)

쓰기한자

堂叔(당숙) 堂內(당내) 堂堂(당당) 堂上(당상) 堂號(당호) 講堂(강당)
內堂(내당) 明堂(명당) 法堂(법당) 別堂(별당) 本堂(본당) 佛堂(불당)
書堂(서당) 聖堂(성당) 食堂(식당) 正正堂堂(정정당당) 天堂(천당)
學堂(학당)

다

當 5급Ⅱ
마땅 당
田 | 8획

[비] 堂(집 당)
商(장사 상)
[약] 当

글자 풀이

논(田)을 교환할 때 두 개의 넓이가 딱 맞도록(尙)한 것에서 맞다, 그대로이다(當)는 의미이다.

읽기 한자

普遍妥當(보편타당) 宜當(의당) 妥當性(타당성) 該當(해당) 當付(당부)
當惑(당혹) 根抵當(근저당) 割當(할당)

쓰기 한자

當座(당좌) 當局(당국) 當年(당년) 當代(당대) 當到(당도) 當落(당락)
當面(당면) 當番(당번) 當分間(당분간) 當事者(당사자) 當選(당선)
當時(당시) 當身(당신) 當然(당연) 當爲性(당위성) 當日(당일) 當場(당장)
當地(당지)

糖 3급Ⅱ
엿 당
사탕 탕
米 | 10획

[비] 唐(당나라 당)

글자 풀이

당나라(唐)에서 쌀(米)로 만든 것이 엿(糖)이라는 의미이다.

읽기 한자

糖分(당분) 糖質(당질) 糖水肉(탕수육) 製糖(제당) 血糖(혈당) 雪糖(설탕)

黨 4급Ⅱ
무리 당
黑 | 8획

[비] 裳(치마 상)
嘗(맛볼 상)
掌(손바닥 장)
[동] 群(무리 군)
徒(무리 도)
衆(무리 중)
[약] 党

글자 풀이

어두운(黑) 현실을 개척하려고 높은(尙) 뜻을 가지고 모인 무리(黨)라는 의미이다.

읽기 한자

朋黨(붕당) 一黨獨裁(일당독재) 不偏不黨(불편부당)

쓰기 한자

黨略(당략) 黨籍(당적) 黨派(당파) 黨憲(당헌) 徒黨(도당) 與黨(여당)
殘黨(잔당) 脫黨(탈당) 黨權(당권) 黨論(당론) 黨費(당비) 黨舍(당사)
黨勢(당세) 黨首(당수) 黨員(당원) 黨爭(당쟁) 結黨(결당) 公黨(공당)
共産黨(공산당)

大 8급
큰 대(:)
大 | 0획

[비] 犬(개 견)
太(클 태)
[동] 巨(클 거)
太(클 태)
泰(클 태)
[반] 小(작을 소)

글자 풀이

사람이 크게 손과 다리를 벌리고 있는 모습에서 크다(大)는 의미이다.

읽기 한자

大綱(대강) 大槪(대개) 大腦(대뇌) 大抵(대저) 寬大(관대)
大器晩成(대기만성)

쓰기 한자

大驚失色(대경실색) 大君(대군) 大規模(대규모) 大同小異(대동소이)
大略(대략) 大家(대가) 大監(대감) 大擧(대거) 大科(대과) 大觀(대관)
大國(대국) 大旗(대기) 大氣(대기) 大吉(대길) 大量(대량) 大路(대로)
大望(대망) 大別(대별) 大事(대사) 大賞(대상) 大商(대상)

代

6급 II

대신할 **대:**

人 | 3획

비 伐(칠 벌)

글자 풀이

국경에 세워두었던 말뚝 대신(弋)에 사람(亻)을 당번병으로 세워둔 것에서 바뀌다, 대신하다(代)는 의미이다.

읽기 한자

代替(대체) 世代交替(세대교체) 代名詞(대명사) 代役(대역) 稀代(희대) 累代(누대)

쓰기 한자

代納(대납) 代辯人(대변인) 代錢(대전) 代價(대가) 代金(대금) 代讀(대독) 代理(대리) 代母(대모) 代父(대부) 代數(대수) 代身(대신) 代用(대용) 代作(대작) 代打(대타) 代行(대행) 古代(고대) 交代(교대) 近代化(근대화) 當代(당대) 歷代(역대)

待

6급

기다릴 **대:**

彳 | 6획

비 侍(모실 시)
持(가질 지)
特(특별할 특)

글자 풀이

중요한 일로 관청(寺)에 갔어도(彳) 사람이 많아서 자신의 순번을 기다리게 된 것에서 기다리다(待)는 의미이다.

읽기 한자

恭待(공대) 企待(기대) 賤待(천대) 鶴首苦待(학수고대)

쓰기 한자

待遇(대우) 待避(대피) 優待(우대) 招待(초대) 歡待(환대) 厚待(후대) 待期(대기) 待令(대령) 待望(대망) 待接(대접) 待合室(대합실) 期待(기대) 冷待(냉대) 應待(응대) 接待(접대) 下待(하대)

帶

4급 II

띠 **대(:)**

巾 | 8획

글자 풀이

천을 겹쳐 장식을 붙인 허리띠의 모양을 본떴다.

읽기 한자

腰帶(요대) 携帶(휴대) 帶劍(대검) 帶妻僧(대처승) 附帶(부대)

쓰기 한자

革帶(혁대) 帶同(대동) 救命帶(구명대) 暖帶(난대) 聲帶(성대) 眼帶(안대) 連帶責任(연대책임) 熱帶(열대) 溫帶(온대) 玉帶(옥대) 一帶(일대) 地帶(지대) 寒帶(한대)

貸

3급 II

빌릴/꿜 **대:**

貝 | 5획

비 賃(품삯 임)
資(재물 자)
반 借(빌 차)

글자 풀이

재물(貝)을 사용케 한 대신(代) 돈(貝)을 받으니 빌려주다(貸)는 의미이다.

읽기 한자

貸物(대물) 貸付(대부) 貸損(대손) 貸與(대여) 貸用(대용) 貸切(대절) 貸借(대차) 貸出(대출) 高利貸金(고리대금) 轉貸(전대)

隊	4급 II
무리 **대**	
阝 | 9획	

비 遂(드디어 수)
  逐(쫓을 축)
  豚(돼지 돈)
동 群(무리 군)
  衆(무리 중)

글자 풀이

언덕(阝)의 좌우로 나뉘어서(八) 멧돼지(豕)들이 떼(隊)를 지어 달려온다는 의미이다.

읽기한자

縱隊(종대) 橫隊(횡대) 編隊(편대)

쓰기한자

原隊復歸(원대복귀) 探險隊(탐험대) 隊商(대상) 隊列(대열) 隊員(대원)
隊長(대장) 軍隊(군대) 部隊(부대) 先發隊(선발대) 入隊(입대) 除隊(제대)
中隊(중대) 後發隊(후발대)

臺	3급 II
대 **대**	
至 | 8획	

비 喜(기쁠 희)
약 台, 坮

글자 풀이

길하고(吉) 높은(冖) 곳에 사람들이 이른다(至)는 데서 돈대, 중앙 관서(臺)를 의미한다.

읽기한자

燭臺(촉대) 臺木(대목) 臺詞(대사) 臺帳(대장) 臺紙(대지) 鏡臺(경대)
高臺廣室(고대광실) 觀象臺(관상대) 氣象臺(기상대) 斷頭臺(단두대)
燈臺(등대) 舞臺(무대) 展望臺(전망대) 天文臺(천문대) 寢臺(침대)
卓球臺(탁구대) 土臺(토대) 平均臺(평균대)

對	6급 II
대할 **대:**	
寸 | 11획	

비 業(업 업)
약 対

글자 풀이

작업하는 일(業)과 손(寸)이 서로 마주 대한다(對)는 의미이다.

읽기한자

對替(대체) 對照(대조) 對策(대책) 對偶(대우)

쓰기한자

對象(대상) 對與(대여) 對陣(대진) 對稱(대칭) 對抗(대항) 對價(대가)
對角線(대각선) 對決(대결) 對空(대공) 對局(대국) 對南(대남) 對談(대담)
對答(대답) 對等(대등) 對流(대류) 對立(대립) 對面(대면) 對美(대미)
對備(대비) 對比(대비) 對案(대안) 對野(대야) 對外(대외) 對應(대응)
對日(대일) 對人關係(대인관계) 對敵(대적)

德	5급 II
큰 **덕**	
彳 | 12획	

약 徳

글자 풀이

올바른 마음을 가진(悳) 사람은 어디에 가서(彳)도 신임을 받고, 공경 받는다는 것에서 사람으로서 올바른 행위(德)를 의미한다.

읽기한자

背恩忘德(배은망덕)

쓰기한자

厚德(후덕) 公衆道德(공중도덕) 德談(덕담) 德望(덕망) 德目(덕목)
德分(덕분) 德性(덕성) 德行(덕행) 功德(공덕) 美德(미덕) 變德(변덕)
不德(부덕) 婦德(부덕) 聖德(성덕) 盛德(성덕) 惡德(악덕) 恩德(은덕)
人德(인덕)

刀

3급 II

칼 도

刀 | 0획

비 力(힘 력)
　刃(칼날 인)
동 劍(칼 검)

글자 풀이

칼의 모양을 본떴다.

읽기 한자

刀劍(도검) 亂刀(난도) 短刀(단도) 單刀直入(단도직입) 面刀(면도)
銀粧刀(은장도) 一刀兩斷(일도양단) 竹刀(죽도) 執刀(집도)

到

5급 II

이를 도:

刀 | 6획

비 倒(넘어질 도)
동 達(통달할 달)
　着(붙을 착)
　至(이를 지)

글자 풀이

무사가 칼(刀)을 가지고 소집 장소에 이른다(至)는 데서 도착하다(到)는
의미이다.

읽기 한자

周到綿密(주도면밀)

쓰기 한자

用意周到(용의주도) 到達(도달) 到來(도래) 到着(도착) 到處(도처)
來到(내도) 當到(당도) 殺到(쇄도)

度

6급

법도 도(:)
헤아릴 탁

广 | 6획

비 庶(여러 서)
　席(자리 석)
동 法(법법)
　量(헤아릴 량)

글자 풀이

집(广)의 크기를 손가락(甘)을 벌려 재는 것(又)에서 재다, 자,
눈금(度)을 의미한다.

읽기 한자

頻度(빈도) 緯度(위도) 印度支那(인도지나) 尺度(척도) 濕度(습도)

쓰기 한자

難易度(난이도) 度量(도량) 度數(도수) 度外視(도외시) 度支部(탁지부)
加速度(가속도) 角度(각도) 感度(감도) 強度(강도) 經度(경도) 高度(고도)
光度(광도) 極度(극도) 年度(연도) 民度(민도) 密度(밀도) 法度(법도)
色度(색도)

挑

3급

돋울 도

手 | 6획

비 桃(복숭아 도)
　逃(도망할 도)
　跳(뛸 도)

글자 풀이

손(扌)으로 집적거림으로써 어떤 조짐(兆)을 보여 상대방의 화를 돋운다
(挑)는 의미이다.

읽기 한자

挑發(도발) 挑戰(도전)

逃	4급
	도망할 **도**
	辶 | 6획

- 비 桃(복숭아 도)
- 挑(돋울 도)
- 跳(뛸 도)
- 동 避(피할 피)
- 亡(망할 망)

글자 풀이

망할 조짐(兆)이 있는 사람이 길(辶)을 따라 도망간다(逃)는 의미이다.

읽기 한자

逃婢(도비) 逃穴(도혈)

쓰기 한자

逃亡(도망) 逃走(도주) 逃避(도피)

島	5급
	섬 **도**
	山 | 7획

- 비 鳥(새 조)
- 烏(까마귀 오)

글자 풀이

바다에 떠있는 산(山)에서 철새(鳥)가 쉬거나 살기도 하는 것에서 섬(島)을 의미한다.

읽기 한자

島夷(도이) 島堤(도제)

쓰기 한자

群島(군도) 落島(낙도) 半島(반도) 三多島(삼다도) 列島(열도)

倒	3급 Ⅱ
	넘어질 **도:**
	人 | 8획

- 비 到(이를 도)

글자 풀이

사람(人)의 머리가 땅에 도착하다(到), 곧 넘어지다(倒)는 의미이다.

읽기 한자

倒壞(도괴) 倒置(도치) 卒倒(졸도) 打倒(타도) 倒立(도립) 倒産(도산)

徒	4급
	무리 **도**
	彳 | 7획

- 비 待(기다릴 대)
- 從(좇을 종)
- 동 群(무리 군)
- 衆(무리 중)
- 輩(무리 배)
- 黨(무리 당)
- 반 獨(홀로 독)
- 孤(외로울 고)

글자 풀이

탈 것에 의지하지 않고 흙을 밟아서(彳) 걸어가는(走) 사람이 많다(徒)는 의미이다.

읽기 한자

叛徒(반도) 徒輩(도배) 花郎徒(화랑도)

쓰기 한자

徒黨(도당) 徒勞(도로) 徒步(도보) 徒手體操(도수체조) 徒刑(도형)
教徒(교도) 無爲徒食(무위도식) 佛徒(불도) 使徒(사도) 生徒(생도)
聖徒(성도) 信徒(신도) 清教徒(청교도) 暴徒(폭도) 學徒(학도)

途

3급 II
길 도:
辶 | 7획

비 徐(천천히 서)
除(덜 제)
동 道(길 도)
路(길 로)

글자 풀이

갈 길(辶)이 남아있는(余) 길(途)를 의미한다.

읽기한자

途上(도상) 途中下車(도중하차) 方途(방도) 別途(별도) 用途(용도)
壯途(장도) 長途(장도) 前途洋洋(전도양양)

桃

3급 II
복숭아 도
木 | 6획

비 挑(돋울 도)
逃(도망할 도)
跳(뛸 도)

글자 풀이

복숭아씨(兆)가 자라서 나무(木)가 되니 곧 복숭아나무(桃)이다.

읽기한자

桃李(도리) 桃色雜誌(도색잡지) 桃園(도원) 桃園結義(도원결의)
桃仁(도인) 桃花(도화) 武陵桃源(무릉도원) 天桃(천도) 紅桃(홍도)
黃桃(황도)

陶

3급 II
질그릇 도
阝 | 8획

비 陷(빠질 함)
隆(높을 륭)

글자 풀이

언덕(阝) 위의 가마(勹)에서 독(缶)을 구워 질그릇(陶)을 만든다는
의미이다.

읽기한자

陶工(도공) 陶器(도기) 陶然(도연) 陶藝(도예) 陶人(도인) 陶醉(도취)

盜

4급
도둑 도(:)
皿 | 7획

비 恣(방자할 자)
漆(옻 칠)
동 賊(도둑 적)

글자 풀이

그릇(皿)에 담긴 음식을 보고 침(次)을 흘리다가 몰래 집어 먹는다는 데서
도둑(盜)을 의미한다.

읽기한자

怪盜(괴도) 盜汗(도한) 捕盜大將(포도대장)

쓰기한자

盜難(도난) 盜伐(도벌) 盜用(도용) 盜賊(도적) 盜聽(도청) 強盜(강도)
大盜(대도)

渡
건널 도
水 | 9획

비 度(법도 도)
동 濟(건널 제)

글자 풀이
물(水)의 깊이를 재면서(度) 강을 건넌다(渡)는 의미이다.

읽기한자
渡江(도강) 渡來(도래) 渡美(도미) 渡日(도일) 渡河(도하) 渡航(도항)
過渡期(과도기) 賣渡(매도) 明渡(명도) 不渡(부도) 讓渡所得(양도소득)
言渡(언도) 前渡金(전도금)

道
길 도:
辶 | 9획

비 導(인도할 도)
동 途(길 도)
　 路(길 로)

글자 풀이
사람(首)이 왔다갔다(辶)하고 있는 곳은 자연히 길(道)이 된다는 의미이다.

읽기한자
軌道(궤도) 劍道(검도) 弓道(궁도) 茶道(다도) 柔道(유도) 片道(편도)
橫斷步道(횡단보도) 道伯(도백) 騎士道(기사도)

쓰기한자
道廳(도청) 道家(도가) 道界(도계) 道敎(도교) 道具(도구) 道德(도덕)
道樂(도락) 道路(도로) 道理(도리) 道民(도민) 道士(도사) 道術(도술)
道人(도인) 道場(도장) 道程(도정) 道政(도정) 道通(도통) 道破(도파)
街道(가도)

都
도읍 도
阝 | 9획

비 著(나타날 저)
　 者(놈 자)
동 京(서울 경)
반 農(농사 농)

글자 풀이
사람들(者)이 많이 모여서 사는 고을(阝)이니 도읍, 도회지(都)를 의미한다.

읽기한자
還都(환도) 遷都(천도)

쓰기한자
都散賣(도산매) 都給(도급) 都農(도농) 都賣商(도매상) 都城(도성)
都市(도시) 都心(도심) 都邑地(도읍지) 都下(도하) 都合(도합)
都會地(도회지) 古都(고도) 首都(수도) 王都(왕도) 港都(항도)
訓練都監(훈련도감)

跳
뛸 도
足 | 6획

비 桃(복숭아 도)
　 逃(도망할 도)
　 挑(돋울 도)
동 躍(뛸 약)

글자 풀이
몸 속의 많은(兆) 힘을 발(足)로 모아서 뛴다(跳)는 의미이다.

읽기한자
跳躍(도약) 高跳(고도)

圖

6급 II

그림 도

口 │ 11획

[비] 圓(둥글 원)
園(동산 원)
團(둥글 단)
[동] 畫(그림 화)
[약] 図

다

글자 풀이

논밭에 있는 장소를 도면에 표시한 것에서 그림, 그리다, 생각하다(圖)는 의미이다.

읽기 한자

掛圖(괘도) 圖鑑(도감) 圖謀(도모) 企圖(기도) 腦電圖(뇌전도) 圖書館(도서관)
版圖(판도)

쓰기 한자

構圖(구도) 略圖(약도) 縮圖(축도) 圖錄(도록) 圖面(도면) 圖上(도상)
圖式(도식) 圖案(도안) 圖表(도표) 圖解(도해) 圖形(도형) 圖畫(도화)
試圖(시도) 意圖(의도) 心電圖(심전도) 全圖(전도) 製圖(제도) 地圖(지도)
風俗圖(풍속도)

稻

3급

벼 도

禾 │ 10획

[비] 程(길 정)
稱(일컬을 칭)
[동] 禾(벼 화)

글자 풀이

벼(禾)를 절구(臼)에 넣어 손(爪)으로 찧어 쌀을 만든다는 데서 벼(稻)를 의미한다.

읽기 한자

稻熱病(도열병) 稻作(도작) 陸稻(육도) 早稻(조도)

導

4급 II

인도할 도:

寸 │ 13획

[비] 道(길 도)
[동] 引(끌 인)

글자 풀이

사람 머리가 보일락 말락 하듯 어디까지나 계속되는 길(道)을 손(寸)을 끌어 걷는 것에서 인도하다, 안내하다(導)는 의미이다.

읽기 한자

矯導所(교도소) 啓導(계도) 誘導彈(유도탄)

쓰기 한자

導入(도입) 導出(도출) 導火線(도화선) 教導(교도) 半導體(반도체)
先導(선도) 善導(선도) 領導者(영도자) 誤導(오도) 引導(인도)
傳導(전도) 主導(주도) 指導(지도)

塗

3급

칠할 도

土 │ 10획

[동] 泥(진흙 니)

글자 풀이

본래 도랑(涂)에 있는 흙(土)으로 진흙(塗)을 나타내며 나아가 진흙 등을 칠한다(塗)는 의미이다.

읽기 한자

塗工(도공) 塗泥(도니) 塗路(도로) 塗料(도료) 塗壁(도벽) 塗裝(도장)
道聽塗說(도청도설) 塗炭(도탄)

毒 4급 Ⅱ
독 독
毋 | 4획

- 비 靑(푸를 청)
- 약 毒

글자 풀이

모친(母)이 자식을 낳듯이, 잡초가 잡초를 지나치게 자꾸 낳으면 논의 작물(主)에 피해를 준다는 것에서 독(毒)을 의미한다.

읽기 한자

梅毒(매독) 猛毒(맹독) 毒蛇(독사) 毒牙(독아)

쓰기 한자

毒劇物(독극물) 毒舌家(독설가) 毒酒(독주) 酒毒(주독) 毒氣(독기)
毒物(독물) 毒婦(독부) 毒死(독사) 毒殺(독살) 毒性(독성) 毒素(독소)
毒藥(독약) 毒種(독종) 毒草(독초) 毒蟲(독충) 旅毒(여독) 路毒(노독)
無毒(무독) 防毒面(방독면) 消毒(소독)

督 4급 Ⅱ
감독할 독
目 | 8획

- 동 監(볼 감)

글자 풀이

아재비(叔)가 눈(目)을 부릅뜨고 일꾼들을 감독한다(督)는 의미이다.

읽기 한자

督勵(독려) 督促(독촉)

쓰기 한자

監督(감독) 基督敎(기독교) 提督(제독) 總督(총독)

篤 3급
도타울 독
竹 | 10획

- 비 驚(놀랄 경)
  馬(말 마)
- 동 敦(도타울 돈)
  厚(두터울 후)

글자 풀이

죽마(竹馬)고우라는 데서 우정이 도탑다(篤)는 의미이다.

읽기 한자

篤農(독농) 篤信(독신) 篤實(독실) 篤厚(독후) 敦篤(돈독) 危篤(위독)

獨 5급 Ⅱ
홀로 독
犬 | 13획

- 비 燭(촛불 촉)
  濁(흐릴 탁)
  觸(닿을 촉)
- 동 孤(외로울 고)
- 반 衆(무리 중)
  群(무리 군)
  徒(무리 도)
- 약 独

글자 풀이

개(犬)는 곤충(虫)처럼 몸을 둥글게(勹) 하고, 한 곳에서 꼼짝하지 않고 있는 것(罒)을 즐기는 것에서 홀로, 딱 하나(獨)를 의미한다.

읽기 한자

惟獨(유독) 唯我獨尊(유아독존) 獨舞臺(독무대) 獨逸(독일) 獨裁(독재)

쓰기 한자

孤獨(고독) 獨斷(독단) 獨立(독립) 獨房(독방) 獨白(독백) 獨步的(독보적)
獨床(독상) 獨不將軍(독불장군) 獨善(독선) 獨守空房(독수공방)
獨食(독식) 獨身(독신) 獨語(독어) 獨子(독자) 獨走(독주) 獨唱(독창)

讀

6급 II
읽을 **독**
구절 **두**
言 | 15획

비 續(이을 속)
　 賣(팔 매)
약 読

글자 풀이
강연 다니는 연사가 말(言)을 팔려면(賣) 많은 책을 읽어야(讀) 한다는 의미이다.

읽기한자
熟讀(숙독) 晝耕夜讀(주경야독) 吏讀(이두)

쓰기한자
判讀(판독) 句讀點(구두점) 讀經(독경) 讀圖法(독도법) 讀本(독본)
讀者(독자) 讀破(독파) 讀解力(독해력) 讀後感(독후감) 講讀(강독)
多讀(다독) 代讀(대독) 朗讀(낭독) 速讀(속독) 愛讀(애독) 精讀(정독)
牛耳讀經(우이독경) 必讀書(필독서) 解讀(해독) 訓讀(훈독)

다

豚

3급
돼지 **돈**
豕 | 4획

비 逐(쫓을 축)
　 遂(드디어 수)
동 豕(돼지 시)

글자 풀이
살(月)이 통통하게 찐 돼지(豕)란 데서 돼지(豚)를 의미한다.

읽기한자
豚舍(돈사) 豚兒(돈아) 豚肉(돈육) 家豚(가돈) 養豚(양돈) 種豚(종돈)

敦

3급
도타울 **돈**
攵 | 8획

비 孰(누구 숙)
　 郭(둘레 곽)
　 熟(익을 숙)
동 篤(도타울 독)
　 厚(두터울 후)

글자 풀이
즐거움을 함께 누리고(享) 때로는 치고(攵) 받고 싸움도 하는 가운데 우정이 도타워(敦)진다는 의미이다.

읽기한자
敦篤(돈독) 敦睦(돈목) 敦厚(돈후)

突

3급 II
갑자기 **돌**
穴 | 4획

비 空(빌 공)
　 究(연구할 구)
동 衝(찌를 충)

글자 풀이
개(犬)가 구멍(穴)에서 갑자기(突) 튀어나와 부딪친다(突)는 의미이다.

읽기한자
突擊(돌격) 突起(돌기) 突發(돌발) 突變(돌변) 突然變異(돌연변이)
突入(돌입) 突進(돌진) 突出(돌출) 突破口(돌파구) 突風(돌풍)
激突(격돌) 唐突(당돌) 煙突(연돌) 溫突(온돌) 左衝右突(좌충우돌)
追突(추돌) 衝突(충돌)

冬 7급
겨울 동(:)
冫 | 3획

비 夕(저녁 석)
반 夏(여름 하)

글자 풀이
샘물 입구(夊)가 얼어(冫) 물이 나오지 않게 된 추운 계절을 의미하는 것에서 겨울(冬)을 의미한다.

읽기한자
冬眠(동면) 越冬(월동)

쓰기한자
冬季(동계) 嚴冬雪寒(엄동설한) 冬服(동복) 冬節期(동절기) 冬至(동지)
暖冬(난동) 立冬(입동) 三冬(삼동)

同 7급
한가지 동
口 | 3획

비 洞(골 동)
동 共(한가지 공)
반 異(다를 이)

글자 풀이
동굴 크기가 처음부터 끝까지 어디나 같다는 것에서 같다(同)는 의미이다.

읽기한자
同病相憐(동병상련) 和而不同(화이부동) 同價紅裳(동가홍상)
同年輩(동년배) 同盟(동맹) 同封(동봉) 同乘(동승) 贊同(찬동)
附和雷同(부화뇌동)

쓰기한자
同甲(동갑) 同居(동거) 同名異人(동명이인) 同系(동계) 同感(동감)
同格(동격) 同級(동급) 同苦同樂(동고동락) 同期(동기) 同氣(동기)
同等(동등) 同類(동류)

東 8급
동녘 동
木 | 4획

비 柬(가릴 간)
束(묶을 속)
반 西(서녘 서)

글자 풀이
나뭇가지(木) 사이에서 태양(日)이 나오는 형태로 해가 뜨는 방향 동녘(東)을 의미한다.

읽기한자
東南亞(동남아) 東奔西走(동분서주) 嶺東(영동)

쓰기한자
東君(동군) 東京(동경) 東國(동국) 東問西答(동문서답) 東北(동북)
東學(동학) 東海(동해) 東向(동향) 關東(관동) 極東(극동)
馬耳東風(마이동풍) 中東(중동) 海東(해동)

洞 7급
골 동:
밝을 통:
水 | 6획

비 同(한가지 동)
동 里(마을 리)
明(밝을 명)

글자 풀이
같은(同) 우물이나 시냇물(水)을 사용하는 동네(洞)라는 의미이다.

읽기한자
洞燭(통촉)

쓰기한자
洞口(동구) 洞里(동리) 洞事務所(동사무소) 洞長(동장) 空洞(공동)
洞達(통달) 洞察(통찰)

凍	3급 II
	얼 동:
	冫 | 8획

비 東(동녘 동)
통 冷(찰 랭)

글자 풀이

동녘(東)에 해가 뜨지 않으니 얼음(冫)이 언다(凍)는 의미이다.

읽기 한자

凍結(동결) 凍氷寒雪(동빙한설) 凍死(동사) 凍傷(동상)
凍土(동토) 凍破(동파) 冷凍(냉동) 不凍液(부동액) 解凍(해동)

다

動	7급 II
	움직일 동:
	力 | 9획

비 衝(찌를 충)
반 靜(고요할 정)

글자 풀이

아무리 무거운(重) 것이라도 힘(力)을 가하면 움직인다는 것에서
움직이다(動)는 의미이다.

읽기 한자

動搖(동요) 騷動(소동) 躍動(약동) 動詞(동사) 輕擧妄動(경거망동)
鼓動(고동) 微動(미동) 策動(책동)

쓰기 한자

動機(동기) 動亂(동란) 動靜(동정) 激動(격동) 驚天動地(경천동지)
機動力(기동력) 亂動(난동) 動力(동력) 動脈(동맥) 動物(동물) 動産(동산)

童	6급 II
	아이 동(:)
	立 | 7획

비 里(마을 리)
동 兒(아이 아)
반 丈(어른 장)

글자 풀이

마을(里)에 들어가면 서서(立) 노는 것은 아이(童)라는 의미이다.

읽기 한자

八朔童(팔삭동) 童顔(동안) 童貞(동정) 三尺童子(삼척동자)

쓰기 한자

童話册(동화책) 童詩(동시) 童心(동심) 童話(동화) 牧童(목동) 童謠(동요)
使童(사동) 神童(신동) 兒童(아동) 惡童(악동) 玉童子(옥동자)

銅	4급 II
	구리 동
	金 | 6획

비 銘(새길 명)
針(바늘 침)

글자 풀이

금(金)과 같이(同) 값어치 있는 붉은 광채가 있는 금속을 가리키는
것으로 동, 붉은 쇠(銅)라는 의미이다.

읽기 한자

銅像(동상) 銅版(동판)

쓰기 한자

銅鏡(동경) 銅錢(동전) 古銅色(고동색) 靑銅器(청동기)

斗	4급Ⅱ
	말 두
	斗 | 0획

ⓑ 寸(마디 촌)

글자 풀이
손(丰)으로 곡식(丶)을 담아서 말(斗)이 된다는 의미이다.

읽기한자
泰斗(태두) 泰山北斗(태산북두)

쓰기한자
斗穀(두곡) 斗酒不辭(두주불사) 斗起(두기) 斗量(두량) 斗牛(두우)
北斗七星(북두칠성)

豆	4급Ⅱ
	콩 두
	豆 | 0획

ⓑ 豈(어찌 기)

글자 풀이
옛날 중국에서는 고기를 神에게 공양할 때 사용하는 그릇을 '두'라고 불렀다. 그 '두'는 우연히 식물의 콩과 같은 발음이었던 것에서 콩의 의미를 나타내는 글자로서 사용하게 되었다.

읽기한자
豆腐(두부)

쓰기한자
豆乳(두유) 豆油(두유) 豆太(두태) 綠豆(녹두) 大豆(대두)

頭	6급
	머리 두
	頁 | 7획

ⓑ 顔(얼굴 안)
　額(이마 액)
ⓓ 首(머리 수)
　頁(머리 혈)
ⓑ 尾(꼬리 미)

글자 풀이
사람 머리(頁)의 위치가 이 용기(豆)처럼 몸 위쪽에 있는 것에서
머리(頭)라는 의미이다.

읽기한자
龜頭(귀두) 冒頭(모두) 頭腦(두뇌) 頭緖(두서) 斷頭臺(단두대) 沒頭(몰두)
園頭幕(원두막) 頭蓋骨(두개골) 龍頭蛇尾(용두사미) 徹頭徹尾(철두철미)

쓰기한자
頭髮(두발) 頭痛(두통) 巨頭(거두) 乳頭(유두) 接頭辭(접두사)
頭角(두각) 頭領(두령) 頭目(두목) 頭數(두수) 頭音法則(두음법칙) 店頭(점두)
街頭(가두) 口頭(구두) 短頭(단두) 白頭(백두) 序頭(서두) 石頭(석두)

鈍	3급
	둔할 둔:
	金 | 4획

ⓑ 純(순수할 순)
ⓑ 敏(민첩할 민)
　銳(날카로울 예)

글자 풀이
새싹처럼(屯) 부드러운 쇠(金)라는 것에서 굳세거나 날카롭지 못하고
무디고, 우둔하다(鈍)는 의미이다.

읽기한자
鈍感(둔감) 鈍器(둔기) 鈍才(둔재) 鈍濁(둔탁) 愚鈍(우둔)

屯	3급
	진칠 둔
	屮 | 1획

동 陣(진칠 진)

글자 풀이

풀(屮)을 엮는(丿) 모양을 본뜬 것으로 사람이 모이는, 진치는(屯) 것을 의미한다.

읽기 한자

屯防(둔방) 屯兵(둔병) 屯守(둔수) 屯營(둔영) 屯田(둔전) 屯陣(둔진)

得	4급 Ⅱ
	얻을 득
	彳 | 8획

동 獲(얻을 획)
반 失(잃을 실)

글자 풀이

길(彳)에서 재물(旦)을 손(寸)으로 주워서 얻는다(得)는 의미이다.

읽기 한자

既得權(기득권) 拾得(습득) 獲得(획득) 讓渡所得(양도소득)

쓰기 한자

得點(득점) 納得(납득) 得達(득달) 得道(득도) 得勢(득세) 得失(득실)
得意(득의) 得票(득표) 高所得者(고소득자) 求得(구득)
國民所得(국민소득) 不得不(부득불) 不當利得(부당이득)
不勞所得(불로소득) 說得(설득) 所得(소득)

登	7급
	오를 등
	癶 | 7획

비 燈(등 등)
　笑(웃을 소)
동 昇(오를 승)
반 降(내릴 강)
　落(떨어질 락)

글자 풀이

양발을 벌리고(癶) 디딤대(豆)에 오르는 것에서 오르다(登)는 의미이다.

읽기 한자

登高自卑(등고자비) 登載(등재) 登頂(등정)

쓰기 한자

登龍門(등용문) 登科(등과) 登校(등교) 登極(등극) 登記(등기)
登壇(등단) 登錄(등록) 登山(등산) 登用(등용) 登院(등원) 登場(등장)
登程(등정) 登板(등판)

等	6급 Ⅱ
	무리 등:
	竹 | 6획

비 待(기다릴 대)
　特(특별할 특)
동 群(무리 군)
　衆(무리 중)
　徒(무리 도)
반 孤(외로울 고)
　獨(홀로 독)

글자 풀이

관청(寺)에서 죽간(竹)에 쓴 문서를 같은(等) 것끼리 분류하고 등급(等)을 정하는 따위(等)를 의미이다.

읽기 한자

劣等感(열등감) 吾等(오등) 越等(월등) 何等(하등)

쓰기 한자

等差(등차) 等閑(등한) 降等(강등) 均等(균등) 優等(우등) 差等(차등)
等高線(등고선) 等級(등급) 等邊(등변) 等分(등분) 等數(등수)
等身大(등신대) 等溫(등온) 等位(등위) 對等(대등) 無等(무등)
比等(비등) 一等品(일등품) 中等學校(중등학교) 特等(특등)

燈

4급Ⅱ
등불 **등**
火 | 12획

비 登(오를 등)
證(증거 증)
약 灯

글자 풀이
불(火)을 켜서 높은데 올려(登) 놓는다는 데서 등불, 등잔(燈)을 의미한다.

읽기 한자
螢光燈(형광등) 燈臺(등대) 照明燈(조명등) 燒燈(소등)

쓰기 한자
燃燈(연등) 點燈(점등) 標識燈(표지등) 紅燈街(홍등가) 燈油(등유)
燈下不明(등하불명) 燈火可親(등화가친) 街路燈(가로등) 觀燈(관등)
白熱燈(백열등) 石燈(석등) 消燈(소등) 電燈(전등) 風前燈火(풍전등화)

騰

3급
오를 **등**
馬 | 10획

동 登(오를 등)
반 落(떨어질 락)

글자 풀이
물이 솟아 오르듯(朕) 말(馬)이 뛰어 오르는(騰) 것을 의미이다.

읽기 한자
騰貴(등귀) 騰極(등극) 騰落(등락) 物價急騰(물가급등) 反騰(반등)
飛騰(비등) 續騰(속등) 漸騰(점등) 暴騰(폭등)

羅

4급Ⅱ
벌릴 **라**
罒 | 14획

비 離(떠날 리)
동 列(벌릴 렬)
網(그물 망)

글자 풀이
새(隹)를 잡으려고 실(糸)로 짠 그물(罒)을 벌린다(羅)는 의미이다.

읽기 한자
森羅萬象(삼라만상) 徐羅伐(서라벌) 阿修羅場(아수라장) 羅針盤(나침반)

쓰기 한자
羅列(나열) 羅城(나성) 羅王(나왕) 羅漢(나한) 新羅(신라)

落

5급
떨어질 **락**
艹 | 9획

비 洛(물이름 락)
絡(이을 락)
路(길 로)
동 墮(떨어질 타)
墜(떨어질 추)
零(떨어질 령)
반 騰(오를 등)

글자 풀이
물(水)이 풍당풍당 끝없이 떨어지듯이(各), 잎새(艹)가 팔랑팔랑 지는 것에서 떨어지다(落)는 의미이다.

읽기 한자
落薦(낙천) 墮落(타락) 落照(낙조) 沒落(몰락) 衰落(쇠락) 陷落(함락)
落雷(낙뢰) 漏落(누락)

쓰기 한자
落落長松(낙락장송) 落傷(낙상) 落張(낙장) 落差(낙차) 群落(군락)
段落(단락) 脫落(탈락) 落島(낙도) 落馬(낙마) 落望(낙망) 落書(낙서)
落選(낙선) 落水(낙수) 落葉(낙엽) 落第(낙제) 落着(낙착) 落下(낙하)
落鄕(낙향)

絡 이을/얽을 **락** 糸 | 6획 비 洛(물이름 락) 落(떨어질 락) 路(길 로) 동 連(이을 련) 반 斷(끊을 단) 3급Ⅱ	**글자 풀이** 각각(各) 떨어져 있는 실(糸)을 이어(絡) 줄(絡)을 만든다는 의미이다. **읽기 한자** 絡車(낙거) 經絡(경락) 連絡(연락) 脈絡(맥락)

樂 즐길 **락** 노래 **악** 좋아할 **요** 木 | 11획 비 藥(약 약) 동 喜(기쁠 희) 娛(즐길 오) 반 悲(슬플 비) 약 楽 6급Ⅱ	**글자 풀이** 나무(木) 틀에 실(絲)이나 북(白)을 달아 악기를 만들어 풍악을 즐기며 좋아한다(樂)는 의미이다. **읽기 한자** 俱樂部(구락부) 娛樂(오락) 享樂(향락) 絃樂器(현악기) 管絃樂(관현악) 樂譜(악보) **쓰기 한자** 歡樂街(환락가) 樂劇(악극) 樂觀(낙관) 樂勝(낙승) 樂園(낙원) 苦樂(고락) 極樂(극락) 道樂(도락) 同苦同樂(동고동락) 三樂(삼락) 快樂(쾌락) 行樂(행락) 樂曲(악곡) 樂器(악기) 樂團(악단) 樂隊(악대) 樂士(악사) 樂山樂水(요산요수)

卵 알 **란:** 卩 | 5획 비 卯(토끼 묘) 4급	**글자 풀이** 둥글게 엮여있는 계란 모형에서 새나 곤충 등의 모든 알(卵)을 의미한다. **읽기 한자** 排卵(배란) 累卵(누란) **쓰기 한자** 卵管(난관) 卵白(난백) 卵生動物(난생동물) 卵子(난자) 鷄卵(계란) 明卵(명란) 産卵(산란) 土卵(토란) 無精卵(무정란)

亂 어지러울 **란:** 乙 | 12획 비 辭(말씀 사) 약 乱 4급	**글자 풀이** 실패의 실을 두 손(爪/又)으로 늘어뜨리면 실이 구불구불(乙) 엉키는 데서 어지럽다(亂)는 의미이다. **읽기 한자** 騷亂(소란) 亂刀(난도) 亂刺(난자) 淫亂(음란) **쓰기 한자** 亂局(난국) 亂動(난동) 亂離(난리) 亂立(난립) 亂脈(난맥) 亂舞(난무) 亂髮(난발) 亂射(난사) 亂世(난세) 亂視(난시) 亂入(난입) 亂雜(난잡) 亂調(난조) 亂場(난장) 亂政(난정) 亂中日記(난중일기) 亂暴(난폭)

蘭

3급 II
난초 **란**
++ | 17획

[비] 欄(난간 란)
　　爛(빛날 란)

글자풀이

문(門) 안에 가려서(柬) 심은 화초(++)이니 난초(蘭)를 의미한다.

읽기한자

金蘭之交(금란지교) 佛蘭西(불란서) 春蘭(춘란) 和蘭(화란)

欄

3급 II
난간 **란**
木 | 17획

[비] 蘭(난초 란)
　　爛(빛날 란)

글자풀이

문(門) 둘레에 나무(木)로 경계를 가지는(柬) 난간, 테두리(欄)를 의미한다.

읽기한자

欄干(난간) 空欄(공란)

濫

3급
넘칠 **람:**
水 | 14획

[비] 監(볼 감)
　　藍(쪽 람)
[동] 氾(넘칠 범)
[약] 滥

글자풀이

장마가 진 후 냇물(水)을 살펴보니(監) 홍수가 나서 냇물이 넘친다(濫)는 의미이다.

읽기한자

濫發(남발) 濫伐(남벌) 濫獲(남획)

覽

4급
볼 **람**
見 | 14획

[비] 賢(어질 현)
　　緊(긴할 긴)
[동] 見(볼 견)
　　觀(볼 관)
　　視(볼 시)
　　監(볼 감)
[약] 覧, 覧

글자풀이

큰 그릇에 물을 담아 물거울(監)로 자기 모습을 보는(見) 것에서 보다, 훑어보다(覽)는 의미이다.

읽기한자

閱覽(열람) 御覽(어람)

쓰기한자

觀覽(관람) 博覽會(박람회) 要覽(요람) 遊覽(유람) 一覽表(일람표)
展覽會(전람회) 便覽(편람) 回覽(회람)

3급Ⅱ

浪 물결 **랑(:)**

水 | 7획

비 良(어질 량)
郎(사내 랑)
娘(계집 낭)
동 波(물결 파)

> **글자 풀이**
>
> 물(水)이 보기 좋게(良) 물결(浪)을 이룬다는 의미이다.

> **읽기한자**
>
> 浪漫(낭만) 浪說(낭설) 浪費(낭비) 浪人(낭인) 激浪(격랑) 放浪(방랑)
> 浮浪者(부랑자) 流浪(유랑) 風浪(풍랑) 虛無孟浪(허무맹랑)

라

3급Ⅱ

郎 사내 **랑**

阝 | 7획

비 朗(밝을 랑)
浪(물결 랑)
동 男(사내 남)
반 娘(계집 낭)
女(계집 녀)

> **글자 풀이**
>
> 고을(阝)에서 어진(良) 일을 하는 사람이라는 데서 사내, 남편(郎)을 의미헌다.

> **읽기한자**
>
> 郎官(낭관) 郎君(낭군) 郎子(낭자) 侍郎(시랑) 新郎(신랑) 花郎(화랑)

5급Ⅱ

朗 밝을 **랑:**

月 | 7획

비 良(어질 량)
郎(사내 랑)
娘(계집 낭)
동 明(밝을 명)
반 暗(어두울 암)

> **글자 풀이**
>
> 태양이 빛을 내며 움직이듯이(良), 달(月)이 빛나고 있다는 것에서 창조하다, 밝다, 명랑하다(朗)는 의미이다.

> **읽기한자**
>
> 朗誦(낭송)

> **쓰기한자**
>
> 朗讀(낭독) 朗朗(낭랑) 朗報(낭보) 明朗(명랑)

3급Ⅱ

廊 사랑채/행랑 **랑**

广 | 10획

비 郎(사내 랑)

> **글자 풀이**
>
> 사내(郎)들만이 기거하는 집(广)이니 곁채, 행랑(廊)을 의미한다.

> **읽기한자**
>
> 廊下(낭하) 舍廊(사랑) 行廊(행랑) 畫廊(화랑) 回廊(회랑)

來 7급
올 래(:)
人 | 6획

반 往(갈 왕)
　 去(갈 거)
약 来

글자 풀이

옛날에는 보리(麥)를 하늘이 내려주신 것이라 생각하고 하늘에서 오는 것이라는 기분으로 보리 형태를 써서 오다(來)는 의미를 나타냈다.

읽기한자

來賓(내빈) 來臨(내림) 來襲(내습) 渡來(도래)

쓰기한자

從來(종래) 招來(초래) 來客(내객) 來年(내년) 來歷(내력) 來訪(내방)
來世(내세) 來往(내왕) 來月(내월) 來日(내일) 來週(내주) 來侵(내침)
來韓(내한) 去來(거래) 古來(고래) 近來(근래) 到來(도래) 未來(미래)
本來(본래)

冷 5급
찰 랭:
冫 | 5획

비 令(하여금 령)
　 今(이제 금)
동 寒(찰 한)
　 涼(서늘할 량)
반 溫(따뜻할 온)
　 暑(더울 서)
　 炎(불꽃 염)

글자 풀이

군주가 부하에게 명령(令)할 때와 같이, 냉소적이며 차가운(冫) 것에서 차갑다(冷)는 의미이다.

읽기한자

冷却(냉각) 冷淡(냉담) 冷藏庫(냉장고) 冷徹(냉철) 熟冷(숙랭) 冷凍(냉동)
冷湯(냉탕)

쓰기한자

冷嚴(냉엄) 冷靜(냉정) 冷氣(냉기) 冷帶(냉대) 冷待(냉대) 冷房(냉방)
冷笑(냉소) 冷水(냉수) 冷溫(냉온) 冷戰(냉전) 冷情(냉정) 冷害(냉해)
冷血(냉혈) 空冷(공랭) 急冷(급랭) 水冷式(수냉식) 溫冷(온랭) 寒冷(한랭)

略 4급
간략할/약할 략
田 | 6획

비 路(길 로)
동 策(꾀 책)
　 計(셀 계)
　 簡(간략할 간)

글자 풀이

수확을 늘리기 위해서 논(田)의 경계를 각자(各) 자기 멋대로 넓히려는 계략(略)을 의미한다.

읽기한자

略述(약술) 槪略(개략) 謀略(모략) 策略(책략)

쓰기한자

略史(약사) 略語(약어) 略取(약취) 略稱(약칭) 略號(약호) 簡略(간략)
攻略(공략) 黨略(당략) 大略(대략) 省略(생략) 略圖(약도) 略歷(약력)
略式(약식) 略字(약자) 戰略(전략) 政略(정략) 中略(중략) 智略(지략)
侵略(침략)

掠 3급
노략질할 략
手 | 8획

비 涼(서늘할 량)
동 奪(빼앗을 탈)

글자 풀이

높은 언덕(京), 곧 산에서 사는 산적이 손(扌)으로 노략질한다(掠)는 의미이다.

읽기한자

掠奪(약탈)

良 5급 II
어질 **량**
艮 | 1획

ㅂ 郎(사내 랑)
　浪(물결 랑)
　朗(밝을 랑)
동 賢(어질 현)
　仁(어질 인)

글자 풀이

원래는 됫박으로 잰다는 것이었는데 잰 분량이 정확했다고 한 것에서
좋다(良)는 의미이다.

읽기 한자

良久(양구) 賢母良妻(현모양처)

쓰기 한자

優良(우량) 優良兒(우량아) 閑良(한량) 良家(양가) 良民(양민) 良書(양서)
良識(양식) 良心(양심) 良藥(양약) 良好(양호) 良貨(양화) 改良(개량)
不良(불량) 不良少年(불량소년) 善良(선량) 消化不良(소화불량)

兩 4급 II
두 **량:**
入 | 6획

ㅂ 雨(비 우)
동 再(두 재)
약 両

글자 풀이

수레의 두 바퀴의 형태처럼 좌우 같은 형태의 사물에서 두 개,
갖춘 것(兩)을 의미한다.

읽기 한자

一刀兩斷(일도양단)

쓰기 한자

兩者擇一(양자택일) 兩家(양가) 兩國(양국) 兩極(양극) 兩端(양단)
兩大(양대) 兩論(양론) 兩立(양립) 兩面(양면) 兩班(양반) 兩半(양반)
兩分(양분) 兩性(양성) 兩親(양친) 物心兩面(물심양면) 水陸兩用(수륙양용)
一擧兩得(일거양득) 進退兩難(진퇴양난)

涼 3급 II
서늘할 **량**
水 | 8획

ㅂ 掠(노략질할 략)
동 寒(찰 한)
　冷(찰 랭)
반 溫(따뜻할 온)
　暑(더울 서)
　炎(불꽃 염)
약 涼

글자 풀이

찬(氵) 바람이 언덕에(京) 세게 불어 서늘하다(涼)는 의미이다.

읽기 한자

涼風(양풍) 納涼(납량) 荒涼(황량)

梁 3급 II
들보/돌다리 **량**
木 | 7획

동 橋(다리 교)

글자 풀이

물(氵) 위에 칼(刀)로 잘 다듬은(丶) 나무(木)로 다리(梁)를 놓는다는
의미이다.

읽기 한자

梁上君子(양상군자) 橋梁(교량) 上梁(상량) 魚梁(어량)

量

5급

헤아릴 **량**

里 | 5획

비 重(무거울 중)
동 商(헤아릴 상)
　　料(헤아릴 료)

글자 풀이

쌀이나 조 같은 것의 무게나 부피를 잰다(量)는 의미이다.

읽기 한자

感慨無量(감개무량) 斤量(근량) 微量(미량) 雅量(아량) 裁量(재량)
載量(재량) 肺活量(폐활량) 含量(함량)

쓰기 한자

降雪量(강설량) 降雨量(강우량) 適量(적량) 酒量(주량) 量産(양산) 量的(양적)
減量(감량) 檢量(검량) 輕量(경량) 計量(계량) 計量器(계량기) 多量(다량) 分量(분량)
商量(상량) 聲量(성량) 少量(소량) 水量(수량) 數量(수량) 熱量(열량) 容量(용량)
雨量(우량) 流量(유량) 定量(정량) 質量(질량)

諒

3급

살펴알/믿을 **량**

言 | 8획

비 涼(서늘할 량)
　　掠(노략질할 략)
동 察(살필 찰)

글자 풀이

생각이 크고(京) 깊은 사람이 말(言)을 할 때에는 사전에 충분히 살펴
알아서 듣는 사람으로 하여금 믿음이 가게 참된(諒) 이야기를 한다는
의미이다.

읽기 한자

諒知(양지) 諒察(양찰) 諒解(양해) 海諒(해량)

糧

4급

양식 **량**

米 | 12획

비 精(정할 정)

글자 풀이

쌀(米)을 헤아리고(量) 사들여 양식(糧)으로 한다는 의미이다.

읽기 한자

糧稻(양도) 糧粟(양속)

쓰기 한자

糧穀(양곡) 糧食(양식) 軍糧米(군량미) 食糧(식량) 絶糧(절량)

旅

5급Ⅱ

나그네 **려**

方 | 6획

비 族(겨레 족)
　　旋(돌 선)
동 客(손 객)
　　賓(손 빈)

글자 풀이

깃발(方) 아래 모여서 대열을 지어 전진하는 군대의 모습에서 여행,
여행을 하다(旅)를 의미한다.

읽기 한자

旅館(여관) 旅愁(여수)

쓰기 한자

旅券(여권) 旅裝(여장) 旅客(여객) 旅團(여단) 旅毒(여독) 旅費(여비)
旅情(여정) 旅行(여행)

慮	4급
	생각할 려:
	心 | 11획

동 思(생각 사)
想(생각 상)
念(생각 념)
考(생각할 고)

글자 풀이

산길을 가는 나그네가 호랑이(虎)를 만나면 두렵게 생각한다(思)는
것에서 염려하다(慮)는 의미이다.

읽기 한자

憂慮(우려)

쓰기 한자

考慮(고려) 無慮(무려) 配慮(배려) 思慮(사려) 心慮(심려) 深慮(심려)
念慮(염려) 千慮一失(천려일실)

勵	3급 Ⅱ
	힘쓸 려:
	力 | 15획

동 勉(힘쓸 면)
努(힘쓸 노)
약 励

글자 풀이

벼랑(厂) 밑의 논, 밭에서 만(萬)가지로 힘을 들여 힘써(勵) 일하라고
권면한다는 의미이다.

읽기 한자

激勵(격려) 督勵(독려) 勉勵(면려) 奬勵(장려)

麗	4급 Ⅱ
	고울 려
	鹿 | 8획

비 鹿(사슴 록)
동 鮮(고울 선)
美(아름다울 미)
약 麗

글자 풀이

사슴(鹿)들이 나란히 짝을 짓고 무리를 지어 다니는 모습이 곱고
아름답다(麗)는 의미이다.

읽기 한자

高麗葬(고려장)

쓰기 한자

美辭麗句(미사여구) 秀麗(수려) 華麗(화려) 麗謠(여요) 麗人(여인)
高句麗(고구려) 高麗(고려) 流麗(유려) 美麗(미려)

力	7급 Ⅱ
	힘 력
	力 | 0획

비 刀(칼 도)
刃(칼날 인)

글자 풀이

팔에 힘을 넣었을 때에 생기는 알통에 빗대어 힘, 효능(力)을 의미한다.

읽기 한자

凝集力(응집력) 怪力(괴력) 微力(미력) 迫力(박력) 浮力(부력)

쓰기 한자

力點(역점) 力鬪(역투) 筋力(근력) 力道(역도) 力量(역량) 力士(역사)
力說(역설) 力作(역작) 力走(역주) 力學(역학) 國力(국력) 權力(권력)
極力(극력) 金力(금력) 氣力(기력) 努力(노력) 能力(능력) 動力(동력)
武力(무력) 兵力(병력) 富力(부력) 思力(사력) 死力(사력) 勢力(세력)
速力(속력)

歷	5급 II
	지날 **력**
	止 | 12획

비 曆(책력 력)
동 經(지날 경)
　履(밟을 리)

글자 풀이

벼(禾)를 순서 있게 늘어놓듯이 차례차례 순서대로 걸어 지나가는(止) 것에서 지나다(歷)는 의미이다.

읽기 한자

遍歷(편력)

쓰기 한자

略歷(약력) 歷代(역대) 歷史(역사) 歷任(역임) 歷程(역정) 經歷(경력)
來歷(내력) 病歷(병력) 歷訪(역방) 歷然(역연) 前歷(전력) 學歷(학력)

曆	3급 II
	책력 **력**
	日 | 12획

비 歷(지날 력)

글자 풀이

벼랑(厂) 밑에서 벼농사(禾禾)를 지으며 하루하루(日)를 지낸다는 데서 책력(曆)을 의미한다.

읽기 한자

曆法(역법) 萬歲曆(만세력) 西曆(서력) 月曆(월력) 陰曆(음력) 册曆(책력)
太陽曆(태양력) 太陰曆(태음력)

連	4급 II
	이을 **련**
	辶 | 7획

비 蓮(연꽃 련)
　運(옮길 운)
　進(나아갈 진)
동 繼(이을 계) 係(맬 계)
　續(이을 속) 絡(이을 락)
반 絶(끊을 절) 斷(끊을 단)

글자 풀이

길(辶)에서 수레(車)가 잇달아(連) 달린다는 의미이다.

읽기 한자

連繫(연계) 連署(연서) 連載小說(연재소설) 連坐(연좌) 連累(연루)
連鎖反應(연쇄반응)

쓰기 한자

連判狀(연판장) 連結(연결) 連發(연발) 連席會議(연석회의) 連續(연속)
連勝(연승) 連日(연일) 連作(연작) 連打(연타) 連行(연행) 連休(연휴)
不連續(불연속) 一連番號(일련번호) 連敗(연패)

蓮	3급 II
	연꽃 **련**
	++ | 11획

비 連(이을 련)

글자 풀이

줄기와 뿌리가 연이어져(連) 있는 꽃(++)이니 연꽃(蓮)을 의미한다.

읽기 한자

蓮根(연근) 蓮葉(연엽) 蓮花(연화) 木蓮(목련)

라

憐

3급

불쌍히여길 **련**

心 | 12획

비 隣(이웃 린)
　 傑(뛰어날 걸)
동 憫(불쌍히여길 민)

글자 풀이

어려운 처지에 서 있는 이웃(隣)을 마음(忄)으로 불쌍히 여긴다(憐)는 의미이다.

읽기한자

憐憫(연민) 可憐(가련) 同病相憐(동병상련) 哀憐(애련) 愛憐(애련)
清純可憐(청순가련)

練

5급 Ⅱ

익힐 **련:**

糸 | 9획

비 鍊(쇠불릴 련)
동 習(익힐 습)
약 練

글자 풀이

나무를 쪼개 묶고 장작(柬)을 만들 듯이, 실(糸)을 나누어서 불에 걸어 누이어 광채를 내는 것에서 누이다, 단련하다(練)는 의미이다.

읽기한자

練祥(연상) 練染(연염) 熟練(숙련) 熟練工(숙련공)

쓰기한자

練絲(연사) 練兵場(연병장) 練武(연무) 練服(연복) 練習(연습) 練日(연일)
洗練(세련) 修練(수련) 調練師(조련사) 訓練(훈련) 訓練兵(훈련병)

聯

3급 Ⅱ

연이을 **련**

耳 | 11획

비 關(관계할 관)
동 絡(이을 락)
　 連(이을 련)
　 繼(이을 계)
　 係(맬 계)
　 續(이을 속)
약 联

글자 풀이

바늘 귀(耳)에 실을 꿰어 꿰매서(絲) 잇는다(聯)는 의미이다.

읽기한자

聯邦(연방) 聯句(연구) 聯絡(연락) 聯立內閣(연립내각) 聯盟(연맹)
聯想(연상) 聯合(연합) 關聯(관련) 對聯(대련) 蘇聯(소련)

鍊

3급 Ⅱ

쇠불릴/단련할 **련:**

金 | 9획

비 練(익힐 련)
약 鍊

글자 풀이

쇠(金) 중에서 좋은 성분을 가려서(柬) 강철을 만들기 위하여 불린다, 달련한다(鍊)는 의미이다.

읽기한자

鍊磨(연마) 修鍊(수련) 試鍊(시련) 再鍊(재련) 製鍊(제련) 鍊金術(연금술)
敎鍊(교련) 老鍊(노련)

戀	3급Ⅱ
	그리워할/그릴 련:
	心 | 19획

- 비 變(변할 변)
  爕(불꽃 섭)
  蠻(오랑캐 만)
- 동 慕(그릴 모)
- 약 恋

글자 풀이

변하지(變) 않는 마음(心)으로 그리워 한다(戀)는 의미이다.

읽기 한자

戀歌(연가) 戀慕(연모) 戀書(연서) 戀愛(연애) 戀愛小說(연애소설)
戀戀(연연) 戀人(연인) 戀情(연정) 同性戀愛(동성연애) 悲戀(비련)
思戀(사련) 邪戀(사련) 失戀(실연)

劣	3급
	못할 렬
	力 | 4획

- 비 尖(뾰족할 첨)
- 동 拙(졸할 졸)
- 반 優(넉넉할 우)

글자 풀이

힘(力)이 적다(少)는 데서 못하다(劣)는 의미이다.

읽기 한자

劣等(열등) 劣性(열성) 劣勢(열세) 劣惡(열악) 卑劣(비열) 庸劣(용렬)
優劣(우열) 拙劣(졸렬)

列	4급Ⅱ
	벌릴 렬
	刀 | 4획

- 비 別(다를 별)
  刑(형벌 형)
  判(판단할 판)
- 동 羅(벌릴 라)

글자 풀이

잡아온 짐승의 뼈(歹)를 칼(刂)로 끊어내어 고기만을 늘어놓는 것에서
열, 늘어서다(列)는 의미이다.

읽기 한자

列眉(열미) 竝列(병렬) 葬列(장렬) 陳列(진열)

쓰기 한자

系列(계열) 列強(열강) 列國(열국) 列島(열도) 列傳(열전) 列擧(열거)
列聖(열성) 列星(열성) 列車(열차) 羅列(나열) 隊列(대열) 配列(배열)
分列(분열) 序列(서열) 數列(수열) 順列(순열) 戰列(전열) 前列(전열)
齒列(치열)

烈	4급
	매울 렬
	火 | 6획

- 비 裂(찢어질 렬)
- 동 辛(매울 신)

글자 풀이

불(灬)이 줄지어(列) 일어나니 불길이 세차고, 빛나며 연기가 맵다(烈)는
의미이다.

읽기 한자

猛烈(맹렬) 貞烈(정렬)

쓰기 한자

烈女(열녀) 烈士(열사) 烈祖(열소) 烈火(열화) 強烈(강렬) 激烈(격렬)
極烈(극렬) 熱烈(열렬) 先烈(선열) 遺烈(유열) 壯烈(장렬) 忠烈(충렬)
痛烈(통렬)

裂

3급 II

찢어질 **렬**

衣 | 6획

비 烈(매울 렬)
동 破(깨뜨릴 파)

글자 풀이

옷(衣)을 줄줄이(列) 찢는다(裂)는 의미이다.

읽기한자

龜裂(균열) 支離滅裂(지리멸렬) 破裂(파열) 裂傷(열상) 決裂(결렬)
分裂(분열) 四分五裂(사분오열)

廉

3급

청렴할 **렴**

广 | 10획

비 兼(겸할 겸)
謙(겸손할 겸)
康(편안 강)
동 儉(검소할 검)

글자 풀이

벼슬하는 사람이 집(广)에서 농사 일을 겸할(兼) 정도로 검소하고
청렴하다(廉)는 의미이다.

읽기한자

廉價(염가) 廉恥(염치) 廉探(염탐) 低廉(저렴) 淸廉潔白(청렴결백)
破廉恥(파렴치)

獵

3급

사냥 **렵**

犬 | 15획

동 狩(사냥할 수)
약 猟

글자 풀이

개(犬)가 긴 갈기의 짐승(巤)을 잡는 데서 사냥하다(獵)는 의미이다.

읽기한자

獵車(엽거) 獵犬(엽견) 獵官(엽관) 獵奇(엽기) 獵夫(엽부) 獵師(엽사)
獵色(엽색) 獵銃(엽총) 禁獵(금렵) 密獵(밀렵) 涉獵(섭렵) 田獵(전렵)

令

5급

하여금 **령(:)**

人 | 3획

비 今(이제 금)
冷(찰 랭)
동 命(목숨 명)
使(하여금 사)

글자 풀이

사람을 모아서(亼) 무언가 명령(刀)하여 따르게 하는 것에서
명령하다(令)는 의미이다.

읽기한자

朝令暮改(조령모개) 縣令(현령) 司令官(사령관)

쓰기한자

戒嚴令(계엄령) 辭令(사령) 令狀(영장) 令夫人(영부인) 令愛(영애)
令息(영식) 令節(영절) 假令(가령) 口令(구령) 禁足令(금족령) 待令(대령)
道令(도령) 命令(명령) 發令(발령) 法令(법령) 部令(부령) 設令(설령)
施行令(시행령) 藥令市(약령시)

零	3급 떨어질 령 영(數字) 령 雨 | 5획

비 霧(안개 분)
　雪(눈 설)
　雲(구름 운)
동 落(떨어질 락)

글자 풀이

명령(令)이 위에서 아래로 내려지듯 빗(雨)방울이 위에서 아래로 떨어진다(零)는 의미이다.

읽기한자

零落(영락) 零封(영봉) 零上(영상) 零細業者(영세업자) 零時(영시)
零點(영점) 零下(영하)

領	5급 거느릴 령 頁 | 5획

비 嶺(고개 령)
　頂(정수리 정)
　頌(기릴 송)
동 率(거느릴 솔)
　統(거느릴 통)
　御(거느릴 어)

글자 풀이

사람(頁)들을 무릎 꿇려 중요한 것을 명령하는(令) 것에서 지배하다, 중요한 것, 통치하는 사람(領)을 의미한다.

읽기한자

綱領(강령) 橫領(횡령)

쓰기한자

領域(영역) 占領(점령) 領空(영공) 領內(영내) 領導者(영도자) 領事(영사)
領收(영수) 領有(영유) 領主(영주) 領地(영지) 領置金(영치금) 領土(영토)
領議政(영의정) 領海(영해) 敎領(교령) 大統領(대통령) 頭領(두령) 首領(수령)
受領(수령) 要領(요령)

嶺	3급 II 고개 령 山 | 14획

비 領(거느릴 령)

글자 풀이

산(山)의 우두머리(領)가 피는 산봉우리(嶺)를 의미한다.

읽기한자

嶺東(영동) 嶺西(영서) 嶺南(영남) 高嶺土(고령토) 大關嶺(대관령)
分水嶺(분수령)

靈	3급 II 신령 령 雨 | 16획

비 露(이슬 로)
　零(떨어질 령)
동 魂(넋 혼)
약 灵, 靈

글자 풀이

무당(巫)이 제물(口口口)을 차려 놓고 비를(雨) 주십사하고 신령(靈)께 빈다는 의미이다.

읽기한자

靈感(영감) 靈物(영물) 靈山(영산) 靈安室(영안실) 靈藥(영약) 靈長(영장)
靈前(영전) 靈驗(영험) 靈魂(영혼) 亡靈(망령) 妄靈(망령) 神靈(신령)
心靈(심령) 慰靈祭(위령제) 幽靈(유령) 護國英靈(호국영령) 魂靈(혼령)

例 6급 | 법식 례: | 人 | 6획

비 列(벌릴 렬)
烈(매울 렬)
동 式(법 식)
法(법 법)

글자 풀이

사람(人)이 물건을 늘어놓는다(列)는 것에서 늘어져 있는 것(例)과 같은 의미이다.

읽기한자

慣例(관례) 凡例(범례)

쓰기한자

異例(이례) 條例(조례) 判例(판례) 例規(예규) 例年(예년) 例文(예문) 例示(예시)
例外(예외) 例題(예제) 類例(유례) 法例(법례) 比例(비례) 事例(사례) 常例(상례)
先例(선례) 實例(실례) 例句(예구) 例事(예사) 用例(용례) 月例(월례) 典例(전례)
前例(전례) 定例(정례) 次例(차례) 通例(통례)

라

禮 6급 | 예도 례: | 示 | 13획

비 豊(풍년 풍)
약 礼

글자 풀이

제단에(示) 제물을 풍성하게(豊) 차려놓고 제사 지내는 것이 예(禮)의 근본이라는 의미이다.

읽기한자

冠禮(관례) 默禮(묵례) 巡禮(순례) 葬禮(장례) 茶禮(차례) 賀禮(하례)
虛禮虛飾(허례허식)

쓰기한자

禮遇(예우) 禮儀(예의) 禮讚(예찬) 禮記(예기) 禮度(예도) 禮物(예물) 禮訪(예방)
禮拜(예배) 禮法(예법) 禮服(예복) 禮佛(예불) 禮節(예절) 禮砲(예포) 家禮(가례)
缺禮(결례) 敬禮(경례) 答禮(답례) 目禮(목례) 無禮(무례)

隷 3급 | 종 례: | 隶 | 8획

동 奴(종 노)
婢(계집종 비)
僕(종 복)

글자 풀이

죄인이나 이민족을 붙잡아(隶) 종(隷)으로 삼는 것을 의미한다.

읽기한자

隷事(예사) 隷書(예서) 隷屬(예속) 隷臣(예신) 隷也不力(예야불력)
隷役(예역) 隷人(예인) 奴隷(노예) 同隷(동례) 輿隷(여례) 直隷(직례)

老 7급 | 늙을 로: | 老 | 0획

비 孝(효도 효)
考(생각할 고)
동 丈(어른 장)
翁(늙은이 옹)
반 少(적을 소)
幼(어릴 유)

글자 풀이

늙은이의 모양에서 늙다, 쇠퇴하다(老)는 의미이다.

읽기한자

老翁(노옹) 老鍊(노련) 老妄(노망) 老衰(노쇠) 老人丈(노인장) 老炎(노염)
老廢物(노폐물)

쓰기한자

老松(노송) 老益壯(노익장) 老年(노년) 老後(노후) 老木(노목) 老病(노병)
老兵(노병) 老少(노소) 老眼(노안) 老人(노인) 老親(노친) 老化(노화) 老患(노환)
敬老(경로) 元老(원로) 長老(장로) 早老(조로) 老父母(노부모) 老弱者(노약자)
不老草(불로초) 養老院(양로원) 男女老少(남녀노소) 百戰老將(백전노장)

勞

5급 II

일할 **로**

力 | 10획

비 榮(영화 영)
營(경영할 영)
螢(반딧불 형)

약 労

글자 풀이

농사일의 처음에는 불(火)을 피워 농기구를 정리하고 무사를 빌고 신에게 감사드려 매일매일(一) 진력(力)해서 일한다는 것에서 일하다(勞)는 의미이다.

읽기 한자

勞役(노역) 勞賃(노임)

쓰기 한자

勤勞(근로) 徒勞(도로) 慰勞(위로) 勞困(노곤) 疲勞(피로) 勞動組合(노동조합)
勞苦(노고) 勞力(노력) 勞使(노사) 功勞(공로) 過勞(과로) 勞總(노총)
勞動者(노동자) 勞務者(노무자) 重勞動(중노동)

路

6급

길 **로:**

足 | 6획

비 略(간략할 략)
洛(물이름 락)
絡(이을 락)

동 道(길 도)

글자 풀이

갈림길까지 와서(足) 어디로 갈 것인가를 누구나(各)가 서성이며 중얼거리는 것에서 갈길과 샛길 등 길(路)을 의미한다.

읽기 한자

路幅(노폭) 迷路(미로) 路頂(노정) 高架道路(고가도로)

쓰기 한자

路資(노자) 歸路(귀로) 險路(험로) 路面(노면) 路邊(노변) 路上(노상)
路線(노선) 街路燈(가로등) 經路(경로) 高速道路(고속도로) 農路(농로)
大路(대로) 道路(도로) 末路(말로)

露

3급 II

이슬 **로(:)**

雨 | 13획

비 靈(신령 령)
霖(떨어질 령)

글자 풀이

길(路)가의 풀잎 위에 비(雨)처럼 내린 이슬(露)을 의미한다.

읽기 한자

露骨(노골) 露骨的(노골적) 露宿(노숙) 露積(노적) 露店(노점) 露天(노천)
露出(노출) 發露(발로) 暴露(폭로) 吐露(토로)

爐

3급 II

화로 **로**

火 | 16획

약 炉

글자 풀이

불(火)을 담는 그릇(盧)이니 화로(爐)를 의미한다.

읽기 한자

爐邊情談(노변정담) 原子爐(원자로) 香爐(향로) 紅爐點雪(홍로점설)
火爐(화로)

鹿

3급

사슴 **록**

鹿 | 0획

비 慶(경사 경)
麗(고울 려)

글자 풀이

사슴의 모양을 본떴다.

읽기 한자

鹿角(녹각) 鹿皮(녹비) 鹿血(녹혈) 指鹿爲馬(지록위마) 逐鹿(축록)

祿

3급Ⅱ

녹 **록**

示 | 8획

비 綠(푸를 록)
錄(기록할 록)
동 俸(녹 봉)

글자 풀이

하늘(示)이 주는 곡식(彔)이란 데서 복, 녹(祿)을 의미한다.

읽기 한자

爵祿(작록) 貫祿(관록) 官祿(관록) 國祿(국록) 福祿(복록)

綠

6급

푸를 **록**

糸 | 8획

비 錄(기록할 록)
祿(녹 록)
동 蒼(푸를 창)
靑(푸를 청)

글자 풀이

작은 칼(彔)로 표피를 벗긴 대나무나 나무껍질 같은 깨끗한 색으로
염색한 실(糸)에서 녹색, 푸르다(綠)는 의미이다.

읽기 한자

綠肥(녹비) 綠衣紅裳(녹의홍상) 綠茶(녹차)

쓰기 한자

綠內障(녹내장) 綠豆(녹두) 綠末(녹말) 綠色(녹색) 綠水靑山(녹수청산)
綠陰(녹음) 綠地(녹지) 綠草(녹초) 綠化(녹화) 常綠樹(상록수) 新綠(신록)
葉綠素(엽록소) 草綠同色(초록동색)

錄

4급Ⅱ

기록할 **록**

金 | 8획

비 祿(녹 록)
綠(푸를 록)
동 記(기록할 기)
약 录

글자 풀이

금(金)이나 청동의 표면을 조각칼(彔)로 깎아내어 문자나 그림을 새겨
넣는 것으로 써서 표시한다(錄)는 의미이다.

읽기 한자

備忘錄(비망록) 抄錄(초록) 默示錄(묵시록) 附錄(부록) 芳名錄(방명록)

쓰기 한자

紀錄(기록) 採錄(채록) 錄音(녹음) 錄畫(녹화) 記錄(기록) 登錄(등록)
目錄(목록) 史錄(사록) 收錄(수록) 新記錄(신기록) 實錄(실록) 語錄(어록)

論	4급 II
	논할 **론**
	言 | 8획

- 비 倫(인륜 륜)
  輪(바퀴 륜)
- 동 議(의논할 의)
  評(평할 평)

글자 풀이

책을 모아서 정연히 정리하듯이(侖) 말(言)은 정연히 정리해서 사리를 세워 말한다(論)는 의미이다.

읽기 한자

唯物論(유물론) 唯心論(유심론) 論及(논급) 論述(논술) 概論(개론)
莫論(막론) 緖論(서론)

쓰기 한자

論據(논거) 論評(논평) 論客(논객) 論考(논고) 論告(논고) 論壇(논단) 論理(논리)
論文(논문) 論法(논법) 論說(논설) 論語(논어) 論外(논외) 論議(논의) 論爭(논쟁)
論題(논제) 論調(논조) 論罪(논죄) 論功行賞(논공행상) 講論(강론)

弄	3급 II
	희롱할 **롱:**
	廾 | 4획

- 비 奔(달릴 분)
- 동 戲(놀이 희)

글자 풀이

어린 아이가 구슬(玉)을 두 손(廾)에 들고 재미있게 논다는 데서 희롱하다, 놀다(弄)는 의미이다.

읽기 한자

吟風弄月(음풍농월) 弄月(농월) 弄談(농담) 弄調(농조) 愚弄(우롱)
才弄(재롱) 戲弄(희롱)

雷	3급 II
	우레 **뢰**
	雨 | 5획

- 비 電(번개 전)
  霜(서리 상)
- 동 震(우레 진)

글자 풀이

비(雨)가 올 때 논, 밭(田)에서 우뢰, 천둥(雷) 소리가 크게 들린다는 의미이다.

읽기 한자

雷管(뇌관) 雷同(뇌동) 落雷(낙뢰) 魚雷(어뢰) 地雷(지뢰) 避雷(피뢰)

賴	3급 II
	의뢰할 **뢰:**
	貝 | 9획

- 동 依(의지할 의)

글자 풀이

칼(刀)과 돈(貝)을 묶어(束) 가져다주면서 어떤 일을 부탁하고 의뢰한다(賴)는 의미이다.

읽기 한자

無賴漢(무뢰한) 信賴(신뢰) 依賴(의뢰)

了

마칠 료:

亅 | 1획

비 子(아들 자)
予(나 여)
동 終(마칠 종)

글자 풀이

사람(ㄱ)이 도구(亅)를 써서 일을 마친다(了)는 의미이다.

읽기 한자

了解(요해) 滿了(만료) 修了(수료) 完了(완료) 終了(종료)

僚

동료 료

人 | 12획

비 燎(횃불 료)
동 官(벼슬 관)

글자 풀이

관청(寮)에서 일하는 사람(人)으로 벼슬아치나 동료(僚)를 의미한다.

읽기 한자

僚友(요우) 閣僚(각료) 官僚(관료) 同僚(동료) 幕僚(막료)

料

헤아릴 료(:)

斗 | 6획

비 科(과목 과)
精(정할 정)
동 量(헤아릴 량)

글자 풀이

곡물(米)의 부피를 재는 됫박(斗)에 빗대어 재다,재료(料)를 의미한다.

읽기 한자

過怠料(과태료) 香辛料(향신료) 料亭(요정) 稿料(고료) 顔料(안료)
染料(염료) 賃貸料(임대료)

쓰기 한자

資料(자료) 料金(요금) 料量(요량) 料理(요리) 給料(급료) 無料(무료)
史料(사료) 思料(사료) 送料(송료) 手數料(수수료) 食料品(식료품)
原料(원료) 飮料水(음료수) 材料(재료) 調味料(조미료) 淸料理(청요리)
通行料(통행료) 香料(향료)

龍

용 룡

龍 | 0획

비 襲(엄습할 습)
약 竜

글자 풀이

서(立) 있는 몸(月)으로 위(上)를 향하여 꿈틀거리며(己) 하늘(天)로
올라가는 동물이니 용(龍)을 의미한다.

읽기 한자

臥龍(와룡) 龍顔(용안) 恐龍(공룡) 龍頭蛇尾(용두사미) 龍尾(용미)

쓰기 한자

龍宮(용궁) 龍馬(용마) 龍床(용상) 龍王(용왕) 登龍門(등용문)
左靑龍(좌청룡) 土龍(토룡)

累	3급 Ⅱ
	여러/자주 루:
	糸 │ 5획

동 屢(여러 루)

글자 풀이

밭(田) 사이에 실(糸)처럼 가늘게 나 있는 밭두렁이 여러 개,
포개어(累) 보인다는 의미이다.

읽기 한자

累計(누계) 累代(누대) 累卵之勢(누란지세) 累名(누명) 累犯(누범)
累積(누적) 累進(누진) 累差(누차) 累責(누책) 連累(연루)

淚	3급
	눈물 루:
	水 │ 8획

비 漏(샐 루)
　 派(물결 파)
약 涙

글자 풀이

허물(戾)을 뉘우치며 눈에서 흐르는 물(氵)이니 눈물(淚)이다.

읽기 한자

落淚(낙루) 血淚(혈루)

屢	3급
	여러 루:
	尸 │ 11획

비 樓(다락 루)
동 累(자주 루)

글자 풀이

집(尸)에 많은 수(婁)의 사람들이 여러 번, 자주(屢) 드나든다는 의미이다.

읽기 한자

屢年(누년) 屢屢(누누) 屢代(누대) 屢世(누세) 屢次(누차)

漏	3급 Ⅱ
	샐 루:
	水 │ 11획

비 淚(눈물 루)
　 派(물결 파)

글자 풀이

집(尸)에 빗(雨)물(氵)이 샌다(漏)는 의미이다.

읽기 한자

漏刻(누각) 漏氣(누기) 漏落(누락) 漏水(누수) 漏電(누전) 漏出(누출)
早漏(조루) 脫漏(탈루)

樓

3급 II
다락 류
木 | 11획

비 數(셀 수)
약 楼

글자 풀이

나무(木)를 여러(婁)개 이어서 지은 다락(樓)을 의미한다.

읽기 한자

樓閣(누각) 樓上(누상) 望樓(망루)

柳

4급
버들 류(:)
木 | 5획

동 楊(버들 양)

글자 풀이

나무(木)잎이 토끼(卯) 털처럼 부드러운 나무가 버드나무(柳)라는
의미이다.

읽기 한자

楊柳(양류) 路柳墻花(노류장화)

쓰기 한자

柳器(유기) 花柳界(화류계)

留

4급 II
머무를 류
田 | 5획

비 番(차례 번)
동 停(머무를 정)

글자 풀이

토끼(卯)가 풀밭(田)에 머물러(留) 풀을 뜯어 먹는다는 의미이다.

읽기 한자

押留(압류) 抑留(억류) 拘留(구류)

쓰기 한자

居留(거류) 遺留品(유류품) 殘留(잔류) 留級(유급) 留念(유념) 留保(유보)
留宿(유숙) 留意(유의) 留任(유임) 留置場(유치장) 留學(유학) 保留(보류)
停留場(정류장)

流

5급 II
흐를 류
水 | 7획

비 疏(소통할 소)

글자 풀이

아이가 머리를 하천(川) 밑을 향해 물(氵)에 채 떠내려가는 것(去)에서
흘러가다, 방황하다(流)는 의미이다.

읽기 한자

濁流(탁류) 漂流(표류) 流浪(유랑) 亞流(아류) 還流(환류) 橫流(횡류)

쓰기 한자

流域(유역) 流轉(유전) 流彈(유탄) 激流(격류) 流動(유동) 流麗(유려)
流民(유민) 流配(유배) 流出(유출) 流布(유포) 流行(유행) 流會(유회)
流量(유량) 流氷(유빙) 流産(유산) 流星(유성) 流失(유실) 流通(유통)
流波(유파) 流血(유혈) 交流(교류)

類	5급 II
무리 류(:)	
頁 | 10획	

비 題(제목 제)
　額(이마 액)
동 群(무리 군)
　衆(무리 중)
　徒(무리 도)
　等(무리 등)
반 孤(외로울 고)
　獨(홀로 독)

글자 풀이

쌀알(米)이나 사람(頁)도 같은 종류의 것은 모두(大) 얼굴이 닮아있는 것이다. 거기서 닮아 있는 것끼리를 類라고 말하고, 한 무리, 동류(類)를 의미한다.

읽기한자

類似(유사)

쓰기한자

類推(유추) 酒類(주류) 類類相從(유유상종) 類例(유례) 類別(유별)
同類(동류) 部類(부류) 分類(분류) 書類(서류) 魚類(어류) 語類(어류)
肉類(육류) 衣類(의류) 人類(인류) 鳥類(조류) 種類(종류) 人類愛(인류애)
類萬不同(유만부동)

六	8급
여섯 륙	
八 | 2획	

비 大(큰 대)

글자 풀이

무궁화 꽃잎 5개와 꽃술 1개를 이어서 여섯(六)을 나타낸다.

읽기한자

六旬(육순)

쓰기한자

六甲(육갑) 六十甲子(육십갑자) 六禮(육례) 六面體(육면체) 六法(육법)
六書(육서) 六親(육친) 死六臣(사육신) 三十六計(삼십육계)

陸	5급 II
뭍 륙	
阝 | 8획	

비 睦(화목할 목)
　陵(언덕 릉)
　隆(높을 륭)
동 地(따 지)
반 海(바다 해)

글자 풀이

솟아오른 언덕(阝)이 이어지는 넓은 토지(坴)의 모습에서 뭍, 육지(陸)를 의미한다.

읽기한자

陸稻(육도) 揚陸(양륙) 陸梁(육량)

쓰기한자

離陸(이륙) 陸橋(육교) 陸軍(육군) 陸路(육로) 陸士(육사) 陸上(육상)
陸送(육송) 陸地(육지) 內陸(내륙) 大陸(대륙) 上陸(상륙) 水陸(수륙)
着陸(착륙) 新大陸(신대륙) 陸上競技(육상경기)

倫	3급 II
인륜 륜	
人 | 8획	

비 論(논할 론)
　輪(바퀴 륜)

글자 풀이

책(册)에 있는 이론을 정리하고 합(合)해서 사람(人)이 지켜야 할 인륜(倫)을 밝힌다는 의미이다.

읽기한자

倫匹(윤필) 倫理(윤리) 明倫堂(명륜당) 三綱五倫(삼강오륜)
二倫行實圖(이륜행실도) 人倫(인륜) 天倫(천륜)

輪 | 바퀴 륜 | 車 | 8획 | 4급

비 輸(보낼 수)
論(논할 론)

글자 풀이
제대로 갖춘 책(侖)과 같이 중심축이 제대로 갖추어진 수레(車)의
모습에서 수레바퀴(輪)를 의미한다.

읽기한자
輪姦(윤간) 輪禍(윤화)

쓰기한자
輪番(윤번) 輪伐(윤벌) 輪作(윤작) 輪轉機(윤전기) 輪回(윤회)
三輪車(삼륜차) 年輪(연륜) 五輪旗(오륜기) 銀輪(은륜) 車輪(차륜)

律 | 법칙 률 | 彳 | 6획 | 4급 Ⅱ

비 津(나루 진)
동 規(법 규)
法(법 법)

글자 풀이
법률은 우선 문장으로 쓰여지고(聿) 난 후 천하에 퍼져나가는(彳) 것으로
규정을 만들어 쓴다는 것에서 규정, 규칙, 법률(律)을 의미한다.

읽기한자
排律(배율) 旋律(선율) 韻律(운율)

쓰기한자
戒律(계율) 紀律(기율) 律法(율법) 律士(율사) 律師(율사) 律動(율동)
律詩(율시) 軍律(군율) 規律(규율) 法律(법률) 音律(음률)
二律背反(이율배반) 自律(자율) 調律(조율) 他律(타율)

栗 | 밤 률 | 木 | 6획 | 3급 Ⅱ

비 粟(조 속)

글자 풀이
바구니(両) 같은 밤송이가 달리는 나무(木)이니 밤나무(栗)를 의미한다.

읽기한자
栗谷(율곡) 生栗(생률) 黃栗(황률)

率 | 비율 률 / 거느릴 솔 | 玄 | 6획 | 3급 Ⅱ

비 索(찾을 색)
동 領(거느릴 령)
統(거느릴 통)

글자 풀이
두 손으로 실(幺)을 꼬아 동아줄(糸)을 만들듯 여럿(十)이 힘을 모은다는
데서 거느리다(率)는 의미이다.

읽기한자
高率(고율) 能率(능률) 倍率(배율) 比率(비율) 勝率(승률) 稅率(세율)
視聽率(시청률) 低率(저율) 打率(타율) 投票率(투표율) 確率(확률)
換率(환율) 效率(효율) 率家(솔가) 率先(솔선) 率直(솔직) 輕率(경솔)
食率(식솔) 引率(인솔) 眞率(진솔) 統率(통솔)

隆

3급 II

높을 **륭**

阝 | 9획

비 陵(언덕 릉)
陸(뭍 륙)
동 崇(높을 숭)
興(일 흥)
盛(성할 성)

글자 풀이

언덕(阝)을 천천히(夂) 평탄하게(一) 걸으면 솟아난(生) 봉우리가 있다는
데서 높다, 성하다(隆)는 의미이다.

읽기 한자

隆起(융기) 隆盛(융성) 隆崇(융숭) 隆恩(융은) 隆興(융흥)

陵

3급 II

언덕 **릉**

阝 | 8획

비 陸(뭍 륙)
睦(화목할 목)
隆(높을 륭)
동 丘(언덕 구)
原(언덕 원)
岸(언덕 안)

글자 풀이

언덕(阝)의 흙(土)이 넓게 펼쳐져(八) 있어서 천천히 걸어(夂) 올라갈 수
있는 언덕(陵)을 의미한다.

읽기 한자

陵夷(능이) 陵遲(능지) 陵谷(능곡) 陵碑(능비) 陵越(능월) 陵寢(능침)
王陵(왕릉) 丘陵(구릉) 武陵桃源(무릉도원)

里

7급

마을 **리:**

里 | 0획

비 理(다스릴 리)
埋(묻을 매)
동 洞(골 동)
村(마을 촌)

글자 풀이

논(田)과 흙(土)이 보이는 경치에서 시골, 촌(里)을 의미한다.

읽기 한자

五里霧中(오리무중) 明沙十里(명사십리)

쓰기 한자

里程標(이정표) 里數(이수) 里長(이장) 洞里(동리) 萬里長城(만리장성)
不遠千里(불원천리) 三千里(삼천리) 十里(십리) 千里(천리) 千里眼(천리안)
海里(해리) 鄕里(향리)

理

6급 II

다스릴 **리:**

玉 | 7획

비 里(마을 리)
埋(묻을 매)
동 治(다스릴 치)

글자 풀이

임금(王)의 명령을 받아 마을(里)을 다스린다(理)는 의미이다.

읽기 한자

辨理士(변리사) 倫理(윤리) 署理(서리) 審理(심리)

쓰기 한자

理髮(이발) 管理(관리) 窮理(궁리) 理念(이념) 理事(이사) 理想(이상) 理容(이용)
理財(이재) 理致(이치) 理工(이공) 理科(이과) 理論(이론) 理性(이성) 理由(이유)
理解(이해) 經理(경리) 敎理(교리) 代理(대리) 道理(도리) 論理(논리) 木理(목리)
無理(무리) 物理(물리) 病理(병리) 非理(비리) 事理(사리)

利

6급Ⅱ

이할 **리:**

刀 | 5획

비 和(화할 화)
科(과목 과)
동 銳(날카로울 예)
반 害(해할 해)

글자 풀이

칼(刂)날이 벼(禾)잎 끝과 같이 날카롭게 잘 베어지는 것에서 날카롭다, 도움되다(利)는 의미이다.

읽기 한자

銳利(예리) 利潤(이윤) 利劍(이검) 利率(이율) 謀利輩(모리배)
私利私慾(사리사욕) 漁夫之利(어부지리) 高利貸金(고리대금)

쓰기 한자

利點(이점) 複利(복리) 營利(영리) 利權(이권) 利器(이기) 利益(이익)
利子(이자) 利敵(이적) 利得(이득) 利用(이용) 公利(공리) 功利(공리)
權利(권리) 單利(단리) 名利(명리)

離

4급

떠날 **리:**

隹 | 11획

비 羅(벌릴 라)
동 散(흩을 산)
別(다를 별)
약 离

글자 풀이

날짐승(禽)인 꼬리 짧은 철새(隹)가 계절이 바뀌면 둥지를 버리고 떠난다(離)는 의미이다.

읽기 한자

距離(거리) 隔離(격리) 支離滅裂(지리멸렬)

쓰기 한자

離間(이간) 離陸(이륙) 離別(이별) 離散(이산) 離籍(이적) 離脫(이탈)
離婚(이혼) 亂離(난리) 別離(별리) 分離(분리) 遊離(유리) 陸離(육리)
離合集散(이합집산)

裏

3급Ⅱ

속 **리:**

衣 | 7획

반 表(겉 표)

글자 풀이

옷(衣) 안쪽의 두렁진 이음매(里)가 있어 안, 속(裏)을 의미한다.

읽기 한자

裏面(이면) 裏書(이서) 腦裏(뇌리) 表裏(표리) 表裏不同(표리부동)

梨

3급

배 **리**

木 | 7획

비 犁(쟁기 려)

글자 풀이

고기를 먹은 후, 또는 갈증에 약이 되는 이로운(利) 열매가 달리는 나무(木)이니 배나무(梨)이다.

읽기 한자

梨園(이원) 梨花(이화) 烏飛梨落(오비이락)

履	3급 II 밟을 리: 尸 | 12획

비 復(회복할 복)
동 踏(밟을 답)

글자 풀이

몸(尸)이 되풀이하여(復) 걸으려면 신(履)을 신고 가급적 평평한 길을 밟아(履) 나가야 한다는 의미이다.

읽기 한자

履歷書(이력서) 履修(이수) 履行(이행) 木履(목리) 廢履(폐리)

李	6급 오얏/성(姓) 리: 木 | 3획

비 季(계절 계)
秀(빼어날 수)

글자 풀이

나무(木)의 열매(子)란 뜻인데 특히 오얏나무(李)의 열매를 가리킨다.

읽기 한자

桃李(도리)

쓰기 한자

李氏(이씨) 張三李四(장삼이사) 行李(행리)

吏	3급 II 관리/벼슬아치 리: 口 | 3획

비 史(사기 사)
使(하여금 사)
동 官(벼슬 관)

글자 풀이

한결같이(一) 중정(中)한 입장에서 손(乂)으로 일하는 벼슬아치(吏)라는 의미이다.

읽기 한자

貪官汚吏(탐관오리) 吏道(이도) 吏讀(이두) 吏頭(이두) 吏屬(이속)
吏房(이방) 官吏(관리) 稅吏(세리) 淸白吏(청백리)

隣	3급 이웃 린 阝 | 12획

비 憐(불쌍히여길 련)
傑(뛰어날 걸)

글자 풀이

언덕(阝) 밑에서 왼발 오른발(舛)로 걸어 다니면서 쌀(米) 농사를 짓는 이웃(隣)이라는 의미이다.

읽기 한자

隣近(인근) 隣接(인접) 隣村(인촌) 善隣(선린)

林

7급

수풀 **림**

木 | 4획

비 材(재목 재)
동 森(수풀 삼)

라

글자 풀이

나무(木)가 많이 심어져 있는 모습에서 수풀(林)을 의미한다.

읽기한자

森林(삼림)

쓰기한자

松林(송림) 儒林(유림) 造林(조림) 竹林七賢(죽림칠현) 林立(임립)
林野(임야) 林業(임업) 國有林(국유림) 農林(농림) 密林(밀림)
防風林(방풍림) 山林(산림) 原始林(원시림)

臨

3급 II

임할 **림**

臣 | 11획

비 熙(빛날 희)
약 临

글자 풀이

사람(人)의 눈(臣)이 물건(品) 가까이에 임한다(臨)는 의미이다.

읽기한자

臨檢(임검) 臨床(임상) 臨時(임시) 臨戰無退(임전무퇴) 臨迫(임박)
臨終(임종) 臨海(임해) 降臨(강림) 君臨(군림) 來臨(내림) 臨政(임정)

立

7급 II

설 **립**

立 | 0획

동 建(세울 건)
　起(일어날 기)

글자 풀이

사람이 서 있는 모양을 본떴다.

읽기한자

立替(입체) 竝立(병립) 立脚(입각) 立身揚名(입신양명) 立卽(입즉) 聯立(연립)

쓰기한자

立證(입증) 立憲(입헌) 孤立(고립) 亂立(난립) 私立(사립) 立件(입건)
立冬(입동) 立法(입법) 立案(입안) 立場(입장) 立地(입지) 立體的(입체적)
立秋(입추) 立春(입춘) 立夏(입하) 立會(입회) 建立(건립) 國立(국립)
起立(기립) 對立(대립) 獨立(독립) 分立(분립) 設立(설립) 成立(성립)
樹立(수립) 兩立(양립)

馬

5급

말 **마:**

馬 | 0획

비 篤(도타울 독)

글자 풀이

말의 옆 모양을 본떴다.

읽기한자

馬匹(마필) 塞翁之馬(새옹지마) 馬脚(마각) 乘馬(승마) 騎馬隊(기마대)
騎馬戰(기마전)

쓰기한자

馬券(마권) 馬賊(마적) 走馬看山(주마간산) 布帳馬車(포장마차)
回轉木馬(회전목마) 馬力(마력) 馬耳東風(마이동풍) 馬車(마차)
車馬費(거마비) 競馬(경마) 曲馬團(곡마단) 軍馬(군마) 落馬(낙마)
名馬(명마) 木馬(목마) 白馬(백마)

麻

3급Ⅱ

삼 마(:)

麻 | 0획

비 磨(갈 마)

집(广) 담장 옆의 큰 나무들(林)에 가지런히 기대어 세워서 말리고 있는 것이 삼(麻)이라는 의미이다.

읽기한자

麻衣(마의) 麻布(마포) 亂麻(난마) 大麻草(대마초) 菜麻(채마)

磨

3급Ⅱ

갈 마

石 | 11획

비 麻(삼 마)
동 硏(갈 연)

글자 풀이

거칠거칠한 삼(麻)에 연마제를 묻혀서 돌(石)로 문지르고 간다(磨)는 의미이다.

읽기한자

磨滅(마멸) 磨製石器(마제석기) 達磨(달마) 硏磨(연마)

莫

3급Ⅱ

없을 막

艹 | 7획

비 英(꽃부리 영)
　 幕(장막 막)
동 無(없을 무)

글자 풀이

초목(艹) 밑으로 큰(大) 해(日)가 져서 밝음이 없다(莫)는 의미이다.

읽기한자

莫無可奈(막무가내)　莫强(막강) 莫大(막대) 莫論(막론)
莫上莫下(막상막하) 莫甚(막심) 莫逆(막역) 莫重(막중)
無知莫知(무지막지) 索莫(삭막)

幕

3급Ⅱ

장막 막

巾 | 11획

비 莫(없을 막)
　 募(모을 모)
　 暮(저물 모)
　 慕(그릴 모)
동 帳(장막 장)

글자 풀이

햇빛을 가리는(莫) 천(巾)이니 장막, 천막(幕)이란 의미이다.

읽기한자

幕僚(막료) 幕間(막간) 幕府(막부) 幕舍(막사) 幕下(막하) 幕後(막후)
開幕式(개막식) 內幕(내막) 單幕劇(단막극) 序幕(서막) 煙幕(연막)
園頭幕(원두막) 銀幕(은막) 字幕(자막) 帳幕(장막) 除幕式(제막식)
終幕(종막) 酒幕(주막) 天幕(천막) 閉幕(폐막) 黑幕(흑막)

漠

3급Ⅱ

넓을 **막**

水 | 11획

비 謨(꾀 모)
莫(없을 막)
募(모을 모)
暮(저물 모)
慕(그릴 모)
동 廣(넓을 광)

글자 풀이

물(氵)이 없는(莫) 사막(漠)으로 넓고 아득하다(漠)는 의미이다.

읽기한자

茫漠(망막) 漠漠(막막) 漠然(막연) 沙漠(사막)

萬

8급

일만 **만:**

艹 | 9획

약 万

글자 풀이

벌의 모양을 본뜬 글자로 그 수가 많다는 데서 만(萬)을 의미한다.

읽기한자

萬邦(만방) 千辛萬苦(천신만고) 萬頃蒼波(만경창파) 萬不得已(만부득이)
氣高萬丈(기고만장) 森羅萬象(삼라만상)

쓰기한자

萬感(만감) 萬康(만강) 萬古不變(만고불변) 萬難(만난) 萬年(만년)
萬能(만능) 萬里長城(만리장성) 萬無(만무) 萬物(만물) 萬物相(만물상)
萬民(만민) 萬病通治(만병통치) 萬福(만복) 萬不當(만부당) 萬石(만석)

晚

3급Ⅱ

늦을 **만:**

日 | 7획

비 勉(힘쓸 면)
동 遲(늦을 지)
반 早(이를 조)

글자 풀이

해(日)가 서산으로 져서 햇빛을 면하였으니(免) 날이 저물다, 늦다(晚)는 의미이다.

읽기한자

晚年(만년) 晚成(만성) 晚時之歎(만시지탄) 晚鍾(만종) 晚秋(만추)
晚學(만학) 晚婚(만혼) 大器晚成(대기만성) 早晚間(조만간)

滿

4급Ⅱ

찰 **만(:)**

水 | 11획

동 充(채울 충)
반 干(방패 간)
空(빌 공)
虛(빌 허)
약 満

글자 풀이

이십(十十) 명이 두(兩) 손으로 물(氵)을 길어다 부으니 독 속에 물이 가득찬다(滿)는 의미이다.

읽기한자

滿了(만료) 滿朔(만삭) 飽滿(포만) 肥滿(비만) 滿洲(만주)

쓰기한자

滿點(만점) 滿潮(만조) 干滿(간만) 滿開(만개) 滿期(만기) 滿面(만면)
滿發(만발) 滿船(만선) 滿員(만원) 滿月(만월) 滿場一致(만장일치)
圓滿(원만) 自信滿滿(자신만만) 滿足(만족) 滿天下(만천하) 未滿(미만)
不滿(불만)

慢

3급

거만할 **만:**
心 | 11획

- 비 漫(흩어질 만)
- 동 倨(거만할 거)
  傲(거만할 오)

글자 풀이

손(又)으로 그릇(皿) 속의 음식을 먹을(日) 때의 마음(忄)이 거만하고, 느리다(慢)는 의미이다.

읽기한자

慢性(만성) 傲慢(오만) 緩慢(완만) 自慢(자만) 怠慢(태만)

漫

3급

흩어질 **만:**
水 | 11획

- 비 慢(거만할 만)
- 동 散(흩을 산)
- 반 集(모을 집)

글자 풀이

바다(氵)에서는 손(又)으로 그릇(皿) 속의 음식을 먹으며(日) 뱃놀이한다는 데서 부질없다(漫)는 의미이다.

읽기한자

漫談(만담) 漫然(만연) 漫評(만평) 漫筆(만필) 漫畫(만화) 浪漫(낭만) 放漫(방만) 散漫(산만)

末

5급

끝 **말**
木 | 1획

- 비 未(아닐 미)
- 동 端(끝 단)
  終(마칠 종)
  粉(가루 분)
- 반 始(처음 시)
  初(처음 초)
  本(근본 본)

글자 풀이

나뭇가지(木)의 끝을 표시한 모형으로 나무의 세로봉보다 길게(一) 써서 끝, 모서리, 마지막(末)을 의미한다.

읽기한자

微官末職(미관말직) 末尾(말미)

쓰기한자

末伏(말복) 卷末(권말) 端末機(단말기) 粉末(분말) 末期(말기) 末技(말기) 末年(말년) 末端(말단) 末路(말로) 末席(말석) 末世(말세) 末日(말일) 結末(결말) 期末考査(기말고사) 綠末(녹말) 始末書(시말서) 年末(연말) 月末(월말) 終末(종말) 週末(주말)

亡

5급

망할 **망**
亠 | 1획

- 비 忘(잊을 망)
- 동 逃(도망할 도)
  死(죽을 사)
  滅(멸할 멸)
  衰(쇠할 쇠)
- 반 興(일 흥)
  盛(성할 성)

글자 풀이

죽은 사람을 매장하기 위해 사람 눈에 띄지 않도록 한 것에서 없다, 없어지다(亡)는 의미이다.

읽기한자

脣亡齒寒(순망치한) 亡靈(망령) 亡兆(망조) 滅亡(멸망) 興亡盛衰(흥망성쇠)

쓰기한자

逃亡(도망) 亡國(망국) 亡命(망명) 亡失(망실) 亡人(망인) 亡者(망자) 未亡人(미망인) 死亡(사망) 敗家亡身(패가망신) 敗亡(패망)

妄 3급Ⅱ

망령될 **망:**

女 | 3획

비 忘(잊을 망)

글자 풀이

도리와 예법을 잃은(亡) 여자(女)라는 데서 허망하다, 망령되다(妄)는 의미이다.

읽기 한자

妄覺(망각) 妄靈(망령) 妄發(망발) 妄言(망언) 輕妄(경망)
輕擧妄動(경거망동) 老妄(노망) 虛妄(허망)

忙 3급

바쁠 **망**

心 | 3획

비 亡(망할 망)
　 忘(잊을 망)
동 奔(달릴 분)
반 閑(한가할 한)

글자 풀이

마음(忄) 속에 간직한 기억을 잃어버릴(亡) 정도로 바쁘다(忙)는 의미이다.

읽기 한자

忙中閑(망중한) 公私多忙(공사다망) 奔忙(분망)

忘 3급

잊을 **망**

心 | 3획

비 妄(망령될 망)

글자 풀이

마음(心) 속에 간직했던 기억이 망했으니(亡) 잊는다(忘)는 의미이다.

읽기 한자

忘却(망각) 忘年會(망년회) 忘失(망실) 刻骨難忘(각골난망)
健忘症(건망증) 背恩忘德(배은망덕) 備忘錄(비망록) 三忘(삼망)

罔 3급

없을 **망**

网 | 3획

비 岡(산등성이 강)

글자 풀이

그물(网)에 걸렸던 고기가 도망친다(亡)는 데서 속이다, 끝이 없다(罔)는 의미이다.

읽기 한자

罔極(망극) 罔民(망민) 罔測(망측) 怪常罔測(괴상망측) 欺罔(기망)

茫 3급
아득할 망
艹 | 6획

비 范(풀이름 범)

글자 풀이

초원(艹)이나 바다(氵)가 아득하다(茫)는 의미이다.

읽기한자

茫漠(망막) 茫茫大海(망망대해) 茫然自失(망연자실)

望 5급 Ⅱ
바랄 망:
月 | 7획

동 希(바랄 희)

글자 풀이

달(月)을 쳐다보고 서서(壬) 객지에 나간(亡) 사람이 돌아오길
바란다(望)는 의미이다.

읽기한자

旣望(기망) 朔望(삭망) 輿望(여망) 渴望(갈망) 望臺(망대) 望樓(망루)
企望(기망) 仰望(앙망) 慾望(욕망) 有望株(유망주) 潛望鏡(잠망경)

쓰기한자

望遠鏡(망원경) 望月(망월) 望鄉(망향) 觀望(관망) 待望(대망) 德望(덕망)
落望(낙망) 名望(명망) 所望(소망) 信望(신망) 失望(실망) 野望(야망)

每 7급 Ⅱ
매양 매(:)
毋 | 3획

비 海(바다 해)
梅(매화 매)

글자 풀이

풀(屮)은 어머니(母)처럼 차례로 아이를 늘리므로, 늘어난 하나하나를
가리켜 그때마다, 매번(每)이라는 의미이다.

읽기한자

每朔(매삭) 每懷(매회)

쓰기한자

每樣(매양) 每年(매년) 每番(매번) 每事(매사) 每月(매월) 每人(매인)
每日(매일) 每週(매주) 每回(매회)

妹 4급
누이 매
女 | 5획

반 姉(손위누이 자)

글자 풀이

여자(女)형제 중에서도 아직 뻗지 못한 나뭇가지(未)처럼 아직 크지 못한
나이어린 사람이라는 의미로 여동생(妹)을 의미한다.

읽기한자

愚妹(우매) 御妹(어매)

쓰기한자

妹夫(매부) 妹兄(매형) 男妹(남매) 姉妹(자매)

埋 묻을 매 土 | 7획 비 理(다스릴 리)	**글자 풀이** 마을(里) 뒷산에 흙(土)을 파고 묻는다(埋)는 의미이다. **읽기 한자** 埋暮(매모) 埋葬(매장) 埋魂(매혼) 埋沒(매몰) 埋伏(매복) 埋藏(매장) 生埋葬(생매장) 暗埋葬(암매장)

買 살 매: 貝 | 5획 동 購(살 구) 반 賣(팔 매) 販(팔 판)	**글자 풀이** 물고기를 어망(罒)으로 잡아온 뒤에 물품(貝)을 모은 것에서 돈을 지불하고 물건을 손에 넣는다(買)는 의미이다. **읽기 한자** 零買(영매) 賤買(천매) **쓰기 한자** 豫買(예매) 買氣(매기) 買名(매명) 買上(매상) 買收(매수) 買受(매수) 買食(매식) 買入(매입) 買票(매표) 賣買(매매) 不買(불매) 收買(수매)

梅 매화 매 木 | 7획 비 海(바다 해)	**글자 풀이** 나무(木) 중에서 매양(每) 아름다운 꽃이 피는 것이 매화(梅)라는 의미이다. **읽기 한자** 梅毒(매독) 梅實(매실) 梅實酒(매실주) 梅雨(매우) 梅畫(매화) 梅花(매화)

媒 중매 매 女 | 9획 비 謀(꾀 모)	**글자 풀이** 여자(女)를 아무개(某) 사내에게 중매한다(媒)는 의미이다. **읽기 한자** 媒介物(매개물) 媒體(매체) 中媒人(중매인) 觸媒(촉매)

賣 5급
팔 매(:)
貝 | 8획

- 동 販(팔 판)
- 반 買(살 매)
  購(살 구)
- 약 売

글자 풀이

사들인(買) 물건이 나간다(士)는 데서 팔다(賣)는 의미이다.

읽기 한자

賣却(매각) 販賣(판매) 賣國奴(매국노) 賣渡(매도) 賣淫(매음)

쓰기 한자

賣盡(매진) 散賣(산매) 豫賣(예매) 專賣(전매) 投賣(투매)
賣官賣職(매관매직) 賣買(매매) 賣名(매명) 賣物(매물) 賣上(매상)
賣笑婦(매소부) 賣店(매점) 賣春婦(매춘부) 賣出(매출) 賣血(매혈)
强賣(강매) 競賣(경매) 公賣(공매) 急賣(급매) 都賣(도매) 密賣(밀매)
發賣(발매) 非賣品(비매품) 先賣(선매) 小賣(소매)

脈 4급 II
줄기 맥
月 | 6획

- 비 派(갈래 파)
- 동 幹(줄기 간)

글자 풀이

피가 몸(月) 속에서 몇 갈래(派)로 나뉘어져 흐르고 있는 것에서 혈관,
맥(脈)을 의미한다.

읽기 한자

脈絡(맥락) 洪脈(홍맥)

쓰기 한자

脈管(맥관) 鑛脈(광맥) 氣盡脈盡(기진맥진) 亂脈(난맥) 靜脈(정맥)
脈脈(맥맥) 動脈(동맥) 命脈(명맥) 文脈(문맥) 山脈(산맥) 水脈(수맥)
人脈(인맥) 一脈相通(일맥상통) 血脈(혈맥)

麥 3급 II
보리 맥
麥 | 0획

- 비 來(올 래)
  琴(거문고 금)
- 약 麦

글자 풀이

보리의 모양을 본떴다.

읽기 한자

麥飯(맥반) 麥芽(맥아) 麥酒(맥주) 麥秋(맥추) 小麥(소맥) 精麥(정맥)

盲 3급 II
소경/눈멀 맹
目 | 3획

- 비 直(곧을 직)

글자 풀이

눈(目)이 망했으니(亡) 소경(盲)을 의미한다.

읽기 한자

盲目(맹목) 盲目的(맹목적) 盲信(맹신) 盲兒(맹아) 盲人(맹인) 盲腸(맹장)
盲點(맹점) 盲從(맹종) 文盲(문맹) 色盲(색맹) 夜盲症(야맹증)

孟

3급 Ⅱ

맏 **맹(:)**

子 | 5획

비 猛(사나울 맹)
동 胤(자손/맏아들 윤)

> **글자 풀이**
>
> 혈연(皿)을 잇는 자식(子) 가운데 맏(孟)아들이란 데서 맏, 우두머리,
> 첫째(孟)라는 의미이다.

> **읽기 한자**
>
> 孟冬(맹동) 孟浪(맹랑) 孟子(맹자) 孟秋(맹추) 孟春(맹춘) 孟夏(맹하)
> 虛無孟浪(허무맹랑) 孟母三遷(맹모삼천)

猛

3급 Ⅱ

사나울 **맹:**

犬 | 8획

비 孟(맏 맹)
동 勇(날랠 용)
　烈(매울 렬)

> **글자 풀이**
>
> 우두머리(孟)되는 짐승(犭)이니 호랑이처럼 사납고, 날래다(猛)는
> 의미이다.

> **읽기 한자**
>
> 猛暑(맹서) 猛活躍(맹활약) 猛犬(맹견) 猛毒(맹독) 猛獸(맹수) 猛烈(맹렬)
> 猛威(맹위) 猛將(맹장) 猛打(맹타) 猛爆(맹폭) 猛虎(맹호) 寬猛(관맹)
> 勇猛(용맹)

盟

3급 Ⅱ

맹세 **맹**

皿 | 8획

동 誓(맹세할 서)

> **글자 풀이**
>
> 맹세를 할 때는 말의 피 등을 그릇(皿)에 담아 해(日)와 달(月)을 마시며
> 맹세한다(盟)는 의미이다.

> **읽기 한자**
>
> 盟邦(맹방) 盟誓(맹서) 盟約(맹약) 盟主(맹주) 加盟(가맹) 同盟(동맹)
> 聯盟(연맹) 血盟(혈맹)

免

3급 Ⅱ

면할 **면:**

儿 | 5획

비 兔(토끼 토)
　勉(힘쓸 면)
　晩(늦을 만)

> **글자 풀이**
>
> 토끼(兔)가 덫에 걸렸다가 꼬리(丶)만 잘리고 죽음을 면한다(免)는 의미이다.

> **읽기 한자**
>
> 罷免(파면) 免稅(면세) 免訴(면소) 免役(면역) 免疫(면역) 免除(면제)
> 免罪符(면죄부) 免責特權(면책특권) 免職(면직) 免許(면허) 減免(감면)
> 謀免(모면) 放免(방면) 辭免(사면)

7급
面 낯 면:
面 | 0획

동 顔(낯 안)
　容(얼굴 용)

글자 풀이

얼굴 주위에 표시를 하여, '여기부터 여기까지 얼굴이다' 라고 표시한 것에서 낯짝, 체면, 얼굴(面)을 의미한다.

읽기한자

面刀(면도) 面貌(면모) 面像(면상) 裏面(이면) 人面獸心(인면수심)
鐵面皮(철면피) 側面(측면) 覆面(복면)

쓰기한자

面積(면적) 面談(면담) 面目(면목) 面相(면상) 面數(면수) 面識(면식)
面長(면장) 面前(면전) 面接(면접) 面責(면책) 面會(면회) 假面(가면)
舊面(구면)

3급Ⅱ
眠 잘 면
目 | 5획

비 眼(눈 안)
동 宿(잘 숙)
　睡(졸음 수)

글자 풀이

백성(民)들이 눈(目)을 감고 잔다(眠)는 의미이다.

읽기한자

冬眠(동면) 不眠症(불면증) 熟眠(숙면) 安眠(안면) 永眠(영면) 休眠(휴면)

4급
勉 힘쓸 면:
力 | 7획

비 晩(늦을 만)
동 勵(힘쓸 려)
　勞(일할 로)
　務(힘쓸 무)

글자 풀이

토끼(免)는 재빨리 뛰는 힘(力)이 있어서 잡는 데에 시간이 걸린다는 것에서 북돋우다, 열심히 하다(勉)는 의미이다.

쓰기한자

勉學(면학) 勸勉(권면) 勤勉(근면)

3급Ⅱ
綿 솜 면
糸 | 8획

비 錦(비단 금)
　線(줄 선)

글자 풀이

실(糸)로 뽑아 흰(白) 천(巾)을 짤 수 있는 솜(綿)을 의미한다.

읽기한자

綿綿(면면) 綿密(면밀) 綿絲(면사) 綿羊(면양) 綿製品(면제품)
綿織物(면직물) 石綿(석면) 純綿(순면) 連綿(연면) 原綿(원면)
周到綿密(주도면밀)

滅 3급Ⅱ
멸할/꺼질 **멸**
水 | 10획

- 비 歲(해 세)
  減(덜 감)
- 동 亡(망할 망)

글자 풀이

물(氵)과 도끼(戌)로 불(火)을 끈다(滅)는 뜻에서 불이 꺼지듯이 멸망한다(滅)는 의미이다.

읽기 한자

滅共(멸공) 滅亡(멸망) 滅門(멸문) 滅私奉公(멸사봉공) 滅族(멸족)
滅種(멸종) 壞滅(괴멸) 明滅(명멸) 不滅(불멸) 死滅(사멸) 消滅(소멸)
掃滅(소멸) 入滅(입멸) 自滅(자멸) 寂滅(적멸) 全滅(전멸) 點滅(점멸)
破滅(파멸) 還滅(환멸) 滅菌(멸균) 磨滅(마멸) 燒滅(소멸)
支離滅裂(지리멸렬)

名 7급Ⅱ
이름 **명**
口 | 3획

- 비 各(각각 각)
- 동 號(이름 호)

글자 풀이

어두워(夕)지면 얼굴이 보이지 않으므로 큰소리(口)로 서로의 이름을 부르는 것에서 이름(名)을 의미한다.

읽기 한자

汚名(오명) 名劍(명검) 名簿(명부) 名詞(명사) 名實相符(명실상부)
名譽(명예) 名著(명저) 立身揚名(입신양명) 署名(서명) 著名(저명)
芳名錄(방명록)

쓰기 한자

名歌(명가) 名家(명가) 名曲(명곡) 名技(명기) 名單(명단) 名答(명답)
名利(명리) 名馬(명마) 名望(명망) 名物(명물) 名分(명분) 名色(명색)

命 7급
목숨 **명:**
口 | 5획

- 비 令(하여금 령)
- 동 壽(목숨 수)

글자 풀이

모여든(合) 사람들에게 명령(叩)하고 있는 형태에서 명령하다(命)는 의미이다.

읽기 한자

김命(소명) 美人薄命(미인박명) 非命橫死(비명횡사) 壽命(수명) 御命(어명)

쓰기 한자

嚴命(엄명) 延命(연명) 殘命(잔명) 致命傷(치명상) 革命(혁명) 命令(명령)
命脈(명맥) 命名(명명) 命題(명제) 命中(명중) 求命(구명) 亡命(망명)
密命(밀명) 使命(사명) 生命(생명) 宿命(숙명) 王命(왕명)

明 6급Ⅱ
밝을 **명**
日 | 4획

- 동 朗(밝을 랑)
  昭(밝을 소)
  哲(밝을 철)
- 반 暗(어두울 암)
  冥(어두울 명)
  昏(어두울 혼)

글자 풀이

창문(日)으로 비쳐드는 달빛(月)에서 밝다(明)는 의미이다.

읽기 한자

辨明(변명) 聰明(총명) 明滅(명멸) 明沙十里(명사십리) 明若觀火(명약관화)
克明(극명) 疏明(소명) 幽明(유명) 照明(조명) 透明(투명)

쓰기 한자

明鏡止水(명경지수) 明卵(명란) 明記(명기) 明堂(명당) 明度(명도) 明朗(명랑)
明文化(명문화) 明白(명백) 明細(명세) 明示(명시) 明暗(명암) 明快(명쾌)
明太祖(명태조) 明確(명확) 開明(개명) 決明子(결명자) 公明正大(공명정대)
光明(광명) 究明(구명)

冥

3급

어두울 **명**

冖 | 8획

- 비 寬(너그러울 관)
- 동 暗(어두울 암)
  昏(어두울 혼)
- 반 明(밝을 명)
  朗(밝을 랑)
  昭(밝을 소)
  哲(밝을 철)

글자 풀이

음력으로 16(六)일(日)이 겨우 지났는데 달이 이지러지고 구름마저 덮으니(冖) 저승처럼 어둡다(冥)는 의미이다.

읽기 한자

冥界(명계) 冥冥(명명) 冥福(명복) 冥府(명부)
冥想(명상) 冥王星(명왕성)

鳴

4급

울 **명**

鳥 | 3획

- 비 鳥(새 조)
  烏(까마귀 오)
- 동 哭(울 곡)
  泣(울 읍)
- 반 笑(웃을 소)

글자 풀이

새(鳥)는 입(口)으로 지저귀는 것에서 운다(鳴)는 의미이다.

읽기 한자

鳴琴(명금) 鳴沙(명사)

쓰기 한자

鷄鳴(계명) 共鳴(공명) 百家爭鳴(백가쟁명)
悲鳴(비명) 自鳴鍾(자명종)

銘

3급Ⅱ

새길 **명**

金 | 6획

- 비 針(바늘 침)
  銅(구리 동)
- 동 刻(새길 각)
  刊(새길 간)

글자 풀이

쇠붙이(金)에 이름(名)을 새겨, 기록한다(銘)는 의미이다.

읽기 한자

銘記(명기) 銘文(명문) 銘心(명심) 感銘(감명) 墓碑銘(묘비명)
座右銘(좌우명)

毛

4급Ⅱ

터럭 **모**

毛 | 0획

- 비 手(손 수)
- 동 髮(터럭 발)

글자 풀이

새털이나 사람의 머리털 등을 포함하는 동물의 모든 털의 모양을 본떴다.

읽기 한자

毛皮(모피)

쓰기 한자

毛骨(모골) 毛髮(모발) 毛絲(모사) 毛織(모직) 毛細血管(모세혈관)
紅毛(홍모) 毛根(모근) 毛布(모포) 毛筆(모필) 九牛一毛(구우일모)
不毛地(불모지) 純毛(순모) 羊毛(양모) 原毛(원모) 二毛作(이모작)
體毛(체모) 黃毛筆(황모필)

母

8급

어미 **모:**

毋 | 1획

비 毋(말 무)
반 父(아비 부)

글자 풀이

여인이 성장하여 한사람 몫의 성인이 되면 젖무덤이 붙는 형태가 되어 엄마, 어머니(母)를 의미한다.

읽기한자

聘母(빙모) 庶母(서모) 姑母(고모) 伯母(백모) 丈母(장모)
賢母良妻(현모양처) 孟母三遷(맹모삼천)

쓰기한자

母系(모계) 母乳(모유) 繼母(계모) 未婚母(미혼모) 母校(모교) 母國(모국)
母女(모녀) 母法(모법) 母性愛(모성애) 母音(모음) 母子(모자) 母情(모정)
母體(모체) 母親(모친) 老母(노모) 代理母(대리모) 父母(부모) 分母(분모)

某

3급

아무 **모:**

木 | 5획

비 果(실과 과)

글자 풀이

단(甘) 열매를 맺는 나무(木)를 아무(某)가 가지고 있다는 의미이다.

읽기한자

某某(모모) 某氏(모씨) 某種(모종) 某處(모처)

募

3급

모을/뽑을 모

力 | 11획

비 幕(장막 막)
   慕(그릴 모)
동 拔(뽑을 발)

글자 풀이

해가 질(莫) 때까지 힘들여(力) 불러들이고 뽑는다(募)는 의미이다.

읽기한자

募金(모금) 募集(모집) 公募(공모) 急募(급모) 應募(응모)

慕

3급Ⅱ

그릴 **모:**

心 | 11획

비 暮(저물 모)
   募(뽑을 모)
동 戀(그릴 련)

글자 풀이

해가 질(莫) 무렵이면 마음(忄) 속으로 정든 사람이 생각난다는 데서 사모하다(慕)는 의미이다.

읽기한자

慕情(모정) 敬慕(경모) 思慕(사모) 崇慕(숭모) 愛慕(애모)
戀慕(연모) 追慕(추모)

마

暮
저물 모:
日 | 11획
3급

비 募(모을 모)
慕(그릴 모)

글자 풀이

해가 져서(莫) 날(日)이 저문다(暮)는 의미이다.

읽기한자

暮景(모경) 暮境(모경) 暮秋(모추) 歲暮(세모) 朝令暮改(조령모개)
朝三暮四(조삼모사)

模
본뜰 모
木 | 11획
4급

비 漠(넓을 막)
동 倣(본뜰 방)
範(법 범)

글자 풀이

나무(木) 모양을 사용해서 손 매무새로 토기를 만든다(莫)는 것에서 모형,
표본(模)을 의미한다.

읽기한자

模倣(모방)

쓰기한자

模範(모범) 模寫(모사) 模作(모작) 模造品(모조품)
模唱(모창) 規模(규모)

貌
모양 모
豸 | 7획
3급Ⅱ

비 懇(간절할 간)
동 面(낯 면)
容(얼굴 용)
顏(얼굴 안)
약 皃

글자 풀이

두 손(豸)과 얼굴(白)과 다리(儿)를 합하여 모양(貌)이라 한다.

읽기한자

貌樣(모양) 面貌(면모) 美貌(미모) 變貌(변모) 外貌(외모)
容貌(용모) 全貌(전모) 體貌(체모) 風貌(풍모)

謀
꾀 모
言 | 9획
3급Ⅱ

비 課(과정 과)
媒(중매 매)
동 策(꾀 책)
略(간략할 략)

글자 풀이

아무개(某)에게만 소근소근 말(言)을 하여 어떤 일을 꾀한다(謀)는 의미이다.

읽기한자

謀叛(모반) 謀略(모략) 謀利輩(모리배) 謀反(모반) 謀事(모사) 謀議(모의)
謀陷(모함) 共謀(공모) 權謀術數(권모술수) 圖謀(도모) 無謀(무모)
逆謀(역모) 陰謀(음모) 主謀者(주모자) 智謀(지모) 參謀(참모) 謀免(모면)

侮

3급

업신여길 모(:)

人 | 7획

[반] 恭(공손할 공)
敬(공경할 경)
[동] 凌(업신여길 릉)
蔑(업신여길 멸)

글자 풀이

每는 晦(어두울 회)의 획 줄임이다. 사람(人)이 어두운(每) 곳에서는
앞이 잘 안보이게 된다. 여기에서 아예 쳐다보지도 않는다는 뜻으로
발전하여 업신여긴다(侮)는 의미이다.

읽기한자

侮弄(모롱) 侮慢(모만) 侮笑(모소) 侮言(모언) 侮辱(모욕) 受侮(수모)

冒

3급

무릅쓸 모

冂 | 7획

[비] 胃(밥통 위)
胄(자손 주)

글자 풀이

'月'은 덮는 물건, 머리쓰개의 뜻을 나타내는 상형글자로 눈을 가리다의
뜻이며, 또, '矛', '戊'와 통하여, 무릅쓰고(冒) 길을 뚫고 나가다,
범하다는 의미이다.

읽기한자

冒耕(모경) 冒頭(모두) 冒濫(모람) 冒廉(모렴) 冒犯(모범) 冒死(모사)
冒色(모색) 冒涉(모섭) 冒雨(모우) 冒認(모인) 冒進(모진) 冒稱(모칭)
冒寒(모한) 冒險(모험) 干冒(간모) 感冒(감모) 欺冒(기모) 陵冒(능모)
覆冒(복모) 僞冒(위모) 侵冒(침모) 貪冒(탐모) 布冒(포모)

木

8급

나무 목

木 | 0획

[비] 才(재주 재)
[동] 樹(나무 수)

글자 풀이

나무의 모양을 본떴다.

읽기한자

枯木(고목) 苗木(묘목) 木克土(목극토) 草根木皮(초근목피) 木蓮(목련)

쓰기한자

木管(목관) 巨木(거목) 雜木(잡목) 木工藝(목공예) 木器(목기) 木馬(목마)
木石(목석) 木性(목성) 木星(목성) 木手(목수) 木材(목재) 木造(목조)
木草(목초) 木炭(목탄) 木板(목판) 木花(목화) 角木(각목) 廣木(광목)
伐木(벌목) 樹木(수목) 植木(식목) 原木(원목) 材木(재목) 接木(접목)
布木(포목)

目

6급

눈 목

目 | 0획

[비] 日(날 일)
曰(가로 왈)
[동] 眼(눈 안)

글자 풀이

눈의 모양을 본떴다.

읽기한자

目不忍見(목불인견) 綱目(강목) 盲目的(맹목적) 項目(항목)

쓰기한자

目擊(목격) 目標(목표) 條目(조목) 目禮(목례) 目錄(목록) 目的(목적)
目前(목전) 目次(목차) 目測(목측) 目下(목하) 曲目(곡목) 科目(과목)
多目的(다목적) 德目(덕목) 頭目(두목) 面目(면목) 名目(명목) 反目(반목)
費目(비목) 稅目(세목) 眼目(안목) 五目(오목) 要目(요목) 耳目(이목)
題目(제목) 種目(종목) 罪目(죄목) 注目(주목) 指目(지목) 眞面目(진면목)
品目(품목)

牧 4급Ⅱ
칠 목
牛 | 4획

비 物(물건 물)

글자 풀이
소(牛)를 초원에서 방목하고 채찍(攵)으로 몰아 사육하는 모습에서
가축을 기르는 것, 기르는 장소(牧)를 의미한다.

읽기한자
府牧懸(부목현) 牧畜(목축)

쓰기한자
遊牧民(유목민) 牧歌(목가) 牧童(목동) 牧民心書(목민심서) 牧夫(목부)
牧師(목사) 牧牛(목우) 牧者(목자) 牧場(목장) 牧草(목초) 牧會(목회)
放牧(방목) 軍牧(군목)

睦 3급Ⅱ
화목할 목
目 | 8획

비 陵(언덕 릉)
　陸(뭍 륙)
　隆(높은 룡)
동 和(화할 화)

글자 풀이
씨앗을 흙 속에 뿌리고(坴) 곡식이 자라는 것을 내려다보는 눈(目)매가
화목하다(睦)는 의미이다.

읽기한자
親睦(친목) 和睦(화목)

沒 3급Ⅱ
빠질 몰
水 | 4획

비 洗(씻을 세)
동 浸(잠길 침)
　沈(잠길 침)
　陷(빠질 함)
　溺(빠질 닉)

글자 풀이
물(氵) 속으로 사람(勹)의 손(又)이 빠져(沒) 들어간다는 의미이다.

읽기한자
沒却(몰각) 沒廉恥(몰염치) 埋沒(매몰) 沒頭(몰두) 沒落(몰락) 沒死(몰사)
沒殺(몰살) 沒常識(몰상식) 沒收(몰수) 沒我(몰아) 沒人情(몰인정)
沒入(몰입) 沒知覺(몰지각) 水沒(수몰) 神出鬼沒(신출귀몰) 日沒(일몰)
出沒(출몰) 沈沒(침몰) 陷沒(함몰)

夢 3급Ⅱ
꿈 몽
夕 | 11획

비 蒙(어두울 몽)
약 梦

글자 풀이
저녁(夕)에 이불을 덮고(冖) 잘 때 눈(目)에 나타나는 스무(十十)개의
환상이 꿈(夢)이란 의미이다.

읽기한자
迷夢(미몽) 非夢似夢(비몽사몽) 夢想(몽상) 夢遊病(몽유병) 夢精(몽정)
吉夢(길몽) 同床異夢(동상이몽) 白日夢(백일몽) 惡夢(악몽)
一場春夢(일장춘몽) 醉生夢死(취생몽사) 解夢(해몽) 現夢(현몽)

비 夢(꿈 몽)

글자 풀이

돼지의 머리 위(豕)에 지붕(冖)을 하고 이엉(艹)을 덮는다는 데서 입다, 덮다(蒙)는 의미이다.

읽기 한자

蒙古(몽고)

비 卵(알 란)
동 兎(토끼 토)

글자 풀이

대문을 활짝 연 모양이다.

읽기 한자

卯方(묘방) 卯時(묘시) 卯日(묘일) 木卯(목묘) 乙卯(을묘) 破卯(파묘)

비 妨(방해할 방)

글자 풀이

여자(女)는 젊을수록(少) 묘하고 예쁘다(妙)는 의미이다.

읽기 한자

妙策(묘책) 巧妙(교묘) 微妙(미묘)

쓰기 한자

妙計(묘계) 妙技(묘기) 妙味(묘미) 妙方(묘방) 妙手(묘수)
妙案(묘안) 妙藥(묘약) 奇妙(기묘) 絶妙(절묘) 妙態(묘태)

비 草(풀 초)

글자 풀이

밭(田)에 일부러 심어 싹을 나게 한 풀(艹)이니 모, 모종(苗)을 의미한다.

읽기 한자

苗木(묘목) 苗族(묘족) 苗板(묘판) 育苗(육묘) 種苗(종묘)

墓

4급

무덤 묘:

土 | 11획

ㅂ) 幕(장막 막)
募(뽑을 모)
摹(그릴 모)
동) 墳(무덤 분)

글자 풀이

흙(土) 속에 묻혀 햇빛이 없다(莫)는 데서 무덤(墓)을 의미한다.

읽기한자

墳墓(분묘) 墓穴(묘혈)

쓰기한자

墓碑(묘비) 墓所(묘소) 墓域(묘역) 墓地(묘지) 省墓(성묘)

廟

3급

사당 묘:

广 | 12획

ㅂ) 朝(아침 조)
潮(조수 조)
동) 祠(사당 사)
약) 庿, 庙

글자 풀이

아침(朝)에 제사를 지내는 집(广)이니 사당(廟)을 의미한다.

읽기한자

廟堂(묘당) 廟議(묘의) 東廟(동묘) 文廟(문묘)
仁祖廟(인조묘) 宗廟(종묘)

務

4급 II

힘쓸 무:

力 | 9획

동) 勞(일할 로)

글자 풀이

일을 소홀히 하는 사람을 채찍(攵)이나 창(矛)으로 두드려서 힘(力)으로 시키는 것에서 근무, 책임(務)이라는 의미이다.

읽기한자

庶務課(서무과) 職務遺棄(직무유기) 兼務(겸무) 稅務署(세무서)
乘務員(승무원) 雙務協定(쌍무협정) 執務(집무) 債務者(채무자)

쓰기한자

激務(격무) 主務官廳(주무관청) 務實力行(무실역행) 警務官(경무관)
敎務室(교무실) 內務部(내무부) 勞務(노무) 法務士(법무사)
服務期間(복무기간) 事務室(사무실)

茂

3급 II

무성할 무:

艹 | 5획

ㅂ) 戊(천간 무)
동) 盛(성할 성)

글자 풀이

초목(艹)이 힘차게(戊) 가지 쳐서 자라 우거지다, 무성하다(茂)는 의미이다.

읽기한자

茂林(무림) 茂盛(무성) 茂才(무재) 茂學(무학)

武 4급 II

호반 **무:**

止 | 4획

반 文(글월 문)

마

글자 풀이

쌍창(戈)을 들고 걸어다니는(止) 무사(武)는 굳세다(武)는 의미이다.

읽기 한자

武運長久(무운장구) 尙武(상무) 玄武(현무) 武陵桃源(무릉도원)

쓰기 한자

非武裝(비무장) 威武(위무) 武功(무공) 武官(무관) 武器(무기) 武斷(무단)
武道(무도) 武力(무력) 武士(무사) 武術(무술) 武神(무신) 武藝(무예)
武勇談(무용담) 武人(무인) 武將(무장) 光武(광무) 文武(문무)
化學武器(화학무기)

無 5급

없을 **무**

火 | 8획

비 舞(춤출 무)
동 莫(없을 막)
반 有(있을 유)

글자 풀이

원두막(血)에 불(灬)이 나면 다 없어진다(無)는 의미이다.

읽기 한자

無期懲役(무기징역) 無酌定(무작정) 感慨無量(감개무량) 傍若無人(방약무인)
四顧無親(사고무친) 無價値(무가치) 無賴漢(무뢰한) 無謀(무모)
無病長壽(무병장수) 無雙(무쌍) 無我境(무아경) 無顔(무안) 無人之境(무인지경)
無慈悲(무자비) 無盡藏(무진장) 臨戰無退(임전무퇴) 束手無策(속수무책)
縱橫無盡(종횡무진) 虛無孟浪(허무맹랑) 厚顔無恥(후안무치) 無蓋車(무개차)
無償(무상) 無賃乘車(무임승차)

쓰기 한자

無價(무가) 無關(무관) 萬無(만무)

貿 3급 II

무역할 **무:**

貝 | 5획

비 賃(품삯 임)
　 賀(하례할 하)
동 易(바꿀 역)

글자 풀이

활짝 열린(卯) 대문으로 재물(貝)이 드나드니 장사한다(貿)는 의미이다.

읽기 한자

貿穀(무곡) 貿易(무역) 貿易風(무역풍) 密貿易(밀무역)

舞 4급

춤출 **무:**

舛 | 8획

비 無(없을 무)
동 踊(뛸 용)

글자 풀이

여럿이 손을 잡고(血) 왼발, 오른발(舛)을 움직여 춤을 춘다(舞)는 의미이다.

읽기 한자

舞臺(무대) 劍舞(검무) 鼓舞(고무) 獨舞臺(독무대) 僧舞(승무) 鶴舞(학무)

쓰기 한자

舞曲(무곡) 歌舞(가무) 群舞(군무) 亂舞(난무) 圓舞(원무)

霧	3급
안개 무:	
雨 | 11획	

비 露(이슬 로)

글자 풀이

여름 철에 비(雨)가 힘써(務) 내리면 안개(霧)도 자욱해진다는 의미이다.

읽기한자

霧散(무산) 五里霧中(오리무중) 雲霧(운무)

戊	3급
천간 무:	
戈 | 1획	

비 戌(개 술)
茂(무성할 무)

글자 풀이

사람(丿)이 창(戈), 도구를 들어 열심히 일한다는 의미이다.

읽기한자

戊夜(무야) 戊辰年(무진년)

默	3급Ⅱ
잠잠할 묵	
黑 | 4획	

비 墨(먹 묵)
點(점 점)
약 黙

글자 풀이

깜깜한(黑) 밤에 통행하는 사람이 없으니 개(犬)가 잠잠하다(默)는 의미이다.

읽기한자

默契(묵계) 默過(묵과) 默念(묵념) 默禮(묵례) 默默不答(묵묵부답)
默祕權(묵비권) 默殺(묵살) 默想(묵상) 默示錄(묵시록) 默認(묵인)
寡默(과묵) 沈默(침묵) 默珠(묵주)

墨	3급Ⅱ
먹 묵	
土 | 12획	

비 默(잠잠할 묵)
약 墨

글자 풀이

검은(黑) 진흙(土)을 굳혀 놓은 것처럼 생긴 것이 먹(墨)이라는 의미이다.

읽기한자

墨客(묵객) 墨紙(묵지) 墨香(묵향) 墨畫(묵화) 白墨(백묵) 水墨畫(수묵화)
墨字(묵자) 墨刑(묵형)

聞 6급Ⅱ

들을 문(:)
耳 | 8획

비 問(물을 문)
閑(한가할 한)
間(사이 간)
開(열 개)
閉(닫을 폐)
동 聽(들을 청)
반 問(물을 문)

글자 풀이

문(門) 안쪽에서 귀(耳)를 기울여서 되묻는 것에서 듣다(聞)는 의미이다.

읽기 한자

醜聞(추문) 申聞鼓(신문고) 稀代未聞(희대미문)

쓰기 한자

聽聞會(청문회) 探聞(탐문) 見聞(견문) 見聞錄(견문록) 舊聞(구문)
今時初聞(금시초문) 未聞(미문) 美聞(미문) 百聞不如一見(백문불여일견)
新聞(신문) 前代未聞(전대미문) 朝聞夕死(조문석사) 風聞(풍문)
後聞(후문)

文 7급

글월 문
文 | 0획

비 木(나무 목)
동 章(글 장)

글자 풀이

몸에 문신을 한 것에서 문양이라든가 쓴 것(文)이라는 의미이다.

읽기 한자

弔文(조문) 文盲(문맹) 文武兼備(문무겸비) 文鎭(문진) 文彩(문채)
文獻(문헌) 文豪(문호) 韻文(운문) 呼訴文(호소문) 文飾(문식)

쓰기 한자

文庫(문고) 文段(문단) 文科(문과) 文官(문관) 文教部(문교부) 文句(문구)
文具(문구) 文壇(문단) 文脈(문맥) 文明(문명) 文物(문물) 文房四友(문방사우)
文法(문법) 文士(문사) 文書(문서) 文臣(문신) 文身(문신)

門 8급

문 문
門 | 0획

비 問(물을 문)
동 戸(집 호)

글자 풀이

두 개의 개폐문의 형태에서 집의 출입구, 문(門)을 의미한다.

읽기 한자

獄門(옥문) 滅門(멸문)

쓰기 한자

登龍門(등용문) 名門巨族(명문거족) 專門(전문) 閉門(폐문) 門間房(문간방)
門客(문객) 門外漢(문외한) 門人(문인) 門前成市(문전성시) 門中(문중)
門下生(문하생) 門戸開放(문호개방) 家門(가문) 開門(개문) 關門(관문)
校門(교문) 同門(동문) 房門(방문) 部門(부문) 佛門(불문) 水門(수문)
入門(입문) 絶足動物門(절족동물문) 正門(정문) 窓門(창문) 破門(파문)
砲門(포문) 後門(후문)

問 7급

물을 문:
口 | 8획

비 聞(들을 문)
閑(한가할 한)
間(사이 간)
開(열 개)
閉(닫을 폐)
반 聞(들을 문)
聽(들을 청)
答(대답 답)

글자 풀이

문(門) 앞에서 안의 사람에게 큰소리(口)로 물어보는 것에서 묻다,
방문하다(問)는 의미이다.

읽기 한자

顧問(고문) 問喪(문상) 審問(심문) 愚問(우문)

쓰기 한자

問招(문초) 慰問(위문) 疑問(의문) 問答(문답) 問病(문병) 問安(문안)
問議(문의) 問題(문제) 問責(문책) 檢問(검문) 難問題(난문제)
東問西答(동문서답) 反問(반문) 訪問(방문) 不問可知(불문가지)
不問曲直(불문곡직) 設問(설문) 一問一答(일문일답)

紋 3급Ⅱ
무늬 **문**
糸 | 4획

동 絢(무늬 현)
繐(무늬 처)
彩(채색 채)

글자 풀이

'文'은 '문채(文彩)'의 뜻이다. '文'에 많은 뜻이 파생하여, 구별을 위해 '糸'을 덧붙여, 문채(紋)의 의미를 나타낸다.

읽기한자

紋銀(문은) 家紋(가문) 縠紋(곡문) 錦紋(금문) 羅紋(나문) 細紋(세문) 手紋(수문) 水紋(수문) 魚紋(어문) 衣紋(의문) 縱紋(종문) 指紋(지문) 波紋(파문)

勿 3급Ⅱ
말(禁) **물**
勹 | 2획

비 物(물건 물)
忽(갑자기 홀)
동 無(없을 무)
莫(없을 막)

글자 풀이

기(旗)의 모양으로 금지의 신호기가 올라갔다는 데서 하지 말라(勿)는 의미이다.

읽기한자

勿忘草(물망초) 勿驚(물경) 勿禁(물금) 勿論(물론)

物 7급Ⅱ
물건 **물**
牛 | 4획

비 勿(말 물)
동 件(물건 건)

글자 풀이

무리(勿)가 되어 움직이는 소(牛)떼는 가축 중에서도 가장 큰 재산이었다는 것에서 물건(物)을 의미한다.

읽기한자

汚物(오물) 唯物(유물) 唯物論(유물론) 貝物(패물) 物我一體(물아일체) 物慾(물욕) 刊行物(간행물) 乾魚物(건어물) 無用之物(무용지물) 微生物(미생물) 臟物(장물) 老廢物(노폐물) 編物(편물)

쓰기한자

物證(물증) 傑物(걸물) 物件(물건) 物權(물권) 物望(물망) 物心兩面(물심양면) 物議(물의)

未 4급Ⅱ
아닐 **미(:)**
木 | 1획

비 末(끝 말)
동 不(아닐 불)

글자 풀이

과일이 열렸지만 아직 먹을 수 있을 정도로 익지 않은 상태에서 아직 …이 아니다(未)는 의미이다.

읽기한자

未決囚(미결수) 未遂(미수) 未開拓(미개척) 未久(미구) 未及(미급) 未詳(미상) 未熟兒(미숙아) 乙未年(을미년) 前人未踏(전인미답)

쓰기한자

未納(미납) 未擧(미거) 未達(미달) 未來(미래) 未練(미련) 未滿(미만) 未亡人(미망인) 未明(미명) 未聞(미문) 未備(미비) 未成年(미성년) 未收金(미수금) 未時(미시)

米 | 쌀 미 | 米 | 0획 | 6급

비 未(아닐 미)
末(끝 말)

글자 풀이
숙이고 있는 벼 알의 형태에서 쌀(米)을 의미한다.

읽기 한자
米壽(미수) 供養米(공양미) 玄米(현미) 祿米(녹미)

쓰기 한자
米穀(미곡) 軍糧米(군량미) 米飮(미음) 米作(미작) 白米(백미) 節米(절미)
精米所(정미소) 白米競走(백미경주)

尾 | 꼬리 미: | 尸 | 4획 | 3급 II

비 屋(집 옥)
居(살 거)
屈(굽을 굴)
동 末(끝 말)
반 頭(머리 두)
首(머리 수)

글자 풀이
몸(尸) 특히 엉덩이에 난 털(毛)이니 꼬리(尾)를 의미한다.

읽기 한자
尾骨(미골) 交尾(교미) 末尾(말미) 首尾(수미) 魚頭肉尾(어두육미)
語尾(어미) 燕尾服(연미복) 龍頭蛇尾(용두사미) 徹頭徹尾(철두철미)
後尾(후미)

味 | 맛 미: | 口 | 5획 | 4급 II

비 未(아닐 미)

글자 풀이
나무열매(未)가 숙성했으므로 맛있어졌는지 어떤지를 먹어(口) 맛을 보는
것에서 맛, 맛보다(味)는 의미이다.

읽기 한자
無味乾燥(무미건조) 吟味(음미)

쓰기 한자
味覺(미각) 甘味料(감미료) 妙味(묘미) 山海珍味(산해진미) 惡趣味(악취미)
珍味(진미) 加味(가미) 口味(구미) 氣味(기미) 別味(별미) 性味(성미)
五味子(오미자) 意味(의미) 人情味(인정미) 調味料(조미료) 風味(풍미)
興味(흥미)

美 | 아름다울 미(:) | 羊 | 3획 | 6급

비 米(쌀 미)
羊(양 양)
동 麗(고울 려)
佳(아름다울 가)
반 醜(추할 추)

글자 풀이
당당하게 서있는 사람(大)처럼 살이 찌고 더 할 나위 없는 양(羊)의
모습에서 아름답다(美)는 의미이다.

읽기 한자
美貌(미모) 美蘇(미소) 美粧院(미장원) 脚線美(각선미) 審美眼(심미안)

쓰기 한자
美機(미기) 美辭麗句(미사여구) 美感(미감) 美觀(미관) 美國(미국)
美軍(미군) 美談(미담) 美德(미덕) 美麗(미려) 美名(미명) 美文(미문)
美味(미미) 美色(미색) 美術(미술) 美式(미식) 美食(미식) 美食家(미식가)
美容(미용) 美意識(미의식)

| 3급 **眉** 눈썹 미
目 │ 4획
비 盲(눈멀 맹) | **글자 풀이**
눈(目) 위의 눈썹(巴) 모양으로 눈썹(眉)을 의미한다.
읽기한자
眉間(미간) 眉目(미목) 白眉(백미) |

| 3급 **迷** 미혹할 미(:)
辶 │ 6획
비 近(가까울 근)
返(돌아올 반)
동 惑(미혹할 혹) | **글자 풀이**
길(辶)이 사방팔방(米)으로 나서 갈 곳을 몰라 헤맨다(迷)는 의미이다.
읽기한자
迷宮(미궁) 迷路(미로) 迷夢(미몽) 迷信(미신) 迷兒(미아) 迷惑(미혹)
昏迷(혼미) |

| 3급Ⅱ **微** 작을 미
彳 │ 10획
비 徵(부를 징)
徽(아름다울 휘)
동 小(작을 소)
반 大(큰 대)
太(클 태) | **글자 풀이**
산 밑(山)에 사는 사람(儿)이 호미(攵)로 약초를 캐는 행동(彳)이니
수입이 적다(少)는 의미이다.
읽기한자
微官末職(미관말직) 微動(미동) 微量(미량) 微力(미력) 微明(미명)
微妙(미묘) 微微(미미) 微服(미복) 微分(미분) 微生物(미생물) 微細(미세)
微少(미소) 微笑(미소) 微視經濟(미시경제) 微弱(미약) 微熱(미열)
微溫的(미온적) 微指(미지) 微震(미진) 微賤(미천) 微風(미풍) 微行(미행)
輕微(경미) 機微(기미) 寒微(한미) 顯微鏡(현미경) 稀微(희미) |

| 8급 **民** 백성 민
氏 │ 1획
비 斤(날 근)
반 君(임금 군)
王(임금 왕) | **글자 풀이**
여인(女)이 시초(氏)가 되어 많은 사람이 태어나는 것에서 백성,
사람(民)을 의미한다.
읽기한자
民泊(민박) 庶民(서민) 零細民(영세민) 民弊(민폐) 國泰民安(국태민안)
流浪民(유랑민) 愚民政治(우민정치) 賤民(천민) 民事訴訟(민사소송)
쓰기한자
民亂(민란) 民怨(민원) 民家(민가) 民間(민간) 民權(민권) 民度(민도)
民法(민법) |

敏

3급

민첩할 **민**

攵 | 7획

비 梅(매화 매)
　 每(매양 매)
반 鈍(둔할 둔)

> **글자 풀이**
> 손에 채찍을 들어(攵) 매사(每)에 민첩하도록(敏) 훈련한다는 의미이다.

> **읽기한자**
> 敏感(민감) 敏活(민활) 過敏(과민) 機敏(기민) 不敏(불민)

憫

3급

민망할 **민**

心 | 12획

비 閔(성 민)
동 憐(불쌍히여길 련)

> **글자 풀이**
> 마음(忄) 속으로 민망하여(閔) 불쌍히 여긴다(憫)는 의미이다.

> **읽기한자**
> 憫急(민급) 憐憫(연민)

密

4급 Ⅱ

빽빽할 **밀**

宀 | 8획

비 蜜(꿀 밀)
반 稀(드물 희)

> **글자 풀이**
> 산(山) 속의 저택(宀)을 엄중하게(必) 겹겹으로 둘러싼 것에서 틈새가 없다, 은밀하다(密)는 의미이다.

> **읽기한자**
> 密貿易(밀무역) 密封(밀봉) 密輸(밀수) 緊密(긴밀) 祕密(비밀)
> 周到綿密(주도면밀)

> **쓰기한자**
> 密酒(밀주) 密派(밀파) 密閉(밀폐) 密告(밀고) 密談(밀담) 密度(밀도) 密林(밀림)
> 密賣(밀매) 密使(밀사) 密室(밀실) 密約(밀약) 密語(밀어) 密接(밀접)
> 密造(밀조) 密集(밀집) 密着(밀착) 密航(밀항) 密會(밀회) 過密學級(과밀학급)

蜜

3급

꿀 **밀**

虫 | 8획

비 密(빽빽할 밀)

> **글자 풀이**
> 깊은 산 은밀한(密) 곳에 벌레(虫)가 저장해 놓은 것이 꿀(蜜)이라는 의미이다.

> **읽기한자**
> 蜜語(밀어) 蜜月旅行(밀월여행) 蜂蜜(봉밀)

朴

성(姓) 박

木 | 2획

6급

비 材(재목 재)

글자 풀이

나무(木)의 껍질(卜)이 자연 그대로 꾸밈이 없다는 데서 순박하다(朴)는 의미이다.

읽기 한자

鈍朴(둔박) 敦朴(돈박)

쓰기 한자

朴氏(박씨) 素朴(소박) 質朴(질박)

泊

머무를/배댈 박

水 | 5획

3급

비 拍(칠 박)
迫(핍박할 박)

글자 풀이

물(氵)가에 배를 대고 날이 밝을(白) 때까지 묵는다(泊)는 의미이다.

읽기 한자

淡泊(담박) 民泊(민박) 宿泊(숙박) 外泊(외박)

拍

칠 박

手 | 5획

4급

비 泊(머무를 박)
迫(핍박할 박)
동 打(칠 타)

글자 풀이

밝은(白) 마음을 갖고 손(手)으로 손뼉치다, 장단을 맞춘다(拍)는 의미이다.

읽기 한자

拍掌大笑(박장대소)

쓰기 한자

拍動(박동) 拍手(박수) 拍子(박자) 拍車(박차)

迫

핍박할 박

辶 | 5획

3급Ⅱ

비 泊(머무를 박)
拍(칠 박)
동 脅(위협할 협)
약 廹

글자 풀이

길(辶)을 따라 명백하게(白) 닥쳐온다(迫)는 의미이다.

읽기 한자

驅迫(구박) 迫擊砲(박격포) 迫近(박근) 迫頭(박두) 迫力(박력) 迫切(박절)
迫眞(박진) 迫害(박해) 强迫觀念(강박관념) 窮迫(궁박) 急迫(급박)
緊迫感(긴박감) 壓迫(압박) 臨迫(임박) 切迫(절박) 促迫(촉박) 脅迫(협박)

<table>
<tr><td>

博
4급Ⅱ
넓을 박
十 | 10획

비 捕(잡을 포)
동 廣(넓을 광)

</td><td>

글자 풀이

법도(寸)에 맞게 보충하고(甫) 더해서(十) 크게 하니 넓다(博)는 의미이다.

읽기한자

該博(해박) 博物館(박물관)

쓰기한자

博覽會(박람회) 博士(박사) 博識(박식) 博愛主義(박애주의)
博學多識(박학다식)

</td></tr>
</table>

<table>
<tr><td>

薄
3급Ⅱ
엷을 박
艹 | 13획

비 簿(문서 부)
반 厚(두터울 후)

</td><td>

글자 풀이

포구(浦)에 사는 사람이 생선을 잡아 생선이 마르지 않게 풀(艹)을
조금(寸) 덮어 가지고 다니며 판다는 데서 엷다, 얇다(薄)는 의미이다.

읽기한자

薄待(박대) 薄德(박덕) 薄利多賣(박리다매) 薄福(박복) 薄氷(박빙)
薄色(박색) 薄情(박정) 刻薄(각박) 輕薄(경박) 美人薄命(미인박명)
野薄(야박) 肉薄戰(육박전) 精神薄弱(정신박약) 淺薄(천박)
下厚上薄(하후상박) 稀薄(희박)

</td></tr>
</table>

<table>
<tr><td>

反
6급Ⅱ
돌이킬/돌이올 반:
又 | 2획

비 友(벗 우)
반 贊(도울 찬)

</td><td>

글자 풀이

판(厂)을 손(又)으로 밀고 있는 모양으로 손에 밀려 굽어진 판자는 손을
떼면 원래대로 되돌아오는 것에서 돌아오다, 튕겨나오다(反)는 의미이다.

읽기한자

違反(위반) 反影(반영) 反側(반측) 反響(반향) 謀反(모반) 如反掌(여반장)

쓰기한자

反擊(반격) 反骨(반골) 反攻(반공) 反亂(반란) 反射(반사) 反感(반감)
反旗(반기) 反對(반대) 反動(반동) 反落(반락) 反論(반론) 反面(반면)
反目(반목) 反問(반문) 反美(반미) 反復(반복) 反比例(반비례) 反省(반성)
反逆(반역)

</td></tr>
</table>

<table>
<tr><td>

半
6급Ⅱ
반 반:
十 | 3획

비 羊(양 양)
美(아름다울 미)

</td><td>

글자 풀이

소는 농가의 재산이었다. 그 소(牛)를 2등분(八)한 한쪽을 의미하는
것으로 반쪽분(半)이라는 의미이다.

읽기한자

半身不隨(반신불수) 半偏(반편)

쓰기한자

半世紀(반세기) 半信半疑(반신반의) 半額(반액) 半折(반절) 半點(반점)
半減(반감) 半開(반개) 半球(반구) 半旗(반기) 半年(반년) 半島(반도)
半導體(반도체) 半白(반백) 半分(반분) 半月(반월) 半音(반음) 半字(반자)
半切(반절)

</td></tr>
</table>

바

返

3급

돌이킬 반:

辶 | 4획

비 迷(미혹할 미)
통 歸(돌아갈 귀)
　還(돌아올 환)

글자 풀이

가던 길(辶)을 돌이켜(反) 되돌아온다(返)는 의미이다.

읽기 한자

返納(반납) 返送(반송) 返品(반품) 返還(반환)

叛

3급

배반할 반:

又 | 7획

비 版(판목 판)

글자 풀이

절반(半)씩 나누어져 서로 반대하고(反) 싸운다는 데서 배반한다(叛)는 의미이다.

읽기 한자

叛軍(반군) 叛旗(반기) 叛徒(반도) 叛亂(반란) 叛逆(반역) 謀叛(모반)
背叛(배반)

班

6급Ⅱ

나눌　반

玉 | 6획

통 分(나눌 분)

글자 풀이

구슬(玉)을 구별하는 것으로 전체를 몇 개인가로 나누어(刀) 각각의
조직을 가리키는 것으로 반, 그릇(班)을 의미한다.

읽기 한자

越班(월반)

쓰기 한자

班給(반급) 班師(반사) 班常(반상) 班常會(반상회) 班長(반장) 班村(반촌)
武班(무반) 文班(문반) 首班(수반) 兩班(양반)

般

3급Ⅱ

가지/일반 반

舟 | 4획

비 船(배 선)
　盤(소반 반)

글자 풀이

배(舟)에 짐을 싣고 손(又)으로 노(几)를 저어 옮긴다(般)는 의미이다.

읽기 한자

般樂(반락) 般師(반사) 般若心經(반야심경) 般遊(반유) 般逸(반일)
今般(금반) 一般(일반) 全般(전반) 諸般(제반)

飯 밥 반
食 | 4획
3급Ⅱ

비 飮(마실 음)
　飾(꾸밀 식)
동 食(밥 식)

글자 풀이

반복하여(反) 먹는다(食)는 데서 밥(飯)을 의미한다.

읽기한자

飯店(반점) 飯酒(반주) 茶飯事(다반사) 白飯(백반) 朝飯(조반)

盤 소반 반
皿 | 10획
3급Ⅱ

비 般(일반 반)

글자 풀이

그릇(皿)에 담아 옮긴다(般)는 데서 소반, 쟁반(盤)을 의미한다.

읽기한자

盤據(반거) 盤溪曲徑(반계곡경) 盤曲(반곡) 盤石(반석) 盤旋(반선)
盤松(반송) 骨盤(골반) 基盤(기반) 羅針盤(나침반) 落盤(낙반)
旋盤(선반) 小盤(소반) 巖盤(암반) 原盤(원반) 音盤(음반) 終盤(종반)
中盤(중반) 地盤(지반) 初盤(초반) 投圓盤(투원반) 吸盤(흡반)

伴 짝 반:
人 | 5획
3급

비 件(물건 건)
동 侶(짝 려)
　偶(짝 우)
　配(짝 배)

글자 풀이

하나의 물건을 절반(半)으로 나눈 것처럼 두 사람(人)이 똑같다는 데서
짝(伴)을 의미한다.

읽기한자

伴偶(반우) 伴奏(반주) 伴行(반행) 同伴(동반) 隨伴(수반)

拔 뽑을 발
手 | 5획
3급Ⅱ

동 選(가릴 선)
　擇(가릴 택)

글자 풀이

개가 달아날(犮) 때처럼 재빨리 손(手)으로 물건을 빼다, 뽑는다(拔)는
의미이다.

읽기한자

拔本塞源(발본색원) 拔取(발취) 奇拔(기발) 拔群(발군) 選拔(선발)
卓拔(탁발) 海拔(해발)

發	6급 II
	필 **발**
	↗ | 7획

비 廢(폐할 폐)
약 発

글자 풀이

활(弓)이나 손에 든 창(殳)을 두 손(癶)으로 쏜다(發)는 의미이다.

읽기 한자

發祥地(발상지) 挑發(도발) 濫發(남발) 頻發(빈발) 發刊(발간) 發露(발로)
發付(발부) 發奮(발분) 啓發(계발) 發芽(발아) 突發事故(돌발사고)
妄發(망발) 奮發(분발) 誘發(유발) 發汗(발한) 一觸卽發(일촉즉발)
摘發(적발) 增發(증발) 徵發(징발) 觸發(촉발)

쓰기 한자

發覺(발각) 發券(발권) 發見(발견) 發光(발광) 發給(발급) 發起(발기)
發端(발단) 發達(발달) 發動(발동) 發令(발령) 發賣(발매) 發明(발명)

髮	4급
	터럭 **발**
	髟 | 5획

동 毛(터럭 모)

글자 풀이

긴(長) 터럭(彡)이 개꼬리(犮)처럼 늘어진다는 데서 머리털(髮)을 의미한다.

읽기 한자

削髮(삭발)

쓰기 한자

假髮(가발) 金髮(금발) 短髮(단발) 斷髮令(단발령) 頭髮(두발)
理髮所(이발소) 毛髮(모발) 白髮(백발) 散髮(산발) 洗髮(세발)
危機一髮(위기일발) 長髮(장발) 黑髮(흑발)

方	7급 II
	모 **방**
	方 | 0획

비 防(막을 방)

글자 풀이

두 척의 배를 나란히 붙인 모양을 본뜬 것으로 그 주위가 네모져
보인 데서 모나다(方)는 의미이다.

읽기 한자

方途(방도) 方策(방책) 西方淨土(서방정토) 雙方(쌍방)

쓰기 한자

方針(방침) 妙方(묘방) 祕方(비방) 方今(방금) 方面(방면) 方法(방법)
方席(방석) 方式(방식) 方案(방안) 方言(방언) 方位(방위) 方正(방정)
方程式(방정식) 方寸(방촌) 方便(방편) 方向(방향) 近方(근방) 南方(남방)
東方(동방) 百方(백방) 北方(북방)

芳	3급 II
	꽃다울 **방**
	⺿ | 4획

비 苦(쓸 고)

글자 풀이

꽃(艹)의 향기가 사방(方)으로 퍼진다 하여 향내나다, 꽃답다(芳)는
의미이다.

읽기 한자

芳年(방년) 芳名錄(방명록) 芳香(방향) 綠陰芳草(녹음방초)
流芳百世(유방백세)

妨

4급

방해할 **방**

女 | 4획

비 防(막을 방)
　放(놓을 방)

글자 풀이

여자(女)가 한쪽 모서리(方)에서 떠들어 공부에 방해(妨)가 된다는
의미이다.

읽기 한자

安眠妨害(안면방해) 也無妨(야무방)

쓰기 한자

妨害(방해) 無妨(무방)

防

4급 Ⅱ

막을 **방**

阝 | 4획

비 妨(방해할 방)
　放(놓을 방)
동 守(지킬 수)
　衛(지킬 위)
반 攻(칠 공)
　放(놓을 방)

글자 풀이

흙(阝)을 많이 쌓아올려 연결하여(方) 넘치는 물을 막았다는 것에서 막다,
지키다(防)는 의미이다.

읽기 한자

防波堤(방파제) 堤防(제방) 防疫(방역)

쓰기 한자

防犯(방범) 防彈(방탄) 攻防(공방) 防空(방공) 防壁(방벽) 防備(방비)
防水(방수) 防守(방수) 防衛(방위) 防音(방음) 防除(방제) 防止(방지)
防風(방풍) 防寒服(방한복) 防護(방호) 防火(방화) 國防(국방) 無防備(무방비)

邦

3급

나라 **방**

阝 | 4획

비 邪(어찌 나)
　邪(간사할 사)
동 國(나라 국)

글자 풀이

풀이 무성하고(丰) 농사가 잘 되는 고을(阝)이라 하여 나라(邦)를
의미한다.

읽기 한자

邦國(방국) 邦畫(방화) 萬邦(만방) 聯邦(연방) 友邦(우방) 異邦人(이방인)
合邦(합방)

房

4급 Ⅱ

방 **방**

戶 | 4획

비 屋(집 옥)

글자 풀이

집(戶)에 들어 가면 네모진(方) 방(房)이 있다는 의미이다.

읽기 한자

茶房(다방) 舍廊房(사랑방)

쓰기 한자

乳房(유방) 册房(책방) 房門(방문) 監房(감방) 金銀房(금은방) 暖房(난방)
獨守空房(독수공방) 門間房(문간방) 文房四友(문방사우) 福德房(복덕방)
書房(서방) 神房(신방) 藥房(약방)

바

放 놓을 방(:) 6급 II
攵 | 4획

- 비 政(정사 정)
  故(연고 고)
  效(본받을 효)
- 반 防(막을 방)

글자 풀이

손(方)에 채찍(攵)을 든 형태로, 죄인을 채찍으로 때리고 배에 태워 섬으로 유배하는 것에서 쫓아버리다, 떼내다(放)는 의미이다.

읽기한자

放漫(방만) 放恣(방자) 放浪(방랑) 放縱(방종) 追放(추방) 放免(방면)

쓰기한자

放射(방사) 放射能(방사능) 放映(방영) 放課(방과) 放談(방담) 放流(방류)
放賣(방매) 放牧(방목) 放生(방생) 放送(방송) 放水(방수) 放心(방심)
放言(방언) 放熱(방열) 放任(방임) 放電(방전) 放出(방출) 放置(방치)

倣 본뜰 방 3급
人 | 8획

- 비 放(놓을 방)
- 동 模(본뜰 모)

글자 풀이

사람(人)이 방랑하다(放) 보면 본받을(倣) 일을 많이 보게 된다는 의미이다.

읽기한자

倣似(방사) 模倣(모방)

訪 찾을 방: 4급 II
言 | 4획

- 비 計(셀 계)
  記(기록할 기)
- 동 尋(찾을 심)
  探(찾을 탐)
  索(찾을 색)

글자 풀이

두 사람이 늘어서(方) 진득하게 대화(言)를 나누기 위해 상대 쪽으로 외출하는 것에서 방문하다(訪)는 의미이다.

읽기한자

尋訪(심방) 巡訪(순방)

쓰기한자

探訪(탐방) 訪問(방문) 訪議(방의) 訪韓(방한) 來訪(내방) 答訪(답방)
禮訪(예방)

傍 곁 방: 3급
人 | 10획

글자 풀이

사람(人)이 서(立) 있는 좌우(一) 쌍방(方)이니 곁(傍)을 의미한다.

읽기한자

傍觀(방관) 傍白(방백) 傍若無人(방약무인) 傍證(방증) 傍聽客(방청객)

杯 잔 **배** 木 | 4획 동 盃(잔 배)	**글자 풀이** 나무(木)가 아니고(不) 나무로 만든 잔(杯)을 의미한다. **읽기한자** 杯盤(배반) 乾杯(건배) 苦杯(고배) 毒杯(독배) 祝杯(축배)

拜 절 **배:** 手 | 5획 약 拝	**글자 풀이** 양손을 치고 머리 숙여 인사를 하고 합장하는 모습에서 배려하다, 인사하다(拜)는 의미이다. **읽기한자** 拜謁(배알) **쓰기한자** 拜伏(배복) 崇拜(숭배) 拜見(배견) 拜金思想(배금사상) 拜禮(배례) 拜命(배명) 拜上(배상) 敬拜(경배) 歲拜(세배) 禮拜(예배) 再拜(재배) 參拜(참배)

背 등 **배:** 月 | 5획 비 肯(즐길 긍) 반 腹(배 복)	**글자 풀이** 인체(月)의 앞쪽에 대해서 등지(北)는 쪽, 즉 등(背)을 의미한다. **읽기한자** 背叛(배반) 背泳(배영) 背恩忘德(배은망덕) 違背(위배) 面從腹背(면종복배) **쓰기한자** 背水陣(배수진) 背景(배경) 背反(배반) 背番(배번) 背書(배서) 背信(배신) 背任(배임) 背後(배후) 二律背反(이율배반) 向背(향배)

倍 곱 **배(:)** 人 | 8획 비 培(북돋울 배) 部(떼 부)	**글자 풀이** 사람(人)이 물건(口)을 세워서(立) 계속 쌓으니 그 수효가 몇 갑절(倍)이나 많아진다는 의미이다. **읽기한자** 倍率(배율) **쓰기한자** 倍額(배액) 倍加(배가) 倍達民族(배달민족) 倍數(배수) 公倍數(공배수) 勇氣百倍(용기백배)

配 | 4급Ⅱ
나눌/짝 배:
酉 | 3획

비 酌(술부을 작)
동 分(나눌 분)
　偶(짝 우)
　匹(짝 필)
　伴(짝 반)
　侶(짝 려)

글자 풀이
술(酉)을 사람(己)들에게 나누어 친하는 것에서 나누다, 할당하다(配)는 의미이다.

읽기 한자
配匹(배필) 天定配匹(천정배필) 配付(배부) 配役(배역) 配偶者(배우자)
喪配(상배)

쓰기 한자
配管(배관) 配慮(배려) 配屬(배속) 配給(배급) 配達(배달) 配當(배당)
配列(배열) 配本(배본) 配分(배분) 配色(배색) 配線(배선) 配所(배소)
配食(배식) 配電(배전) 配定(배정) 配車(배차) 配置(배치) 配布(배포)
配合(배합) 交配(교배)

培 | 3급Ⅱ
북돋울 배:
土 | 8획

비 倍(곱 배)
　部(떼 부)

글자 풀이
흙(土)에서 몇 십 곱(倍)의 수확을 거두기 위하여 북돋고, 가꾼다(培)는 의미이다.

읽기 한자
培養(배양) 栽培(재배)

排 | 3급Ⅱ
밀칠 배
手 | 8획

비 非(아닐 비)
동 斥(물리칠 척)

글자 풀이
해당하지 않는(非) 것을 손(扌)으로 물리친다(排)는 의미이다.

읽기 한자
排斥(배척) 排擊(배격) 排球(배구) 排氣(배기) 排卵(배란) 排便(배변)
排水施設(배수시설) 排除(배제) 排出(배출) 排他的(배타적) 排布(배포)

輩 | 3급Ⅱ
무리 배:
車 | 8획

동 群(무리 군)
　衆(무리 중)
　徒(무리 도)
약 輩

글자 풀이
새의 깃(非)처럼 수레(車)가 줄지어 있다는 데서 무리(輩)를 의미한다.

읽기 한자
輩出(배출) 輩行(배행) 同年輩(동년배) 謀利輩(모리배) 浮浪輩(부랑배)
不良輩(불량배) 先輩(선배) 暴力輩(폭력배) 後輩(후배)

白 흰 백 8급
白 | 0획

비 百(일백 백)
伯(맏 백)
曰(가로 왈)
日(날 일)
自(스스로 자)
반 黑(검을 흑)

글자 풀이

햇빛(日)이 비치면 번쩍번쩍 빛나서(丶) 밝게 보이는 것에서 희다, 불순물이 없다(白)는 의미이다.

읽기 한자

白骨難忘(백골난망) 白眉(백미) 白露(백로) 白飯(백반) 白沙場(백사장)
白手乾達(백수건달) 淡白(담백) 蒼白(창백) 白墨(백묵) 白蛇(백사)

쓰기 한자

白髮(백발) 白粉(백분) 白軍(백군) 白金(백금) 白旗(백기) 白內障(백내장)
白馬(백마) 白米(백미) 白兵戰(백병전) 白色(백색) 白書(백서) 潔白(결백)
白雪(백설)

百 일백 백 7급
白 | 1획

비 白(흰 백)
自(스스로 자)

글자 풀이

하나(一)에서 일백까지 세면 크게 외쳐(白) 일단락 지은 데서 백(百)을 의미한다.

읽기 한자

百八煩惱(백팔번뇌) 百年佳約(백년가약) 諸子百家 (제자백가)
流芳百世(유방백세)

쓰기 한자

百家爭鳴(백가쟁명) 百穀(백곡) 百日紅(백일홍) 百科事典(백과사전)
百年大計(백년대계) 百年河淸(백년하청) 百萬長者(백만장자)
百發百中(백발백중) 百方(백방) 百事(백사) 百選(백선) 百姓(백성)
百歲(백세) 百戰老將(백전노장)

伯 맏 백 3급 Ⅱ
人 | 5획

비 白(흰 백)
百(일백 백)
동 兄(형 형)
孟(맏 맹)

글자 풀이

여러 사람(人) 중에서 머리가 흰(白) 사람이니 맏형(伯)을 의미한다.

읽기 한자

伯爵(백작) 伯母(백모) 伯父(백부) 伯氏(백씨) 伯兄(백형) 方伯(방백)
畫伯(화백) 伯仲(백중)

番 차례 번 6급
田 | 7획

비 留(머무를 류)
동 第(차례 제)

글자 풀이

손(釆)으로 벼(禾)를 논(田)에 차례차례(番) 심는다는 의미이다.

읽기 한자

遞番(체번) 吐番(토번)

쓰기 한자

不寢番(불침번) 輪番制(윤번제) 番外(번외) 番地(번지) 番號(번호)
缺番(결번) 局番(국번) 軍番(군번) 當番(당번) 每番(매번) 順番(순번)
十八番(십팔번) 一連番號(일련번호) 主番(주번) 週番(주번) 地番(지번)

煩

3급
번거로울 **번**
火 | 9획

비 頻(자주 빈)

글자 풀이
머리(頁)가 불(火)처럼 뜨겁고 열이 난다는 데서 번열증나다(煩)는 의미이다.

읽기한자
煩惱(번뇌) 煩雜(번잡) 百八煩惱(백팔번뇌) 頻煩(빈번)
食少事煩(식소사번)

繁

3급Ⅱ
번성할 **번**
糸 | 11획

비 敏(민첩할 민)
　緊(긴할 긴)
동 盛(성할 성)
　昌(창성할 창)
약 繁

글자 풀이
바디를 손에 들고(攵) 실(糸)로 옷을 짜는 일은 매양(每) 번거롭다(繁)는 의미이다.

읽기한자
頻繁(빈번) 繁多(번다) 繁盛(번성) 繁榮(번영) 繁昌(번창) 繁華街(번화가)
繁雜(번잡) 農繁期(농번기)

飜

3급
번역할 **번**
飛 | 12획

동 翻(번역할 번)
　譯(번역할 역)

글자 풀이
외국어와 국어 사이를 차례로(番) 날아다니며(飛) 번역하다(飜)의 의미이다.

읽기한자
飜刻(번각) 飜案(번안) 飜譯(번역) 飜覆(번복) 飜意(번의)

伐

4급Ⅱ
칠 **벌**
人 | 4획

비 任(맡길 임)
동 征(칠 정)
　討(칠 토)

글자 풀이
사람(人)이 창(戈)을 들고 찌른다는 데서 치다, 베다(伐)는 의미이다.

읽기한자
濫伐(남벌) 征伐(정벌)

쓰기한자
伐採(벌채) 盜伐(도벌) 輪伐(윤벌) 採伐(채벌) 討伐(토벌) 伐木(벌목)
伐草(벌초) 間伐(간벌) 北伐(북벌) 不伐不德(불벌부덕) 殺伐(살벌)

罰
벌할 벌
罒 | 9획
4급 II

반 罪(허물 죄)
　賞(상줄 상)

글자 풀이

법망(罒)에 걸린 사람을 말(言)로 심문하여 칼(刀)로 베듯이 벌(罰)을 준다는 의미이다.

읽기 한자

懲罰(징벌) 雙罰罪(쌍벌죄)

쓰기 한자

罰點(벌점) 嚴罰(엄벌) 一罰百戒(일벌백계) 刑罰(형벌) 罰金(벌금)
罰責(벌책) 罰則(벌칙) 賞罰(상벌) 信賞必罰(신상필벌) 重罰(중벌)
處罰(처벌) 天罰(천벌) 體罰(체벌)

凡
무릇 범(:)
几 | 1획
3급 II

비 汎(넓을 범)

글자 풀이

하나에서 열까지란 말이 있듯이 둘(二)과 여덟을 합해서 대강, 보통, 모두(凡)라는 의미이다.

읽기 한자

凡例(범례) 凡百事(범백사) 凡夫(범부) 凡常(범상) 凡失(범실)
凡人(범인) 大凡(대범) 非凡(비범) 禮儀凡節(예의범절) 平凡(평범)

犯
범할 범:
犬 | 2획
4급

비 狗(개 구)

글자 풀이

사람에게 귀염받고 있는 개(犬)가 주인을 물었다(㔾)고 하는 것에서 해서는 안 될 것을 범하다, 어기다(犯)는 의미이다.

읽기 한자

累犯(누범) 犯顔(범안)

쓰기 한자

犯法(범법) 犯人(범인) 犯罪(범죄) 犯則金(범칙금) 犯行(범행)
強力犯(강력범) 輕犯(경범) 共犯(공범) 國事犯(국사범) 防犯(방범)
完全犯罪(완전범죄) 再犯(재범) 戰犯(전범) 主犯(주범) 重犯(중범)
知能犯(지능범) 眞犯(진범) 初犯(초범) 侵犯(침범) 現行犯(현행범)

範
법 범:
竹 | 9획
4급

비 節(마디 절)
동 規(법 규)
　律(법칙 률)
　法(법 법)
　式(법 식)

글자 풀이

대나무(竹)에는 마디가 있고 수레(車)에는 축이 있고 몸(㔾)에는 예절, 절도가 있다는 데서 법, 법식(範)을 의미한다.

읽기 한자

範軌(범궤)

쓰기 한자

範圍(범위) 廣範圍(광범위) 教範(교범) 範例(범례) 範式(범식)
規範(규범) 模範(모범) 師範(사범) 示範(시범)

法 법 법
5급 Ⅱ
水 | 5획

ㅂ 注(부을 주)
洋(큰바다 양)
동 規(법 규)
律(법칙 률)
範(법 범)
式(법 식)

글자 풀이

물(水)은 높은 곳에서 낮은 곳으로 흐르는(去) 것이 자연법칙이라는 것에서 규칙, 법(法)을 의미한다.

읽기한자

違法(위법) 遵法(준법) 辨證法(변증법) 法鼓(법고) 法廷(법정) 拳法(권법)
司法(사법) 司法書士(사법서사)

쓰기한자

祕法(비법) 法科(법과) 法官(법관) 法規(법규) 法堂(법당) 法度(법도)
法令(법령) 法例(법례) 法律(법률) 法名(법명) 法務士(법무사) 法服(법복)
法案(법안) 法語(법어) 法院(법원) 法衣(법의) 法認(법인) 法的(법적)

碧 푸를 벽
3급 Ⅱ
石 | 9획

ㅂ 壁(벽 벽)
동 靑(푸를 청)

글자 풀이

옥(玉)돌(石)이 희면서도(白) 푸른(碧) 기가 있다는 데서 푸르다(碧)는 의미이다.

읽기한자

桑田碧海(상전벽해) 碧溪水(벽계수) 碧空(벽공) 碧眼(벽안) 碧天(벽천)

壁 벽 벽
4급 Ⅱ
土 | 13획

ㅂ 碧(푸를 벽)

글자 풀이

몸(尸)에 돌(口)을 지고 매운(辛) 고생을 하며 져 날라 흙(土) 위에 벽(壁)을 쌓는다는 의미이다.

읽기한자

奇巖絶壁(기암절벽) 巖壁(암벽) 胃壁(위벽) 赤壁賦(적벽부)

쓰기한자

壁報(벽보) 壁紙(벽지) 壁畫(벽화) 防壁(방벽) 氷壁(빙벽) 石壁(석벽)
城壁(성벽) 障壁(장벽) 絶壁(절벽)

辨 분별할 변:
3급
辛 | 9획

ㅂ 班(나눌 반)
辯(말씀 변)

글자 풀이

죄인 둘(辛辛)이 말다툼하는 것을 보고 칼(刂)로 베듯이 옳고 그름을 분별한다(辨)는 의미이다.

읽기한자

辨理士(변리사) 辨明(변명) 辨別(변별) 辨償(변상) 辨濟(변제)
辨證法(변증법)

邊

4급Ⅱ

가 변
辶 | 15획

약 辺 , 边

글자 풀이

자기(自) 집(宀)을 지을 때 팔(八) 방(方)으로 뛰어다니며(辶) 주변(邊)을 본다는 의미이다.

읽기 한자

爐邊談話(노변담화) 沿邊(연변) 一邊倒(일변도) 借邊(차변)

쓰기 한자

邊錢(변전) 底邊(저변) 周邊(주변) 邊境(변경) 邊利(변리) 邊方(변방)
邊上加邊(변상가변) 邊地邊(변지변) 街路邊(가로변) 江邊(강변)
官邊(관변) 路邊(노변) 多邊化(다변화) 對邊(대변) 等邊(등변) 無邊(무변)
身邊(신변) 年邊(연변) 海邊(해변)

辯

4급

말씀 변:
辛 | 14획

비 辨(분별할 변)
동 言(말씀 언)
　　語(말씀 어)

글자 풀이

두 죄인(辛辛)이 서로 자기에게 유리하게 말한다(言)는 데서 말을 잘한다(辯)는 의미이다.

읽기 한자

俊辯(준변) 巧辯(교변)

쓰기 한자

辯論(변론) 辯士(변사) 辯護士(변호사) 強辯(강변) 口辯(구변) 多辯(다변)
達辯(달변) 答辯(답변) 代辯人(대변인) 言辯(언변) 熱辯(열변) 雄辯(웅변)
通辯(통변) 抗辯(항변)

變

5급Ⅱ

변할 변:
言 | 16획

비 戀(그릴 련)
　　燮(불꽃 섭)
　　蠻(오랑캐 만)
동 化(될 화)
약 変

글자 풀이

실(絲)처럼 약한 아이를 말(言)로 타이르고 가르쳐서(攵) 옳은 방향으로 변하게(變) 한다는 의미이다.

읽기 한자

慘變(참변) 變貌(변모) 變換(변환) 怪變(괴변) 突變(돌변) 逢變(봉변)
變遷(변천)

쓰기 한자

變更(변경) 變亂(변란) 變異(변이) 變裝(변장) 變德(변덕) 變動(변동) 變死(변사)
變色(변색) 變聲(변성) 變性(변성) 變速(변속) 變數(변수) 變身(변신) 變心(변심)
變移(변이) 變節(변절) 變造(변조) 變調(변조) 變種(변종) 變質(변질)

別

6급

다를/나눌 별
刀 | 5획

비 列(벌릴 렬)
동 分(나눌 분)
　　區(나눌 구)
반 同(한가지 동)
　　共(한가지 공)

글자 풀이

잡아온 동물의 뼈와 고기를 칼(刂)로 끊어 나누는(另) 것에서 나누다, 나눠지다(別)는 의미이다.

읽기 한자

別添(별첨) 別館(별관) 別途(별도) 別莊(별장) 別策(별책) 鑑別(감별)
惜別(석별)

쓰기 한자

別居(별거) 別納(별납) 別手段(별수단) 別差(별차) 別個(별개) 別故(별고)
別曲(별곡) 別堂(별당) 別動隊(별동대) 別名(별명) 別命(별명)
別無神通(별무신통) 別問題(별문제) 別味(별미) 別別(별별) 別世(별세)
別世界(별세계) 別數(별수) 別食(별식)

丙	3급 II
	남녘 **병:**
	一 | 4획

비 兩(두 량)

글자 풀이

아궁이에 불을 때는 모양을 본떴다.

읽기한자

丙夜(병야) 丙子胡亂(병자호란) 丙坐(병좌)

兵	5급 II
	병사 **병**
	八 | 5획

비 丘(언덕 구)
동 軍(군사 군)
　卒(마칠 졸)
　士(선비 사)
반 將(장수 장)
　帥(장수 수)

글자 풀이

전쟁무기인 도끼(斤)를 양손(ㅠ)에 들고, 사람을 치는 것에서 군대,
전쟁(兵)을 의미한다.

읽기한자

皆兵制(개병제) 兵役(병역) 徵兵(징병) 騎兵隊(기병대)

쓰기한자

兵亂(병란) 兵務廳(병무청) 兵營(병영) 兵籍(병적) 兵丁(병정) 救援兵(구원병)
伏兵(복병) 私兵(사병) 兵科(병과) 兵器(병기) 兵力(병력) 兵馬(병마) 兵士(병사)
兵舍(병사) 兵事(병사) 兵卒(병졸) 兵火(병화) 工兵(공병) 老兵(노병)
民兵隊(민병대)

屛	3급
	병풍 **병(:)**
	尸 | 8획

비 屍(주검 시)
약 屛

글자 풀이

몸(尸)을 보호하기 위하여 다리를 나란히 세워(幷) 두르는 병풍(屛)을
의미한다.

읽기한자

屛氣(병기) 屛去(병거) 屛居(병거) 屛風(병풍)

竝	3급
	나란히 **병:**
	立 | 5획

약 並

글자 풀이

두 사람이 나란히 선(竝) 모양을 본떴다.

읽기한자

竝立(병립) 竝列(병렬) 竝用(병용) 竝進(병진) 竝行(병행)

病

6급

병 **병:**

广 | 5획

동 疾(병 질)

글자 풀이

아궁이의 불(丙)처럼 열이 나는 병(广)이란 데서 병들다(病)는 의미이다.

읽기 한자

同病相憐(동병상련) 臥病(와병) 傳染病(전염병)
疾病(질병) 肺病(폐병) 病菌(병균)

쓰기 한자

病暇(병가) 病看護(병간호) 病痛(병통) 看病(간병) 病缺(병결) 病理(병리)
病名(병명) 病死(병사) 病床(병상) 病席(병석) 病勢(병세) 病身(병신)
病室(병실) 病院(병원) 病因(병인) 病者(병자) 病蟲(병충) 病害(병해)
病患(병환) 萬病通治(만병통치) 間病(문병) 發病(발병) 相思病(상사병)

步

4급Ⅱ

걸음 **보:**

止 | 3획

비 涉(건널 섭)

글자 풀이

왼발과 오른발을 서로 다르게 내딛는 것에서 걷다(步)는 의미이다.

읽기 한자

步幅(보폭) 驅步(구보) 踏步(답보) 讓步(양보) 橫斷步道(횡단보도)

쓰기 한자

巨步(거보) 段步(단보) 徒步(도보) 散步(산보) 步道(보도)
步武堂堂(보무당당) 步兵(보병) 步調(보조) 步行(보행) 競步(경보)
獨步的(독보적) 五十步百步(오십보백보) 進步(진보) 進一步(진일보)
初步(초보) 退步(퇴보) 行步(행보)

保

4급Ⅱ

지킬 **보(:)**

人 | 7획

비 條(가지 조)

글자 풀이

아기를 소중히 안고 있는 모습에서 사람(亻)이 아이(呆)를 키우다,
먹여 살리다, 보살피다(保)라는 의미이다.

읽기 한자

保釋(보석) 保菌(보균)

쓰기 한자

保管(보관) 保眼鏡(보안경) 保存(보존) 保證(보증) 保險(보험) 保健(보건)
保稅(보세) 保守(보수) 保身(보신) 保安(보안) 保溫(보온) 保有(보유)
保育(보육) 保障(보장) 保全(보전) 保合勢(보합세) 保護(보호) 擔保(담보)
安保(안보) 留保(유보) 確保(확보)

普

4급

넓을 **보:**

日 | 8획

비 晋(진나라 진)
譜(족보 보)

글자 풀이

해(日)가 동, 남, 서로 계속 서서(並) 두루 넓게(普) 비친다는 의미이다.

읽기 한자

普遍性(보편성) 普遍妥當(보편타당) 普及(보급)

쓰기 한자

普通(보통)

바

補	3급 Ⅱ
	기울 보:
	衣 | 7획

비 捕(잡을 포)
　浦(개 포)
동 助(도울 조)
　扶(도울 부)
　護(도울 호)
　繕(기울 선)

글자 풀이

옷(衣)을 쓸(用) 수 있도록 바늘(十)에 실(丶)을 꿰어 깁는다(補)는 의미이다.

읽기한자

補講(보강) 補强(보강) 補缺(보결) 補給(보급) 補導(보도) 補色(보색)
補選(보선) 補修(보수) 補身(보신) 補藥(보약) 補完(보완) 補任(보임)
補正(보정) 補整(보정) 補助(보조) 補職(보직) 補聽器(보청기) 補充(보충)
補充授業(보충수업) 補血(보혈) 轉補(전보) 增補(증보) 次官補(차관보)
候補(후보) 補償(보상)

報	4급 Ⅱ
	갚을/알릴 보:
	土 | 9획

비 服(옷 복)
동 告(고할 고)
　償(갚을 상)

글자 풀이

다행한(幸) 소식을 재빨리 몸(卩)과 손(又)을 써서 알린다(報)는 의미이다.

읽기한자

弘報(홍보) 朗報(낭보) 旬報(순보) 報償(보상)

쓰기한자

豫報(예보) 報國(보국) 報答(보답) 報復(보복) 結草報恩(결초보은)
業報(업보) 因果應報(인과응보) 會報(회보) 報告(보고) 報道(보도)
警報(경보) 官報(관보) 急報(급보) 壁報(벽보) 悲報(비보) 速報(속보)
續報(속보) 誤報(오보) 月報(월보) 電報(전보) 情報(정보) 通報(통보)
畫報(화보)

譜	3급 Ⅱ
	족보 보:
	言 | 12획

비 普(넓을 보)
　證(증거 증)

글자 풀이

혈연을 넓게(普) 찾아서 자세히 말(言)할 수 있게 적은(譜) 것이 계보,
족보(譜)이다.

읽기한자

譜學(보학) 系譜(계보) 族譜(족보) 譜表(보표) 樂譜(악보) 年譜(연보)

寶	4급 Ⅱ
	보배 보:
	宀 | 17획

비 實(열매 실)
동 珍(보배 진)
약 宝

글자 풀이

대리석(缶) 같은 보물(玉)이나 재산(貝)을 집안(宀)에 중요하게 보관하는
것에서 보물(寶)을 의미한다.

읽기한자

寶鑑(보감) 寶劍(보검) 寶藏(보장)

쓰기한자

寶庫(보고) 寶座(보좌) 寶物(보물) 寶石(보석) 寶貨(보화) 家寶(가보)
七寶(칠보) 常平通寶(상평통보)

卜	3급
	점 **복**
	卜 | 0획

동 占(점칠 점)

글자 풀이

옛날에 점(卜)을 칠 때는 거북 등을 태워서 나타나는 무늬를 보았는데 그 때의 무늬를 본떠 점(卜)을 의미한다.

읽기 한자

卜居(복거) 卜師(복사) 卜債(복채) 卜馬(복마)

伏	4급
	엎드릴 **복**
	人 | 4획

비 代(대신 대)
　 仗(무기 장)
　 休(쉴 휴)
동 屈(굽힐 굴)
반 起(일어날 기)

글자 풀이

사람(人) 옆에 개(犬)가 엎드려 주인의 말을 따르는 데서, '엎드리다, 굴복하다'의 뜻이다.

읽기 한자

埋伏(매복) 伏慕(복모) 潛伏期(잠복기)

쓰기 한자

伏望(복망) 伏兵(복병) 伏線(복선) 伏中(복중) 伏地不動(복지부동)
屈伏(굴복) 起伏(기복) 三伏(삼복) 降伏(항복)

服	6급
	옷 **복**
	月 | 4획

비 報(알릴 보)
동 衣(옷 의)

글자 풀이

몸(月)의 신분(卪)에 알맞도록 손(又)으로 골라서 입은 옷(服)을 의미한다.

읽기 한자

旣成服(기성복) 服飾(복식) 服役(복역) 克服(극복) 喪服(상복) 僧服(승복)
征服(정복) 燕尾服(연미복)

쓰기 한자

服裝(복장) 服從(복종) 屈服(굴복) 私服(사복) 服務期間(복무기간) 服色(복색)
服藥(복약) 服用(복용) 服人(복인) 服制(복제) 服中(복중) 感服(감복)
官服(관복) 校服(교복) 軍服(군복) 內服(내복) 冬服(동복) 防寒服(방한복)
法服(법복) 不服(불복) 說服(설복)

復	4급Ⅱ
	회복할 **복**
	다시 **부:**
	彳 | 9획

비 腹(배 복)
　 複(겹칠 복)

글자 풀이

계단을 오르고 또 내리는 것에서 갔다가 다시 원래 장소로 돌아오다, 되풀이하다(復)는 의미이다.

읽기 한자

克復(극복) 復刊(복간)

쓰기 한자

復歸(복귀) 復籍(복적) 復校(복교) 復舊(복구) 復權(복권) 復命(복명)
復習(복습) 復元(복원) 復原(복원) 復職(복직) 復唱(복창) 復學(복학)
光復(광복) 反復(반복) 報復(보복) 修復(수복) 往復(왕복) 回復(회복)
復活(부활) 文藝復興(문예부흥)

腹

3급 II

배 **복**

月 | 9획

- 回 復(다시 부)
   複(겹칠 복)
- 回 背(등 배)

글자 풀이

몸(月)의 일부로서 되풀이하여(复) 음식이 들어오고 나가고 하는 곳이니 배(腹)를 의미한다.

읽기한자

抱腹絕倒(포복절도) 腹部(복부) 腹上死(복상사) 腹水(복수) 腹案(복안)
腹痛(복통) 開腹手術(개복수술) 空腹(공복) 同腹(동복) 面從腹背(면종복배)
私腹(사복) 心腹(심복) 異腹(이복) 割腹(할복)

福

5급 II

복 **복**

示 | 9획

- 回 副(버금 부)
   富(부자 부)
- 回 禍(재앙 화)

글자 풀이

물건이 쌓여있는(畐) 창고처럼 신(示)의 혜택이 풍부한 것에 비유해서 행복, 복(福)을 의미한다.

읽기한자

冥福(명복) 薄福(박복) 壽福(수복) 裕福(유복)
轉禍爲福(전화위복) 禍福(화복)

쓰기한자

福券(복권) 降福(강복) 福金(복금) 福德房(복덕방) 福利(복리)
福不福(복불복) 福音(복음) 康福(강복) 國利民福(국리민복) 多福(다복)
萬福(만복) 食福(식복) 五福(오복) 祝福(축복) 幸福(행복)

複

4급

겹칠 **복**

衣 | 9획

- 回 復(다시 부)
   腹(배 복)
- 回 單(홑 단)

글자 풀이

계단을 오르고 또 내려오는(复) 것처럼 의복(衣)을 몇 장이나 겹쳐 입는 것에서 겹치다(複)는 의미이다.

읽기한자

複軌(복궤) 複芽(복아)

쓰기한자

複道(복도) 複利(복리) 複寫(복사) 複線(복선) 複數(복수) 複式(복식)
複雜(복잡) 複製(복제) 複合(복합)

覆

3급 II

덮을 **부**
다시 **복**

襾 | 12획

- 圄 蓋(덮을 개)

글자 풀이

덮을 아(襾)에 무게가 실려 덮다(覆)는 뜻으로 쓰이고 덮은(襾) 것을 되돌리는(复) 것으로 뒤집다(覆)는 의미이다.

읽기한자

飜覆(번복) 覆蓋(복개) 覆面(복면) 覆水不收(복수불수) 覆掌(복장)
覆育(부육) 覆載(부재) 天覆(천부)

本	6급
	근본　본
	木 | 1획

비 木(나무 목)
　 未(아닐 미)
동 根(뿌리 근)
　 源(근원 원)
반 末(끝 말)

글자 풀이
나무 뿌리에 표시를 해서 굵은 뿌리를 표시한 것에서 근본(本)을 의미한다.

읽기 한자
本館(본관)　本貫(본관)　本署(본서)　本妻(본처)　脚本(각본)　稿本(고본)

쓰기 한자
本源(본원)　本家(본가)　本科(본과)　本官(본관)　本校(본교)　本局(본국)
本國(본국)　本能(본능)　本堂(본당)　本隊(본대)　本來(본래)　本論(본론)
本流(본류)　本名(본명)　本文(본문)　本部(본부)　本分(본분)　本社(본사)
本色(본색)　本書(본서)　本線(본선)　本性(본성)　本姓(본성)　本心(본심)
本業(본업)

奉	5급Ⅱ
	받들　봉:
	大 | 5획

비 春(봄 춘)
동 仕(섬길 사)

글자 풀이
세(三) 사람(人)이 손(扌)으로 받든다(奉)는 의미이다.

읽기 한자
奉獻(봉헌)　滅私奉公(멸사봉공)

쓰기 한자
奉事(봉사)　奉仕(봉사)　奉養(봉양)　奉唱(봉창)　奉祝(봉축)　奉行(봉행)
信奉(신봉)

封	3급Ⅱ
	봉할　봉
	寸 | 6획

비 卦(걸 괘)

글자 풀이
국토의 일부인 넓은 땅(圭)을 법도(寸)에 따라 다스리게 한다는 데서
제후로 봉한다(封)는 의미이다.

읽기 한자
封庫罷職(봉고파직)　封墳(봉분)　封書(봉서)　封印(봉인)　封紙(봉지)
封窓(봉창)　封合(봉합)　開封(개봉)　金一封(금일봉)　同封(동봉)　密封(밀봉)
封鎖(봉쇄)

峯	3급Ⅱ
	봉우리　봉
	山 | 7획

비 蜂(벌 봉)

글자 풀이
산(山)마루가 엇걸려 만나는(夆) 산봉우리(峯)를 의미한다.

읽기 한자
主峯(주봉)　最高峯(최고봉)

逢

3급 II

만날 **봉**

辶 | 7획

비 通(통할 통)
　 進(나아갈 진)
동 遇(만날 우)

글자 풀이

길(辶)을 천천히 걸어 가다가(夂) 아는 사람을 만나서 악수한다(丰)는
데서 만나다(逢)는 의미이다.

읽기한자

逢辱(봉욕) 逢着(봉착) 相逢(상봉)

蜂

3급

벌 **봉**

虫 | 7획

비 峯(봉우리 봉)

글자 풀이

서로 만나서(夆) 함께 사는 벌레(虫)이니 벌(蜂)을 의미한다.

읽기한자

蜂起(봉기) 蜂蜜(봉밀) 養蜂(양봉)

鳳

3급 II

봉새 **봉:**

鳥 | 3획

반 凰(봉황 황)

글자 풀이

무릇 모든(凡) 새(鳥) 중의 으뜸가는 새가 봉황새(鳳)라는 의미이다.

읽기한자

鳳仙花(봉선화)

夫

7급

지아비 **부**

大 | 1획

비 大(큰 대)
반 婦(며느리 부)
　 妻(아내 처)

글자 풀이

갓을 쓴 사내의 모양으로 지아비, 사내(夫)라는 의미이다.

읽기한자

夫妻(부처)

쓰기한자

夫君(부군) 鑛夫(광부) 女必從夫(여필종부) 夫權(부권) 夫婦有別(부부유별)
夫人(부인) 農夫(농부) 大夫人(대부인) 同夫人(동부인) 亡夫(망부)
士大夫(사대부) 漁夫(어부) 令夫人(영부인) 人夫(인부) 情夫(정부)
兄夫(형부) 夫婦(부부)

216 한자능력검정시험 3급

父	8급
	아비 부
	父 | 0획

비 交(사귈 교)
반 母(어미 모)

글자 풀이

도끼를 갖고 짐승을 잡으러 가는 어른의 모습에서, 그것을 할 수 있는 것은 그 집의 주인이므로 아버지(父)를 의미한다.

읽기 한자

嚴父慈母(엄부자모) 伯父(백부)

쓰기 한자

父系(부계) 叔父(숙부) 父權(부권) 父女(부녀) 父母(부모) 父子有親(부자유친)
父傳子傳(부전자전) 父親(부친) 父兄(부형) 家父長(가부장) 國父(국부)
神父(신부) 義父(의부) 祖父母(조부모) 父老(부로)

付	3급Ⅱ
	부칠 부:
	人 | 3획

비 件(물건 건)
 伐(칠 벌)

글자 풀이

사람(人)이 손(扌)으로 물건(丶)을 들어서 준다(付)는 의미이다.

읽기 한자

貸付(대부) 交付(교부) 給付(급부) 發付(발부) 反對給付(반대급부)
配付(배부) 送付(송부) 還付金(환부금) 付送(부송) 分付(분부)
申申當付(신신당부) 付壁(부벽) 植付(식부) 結付(결부)

否	4급
	아닐 부:
	口 | 4획

비 不(아닐 불)
 告(고할 고)
동 非(아닐 비)
반 可(옳을 가)

글자 풀이

날아가버린 새는 소리내어 불러도 돌아오지 않는다는 것에서 '그러하지 않다' 라고 부정하는 의미이다.

읽기 한자

日可日否(왈가왈부) 適否審(적부심) 贊否(찬부)

쓰기 한자

否決(부결) 否認(부인) 否定(부정) 否票(부표) 拒否(거부)
拒否權(거부권) 安否(안부) 與否(여부) 眞否(진부)

扶	3급Ⅱ
	도울 부
	手 | 4획

비 抄(뽑을 초)
 夫(지아비 부)
동 助(도울 조)
 援(도울 원)
 護(도울 호)

글자 풀이

장부(夫)가 손(手)으로 집안일을 돕는다(扶)는 의미이다.

읽기 한자

扶養家族(부양가족) 扶助(부조) 扶支(부지) 扶持(부지)
相扶相助(상부상조)

府 4급Ⅱ
마을官廳 **부(:)**
广 | 5획

[비] 附(붙을 부)
符(부호 부)
[동] 衙(관청 아)
廳(관청 청)

글자 풀이

옛날 관가의 창고(广)에는 중요문서가 가득 보관되어 있었다.
거기서 물건을 틈새없이 딱 붙여(付) 넣어놓은 창고를 빗대어
관청(府)이라는 의미이다.

읽기 한자

幕府(막부) 司法府(사법부) 司憲府(사헌부) 春府丈(춘부장)

쓰기 한자

府庫(부고) 府君(부군) 府使(부사) 都護府(도호부) 三府要人(삼부요인)
議政府(의정부) 立法府(입법부) 政府(정부) 政府米(정부미)
總督府(총독부) 學府(학부) 行政府(행정부)

附 3급Ⅱ
붙을 **부(:)**
阝 | 5획

[비] 付(부칠 부)
府(관청 부)
[동] 着(붙을 착)
寄(부칠 기)

글자 풀이

높은 산에 나지막한 언덕(阝)이 붙어(付) 있는 모양에서 붙다(附)는
의미이다.

읽기 한자

添附(첨부) 附加價値(부가가치) 附課(부과) 附近(부근) 附記(부기)
附帶施設(부대시설) 附錄(부록) 附設(부설) 附屬(부속) 附言(부언)
附與(부여) 附逆(부역) 附着(부착) 附則(부칙) 附合(부합) 寄附(기부)
期限附(기한부) 阿附(아부) 日附印(일부인) 回附(회부) 附和雷同(부화뇌동)

負 4급
질(荷) **부:**
貝 | 2획

[비] 員(인원 원)
賀(하례할 하)
[동] 敗(질 패)
[반] 勝(이길 승)

글자 풀이

사람이 쪼그리고 앉아 자신의 돈과 재산을 짊어지려고 하는 것에서
짊어지다(負)는 의미이다.

읽기 한자

抱負(포부) 負役(부역) 負荷(부하)

쓰기 한자

負傷(부상) 負約(부약) 勝負手(승부수) 自負心(자부심) 請負(청부)

赴 3급
다다를/갈 **부:**
走 | 2획

[비] 起(일어날 기)
越(넘을 월)

글자 풀이

맡은(卜) 일을 수행하기 위하여 달려간다(走)는 데서 다다르다(赴)는
의미이다.

읽기 한자

赴告(부고) 赴役(부역) 赴任(부임) 走赴(주부)

浮 3급 II
뜰 **부**
水 | 7획

비 乳(젖 유)
반 沈(잠길 침)

글자 풀이
물(氵) 속에 종자(子)를 손(爪)으로 담그면 뜬다(浮)는 의미이다.

읽기한자
浮漂(부표) 浮刻(부각) 浮氣(부기) 浮浪兒(부랑아) 浮力(부력) 浮流(부류)
浮薄(부박) 浮上(부상) 浮生(부생) 浮說(부설) 浮揚(부양) 浮雲(부운)
浮沈(부침) 浮黃(부황) 浮動層(부동층)

符 3급 II
부호 **부(:)**
竹 | 5획

비 附(붙을 부)
府(마을 부)

글자 풀이
대쪽(竹)에 글씨를 써 주어(付) 부신(符)으로 삼는다는 의미이다.

읽기한자
符書(부서) 符信(부신) 符籍(부적) 符節(부절) 符合(부합) 符號(부호)
名實相符(명실상부) 終止符(종지부)

婦 4급 II
며느리 **부**
女 | 8획

비 掃(쓸 소)
歸(돌아갈 귀)
반 姑(시어미 고)
夫(지아비 부)

글자 풀이
수건(巾)을 머리(宀)에 쓰고 손(ヨ)으로 집안 일을 하는 여자(女)이니
지어미(婦)를 의미한다.

읽기한자
姦婦(간부) 酌婦(작부) 姪婦(질부) 姑婦(고부) 寡婦(과부)
夫唱婦隨(부창부수)

쓰기한자
慰安婦(위안부) 派出婦(파출부) 婦德(부덕) 婦道(부도) 婦人(부인)
貴婦人(귀부인) 夫婦(부부) 新婦(신부) 子婦(자부) 接待婦(접대부)
情婦(정부) 主婦(주부) 孝婦(효부)

部 6급 II
떼 **부**
阝 | 8획

비 郞(사내 랑)
동 隊(무리 대)
반 單(홀 단)
獨(홀로 독)
孤(외로울 고)

글자 풀이
국토를 여러 고을(阝)로 갈라(咅) 나누어 거느린다는 데서 마을,
거느린다(部)는 의미이다.

읽기한자
部署(부서)

쓰기한자
部屬(부속) 部隊(부대) 部落(부락) 部類(부류) 部族(부족) 部令(부령)
部門(부문) 部分(부분) 部數(부수) 部首(부수) 部員(부원) 部位(부위)
部長(부장) 部處(부처) 部品(부품) 部下(부하) 軍部(군부) 內部(내부)
外部(외부) 全部(전부)

바

副

4급Ⅱ

버금 **부:**

刀 | 9획

비 福(복 복)
　幅(폭 폭)
동 次(버금 차)
반 正(바를 정)

글자 풀이

신령에의 공양물(畐)로서 칼(刀)로 동물의 배를 갈라내고 거기에 곡물을 갖추어 내는 것에서 곁들이다, 도와주다(副)는 의미이다.

읽기한자

副詞(부사) 副葬(부장)

쓰기한자

副官(부관) 副木(부목) 副本(부본) 副産物(부산물) 副賞(부상)
副食(부식) 副業(부업) 副作用(부작용) 副長(부장) 副題(부제)
副次的(부차적) 正副統領(정부통령)

腐

3급Ⅱ

썩을 **부:**

肉 | 8획

비 府(관청 부)
　膚(살갗 부)

글자 풀이

곳집(府)의 고기(肉)가 오래 묵어서 썩는다(腐)는 의미이다.

읽기한자

腐植(부식) 腐心(부심) 腐葉土(부엽토) 腐敗(부패) 腐刑(부형) 豆腐(두부)
不正腐敗(부정부패) 切齒腐心(절치부심) 陳腐(진부)

富

4급Ⅱ

부자 **부:**

宀 | 9획

비 副(버금 부)
　幅(폭 폭)
동 裕(넉넉할 유)
반 貧(가난할 빈)
약 冨

글자 풀이

집안(宀)에 물건이 많이 쌓여 있는(畐) 것에서 재산이 많은 것, 늘다(富)라는 의미이다.

읽기한자

富裕(부유)

쓰기한자

甲富(갑부) 巨富(거부) 富强(부강) 富國强兵(부국강병) 富貴(부귀)
富農(부농) 富益富(부익부) 富者(부자) 富村(부촌) 富戸(부호) 國富(국부)
貧富(빈부) 年富力强(연부역강) 致富(치부) 豊富(풍부)

賦

3급Ⅱ

부세 **부:**

貝 | 8획

비 賊(도둑 적)
동 租(조세 조)

글자 풀이

군사(武) 비용을 조달하기 위하여 재물(貝)을 거둔다는 데서 세금을 매긴다(賦)는 의미이다.

읽기한자

賦課(부과) 賦金(부금) 賦與(부여) 賦役(부역) 賦存資源(부존자원)
詞賦(사부) 月賦(월부) 雜賦金(잡부금) 赤壁賦(적벽부) 天賦的(천부적)
割賦(할부)

簿

3급 II

문서 부:

竹 | 13획

비 博(넓을 박)
　 薄(엷을 박)
동 券(문서 권)

글자 풀이

포구(浦)처럼 물건이 들어오고 나가는 내용을 손(寸)으로 죽간(竹)에
적는 장부(簿)를 의미한다.

읽기 한자

簿記(부기) 家計簿(가계부) 名簿(명부) 帳簿(장부) 主簿(주부)
出席簿(출석부) 學籍簿(학적부)

北

8급

북녘 북
달아날 배

匕 | 3획

비 比(견줄 비)
동 敗(패할 패)
반 南(남녘 남)
　 勝(이길 승)

글자 풀이

두 사람이 서로 등을 지고 있는 모양을 본떴다.

읽기 한자

北緯(북위) 越北(월북)

쓰기 한자

北極(북극) 北端(북단) 北道(북도) 北斗七星(북두칠성) 北門(북문)
北方(북방) 北伐論(북벌론) 北部(북부) 北上(북상) 北太平洋(북태평양)
北風(북풍) 北韓(북한) 北向(북향) 關北(관북) 南男北女(남남북녀)
東北(동북) 以北(이북) 敗北(패배)

바

分

6급 II

나눌 분(:)

刀 | 2획

비 今(이제 금)
동 區(구분할 구)
　 配(나눌 배)
　 割(벨 할)
반 合(합할 합)

글자 풀이

한 자루의 막대봉을 칼(刀)로서 두 개로 나누는(八) 것에서 나누다(分)는
의미이다.

읽기 한자

分析(분석) 時分抄(시분초) 分付(분부) 分水嶺(분수령) 分讓(분양)
分割(분할) 微分(미분) 黃金分割(황금분할) 分裂(분열) 糖分(당분)
四分五裂(사분오열)

쓰기 한자

分納(분납) 分段(분단) 分離(분리) 分家(분가) 分校(분교) 分權(분권)
分斷(분단) 分擔(분담) 分量(분량) 分列(분열) 分類(분류) 分流(분류)
分明(분명)

奔

3급 II

달릴 분

大 | 6획

비 奈(어찌 내)
동 走(달릴 주)

글자 풀이

아무리 크고(大) 힘이 센 사람이라도 열(十)명 스무(十十) 명이 덤벼들면
달아난다(奔)는 의미이다.

읽기 한자

奔忙(분망) 奔亡(분망) 奔放(분방) 奔走(분주) 東奔西走(동분서주)

粉 4급
가루 분(:)
米 | 4획

비 紛(어지러울 분)
동 末(끝 말)

글자 풀이

쌀(米) 등의 곡물을 가루처럼 부수는(分) 것에서 가루, 잘게 부순 것(粉)을 의미한다.

읽기 한자

粉飾(분식) 粉靑沙器(분청사기) 軟粉紅(연분홍)

쓰기 한자

粉末(분말) 粉食(분식) 粉筆(분필) 製粉(제분) 花粉(화분)

紛 3급 II
어지러울 분
糸 | 4획

비 粉(가루 분)
동 亂(어지러울 란)

글자 풀이

실(糸)이 여러 갈래로 나눠져(分) 뒤엉켜 있어서 어지럽고(紛) 번잡하다는 의미이다.

읽기 한자

紛亂(분란) 紛紛(분분) 紛失(분실) 紛爭(분쟁) 內紛(내분)

墳 3급
무덤 분
土 | 12획

비 憤(분할 분)
동 墓(무덤 묘)

글자 풀이

흙(土)을 모아 크고(賁) 둥글게 만든 것이 무덤(墳)이라는 의미이다.

읽기 한자

墳墓(분묘) 古墳(고분) 雙墳(쌍분)

憤 4급
분할 분:
心 | 12획

비 墳(무덤 분)
동 怒(노할 노)
慨(슬퍼할 개)

글자 풀이

마음(心) 속으로 크게(賁) 못마땅하여 성을 낸다(憤)는 의미이다.

읽기 한자

憤慨(분개) 含憤蓄怨(함분축원)

쓰기 한자

憤怒(분노) 憤死(분사) 憤然(분연) 憤痛(분통) 憤敗(분패)
激憤(격분) 公憤(공분) 發憤(발분) 義憤(의분) 痛憤(통분)

奮 떨칠 분: 大 | 13획 비 舊(예 구) 奪(빼앗을 탈) 동 振(떨칠 진)	**3급Ⅱ**

글자 풀이

큰(大) 새(隹)가 밭(田)에서 날개를 치며 날아가는 모양으로 떨치다(奮)는 의미이다.

읽기 한자

奮起(분기) 奮怒(분노) 奮發(분발) 奮然(분연) 奮戰(분전)
激奮(격분) 孤軍奮鬪(고군분투) 發奮(발분) 興奮(흥분)

不 아닐 불 一 | 3획 동 非(아닐 비)	**7급Ⅱ**

글자 풀이

새가 내려오지 않는 것에서 '~하지 않다. ~이 아니다'라고 말하는 것처럼 아래 말을 부정하는 의미이다.

읽기 한자

搖之不動(요지부동) 不祥事(불상사) 不搖不屈(불요불굴) 不貞(부정)
不振(부진) 默默不答(묵묵부답) 優柔不斷(우유부단) 衆寡不敵(중과부적)
表裏不同(표리부동) 不感症(불감증) 不良輩(불량배) 不倫(불륜) 不滅(불멸)
不眠症(불면증) 不審檢問(불심검문) 不惑(불혹) 不凍液(부동액)
不均衡(불균형) 不透明(불투명)

쓰기 한자

不可侵(불가침)

拂 떨칠 불 手 | 5획 비 佛(부처 불) 弗(아닐 불) 약 払	**3급Ⅱ**

글자 풀이

자기에게 해당 안 되는(弗) 것을 손(扌)으로 털어(拂) 버린다는 의미이다.

읽기 한자

拂下(불하) 拂逆(불역) 拂入(불입) 假拂(가불) 過拂(과불) 年拂(연불)
未拂(미불) 未拂入金(미불입금) 先拂(선불) 延拂(연불) 完拂(완불)
一時拂(일시불) 支拂(지불) 換拂(환불) 還拂(환불) 後拂(후불)

佛 부처 불 人 | 5획 비 拂(떨칠 불) 弗(아닐 불) 약 仏	**4급Ⅱ**

글자 풀이

사람이 살아있을 때는 마음 속에서 선악에 관한 것을 생각하고 고민하는데, 그런 걱정을 초월한 사람, 즉 마음이 넓고 인정이 많은 사람으로 성장한 사례로 부처(佛)를 의미한다.

읽기 한자

佛供(불공) 佛蘭西(불란서) 佛像(불상) 佛譯(불역) 排佛(배불)

쓰기 한자

佛徒(불도) 佛家(불가) 佛經(불경) 佛教(불교) 佛國(불국) 佛堂(불당)
佛道(불도) 佛門(불문) 佛文(불문) 佛法(불법) 佛心(불심) 佛語(불어)

바

朋	3급
	벗 붕
	月 ǀ 4획

비 明(밝을 명)
　崩(무너질 붕)
동 友(벗 우)

글자 풀이

몸(月)과 몸(月)이 나란히 있다는 데서 벗, 무리(朋)를 의미한다.

읽기한자

朋友有信(붕우유신) 朋黨(붕당)

崩	3급
	무너질 붕
	山 ǀ 8획

비 朋(벗 붕)
동 壞(무너질 괴)
반 建(세울 건)
　立(설 립)

글자 풀이

산(山)이 무리(朋)를 져서 무너진다(崩)는 의미이다.

읽기한자

崩壞(붕괴) 崩御(붕어) 土崩瓦解(토붕와해)

比	5급
	견줄 비:
	比 ǀ 0획

비 北(북녘 북)
동 較(견줄 교)

글자 풀이

북(北)과 달리 같은 쪽을 향해서 두 사람이 늘어선 형태에서 늘어서다, 비교하다(比)는 의미이다.

읽기한자

比肩(비견) 比較(비교) 比率(비율)

쓰기한자

比等(비등) 比例(비례) 比重(비중) 對比(대비) 反比例(반비례)
正比例(정비례)

妃	3급 Ⅱ
	왕비 비
	女 ǀ 3획

비 始(처음 시)
반 王(임금 왕)

글자 풀이

자기(己)의 여자(女)로 아내를 의미했으나 임금의 아내인 왕비(妃)의 의미로 쓰인다.

읽기한자

王妃(왕비)

批

4급
비평할 비:
手 | 4획

비 比(견줄 비)
동 評(평할 평)

바

글자 풀이
물건을 늘어놓고 손(手)을 평평히 하여 제대로 비교(比)하는 것에서 좋고 나쁨을 정하다, 비평하다(批)는 의미이다.

읽기한자
御批(어비) 蒙批(몽비)

쓰기한자
批點(비점) 批判(비판) 批評(비평)

非

4급 II
아닐 비(:)
非 | 0획

비 兆(억조 조)
　 北(북녘 북)
동 좀(아닐 부)
반 是(옳을 시)
　 可(옳을 가)

글자 풀이
새의 날개 모양으로 왼쪽 날개와 오른쪽 날개는 서로 다르다는 데서 아니다(非)는 의미이다.

읽기한자
非夢似夢(비몽사몽) 非違(비위) 似而非(사이비) 非能率(비능률) 非凡(비범)

쓰기한자
非金屬(비금속) 非武裝(비무장) 非難(비난) 非禮(비례) 非理(비리)
非賣品(비매품) 非命(비명) 非民主的(비민주적) 非番(비번) 非常(비상)
非一非再(비일비재) 非情(비정) 非正常(비정상) 非行(비행) 是非(시비)
是非曲直(시비곡직)

肥

3급 II
살찔 비:
月 | 4획

비 脂(기름 지)
　 肝(간 간)

글자 풀이
뱀(巴)이 몸(月)에 보약이 되어 살찐다(肥)는 의미이다.

읽기한자
肥鈍(비둔) 肥大(비대) 肥料(비료) 肥滿(비만) 肥肉牛(비육우)
金肥(금비) 綠肥(녹비) 施肥(시비) 天高馬肥(천고마비)

卑

3급 II
낮을 비:
十 | 6획

비 碑(비석 비)
　 鬼(귀신 귀)
동 賤(천할 천)
　 劣(못할 렬)
반 尊(높을 존)
　 崇(높을 숭)

글자 풀이
손(十)에 술 바가지(由)를 들어 술을 퍼내는 사람은 신분이 낮다는 데서 낮다, 천하다(卑)는 의미이다.

읽기한자
卑劣(비열) 卑屈(비굴) 卑小(비소) 卑俗(비속) 卑屬(비속) 卑賤(비천)
卑下(비하) 男尊女卑(남존여비) 鮮卑(선비) 眼高手卑(안고수비)
野卑(야비) 直系卑屬(직계비속)

飛	4급Ⅱ
날 비	
飛 | 0획	

글자 풀이

새의 나는(飛) 모양을 본떴다.

읽기한자

飛躍(비약) 烏飛梨落(오비이락) 飛閣(비각)

쓰기한자

飛行機(비행기) 飛報(비보) 飛上(비상) 飛魚(비어) 飛行(비행) 飛火(비화)
雄飛(웅비)

祕	4급
숨길 비:	
示 | 5획	

비 祈(빌 기)

글자 풀이

귀신(示)은 반드시(必) 숨어 있다(祕)는 의미이다.

읽기한자

祕藏(비장) 祕策(비책) 默祕權(묵비권)

쓰기한자

祕境(비경) 祕文(비문) 祕密(비밀) 祕方(비방) 祕法(비법)
祕書(비서) 祕資金(비자금) 祕話(비화) 極祕(극비) 神祕(신비)

悲	4급Ⅱ
슬플 비:	
心 | 8획	

비 非(아닐 비)
동 哀(슬플 애)
반 喜(기쁠 희)
　歡(기쁠 환)

글자 풀이

상대 사람과 기분이 잘 맞지 않고(非), 마음(心) 아파하는 것에서
슬프다(悲)는 의미이다.

읽기한자

悲慘(비참) 慈悲(자비) 悲戀(비련) 悲哀(비애) 大慈大悲(대자대비)
無慈悲(무자비)

쓰기한자

悲劇(비극) 悲鳴(비명) 悲壯(비장) 悲痛(비통) 一喜一悲(일희일비)
喜悲(희비) 悲歌(비가) 悲觀(비관) 悲報(비보) 悲運(비운) 悲話(비화)

費	5급
쓸 비:	
貝 | 5획	

비 賃(품삯 임)
　資(재물 자)
동 用(쓸 용)

글자 풀이

돈(貝)을 모으려고 생각해도 뜨거운 물처럼 자꾸자꾸 튕겨나가(弗)는
것에서 사용해 줄이다, 소비하다(費)는 의미이다.

읽기한자

浪費(낭비) 維持費(유지비)

쓰기한자

豫備費(예비비) 機密費(기밀비) 私費(사비) 費用(비용) 間接費(간접비)
車馬費(거마비) 經費(경비) 經常費(경상비) 過消費(과소비) 光熱費(광열비)
國費(국비) 軍費(군비) 社費(사비) 消費(소비) 消費者(소비자) 食費(식비)
實費(실비) 養育費(양육비) 旅費(여비) 人件費(인건비) 自費(자비)

備

4급 II
갖출 비:
人 | 10획

[동] 具(갖출 구)
該(갖출 해)

글자 풀이

물건을 제대로 넣어둔다는 것에서 사람(人)이 여러 가지를 마련해(備)서 준비해두다(備)는 의미이다.

읽기 한자

備忘錄(비망록) 兼備(겸비)

쓰기 한자

豫備(예비) 豫備費(예비비) 裝備(장비) 整備(정비) 備考(비고) 備蓄(비축)
備品(비품) 改備(개비) 警備(경비) 具備(구비) 軍備(군비) 對備(대비)
無防備(무방비) 未備(미비) 防備(방비) 不備(불비)

婢

3급 II
계집종 비:
女 | 8획

[비] 卑(낮을 비)
碑(비석 비)
[동] 奴(종 노)

글자 풀이

신분이 낮은(卑) 여자(女)이니 계집종(婢)을 의미한다.

읽기 한자

婢妾(비첩) 婢子(비자) 奴婢(노비)

鼻

5급
코 비:
鼻 | 0획

글자 풀이

공기를 빨아들여 몸 속에 저장하는 곳이라는 데서 코(鼻)를 의미한다.

읽기 한자

鼻炎(비염)

쓰기 한자

鼻孔(비공) 鼻笑(비소) 鼻祖(비조) 鼻血(비혈) 耳目口鼻(이목구비)

碑

4급
비석 비
石 | 8획

[비] 婢(계집종 비)
卑(낮을 비)

글자 풀이

돌(石)로 하여금(卑) 성명, 업적 등을 후세에까지 알리려 한다는 데서 비석(碑)을 의미한다.

읽기 한자

碑銘(비명)

쓰기 한자

碑文(비문) 碑石(비석) 口碑文學(구비문학) 記念碑(기념비) 墓碑(묘비)
頌德碑(송덕비)

바

貧 가난할 빈
4급Ⅱ
貝 | 4획

- 비 貪(탐할 탐)
- 동 窮(궁할 궁)
  困(곤할 곤)
- 반 富(부자 부)
  優(넉넉할 우)

글자 풀이

돈과 재산(貝)이 산산이 떨어져나가(分) 적어지는 것에서 가난하다,
부족하다(貧)는 의미이다.

읽기한자

貧賤(빈천) 耐貧(내빈)

쓰기한자

貧困(빈곤) 貧窮(빈궁) 貧富格差(빈부격차) 外華內貧(외화내빈)
貧國(빈국) 貧農(빈농) 貧民(빈민) 貧益貧(빈익빈) 貧者一燈(빈자일등)
貧村(빈촌) 貧寒(빈한) 貧血(빈혈) 極貧(극빈) 赤貧(적빈) 淸貧(청빈)
活貧黨(활빈당)

賓 손 빈
3급
貝 | 7획

- 비 寶(보배 보)
- 동 客(손 객)
- 반 主(주인 주)

글자 풀이

손님(賓)이 집(宀)에 찾아오면 적으나마(少) 비용(貝)을 들여 대접하여야
한다는 의미이다.

읽기한자

賓客(빈객) 賓服(빈복) 國賓(국빈) 貴賓(귀빈) 內賓(내빈)
迎賓館(영빈관) 外賓(외빈) 接賓客(접빈객)

頻 자주 빈
3급
頁 | 7획

- 비 煩(번거로울 번)
- 동 繁(번성할 번)
  屢(여러 루)

글자 풀이

걷는(步) 일이라든지 머리(頁)를 굴리고 쓰는 일은 자주(頻) 있는 일이라
는 의미이다.

읽기한자

頻度(빈도) 頻發(빈발) 頻繁(빈번)

氷 얼음 빙
5급
水 | 1획

- 비 永(길 영)
  水(물 수)
- 반 炭(숯 탄)

글자 풀이

물(水)이 얼어(ㆍ) 단단해지는 것으로 얼음, 얼다(氷)는 의미이다.

읽기한자

凍氷寒雪(동빙한설)

쓰기한자

氷庫(빙고) 氷點(빙점) 氷結(빙결) 氷球(빙구) 氷壁(빙벽)
氷山一角(빙산일각) 氷上競技(빙상경기) 氷水(빙수) 氷板(빙판)
氷河(빙하) 結氷(결빙) 製氷(제빙) 解氷(해빙)

聘

3급

부를 빙

耳 | 7획

동 招(부를 초)
召(부를 소)

글자 풀이

귀(耳)에 교묘하고(万) 매력있는 이유(由)를 들려주어 상대방을
부른다(聘)는 의미이다.

읽기한자

聘母(빙모) 聘父(빙부) 聘召(빙소) 聘丈(빙장) 招聘(초빙)

士

5급Ⅱ

선비 사:

士 | 0획

비 土(흙 토)
仕(섬길 사)
동 兵(병사 병)
軍(군사 군)

글자 풀이

"하나(一)를 들으면 열(十)을 안다"는 것이 가능한 지혜있는 사람,
선비(士)를 의미한다.

읽기한자

辨理士(변리사) 士禍(사화) 操縱士(조종사) 騎士(기사)

쓰기한자

機關士(기관사) 辯士(변사) 辯護士(변호사) 士官(사관) 士氣(사기)
士農工商(사농공상) 士大夫(사대부) 士林(사림) 士兵(사병) 講士(강사)
建築士(건축사) 計理士(계리사) 軍士(군사)

捨

3급

버릴 사:

手 | 8획

동 棄(버릴 기)
반 取(가질 취)

글자 풀이

손(手)에서 놓는(舍) 데서 버리다, 놓다(捨)는 의미이다.

읽기한자

捨生取義(사생취의) 捨身供養(사신공양) 捨近取遠(사근취원)
捨生之心(사생지심) 捨身成道(사신성도) 捨小取大(사소취대)
捨身行(사신행) 捨石工(사석공) 捨象(사상) 捨覺(사각) 捨戒(사계)
捨離(사리) 捨施(사시) 捨受(사수) 捨身(사신) 捨石(사석) 捨心(사심)
捨命(사명) 捨家(사가) 姑捨(고사) 四捨五入(사사오입) 外捨(외사)
用捨(용사) 取捨選擇(취사선택) 取捨(취사) 投捨(투사) 喜捨金(희사금)
喜捨(희사)

蛇

3급Ⅱ

긴뱀 사

虫 | 5획

동 巳(뱀 사)

글자 풀이

뱀을 본뜬 글자(它)에 벌레(虫)의 의미를 보태어 뱀(蛇)을 의미한다.

읽기한자

蛇廉(사렴) 畫蛇添足(화사첨족) 蛇身人首(사신인수) 蛇紋石(사문석)
蛇紋巖(사문암) 蛇行川(사행천) 蛇骨(사골) 蛇管(사관) 蛇口(사구)
蛇毒(사독) 蛇龍(사룡) 蛇陵(사릉) 蛇目(사목) 蛇紋(사문) 蛇尾(사미)
蛇福(사복) 蛇師(사사) 蛇床(사상) 蛇線(사선) 蛇身(사신) 蛇心(사심)
蛇醫(사의) 蛇足(사족) 蛇座(사좌) 蛇酒(사주) 蛇體(사체) 蛇皮(사피)
蛇行(사행) 蛇形(사형) 蛇黃(사황) 禁蛇花(금사화) 毒蛇(독사) 白蛇(백사)
烏蛇(오사) 長蛇陣(장사진) 春蛇酒(춘사주) 海蛇(해사) 花蛇酒(화사주)

3급

巳 뱀 **사:**

己 | 0획

비 己(몸 기)
　已(이미 이)
동 蛇(긴뱀 사)

글자 풀이

뱀의 모양을 본떴다.

읽기한자

巳時(사시) 巳進申退(사진신퇴) 己巳年(기사년)

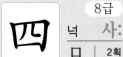

8급

四 넉 **사:**

口 | 2획

비 西(서녘 서)

글자 풀이

막대기 넷을 세로로 놓고 모양을 보기 좋게 변형하였다.

읽기한자

四顧無親(사고무친)　朝三暮四(조삼모사)　四柱(사주)　四分五裂(사분오열)

쓰기한자

四季(사계) 四君子(사군자) 四窮(사궁) 張三李四(장삼이사)
四角形(사각형) 四方(사방) 四書五經(사서오경) 四聖(사성) 四聲(사성)
四寸(사촌) 四通八達(사통팔달) 四海(사해) 文房四友(문방사우)
三寒四溫(삼한사온)

5급Ⅱ

史 사기(史記) **사:**

口 | 2획

비 吏(관리 리)
　使(하여금 사)

글자 풀이

종이에 글자를 쓰는 것에서 어느 사람은 그대로, 어느 쪽으로도 기울지 않고(中) 정확하게 기록하다(史)는 의미이다.

읽기한자

史蹟(사적) 暗行御史(암행어사)

쓰기한자

史劇(사극) 略史(약사) 史家(사가) 史觀(사관) 史記(사기) 史官(사관)
史料(사료) 史書(사서) 史實(사실) 史學(사학) 史話(사화) 古史(고사)
國史(국사) 先史時代(선사시대) 野史(야사) 歷史(역사) 正史(정사)
靑史(청사) 通史(통사)

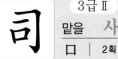

3급Ⅱ

司 맡을 **사**

口 | 2획

비 可(옳을 가)
동 任(맡길 임)

글자 풀이

사람(人)이 입(口)을 움직여 일을 맡는다(司)는 의미이다.

읽기한자

司令官(사령관) 司法(사법) 司書(사서) 司直當局(사직당국)
司憲府(사헌부) 司會(사회) 公司(공사) 上司(상사)

	5급 II
仕	섬길 **사(:)**
	人 | 3획

비 士(선비 사)
付(부칠 부)
任(맡길 임)
동 奉(받들 봉)

글자 풀이
사람(人)이 공부를 하여 선비(士)가 되어야 벼슬(仕)을 하고 임금을 섬긴다(仕)는 의미이다.

읽기 한자
仕途(사도) 罷仕(파사)

쓰기 한자
仕官(사관) 給仕(급사) 奉仕(봉사)

	4급 II
寺	절 **사**
	寸 | 3획

비 侍(모실 시)
동 刹(절 찰)

글자 풀이
사람이 모여서 작업하는 곳이라는 것에서 관청의 의미가 되고 거기에 스님을 머무르게 한 것에서 절(寺)이라는 의미가 되었다.

읽기 한자
寺畓(사답) 陵寺(능사) 寺塔(사탑)

쓰기 한자
寺院(사원) 山寺(산사)

	6급
死	죽을 **사:**
	歹 | 2획

동 殺(죽일 살)
반 生(살 생)
活(살 활)

글자 풀이
사람이 죽으면(歹) 살이 떨어지고 뼈(匕)가 되는 것에서 죽다, 죽이다(死)라는 의미이다.

읽기 한자
枯死(고사) 殉死(순사) 慘死(참사) 死滅(사멸) 死藏(사장) 沒死(몰사)
卽死(즉사) 醉生夢死(취생몽사) 橫死(횡사) 凍死(동사)

쓰기 한자
死傷者(사상자) 死鬪(사투) 死刑(사형) 死境(사경) 死力(사력) 死亡(사망)
死物(사물) 死法(사법) 死別(사별) 死産(사산) 死色(사색) 死生決斷(사생결단)
死線(사선) 死守(사수)

	3급
似	닮을 **사:**
	人 | 5획

비 以(써 이)
동 肖(닮을 초)
반 異(다를 이)

글자 풀이
사람(人)이 공구를 써서(以) 만든 제품이 서로 비슷하다(似)는 의미이다.

읽기 한자
似而非(사이비) 近似(근사) 近似値(근사치) 非夢似夢(비몽사몽)
相似(상사) 類似(유사)

沙
3급Ⅱ
모래 사
水 | 4획

비 泳(헤엄칠 영)

글자 풀이

물(氵) 속의 작은(少) 돌로 모래(沙)를 의미한다.

읽기한자

沙工(사공) 沙果(사과) 沙器(사기) 沙漠(사막)
白沙場(백사장) 黃沙(황사)

邪
3급Ⅱ
간사할 사
阝 | 4획

비 那(어찌 나)
　邦(나라 방)
동 姦(간음할 간)

글자 풀이

고을(阝)에 적의 기(牙)가 꽂히자 간사한 무리들이 적군에 아첨한다는
데서 간사하다(邪)는 의미이다.

읽기한자

邪教(사교) 邪戀(사련) 邪心(사심) 邪惡(사악)
邪慾(사욕) 酒邪(주사)

私
4급
사사(私事) 사
禾 | 2획

비 秋(가을 추)
　松(소나무 송)
반 公(공평할 공)

글자 풀이

수확한 벼(禾)를 끌어안고 자신의 것(厶)으로 하는 것에서 저, 나,
자기 일(私)을 의미한다.

읽기한자

公私多忙(공사다망) 私企業(사기업) 私利私慾(사리사욕) 私淑(사숙)
私債(사채)

쓰기한자

私感(사감) 私見(사견) 私談(사담) 私文書(사문서) 私立學校(사립학교)
私製品(사제품) 私兵(사병) 私服(사복) 私費(사비) 私事(사사) 私生活(사생활)
私席(사석) 私設學院(사설학원) 私食(사식) 私信(사신) 私心(사심)
私有財産(사유재산)

舍
4급Ⅱ
집 사
舌 | 2획

비 余(나 여)
동 館(집 관)
　屋(집 옥)
　宅(집 택)
　家(집 가)
　堂(집 당)
　室(집 실)

글자 풀이

정자 형태의 이것은 원래 잠시 쉬어가는 건물로서 임시로 머무르는 곳,
건물(舍)을 의미한다.

읽기한자

舍廊房(사랑방) 館舍(관사) 幕舍(막사) 畜舍(축사)

쓰기한자

寄宿舍(기숙사) 廳舍(청사) 舍監(사감) 舍宅(사택) 舍兄(사형) 客舍(객사)
官舍(관사) 校舍(교사) 不舍晝夜(불사주야)

	7급Ⅱ
事	일 **사:**
	亅 | 7획

동 業(업 업)

글자 풀이
역술사는 여러 가지를 점치는 것이 직업이라고 하는 것에서 일,
직업(事)을 의미한다.

읽기 한자

不祥事(불상사) 敍事詩(서사시) 食少事煩(식소사번) 事蹟(사적) 事項(사항)
幹事(간사) 基礎工事(기초공사) 已往之事(이왕지사) 茶飯事(다반사)
役事(역사)

쓰기 한자

事必歸正(사필귀정) 事件(사건) 事故(사고) 事記(사기) 事端(사단)
事大主義(사대주의) 事例(사례) 事理(사리) 事變(사변) 事實(사실)
事業(사업) 事由(사유)

	6급
使	하여금/부릴 **사:**
	人 | 6획

비 史(사기 사)
　吏(관리 리)
동 令(하여금 령)
　役(부릴 역)
반 自(스스로 자)

글자 풀이
상관인 웃어른(人)이 아전(吏)으로 하여금(使) 어떤 일을 하도록
부린다(使)는 의미이다.

읽기 한자

驅使(구사) 咸興差使(함흥차사) 使役(사역) 公使館(공사관)
暗行御使(암행어사)

쓰기 한자

使動(사동) 使命(사명) 使臣(사신) 使用(사용) 使節團(사절단)
勞使(노사) 大使(대사) 牧使(목사) 密使(밀사) 設使(설사)
外交使節(외교사절) 特使(특사)

	6급Ⅱ
社	모일 **사**
	示 | 3획

비 祈(빌 기)
　祀(제사 사)
동 會(모일 회)

글자 풀이
물건을 낳아주는 흙(土)을 공경해 제사(示)하는 것에서 토지신, 동료,
사회(社)를 의미한다.

읽기 한자

社債(사채) 株式會社(주식회사)

쓰기 한자

社告(사고) 社交(사교) 社規(사규) 社說(사설) 社屋(사옥) 社員(사원)
社長(사장) 社會(사회) 本社(본사) 商社(상사) 新聞社(신문사)
愛社心(애사심) 支社(지사)

	3급Ⅱ
祀	제사 **사**
	示 | 3획

비 社(모일 사)
동 祭(제사 제)

글자 풀이
제단(示)에 절을 하며(巳) 제사(祀)를 지낸다는 의미이다.

읽기 한자

祀天(사천) 告祀(고사) 祭祀(제사)

査	5급
	조사할 **사**
木 | 5획	

동 探(찾을 탐)

글자 풀이

자른 나무(木)를 이리저리 쪼개서 어느(且) 나무가 재료로서 좋은가를
조사하는 것에서 조사하다(査)는 의미이다.

읽기 한자

査丈(사장) 鑑査(감사) 踏査(답사) 審査(심사)

쓰기 한자

査證(사증) 入國査證(입국사증) 探査(탐사) 査夫人(사부인) 査實(사실)
査正(사정) 査察(사찰) 檢査(검사) 內査(내사) 走査(주사) 調査(조사)
期末考査(기말고사)

思	5급
	생각 **사(:)**
心 | 5획	

비 恩(은혜 은)
동 想(생각 상)
　考(생각할 고)
　慮(생각할 려)
　念(생각 념)

글자 풀이

뇌하수가 들어있는 머리(田)와 마음(心)은 생각하는 역할을 하는 것에서
생각하다(思)는 의미이다.

읽기 한자

思惟(사유) 思慕(사모) 思索(사색) 深思熟考(심사숙고) 易地思之(역지사지)

쓰기 한자

思慮(사려) 思潮(사조) 思考方式(사고방식) 思料(사료) 思想(사상)
思春期(사춘기) 不可思議(불가사의) 相思病(상사병) 意思(의사)

師	4급Ⅱ
	스승 **사**
巾 | 7획	

비 帥(장수 수)
반 弟(아우 제)
약 师

글자 풀이

원래는 언덕 위에 깃발을 세워 모여살고 있는 군대를 말했는데,
그것이 상관의 의미가 되고, 상관이 부하를 가르치는 것에서 가르치는
사람(師)을 의미한다.

읽기 한자

禪師(선사)

쓰기 한자

師範學校(사범학교) 看護師(간호사) 師團(사단) 師道(사도) 師父(사부)
師弟(사제) 師親會(사친회) 師表(사표) 講師(강사) 教師(교사) 技師(기사)
大師(대사) 牧師(목사) 藥師(약사) 料理師(요리사) 恩師(은사) 醫師(의사)

射	4급
	쏠 **사(:)**
寸 | 7획	

비 謝(사례할 사)
동 發(필 발)

글자 풀이

몸(身)을 법도(寸)에 맞게 움직여 활을 쏜다(射)는 의미이다.

읽기 한자

射御(사어) 射臺(사대)

쓰기 한자

射擊(사격) 射殺(사살) 射手(사수) 射精(사정) 曲射砲(곡사포) 亂射(난사)
發射(발사) 反射(반사) 放射線(방사선) 速射砲(속사포) 熱射病(열사병)
應射(응사) 日射病(일사병) 條件反射(조건반사) 注射(주사)
直射光線(직사광선) 投射(투사)

斜	3급Ⅱ 비낄 **사** 斗 | 7획

비 敍(펼 서)
동 傾(기울 경)

글자 풀이

말(斗) 속에 남아 있는(余) 곡식을 쏟고자 말을 기울인다(斜)는 의미이다.

읽기 한자

斜面(사면) 斜線(사선) 斜視(사시) 斜陽産業(사양산업) 傾斜(경사)

絲	4급 실 **사** 糸 | 6획

글자 풀이

타래실(絲)의 모양을 본떴다.

읽기 한자

絹絲(견사) 綿絲(면사) 絲竹之音(사죽지음)

쓰기 한자

絲管(사관) 金絲(금사) 原絲(원사) 一絲不亂(일사불란)
製絲工場(제사공장) 鐵絲(철사)

詐	3급 속일 **사** 言 | 5획

비 詞(말 사)
동 欺(속일 기)

글자 풀이

거짓으로 말(言)을 지어(作) 남을 속인다(詐)는 의미이다.

읽기 한자

詐欺(사기) 詐稱(사칭)

詞	3급Ⅱ 말/글 **사** 言 | 5획

비 詐(속일 사)
동 言(말씀 언)
　語(말씀 어)
　話(말씀 화)

글자 풀이

맡은(司) 일에 대하여 의견을 말한다(言)는 데서 말씀(詞)을 의미한다.

읽기 한자

歌詞(가사) 感歎詞(감탄사) 冠詞(관사) 冠形詞(관형사) 代名詞(대명사)
臺詞(대사) 動詞(동사) 名詞(명사) 副詞(부사) 作詞(작사) 助詞(조사)
品詞(품사) 形容詞(형용사)

斯 3급
이 **사**
斤 | 8획

비 欺(속일 기)

글자 풀이

그(其) 도끼(斤)로 이(斯) 나무를 베라는 의미이다.

읽기 한자

斯界(사계) 斯文(사문) 斯文亂賊(사문난적) 斯學(사학)

寫 5급
베낄 **사**
宀 | 12획

동 謄(베낄 등)
약 写, 写, 寫

글자 풀이

글이나 그림을 다른 종이에 옮긴다는 데서 베끼다, 그리다(寫)는 의미이다.

읽기 한자

被寫體(피사체)

쓰기 한자

模寫(모사) 複寫(복사) 映寫機(영사기) 寫本(사본) 寫生大會(사생대회)
寫實主義(사실주의) 寫眞(사진) 試寫會(시사회) 靑寫眞(청사진)
筆寫體(필사체)

賜 3급
줄 **사:**
貝 | 8획

동 授(줄 수)

글자 풀이

상대편의 마음을 바꾸기(易) 위하여 재물(貝)을 준다(賜)는 의미이다.

읽기 한자

賜藥(사약) 下賜(하사) 厚賜(후사)

謝 4급Ⅱ
사례할 **사:**
言 | 10획

비 射(쏠 사)

글자 풀이

활시위를 당겨 화살을 쏜(射) 후 활이 느슨해지듯이 정직한 말(言)로
사죄하면 팽팽히 긴장했던 기분이 편해지는 것에서 빌다, 사례를
하다(謝)는 의미이다.

읽기 한자

薄謝(박사) 新陳代謝(신진대사) 陳謝(진사)

쓰기 한자

厚謝(후사) 謝過(사과) 謝禮(사례) 謝肉祭(사육제) 謝恩(사은) 謝意(사의)
謝絶(사절) 謝罪(사죄) 感謝(감사) 秋收感謝節(추수감사절)

辭

4급

말씀 **사**

辛 | 12획

[비] 亂(어지러울 란)
[동] 言(말씀 언)
語(말씀 어)
說(말씀 설)
[약] 辞

사

글자 풀이

실패(內)의 실을 두 손(爪又)으로 풀듯 죄인(辛)이 자기의 행위를 변명하고 사죄한다는 데서 말씀, 글, 사양하다, 사퇴하다(辭)는 의미이다.

읽기 한자

弔辭(조사) 辭讓(사양)

쓰기 한자

辭令狀(사령장) 辭說(사설) 辭意(사의) 辭任(사임) 辭典(사전) 辭證(사증)
辭職書(사직서) 辭退(사퇴) 辭表(사표) 歌辭(가사) 功致辭(공치사)
記念辭(기념사) 答辭(답사) 斗酒不辭(두주불사) 美辭麗句(미사여구)
不辭(불사) 頌辭(송사) 修辭(수사) 式辭(식사) 言辭(언사) 主禮辭(주례사)
讚辭(찬사) 祝辭(축사)

削

3급 II

깎을 **삭**

刀 | 7획

[비] 消(사라질 소)
[동] 減(덜 감)
除(덜 제)
[반] 加(더할 가)
添(더할 첨)

글자 풀이

몸(月)을 조금씩(小) 칼(刂)로 깎는다(削)는 의미이다.

읽기 한자

添削(첨삭) 削減(삭감) 削髮(삭발) 削除(삭제) 削奪官職(삭탈관직)

朔

3급

초하루 **삭**

月 | 6획

[비] 逆(거스릴 역)

글자 풀이

달(月)이 초하루가 되면 거꾸로(逆) 커진다는 데서 초하루(朔)를 의미한다.

읽기 한자

朔望(삭망) 朔方(삭방) 朔風(삭풍) 滿朔(만삭)

山

8급

메 **산**

山 | 0획

[반] 江(강 강)
川(내 천)

글자 풀이

멀리서 본 산의 모양을 본떴다.

읽기 한자

山岳(산악) 山莊(산장) 深山幽谷(심산유곡) 他山之石(타산지석)
山紫水明(산자수명)

쓰기 한자

山賊(산적) 山積(산적) 山海珍味(산해진미) 走馬看山(주마간산) 鑛山(광산)
山間(산간) 山高水長(산고수장) 山林(산림) 山脈(산맥) 山寺(산사) 山城(산성)
山勢(산세) 山所(산소) 山水(산수) 山神(산신) 山野(산야) 山行(산행)
江山(강산) 登山(등산) 先山(선산) 野山(야산) 樂山樂水(요산요수)
人山人海(인산인해) 入山(입산)

散

4급

흩을 **산:**

攵 | 8획

- 비 肯(즐길 긍)
- 동 解(풀 해)
  分(나눌 분)
  離(떠날 리)
- 반 集(모을 집)
  會(모일 회)

글자 풀이

여럿이 모여 있는(共) 사람이나 짐승(月)을 손에 채찍(攵)을 들어 흩어지게(散)한다는 의미이다.

읽기 한자

散漫(산만) 霧散(무산) 擴散(확산) 散策(산책) 奔散(분산)

쓰기 한자

散見(산견) 散官(산관) 散亂(산란) 散賣(산매) 散文(산문) 散發(산발)
散髮(산발) 散步(산보) 散藥(산약) 散在(산재) 散調(산조) 散彈銃(산탄총)
散花(산화) 散華(산화) 散會(산회) 離合集散(이합집산) 發散(발산)
分散(분산) 陰散(음산) 離散(이산) 集散地(집산지) 閑散(한산) 解散(해산)

産

5급 II

낳을 **산:**

生 | 6획

- 동 生(날 생)

글자 풀이

벼랑(厂)에서 물이 솟거(立)나 풀이 나거(生)나 여러 광물이 채집되는 것에서 생기다, 나온다(産)는 의미이다.

읽기 한자

倒産(도산) 畜産(축산)

쓰기 한자

産卵(산란) 資産(자산) 産苦(산고) 産母(산모) 産物(산물) 産室(산실)
産兒制限(산아제한) 産業(산업) 産油國(산유국) 産地(산지) 家産(가산)
減産(감산) 共産主義(공산주의) 工産品(공산품) 國産(국산) 禁治産(금치산)
難産(난산) 農産物(농산물)

算

7급

셈 **산:**

竹 | 8획

- 동 計(셀 계)
  數(셈 수)

글자 풀이

조개(貝)를 양손(廾)에 갖고 조개 장난을 하듯이 대나무(竹) 막대로 숫자를 세는 것에서 수를 세다(算)는 의미이다.

읽기 한자

珠算(주산) 換算(환산)

쓰기 한자

豫算(예산) 採算(채산) 推算(추산) 算數(산수) 算術(산술) 算入(산입)
算定(산정) 算出(산출) 加算(가산) 減算(감산) 檢算(검산) 決算(결산)
計算(계산) 公算(공산) 勝算(승산)

殺

4급 II

죽일 **살**
감할 **쇄:**

殳 | 7획

- 동 死(죽을 사)
- 반 生(날 생)
  活(살 활)
- 약 殺

글자 풀이

나뭇가지(木)를 다발로 해서 끝으로 묶고(乂) 나온 동물은 때려(殳) 죽이는 것에서 죽이다(殺)는 의미이다.

읽기 한자

矯角殺牛(교각살우) 惱殺(뇌쇄) 沒殺(몰살) 被殺(피살) 殺菌(살균)

쓰기 한자

盜殺(도살) 射殺(사살) 殺身成仁(살신성인) 降殺(강쇄) 驚殺(경쇄)
殺氣(살기) 殺伐(살벌) 殺生(살생) 殺意(살의) 殺人(살인) 殺蟲(살충)
殺風景(살풍경) 殺害(살해) 毒殺(독살) 減殺(감쇄) 等殺(등쇄) 相殺(상쇄)

森 3급Ⅱ
수풀 **삼**
木 | 8획

동 林(수풀 림)

글자 풀이
나무를 세 개(森) 써서 나무가 빽빽히 늘어섬, 즉 숲(森)을 의미한다.

읽기한자
森林(삼림) 森羅萬象(삼라만상) 森嚴(삼엄)

三 8급
석 **삼**
一 | 2획

동 參(석 삼)

글자 풀이
막대기 셋(三)을 가로로 놓은 모양을 본떴다.

읽기한자
朝三暮四(조삼모사) 三綱五倫(삼강오륜) 三人成虎(삼인성호) 三振(삼진)
三尺童子(삼척동자) 二人三脚(이인삼각) 孟母三遷(맹모삼천)

쓰기한자
三段論法(삼단논법) 三伏(삼복) 三人稱(삼인칭) 三角關係(삼각관계)
三角形(삼각형) 三經(삼경) 三國統一(삼국통일) 三權分立(삼권분립)
三南(삼남) 三多島(삼다도) 三冬(삼동) 三流(삼류) 三府要人(삼부요인)
三位一體(삼위일체) 三族(삼족) 三次元(삼차원)

上 7급Ⅱ
윗 **상:**
一 | 2획

비 土(흙 토)
반 下(아래 하)

 사

글자 풀이
중앙에 선을 한(一) 줄 쓰고 그 위에 표시한 점(卜)의 모양에서 위(上)를 의미한다.

읽기한자
上訴(상소) 上旬(상순) 上述(상술) 上昇(상승) 上策(상책) 浮上(부상)

쓰기한자
上納(상납) 上段(상단) 上映(상영) 上卷(상권) 上客(상객) 上京(상경)
上告(상고) 上古(상고) 上官(상관) 上級(상급) 上記(상기) 上氣(상기)
上端(상단) 上達(상달) 上狀(상장) 上流(상류) 上陸(상륙) 上部(상부)
上府(상부) 上士(상사) 上書(상서) 上席(상석) 上聲(상성) 上申(상신)
上演(상연)

尚 3급Ⅱ
오히려 **상(:)**
小 | 5획

비 常(떳떳할 상)
崇(높을 숭)
동 猶(오히려 유)

글자 풀이
창문에서 연기나 김이 하늘로 올라가는 모양에서 높이다(尚)는 의미이다.

읽기한자
尚宮(상궁) 尚今(상금) 尚武(상무) 尚存(상존) 高尚(고상) 崇尚(숭상)
時機尚早(시기상조) 和尚(화상)

狀 4급 II

형상 상
문서 장:

犬 | 4획

- 비 壯(장할 장)
- 동 券(문서 권)
- 약 状

글자 풀이

개(犬)가 나뒹구는 모습이 긴 침대(爿)와 같이 보인다는 것에서 모습, 형태(狀)의 의미이다.

읽기 한자

情狀參酌(정상참작) 召集令狀(소집영장) 告訴狀(고소장)
拘束令狀(구속영장) 狀啓(장계)

쓰기 한자

狀況(상황) 窮狀(궁상) 異狀(이상) 波狀攻擊(파상공격) 環狀(환상)
委任狀(위임장) 招待狀(초대장) 險狀(험상) 狀態(상태) 病狀(병상) 實狀(실상)
原狀(원상) 罪狀(죄상) 現狀(현상) 形狀(형상) 答狀(답장) 賞狀(상장)
上狀(상장) 案內狀(안내장)

相 5급 II

서로 상

目 | 4획

- 비 想(생각 상)
- 동 互(서로 호)

글자 풀이

나무(木)의 무성한 모습을 보는(目) 것에서 모습, 상태, 형태(相)의 의미이다.

읽기 한자

相忌(상기) 相互(상호) 同病相憐(동병상련) 相補(상보) 相逢(상봉)
相扶相助(상부상조) 相乘作用(상승작용) 相値(상치) 名實相符(명실상부)
皮相的(피상적)

쓰기 한자

相異(상이) 相關(상관) 相談(상담) 相當(상당) 相對(상대) 相面(상면)
相反(상반) 相半(상반) 相法(상법) 相續(상속) 相殺(상쇄) 相應(상응)
相議(상의) 相通(상통) 相好(상호) 觀相(관상) 色相(색상) 首相(수상)

桑 3급 II

뽕나무 상

木 | 6획

- 약 桒

글자 풀이

뽕잎을 손으로 따고(又) 또 따서(又) 누에를 치는 나무(木)라는 것에서 뽕나무(桑)의 의미이다.

읽기 한자

桑葉(상엽) 桑田碧海(상전벽해)

商 5급 II

장사 상

口 | 8획

- 비 適(맞을 적)
- 동 量(헤아릴 량)

글자 풀이

사들(㐀)인 가격을 비밀로 하고, 그보다 높은(冏) 가격으로 물품을 매매하는 것에서 장사, 상매(商)의 의미이다.

읽기 한자

商魂(상혼)

쓰기 한자

巨商(거상) 商標(상표) 商街(상가) 商家(상가) 商去來(상거래) 商量(상량)
商法(상법) 商社(상사) 商船(상선) 商術(상술) 商業(상업) 商人(상인)
商店(상점) 商品(상품) 商號(상호) 商會(상회) 建材商(건재상) 隊商(대상)
都賣商(도매상) 士農工商(사농공상) 小賣商(소매상)

常

4급Ⅱ

떳떳할 **상**

巾 | 8획

비 尙(오히려 상)
　當(마땅 당)
　堂(집 당)
동 凡(무릇 범)
　恒(항상 항)
반 班(나눌 반)

글자 풀이

옛날에는 길게 뻗어가는 연기처럼 가늘고 긴 깃발을 의미하였는데
옷자락(巾)이 긴 의복을 평소(尙)에도 입고 있었으므로 평소(常)처럼의
의미이다.

읽기한자

沒常識(몰상식) 凡常(범상)

쓰기한자

常勤(상근) 常存(상존) 常道(상도) 常例(상례) 常綠樹(상록수) 常理(상리)
常務(상무) 常民(상민) 常備軍(상비군) 常設(상설) 常習(상습) 常時(상시)
常識(상식) 常溫(상온) 常用(상용) 常任理事(상임이사) 常主(상주)
經常費(경상비) 無常出入(무상출입) 班常(반상) 兵家常事(병가상사) 非常(비상)

祥

3급

상서 **상**

示 | 6획

비 祝(빌 축)
　詳(자세할 상)
　洋(큰바다 양)
동 瑞(상서 서)

글자 풀이

제단(示)에 양(羊)을 제물로 하여 제사를 지내며 복을 비니 상서로운
조짐(祥)이 보인다는 의미이다.

읽기한자

祥雲(상운) 吉祥(길상) 大祥(대상) 發祥地(발상지) 不祥事(불상사)
小祥(소상)

喪

3급Ⅱ

잃을 **상(:)**

口 | 9획

비 畏(두려워할 외)
동 失(잃을 실)

글자 풀이

어른(長)이 죽어(十) 울며(口口) 슬퍼한다는 데서 복을 잃다(喪)의
의미이다.

읽기한자

喪輿(상여) 弔喪(조상) 喪家(상가) 喪亂(상란) 喪禮(상례) 喪服(상복)
喪失(상실) 喪心(상심) 喪葬(상장) 喪主(상주) 喪中(상중) 喪妻(상처)
冠婚喪祭(관혼상제) 國喪(국상) 記憶喪失(기억상실) 問喪(문상)
初喪(초상) 好喪(호상)

象

4급

코끼리 **상**

豕 | 5획

비 像(모양 상)

글자 풀이

코끼리 형태를 흉내내 만든 글자이므로 코끼리, 모습과 형태를 흉내내다,
모조하다(象) 등의 의미이다.

읽기한자

抽象(추상) 象徵(상징) 觀象臺(관상대) 森羅萬象(삼라만상)

쓰기한자

象形文字(상형문자) 具象(구상) 氣象(기상) 對象(대상) 物象(물상)
印象(인상) 千態萬象(천태만상) 現象(현상) 形象(형상) 假象(가상)

사

想

4급 Ⅱ
생각 **상:**
心 | 9획

- 비 相(서로 상)
- 동 思(생각 사)
  考(생각할 고)
  慮(생각할 려)
  念(생각 념)

글자 풀이
나무(木)의 발육 상태를 자세히 조사하(目)듯이 사물에 대해 충분히 생각해 보는(心) 것에서 생각하다(想)는 의미이다.

읽기 한자
冥想(명상) 想像(상상) 夢想(몽상) 聯想(연상) 被害妄想(피해망상)

쓰기 한자
構想(구상) 奇想天外(기상천외) 豫想(예상) 想起(상기) 想念(상념)
假想(가상) 感想(감상) 空想(공상) 無念無想(무념무상) 發想(발상)
思想(사상) 詩想(시상) 惡想(악상) 理想(이상) 着想(착상) 回想(회상)

傷

4급
다칠 **상**
人 | 11획

- 비 場(마당 장)
  陽(볕 양)
  楊(버들 양)
  湯(끓일 탕)
- 동 害(해할 해)

글자 풀이
사람(人)들이 싸우다 상처(昜)가 나도록 다쳤다(傷)는 의미이다.

읽기 한자
凍傷(동상) 裂傷(열상)

쓰기 한자
傷心(상심) 傷處(상처) 傷害(상해) 感傷(감상) 輕傷(경상) 落傷(낙상)
負傷(부상) 殺傷(살상) 損傷(손상) 食傷(식상) 外傷(외상) 中傷(중상)
銃傷(총상) 致命傷(치명상) 破傷風(파상풍) 火傷(화상)

詳

3급 Ⅱ
자세할 **상**
言 | 6획

- 비 祥(상서 상)

글자 풀이
흠이 없이 완벽한(羊) 말(言)로 자세히(詳) 설명한다는 의미이다.

읽기 한자
昭詳(소상) 詳報(상보) 詳細(상세) 詳述(상술) 未詳(미상)

裳

3급 Ⅱ
치마 **상**
衣 | 8획

- 비 堂(집 당)
  常(떳떳할 상)

글자 풀이
옷(尙)옷 아래에 입는 옷(衣)이니 치마(裳)를 의미한다.

읽기 한자
衣裳(의상) 同價紅裳(동가홍상)

嘗 3급 맛볼 **상** 口 | 11획 비 掌(손바닥 장) 약 甞	**글자 풀이** 음식의 맛(旨)을 숭상한다(尙)는 데서 맛을 본다(嘗)는 의미이다. **읽기 한자** 嘗味(상미) 嘗試(상시) 未嘗不(미상불)
像 3급Ⅱ 모양 **상** 人 | 12획 비 象(코끼리 상) 동 形(모양 형) 　 態(모습 태)	**글자 풀이** 사람(人)이 코끼리(象)의 형상(像)을 그린다는 의미이다. **읽기 한자** 假像(가상) 群像(군상) 銅像(동상) 佛像(불상) 想像(상상) 石像(석상) 受像機(수상기) 映像(영상) 偶像(우상) 坐像(좌상) 肖像(초상) 虛像(허상)
床 4급Ⅱ 상 **상** 广 | 4획 동 案(책상 안)	**글자 풀이** 집(广)에서 쓰는 나무(木)로 만든 평상, 책상, 마루 바닥(床) 등을 의미한다. **읽기 한자** 床播(상파) 苗床(묘상) 兼床(겸상) 同床異夢(동상이몽) 臨床實驗(임상실험) 飯床器(반상기) 沈床(침상) **쓰기 한자** 冊床(책상) 酒案床(주안상) 交子床(교자상) 起床(기상) 獨床(독상) 病床(병상) 溫床(온상) 着床(착상) 平床(평상)
賞 5급 상줄 **상** 貝 | 8획 비 償(갚을 상) 반 罰(벌할 벌)	**글자 풀이** 수훈을 세운 사람에게 기둥보다도 높이 오르는(尙) 연기처럼 상(貝)을 가득 주는 것에서 칭찬하다, 포상(賞)하다는 의미이다. **읽기 한자** 鑑賞(감상) 懸賞金(현상금) **쓰기 한자** 賞與金(상여금) 賞金(상금) 賞罰(상벌) 賞狀(상장) 賞春客(상춘객) 賞品(상품) 觀賞(관상) 論功行賞(논공행상) 大賞(대상) 副賞品(부상품) 受賞(수상) 施賞(시상) 信賞必罰(신상필벌) 入賞(입상)

3급 II

霜
서리 **상**
雨 | 9획

비 露(이슬 로)
電(번개 전)
雲(구름 운)
雪(눈 설)

글자 풀이

수증기가 비(雨)처럼 내려 언 모습(相)이 서리(霜)로 나타난다는 의미이다.

읽기 한자

霜菊(상국) 霜葉(상엽) 霜害(상해) 雪上加霜(설상가상) 秋霜(추상)
風霜(풍상) 星霜(성상)

3급 II

償
갚을 **상**
人 | 15획

비 賞(상줄 상)
동 報(갚을 보)

글자 풀이

다른 사람(人)의 재산(貝)상의 손해를 높은(尙) 값으로 갚아준다(償)는 의미이다.

읽기 한자

辨償(변상) 償還(상환) 求償權(구상권) 報償(보상) 補償(보상)
有償增資(유상증자)

3급 II

塞
막힐 **색**
변방 **새**
土 | 10획

비 寒(찰 한)

글자 풀이

추위(寒)를 이겨내기 위하여 바람 구멍을 흙(土)으로 막는다(塞)는 의미이다.

읽기 한자

塞翁之馬(새옹지마) 窮塞(궁색) 拔本塞源(발본색원) 閉塞(폐색)
要塞(요새)

7급

色
빛 **색**
色 | 0획

비 邑(고을 읍)
동 彩(채색 채)

글자 풀이

지팡이를 짚는 사람들의 눈대중으로 지팡이는 표적이 된다. 눈표적은 안색이나 의복의 색깔이라는 것에서 색(色)을 의미한다.

읽기 한자

色盲(색맹) 色慾(색욕) 色彩(색채) 脚色(각색) 古色蒼然(고색창연)
薄色(박색) 顔色(안색) 染色(염색) 染色體(염색체) 彩色(채색)

쓰기 한자

色骨(색골) 色傷(색상) 色眼鏡(색안경) 各樣各色(각양각색)
大驚失色(대경실색) 色感(색감) 色度(색도) 色相(색상) 色素(색소)
色情(색정) 色調(색조) 色紙(색지) 色鄕(색향) 具色(구색) 氣色(기색)
名色(명색) 無色(무색)

	3급Ⅱ
索	찾을 색 노(새끼줄) 삭
	糸 | 4획

동 搜(찾을 수)
　探(찾을 탐)

사

글자 풀이

열(十) 손가락으로 실(糸)을 꼬아(冖) 동아줄(索)을 만든다는 의미이다.

읽기한자

搜索(수색) 索引(색인) 索出(색출) 檢索(검색) 思索(사색) 探索(탐색)
索道(삭도) 索居(삭거) 索莫(삭막) 鐵索(철삭)

	8급
生	날 생
	生 | 0획

동 産(낳을 산)
반 死(죽을 사)
　殺(죽일 살)

글자 풀이

흙 속에서 눈이 나오는 모습에서 싹이 트다, 태어나다(生)는 의미이다.

읽기한자

生埋葬(생매장) 生涯(생애) 生辰(생신) 蘇生(소생) 還生(환생) 生還(생환)
微生物(미생물) 生硬(생경) 醉生夢死(취생몽사) 生菜(생채) 生彩(생채)
生捕(생포) 畜生(축생)

쓰기한자

派生(파생) 生家(생가) 生命(생명) 生母(생모) 生父(생부) 生産(생산)
生色(생색) 生成(생성) 生育(생육) 生長(생장) 生後(생후) 發生(발생)
新生(신생)

	5급
序	차례 서:
	广 | 4획

비 字(글자 자)
동 秩(차례 질)

글자 풀이

집이나 관청(广)에서 하는 사업은 미리(予) 순서를 정해 놓는다하여
차례(序)를 의미한다.

읽기한자

序幕(서막) 長幼有序(장유유서) 秩序(질서)

쓰기한자

序曲(서곡) 序頭(서두) 序列(서열) 序論(서론) 序文(서문)
序說(서설) 序詩(서시) 序言(서언) 序次(서차) 順序(순서)

	3급Ⅱ
徐	천천할 서(:)
	彳 | 7획

비 途(길 도)
　除(덜 제)
반 急(급할 급)
　速(빠를 속)

글자 풀이

시간이 남아도니(余) 자연 걸음(彳)이 느려진다는 데서 천천히(徐)를
의미한다.

읽기한자

徐行(서행)

書

6급 II

글 **서**

日 | 6획

비 晝(낮 주)
　 畫(그림 화)
통 文(글월 문)

> **글자 풀이**
>
> 붓(聿)으로 종이(日)에 글자를 쓰고 있는 형태에서 쓰다, 서적(書)을 의미한다.

읽기한자

但書(단서) 封書(봉서) 司書(사서) 譯書(역서) 著書(저서) 淨書(정서) 書架(서가)

쓰기한자

書庫(서고) 書籍(서적) 覺書(각서) 書記(서기) 書堂(서당) 書道(서도)
書類(서류) 書面(서면) 書房(서방) 書士(서사) 書生(서생) 書式(서식)
書信(서신) 書案(서안) 書藝(서예) 書院(서원) 書店(서점) 書體(서체)
書畫(서화)

庶

3급

여러 **서:**

广 | 8획

비 席(자리 석)

> **글자 풀이**
>
> 집(广) 안에 불을 밝히고 20명(卄)이 모여 있다는 데서 많다, 여럿(庶)을 의미한다.

읽기한자

庶幾(서기) 庶母(서모) 庶務(서무) 庶民(서민) 庶子(서자) 庶出(서출)

敍

3급

펼 **서:**

攴 | 7획

비 斜(비낄 사)
약 叙

> **글자 풀이**
>
> 곳간에 남아있는(余) 곡식을 멍석 위(卜)에 손(又)으로 펼쳐(敍) 말린다, 편다는 의미이다.

읽기한자

敍事(서사) 敍事詩(서사시) 敍述(서술) 敍用(서용) 敍任(서임)
敍情詩(서정시) 自敍傳(자서전) 追敍(추서)

暑

3급

더울 **서:**

日 | 9획

비 署(관청 서)
　 著(지을 저)
　 者(놈 자)
통 溫(따뜻할 온)
반 寒(찰 한)
　 冷(찰 랭)

> **글자 풀이**
>
> 사람(者)의 머리 위에 해(日)가 뜨겁게 비치니 덥다(暑)는 의미이다.

읽기한자

暑氣(서기) 大暑(대서) 小暑(소서) 處暑(처서) 暴暑(폭서) 避暑(피서)
寒暑(한서)

署

3급 Ⅱ

마을[官廳] 서:

罒 | 9획

비 暑(더울 서)
著(나타날 저)
者(놈 자)
동 官(벼슬 관)
廳(관청 청)

글자 풀이

그물(罒)의 코와 같이 서로 연관성을 가지도록 사람(者)을 배치하여 일하는 관청, 부서(署)를 의미한다.

읽기 한자

署理(서리) 署名(서명) 署員(서원) 署長(서장) 官署(관서) 本署(본서)
部署(부서) 連署(연서)

緒

3급 Ⅱ

실마리 서:

糸 | 9획

약 緒

글자 풀이

실(糸)로 바느질을 하려는 사람(者)은 실마리(緒)를 찾아야 바늘에 실을 꿸 수 있다는 의미이다.

읽기 한자

緒論(서론) 端緒(단서) 頭緒(두서) 遺緒(유서) 情緒(정서)

西

8급

서녘 서

襾 | 0획

비 酉(닭 유)

글자 풀이

해가 서쪽에서 기울 무렵 새가 집으로 들어가는 것에서 서쪽(西)을 의미한다.

읽기 한자

西方淨土(서방정토) 西岸(서안) 東奔西走(동분서주) 嶺西(영서)
佛蘭西(불란서)

쓰기 한자

西紀(서기) 紅東白西(홍동백서) 西洋(서양) 西風(서풍) 西海(서해)
關西(관서) 東問西答(동문서답) 東西古今(동서고금)

恕

3급 Ⅱ

용서할 서:

心 | 6획

비 怒(성낼 노)
동 容(얼굴 용)

글자 풀이

상대편을 이해하고 상대편과 같은(如) 마음(心)이 되어 용서한다(恕)는 의미이다.

읽기 한자

容恕(용서) 恕思(서사) 寬恕(관서) 忠恕(충서)

誓 3급 맹세할 서: 言 | 7획	**글자 풀이** 옛적에는 화살을 꺾어 맹세했다. 화살을 꺾으면서(折) 말(言)로 맹세한다(誓)는 의미이다.
동 盟(맹세할 맹)	**읽기한자** 誓券(서권) 誓盟(서맹) 誓文(서문) 誓約(서약) 誓言(서언) 誓願(서원) 盟誓(맹서) 默誓(묵서) 宣誓(선서)

逝 3급 갈 서: 辶 | 7획	**글자 풀이** 折은 깍아 내다의 뜻으로 눈앞에서 떠나다(逝)는 의미이다.
동 往(갈 왕) 邁(갈 매) 반 來(올 래)	**읽기한자** 逝去(서거) 逝世(서세) 逝水(서수) 逝川(서천) 高逝(고서) 急逝(급서) 仙逝(선서) 永逝(영서) 遠逝(원서) 流逝(유서) 一月逝(일월서) 長逝(장서) 電逝(전서) 遷逝(천서)

昔 3급 예 석 日 | 4획	**글자 풀이** 날(日)이 포개어 쌓인 지난날이란 데서 옛(昔)을 의미한다.
비 借(빌 차) 惜(아낄 석) 동 古(예 고) 舊(예 구) 반 今(이제 금)	**읽기한자** 今昔之感(금석지감) 宿昔(숙석)

析 3급 쪼갤 석 木 | 4획	**글자 풀이** 나무(木)를 도끼(斤)로 가르고 쪼갠다(析)는 의미이다.
비 折(꺾을 절) 동 分(나눌 분)	**읽기한자** 分析(분석) 解析(해석)

夕

7급

저녁 **석**

夕 | 0획

- 비 多(많을 다)
- 동 暮(저물 모)
- 반 朝(아침 조)

글자 풀이
해가 저물고 달이 뜨기 시작할 무렵의 모습에서 저녁(夕) 무렵을 의미한다.

읽기 한자

夕刊(석간)

쓰기 한자

夕室(석실) 夕陽(석양) 朝變夕改(조변석개) 朝夕(조석) 秋夕(추석)
七夕(칠석)

石

6급

돌 **석**

石 | 0획

- 비 古(예 고)
  右(오른 우)
- 동 巖(바위 암)

글자 풀이
벼랑(厂) 밑에 흩어져 있는 돌(口)의 모양으로 돌(石)을 의미한다.

읽기 한자

石綿(석면) 石塔(석탑) 金剛石(금강석) 奇巖怪石(기암괴석) 巖石(암석)
他山之石(타산지석)

쓰기 한자

石刻(석각) 石灰(석회) 鑛石(광석) 石工(석공) 石器時代(석기시대)
石女(석녀) 石頭(석두) 石燈(석등) 石壁(석벽) 石佛(석불) 石上(석상)
石手(석수) 石油(석유) 石材(석재) 石造(석조) 石淸(석청) 石炭(석탄)
舊石器(구석기) 金石文(금석문) 大理石(대리석) 望夫石(망부석)
木石(목석) 寶石(보석)

釋

3급 Ⅱ

풀 **석**

采 | 13획

- 비 擇(가릴 택)
  譯(번역할 역)
  澤(못 택)
- 동 解(풀 해)
  放(놓을 방)
- 약 釈

글자 풀이
손(爪)으로 벼(禾) 속의 돌피를 가려내듯 사물을 자세히 살펴보고(睪)
풀이한다(釋)는 의미이다.

읽기 한자

釋門(석문) 釋放(석방) 釋然(석연) 釋尊(석존) 保釋(보석) 解釋(해석)
稀釋(희석)

席

6급

자리 **석**

巾 | 7획

- 비 庶(여러 서)
  度(법도 도)
- 동 座(자리 좌)

글자 풀이
풀로 짠 깔개에 면포(巾)를 씌운 방석을 집안(广)에 두고 거기를 앉는
장소로 한 것에서 자리, 앉는 곳(席)을 의미한다.

읽기 한자

宴席(연석) 卽席(즉석) 坐不安席(좌불안석) 坐席(좌석)

쓰기 한자

席卷(석권) 私席(사석) 座席(좌석) 酒席(주석) 席上(석상) 席次(석차)
客席(객석) 缺席(결석) 空席(공석) 同席(동석) 末席(말석) 方席(방석)
病席(병석) 上席(상석) 首席(수석) 安席(안석)

惜
3급 Ⅱ
아낄 **석**
心 | 8획

비 昔(예 석)
借(빌 차)

글자 풀이
마음(忄) 속으로 오래도록(昔) 아끼고(惜) 소중히 여긴다는 의미이다.

읽기한자
惜別(석별) 惜敗(석패) 愛惜(애석)

宣
4급
베풀 **선**
宀 | 6획

비 宜(마땅 의)
동 布(베/펼 포)

글자 풀이
모든 집(宀)과 천지(二) 사이에 햇빛(日)이 퍼지듯이 널리 펴(宣) 알린다는 의미이다.

읽기한자
宣誓(선서) 國威宣揚(국위선양)

쓰기한자
宣告(선고) 宣敎師(선교사) 宣明(선명) 宣言(선언) 宣傳(선전) 宣布(선포)
宣傳官(선전관)

仙
5급 Ⅱ
신선 **선**
人 | 3획

비 化(될 화)

글자 풀이
사람(人)이 산(山)에서 도를 닦으면 신선(仙)이 된다는 의미이다.

읽기한자
仙人掌(선인장) 鳳仙花(봉선화)

쓰기한자
仙風道骨(선풍도골) 仙境(선경) 仙女(선녀) 仙道(선도) 仙人(선인)
水仙花(수선화) 詩仙(시선) 神仙(신선) 十仙(십선)

先
8급
먼저 **선**
儿 | 4획

비 洗(씻을 세)
동 前(앞 전)
반 後(뒤 후)

글자 풀이
풀 눈이 쭉쭉 뻗치는 것(生)과 사람이 걸어서(儿) 앞으로 나가는 것에서 먼저(先)라는 의미이다.

읽기한자
先驅者(선구자) 立稻先賣(입도선매) 于先(우선) 先攻(선공) 先代(선대)
先輩(선배)

쓰기한자
先覺者(선각자) 先納(선납) 先貸(선대) 先導(선도) 先烈(선열) 先占(선점)
先見之明(선견지명) 先決(선결) 先考(선고) 先金(선금) 先頭(선두)
先例(선례) 先發隊(선발대) 先佛(선불) 先史時代(선사시대) 先山(선산)
先生(선생) 先手(선수) 先約(선약) 先任者(선임자)

善

5급
착할 선:
口 | 9획

비 美(아름다울 미)
반 惡(악할 악)

글자 풀이
양(羊)처럼 얌전하고, 아름답다는 말에서 유래하여 좋다(善)라는 의미이다.

읽기한자
善隣(선린) 勸善懲惡(권선징악) 慈善(자선) 次善策(차선책)
改過遷善(개과천선) 僞善(위선)

쓰기한자
積善(적선) 善價(선가) 善男善女(선남선녀) 善導(선도) 善良(선량) 善心(선심)
善惡(선악) 善用(선용) 善意(선의) 善戰(선전) 善政(선정) 善處(선처)
善行(선행) 改善(개선) 多多益善(다다익선) 獨善(독선) 性善說(성선설)
眞善美(진선미) 最善(최선) 親善(친선)

選

5급
가릴 선:
辶 | 12획

비 遣(보낼 견)
遺(남길 유)
동 拔(뽑을 발)
別(나눌 별)
擇(가릴 택)

글자 풀이
상대를 공경(巽)하여 선물을 보낼 때 가지고 가기(辶)에 좋은 물건만을 고르는 것에서 고르다(選)는 의미이다.

읽기한자
取捨選擇(취사선택) 補選(보선) 被選(피선) 選拔(선발)

쓰기한자
選擇(선택) 決選投票(결선투표) 國選辯護士(국선변호사) 嚴選(엄선)
豫選(예선) 選擧(선거) 選曲(선곡) 選別(선별) 選手(선수) 選任(선임)
選定(선정) 選出(선출) 選好度(선호도) 間選(간선) 改選(개선)
官選理事(관선이사)

線

6급 II
줄 선
糸 | 9획

비 綿(솜 면)
錦(비단 금)
絹(비단 견)
終(마칠 종)

글자 풀이
샘물(泉)이 솟아올라 어디까지나 흘러내리듯이 실(糸)이 가늘고 길게 이어져 그침이 없다는 것에서 실처럼 가늘고 긴 선(線)을 의미한다.

읽기한자
脚線美(각선미) 幹線道路(간선도로) 海岸線(해안선) 紫外線(자외선)

쓰기한자
警戒線(경계선) 放射線(방사선) 複線(복선) 伏線(복선) 射線(사선)
線路(선로) 線上(선상) 曲線(곡선) 光線(광선) 單線(단선) 對角線(대각선)
導火線(도화선) 等高線(등고선) 路線(노선) 無線(무선) 配線(배선)
不連續線(불연속선) 死線(사선) 五線紙(오선지)

禪

3급 II
선 선
示 | 12획

비 彈(탄알 탄)
戰(싸움 전)
약 禅

글자 풀이
제단(示) 앞에 홀로(單) 앉아 좌선한다(禪)는 의미이다.

읽기한자
禪問答(선문답) 禪房(선방) 禪師(선사) 禪宗(선종) 口頭禪(구두선)
坐禪(좌선) 參禪(참선) 禪讓(선양) 禪位(선위)

鮮

5급Ⅱ

고울 **선**

魚 | 6획

- 비 漁(고기잡을 어)
- 동 麗(고울 려)
  美(아름다울 미)

글자 풀이

양(羊)고기처럼 맛있는 물고기(魚)는 생선(鮮)인데, 맛있는 생선은 곱고, 싱싱하다(鮮)는 의미이다.

읽기한자

鮮卑(선비) 鮮菜(선채)

쓰기한자

鮮明(선명) 鮮度(선도) 鮮少(선소) 鮮魚(선어) 鮮血(선혈) 生鮮(생선)

旋

3급Ⅱ

돌 **선**

方 | 7획

- 비 旅(나그네 려)
  族(겨레 족)
  施(베풀 시)
- 동 回(돌 회)

글자 풀이

깃발(方)을 선두로 하여 고적대(人)가 발(足)로 행진하면서 돈다(旋)는 의미이다.

읽기한자

旋律(선율) 旋盤(선반) 旋風(선풍) 旋回(선회) 周旋(주선)

船

5급

배 **선**

舟 | 5획

- 비 般(일반 반)
- 동 舟(배 주)
- 약 舩

글자 풀이

구비를 따라 흐르는 계곡물(㕣)을 헤쳐 가는 배(舟)의 모습에서 배(船)를 의미한다.

읽기한자

乘船(승선) 宇宙船(우주선) 蒸氣船(증기선)

쓰기한자

船積(선적) 船上(선상) 船首(선수) 船員(선원) 船人(선인) 船長(선장)
船主(선주) 救助船(구조선) 飛行船(비행선) 上船(상선) 商船(상선)
漁船(어선) 旅客船(여객선) 外航船(외항선) 造船(조선) 下船(하선)
貨物船(화물선)

設

4급Ⅱ

베풀 **설**

言 | 4획

- 비 說(말씀 설)
  話(말씀 화)
- 동 建(세울 건)

글자 풀이

제례의식의 장소를 설치(殳)하기 위해 사람에게 명령(言)해서, 도구를 사용하게 하는 것에서 물건을 마련시키다, 사물을 정리하다(設)라는 의미이다.

읽기한자

竝設(병설) 附設(부설)

쓰기한자

設或(설혹) 私設(사설) 設計(설계) 設令(설령) 設立(설립) 設問(설문)
設備(설비) 設使(설사) 設定(설정) 設置(설치) 加設(가설) 改設(개설)
開設(개설) 建設(건설) 常設(상설) 施設(시설) 新設(신설)
爲人設官(위인설관) 增設(증설)

說

5급 Ⅱ

말씀 설
달랠 세:

言 | 7획

비 設(베풀 설)
稅(세금 세)
脫(벗을 탈)
동 談(말씀 담)
言(말씀 언)
話(말씀 화)

글자 풀이

사람들이 이해하고 기뻐(兌)하도록 말한다(言)는 데서 말씀, 설명하다, 달래다(說)는 의미이다.

읽기한자

却說(각설) 浪說(낭설) 辱說(욕설)

쓰기한자

說伏(설복) 甘言利說(감언이설) 辭說(사설) 異說(이설) 說敎(설교) 說得(설득)
說明(설명) 說法(설법) 說服(설복) 說往說來(설왕설래) 說破(설파) 說話(설화)
假說(가설) 論說(논설) 發說(발설) 社說(사설) 序說(서설) 小說(소설)
語不成說(어불성설) 逆說(역설) 力說(역설) 演說(연설) 遊說(유세)

雪

6급 Ⅱ

눈 설

雨 | 3획

비 雲(구름 운)
電(번개 전)
霜(서리 상)

글자 풀이

비(雨)처럼 하늘에서 내려와서, 손바닥(크)에 올릴 수 있는 눈(雪)을 의미한다.

읽기한자

螢雪(형설) 雪上加霜(설상가상) 雪辱(설욕) 雪中梅(설중매) 雪糖(설탕)
凍氷寒雪(동빙한설)

쓰기한자

降雪量(강설량) 嚴冬雪寒(엄동설한) 殘雪(잔설) 積雪(적설) 雪景(설경)
大雪(대설) 白雪(백설) 小雪(소설) 暴雪(폭설)

舌

4급

혀 설

舌 | 0획

비 古(예 고)
活(살 활)

글자 풀이

음식물을 맛볼 때 입술을 제치고 밖으로 튀어나온 혀의 모양에서 혀(舌)를 의미한다.

읽기한자

舌禍(설화)

쓰기한자

舌端(설단) 舌音(설음) 舌戰(설전) 口舌數(구설수) 毒舌(독설)
長廣舌(장광설)

涉

3급

건널 섭

水 | 7획

비 步(걸음 보)
陟(오를 척)
동 渡(건널 도)

글자 풀이

물(氵)의 깊이를 재며 걸어서(步) 시내를 건넌다(涉)는 의미이다.

읽기한자

涉水(섭수) 涉外(섭외) 干涉(간섭) 交涉(교섭) 幕後交涉(막후교섭)

攝 3급
다스릴/잡을 섭
手 | 18획

동 理(다스릴 리)
약 摂

글자 풀이

聶은 잡거나 쥐는 것을 나타낸다. 손(手)으로 잡는(聶) 것이므로 쥐는 것, 가지는(攝) 것의 의미이다. 잡은 것은 몸쪽으로 당기므로 당길 섭, 끌려오지 않으면 으르므로 으를 섭, 끌려오면 거느리게 된 것이므로 거느릴 섭, 다스릴 섭, 대신할 섭 등의 의미가 파생되었다.

읽기한자

攝理(섭리) 攝生(섭생) 攝政(섭정) 攝取(섭취) 包攝(포섭)

成 6급Ⅱ
이룰 성
戈 | 3획

비 城(성 성)
동 就(나아갈 취)
　達(통달할 달)
반 敗(패할 패)

글자 풀이

사람(人)이 창(戈), 도구를 써서 어떤 일을 이룬다(成)는 의미이다.

읽기한자

旣成服(기성복) 成均館(성균관) 成熟(성숙) 三人成虎(삼인성호)
贊成(찬성) 大器晩成(대기만성) 編成(편성)

쓰기한자

成績(성적) 成就(성취) 構成員(구성원) 成功(성공) 成果(성과) 成年(성년)
成立(성립) 成分(성분) 成事(성사) 成長(성장) 成形手術(성형수술) 結成(결성)
光合成(광합성) 未完成(미완성) 古事成語(고사성어) 達成(달성) 大成(대성)
門前成市(문전성시)

性 5급Ⅱ
성품 성:
心 | 5획

비 姓(성 성)

글자 풀이

자연스럽게 흙 위에 자라나는(生) 식물 같은 마음(心)이라는 것에서 천성, 타고난 성질(性)을 의미한다.

읽기한자

劣性(열성) 慢性(만성) 妥當性(타당성) 性轉換(성전환) 性徵(성징)
乾性(건성) 慣性(관성) 耐性(내성) 同性戀愛(동성연애) 屬性(속성)
習慣性(습관성) 柔軟性(유연성) 特殊性(특수성) 含蓄性(함축성)
蓋然性(개연성) 硬性(경성)

쓰기한자

性格(성격) 性教育(성교육) 性理學(성리학) 性味(성미) 性別(성별)

盛 4급Ⅱ
성할 성:
皿 | 7획

비 成(이룰 성)
　城(재 성)
동 繁(번성할 번)
　興(일 흥)
반 亡(망할 망)
　衰(쇠할 쇠)

글자 풀이

음식물을 그릇(皿)에 산처럼 괴어 굳혔다(成)는 것에서 그릇을 채우다, 성하다(盛)는 의미이다.

읽기한자

盛衰(성쇠) 盛需期(성수기) 茂盛(무성) 繁盛(번성) 隆盛(융성)
盛水不漏(성수불루)

쓰기한자

盛裝(성장) 盛況(성황) 盛大(성대) 盛德(성덕) 盛業(성업) 盛行(성행)
強盛(강성) 全盛(전성) 豊盛(풍성) 興盛(흥성)

姓

7급 Ⅱ
성 성:
女 | 5획

비 性(성품 성)

글자 풀이
여자(女)가 아기를 낳으면(生) 그 아기에게 성(姓)이 붙는다는 의미이다.

읽기 한자
稀姓(희성)

쓰기 한자
姓氏(성씨) 姓名(성명) 同姓同本(동성동본) 百姓(백성) 他姓(타성)
通姓名(통성명)

省

6급 Ⅱ
살필 성
덜 생
目 | 4획

비 看(볼 간)
　 劣(못할 렬)
동 察(살필 찰)
　 略(줄일 략)

글자 풀이
눈(目)을 가늘게(少) 뜨고 잘 본다는 것에서 주의해서 잘 보다,
잘 생각하다(省)는 의미이다.

읽기 한자
昏定晨省(혼정신성)

쓰기 한자
省墓(성묘) 歸省(귀성) 省略(생략) 省察(성찰) 反省(반성)
人事不省(인사불성) 自省(자성)

星

4급 Ⅱ
별 성
日 | 5획

비 皇(임금 황)
　 是(이 시)
　 易(쉬울 이)
동 辰(별 진)

글자 풀이
풀에 눈이 생겨나는 것으로, 여러 가지 사물의 정령(日)이 하늘에 올라가서
다시 태어나(生) 하늘에 흩어졌다는 것에서 별(星)을 의미한다.

읽기 한자
星霜(성상) 恒星(항성) 惑星(혹성)

쓰기 한자
星條旗(성조기) 星座(성좌) 占星術(점성술) 星宿(성수) 星雲(성운)
星火(성화) 北極星(북극성) 衛星(위성) 流星(유성) 將星(장성)
七星堂(칠성당)

城

4급 Ⅱ
재 성
土 | 7획

비 成(이룰 성)
　 誠(정성 성)

글자 풀이
흙(土) 담의 안이 무성한 나무와 넘치는 물처럼 성황을 이루고(成) 있는
것에서 번화한 도읍, 성(城)을 의미한다.

읽기 한자
城郭(성곽) 城下之盟(성하지맹) 牙城(아성)

쓰기 한자
孤城(고성) 華城(화성) 城壁(성벽) 城主(성주) 宮城(궁성) 內城(내성)
都城(도성) 萬里長城(만리장성) 不夜城(불야성) 山城(산성) 築城(축성)
土城(토성)

誠

4급 Ⅱ

정성 **성**

言 | 7획

비 城(재 성)
　 試(시험 시)

글자 풀이

成(성)은 도끼나 칼 등을 사용해서 사물을 정리한다는 것에서 잘하는 것, 거기에 言을 붙여서 말과 행동이 정리되고, 일치하는 것에서 성심(誠)을 의미한다.

읽기한자

丹誠(단성) 懇誠(간성)

쓰기한자

誠金(성금) 誠實(성실) 誠意(성의) 不誠實(불성실) 熱誠(열성) 精誠(정성)
至誠(지성) 忠誠(충성) 孝誠(효성)

聖

4급 Ⅱ

성인 **성:**

耳 | 7획

비 最(가장 최)

글자 풀이

사람의 말(口)을 잘 듣고(耳), 그대로 실천함을 다하는(壬) 사람의 모습에서 훌륭한 사람, 성인(聖)을 의미한다.

읽기한자

謁聖及第(알성급제) 聖靈(성령)

쓰기한자

聖君(성군) 聖徒(성도) 聖域(성역) 聖歌(성가) 聖經(성경) 聖句(성구)
聖女(성녀) 聖堂(성당) 聖母(성모) 聖父(성부) 聖上(성상) 聖恩(성은)
聖人(성인) 聖者(성자) 聖子(성자) 聖典(성전) 聖職(성직) 聖體(성체)
聖賢(성현) 聖火(성화)

聲

4급 Ⅱ

소리 **성**

耳 | 11획

비 擊(칠 격)
　 穀(곡식 곡)
동 音(소리 음)
약 声

글자 풀이

돌로 만든 악기를(聲) 봉으로 두들겨서(殳) 소리를 내는 것에서 귀(耳)에 울리는 음, 소리(聲)를 의미한다.

읽기한자

擴聲器(확성기) 哭聲(곡성) 大聲痛哭(대성통곡)

쓰기한자

聲東擊西(성동격서) 聲優(성우) 聲援(성원) 聲討(성토) 怨聲(원성)
無聲映畫(무성영화) 聲帶(성대) 聲量(성량) 聲律(성률) 聲望(성망) 聲明(성명)
聲樂家(성악가) 聲調(성조) 假聲(가성) 去聲(거성) 高聲放歌(고성방가)
名聲(명성)

世

7급 Ⅱ

인간 **세:**

一 | 4획

비 也(어조사 야)

글자 풀이

중국에서는 옛날 30년을 '일세' 라 하여, 년 수가 긴 것을 나타내고, '세월의 단락' 의 의미로 사용했다.

읽기한자

世襲(세습)

쓰기한자

世紀(세기) 世稱(세칭) 世評(세평) 亂世(난세) 世間(세간) 世界(세계)
世代(세대) 世論(세론) 世上(세상) 世俗(세속) 世孫(세손) 世習(세습)
世人(세인) 世子(세자) 世態(세태) 世波(세파) 近世(근세) 來世(내세)
萬世(만세) 末世(말세) 別世(별세) 俗世(속세) 永世(영세) 終世(종세)

洗 5급Ⅱ

씻을 세:
水 | 6획

비 先(먼저 선)
　 流(흐를 류)
동 濯(씻을 탁)
　 滌(씻을 척)

글자 풀이
사람이 냇가(水)에 가서 맨발이 되어 다리(先)의 더러움을 씻어 내리는 것에서 씻다, 깨끗이 하다(洗)는 의미이다.

읽기 한자
洗腦(세뇌) 洗面臺(세면대)

쓰기 한자
洗髮(세발) 洗手(세수) 洗眼(세안) 洗車(세차) 水洗式(수세식)
洗練(세련) 洗禮(세례)

細 4급Ⅱ

가늘 세:
糸 | 5획

비 紳(띠 신)
동 微(작을 미)

글자 풀이
뇌 속의 혈관(田)은 실(糸)날 같이 매우 가늘고 예민하기 때문에 가늘다, 세세하다, 예민하다(細)는 의미이다.

읽기 한자
零細業者(영세업자) 微細(미세) 詳細(상세) 細菌(세균)

쓰기 한자
細胞(세포) 細工(세공) 細密(세밀) 細分(세분) 細心(세심) 細則(세칙)
細筆(세필) 明細書(명세서)

稅 4급Ⅱ

세금 세:
禾 | 7획

비 悅(기쁠 열)
　 銳(날카로울 예)
　 脫(벗을 탈)
동 租(조세 조)

글자 풀이
항상 떫은 얼굴로 공물을 거둬들이는 관리도 쌀(禾)을 보면 기뻐한다(兌)는 것에서 세금, 세(稅)를 의미한다.

읽기 한자
贈與稅(증여세) 稅吏(세리) 稅務署(세무서) 稅率(세율) 擔稅率(담세율)
免稅(면세) 租稅(조세)

쓰기 한자
稅源(세원) 甲勤稅(갑근세) 國稅廳(국세청) 納稅(납세) 稅關(세관) 稅金(세금)
稅法(세법) 稅收(세수) 稅入(세입) 稅制(세제) 間接稅(간접세) 減稅(감세)
課稅(과세) 關稅(관세) 保稅物品(보세물품) 所得稅(소득세) 有名稅(유명세)

歲 5급Ⅱ

해 세:
止 | 9획

비 威(위엄 위)
　 濊(넉넉할 예)
동 年(해 년)
약 岁, 歳

글자 풀이
도끼(戌)나 농기구를 들고 걸어(步) 다니면서 일과 농사를 지으며 해와 세월(歲)을 보낸다는 의미이다.

읽기 한자
歲暮(세모) 飢歲(기세)

쓰기 한자
歲拜(세배) 歲時(세시) 歲月(세월) 歲入(세입) 歲次(세차) 歲出(세출)
過歲(과세) 萬歲(만세) 年歲(연세)

勢 | 4급 II
형세 **세:**
力 | 11획

비 熱(더울 열)
藝(재주 예)
동 權(권세 권)

글자 풀이

손에 괭이(丸)를 들고 흙(坴)을 파서, 잘 경작하면, 작물은 힘(力)을 받아들여 잘 성장하므로 깊이 갈아서 심는 것에서 기세, 건강한 모습(勢)을 의미한다.

읽기 한자

劣勢(열세) 症勢(증세) 伯仲之勢(백중지세)

쓰기 한자

優勢(우세) 威勢(위세) 攻勢(공세) 勢道(세도) 勢力(세력) 加勢(가세)
强勢(강세) 去勢(거세) 敎勢(교세) 權勢(권세) 氣勢(기세) 大勢(대세)
得勢(득세) 兵勢(병세)

小 | 8급
작을 **소:**
小 | 0획

비 少(적을 소)
동 微(작을 미)
반 大(큰 대)
太(클 태)
巨(클 거)

글자 풀이

칼(亅)로 나누면(八) 크기가 작아진다(小)는 의미이다.

읽기 한자

小暑(소서) 小鼓(소고) 小乘佛敎(소승불교) 微小(미소) 中小企業(중소기업)
小麥(소맥)

쓰기 한자

小仁(소인) 小腸(소장) 小康狀態(소강상태) 小計(소계) 小隊(소대)
小道具(소도구) 小路(소로) 小賣(소매) 小木(소목) 小便(소변) 小變(소변)
小事(소사) 小生(소생) 小序(소서) 小說(소설) 小雪(소설) 小數(소수)
小食(소식) 小失(소실) 小心(소심) 小兒(소아) 小人國(소인국) 小子(소자)
小作(소작) 小銃(소총)

少 | 7급
적을 **소:**
小 | 1획

비 小(작을 소)
동 寡(적을 과)
반 多(많을 다)
老(늙을 로)

글자 풀이

작은 것(小)을 나누면(丿) 더욱 작아진다는 것에서 적다(少)는 의미이다.

읽기 한자

少數精銳(소수정예) 食少事煩(식소사번) 寡少(과소) 稀少(희소)

쓰기 한자

少額(소액) 少壯派(소장파) 少女(소녀) 少年(소년) 少量(소량) 少領(소령)
減少(감소) 過少(과소) 男女老少(남녀노소) 多少(다소)
老少同樂(노소동락) 靑少年(청소년) 最少(최소)

所 | 7급
바 **소:**
戶 | 4획

글자 풀이

나무를 자르는(斤) 곳(戶)이 어딘지 몰라도 쿵쿵하는 소리만 들려온다. 그 소리가 나는 곳을 말하는 것에서 장소(所)를 의미한다.

읽기 한자

搜所聞(수소문) 所謂(소위) 所藏品(소장품) 印刷所(인쇄소)

쓰기 한자

所管(소관) 所屬(소속) 所持(소지) 所避(소피) 所感(소감) 所見(소견)
所得(소득) 所望(소망) 所産(소산) 所信(소신) 所要(소요) 所願(소원)
所爲(소위) 所有(소유) 所以(소이) 所任(소임) 所長(소장) 所定(소정)
所重(소중) 所出(소출)

昭

3급

밝을 **소**

日 | 5획

비 沼(못 소)
照(비칠 조)
召(부를 소)
招(부를 초)
동 明(밝을 명)
반 暗(어두울 암)

글자 풀이
하느님께서 해(日)를 부르시니(召) 온 세상이 순식간에 환해졌다는 데서 밝다(昭)는 의미이다.

읽기 한자
昭明(소명) 昭詳(소상)

素

4급 Ⅱ

본디/흴(白) **소(:)**

糸 | 4획

비 累(여러 루)
紊(어지러울 문)
동 朴(성(姓)/소박할 박)

글자 풀이
삼나무의 섬유를 삼아 삼베를 만드는 실(糸)을 만드는 것에서 실의 근본, 원래, 근본(素)을 의미한다.

읽기 한자
素服丹粧(소복단장)

쓰기 한자
儉素(검소) 素望(소망) 素朴(소박) 素食(소식) 素養(소양) 素因(소인)
素子(소자) 素材(소재) 素地(소지) 素質(소질) 素行(소행) 毒素(독소)
色素(색소) 水素(수소) 葉綠素(엽록소) 要素(요소) 元素(원소) 炭素(탄소)
平素(평소) 活力素(활력소)

笑

4급 Ⅱ

웃음 **소:**

竹 | 4획

비 答(대답 답)
반 哭(울 곡)
泣(울 읍)

글자 풀이
대나무(竹)가 바람에 휘날리면(夭) 그 흔들리는 모양이 사람이 배를 움켜쥐고 웃고 있는 형태와 닮아 있다는 것에서 웃다(笑)는 의미이다.

읽기 한자
拍掌大笑(박장대소) 破顏大笑(파안대소)

쓰기 한자
笑納(소납) 爆笑(폭소) 假笑(가소) 可笑(가소) 苦笑(고소) 談笑(담소)
冷笑(냉소) 失笑(실소)

消

6급 Ⅱ

사라질 **소**

水 | 7획

비 肖(닮을 초)
削(깎을 삭)
동 滅(멸할 멸)
반 顯(나타날 현)

글자 풀이
고기를 잘게 썰어가면 고기 형태가 없어지듯이, 물(氵)이 점점 줄어가는 것(肖)에서 사라지다, 없어지다(消)는 의미이다.

읽기 한자
消滅(소멸)

쓰기 한자
消盡(소진) 消極的(소극적) 消毒(소독) 消燈(소등) 消防(소방) 消息(소식)
消音器(소음기) 消印(소인) 消日(소일) 消長(소장) 消風(소풍) 消化(소화)
消火(소화) 解消(해소)

掃	4급II 쓸 소(:) 手 | 8획

비 婦(며느리 부)
　歸(돌아갈 귀)
동 蕩(쓸어버릴 탕)

글자 풀이

수건(巾)을 머리(冖)에 쓰고서 비(크)를 손(扌)에 들고 쓴다(掃)는 의미이다.

읽기한자

掃滅(소멸)

쓰기한자

機銃掃射(기총소사) 掃除(소제) 掃地(소지) 一掃(일소) 淸掃(청소)

疏	3급II 소통할 소 疋 | 7획

비 蔬(나물 소)
동 遠(멀 원)
반 親(친할 친)

글자 풀이

물 흐르듯이(流) 발(疋)로 걸으니 길이 트인다(疏)는 의미이다.

읽기한자

疏槪(소개) 疏漏(소루) 疏遠(소원) 疏脫(소탈) 生疏(생소) 親疏(친소)

召	3급 부를 소 口 | 2획

비 沼(못 소)
동 招(부를 초)

글자 풀이

웃사람이 칼(刀)의 위엄을 지니고 입(口)으로 부른다(召)는 의미이다.

읽기한자

召命(소명) 召集令狀(소집영장) 應召(응소)

訴	3급II 호소할 소 言 | 5획

비 訂(바로잡을 정)
동 訟(송사할 송)

글자 풀이

억울한 일을 물리치기(斥) 위하여 관청에 그 사정을 말(言)로서 하소연, 송사(訴)한다는 의미이다.

읽기한자

訴願(소원) 告訴(고소) 起訴(기소) 公訴(공소) 上訴(상소) 勝訴(승소)
敗訴(패소) 被訴(피소) 抗訴(항소) 呼訴(호소) 訴訟(소송) 免訴(면소)

蔬

	3급
나물	소
++	12획

비 疏(소통할 소)
동 菜(나물 채)

글자 풀이

배추나 무처럼 사이가 성기게(疏) 가꾸는 풀(++)이니 나물(蔬)이라는 의미이다.

읽기 한자

蔬飯(소반) 菜蔬(채소)

燒

	3급Ⅱ
사를	소(:)
火	12획

비 曉(새벽 효)
동 燃(탈 연)
약 焼

글자 풀이

불(火)길이 높게(堯) 올라가면 불탄다(燒)는 의미이다.

읽기 한자

燒却(소각) 燒酒(소주) 燒盡(소진) 燃燒(연소) 全燒(전소) 燒滅(소멸)
燒失(소실) 燒印(소인)

蘇

	3급Ⅱ
되살아날	소
++	16획

비 鮮(고울 선)

글자 풀이

겨울에 얼어 붙었던 풀(++)과 물고기(魚)와 벼(禾)가 봄에는 다시 깨어난다(蘇)는 의미이다.

읽기 한자

蘇聯(소련) 蘇復(소복) 蘇生(소생) 蘇子(소자)

騷

	3급
떠들	소
馬	10획

비 驅(몰 구)
騎(말탈 기)

글자 풀이

말(馬)이 벼룩(蚤)한테 물려 가려워서 날뛰고 떠들어, 시끄럽다(騷)는 의미이다.

읽기 한자

騷客(소객) 騷動(소동) 騷亂(소란) 騷離(소리) 騷音(소음) 騷人(소인)

	5급Ⅱ
束	묶을 속
	木 | 3획

비 柬(가릴 간)
速(빠를 속)
東(동녘 동)
동 縛(묶을 박)
반 解(풀 해)
釋(풀 석)

글자 풀이

고목이나 나뭇가지(木) 등을 모아서 끈으로 둘둘 말아서 묶은(口)
모양에서 다발로 묶다(束)는 의미이다.

읽기 한자

束手無策(속수무책) 拘束(구속)

쓰기 한자

檢束(검속) 結束(결속) 團束(단속) 約束(약속)

	4급Ⅱ
俗	풍속 속
	人 | 7획

비 谷(골 곡)

글자 풀이

사람(亻)이 사는 골짜기(谷)마다 나름대로의 풍속(俗)이 있다는 의미이다.

읽기 한자

卑俗(비속) 還俗(환속)

쓰기 한자

俗稱(속칭) 脫俗(탈속) 俗談(속담) 俗物(속물) 俗說(속설) 俗世(속세)
俗語(속어) 俗謠(속요) 俗人(속인) 俗字(속자) 美風良俗(미풍양속)
民俗(민속) 世俗(세속) 習俗(습속) 野俗(야속) 低俗(저속) 土俗(토속)
通俗(통속) 風俗畫(풍속화)

	6급
速	빠를 속
	辶 | 7획

비 束(묶을 속)
동 急(급할 급)
반 徐(천천할 서)

글자 풀이

땔감을 단단히 꿰매(束)듯이, 마음을 꼭 매고 잽싸게 걸어가(辶)는 것에서
빠르다(速)는 의미이다.

읽기 한자

拙速(졸속) 秒速(초속) 超音速(초음속)

쓰기 한자

速攻(속공) 速決(속결) 速記(속기) 速斷(속단) 速達(속달) 速度(속도)
速讀(속독) 速力(속력) 速報(속보) 速寫(속사) 速成(속성)
速戰速決(속전속결) 速行(속행) 加速(가속) 減速(감속) 高速(고속)
過速(과속) 光速(광속)

	3급
粟	조 속
	米 | 6획

비 栗(밤 률)
票(표 표)

글자 풀이

쌀(米) 다음으로 중요한(西) 곡식이란 데서 좁쌀(粟)을 의미한다.

읽기 한자

粟米(속미) 一粟(일속)

屬

4급

붙일 속

尸 | 18획

- 비 囑(부탁할 촉)
  獨(홀로 독)
- 동 附(붙을 부)
  着(붙을 착)
- 약 属

글자 풀이

꼬리(尾)에 한(蜀) 마리의 벌레가 붙었다(屬)는 의미이다.

읽기한자

卑屬(비속)

쓰기한자

屬國(속국) 屬島(속도) 屬文(속문) 屬性(속성) 貴金屬(귀금속) 歸屬(귀속)
等屬(등속) 配屬(배속) 部屬(부속) 非金屬(비금속) 所屬(소속) 轉屬(전속)
專屬(전속) 族屬(족속) 尊屬(존속) 從屬(종속) 重金屬(중금속)
直屬上官(직속상관)

續

4급Ⅱ

이을 속

糸 | 15획

- 비 讀(읽을 독)
- 동 繼(이을 계)
  係(맬 계)
  連(이을 련)
  絡(이을 락)
- 반 絶(끊을 절)
  斷(끊을 단)
- 약 続

글자 풀이

물건을 팔아서(賣) 조금씩 벌어들이듯이 실(糸)이 조금씩 연결되어
길어지는 것에서 이어지다, 계속되다(續)는 의미이다.

읽기한자

續絃(속현) 續刊(속간) 續編(속편)

쓰기한자

續篇(속편) 勤續(근속) 存續(존속) 持續(지속) 繼續(계속) 續講(속강)
續報(속보) 續出(속출) 續行(속행) 續會(속회) 不連續線(불연속선)
相續(상속) 手續(수속) 連續(연속) 永續(영속) 接續(접속)

孫

6급

손자 손(:)

子 | 7획

- 비 係(맬 계)
- 반 祖(할아비 조)

글자 풀이

자식(子)의 대를 잇는(糸) 사람이니 손자(孫)를 의미한다.

읽기한자

曾孫(증손)

쓰기한자

孫子(손자) 世孫(세손) 外孫(외손) 子孫(자손) 子子孫孫(자자손손)
宗孫(종손) 後孫(후손)

損

4급

덜 손:

手 | 10획

- 비 投(던질 투)
  員(인원 원)
- 동 減(덜 감)
  害(해할 해)
- 반 益(더할 익)

글자 풀이

손(扌)에 넣은(口) 재산(貝)을 밖으로 들고 나가면 적어진다는 것에서
줄다, 손상하다(損)는 의미이다.

읽기한자

名譽毀損(명예훼손) 汚損(오손) 損壞(손괴) 換差損(환차손)

쓰기한자

損傷(손상) 損失(손실) 損財(손재) 損害(손해)
減損(감손) 缺損(결손) 破損(파손)

<table>
<tr><td>

松 4급
소나무 송
木 | 4획

</td><td>

글자 풀이

나무(木) 가운데 가장 널리 분포(公)되어 있으며 사철 푸른 나무가
소나무(松)라는 의미이다.

읽기 한자

茱松花(채송화)

쓰기 한자

松林(송림) 松葉(송엽) 松花(송화) 落落長松(낙락장송) 老松(노송)
靑松(청송) 赤松(적송)

</td></tr>
</table>

비 私(사사 사)
秋(가을 추)

<table>
<tr><td>

送 4급Ⅱ
보낼 송:
辶 | 6획

</td><td>

글자 풀이

주인 뒤를 따르(辶)면서 물건을 갖고(栚) 가는 것에서 보내다,
배송하다(送)는 의미이다.

읽기 한자

返送(반송) 送還(송환) 輸送(수송) 葬送曲(장송곡) 還送(환송)

쓰기 한자

送水管(송수관) 送風機(송풍기) 送話機(송화기) 郵送(우송) 歡送(환송)
轉送(전송) 送別(송별) 送信(송신) 送致(송치) 公示送達(공시송달)
急送(급송) 發送(발송) 放送(방송) 運送(운송) 傳送(전송) 電送(전송)
虛送(허송)

</td></tr>
</table>

비 逆(거스릴 역)
途(길 도)
동 輸(보낼 수)
반 迎(맞을 영)

<table>
<tr><td>

訟 3급Ⅱ
송사할 송:
言 | 4획

</td><td>

글자 풀이

옳고 그름을 관공서(公)에 말(言)로써 호소하여 그것을 바로잡는다는
데서 송사(訟)를 의미한다.

읽기 한자

訟事(송사) 訴訟(소송)

</td></tr>
</table>

비 許(허락할 허)
評(평할 평)
동 訴(호소할 소)

<table>
<tr><td>

頌 4급
칭송할/기릴 송:
頁 | 4획

</td><td>

글자 풀이

공덕이 큰 어른(公)의 머리(頁) 모양을 본뜬 초상화나 동상을 만들어
그 공덕을 기린다(頌)는 의미이다.

읽기 한자

贊頌(찬송) 賀頌(하송)

쓰기 한자

頌歌(송가) 頌德碑(송덕비) 頌辭(송사) 頌祝(송축) 讚頌(찬송) 稱頌(칭송)
主婦頌(주부송)

</td></tr>
</table>

비 領(거느릴 령)
額(이마 액)
동 稱(일컬을 칭)

誦

3급
욀 **송:**
言 | 7획

비 踊(뛸 용)
通(통할 통)
동 講(욀 강)
讀(읽을 독)

글자 풀이

앞 뒤의 말(言)이 통하도록(甬) 읽는다, 왼다(誦)는 의미이다.

읽기한자

誦讀(송독) 朗誦(낭송) 暗誦(암송) 愛誦(애송)

刷

3급 Ⅱ
인쇄할 **쇄:**
刀 | 6획

비 刺(찌를 자)

글자 풀이

몸(尸)이나 천(巾)에 바늘(刂)로 수를 놓는다는 데서 인쇄하다(刷)는 의미이다.

읽기한자

刷新(쇄신) 印刷(인쇄) 縮刷版(축쇄판)

鎖

3급 Ⅱ
쇠사슬 **쇄:**
金 | 10획

비 鎭(진압할 진)
鏡(거울 경)

글자 풀이

쇠(金)를 작은(小) 조개(貝) 껍질처럼 둥글게 만들어 이은 쇠사슬(鎖)을 의미한다.

읽기한자

鎖國(쇄국) 封鎖(봉쇄) 連鎖(연쇄) 閉鎖(폐쇄)

衰

3급 Ⅱ
쇠할 **쇠**
衣 | 4획

비 哀(슬플 애)
表(겉 표)
裏(속 리)
동 亡(망할 망)
반 盛(성할 성)
興(일 흥)

글자 풀이

비가 올 때 옷(衣)에 도롱이(丑)를 걸친 농부가 초라하게 보인다는 데서 쇠하다(衰)는 의미이다.

읽기한자

衰落(쇠락) 衰亡(쇠망) 衰弱(쇠약) 衰殘(쇠잔) 衰退(쇠퇴) 老衰(노쇠)
興亡盛衰(흥망성쇠)

水 8급
물 수
水 | 0획

비 氷(얼음 빙)
　 永(길 영)
반 火(불 화)

글자 풀이
냇물의 움직임을 나타낸 모양이다.

읽기 한자
汚水(오수) 水葬(수장) 淡水(담수) 潛水(잠수) 揚水機(양수기) 漏水(누수)
貯水池(저수지) 井華水(정화수) 山紫水明(산자수명) 水墨畫(수묵화)
水魚之交(수어지교)

쓰기 한자
水球(수구) 水冷式(수냉식) 水道(수도) 水力發電(수력발전) 水路(수로)
水理施設(수리시설) 水分(수분) 水生木(수생목) 水仙花(수선화)
水星(수성) 水洗式(수세식) 水素(수소) 水深(수심) 水壓(수압)

手 7급 Ⅱ
손 수(:)
手 | 0획

반 足(발 족)

글자 풀이
다섯 개의 손가락과 손바닥과 팔의 형태에서 손(手)을 의미한다.

읽기 한자
束手無策(속수무책)

쓰기 한자
手段(수단) 手織(수직) 手標(수표) 拍手(박수) 射手(사수) 投手(투수) 手交(수교)
手記(수기) 手動(수동) 手配(수배) 手續(수속) 手術(수술) 手藝(수예) 手印(수인)
手足(수족) 手中(수중) 手票(수표) 手話(수화) 歌手(가수) 擧手(거수) 國手(국수)
旗手(기수) 選手(선수) 先手(선수) 洗手(세수) 失手(실수) 惡手(악수) 敵手(적수)
助手(조수) 着手(착수) 砲手(포수) 手數料(수수료)

守 4급 Ⅱ
지킬 수
宀 | 3획

비 宇(집 우)
동 防(막을 방)
　 衛(지킬 위)
반 攻(칠 공)

글자 풀이
집(宀)을 손(寸)으로 지키고 일하는 것에서 지키다, 대비하다(守)는
의미이다.

읽기 한자
遵守(준수) 守錢奴(수전노)

쓰기 한자
看守(간수) 嚴守(엄수) 守舊派(수구파) 攻守交代(공수교대) 守領(수령)
守兵(수병) 守備(수비) 守成(수성) 守勢(수세) 守衛(수위) 守節(수절)
守則(수칙) 守護(수호) 固守(고수) 郡守(군수) 保守(보수) 死守(사수)
守門將(수문장)

收 4급 Ⅱ
거둘 수
攵 | 2획

비 攻(칠 공)
　 改(고칠 개)
동 穫(거둘 확)
반 支(지탱할 지)
약 収

글자 풀이
손에 낫(攵)을 들어 이삭이 달린 곡식(丩)을 베어 거둔다(收)는 의미이다.

읽기 한자
收穫(수확) 收拾(수습) 收藏(수장) 收悔(수회) 沒收(몰수) 徵收(징수) 還收(환수)
收奪(수탈)

쓰기 한자
收納(수납) 收縮(수축) 領收證(영수증) 收監(수감) 收去(수거) 收金(수금)
收錄(수록) 收買(수매) 收復(수복) 收養(수양) 收用(수용) 收容(수용)
收益(수익) 收入(수입) 收支(수지) 收集(수집) 買收(매수) 未收(미수)
月收(월수) 日收(일수) 秋收(추수) 回收(회수) 吸收(흡수)

秀	4급
	빼어날 **수**
	禾 | 2획

비 季(계절 계)
李(오얏 리)
동 優(넉넉할 우)
俊(준걸 준)

글자 풀이
모든 곡식의 이삭 중에서 벼(禾)의 이삭(乃)이 가장 빼어나다(秀)는 의미이다.

읽기한자
俊秀(준수)

쓰기한자
秀麗(수려) 秀英(수영) 秀才(수재) 優秀(우수)

首	5급 Ⅱ
	머리 **수**
	首 | 0획

비 眞(참 진)
동 頭(머리 두)
頁(머리 혈)
반 尾(꼬리 미)

글자 풀이
얼굴과 머리털의 모양을 본떠서 목이나 머리(首)를 의미한다.

읽기한자
首肯(수긍) 首腦(수뇌) 鶴首苦待(학수고대)

쓰기한자
首都(수도) 首領(수령) 首班(수반) 首相(수상) 首席(수석) 首位(수위)
黨首(당수) 部首(부수) 船首(선수) 元首(원수) 自首(자수)
首弟子(수제자)

帥	3급 Ⅱ
	장수 **수**
	巾 | 6획

비 師(스승 사)
동 將(장수 장)
반 兵(병사 병)
卒(마칠 졸)
軍(군사 군)
약 帅

글자 풀이
언덕(阜) 위의 기(巾) 밑에서 장수(帥)가 지휘한다는 의미이다.

읽기한자
元帥(원수) 將帥(장수) 統帥權(통수권) 總帥(총수)

囚	3급
	가둘 **수**
	口 | 2획

비 因(인할 인)
困(곤할 곤)
四(넉 사)
반 放(놓을 방)
釋(풀 석)
解(풀 해)

글자 풀이
울타리(口) 속에 갇혀 있는 사람(人)이니 죄수(囚)를 의미한다.

읽기한자
囚役(수역) 囚衣(수의) 罪囚(죄수) 旣決囚(기결수) 未決囚(미결수)
良心囚(양심수) 脫獄囚(탈옥수)

修 4급Ⅱ
닦을 수
人 | 8획

비 條(가지 조)
悠(멀 유)
동 研(갈 연)

글자 풀이
바가지(攵)의 물을 부어(丨) 사람(亻)이 머리털(彡)과 몸을 닦고, 꾸민다(修)는 의미이다.

읽기 한자

修了(수료) 修訂(수정) 修飾(수식) 修身齊家(수신제가) 補修(보수) 編修(편수)

쓰기 한자

修辭(수사) 修整(수정) 嚴修(엄수) 修好條約(수호조약) 修交(수교)
修女(수녀) 修道(수도) 修練(수련) 修理(수리) 修史(수사) 修士(수사)
修善(수선) 修習(수습) 修養(수양) 修業(수업) 修正(수정) 修築(수축)
修學(수학) 修行(수행) 監修(감수) 改修(개수)

殊 3급Ⅱ
다를 수
歹 | 6획

비 珠(구슬 주)
株(그루 주)
동 別(다를 별)

글자 풀이
죄인을 칼로 목을 베어 죽이니(歹) 붉은(朱) 피가 나온다는 데서, '남다르다, 뛰어나다' 는 의미이다.

읽기 한자

殊常(수상) 殊異傳(수이전) 特殊(특수)

授 4급Ⅱ
줄 수
手 | 8획

비 受(받을 수)
동 賜(줄 사), 與(줄 여)
반 受(받을 수)

글자 풀이
배로 실어온 화물을 건네받는 것(受)에서 또 다른 손 수(手)자를 붙여서 강화한 것으로 손수 건내다, 하사하다(授)는 의미이다.

읽기 한자

授爵(수작)

쓰기 한자

授業(수업) 授與(수여) 授賞(수상) 授受(수수) 授乳(수유) 授精(수정)
教授(교수) 傳授(전수)

須 3급
모름지기 수
頁 | 3획

비 順(순할 순)
頁(머리 혈)
頂(정수리 정)
동 必(반드시 필)

글자 풀이
머리(頁)에는 머리털(彡)이 모름지기(須) 많이 있어야 한다는 의미이다.

읽기 한자

須知(수지) 必須(필수)

遂 드디어 수 辶 | 9획	**3급**

비 逐(쫓을 축)

글자 풀이

팔방(八)에서 멧돼지(豕)를 몰아 도망갈 길(辶)을 차단하여
드디어 잡는다는 데서, '드디어' 의 뜻이다.

읽기한자

遂行(수행) 未遂(미수) 完遂(완수)

愁 근심 수 心 | 9획	**3급 II**

비 秋(가을 추)
동 憂(근심 우)
　哀(슬플 애)
반 歡(기쁠 환)

글자 풀이

가을(秋)에 겨울을 앞두고 온갖 초목이 시들듯 마음(心)도 시든다는 데서,
'근심' 의 뜻이다.

읽기한자

愁心(수심) 哀愁(애수) 旅愁(여수) 憂愁(우수) 鄕愁(향수)

受 받을 수(:) 又 | 6획	**4급 II**

반 授(줄 수)

글자 풀이

배로 날라 온 화물을 물가에서 건네받는 것에서 받다(受)는 의미이다.

읽기한자

受侮(수모) 受諾(수락) 受像機(수상기)

쓰기한자

受納(수납) 甘受(감수) 引繼引受(인계인수) 受給(수급) 受難(수난)
受動(수동) 受領(수령) 受理(수리) 受配(수배) 受賞(수상) 受信(수신)
受用(수용) 受容(수용) 受益(수익) 受任(수임) 受精(수정) 受惠(수혜)
買受(매수) 收受(수수) 授受(수수) 領受(영수) 傳受(전수) 接受(접수)
受講生(수강생) 受取人(수취인) 受驗生(수험생)

睡 졸음 수 目 | 8획	**3급**

비 郵(우편 우)
동 眠(잠잘 면)

글자 풀이

눈(目)꺼풀을 아래로 늘어뜨리고(垂) 잔다(睡)는 의미이다.

읽기한자

睡眠(수면) 午睡(오수) 昏睡狀態(혼수상태)

사

需	3급Ⅱ
	쓰일 수
	雨 | 6획

비 儒(선비 유)
　電(번개 전)
동 要(요긴할 요)
반 給(줄 급)

글자 풀이

비(雨)가 와서 논밭일은 못하지만(而) 곡식의 수요(需)는 줄지 않는다는 의미이다.

읽기 한자

需給(수급) 需要(수요) 需用(수용) 民需(민수) 祭需(제수) 婚需(혼수)
盛需期(성수기) 必需品(필수품) 需事之賊(수사지적) 軍需物資(군수물자)

壽	3급Ⅱ
	목숨 수
	士 | 11획

동 命(목숨 명)
약 寿

글자 풀이

선비(士)가 한(一) 평생 공부(工)에 뜻을 두고 입(口)과 손(寸)을 한결같이 (一) 하면 목숨이 길게 이어진다는 데서, '목숨, 수하다'는 뜻이다.

읽기 한자

壽命(수명) 壽衣(수의) 長壽(장수) 無病長壽(무병장수)
十年減壽(십년감수)

隨	3급Ⅱ
	따를 수
	阝 | 13획

비 髓(골수 수)
　墮(떨어질 타)
동 從(좇을 종)
약 随

글자 풀이

언덕(阝) 길(辶)을 웃어른의 몸(月)의 왼편(左)에 서서 따라간다(隨)는 의미이다.

읽기 한자

隨時(수시) 隨意(수의) 隨筆(수필) 隨行(수행) 半身不隨(반신불수)
附隨的(부수적) 夫唱婦隨(부창부수)

誰	3급
	누구 수
	言 | 8획

비 雖(비록 수)
　唯(오직 유)
동 孰(누구 숙)

글자 풀이

꽁지 짧은 새(隹)의 지저귀는 말(言)을 누가 알아듣겠는가? 하는 데서, '누구'의 뜻이다.

읽기 한자

誰何(수하)

數 셈 수:

7급
攵 | 11획

- 비 樓(다락 루)
- 동 算(셈 산)
  計(셀 계)
- 약 数

글자 풀이
드문 드문 흩어져 있는(婁) 물건을 막대기를 들고 돌아다니며 치면서(攵) 하나 둘 셈하는 데서, '셈, 세다' 는 뜻이다.

읽기 한자
數值(수치) 權謀術數(권모술수) 不知其數(부지기수) 橫數(횡수)

쓰기 한자
卷數(권수) 段數(단수) 複數(복수) 額數(액수) 點數(점수) 回數券(회수권)
數量(수량) 數理(수리) 數式(수식) 數列(수열) 數表(수표) 數學(수학)
檢數(검수) 係數(계수) 計數(계수) 級數(급수) 基數(기수) 都數(도수)
同數(동수) 等數(등수) 名數(명수) 無數(무수) 倍數(배수) 變數(변수)
部數(부수) 分數(분수) 算數(산수) 術數(술수) 暗數(암수)

樹 나무 수

6급
木 | 12획

- 동 木(나무 목)

글자 풀이
서 있는 사람이 리듬에 맞추어 몸을 흔들어대고 북(鼓)을 치듯이 나무(木)가 바람에 흔들리면서 나무, 수목, 세우다(樹) 등을 의미한다.

읽기 한자
桂樹(계수)

쓰기 한자
針葉樹(침엽수) 樹林(수림) 樹立(수립) 樹木(수목) 樹液(수액) 樹海(수해)
植樹(식수) 街路樹(가로수) 果樹園(과수원) 常綠樹(상록수)
有實樹(유실수) 花樹會(화수회)

雖 비록 수

3급
隹 | 9획

- 비 誰(누구 수)
  稚(어릴 치)
  雅(맑을 아)

글자 풀이
비록 벌레(虫)나 새(隹)가 주둥이(口)로 논밭의 곡식을 먹더라도 수확은 크게 줄지 않는다는 데서, '비록' 의 뜻이다.

읽기 한자
雖然(수연)

輸 보낼 수

3급Ⅱ
車 | 9획

- 동 送(보낼 송)
- 반 受(받을 수)

글자 풀이
요구에 응답하여(兪) 수레(車)로 사람이나 짐을 실어 보낸다(輸)는 의미이다.

읽기 한자
輸送(수송) 輸入(수입) 輸出(수출) 輸血(수혈) 空輸(공수) 密輸(밀수)
運輸(운수) 禁輸品(금수품)

獸

3급 II

짐승 **수**

犬 | 15획

동 禽(새 금)
약 獣

글자 풀이
개(犬)를 제외한 부분은 單의 다른 모양으로 본디 활을 본뜬 것이다.
개와 활을 가지고 사냥하는 짐승에서, '짐승'의 뜻이다.

읽기한자

獸醫(수의) 怪獸(괴수) 禽獸(금수) 猛獸(맹수) 野獸(야수) 鳥獸(조수)
人面獸心(인면수심)

垂

3급 II

드리울 **수**

土 | 5획

비 郵(우편 우)

글자 풀이
땅(土)을 향해 초목의 꽃이나 잎이 늘어져 있는 모양을 본 떠 드리우다,
늘어지다(垂)는 의미이다.

읽기한자

垂楊(수양) 垂頭喪氣(수두상기) 垂柳(수류) 垂直(수직)
腦下垂體(뇌하수체) 率先垂範(솔선수범) 懸垂幕(현수막)

搜

3급

찾을 **수**

手 | 9획

동 訪(찾을 방)
　索(찾을 색)
약 捜

글자 풀이
집(宀)에서 손(又)에 불(火)을 들고 무언가를 찾고 있는 것을 그려
찾는다(搜)는 의미이다.

읽기한자

搜檢(수검) 搜訪(수방) 搜査(수사) 搜索(수색) 搜所聞(수소문)

叔

4급

아재비 **숙**

又 | 6획

비 淑(맑을 숙)
　寂(고요할 적)
반 姪(조카 질)

글자 풀이
손(又) 위(上)의 작은(小)아버지이니 아재비(叔)라는 의미이다.

읽기한자

叔姪(숙질)

쓰기한자

叔父(숙부) 叔行(숙항) 堂叔(당숙) 外叔母(외숙모)

宿

5급 Ⅱ

잘 숙
별자리 수:

宀 | 8획

비 縮(줄일 축)
동 寢(잠잘 침)
　 眠(잠잘 면)

글자 풀이

집(宀)에 많은(百) 수의 사람(亻)이 와서 묵고 나가는 모습에서 여행자가 머무는 곳, 숙소(宿)를 의미한다.

읽기한자

宿泊(숙박) 宿醉(숙취) 露宿(노숙)

쓰기한자

宿怨(숙원) 投宿(투숙) 混宿(혼숙) 寄宿舍(기숙사) 宿命(숙명) 宿所(숙소)
宿食(숙식) 宿敵(숙적) 宿題(숙제) 宿主(숙주) 宿直(숙직) 宿患(숙환)
同宿(동숙) 留宿(유숙) 下宿(하숙) 合宿(합숙) 旅人宿(여인숙)
宿願事業(숙원사업)

淑

3급 Ⅱ

맑을 숙

水 | 8획

비 叔(아재비 숙)
동 淸(맑을 청)
　 靜(고요할 정)
반 濁(흐릴 탁)

글자 풀이

아재비(叔)네 동네 앞 시냇물(氵)이 맑다(淑)는 의미이다.

읽기한자

淑女(숙녀) 淑德(숙덕) 淑淸(숙청) 私淑(사숙) 靜淑(정숙)

孰

3급

누구 숙

子 | 8획

비 熟(익을 숙)
　 熱(더울 열)
　 敦(도타울 돈)
동 誰(누구 수)

글자 풀이

좋은 환약(丸)을 잡수실(享)분은 누구(孰)인가 하는 의미이다.

읽기한자

孰誰(숙수) 孰若(숙약)

肅

4급

엄숙할 숙

聿 | 7획

동 嚴(엄할 엄)
약 肅, 肅

글자 풀이

못(淵)가에서 붓(聿)을 들고 글씨를 쓸 때는 조심해야 한다는 데서 엄숙하다, 삼가다(肅)는 의미이다.

읽기한자

肅啓(숙계)

쓰기한자

肅軍(숙군) 肅黨(숙당) 肅拜(숙배) 肅然(숙연) 肅正(숙정) 肅淸(숙청)
嚴肅(엄숙) 自肅(자숙) 靜肅(정숙)

사

熟

3급 II

익을 **숙**

火 | 11획

비 孰(누구 숙)
熱(더울 열)
동 練(익힐 련)

글자 풀이

어떤(孰) 음식이든지 불(灬)로 익힌다(熟)는 데서 널리 익히다,
숙달하다(熟)는 의미이다.

읽기 한자

熟客(숙객) 熟考(숙고) 熟果(숙과) 熟冷(숙냉) 熟達(숙달) 熟讀(숙독)
熟卵(숙란) 熟練(숙련) 熟面(숙면) 熟眠(숙면) 熟設(숙설) 熟成(숙성)
熟語(숙어) 熟議(숙의) 熟知(숙지) 能熟(능숙) 半熟(반숙) 完熟(완숙)
圓熟(원숙) 早熟(조숙) 熟實果(숙실과) 熟地黃(숙지황) 未熟兒(미숙아)
熟不還生(숙불환생) 深思熟考(심사숙고)

旬

3급 II

열흘 **순**

日 | 2획

비 句(글귀 구)
包(쌀 포)

글자 풀이

열흘(十日)씩 묶는다(勹)는 데서 열흘, 열(旬)을 의미한다.

읽기 한자

旬刊(순간) 旬年(순년) 旬報(순보) 旬宣(순선) 旬日(순일) 上旬(상순)
中旬(중순) 七旬(칠순) 下旬(하순) 旬望間(순망간) 四旬節(사순절)

巡

3급 II

돌/순행할 **순**

巛 | 4획

동 廻(돌 회)
循(돌 순)

글자 풀이

냇물(巛)이 흐르듯 길(辶)을 따라 돌아다닌다(巡)는 의미이다.

읽기 한자

巡警(순경) 巡禮(순례) 巡訪(순방) 巡視(순시)
巡察(순찰) 巡航(순항) 巡行(순행)

殉

3급

따라죽을 **순**

歹 | 6획

비 洵(참으로 순)

글자 풀이

죽은(歹) 사람의 뒤를 이어 열흘(旬) 안에 따라 죽는다(殉)는 의미이다.

읽기 한자

殉教(순교) 殉國(순국) 殉死(순사) 殉葬(순장) 殉職(순직)

純 순수할 순 糸 | 4획	4급Ⅱ

비 鈍(둔할 둔)
동 潔(깨끗할 결)
　粹(순수할 수)

글자 풀이
누에고치에서 많은 실(糸)이 확실한 생사로, 삼베실 등이 섞여 있지 않은(屯) 예쁜 실이라는 것에서 섞임이 없다, 거짓이 없다(純)는 의미이다.

읽기한자
純綿(순면)

쓰기한자
純潔(순결) 純金(순금) 純度(순도) 純毛(순모) 純白(순백) 純情(순정)
純種(순종) 純眞(순진) 純化(순화) 單純(단순) 不純(불순) 淸純(청순)

脣 입술 순 月 | 7획	3급

비 盾(방패 순)

글자 풀이
몸(月)의 일부로서 말할 때 진동하는(辰) 부분이니 입술(脣)을 의미한다.

읽기한자
脣亡齒寒(순망치한) 脣音(순음)

順 순할 순: 頁 | 3획	5급Ⅱ

비 須(모름지기 수)
　頂(정수리 정)
반 逆(거스릴 역)

글자 풀이
냇물(川)이 흘러가는 방향으로 순순히 머리(頁)를 돌리는 것에서 순순히 따르다(順)는 의미이다.

읽기한자
柔順(유순) 恭順(공순)

쓰기한자
順延(순연) 順從(순종) 歸順(귀순) 順理(순리) 順番(순번) 順産(순산)
順序(순서) 順列(순열) 順位(순위) 順應(순응) 順調(순조) 順次(순차)
順天(순천) 順風(순풍) 無順(무순) 不順(불순) 式順(식순) 語順(어순)
逆順(역순) 溫順(온순) 耳順(이순) 和順(화순)

循 돌 순 彳 | 9획	3급

비 盾(방패 순)
동 巡(돌 순)
　廻(돌 회)
　旋(돌 선)

글자 풀이
방패(盾)를 들고 성곽 둘레를 다닌다(彳)는 데서 돌다(循)는 의미이다.

읽기한자
循行(순행) 循環(순환) 因循姑息(인순고식)

瞬

3급Ⅱ

눈깜짝일 **순**

目 | 12획

비 舜(순임금 순)
舞(춤출 무)

글자 풀이

무궁화(舜) 꽃이 아름다워서 눈(目)을 깜짝거리며(瞬) 본다는 의미이다.

읽기한자

瞬間(순간) 一瞬(일순) 瞬息間(순식간)

戌

3급

개 **술**

戈 | 2획

비 戈(창 과)
戊(천간 무)
동 犬(개 견)
狗(개 구)

글자 풀이

개가 집을 지킨다는 데서, 戌이 戍(지킬 수)와 비슷하여 戌을 띠로는 개에 배정하였다.

읽기한자

戌時(술시)

述

3급Ⅱ

펼 **술**

辶 | 5획

비 術(재주 술)
동 著(지을 저)
敍(펼 서)

글자 풀이

차조(朮) 열매가 정연히 죽 이어져 있듯 先人의 언행을 이어받아
간다(辶)는 데서, '좇다, 잇다, 짓다'의 뜻이다. 또 '펴다, 말하다'의 뜻이다.

읽기한자

敍述(서술) 記述(기술) 論述(논술) 詳述(상술) 略述(약술) 著述(저술)
述語(술어) 述懷(술회) 供述(공술) 口述(구술) 陳述(진술)

術

6급Ⅱ

재주 **술**

行 | 5획

비 述(펼 술)
동 技(재주 기)
藝(재주 예)

글자 풀이

차조(朮) 줄기처럼 쭉 뻗어있는 길(行)에서, '길'의 뜻이다. 여기에서, '꾀, 재주'의 뜻이 나왔다.

읽기한자

術策(술책) 劍術(검술) 弓術(궁술) 鍊金術(연금술)

쓰기한자

仁術(인술) 占星術(점성술) 術法(술법) 術數(술수) 技術(기술) 道術(도술)
武術(무술) 美術(미술) 算術(산술) 手術(수술) 施術(시술) 心術(심술)
藝術(예술) 醫術(의술) 戰術(전술) 學術(학술) 話術(화술) 讀心術(독심술)
處世術(처세술) 護身術(호신술)

崇 4급 높을 숭
山 | 8획

비 宗(마루 종)
동 高(높을 고)
　隆(높을 륭)

글자 풀이
가묘, 종묘(宗)를 산(山)처럼 높인다(崇)는 의미이다.

읽기 한자
崇慕(숭모) 崇尙(숭상)

쓰기 한자
崇高(숭고) 崇拜(숭배)

拾 3급Ⅱ 주울 습 / 열 십
手 | 6획

비 合(합할 합)
　恰(흡사 흡)
동 十(열 십)

글자 풀이
손(扌)과 물건이 합해진다(合)하여 줍는다(拾)는 의미이다. 十의 갖은자로 쓰인다.

읽기 한자
拾得(습득) 收拾(수습) 拾萬(십만)

習 6급 익힐 습
羽 | 5획

비 翁(늙은이 옹)
동 練(익힐 련)
　慣(익숙할 관)

글자 풀이
새끼 새가 어미 새의 나는 방법을 흉내 내서, 날개(羽)를 퍼덕이면 옆구리의 흰(白)털이 보인다는 데서 털 우(羽)와 흰 백(白)자로 익히다, 배우다(習)의 의미이다.

읽기 한자
習慣(습관) 慣習(관습) 弊習(폐습)

쓰기 한자
豫習(예습) 常習犯(상습범) 習得(습득) 習性(습성) 習俗(습속) 習字(습자)
講習(강습) 見習(견습) 敎習(교습) 復習(복습) 實習(실습) 惡習(악습)
練習(연습) 因習(인습) 自習(자습) 風習(풍습) 學習(학습)
修習記者(수습기자)

濕 3급Ⅱ 젖을 습
水 | 14획

동 潤(젖을 윤)
반 乾(마를 건)
　燥(마를 조)
약 湿

글자 풀이
볕(日)을 받은 실(絲)을 물(氵)에 담그면 축축해지는 데서, '젖다, 축축하다'는 뜻이다.

읽기 한자
濕氣(습기) 濕度(습도) 濕地(습지) 乾濕(건습) 高溫多濕(고온다습)

襲
衣 | 16획

3급 Ⅱ
엄습할 **습**

비 龍(용 룡)
寵(은혜 총)

글자 풀이

옷(衣)이 안보일 정도로 용(龍)처럼 날래게 엄습한다(襲)는 의미이다.

읽기한자

襲爵(습작) 襲擊(습격) 襲來(습래) 攻襲(공습) 空襲(공습) 急襲(급습)
奇襲(기습) 來襲(내습) 踏襲(답습) 世襲(세습) 逆襲(역습) 因襲(인습)
一襲(일습) 被襲(피습)

承
手 | 4획

4급 Ⅱ
이을 **승**

동 繼(이을 계)
連(이을 련)
반 斷(끊을 단)
絶(끊을 절)

글자 풀이

사람이 무릎을 꿇고 양손으로 물건을 받는 모양으로 중요한 벼슬을 받는 것이 되어 전수하다, 받아들이다(承)의 의미이다.

읽기한자

承諾(승낙)

쓰기한자

承繼(승계) 繼承(계승) 起承轉結(기승전결) 承命(승명) 承服(승복)
承恩(승은) 承認(승인) 承前(승전) 承重(승중) 口承(구승) 傳承(전승)

昇
日 | 4획

3급 Ⅱ
오를 **승**

동 登(오를 등)
반 降(내릴 강)

글자 풀이

해(日)가 돋아(升) 오른다(昇)는 의미이다.

읽기한자

昇格(승격) 昇級(승급) 昇段(승단) 昇進(승진) 昇天(승천) 昇華(승화)
昇降機(승강기) 急上昇(급상승)

乘
丿 | 9획

3급 Ⅱ
탈 **승**

비 乖(어그러질 괴)
약 乗

글자 풀이

사람이 나무에 올라타는(乘) 모양을 본떴다.

읽기한자

乘勝長驅(승승장구) 乘客(승객) 乘機(승기) 乘馬(승마) 乘法(승법)
乘船(승선) 乘車(승차) 同乘(동승) 分乘(분승) 史乘(사승) 野乘(야승)
便乘(편승) 合乘(합승) 乘務員(승무원) 乘用車(승용차)
加減乘除(가감승제) 大乘佛教(대승불교) 萬乘天子(만승천자)
小乘佛教(소승불교)

勝 6급
이길 승
力 | 10획

반 敗(질 패)

글자 풀이

배(舟)에 스며드는 물을 퍼내는 힘(券)의 모습에서 위험상태를 이겨내어 견딘다(勝)는 의미이다.

읽기한자

乘勝長驅(승승장구) 勝訴(승소)

쓰기한자

勝機(승기) 勝負(승부) 優勝(우승) 勝景(승경) 勝利(승리) 勝算(승산)
勝勢(승세) 勝者(승자) 勝戰(승전) 勝敗(승패) 健勝(건승) 決勝(결승)
壓勝(압승) 完勝(완승) 戰勝(전승)

僧 3급Ⅱ
중 승
人 | 12획

비 會(모일 회)
憎(미울 증)
增(더할 증)
동 尼(여승 니)

글자 풀이

일찍이(曾) 속세를 버리고 절로 간 사람(人)이니 중(僧)을 의미한다.

읽기한자

僧家(승가) 僧舞(승무) 僧服(승복) 高僧(고승) 女僧(여승)
帶妻僧(대처승) 破戒僧(파계승)

市 7급Ⅱ
저자 시:
巾 | 2획

비 布(베 포)
巾(수건 건)

글자 풀이

천(巾)을 사러 가는(亠) 곳이니 저자, 시장(市)을 의미한다.

읽기한자

市販(시판)

쓰기한자

市營(시영) 市廳(시청) 市況(시황) 證市(증시) 市街(시가) 市價(시가)
市內(시내) 市都(시도) 市立(시립) 市民(시민) 市勢(시세) 市長(시장)
市場(시장) 市政(시정) 市中(시중) 都市(도시) 波市(파시) 市街地(시가지)
暗市場(암시장) 魚市場(어시장) 門前成市(문전성시)

示 5급
보일 시:
示 | 0획

동 視(볼 시)
監(볼 감)
觀(볼 관)
見(볼 견)
覽(볼 람)

글자 풀이

제단에 올려서 기도하는 것과 신령의 마음이 표시된 것에서 표시하다, 보여주다(示)는 의미이다.

읽기한자

啓示(계시) 誇示(과시) 默示(묵시)

쓰기한자

示範(시범) 示威(시위) 豫示(예시) 標示(표시) 示達(시달) 告示(고시)
公示(공시) 教示(교시) 明示(명시) 暗示(암시) 例示(예시) 展示(전시)
提示(제시) 指示(지시) 表示(표시)

矢

3급

화살 시:

矢 | 0획

비 失(잃을 실)

> **글자 풀이**
>
> 화살(矢)의 모양을 본떴다.
>
> **읽기한자**
>
> 矢石(시석) 矢心(시심) 矢言(시언) 弓矢(궁시)

侍

3급Ⅱ

모실 시:

人 | 6획

비 持(가질 지)
　 待(기다릴 대)
　 特(특별할 특)

> **글자 풀이**
>
> 사람(亻)이 관청(寺)에서 상관을 모신다(侍)는 의미이다.
>
> **읽기한자**
>
> 侍女(시녀) 侍衛(시위) 侍醫(시의) 侍從(시종) 近侍(근시)
> 內侍(내시) 嚴妻侍下(엄처시하) 層層侍下(층층시하)

始

6급Ⅱ

비로소 시:

女 | 5획

비 妃(왕비 비)
동 初(처음 초)
반 末(끝 말)
　 終(마칠 종)

> **글자 풀이**
>
> 인간은 여인(女)으로부터 태어나 길러(台)지게 되므로 여인은 인생의
> 토대라는 데서 시초(始)를 의미한다.
>
> **쓰기한자**
>
> 始動(시동) 始發(시발) 始作(시작) 始祖(시조) 始終(시종) 始初(시초)
> 開始(개시) 原始(원시) 爲始(위시) 創始(창시) 始末書(시말서)
> 始務式(시무식) 年末年始(연말년시)

是

4급Ⅱ

이(斯)/옳을 시:

日 | 5획

비 定(정할 정)
　 晨(새벽 신)
동 此(이 차)
반 彼(저 피)
　 非(아닐 비)

> **글자 풀이**
>
> 해(日)와 같이 광명정대(正)하다는 데서 바르다, 옳다(是)는 의미이다.
>
> **읽기한자**
>
> 如是我聞(여시아문) 亦是(역시)
>
> **쓰기한자**
>
> 或是(혹시) 是日(시일) 是非(시비) 是認(시인) 是正(시정) 國是(국시)
> 必是(필시) 是是非非(시시비비)

施

4급Ⅱ
베풀 **시:**
方 | 5획

비 族(겨레 족)
　旅(나그네 려)
　旋(돌 선)
동 設(베풀 설)

글자 풀이

둘둘 말아두었던(也) 깃발(㫃)을 매달아 펼치는 데서, '펴다, 베풀다'의
뜻이다.

읽기한자

施肥(시비) 施策(시책)

쓰기한자

施工(시공) 施賞(시상) 施設(시설) 施術(시술) 施政(시정) 施主(시주)
施行(시행) 實施(실시)

時

7급Ⅱ
때 **시**
日 | 6획

비 詩(시 시)
　侍(모실 시)

글자 풀이

태양(日)이 일한다(寺)는 것은 시간이 경과한다는 것으로 시간의
길이(時)를 의미한다.

읽기한자

時宜適切(시의적절) 時策(시책) 時限附(시한부) 隨時(수시) 臨時(임시)
暫時(잠시) 卽時(즉시) 何時(하시) 晚時之歎(만시지탄)

쓰기한자

時刻(시각) 時機(시기) 時點(시점) 時價(시가) 時間(시간) 時計(시계)
時局(시국) 時急(시급) 時期(시기) 時代(시대) 時論(시론) 時流(시류)
時事(시사) 時勢(시세) 時速(시속)

視

4급Ⅱ
볼 **시:**
見 | 5획

비 親(친할 친)
동 監(볼 감)
　觀(볼 관)
　見(볼 견)
　覽(볼 람)
　示(보일 시)
　察(살필 찰)

글자 풀이

신령(示)에 공양하며 눈(見)을 크게 뜨고 진지하게 기원하는 모습에서
똑바로 보다, 응시하다(視)는 의미이다.

읽기한자

巡視(순시) 坐視(좌시) 疾視(질시) 賤視(천시) 微視的(미시적)
可視距離(가시거리) 斜視(사시) 錯視(착시) 透視(투시)

쓰기한자

視覺(시각) 視點(시점) 視差(시차) 亂視(난시) 視角(시각) 視界(시계)
視力(시력) 視線(시선) 視野(시야) 視察(시찰) 監視(감시) 輕視(경시)
無視(무시) 遠視(원시) 注視(주시)

詩

4급Ⅱ
시 **시**
言 | 6획

비 時(때 시)
동 歌(노래 가)

글자 풀이

손발(寺)을 움직이듯이 마음의 동요나 마음 속에 간직하고 있는 사물을
말(言)로 표현한 것에서 노래, 시(詩)를 의미한다.

읽기한자

敍事詩(서사시)

쓰기한자

詩篇(시편) 詩評(시평) 詩歌(시가) 詩經(시경) 詩論(시론) 詩想(시상)
詩人(시인) 詩作(시작) 詩的(시적) 詩情(시정) 詩題(시제) 詩集(시집)
詩風(시풍) 詩學(시학) 詩畫(시화) 童詩(동시) 序詩(서시) 作詩(작시)
長詩(장시) 漢詩(한시)

試 4급 II
시험 시(:)
言 | 6획

비 誠(정성 성)
　評(평할 평)
동 驗(시험 험)

글자 풀이

사람에게 일을 시키면서(言) 방식(式)대로 하는지 보는 것에서 시험해
보다(試)는 의미이다.

읽기한자

試鍊(시련)

쓰기한자

試運轉(시운전) 試圖(시도) 試料(시료) 試食(시식) 試藥(시약) 試用(시용)
試飮(시음) 試作(시작) 試合(시합) 試驗(시험) 考試(고시) 應試(응시)
入試(입시) 試金石(시금석) 試寫會(시사회) 筆記試驗(필기시험)

息 4급 II
쉴 식
心 | 6획

비 惡(악할 악)
동 休(쉴 휴)

글자 풀이

인간의 마음상태는 호흡에 나타나는데, 마음(心)이 온화할 때는
코(自)로 숨쉬는 것에서 편안한 호흡(息)이라는 의미이다.

읽기한자

姑息的(고식적) 蘇息(소식) 瞬息間(순식간)

쓰기한자

歎息(탄식) 喜消息(희소식) 安息(안식) 女息(여식) 令息(영식) 利息(이식)
子息(자식) 休息(휴식) 安息處(안식처) 自強不息(자강불식)

食 7급 II
밥/먹을 식
食 | 0획

비 良(어질 량)
동 飯(밥 반)

글자 풀이

밥(皀)을 그릇에 모아(合) 담은 모양에서 밥, 먹다(食)는 의미이다.

읽기한자

飽食(포식) 食困症(식곤증) 食慾(식욕) 菜食(채식) 食祿(식록) 食鹽水(식염수)
偏食(편식)

쓰기한자

食券(식권) 食糧(식량) 食傷(식상) 穀食(곡식) 食客(식객) 食口(식구)
食器(식기) 食年(식년) 食單(식단) 食堂(식당) 食代(식대) 食母(식모)
食福(식복) 食費(식비) 食事(식사) 食性(식성) 食水(식수) 食言(식언)
食用(식용) 食肉(식육) 食邑(식읍) 食前(식전) 食蟲(식충) 食卓(식탁)
食品(식품) 食後(식후) 間食(간식) 缺食(결식)

植 7급
심을 식
木 | 8획

비 直(곧을 직)
동 栽(심을 재)

글자 풀이

10인의 눈 앞에선 벗어나지 못하고 순수해지듯이 나무(木)를 똑바로(直)
세워서 키우는 것에서 심다(植)는 의미이다.

읽기한자

植付(식부) 腐植(부식)

쓰기한자

植毛(식모) 植木日(식목일) 植物(식물) 植民地(식민지) 植樹(식수)
植字(식자) 寫植(사식) 移植(이식)

式 6급
법 식
弋 | 3획

비 必(반드시 필)
동 規(법 규)
律(법칙 률)
法(법 법)
則(법칙 칙)

글자 풀이

도구(弋)를 사용해서 작업(工)을 하는 것에서 작업의 정해진 방식, 방법(式)을 의미한다.

읽기한자

開幕式(개막식) 軟式(연식) 除幕式(제막식) 硬式(경식)

쓰기한자

式辭(식사) 複式(복식) 略式(약식) 樣式(양식) 儀式(의식) 式順(식순)
式場(식장) 式典(식전) 開式(개식) 格式(격식) 公式(공식) 舊式(구식)
單式(단식) 圖式(도식) 美式(미식) 方式(방식) 法式(법식) 書式(서식)
新式(신식) 洋式(양식) 年式(연식) 禮式(예식)

飾 3급 II
꾸밀 식
食 | 5획

비 飽(배부를 포)
동 裝(꾸밀 장)

글자 풀이

사람(人)은 음식(食)을 먹은 다음에는 옷(巾)을 꾸민다(飾)는 의미이다.

읽기한자

假飾(가식) 服飾(복식) 修飾(수식) 裝飾(장식) 虛禮虛飾(허례허식)

識 5급 II
알 식
기록할 지
言 | 12획

비 職(직분 직)
織(짤 직)
동 知(알 지)
認(알 인)

글자 풀이

소리(音)를 내어 말하(言)는 것에 의해서 다시 한번 마음 속에 확실히 새기(戈)고 깨닫게 한다는 것에서 표시, 깨닫게 하다(識)는 의미이다.

읽기한자

唯識(유식) 謹識(근지) 鑑識(감식) 沒常識(몰상식)

쓰기한자

智識(지식) 標識(표지) 面識犯(면식범) 危機意識(위기의식) 識見(식견)
識別(식별) 識字(식자) 見識(견식) 無識(무식) 博識(박식) 常識(상식)
良識(양식) 有識(유식) 意識(의식) 認識(인식) 知識(지식) 學識(학식)
無意識(무의식) 美意識(미의식)

申 4급 II
납[猿] 신
田 | 0획

비 田(밭 전)
甲(갑옷 갑)
伸(펼 신)
동 告(고할 고)

글자 풀이

입(口)을 열(十)번 움직여 아뢴다(申)는 의미이다.

읽기한자

申聞鼓(신문고) 申申當付(신신당부)

쓰기한자

甲申政變(갑신정변) 申方(신방) 申告(신고) 申請(신청) 內申(내신)
上申(상신)

身 | 6급 Ⅱ
몸 신
身 | 0획

- 동 體(몸 체)
- 반 心(마음 심)

글자 풀이

아기를 갖게 되면 몸을 소중히 보살피는 것에서 몸, 알맹이(身)를 의미한다.

읽기 한자

謹身(근신) 身元照會(신원조회) 補身(보신) 修身齊家(수신제가) 立身揚名(입신양명) 獻身(헌신)

쓰기 한자

隱身(은신) 投身(투신) 避身(피신) 身邊(신변) 身病(신병) 身分(신분) 身上(신상) 身長(신장) 身體(신체) 單身(단신) 當身(당신) 代身(대신) 獨身(독신) 等身(등신) 亡身(망신) 文身(문신) 半身(반신) 變身(변신) 病身(병신) 保身(보신)

臣 | 5급 Ⅱ
신하 신
臣 | 0획

- 비 臥(누울 와)
- 반 君(임금 군)
  王(임금 왕)
  皇(임금 황)
  帝(임금 제)

글자 풀이

눈을 들어 위를 보는 모양으로 주인 앞에 부복하고 있는 사람, 부하(臣)를 의미한다.

읽기 한자

姦臣(간신)

쓰기 한자

君臣(군신) 君臣有義(군신유의) 臣下(신하) 家臣(가신) 功臣(공신) 使臣(사신) 小臣(소신) 忠臣(충신)

辛 | 3급
매울 신
辛 | 0획

- 비 幸(다행 행)
  妾(첩 첩)
- 동 烈(매울 렬)

글자 풀이

문신할 때 쓰는 날붙이를 본뜬 글자로, 문신에는 매움과 괴로움이 따른다는 데서, '맵다, 괴롭다'는 뜻이다.

읽기 한자

辛苦(신고) 辛方(신방) 辛亥年(신해년) 千辛萬苦(천신만고) 香辛料(향신료)

伸 | 3급
펼 신
人 | 5획

- 비 申(납 신)
- 동 張(베풀 장)
- 반 縮(줄일 축)

글자 풀이

사람(人)이 이야기(申)를 길게 펼친다(伸)는 의미이다.

읽기 한자

伸長(신장) 伸縮(신축) 屈伸(굴신) 追伸(추신)

神

6급 II
귀신 **신**
示 | 5획

비 祖(할아비 조)
동 鬼(귀신 귀)
　靈(신령 령)

글자 풀이

번개처럼 자연스럽게 일어(申)나는 불가사의한 힘을 두려워해 신령님을 제사(示)하는 것에서 신, 마음(神)을 의미한다.

읽기 한자

神靈(신령) 神出鬼沒(신출귀몰) 鬼神(귀신) 山神靈(산신령)
精神薄弱(정신박약)

쓰기 한자

神奇(신기) 降神(강신) 神祕(신비) 神格(신격) 神經(신경) 神技(신기)
神童(신동) 神明(신명) 神父(신부) 神社(신사) 神仙(신선) 神性(신성)
神聖(신성) 神位(신위) 神意(신의) 神主(신주) 神通(신통) 神話(신화)
失神(실신) 入神(입신)

信

6급 II
믿을 **신:**
人 | 7획

비 計(셀 계)
　訃(부고 부)
동 仰(우러를/믿을 앙)

글자 풀이

마음 속에 여러 가지를 생각해도, 사람(人) 말(言)에는 거짓말이 있어서는 안 된다. 신령에게 맹세하고 정직하게 말한다는 것에서 진실, 믿는다(信)는 의미이다.

읽기 한자

迷信(미신) 信賴(신뢰) 信仰(신앙) 盲信(맹신)

쓰기 한자

信徒(신도) 信條(신조) 信標(신표) 信念(신념) 信望(신망) 信奉(신봉)
信愛(신애) 信用(신용) 信義(신의)

晨

3급
새벽 **신**
日 | 7획

비 農(농사 농)
동 曉(새벽 효)
반 暮(저물 모)
　昏(어두울 혼)

글자 풀이

별(辰)과 해(日)가 교차하는 무렵이니 날이 새는 새벽(晨)이라는 의미이다.

읽기 한자

晨鍾(신종) 昏定晨省(혼정신성)

愼

3급 II
삼갈 **신:**
心 | 10획

비 鎭(진압할 진)
　眞(참 진)
동 謹(삼갈 근)

글자 풀이

참된(眞) 마음(小) 가짐으로 언행을 삼간다(愼)는 의미이다.

읽기 한자

謹愼(근신) 愼重(신중)

新 6급Ⅱ
새 신
斤 | 9획

ㅂ 親(친할 친)
ㅂ 舊(예 구)
　古(예 고)
　故(예 고)

글자 풀이

도끼(斤)로 막 자른(立) 생나무(木)의 모양에서 새롭다, 처음(新)을 의미한다.

읽기한자

新銳(신예) 謹賀新年(근하신년) 新刊(신간) 新館(신관) 新郎(신랑)
新版(신판) 刷新(쇄신) 維新(유신)

쓰기한자

新奇(신기) 新曲(신곡) 新官(신관) 新規(신규) 新年(신년) 新黨(신당)
新綠(신록) 新聞(신문) 新兵(신병) 新婦(신부) 新生(신생) 新書(신서)
新鮮(신선) 新設(신설) 新式(신식) 新約(신약) 新接(신접) 新人(신인)
新任(신임) 新作(신작) 新正(신정) 新種(신종) 新進(신진) 新參(신참)
新築(신축)

室 8급
집 실
宀 | 6획

ㅂ 空(빌 공)
ㄷ 家(집 가) 館(집 관)
　宇(집 우) 屋(집 옥)
　堂(집 당)
　宙(집 주)
　宅(집 택)

글자 풀이

사람이 잠자는 침실은 집(宀) 안쪽에 있는(至) 것으로 방, 거처(室)를 의미한다.

읽기한자

娛樂室(오락실) 高臺廣室(고대광실) 企劃室(기획실)

쓰기한자

居室(거실) 祕書室(비서실) 室內(실내) 室人(실인) 室長(실장) 客室(객실)
敎室(교실) 內室(내실) 亡室(망실) 密室(밀실) 別室(별실) 病室(병실) 分室(분실)
産室(산실)

失 6급
잃을 실
大 | 2획

ㅂ 矢(화살 시)
　夫(지아비 부)
ㄷ 忘(잊을 망)
　喪(잃을 상)
ㅂ 得(얻을 득)

글자 풀이

사람(人)이 큰(大) 실수를 하여 물건을 잃었다(失)는 의미이다.

읽기한자

忘失(망실) 失脚(실각) 失語症(실어증) 失戀(실연) 失策(실책) 紛失(분실)
喪失(상실) 燒失(소실)

쓰기한자

失機(실기) 失點(실점) 損失(손실) 失格(실격) 失權(실권) 失禮(실례)
失利(실리) 失望(실망) 失命(실명) 失名(실명) 失色(실색) 失勢(실세)
失笑(실소) 失手(실수) 失神(실신) 失言(실언) 失業(실업) 失意(실의)
失足(실족) 失職(실직) 失敗(실패)

實 5급Ⅱ
열매 실
宀 | 11획

ㅂ 貫(꿸 관)
ㄷ 果(실과 과)
ㅂ 虛(빌 허)
ㅇ 実

글자 풀이

집(宀) 안에 보물(貝)이 가득 채워 있는(毋) 것에서 가득차다,
정말, 알맹이(實)를 의미한다.

읽기한자

篤實(독실) 旣定事實(기정사실) 實像(실상) 實踐(실천) 其實(기실) 梅實(매실)
名實相符(명실상부) 實吐(실토)

쓰기한자

實果(실과) 果實(과실) 實感(실감) 實科(실과) 實權(실권) 實技(실기)
實力(실력) 實例(실례) 實錄(실록) 實利(실리) 實名(실명) 實務(실무)
實物(실물) 實費(실비) 實事(실사) 實狀(실상) 實相(실상) 實勢(실세)
實數(실수)

心

7급

마음 심

心 | 0획

반 身(몸 신)
體(몸 체)

글자 풀이

옛날 사람은 무언가를 생각하는 마음의 활용이 심장에 있다고 생각하고 있었으므로 심장, 마음(心)을 의미한다.

읽기 한자

心琴(심금) 心靈(심령) 心腹(심복) 心臟(심장) 心醉(심취) 丹心(단심)
邪心(사심) 人面獸心(인면수심) 腐心(부심) 切齒腐心(절치부심)

쓰기 한자

心筋(심근) 心證(심증) 私心(사심) 核心(핵심) 心境(심경) 心理(심리)
心性(심성) 心身(심신) 心弱(심약) 心情(심정) 心血(심혈) 江心(강심)
觀心(관심) 內心(내심) 都心(도심) 童心(동심)

深

4급 II

깊을 심

水 | 8획

비 探(찾을 탐)
반 淺(얕을 천)

글자 풀이

물(水)을 가득 채운(罙) 깊은(深) 곳이라는 의미이다.

읽기 한자

深思熟考(심사숙고) 深山幽谷(심산유곡)

쓰기 한자

深刻(심각) 深趣(심취) 深層(심층) 深度(심도) 深海(심해) 深呼吸(심호흡)
深化(심화) 水深(수심) 夜深(야심)

甚

3급 II

심할 심:

甘 | 4획

비 其(그 기)
基(터 기)
동 劇(심할 극)
激(격할 격)

글자 풀이

부부의 짝(匹)의 달콤(甘)한 사랑이 심히(甚) 좋다는 의미이다.

읽기 한자

甚至於(심지어) 甚難(심난) 甚大(심대) 激甚(격심) 極甚(극심)

尋

3급

찾을 심

寸 | 9획

동 探(찾을 탐)
訪(찾을 방)

글자 풀이

좌(工)우(口) 양손(彐)을 법도(寸)에 맞게 움직이는 방법을 찾는다(尋)는 의미이다.

읽기 한자

尋訪(심방) 推尋(추심) 尋常(심상)

審

3급 Ⅱ

살필 심(:)

宀 | 12획

비 番(차례 번)
동 察(살필 찰)

글자 풀이
집(宀)에서 작품을 차례로(番) 살피어(審) 등수를 정한다는 의미이다.

읽기한자
審理(심리) 審問(심문) 審査(심사) 審議(심의) 審判(심판) 結審(결심)
豫審(예심) 誤審(오심) 再審(재심) 主審(주심) 審美眼(심미안)
抗告審(항고심) 不審檢問(불심검문) 原審(원심)

十

8급

열 십

十 | 0획

동 拾(열 십)

글자 풀이
1에서 10까지의 전부를 한 자루에 쥔 모양을 본떴다.

읽기한자
十字架(십자가)

쓰기한자
十干(십간) 十二指腸(십이지장) 十二支(십이지) 十長生(십장생)
十進法(십진법) 十八番(십팔번) 十中八九(십중팔구)

雙

3급 Ⅱ

두/쌍 쌍

隹 | 10획

동 兩(두 량)
약 双

글자 풀이
새 두 마리(隹隹)를 손(又)에 가지고 있다는 데서 쌍, 짝, 견주다(雙)는 의미이다.

읽기한자
雙墳(쌍분) 雙曲線(쌍곡선) 雙務協定(쌍무협정) 雙方(쌍방)
雙罰罪(쌍벌죄) 雙眼鏡(쌍안경) 變化無雙(변화무쌍) 雙和湯(쌍화탕)

氏

4급

각시/성씨 씨

氏 | 0획

비 民(백성 민)
동 姓(성 성)

글자 풀이
나무 뿌리를 본떴으며, 같은 뿌리를 가진 성씨(氏)를 의미한다.

읽기한자
諸氏(제씨)

쓰기한자
姓氏(성씨) 無名氏(무명씨) 氏族社會(씨족사회) 創氏改名(창씨개명)

牙	3급 Ⅱ 어금니 아 牙 | 0획
ㅂ 芽(싹 아)	

글자 풀이

어금니의 모양을 본떴다.

읽기한자

牙器(아기) 牙城(아성) 象牙(상아) 象牙塔(상아탑) 齒牙(치아)

芽	3급 Ⅱ 싹 아 艹 | 4획
ㅂ 牙(어금니 아) 동 萌(싹 맹)	

글자 풀이

풀(艹)이 어금니(牙)가 나오듯 돋아난다는 데서 싹(芽)을 의미한다.

읽기한자

發芽(발아)

我	3급 Ⅱ 나 아: 戈 | 3획
동 余(나 여) 予(나 여) 吾(나 오) 반 彼(저 피)	

글자 풀이

손(手)에 창, 도구(戈)를 들고 나라를 지키는 나(我)를 의미한다.

읽기한자

唯我獨尊(유아독존) 我國(아국) 我軍(아군) 我執(아집)
無我(무아) 沒我(몰아) 小我(소아) 自我(자아)
我田引水(아전인수) 物我一體(물아일체)

亞	3급 Ⅱ 버금 아(:) 二 | 6획
ㅂ 惡(악할 악) 동 副(버금 부) 仲(버금 중) 次(버금 차) 약 亜	

글자 풀이

두 곱추가 마주 선 모양을 본뜬 자로, 곱추가 건강한 사람보다 못하다 하여 버금가다(亞)는 의미이다.

읽기한자

亞麻(아마) 亞流(아류) 亞聖(아성) 亞鉛(아연) 亞獻(아헌) 亞洲(아주)
亞熱帶(아열대) 亞細亞(아세아) 東南亞(동남아) 東北亞(동북아)

兒
5급 II
아이 **아**
儿 | 6획

图 童(아이 동)
반 長(긴 장)
약 児

글자 풀이

머리(臼)와 다리(儿)를 합쳐 아이(兒)를 의미한다.

읽기 한자

棄兒(기아) 豚兒(돈아) 兒役(아역) 幼兒(유아) 未熟兒(미숙아)

쓰기 한자

孤兒(고아) 乳兒(유아) 優良兒(우량아) 兒童(아동) 兒名(아명) 産兒(산아)
院兒(원아) 育兒(육아) 家兒(가아) 健兒(건아) 兒女子(아녀자)
小兒科(소아과) 快男兒(쾌남아) 風雲兒(풍운아) 幸運兒(행운아)

阿
3급 II
언덕 **아**
阝 | 5획

비 何(어찌 하)
　 河(물 하)
图 厓(언덕 애)
　 丘(언덕 구)
　 岸(언덕 안)

글자 풀이

보기 좋은(可) 언덕(阝)이란 데서 언덕(阿)을 의미한다.

읽기 한자

阿附(아부) 阿片(아편) 阿丘(아구)

雅
3급 II
맑을 **아(:)**
隹 | 4획

비 稚(어릴 치)
　 雖(비록 수)
图 淡(맑을 담)
　 淸(맑을 청)
반 濁(흐릴 탁)

글자 풀이

상아(牙)나 꼬리 짧은 새(隹)의 깃털은 우아하다(雅)는 의미이다.

읽기 한자

雅淡(아담) 雅量(아량) 雅樂(아악) 雅號(아호) 端雅(단아) 優雅(우아)
淸雅(청아)

餓
3급
주릴 **아:**
食 | 7획

비 餘(남을 여)
图 饑(주릴 기)
　 飢(주릴 기)
반 飽(배부를 포)

글자 풀이

먹지(食) 못해 피골이 상접한 모양을 이 빠진 도끼날(我)에 비긴 것으로,
'주리다'의 뜻이다.

읽기 한자

餓鬼(아귀) 餓死(아사) 飢餓(기아)

岳

3급

큰산 **악**

山 | 5획

비 丘(언덕 구)
　兵(병사 병)
동 嶽(큰산 악)

글자 풀이

언덕(丘) 위의 산(山)이라 하여 크고 높은 산(岳)을 의미한다.

읽기 한자

岳母(악모) 岳丈(악장) 山岳(산악)

惡

5급 II

악할 **악**
미워할 **오**

心 | 8획

비 恩(은혜 은)
　悲(슬플 비)
동 憎(미울 증)
반 善(착할 선)
약 悪

글자 풀이

비뚤어진 마음은 보기 싫은(亞) 마음(心)으로 좋지 않다, 나쁘다,
악하다(惡)는 의미이다.

읽기 한자

惡循環(악순환) 劣惡(열악) 勸善懲惡(권선징악) 醜惡(추악) 惡鬼(악귀)
惡靈(악령) 惡夢(악몽) 惡役(악역) 惡疾(악질) 惡妻(악처) 惡弊(악폐)
邪惡(사악) 憎惡(증오)

쓰기 한자

惡評(악평) 惡心(악심) 惡寒(오한) 惡感(악감) 惡談(악담) 惡黨(악당)
惡德(악덕) 惡童(악동) 惡名(악명) 惡法(악법) 惡相(악상) 惡性(악성)

安

7급 II

편안 **안**

宀 | 3획

비 案(책상 안)
동 寧(편안 녕)
　便(편할 편)

글자 풀이

집 안(宀)에 여인(女)이 있어 집을 지키면 가정이 평화롭다는 데서
편안하다(安)는 의미이다.

읽기 한자

安寧(안녕) 安眠(안면) 安葬(안장) 國泰民安(국태민안) 安逸(안일)
坐不安席(좌불안석)

쓰기 한자

安危(안위) 安靜(안정) 慰安(위안) 安否(안부) 安易(안이) 安價(안가)
安家(안가) 安息(안식) 安心(안심) 安全(안전) 安定(안정) 安住(안주)
安着(안착) 安置(안치) 公安(공안) 問安(문안) 未安(미안) 保安(보안)
不安(불안) 治安(치안)

案

5급

책상 **안:**

木 | 6획

비 安(편안 안)

글자 풀이

음식을 먹을 때 편한(安) 자세로 먹을 수 있도록 나무(木)로 만든
탁자(案)를 의미한다.

읽기 한자

妥協案(타협안) 腹案(복안) 懸案(현안)

쓰기 한자

妙案(묘안) 酒案床(주안상) 案內(안내) 案席(안석) 書案(서안) 案件(안건)
檢案(검안) 考案(고안) 起案(기안) 斷案(단안) 答案(답안) 代案(대안)
對案(대안) 圖案(도안) 文案(문안) 方案(방안) 法案(법안) 原案(원안)
議案(의안) 立案(입안)

아

眼

4급 II

눈   안:

目 | 6획

비 眠(잠잘 면)
동 目(눈 목)

글자 풀이

눈(目)으로 끝까지(艮) 살펴본다는 데서 눈(眼)을 의미한다.

읽기 한자

眼高手卑(안고수비) 眼疾(안질) 審美眼(심미안) 雙眼鏡(쌍안경)

쓰기 한자

眼鏡(안경) 眼科(안과) 眼光(안광) 眼球(안구) 眼帶(안대) 眼目(안목)
眼藥(안약) 眼中(안중) 開眼(개안) 老眼(노안) 肉眼(육안) 義眼(의안)
血眼(혈안) 主眼(주안) 着眼(착안) 近視眼(근시안) 方眼紙(방안지)
白眼視(백안시) 眼下無人(안하무인)

雁

3급

기러기   안:

隹 | 4획

비 厓(언덕 애)
동 鴻(기러기 홍)

글자 풀이

산기슭(厂)에서 사람 인(人)자 모양으로 나는 새(隹)이니 기러기(雁)를 의미한다.

읽기 한자

雁奴(안노) 雁堂(안당) 雁信(안신) 雁行(안행) 木雁(목안)

岸

3급 II

언덕   안:

山 | 5획

동 厓(언덕 애)
   丘(언덕 구)
   阿(언덕 아)
   坡(언덕 파)

글자 풀이

바다나 강물을 막고(干) 있는 산(山)의 벼랑(厂)에서, '언덕, 낭떠러지'의 뜻이다.

읽기 한자

對岸(대안) 沿岸(연안) 彼岸(피안) 海岸(해안)

顔

3급 II

낯   안:

頁 | 9획

비 頭(머리 두)
   額(이마 액)
   諺(속담 언)
동 面(낯 면)
   容(얼굴 용)

글자 풀이

彥은 본래 얼굴을 단장하는 연지 등의 안료를 말한다, 화장품(彥)을 바르는 머리(頁) 부위로, '얼굴'을 뜻한다.

읽기 한자

顔面(안면) 顔色(안색) 顔料(안료) 童顔(동안) 無顔(무안) 容顔(용안)
紅顔(홍안) 破顔大笑(파안대소) 厚顔無恥(후안무치)

謁	뵐 알
	言 | 9획

3급

비 渴(목마를 갈)
동 見(뵈올 현)

글자 풀이

말(言)로 윗사람을 뵙기를 청하는(曷) 것으로, '뵙다, 아뢰다, 청하다'는 뜻이다.

읽기 한자

謁廟(알묘) 謁聖科(알성과) 謁見(알현) 拜謁(배알)

巖	바위 암
	山 | 20획

3급 Ⅱ

비 嚴(엄할 엄)
약 岩

글자 풀이

산(山) 위에 있는 굳세고, 단단한(嚴) 것이 바위(巖)라는 의미이다.

읽기 한자

巖壁(암벽) 巖石(암석) 奇巖怪石(기암괴석) 巖盤(암반)

아

暗	어두울 암:
	日 | 9획

4급 Ⅱ

비 音(소리 음)
　 韻(운 운)
동 暝(어두울 명)
반 明(밝을 명)

글자 풀이

입술과 혀 사이에서 나오는 소리(音)처럼 햇빛(日)이 틈새에서 조금 밖에 나오지 않는 것에서 어둡다(暗)는 의미이다.

읽기 한자

暗誦(암송) 暗埋葬(암매장) 暗鬼(암귀) 暗愚(암우) 暗行御史(암행어사)

쓰기 한자

暗君(암군) 暗鬪(암투) 暗標(암표) 暗記(암기) 暗算(암산) 暗殺(암살)
暗示(암시) 暗室(암실) 暗雲(암운) 暗號(암호) 暗黑(암흑) 明暗(명암)
暗去來(암거래) 暗市場(암시장)

壓	누를 압
	土 | 14획

4급 Ⅱ

비 厭(싫어할 염)
동 抑(누를 억)
　 押(누를 압)
약 圧

글자 풀이

땅(土)이 꺼질까봐 싫어할(厭) 정도로 세게 누른다(壓)는 의미이다.

읽기 한자

壓迫(압박) 抑壓(억압) 鎭壓(진압) 壓倒(압도)

쓰기 한자

壓卷(압권) 壓縮(압축) 威壓(위압) 彈壓(탄압) 壓力(압력) 壓死(압사)
壓勝(압승) 加壓(가압) 強壓(강압) 水壓(수압) 電壓(전압) 制壓(제압)
地壓(지압) 指壓(지압) 血壓(혈압) 高氣壓(고기압) 高壓線(고압선)
高血壓(고혈압) 變壓器(변압기) 低氣壓(저기압)

3급
押 누를 **압**
手 | 5획

동 捺(누를 날)
壓(누를 압)
抑(누를 억)

글자 풀이

甲은 거북의 등딱지로 덮는다는 의미를 내포하고 있어 손(手)으로 덮어(甲) 누르는 데에서 누르다(押)는 의미이다.

읽기한자

押留(압류) 押送(압송) 押收(압수) 押韻(압운) 差押(차압)

3급 Ⅱ
央 가운데 **앙**
大 | 2획

비 夫(지아비 부)
동 中(가운데 중)
반 邊(가 변)

글자 풀이

크게(大) 팔 다리를 펼친(冂) 사람의 가운데(央)를 의미한다.

읽기한자

中央(중앙)

3급 Ⅱ
仰 우러를 **앙:**
人 | 4획

비 抑(누를 억)
迎(맞을 영)
동 崇(높을 숭)
信(믿을 신)

글자 풀이

왼쪽의 사람(人)을 오른쪽의 무릎 꿇은(卩) 사람이 쳐다보는 모양으로, '우러르다' 는 뜻이다.

읽기한자

仰望(앙망) 仰天(앙천) 仰請(앙청) 仰祝(앙축) 信仰(신앙) 推仰(추앙)

3급
殃 재앙 **앙**
歹 | 5획

비 映(비칠 영)
동 厄(액 액)
災(재앙 재)
禍(재앙 화)
반 福(복 복)

글자 풀이

죽음(歹)의 위험이 인생의 한가운데(央), 청춘 시기에 이른다는 데서, '재앙' 을 뜻한다.

읽기한자

殃禍(앙화) 災殃(재앙)

哀 슬플 애
口 | 6획
3급Ⅱ

- 비 衰(쇠할 쇠)
  衷(속마음 충)
  表(겉 표)
  裏(속 리)
- 동 悲(슬플 비)
- 반 樂(즐길 락)
  喜(기쁠 희)
  歡(기쁠 환)

글자 풀이
옷(衣) 깃으로 눈물을 닦으며, 입(口)으로 소리 내어 슬프게 운다는 데서, '슬프다' 는 뜻이다.

읽기 한자
哀憐(애련) 哀而不悲(애이불비) 哀歌(애가) 哀惜(애석) 哀愁(애수)
哀怨(애원) 哀切(애절) 哀絶(애절) 哀調(애조) 哀痛(애통) 哀歡(애환)
悲哀(비애) 喜怒哀樂(희로애락)

涯 물가 애
水 | 8획
3급

- 비 厓(언덕 애)

글자 풀이
바닷(氵)가의 높이 쌓인 흙(圭) 위의 벼랑(厂)이란 데서 물가(涯)를 의미한다.

읽기 한자
水涯(수애) 生涯(생애) 天涯孤兒(천애고아)

愛 사랑 애(:)
心 | 9획
6급

- 동 慕(그릴 모)
  戀(그릴 련)
  慈(사랑 자)
- 반 憎(미울 증)
  惡(미워할 오)

글자 풀이
사랑하는 사람과 빨리 만나고 싶으면(心), 배를 움직여(受)도 성급해져서 배가 나아가지 않는 것에서 사모하다, 사랑하다(愛)는 의미이다.

읽기 한자
愛誦(애송) 愛惜(애석) 愛慾(애욕) 愛憎(애증) 愛之重之(애지중지)
愛妻家(애처가) 戀愛(연애) 慈愛(자애) 偏愛(편애)

쓰기 한자
愛犬(애견) 愛稱(애칭) 愛校(애교) 愛國(애국) 愛己(애기) 愛社(애사)
愛煙(애연) 愛用(애용) 愛人(애인) 愛情(애정) 愛着(애착) 愛好(애호)
愛護(애호) 敬愛(경애)

厄 액 액
厂 | 2획
3급

- 동 災(재앙 재)
  禍(재앙 화)
  殃(재앙 앙)
- 반 福(복 복)

글자 풀이
산비탈(厂)에서 굴러 떨어진 위태한 사람이 몸을 웅크리고(㔾) 고통스러워하는 데서, '재앙' 을 뜻한다.

읽기 한자
厄年(액년) 厄運(액운) 橫厄(횡액) 橫來之厄(횡래지액)

液

4급 Ⅱ	
진	액
水	8획

비 夜(밤 야)
동 汁(즙 즙)

글자 풀이

밤(夜)이 되고 나서 마시는 물(水), 즉 술을 가리키는 것이었는데, 지금은 일반적으로 수성물체, 진액(液) 등을 의미한다.

읽기한자

不凍液(부동액) 湯液(탕액)

쓰기한자

液體(액체) 液化(액화) 水液(수액) 樹液(수액) 精液(정액) 血液(혈액)

額

4급	
이마	액
頁	9획

비 顔(얼굴 안)
동 頁(머리 혈)

글자 풀이

사람(客)의 머리(頁) 앞부분의 흰한 이마(額)를 의미한다.

읽기한자

賜額(사액) 寡額(과액)

쓰기한자

廣額(광액) 額面(액면) 額數(액수) 額子(액자) 價額(가액) 減額(감액)
巨額(거액) 高額(고액) 金額(금액) 多額(다액) 半額(반액) 少額(소액)
殘額(잔액) 全額(전액) 定額(정액) 增額(증액) 差額(차액) 總額(총액)

也

3급	
이끼/어조사	야:
乙	2획

비 地(따 지)
世(인간 세)

글자 풀이

본래 상형문자이나 주로 어조사로 쓰인다. '이끼'는 사실은 입에서 나오는 기운의 뜻으로 쓰인 옛말 '입기(口氣)'의 잘못이다.

읽기한자

也無妨(야무방) 及其也(급기야)

夜

6급	
밤	야:
夕	5획

반 晝(낮 주)
午(낮 오)

글자 풀이

사람(人)들이 집(宀)에서 휴식하는 것은 달(月)이 뜨는 밤(夜)이라는 의미이다.

읽기한자

夜盲症(야맹증) 錦衣夜行(금의야행) 晝耕夜讀(주경야독) 徹夜(철야)

쓰기한자

夜勤(야근) 夜景(야경) 夜警(야경) 夜光(야광) 夜食(야식) 夜陰(야음)
夜學(야학) 夜行(야행) 夜話(야화) 白夜(백야) 深夜(심야) 除夜(제야)
晝夜(주야) 初夜(초야) 夜會服(야회복) 前夜祭(전야제) 不夜城(불야성)

耶 3급 어조사 **야** 耳 | 3획	글자 풀이 邪(야)와 동자로 어조사로 쓰이고, 爺와 동자로 '아비'의 뜻으로 쓰인다. 읽기 한자 有耶無耶(유야무야)
비 邪(어찌 나) 邦(나라 방)	

野 6급 들 **야:** 里 | 4획	글자 풀이 사람이 살고 있는 마을(里)에서 쭉 뻗어간(予) 곳의 풍경에서 넓은 들판(野)을 의미한다. 읽기 한자 野薄(야박) 野卑(야비) 野獸(야수) 野慾(야욕) 野菜(야채) 荒野(황야) 쓰기 한자 野營(야영) 野積(야적) 與野(여야) 野遊會(야유회) 野球(야구) 野談(야담) 野黨(야당) 野望(야망) 野史(야사) 野生(야생) 野性(야성) 野俗(야속) 野心(야심) 野外(야외) 野人(야인) 野戰(야전) 野合(야합) 廣野(광야) 分野(분야) 山野(산야) 視野(시야)
동 坪(들 평) 郊(들 교) 반 與(더블 여)	

若 3급Ⅱ 같을 **약** 반야 **야** 艹 | 5획	글자 풀이 오른(右) 손으로 뽑아내는 풀(艹)의 모양이 같다는 데서 같다(若)는 의미이다. 읽기 한자 傍若無人(방약무인) 若干(약간) 若輩(약배) 若此(약차) 若何(약하) 若或(약혹) 萬若(만약) 明若觀火(명약관화) 般若心經(반야심경)
비 苦(쓸 고) 동 如(같을 여) 肖(같을 초)	

約 5급Ⅱ 맺을 **약** 糸 | 3획	글자 풀이 실(糸)을 꾸러미(丶)에 감아(勹) 묶는다(約)는 의미이다. 읽기 한자 違約金(위약금) 契約(계약) 盟約(맹약) 百年佳約(백년가약) 隨意契約(수의계약) 쓰기 한자 約略(약략) 約婚(약혼) 儉約(검약) 豫約(예약) 條約(조약) 友好條約(우호조약) 約分(약분) 約束(약속) 約數(약수) 約定(약정) 公約(공약) 規約(규약) 期約(기약) 密約(밀약) 先約(선약) 言約(언약) 要約(요약) 節約(절약) 制約(제약) 集約(집약) 請約(청약) 解約(해약) 協約(협약) 確約(확약)
비 給(줄 급) 級(등급 급) 동 契(맺을 계) 束(묶을 속) 반 解(풀 해)	

아

弱	6급 Ⅱ
	약할 **약**
	弓 | 7획

🔘 글자 풀이

새끼 새가 날개를 펼친 모양을 본떠서 약하다, 어리다(弱)는 의미이다.

🔘 읽기 한자

弱冠(약관) 微弱(미약) 薄弱(박약) 衰弱(쇠약) 軟弱(연약)

🔘 쓰기 한자

弱骨(약골) 弱點(약점) 弱勢(약세) 弱體(약체) 弱化(약화) 強弱(강약)
貧弱(빈약) 心弱(심약) 虛弱(허약) 老弱者(노약자) 弱肉強食(약육강식)

🔘 羽(깃 우)
🔘 強(강할 강)

藥	6급 Ⅱ
	약 **약**
	++ | 15획

🔘 글자 풀이

병으로 열이 날 때 먹으면 편해지(樂)는 풀(++)에서 약(藥)을 의미한다.

🔘 읽기 한자

賜藥(사약) 丸藥(환약) 補藥(보약) 靈藥(영약) 坐藥(좌약)
藥石之言(약석지언) 湯藥(탕약) 藥湯器(약탕기)

🔘 쓰기 한자

藥酒(약주) 彈藥(탄약) 投藥(투약) 爆藥(폭약) 藥果(약과) 藥局(약국)
藥理(약리) 藥物(약물) 藥房(약방) 藥師(약사) 藥水(약수) 藥用(약용)
藥材(약재) 藥草(약초) 藥品(약품) 藥學(약학) 藥效(약효) 農藥(농약)
毒藥(독약) 名藥(명약) 生藥(생약) 眼藥(안약) 良藥(양약) 洋藥(양약)
醫藥(의약) 製藥(제약) 齒藥(치약) 韓藥(한약)

🔘 樂(즐길 락)
🔘 薬

躍	3급
	뛸 **약**
	足 | 14획

🔘 글자 풀이

꿩(翟)이 날기 전에 펄쩍펄쩍 뛰면서 달리는(足) 것을 그려 뛰는(躍)
것을 의미한다.

🔘 읽기 한자

躍動(약동) 躍進(약진) 跳躍(도약) 飛躍(비약) 暗躍(암약) 一躍(일약)
活躍(활약)

🔘 跳(뛸 도)

羊	4급 Ⅱ
	양 **양**
	羊 | 0획

🔘 글자 풀이

양(羊)의 머리를 본떴다.

🔘 읽기 한자

羊頭狗肉(양두구육) 羊皮(양피) 綿羊(면양)

🔘 쓰기 한자

九折羊腸(구절양장) 羊毛(양모) 山羊(산양)

🔘 美(아름다울 미)
洋(큰바다 양)

洋 6급

큰바다 양

水 | 6획

비 羊(양 양)
注(부을 주)
동 滄(큰바다 창)

글자 풀이
양(羊) 몸에 나 있는 털처럼 강(水)이 갈래갈래 나누어졌다가 만났다가
하면서 흘러내려가는 모습을 말하는 것으로 넓은 바다(洋)를 의미한다.

읽기한자
洋弓(양궁)

쓰기한자
洋裝(양장) 洋酒(양주) 洋灰(양회) 洋服(양복) 洋式(양식) 洋食(양식)
洋藥(양약) 洋洋(양양) 洋屋(양옥) 洋銀(양은) 洋行(양행) 洋畫(양화)
南洋(남양) 大洋(대양) 東洋(동양) 西洋(서양) 海洋(해양) 輕洋食(경양식)

揚 3급Ⅱ

날릴 양

手 | 9획

비 陽(볕 양)
楊(버들 양)
場(마당 장)
반 抑(누를 억)

글자 풀이
아침(旦)에 기(勿)를 손(扌)으로 올린다(揚)는 의미이다.

읽기한자
揚名(양명) 讚揚(찬양) 揚陸(양륙) 高揚(고양) 浮揚(부양) 揚揚(양양)
抑揚(억양) 引揚(인양) 止揚(지양) 揚水機(양수기) 立身揚名(입신양명)
意氣揚揚(의기양양)

陽 6급

볕 양

阝 | 9획

비 揚(날릴 양)
楊(버들 양)
場(마당 장)
동 景(볕 경)
반 陰(그늘 음)

글자 풀이
절벽(阝)에 온화한 해(日)가 비추고 있는 것(勿)에서 양지, 양달(陽)을
의미한다.

읽기한자
斜陽(사양) 陽春佳節(양춘가절)

쓰기한자
陽刻(양각) 陽光(양광) 陽極(양극) 陽氣(양기) 陽性(양성) 陽地(양지)
夕陽(석양) 陰陽(음양) 太陽(태양) 漢陽(한양)

楊 3급

버들 양

木 | 9획

비 陽(볕 양)
揚(날릴 양)
場(마당 장)
동 柳(버들 류)

글자 풀이
해가 돋은(旦) 후 깃발(勿)이 휘날리듯 가지와 잎이 하늘거리는
나무(木)이니 버드나무(楊)를 의미한다.

읽기한자
楊柳(양류) 楊枝(양지)

아

養

5급 II
기를 **양:**
食 | 6획

- 동 育(기를 육)
- 詞(기를 사)

글자 풀이

양(羊)은 풀을 먹여(食) 기른다(養)는 의미이다.

읽기한자

養豚(양돈) 養蜂(양봉) 養虎遺患(양호유환) 供養(공양) 培養(배양)
扶養(부양)

쓰기한자

養鷄(양계) 營養(영양) 靜養(정양) 營養失調(영양실조) 養女(양녀)
養病(양병) 養分(양분) 養生(양생) 養成(양성) 養魚(양어) 養育(양육)
養子(양자) 養親(양친) 敎養(교양) 保養(보양) 奉養(봉양) 修養(수양)
收養(수양) 入養(입양) 休養(휴양) 養老院(양로원)

樣

4급
모양 **양**
木 | 11획

- 동 態(모습 태)
- 相(서로 상)

글자 풀이

양(羊)처럼 모양이 오랫동안(永) 좋은 나무(木)의 모습에서 형태, 있는
모습(樣)을 의미한다.

읽기한자

紋樣(문양)

쓰기한자

樣相(양상) 樣式(양식) 樣態(양태) 多樣(다양) 模樣(모양) 文樣(문양)
外樣(외양) 各樣各色(각양각색)

壤

3급 II
흙덩이 **양:**
土 | 17획

- 비 讓(사양할 양)
- 동 土(흙 토)
- 반 天(하늘 천)
- 약 壌

글자 풀이

부드럽고 살진(襄) 흙(土)으로, '흙, 흙덩이, 땅' 의 뜻이다.

읽기한자

擊壤歌(격양가) 天壤之差(천양지차) 土壤(토양) 平壤(평양)

讓

3급 II
사양할 **양:**
言 | 17획

- 비 壤(흙덩이 양)
- 동 謙(겸손할 겸)
- 약 譲

글자 풀이

도와(襄)주겠다는 것을 말(言)로써 겸손하게 사양한다(讓)는 의미이다.

읽기한자

讓渡(양도) 讓步(양보) 讓與(양여) 讓位(양위) 謙讓(겸양) 分讓(분양)
移讓(이양) 辭讓之心(사양지심)

於

3급

어조사 어
탄식할 오

方 | 4획

비 放(놓을 방)
　族(겨레 족)

글자 풀이

본래 鳥와 같은 글자로 감탄사로 쓰이었다가 뒤에 어조사의 기능이
추가되었다.

읽기한자

於嗚呼(어오호) 於是乎(어시호) 於焉間(어언간) 於中間(어중간)
於此彼(어차피) 甚至於(심지어)

魚

5급

고기/물고기 어

魚 | 0획

비 漁(고기잡을 어)

글자 풀이

물고기의 모습을 본떴다.

읽기한자

乾魚物(건어물) 水魚之交(수어지교) 魚頭肉尾(어두육미)

쓰기한자

緣木求魚(연목구어) 魚類(어류) 魚物(어물) 魚肉(어육) 魚族(어족)
大魚(대어) 北魚(북어) 養魚(양어) 銀魚(은어) 人魚(인어) 長魚(장어)
青魚(청어) 活魚(활어)

御

3급 Ⅱ

거느릴 어:

彳 | 8획

비 卿(벼슬 경)
동 統(거느릴 통)
　率(거느릴 솔)

글자 풀이

무릎을 꿇고 술잔(缶)을 올리는 행동(彳)을 나타낸 글자로 모시다,
거느리다(御)는 의미이다.

읽기한자

御命(어명) 御使(어사) 御用(어용) 御字(어자) 御酒(어주) 制御(제어)
通御(통어) 御前會議(어전회의)

漁

5급

고기잡을 어

水 | 11획

비 魚(고기 어)

글자 풀이

물(水) 속에 숨어버린 물고기(魚)를 잡는 것에서 고기잡이, 사냥(漁)을
의미한다.

읽기한자

漁夫之利(어부지리) 漁獲(어획)

쓰기한자

漁夫(어부) 漁父(어부) 漁船(어선) 漁場(어장) 漁港(어항) 禁漁(금어)
出漁(출어) 農漁民(농어민)

語

7급

말씀 어:

言 | 7획

통 言(말씀 언)
談(말씀 담)
話(말씀 화)
辭(말씀 사)

글자 풀이

너와 내(吾)가 서로 입으로 말(言)을 나눈다는 것에서 얘기하다,
말(語)을 의미한다.

읽기 한자

敍述語(서술어) 語幹(어간) 熟語(숙어) 失語症(실어증) 語尾(어미)

쓰기 한자

語群(어군) 語源(어원) 略語(약어) 隱語(은어) 語感(어감) 語句(어구)
語根(어근) 語頭(어두) 語錄(어록) 語文(어문) 語法(어법) 語順(어순)
語義(어의) 語調(어조) 語學(어학) 敬語(경어) 古語(고어) 口語(구어)
國語(국어) 單語(단어) 密語(밀어)

抑

3급 II

누를 억

手 | 4획

통 壓(누를 압)
押(누를 압)
반 揚(날릴 양)

글자 풀이

손(手)으로 도장(印)을 찍듯이 누른다(抑)는 의미이다.

읽기 한자

抑留(억류) 抑壓(억압) 抑揚(억양) 抑制(억제) 抑止(억지)

億

5급

억 억

人 | 13획

비 意(뜻 의)
憶(생각할 억)

글자 풀이

옛날 사람(人)들이 생각할(意) 수 있는 가장 큰 수가 억(億)이라는
의미이다.

읽기 한자

億兆蒼生(억조창생)

쓰기 한자

億萬長者(억만장자)

憶

3급 II

생각할 억

心 | 13획

비 意(뜻 의)
億(억 억)
통 念(생각 념)
思(생각 사)
想(생각 상)
考(생각할 고)
慮(생각할 려)

글자 풀이

마음(心) 속에서 뜻(意)을 새겨 기억한다(憶)는 의미이다.

읽기 한자

憶昔(억석) 記憶(기억) 追憶(추억)

言 말씀 언 6급
言 | 0획

통 語(말씀 어)
談(말씀 담)
話(말씀 화)
辭(말씀 사)
반 行(다닐 행)

글자 풀이
마음(忄)에 있는 바를 입(口)으로 말한다(言)는 의미이다.

읽기한자
言及(언급) 言渡(언도) 妄言(망언) 附言(부언) 一言之下(일언지하)
換言(환언)

쓰기한자
言辯(언변) 言辭(언사) 宣言(선언) 言動(언동) 言論(언론) 言明(언명)
言文(언문) 言約(언약) 言語(언어) 言爭(언쟁) 言質(언질) 間言(간언)
格言(격언) 苦言(고언) 公言(공언) 空言(공언) 過言(과언) 極言(극언)
金言(금언) 斷言(단언) 名言(명언)

焉 어찌 언 3급
火 | 7획

통 那(어찌 나)
何(어찌 하)

글자 풀이
새(鳥)가 나무 가지에 바르게(正) 내려앉는 것이 어찌(焉) 쉬운
일이겠는가라는 의미이다.

읽기한자
焉敢生心(언감생심) 於焉間(어언간) 終焉(종언)

嚴 엄할 엄 4급
口 | 17획

비 巖(바위 암)
통 肅(엄숙할 숙)
약 厳

글자 풀이
벼랑(厂)에 서 있는 사람의 손을 당기며 위험하다고 굳세게(敢)
외치는(口) 것에서 지독하다, 심하다, 위엄이 있다(嚴)는 의미이다.

읽기한자
謹嚴(근엄) 俊嚴(준엄) 嚴父慈母(엄부자모) 嚴妻侍下(엄처시하)
森嚴(삼엄) 莊嚴(장엄)

쓰기한자
嚴格(엄격) 嚴禁(엄금) 嚴命(엄명) 嚴密(엄밀) 嚴選(엄선) 嚴守(엄수)
嚴修(엄수) 嚴正(엄정) 嚴重(엄중) 嚴親(엄친) 戒嚴(계엄) 冷嚴(냉엄)
無嚴(무엄) 威嚴(위엄) 尊嚴(존엄) 至嚴(지엄) 華嚴經(화엄경)
嚴冬雪寒(엄동설한)

業 업 업 6급Ⅱ
木 | 9획

통 事(일 사)

글자 풀이
북을 올려 놓은 받침대를 본떴는데, 받침대를 조각하는 것을 일삼는다
하여 일(業)을 의미한다.

읽기한자
怠業(태업) 罷業(파업) 公企業(공기업) 軍需産業(군수산업) 企業(기업)
私企業(사기업) 運輸業(운수업) 畜産業(축산업)

쓰기한자
業績(업적) 鑛業(광업) 業界(업계) 業務(업무) 業報(업보) 業人(업인)
業者(업자) 業種(업종) 業主(업주) 業體(업체) 家業(가업) 開業(개업)
課業(과업) 農業(농업)

아

予 3급	나 여
	ㅣ | 3획

- 비 子(아들 자)
  矛(창 모)
- 동 我(나 아)
  余(나 여)
- 반 汝(너 여)

글자 풀이

사람이 팔을 벌리고 자신을 가리키는 모양을 본떴다.

읽기한자

予奪(여탈)

汝 3급	너 여:
	水 | 3획

- 비 女(계집 녀)
- 반 余(나 여)
  我(나 아)

글자 풀이

시냇물(氵)에서 빨래하는 여자(女)에게 너(汝) 여기 있구나 할 때 너(汝)를 의미한다.

읽기한자

汝等(여등) 汝輩(여배)

如 4급Ⅱ	같을 여
	女 | 3획

- 비 奴(종 노)
- 동 若(같을 약)
  肖(같을 초)
- 반 異(다를 이)
  他(다를 타)

글자 풀이

부인(女)의 말(口)은 그의 남편과 같다(如)는 의미이다.

읽기한자

如此(여차) 如何(여하) 如反掌(여반장) 何如間(하여간)

쓰기한자

如干(여간) 如或(여혹) 如前(여전) 缺如(결여) 萬事如意(만사여의)

余 3급	나 여
	人 | 5획

- 비 徐(천천할 서)
  金(쇠 금)
- 동 予(나 여)
  我(나 아)
- 반 汝(너 여)

글자 풀이

사람(人)이 혼자(一) 나무(木) 의자에 앉아 있는 것으로, 일인칭 대명사 '나'의 뜻이다.

읽기한자

余等(여등) 余月(여월) 殘余(잔여)

與 4급
더불/줄 여:
臼 | 7획

- 비 興(일 흥)
  輿(수레 여)
- 반 野(들 야)
- 약 与

글자 풀이
물건을 함께 맞들어(舁) 올려 준다(与)는 데서 더불다, 주다(與)는 의미이다.

읽기한자
贈與稅(증여세) 供與(공여) 附與(부여) 讓與(양여) 貸與(대여) 賦與(부여)
生殺與奪(생살여탈)

쓰기한자
與件(여건) 與黨(여당) 與否(여부) 與受(여수) 與信(여신)
與野(여야) 干與(간여) 關與(관여) 給與(급여) 寄與(기여)
受與(수여) 參與(참여) 許與(허여) 賞與金(상여금) 與民同樂(여민동락)

餘 4급 II
남을 여
食 | 7획

- 비 除(덜 제)
  徐(천천할 서)
- 동 殘(남을 잔)
  裕(넉넉할 유)
  剩(남을 잉)
- 약 余

글자 풀이
밥(食)을 먹다가 남긴다(余)는 데서 남다, 나머지(餘)를 의미한다.

읽기한자
餘滴(여적) 餘韻(여운) 餘裕(여유) 窮餘之策(궁여지책) 餘墨(여묵)

쓰기한자
餘暇(여가) 餘恨(여한) 殘餘(잔여) 餘技(여기) 餘念(여념) 餘談(여담)
餘力(여력) 餘錄(여록) 餘望(여망) 餘白(여백) 餘分(여분) 餘生(여생)
餘勢(여세) 餘罪(여죄) 餘地(여지) 餘他(여타) 餘波(여파) 餘興(여흥)

輿 3급
수레 여:
車 | 10획

- 비 興(일 흥)
  與(더불 여)
- 동 車(수레 거)

글자 풀이
두 손(臼)과 두 손(八)으로 앞뒤에서 들고 다니는 수레(車)란 데서 가마, 수레(輿)를 의미한다.

읽기한자
輿論(여론) 輿望(여망) 輿地(여지) 喪輿(상여) 大東輿地圖(대동여지도)

亦 3급 II
또 역
亠 | 4획

- 비 赤(붉을 적)
- 동 又(또 우)

글자 풀이
사람의 양 옆구리에 점을 찍어 옆구리를 나타낸 글자인데, 옆구리가 오른쪽에도 있고 또 왼쪽에도 있다는 데서, '또'의 뜻이다.

읽기한자
亦是(역시) 亦然(역연)

役

3급 II

부릴 역

彳 | 4획

비 投(던질 투)
　疫(전염병 역)
동 使(하여금/부릴 사)
　事(일 사)

글자 풀이

걸어 다니며(彳) 몽둥이(殳)로 때리면서 일꾼을 부린다(役)는 의미이다.

읽기 한자

懲役(징역) 役軍(역군) 役事(역사) 役員(역원) 役割(역할) 苦役(고역)
勞役(노역) 端役(단역) 代役(대역) 配役(배역) 兵役(병역) 服役(복역)
使役(사역) 兒役(아역) 惡役(악역) 用役(용역) 雜役(잡역) 轉役(전역)
助役(조역) 主役(주역) 重役(중역) 退役(퇴역) 現役(현역) 豫備役(예비역)
免役(면역) 賦役(부역) 荷役(하역)

易

4급

바꿀 역
쉬울 이:

日 | 4획

비 場(마당 장)
반 難(어려울 난)

글자 풀이

해(日)가 없어졌다(勿) 생겼다 하듯 인간의 운명은 쉽게 바뀐다(易)는
의미이다.

읽기 한자

易地思之(역지사지) 貿易(무역) 密貿易(밀무역)

쓰기 한자

易經(역경) 易書(역서) 易學(역학) 交易(교역)
周易(주역) 簡易(간이) 安易(안이) 容易(용이)

逆

4급 II

거스릴 역

辶 | 6획

반 順(순할 순)

글자 풀이

물구나무 선 형태(屰)에서 가야(辶)만 할 사람이 되돌아 온 것을 나타내서
거스르다, 거꾸로 된 모양(逆)을 의미한다.

읽기 한자

叛逆(반역) 逆謀(역모) 逆襲(역습) 莫逆(막역) 附逆(부역)

쓰기 한자

逆賊(역적) 逆轉(역전) 逆潮(역조) 逆婚(역혼) 拒逆(거역) 逆境(역경)
逆旅(역려) 逆流(역류) 逆算(역산) 逆說(역설) 逆順(역순) 逆戰(역전)
逆情(역정) 逆調(역조) 逆風(역풍) 逆行(역행) 大逆罪(대역죄)
反逆(반역) 逆利用(역이용)

疫

3급 II

전염병 역

疒 | 4획

비 投(던질 투)
　役(부릴 역)
동 疾(병 질)

글자 풀이

창(殳)을 들고 무찔러야 할 돌림병(疒)이라는 데서, '전염병'을 뜻한다.

읽기 한자

疫疾(역질) 檢疫(검역) 免疫(면역) 防疫(방역) 紅疫(홍역)

域 4급
지경 **역**
土 | 8획

비 或(혹 혹)
동 區(지경 구)
界(지경 계)
境(지경 경)

글자 풀이

전쟁이 일어났을 때 국경(土)에서 병사들이 무기를 들고(或) 대치하고 있는 모습에서 토지, 경계, 단락(域)을 의미한다.

읽기한자

震域(진역) 靈域(영역)

쓰기한자

域內(역내) 光域(광역) 區域(구역) 墓域(묘역) 聖域(성역) 水域(수역)
領域(영역) 異域(이역) 全域(전역) 地域(지역)

譯 3급 II
번역할 **역**
言 | 13획

비 驛(역 역)
釋(풀 석)
동 飜(번역할 번)
약 訳

글자 풀이

다른 나라 말(言)을 엿볼(睪) 수 있게 번역한다(譯)는 의미이다.

읽기한자

飜譯(번역) 抄譯(초역) 譯書(역서) 譯者(역자) 國譯(국역) 內譯書(내역서)
誤譯(오역) 完譯(완역) 意譯(의역) 重譯(중역) 直譯(직역) 通譯(통역)

驛 3급 II
역 **역**
馬 | 13획

비 譯(번역할 역)
釋(풀 석)
약 駅

글자 풀이

옛날에 역마(馬)가 엿보고(睪) 들어가 쉬었다던 정거장(驛)을 의미한다.

읽기한자

驛馬(역마) 驛夫(역부) 驛長(역장) 驛前(역전) 簡易驛(간이역)
終着驛(종착역)

延 4급
늘일 **연**
廴 | 4획

비 廷(조정 정)
동 遲(더딜 지)
반 急(급할 급)
速(빠를 속)

글자 풀이

멈춘(止) 것을 일으켜 세워서(丶) 멀리 가게 한다(廴)는 데서 끌다, 늘리다(延)는 의미이다.

읽기한자

遲延(지연) 遷延(천연)

쓰기한자

延見(연견) 延期(연기) 延吉(연길) 延命(연명) 延人員(연인원) 延長(연장)
延着(연착)

沿

3급 Ⅱ
물따라갈/따를 **연(:)**
水 | 5획

비 鉛(납 연)

글자 풀이

산 속의 물(氵)이 골짜기를 따라(㕣) 흘러 내려간다(沿)는 의미이다.

읽기 한자

沿岸(연안) 沿邊(연변) 沿海(연해) 沿革(연혁) 沿道(연도)

宴

3급 Ⅱ
잔치 **연:**
宀 | 7획

비 宣(베풀 선)

글자 풀이

편안히(安) 앉아서 음식을 먹고 이야기를 나누며(日) 잔치(宴)를 즐긴다는 의미이다.

읽기 한자

宴居(연거) 宴息(연식) 宴會(연회) 壽宴(수연) 祝賀宴(축하연)
回甲宴(회갑연)

軟

3급 Ⅱ
연할 **연:**
車 | 4획

비 輕(가벼울 경)
동 柔(부드러울 유)
반 硬(굳을 경)
　 固(굳을 고)
　 堅(굳을 견)

글자 풀이

바람 빠진 수레(車) 바퀴에 바람을 불어넣으니(欠) 승차감이 부드럽다(軟)는 의미이다.

읽기 한자

軟骨(연골) 軟禁(연금) 軟性(연성) 軟水(연수) 軟式(연식) 軟食(연식)
軟弱(연약) 軟質(연질) 軟化(연화) 柔軟(유연) 軟文學(연문학)
軟體動物(연체동물)

研

4급 Ⅱ
갈 **연:**
石 | 6획

동 磨(갈 마)
　 究(연구할 구)
약 研

글자 풀이

돌(石)의 울퉁불퉁한 것을 없애기 위해 평평(平平)하게 깎은 것에서 연마하다, 갈다(研)는 의미이다.

읽기 한자

研磨(연마)

쓰기 한자

研究(연구) 研修(연수)

然 7급 그럴 **연** 火 | 8획 비 燃(탈 연) 怨(원망할 원)	**글자 풀이** 불(火)로 개(犬)고기(肉)를 그을려 태워(然) 먹는 일은 당연한(然) 일이란 데서 그러하다(然)는 의미이다. **읽기한자** 然而(연이) 漫然(만연) 突然(돌연) 漠然(막연) 奮然(분연) 偶然(우연) 悠然(유연) 泰然(태연) 忽然(홀연) 古色蒼然(고색창연) 蓋然(개연) 蓋然性(개연성) **쓰기한자** 肅然(숙연) 依然(의연) 然則(연즉) 然後(연후) 果然(과연) 端然(단연) 當然(당연) 未然(미연) 本然(본연) 不然(불연) 自然(자연) 天然(천연)

煙 4급 Ⅱ 연기 **연** 火 | 9획	**글자 풀이** 불(火)을 때면 흙(土) 위에 세운 굴뚝(襾)에서 연기(煙)가 나온다는 의미이다. **읽기한자** 煙霧(연무) 煙幕(연막) **쓰기한자** 煙氣(연기) 砲煙(포연) 黑煙(흑연) 煙月(연월) 煙草(연초) 禁煙(금연) 吸煙(흡연) 無煙炭(무연탄) 愛煙家(애연가)

鉛 4급 납 **연** 金 | 5획 비 沿(물따라갈 연) 약 鈆	**글자 풀이** 산 속의 늪(㕣)처럼 검푸른 빛이 나는 쇠(金)가 납(鉛)이라는 의미이다. **읽기한자** 鉛版(연판) 亞鉛(아연) **쓰기한자** 鉛筆(연필) 黑鉛(흑연)

演 4급 Ⅱ 펼 **연:** 水 | 11획 비 寅(범 인)	**글자 풀이** 유유히 흐르는 물(水)의 형상에서 충분히 생각한 후에 작업을 한다(寅)고 하는 것에서 해보다(演)는 의미이다. **읽기한자** 演奏(연주) **쓰기한자** 演劇(연극) 演技(연기) 演壇(연단) 演士(연사) 演說(연설) 演習(연습) 演承(연승) 演藝(연예) 演題(연제) 演出(연출) 講演(강연) 競演(경연) 公演(공연) 口演(구연) 上演(상연) 試演(시연) 熱演(열연) 再演(재연) 助演(조연) 主演(주연) 初演(초연) 出演(출연) 協演(협연) 三國志演義(삼국지연의)

燃

4급
탈 **연**
火 | 12획

동 燒(사를 소)

글자 풀이

然이라는 글자가 火를 하나 더 붙여서 '태우다'는 의미이다.

읽기한자

燃燒(연소)

쓰기한자

燃燈(연등) 燃料(연료) 可燃性(가연성) 內燃(내연) 不燃(불연) 再燃(재연)

緣

4급
인연 **연**
糸 | 9획

비 綠(푸를 록)
錄(기록할 록)
祿(녹 록)

글자 풀이

실(糸)로 끊긴(彖) 곳을 묶는다는 데서 사람을 서로 이어 인연(緣)을 맺어 준다는 의미이다.

읽기한자

緣飾(연식)

쓰기한자

緣故(연고) 緣邊(연변) 緣分(연분) 緣由(연유) 結緣(결연) 奇緣(기연)
內緣(내연) 惡緣(악연) 因緣(인연) 絕緣(절연) 地緣(지연) 血緣(혈연)
緣木求魚(연목구어)

燕

3급Ⅱ
제비 **연(:)**
火 | 12획

동 鷰(제비 연)

글자 풀이

벌린 부리(卄), 몸통(口), 좌우 날개(北), 갈라진 꼬리(灬)를 본떠 제비(燕)를 의미한다.

읽기한자

燕京(연경) 燕尾服(연미복) 燕息(연식) 燕會(연회)

閱

3급
볼 **열**
門 | 7획

동 檢(조사할 검)
査(조사할 사)

글자 풀이

문(門) 앞에서 짐을 벗게(兌) 하고 일일이 조사하는 데서 살피다(閱)는 의미이다.

읽기한자

閱讀(열독) 閱覽(열람) 閱兵(열병) 檢閱(검열) 校閱(교열) 査閱(사열)

	3급Ⅱ
悅	기쁠 열
	心 | 7획

비 稅(세금 세)
　脫(벗을 탈)
동 歡(기쁠 환)
　喜(기쁠 희)
　樂(즐길 락)
반 悲(슬플 비)

글자 풀이

마음(心)이 기쁘다(兌)는 데서 기쁘다, 즐겁다(悅)는 의미이다.

읽기 한자

悅樂(열락) 法悅(법열) 喜悅(희열)

	5급
熱	더울 열
	火 | 11획

비 勢(형세 세)
　藝(재주 예)
동 暑(더울 서)
반 寒(찰 한)
　冷(찰 랭)

글자 풀이

토지(圭)를 잘 갈아 심은 작물이 순조롭게 잘자라듯이, 불(火)이
기세좋게(丸) 타고 있는 모습에서 열, 뜨겁다(熱)는 의미이다.

읽기 한자

稻熱病(도열병) 微熱(미열) 亞熱帶(아열대) 熱湯(열탕)

쓰기 한자

熱烈(열렬) 熱氣(열기) 熱帶(열대) 熱量(열량) 熱望(열망) 熱病(열병)
熱誠(열성) 熱心(열심) 熱愛(열애) 熱演(열연) 熱意(열의) 熱戰(열전)
熱情(열정) 熱中(열중)

	3급Ⅱ
炎	불꽃 염
	火 | 4획

비 災(재앙 재)
동 燮(불꽃 섭)

글자 풀이

불 둘(火火)을 써서 타다, 덥다, 불꽃(炎)을 의미한다.

읽기 한자

炎上(염상) 炎症(염증) 炎蒸(염증) 炎天(염천) 老炎(노염) 腦炎(뇌염)
盛炎(성염) 胃腸炎(위장염) 中耳炎(중이염) 炎涼世態(염량세태)

	3급Ⅱ
染	물들 염:
	木 | 5획

비 梁(들보 량)

글자 풀이

나무(木)에서 뽑아 낸 물감물(氵)에 아홉 번(九) 천을 담그어
물들인다(染)는 의미이다.

읽기 한자

汚染(오염) 染料(염료) 染色(염색) 染織(염직) 感染(감염)
傳染(전염) 染色體(염색체)

鹽

3급 Ⅱ

소금 **염**

鹵 | 13획

비 監(볼 감)
藍(쪽 람)
약 塩

글자 풀이

소금밭(鹵)을 잘 살펴(監) 소금(鹽)을 생산한다는 의미이다.

읽기한자

鹽分(염분) 鹽素(염소) 鹽田(염전) 鹽化(염화) 食鹽(식염) 巖鹽(암염)
竹鹽(죽염) 鹽基性(염기성) 天日鹽(천일염)

葉

5급

잎 **엽**

艹 | 9획

비 棄(버릴 기)

글자 풀이

나뭇가지(木)에 붙어 떨어지면 생겨나고 또 떨어지면 생겨나는(世) 푸른
잎새에서 나무나 풀(艹)잎(葉)을 의미한다.

읽기한자

枯葉(고엽) 一葉片舟(일엽편주) 葉茶(엽차) 葉菜(엽채) 枝葉(지엽)
腐葉土(부엽토) 金枝玉葉(금지옥엽)

쓰기한자

葉錢(엽전) 松葉酒(송엽주) 針葉樹(침엽수) 葉書(엽서) 葉草(엽초)
末葉(말엽) 十葉(십엽) 中葉(중엽) 初葉(초엽) 葉綠素(엽록소)
觀葉植物(관엽식물) 官製葉書(관제엽서)

永

6급

길 **영:**

水 | 1획

비 水(물 수)
氷(얼음 빙)
동 長(긴 장)
久(오랠 구)
遠(멀 원)
반 短(짧을 단)

글자 풀이

강물의 흐름이 지류에 흘러가기도 하고, 합치기도 하면서 오랫동안
흘러내려 바다로 가는 형태에서 길다(永)는 의미이다.

읽기한자

永訣(영결) 永久(영구) 永眠(영면) 靑丘永言(청구영언)

쓰기한자

永生(영생) 永世中立國(영세중립국) 永續(영속) 永永(영영) 永遠(영원)
永住權(영주권)

迎

4급

맞을 **영**

辶 | 4획

비 仰(우러를 앙)
抑(누를 억)
반 送(보낼 송)
輸(보낼 수)

글자 풀이

길(辶)을 따라 오는 손님을 존경하는(仰) 마음으로 맞이한다(迎)는
의미이다.

읽기한자

迎賓(영빈)

쓰기한자

迎入(영입) 迎接(영접) 迎合(영합) 送迎(송영) 歡迎(환영)
送舊迎新(송구영신)

6급
英
++ | 5획
꽃부리 영

비 莫(없을 막)
　央(가운데 앙)

글자 풀이

풀(++)이 성장하여 한복판(央)에 멋있는 꽃이 피는 형상에서 꽃 피우다, 예쁘다, 꽃부리(英)를 의미한다.

읽기한자

英靈(영령)

쓰기한자

英傑(영걸) 群英(군영) 英國(영국) 英美(영미) 英數(영수) 英詩(영시)
英語(영어) 英雄(영웅) 英材(영재) 英特(영특) 落英(낙영) 育英(육영)

3급
泳
水 | 5획
헤엄칠 영:

비 沙(모래 사)

글자 풀이

물(氵) 속에서 긴(永) 시간 헤엄친다, 잠행한다(泳)는 의미이다.

읽기한자

泳法(영법) 背泳(배영) 水泳(수영) 遊泳(유영) 蝶泳(접영) 混泳(혼영)
自由泳(자유영)

4급
映
日 | 5획
비칠 영(:)

비 殃(재앙 앙)
동 照(비칠 조)

글자 풀이

햇빛(日)이 한가운데서(央) 밝게 비친다(映)는 의미이다.

읽기한자

映像(영상)

쓰기한자

映畫(영화) 反映(반영) 放映(방영) 上映(상영) 終映(종영) 映寫機(영사기)

3급
詠
言 | 5획
읊을 영:

비 許(허락할 허)
동 吟(읊을 음)

글자 풀이

시조창을 들어보면 알 수 있듯 말(言)을 길게(永) 늘여 읊는데서, '읊다'의 뜻이다.

읽기한자

詠歌(영가)

榮 4급 II
영화 영
木 | 10획

- 비 營(경영할 영)
  螢(반딧불 형)
- 동 繁(번성할 번)
- 약 栄

글자 풀이

빛(火火)이 주위를 밝게 감싸듯(冖)이 안개꽃이 나무(木)에 가득 피어 있는 모습에서 번영(榮)의 의미이다.

읽기 한자

榮枯盛衰(영고성쇠) 榮譽(영예) 榮辱(영욕) 繁榮(번영)

쓰기 한자

榮華(영화) 榮轉(영전) 榮光(영광) 榮達(영달) 共榮(공영) 虛榮(허영)

影 3급 II
그림자 영:
彡 | 12획

- 비 景(볕 경)

글자 풀이

햇빛(景)에 물체의 형상이 붓(彡)으로 그린 듯 드러나는 데서, '그림자'의 뜻이다.

읽기 한자

影像(영상) 影印(영인) 影響(영향) 近影(근영) 暗影(암영) 投影(투영)

營 4급
경영할 영
火 | 13획

- 비 榮(영화 영)
  螢(반딧불 형)
- 약 営

글자 풀이

화려한(火火) 집(宮)을 짓는다(營)는 의미에서 집을 짓는 데는 규모와 계획을 세운다는 데서 경영하다(營)는 의미이다.

읽기 한자

營倉(영창)

쓰기 한자

營利(영리) 營養(영양) 營外(영외) 營爲(영위) 監營(감영) 經營(경영)
公營(공영) 官營(관영) 國營(국영) 軍營(군영) 民營(민영) 兵營(병영)
市營(시영) 野營(야영) 營內(영내) 營農(영농) 運營(운영) 入營(입영)
直營(직영) 陣營(진영) 脫營(탈영) 自營業者(자영업자)

銳 3급
날카로울 예:
金 | 7획

- 비 說(말씀 설)
  脫(벗을 탈)
  悅(기쁠 열)
- 동 利(이할 리)
- 반 鈍(둔할 둔)

글자 풀이

장인은 자기만 만든 칼의 쇠(金)가 날카로워야 기뻐한다(兌)는 데서, '날카롭다'는 뜻이다.

읽기 한자

銳角(예각) 銳騎(예기) 銳利(예리) 銳敏(예민) 銳智(예지)
新銳(신예) 精銳(정예) 尖銳(첨예) 銳意注視(예의주시)

豫
4급
미리 예:
豕 | 9획

비 像(모양 상)
약 予

글자 풀이

코끼리(象)가 죽기 전에 미리(予) 정해진 곳에 가서 죽음을 기다린다는
데서 미리(豫)라는 의미이다.

읽기 한자

豫審(예심) 起訴猶豫(기소유예) 猶豫(유예) 執行猶豫(집행유예)

쓰기 한자

豫感(예감) 豫見(예견) 豫告(예고) 豫期(예기) 豫買(예매) 豫防(예방)
豫報(예보) 豫備(예비) 豫算(예산) 豫選(예선) 豫習(예습) 豫示(예시)
豫約(예약) 豫言(예언) 豫定(예정) 豫行(예행) 豫測不許(예측불허)

藝
4급 II
재주 예:
艹 | 15획

비 熱(더울 열)
　 勢(형세 세)
동 技(재주 기)
　 才(재주 재)
　 術(재주 술)
약 芸, 藝

글자 풀이

식물(艹)을 심고(埶) 가꾸는 데는 기술이 필요하다 하여 재주, 기예(藝)를
의미한다.

읽기 한자

陶藝(도예)

쓰기 한자

藝能(예능) 藝名(예명) 藝術(예술) 曲藝(곡예) 工藝(공예) 技藝(기예)
武藝(무예) 文藝(문예) 書藝(서예) 手藝(수예) 園藝(원예) 學藝(학예)
民藝品(민예품)

譽
3급 II
기릴/명예 예:
言 | 14획

비 擧(들 거)
동 頌(기릴 송)
약 誉

글자 풀이

여러 사람이 칭찬의 말(言)을 준다(與)는 데서 명예, 기리다(譽)는
의미이다.

읽기 한자

名譽(명예) 榮譽(영예)

午
7급 II
낮 오:
十 | 2획

비 牛(소 우)
동 晝(낮 주)
반 夜(밤 야)

글자 풀이

열두 시(十二)를 가리키는 시계 바늘 모양으로 정오의 낮(午)을 의미한다.

읽기 한자

午睡(오수)

쓰기 한자

午時(오시) 午前(오전) 午後(오후) 端午(단오) 上午(상오)
午午(오오) 正午(정오) 下午(하오) 子午線(자오선)

五 8급
다섯 **오:**
二 | 2획

비 吾(나 오)

글자 풀이
한쪽 손의 손가락을 전부 편 모양을 본떴다.

읽기한자
五里霧中(오리무중) 三綱五倫(삼강오륜) 四分五裂(사분오열)

쓰기한자
五穀(오곡) 五輪(오륜) 五賊(오적) 五感(오감) 五目(오목) 五福(오복)
五音(오음) 五大洋(오대양) 五萬相(오만상) 五味子(오미자)
五線紙(오선지) 五行說(오행설) 陰陽五行(음양오행)

汚 3급
더러울 **오:**
水 | 3획

비 巧(공교할 교)
동 辱(욕될 욕)
　染(물들 염)
반 潔(깨끗할 결)

글자 풀이
움푹 패인(亐) 웅덩이의 괸 물(氵)은 더럽다는 데서, '더럽다'는 뜻이다.

읽기한자
汚名(오명) 汚物(오물) 汚損(오손) 汚水(오수) 汚染(오염)
汚辱(오욕) 汚點(오점) 貪官汚吏(탐관오리) 環境汚染(환경오염)

吾 3급
나 **오**
口 | 4획

비 五(다섯 오)
동 我(나 아)
　子(나 여)
　余(나 여)
반 汝(너 여)

글자 풀이
다섯(五) 식구(口)인 우리(吾) 가족이란 데서 우리와 나(吾)를 의미한다.

읽기한자
吾等(오등) 吾兄(오형) 吾鼻三尺(오비삼척)

烏 3급Ⅱ
까마귀 **오**
火 | 6획

비 鳥(새 조)
　嗚(슬플 오)

글자 풀이
까마귀(烏)는 몸이 검기 때문에 눈을 구별하기 어려워서 눈의 표시(一)가 없다는 의미이다.

읽기한자
烏竹軒(오죽헌) 烏飛梨落(오비이락) 烏金(오금) 烏石(오석) 烏有(오유)
烏呼(오호) 烏骨鷄(오골계) 烏合之卒(오합지졸)

悟

3급 Ⅱ

깨달을 오:

心 | 7획

비 俉(맞이할 오)
동 覺(깨달을 각)

글자 풀이

내(吾)가 마음(忄) 속에서 깨닫는다(悟)는 의미이다.

읽기 한자

悟性(오성) 覺悟(각오) 悔悟(회오)

娛

3급

즐길 오:

女 | 7획

비 誤(그르칠 오)
동 樂(즐길 락)

글자 풀이

여자(女)와 더불어 먹고 마시며 큰 소리로(吳) 노래하고 춤추며 즐거워한다(娛)는 의미이다.

읽기 한자

娛樂(오락) 娛樂室(오락실) 娛遊(오유) 電子娛樂(전자오락)

嗚

3급

슬플 오

口 | 10획

비 鳴(울 명)
동 悲(슬플 비)
哀(슬플 애)

글자 풀이

까마귀(烏)가 입(口)으로 슬피 우는 소리라는 뜻으로 탄식하다, 슬프다(嗚)는 의미이다.

읽기 한자

嗚呼(오호)

傲

3급

거만할 오:

人 | 11획

비 激(격할 격)
동 慢(거만할 만)
반 謙(겸손할 겸)

글자 풀이

사람(人)이 자기 토지(土)의 사방(方)을 다니며 손에 권력을 쥐고(攵) 거만하게(傲)군다는 의미이다.

읽기 한자

傲氣(오기) 傲慢放恣(오만방자) 傲霜孤節(오상고절) 傲視(오시)
傲慢(오만)

아

誤
4급Ⅱ
그르칠 오:
言 | 7획

비 娛(즐길 오)
동 謬(그르칠 류)
　過(지날 과)
반 正(바를 정)

글자 풀이
큰 소리(吳)로 호언장담하는 말(言)일수록 그릇되기(誤) 쉽다는 의미이다.

읽기한자
誤審(오심) 誤譯(오역) 錯誤(착오)

쓰기한자
誤差(오차) 誤判(오판) 誤記(오기) 誤答(오답) 誤導(오도) 誤發(오발)
誤報(오보) 誤算(오산) 誤用(오용) 誤認(오인) 誤入(오입) 誤字(오자)
誤解(오해) 過誤(과오) 正誤表(정오표)

玉
4급Ⅱ
구슬 옥
玉 | 0획

비 王(임금 왕)
　主(주인 주)
동 珠(구슬 주)

글자 풀이
세 개의 구슬을 끈으로 꿴 모양을 본뜬 글자로, 王자와 구별하기 위하여 점을 찍었다.

읽기한자
玉稿(옥고) 玉樓(옥루) 玉顔(옥안) 金枝玉葉(금지옥엽) 珠玉(주옥)

쓰기한자
玉骨(옥골) 玉座(옥좌) 玉篇(옥편) 紅玉(홍옥) 玉指環(옥지환)
金科玉條(금과옥조) 玉門(옥문) 玉水(옥수) 玉體(옥체) 白玉(백옥)
玉童子(옥동자)

屋
5급
집 옥
尸 | 6획

비 居(살 거) 尾(꼬리 미)
동 家(집 가) 館(집 관)
　堂(집 당) 室(집 실)
　宇(집 우) 宙(집 주)
　宅(집 택)

글자 풀이
사람(尸)이 찾아오면 머무는(至) 곳, 즉 침식하는 것에서 집, 주거(屋)를 의미한다.

읽기한자
屋塔(옥탑) 漏屋(누옥)

쓰기한자
屋內(옥내) 屋上(옥상) 屋外(옥외) 家屋(가옥) 古屋(고옥) 社屋(사옥)
洋屋(양옥) 草屋(초옥)

獄
3급Ⅱ
옥 옥
犬 | 11획

비 嶽(큰산 악)

글자 풀이
개(犭)와 개(犬)가 싸우듯이 원고와 피고가 서로 말다툼(言)하는 것을 재판하여 벌을 주는 감옥(獄)을 의미한다.

읽기한자
獄苦(옥고) 獄舍(옥사) 獄事(옥사) 獄死(옥사) 獄中(옥중) 監獄(감옥)
疑獄(의옥) 地獄(지옥) 出獄(출옥) 脫獄(탈옥) 投獄(투옥) 下獄(하옥)

溫

6급

따뜻할 **온**

水 | 10획

통 暖(따뜻할 난)
반 冷(찰 랭)
　寒(찰 한)
　凍(얼 동)
약 温

글자 풀이

찬 음식을 쪄서 따뜻이(昷) 하듯이 물(水)을 데우는 것에서
따뜻하다(溫)는 의미이다.

읽기한자

溫突(온돌) 溫柔(온유) 恒溫(항온) 微溫的(미온적) 高溫多濕(고온다습)

쓰기한자

溫厚(온후) 溫泉(온천) 溫氣(온기) 溫冷(온냉) 溫帶(온대) 溫度(온도)
溫床(온상) 溫水(온수) 溫順(온순) 溫室(온실) 溫情(온정) 溫風(온풍)
溫和(온화)

翁

3급

늙은이 **옹**

羽 | 4획

비 習(익힐 습)
통 老(늙을 로)

글자 풀이

어른(公)의 턱수염이 새의 깃털(羽)처럼 늘어져 있다는 데서 늙은이,
어른(翁)을 의미한다.

읽기한자

翁主(옹주) 老翁(노옹) 塞翁之馬(새옹지마)

擁

3급

낄 **옹:**

手 | 13획

통 抱(안을 포)

글자 풀이

손(手)으로 통로를 막으면서(雍) 에워싸고 있는 것, 옆구리에 끼고 있는
것으로 끼다, 안다(擁)는 의미이다.

읽기한자

擁立(옹립) 擁書(옹서) 擁衛(옹위) 擁護(옹호) 抱擁(포옹)

瓦

3급Ⅱ

기와 **와:**

瓦 | 0획

비 互(서로 호)

글자 풀이

암키와와 수키와가 서로 어울려 있는 모양을 본떴다.

읽기한자

瓦器(와기) 瓦當(와당) 瓦全(와전) 瓦解(와해) 弄瓦(농와)

臥
3급
누울 **와:**
臣 | 2획

⊞ 臣(신하 신)
⊟ 起(일어날 기)

글자 풀이
사람(人)이 눈(臣)을 감고 누워서(臥) 쉰다는 의미이다.

읽기 한자
臥龍(와룡) 臥病(와병)

完
5급
완전할 **완**
宀 | 4획

⊞ 宗(마루 종)
宅(집 택)
동 全(온전 전)

글자 풀이
담을 토대(元)를 잘 하여 우뚝하게 쌓고 지붕(宀)을 해 씌운다는 데서 완전하다(完)는 의미이다.

읽기 한자
完了(완료) 完遂(완수) 完熟(완숙) 補完(보완) 完拂(완불)

쓰기 한자
完納(완납) 完決(완결) 完結(완결) 完工(완공) 完備(완비) 完成(완성)
完勝(완승) 完全(완전) 完治(완치) 完快(완쾌) 完敗(완패) 未完(미완)
完製品(완제품)不完全(불완전)

緩
3급Ⅱ
느릴 **완:**
糸 | 9획

⊞ 暖(따뜻할 난)
援(도울 원)
동 徐(천천할 서)
⊟ 急(급할 급)
速(빠를 속)

글자 풀이
실(糸)을 손톱(爫)과 두(二) 손(友)으로 풀어 늘어지게 하고, 걸음을 늘어지게 걷는 데서, '늘어지다, 느리다' 는 뜻이다.

읽기 한자
緩慢(완만) 緩刑(완형) 緩和(완화) 緩衝地帶(완충지대) 緩急(완급)
緩行(완행)

曰
3급
가로 **왈**
曰 | 0획

⊞ 日(날 일)
由(말미암을 유)

글자 풀이
입(口)과 혀(一)로 말한다(曰)는 의미이다.

읽기 한자
曰可曰否(왈가왈부) 曰字(왈자)

王

8급

임금 **왕**

王 | 0획

- 비 玉(구슬 옥)
  主(주인 주)
- 동 君(임금 군)
  帝(임금 제)
  皇(임금 황)
- 반 臣(신하 신)
  民(백성 민)

글자 풀이

하늘과 땅과 인간(三)을 통치하(|)는 임금(王)을 의미한다.

읽기한자

王冠(왕관) 王陵(왕릉) 王妃(왕비)

쓰기한자

王座(왕좌) 帝王(제왕) 王家(왕가) 王國(왕국) 王宮(왕궁) 王權(왕권)
王道(왕도) 王命(왕명) 王室(왕실) 王位(왕위) 王子(왕자) 王政(왕정)
王朝(왕조) 國王(국왕) 大王(대왕) 女王(여왕) 王大人(왕대인)
王中王(왕중왕) 生産王(생산왕)

往

4급 II

갈 **왕:**

彳 | 5획

- 비 住(살 주)
- 동 去(갈 거)
- 반 來(올 래)

글자 풀이

풀이 자라(主)듯이 기세 좋게 쑥쑥 앞으로 나아가(彳)는 것에서 가다,
지나가다(往)는 의미이다.

읽기한자

旣往(기왕) 已往(이왕)

쓰기한자

往年(왕년) 往來(왕래) 往復(왕복) 往往(왕왕) 古往今來(고왕금래)
極樂往生(극락왕생) 來往(내왕) 說往說來(설왕설래)
右往左往(우왕좌왕)

外

8급

바깥 **외:**

夕 | 2획

- 반 內(안 내)

글자 풀이

저녁(夕)때 거북이 등을 두드려서 점(卜)을 치면 줄금이 바깥쪽에 생기는
것에서 바깥(外)을 의미한다.

읽기한자

外販員(외판원) 涉外(섭외) 郊外(교외) 外貌(외모) 外柔內剛(외유내강)
外換(외환) 外債(외채)

쓰기한자

外勤(외근) 外傷(외상) 外叔(외숙) 外樣(외양) 外遊(외유) 外家(외가)
外界(외계) 外科(외과) 外觀(외관) 外交(외교) 外國(외국) 外道(외도)
外面(외면) 外方(외방) 外部(외부) 外勢(외세) 外孫(외손) 外信(외신)
外野(외야) 外製(외제)

畏

3급

두려워할 **외:**

田 | 4획

- 비 長(긴 장)
- 동 怖(두려워할 포)
  恐(두려울 공)
  懼(두려워할 구)

글자 풀이

귀신(田)이나 우두머리, 어른(長)을 두려워한다(畏)는 의미이다.

읽기한자

畏敬(외경) 畏友(외우)

要

5급Ⅱ

요긴할 요(:)

襾 | 3획

비 腰(허리 요)
동 緊(긴할 긴)

글자 풀이
여자(女)가 두 손으로 허리(腰)를 잡고 있는 모양을 본 뜬 글자로, 허리는 신체 중에서도 중요한 곳이라고 하는 것에서 중요하다(要)는 의미이다.

읽기한자
要綱(요강) 要緊(요긴) 槪要(개요) 需要(수요) 摘要(적요) 要塞(요새)

쓰기한자
要覽(요람) 要點(요점) 要件(요건) 要求(요구) 要談(요담) 要領(요령)
要路(요로) 要望(요망) 要所(요소) 要素(요소) 要約(요약) 要員(요원)
要人(요인) 要因(요인)

搖

3급

흔들 요

手 | 10획

비 謠(노래 요)
　 遙(멀 요)
동 動(움직일 동)
약 揺

글자 풀이
취객이 손(扌)에 고기(月)와 술병(缶)을 들고 흔들흔들하는 데서, '흔들다' 는 뜻이다.

읽기한자
搖動(요동) 搖亂(요란) 動搖(동요) 搖之不動(요지부동)

遙

3급

멀 요

辶 | 10획

비 謠(노래 요)
　 搖(흔들 요)
동 遠(멀 원)
반 近(가까울 근)
약 遥

글자 풀이
고기(月)와 질그릇(缶)을 지고서 길(辶)을 따라 멀리, 걷는다(遙)는 의미이다.

읽기한자
遙望(요망) 遙遠(요원)

腰

3급

허리 요

月 | 9획

비 要(요긴할 요)

글자 풀이
몸(月)을 구부렸다 폈다 하는데 요긴한(要) 부분이니 허리(腰)를 의미한다.

읽기한자
腰帶(요대) 腰折腹痛(요절복통) 腰痛(요통)

謠

4급 Ⅱ

노래 **요**

言 | 10획

비 搖(흔들 요)
　遙(멀 요)
동 歌(노래 가)
　曲(굽을 곡)
약 謡

글자 풀이

고기(月)와 술독의 질그릇(缶)을 앞에 놓고 말(言)을 길게 하면서 노래한다(謠)는 의미이다.

읽기한자

巷謠(항요) 謠詠(요영)

쓰기한자

謠言(요언) 歌謠(가요) 農謠(농요) 童謠(동요) 民謠(민요) 俗謠(속요)

曜

5급

빛날 **요:**

日 | 14획

비 躍(뛸 약)
동 輝(빛날 휘)

글자 풀이

새(隹)가 날아 오를 때의 날개(羽)의 아름다움처럼 햇볕(日)이 높이 빛나는 모습에서 빛나다(曜)는 의미이다.

읽기한자

曜靈(요령)

쓰기한자

曜曜(요요) 曜日(요일) 金曜日(금요일) 木曜日(목요일) 水曜日(수요일)
月曜日(월요일) 日曜日(일요일) 土曜日(토요일) 火曜日(화요일)

辱

3급 Ⅱ

욕될 **욕**

辰 | 3획

동 恥(부끄러울 치)
반 榮(영화 영)

글자 풀이

별(辰)의 움직임을 따라 농사철에 맞게 부지런히 손(寸)을 놀리지 않으면 가을에 수확이 없어 욕을 보게 된다는 데서, '욕되다'는 뜻이다.

읽기한자

汚辱(오욕) 辱臨(욕림) 辱說(욕설) 辱知(욕지) 苦辱(고욕) 困辱(곤욕)
屈辱(굴욕) 雪辱(설욕) 榮辱(영욕) 恥辱(치욕)

浴

5급

목욕할 **욕**

水 | 7획

비 谷(골 곡)
　俗(풍속 속)
동 沐(머리감을 목)

글자 풀이

옛날은 계곡(谷)사이를 흘러내리는 물(水)로 씻어 정화한 것에서 맞다, 씻다(浴)는 의미이다.

읽기한자

森林浴(삼림욕)

쓰기한자

浴室(욕실) 日光浴(일광욕) 海水浴場(해수욕장)

아

欲

3급Ⅱ

하고자할 **욕**

欠 | 7획

비 慾(욕심 욕)

뱃속이 골(谷)처럼 비어 입을 벌리고(欠) 먹고 싶어한다는 데서 하고자 하다, 바라다(欲)는 의미이다.

읽기한자

欲情(욕정) 寡欲(과욕) 情欲(정욕) 欲求不滿(욕구불만)

慾

3급Ⅱ

욕심 **욕**

心 | 11획

비 欲(하고자할 욕)
동 貪(탐낼 탐)

글자 풀이

하고자 하는(欲) 마음(心)으로, 무언가를 탐내는 '욕심'을 뜻한다.

읽기한자

貪慾(탐욕) 慾求(욕구) 慾望(욕망) 慾心(욕심) 禁慾(금욕) 物慾(물욕)
食慾(식욕) 愛慾(애욕) 野慾(야욕) 意慾(의욕) 虛慾(허욕) 權力慾(권력욕)
私利私慾(사리사욕)

用

6급Ⅱ

쓸 **용:**

用 | 0획

비 丹(붉을 단)
동 費(쓸 비)

글자 풀이

무엇인가 물건을 만들 때 산산히 흩어지지 않도록 못을 사용하는 것에서 이용하다(用)는 의미이다.

읽기한자

濫用(남용) 竝用(병용) 遵用(준용) 用途(용도) 用役(용역) 兼用(겸용)
慣用(관용) 御用(어용) 徵用(징용) 無用之物(무용지물) 貸用(대용)
借用證(차용증)

쓰기한자

用件(용건) 用具(용구) 用器(용기) 用度(용도) 用量(용량) 用例(용례)
用務(용무) 用法(용법) 用便(용변) 用兵(용병) 用語(용어) 用言(용언)

勇

6급Ⅱ

날랠 **용:**

力 | 7획

비 男(사내 남)
동 猛(사나울 맹)

글자 풀이

힘(力)이 용솟음(甬) 쳐서 행동이 날래고 용감하다(勇)는 의미이다.

읽기한자

勇猛(용맹)

쓰기한자

勇敢(용감) 勇壯(용장) 勇氣(용기) 勇斷(용단) 勇士(용사) 勇退(용퇴)
武勇談(무용담) 義勇軍(의용군)

4급Ⅱ

容
얼굴 용
宀 │ 7획

동 顔(낯 안)
貌(모양 모)

글자 풀이

계곡(谷)물이 넓은 강물에 합쳐지는 여울목처럼 집(宀) 앞이 넓어서 물건을 많이 넣을 수 있는 것에서 넣다, 알맹이(容)를 의미한다.

읽기한자

容貌(용모) 容恕(용서) 寬容(관용) 陳容(진용) 形容詞(형용사)

쓰기한자

容納(용납) 容易(용이) 容積(용적) 容疑者(용의자) 容共(용공) 容器(용기)
容量(용량) 容認(용인) 容態(용태) 內容(내용) 美容(미용) 收容(수용)
受容(수용) 偉容(위용) 理容(이용) 包容(포용) 許容(허용)

3급

庸
떳떳할 용
广 │ 8획

반 劣(못할 렬)
拙(졸할 졸)

글자 풀이

자기집(广)에서도 삼가며 엄숙한(肅) 자세를 유지하는 데서, '떳떳하다'는 뜻이다.

읽기한자

庸劣(용렬) 庸人(용인) 庸才(용재) 庸拙(용졸) 登庸(등용) 中庸(중용)

3급

又
또 우:
又 │ 0획

비 友(벗 우)
동 亦(또 역)

글자 풀이

오른손의 모양을 본떴다.

읽기한자

又重之(우중지)

3급

于
어조사 우
二 │ 1획

비 干(방패 간)
午(낮 오)

글자 풀이

장애물에 막혀 탄식하는(于) 모양을 나타냈다.

읽기한자

于先(우선) 至于今(지우금) 于歸(우귀)

아

友

5급Ⅱ

벗 **우:**

又 | 2획

비 反(돌이킬 반)
동 朋(벗 붕)

글자 풀이

두 사람이 손(又)을 잡고 서로(ナ) 돕는 것에서 벗(友)을 의미한다.

읽기 한자

友邦(우방) 朋友(붕우)

쓰기 한자

友好條約(우호조약) 友軍(우군) 友愛(우애) 友人(우인) 友情(우정)
交友(교우) 校友(교우) 敎友(교우) 級友(급우) 社友(사우) 戰友(전우)
親友(친우) 學友(학우) 鄕友會(향우회) 血友病(혈우병)
文房四友(문방사우) 歲寒三友(세한삼우) 竹馬故友(죽마고우)

尤

3급

더욱 **우**

尢 | 1획

비 尢(절름발이 왕)

글자 풀이

손에 회초리를 들고 있음을 나타내는 글자로, 허물을 나무라며 더욱 잘할 것을 바라는 데서, '더욱, 나무라다, 허물'을 뜻한다.

읽기 한자

尤物(우물) 尤妙(우묘) 尤甚(우심) 不尤人(불우인)

牛

5급

소 **우**

牛 | 0획

비 午(낮 오)
　年(해 년)
동 丑(소 축)

글자 풀이

소의 머리 모양을 본떴다.

읽기 한자

矯角殺牛(교각살우) 碧昌牛(벽창우) 肥肉牛(비육우)

쓰기 한자

牛乳(우유) 鬪牛(투우) 牛角(우각) 牛黃(우황) 農牛(농우) 黃牛(황우)
牛耳讀經(우이독경) 九牛一毛(구우일모)

右

7급Ⅱ

오를/오른(쪽) **우:**

口 | 2획

비 古(예 고)
　石(돌 석)
반 左(왼 좌)

글자 풀이

밥을 먹을 때 음식물을 입(口)으로 나르(ナ)는 손의 모습에서 오른쪽(右)을 의미한다.

읽기 한자

右翼(우익) 右側(우측) 左之右之(좌지우지) 左衝右突(좌충우돌)

쓰기 한자

右傾(우경) 右派(우파) 右武(우무) 右手(우수) 右心房(우심방) 極右(극우)
左右(좌우) 右往左往(우왕좌왕)

宇

3급 Ⅱ

집 우:

宀 | 3획

비 于(어조사 우)
동 家(집 가)
　 宙(집 주)
　 堂(집 당)
　 屋(집 옥)
　 館(집 관)
　 室(집 실)
　 宅(집 택)

글자 풀이

집 면(宀)이 뜻으로, 어조사 우(于)가 음으로 나타난 자이다.

읽기한자

宇宙(우주) 宇宙船(우주선) 氣宇(기우) 屋宇(옥우)

羽

3급 Ⅱ

깃 우:

羽 | 0획

동 翼(날개 익)

글자 풀이

깃털(羽)의 모양을 본떴다.

읽기한자

羽毛(우모) 羽翼(우익) 羽聲(우성)

雨

5급 Ⅱ

비 우:

雨 | 0획

비 兩(두 량)

글자 풀이

드리워져 있는 구름에서 비(雨)가 내린다는 의미이다.

읽기한자

雨露(우로) 祈雨祭(기우제) 豪雨警報(호우경보)

쓰기한자

降雨量(강우량) 雨期(우기) 雨量(우량) 雨備(우비) 雨天(우천) 陰雨(음우)
暴雨(폭우) 測雨器(측우기)

偶

3급 Ⅱ

짝 우:

人 | 9획

비 遇(만날 우)
　 愚(어리석을 우)
동 配(짝 배)
　 匹(짝 필)

글자 풀이

사람(人)이나 원숭이(禺) 모양으로 만든 허수아비에서, '짝'을 뜻한다.

읽기한자

偶發(우발) 偶像(우상) 偶數(우수) 偶然(우연) 偶人(우인) 配偶者(배우자)
偶像崇拜(우상숭배)

遇

4급
만날 우:
辶 | 9획

비 偶(짝 우)
愚(어리석을 우)
동 逢(만날 봉)

글자 풀이
원숭이(禺)가 이리저리 다니다가(辶) 서로 만난다(遇)는 의미이다.

읽기한자
千載一遇(천재일우)

쓰기한자
遇害(우해) 境遇(경우) 奇遇(기우) 待遇(대우) 不遇(불우) 禮遇(예우)
知遇(지우) 處遇(처우)

愚

3급Ⅱ
어리석을 우
心 | 9획

비 遇(만날 우)
偶(짝 우)
반 賢(어질 현)
仁(어질 인)
良(어질 량)

글자 풀이
마음(心) 씀씀이가 원숭이(禺)같다는 데서, '어리석다'는 뜻이다.

읽기한자
愚鈍(우둔) 愚劣(우열) 愚見(우견) 愚弄(우롱) 愚惡(우악) 愚弟(우제)
愚直(우직) 愚問賢答(우문현답) 愚民政治(우민정치)

郵

4급
우편 우
阝 | 8획

비 睡(졸음 수)
垂(드리울 수)

글자 풀이
중앙의 공문이 고을(阝)에 내려진다는(垂) 것에서 우편(郵)을 의미한다.

읽기한자
郵遞(우체) 郵驛(우역)

쓰기한자
郵送(우송) 郵便(우편) 郵便物(우편물) 郵票(우표) 郵便番號(우편번호)
航空郵便(항공우편)

憂

3급Ⅱ
근심 우
心 | 11획

비 優(넉넉할 우)
慮(생각할 려)
동 愁(근심 수)
患(근심 환)

글자 풀이
머리(頁)와 마음(心) 속에 걱정이 많아 발걸음이 무겁다는(夊)데서 근심, 걱정(憂)을 의미한다.

읽기한자
憂慮(우려) 憂愁(우수) 憂患(우환) 丁憂(정우) 內憂外患(내우외환)
識字憂患(식자우환)

	4급
優	넉넉할 우
	人 | 15획

- 비 憂(근심 우)
- 동 秀(빼어날 수)
  裕(넉넉할 유)
- 반 劣(못할 렬)
  拙(졸할 졸)

글자 풀이

손, 발, 몸 등을 조용히(憂) 움직이며 정숙하게 행동하는 사람(亻)을 비유해서 부드럽다. 품위있다. 배우(優)를 의미한다.

읽기한자

優劣(우열) 優雅(우아) 優越(우월) 優柔不斷(우유부단)

쓰기한자

優待(우대) 優等(우등) 優良(우량) 優生(우생) 優先(우선) 優性(우성)
優勢(우세) 優秀(우수) 優勝(우승) 優位(우위) 男優(남우) 聲優(성우)
女優(여우) 準優勝(준우승) 最優秀(최우수)

	3급
云	이를 운
	二 | 2획

- 비 去(갈 거)
- 동 謂(이를 위)

글자 풀이

사람이 말할 때의 입김이 구름처럼 피어오르는 모양으로, '이르다, 구름'을 뜻한다.

읽기한자

云云(운운) 云爲(운위)

	5급 Ⅱ
雲	구름 운
	雨 | 4획

- 비 雪(눈 설)
  露(이슬 로)
  電(번개 전)

글자 풀이

비(雨)를 내리게 하는 뭉게구름(云)의 형태에서 구름(雲)을 의미한다.

읽기한자

祥雲(상운)

쓰기한자

雲母(운모) 雲集(운집) 雲海(운해) 白雲(백운) 星雲(성운) 暗雲(암운)
戰雲(전운) 靑雲(청운) 風雲兒(풍운아)

	6급 Ⅱ
運	옮길 운:
	辶 | 9획

- 비 連(이을 련)
- 동 移(옮길 이)

글자 풀이

병사(軍)들이 전차를 끌면서 걸어가(辶)는 모습에서 나르다(運)는 의미이다.

읽기한자

厄運(액운) 運輸(운수) 運賃(운임)

쓰기한자

運轉(운전) 機運(기운) 運動(운동) 運命(운명) 運送(운송) 運數(운수)
運身(운신) 運用(운용) 運筆(운필) 運河(운하) 運航(운항) 運行(운행)
家運(가운) 國運(국운) 氣運(기운) 吉運(길운) 大運(대운) 武運(무운)

아

韻
3급Ⅱ
운 운:
音 | 10획

비 損(덜 손)

글자 풀이

관원(員)이 소리(音)를 하는데 운에 잘 맞는다는 데서, '운, 운치, 울림'을 뜻한다.

읽기 한자

韻文(운문) 韻士(운사) 韻律(운율) 韻致(운치) 餘韻(여운) 音韻(음운)

雄
5급
수컷 웅
隹 | 4획

비 稚(어릴 치)
반 雌(암컷 자)

글자 풀이

큰(大) 부리(厶)가 있는 새(隹)라는 것에서 수컷(雄)을 의미한다.

읽기 한자

群雄割據(군웅할거)

쓰기 한자

雄據(웅거) 雄辯(웅변) 雄壯(웅장) 雄大(웅대) 雄飛(웅비) 英雄(영웅)

元
5급Ⅱ
으뜸 원
儿 | 2획

비 完(완전할 완)

글자 풀이

사람(儿)의 가장 위(二)에 있는 것은 머리이며, 인간은 머리가 근원이라는 것에서 근원, 처음(元)을 의미한다.

읽기 한자

元旦(원단) 元帥(원수)

쓰기 한자

紀元(기원) 壯元(장원) 元金(원금) 元氣(원기) 元年(원년) 元來(원래)
元老(원로) 元素(원소) 元首(원수) 元子(원자) 元祖(원조) 多元(다원)
單元(단원) 復元(복원) 二元(이원) 一元(일원) 次元(차원) 元利金(원리금)
高次元(고차원) 三次元(삼차원)

怨
4급
원망할 원(:)
心 | 5획

비 怒(성낼 노)
동 恨(한 한)
반 恩(은혜 은)

글자 풀이

저녁(夕)에 누워있을(已) 때에도 언짢게 생각하는 마음(心)이니 원망하다(怨)는 의미이다.

읽기 한자

哀怨(애원) 含怨(함원)

쓰기 한자

怨望(원망) 怨聲(원성) 怨恨(원한) 民怨(민원) 宿怨(숙원)

原

5급

언덕 **원**

厂 | 8획

비 源(근원 원)
동 岸(언덕 안)
　厓(언덕 애)

아

글자 풀이

벼랑(厂) 밑에 맑고 흰(白) 물(水)이 나오는 언덕(原)이 있다는 의미이다.

읽기 한자

原稿(원고) 原綿(원면) 原簿(원부) 原審(원심) 原版(원판) 病原菌(병원균)

쓰기 한자

原絲(원사) 原價(원가) 原木(원목) 原告(원고) 原論(원론) 原料(원료)
原理(원리) 原名(원명) 原毛(원모) 原文(원문) 原本(원본) 原狀(원상)
原色(원색) 原書(원서) 原始(원시) 原案(원안) 原音(원음) 原因(원인)
原字(원자)

員

4급Ⅱ

인원 **원**

口 | 7획

비 貝(조개 패)
　貢(바칠 공)
　貫(꿸 관)
약 負

글자 풀이

둥근(口) 조개(貝)로 돈, 돈을 세다(員)는 의미이다.

읽기 한자

外販員(외판원) 契員(계원) 乘務員(승무원)

쓰기 한자

委員(위원) 員石(원석) 減員(감원) 客員(객원) 缺員(결원) 工員(공원)
官員(관원) 教員(교원) 團員(단원) 黨員(당원) 隊員(대원) 動員(동원)
滿員(만원)

院

5급

집 **원**

阝 | 7획

비 完(완전할 완)
동 家(집 가) 館(집 관)
　堂(집 당) 屋(집 옥)
　宙(집 주) 室(집 실)
　宅(집 택)

글자 풀이

완전히(完) 집을 둘러싸고 있는 흙담(阝)에서 유래하여 담장 안의 정원의
의미였는데 지금은 건물(院)을 지칭하는 의미이다.

읽기 한자

淨院(정원) 禪院(선원)

쓰기 한자

大院君(대원군) 府院君(부원군) 院內(원내) 院生(원생) 院長(원장)
開院(개원) 登院(등원) 法院(법원) 病院(병원) 本院(본원) 寺院(사원)
上院(상원) 書院(서원) 議院(의원) 醫院(의원) 入院(입원) 支院(지원)
退院(퇴원) 學院(학원) 監査院(감사원) 大學院(대학원) 養老院(양로원)

援

4급

도울 **원:**

手 | 9획

비 暖(따뜻할 난)
　緩(느릴 완)
동 救(구원할 구)
　扶(도울 부)
　助(도울 조)
　護(도울 호)

글자 풀이

함정에 빠진 사람에게 손(扌)을 내밀어 두 손으로 당겨서(爰)
구원하다(援)는 의미이다.

읽기 한자

援繫(원계) 赴援(부원)

쓰기 한자

援軍(원군) 援用(원용) 援助(원조) 援筆(원필) 援護(원호) 救援(구원)
聲援(성원) 應援(응원) 增援(증원) 支援(지원) 孤立無援(고립무원)

圓 4급Ⅱ
둥글 원
口 | 10획

비 園(동산 원)
　團(둥글 단)
동 團(둥글 단)

글자 풀이

원래는 조개(貝)가 돈이었는데, 진짜 돈이 생기면서 사람 손에서 사람 손으로 돌게 된 데에서 둥근 것, 돈(圓)을 의미한다.

읽기 한자

圓熟(원숙)　投圓盤(투원반)

쓰기 한자

圓光(원광)　圓滿(원만)　圓卓(원탁)　團圓(단원)　一圓(일원)

園 6급
동산 원
口 | 10획

비 圓(둥글 원)
　團(둥글 단)

글자 풀이

밭의 과일(袁)을 사람에게 뺏기지 않으려고 품 안에 감추려는 듯한 기분으로 울타리(口)를 하는 것에서 정원, 뜰, 울타리(園)를 의미한다.

읽기 한자

園頭幕(원두막)　幼稚園(유치원)　莊園(장원)

쓰기 한자

園丁(원정)　遊園地(유원지)　園所(원소)　園兒(원아)　園藝(원예)　公園(공원)
樂園(낙원)　農園(농원)　田園(전원)　庭園(정원)　學園(학원)　花園(화원)
果樹園(과수원)

源 4급
근원 원
水 | 10획

비 原(언덕 원)
동 根(뿌리 근)

글자 풀이

벼랑(厂) 아래에 물(水)이 솟아나오(泉)는 것에서 샘물, 원천(源)을 의미한다.

읽기 한자

汚染源(오염원)　供給源(공급원)　武陵桃源(무릉도원)　拔本塞源(발본색원)

쓰기 한자

源流(원류)　源泉(원천)　根源(근원)　起源(기원)　發源(발원)　稅源(세원)
水源(수원)　語源(어원)　資源(자원)　字源(자원)　財源(재원)　電源(전원)

遠 6급
멀 원:
辶 | 10획

동 遙(멀 요)
반 近(가까울 근)
약 逺

글자 풀이

품 안에 물건을 넣고(袁) 멀리에 보내는(辶) 것에서 멀다(遠)라는 의미이다.

읽기 한자

疏遠(소원)　遠距離(원거리)　遠征(원정)　久遠(구원)

쓰기 한자

遠慮(원려)　望遠鏡(망원경)　遠交近攻(원교근공)　遠景(원경)　遠近(원근)
遠大(원대)　遠視(원시)　遠洋(원양)　敬遠(경원)　深遠(심원)　永遠(영원)
遠心力(원심력)　不遠千里(불원천리)

<table>
<tr>
<td>

願
원할 원:
頁 | 10획

동 望(바랄 망)

</td>
<td>

글자 풀이

벼랑(厂) 아래를 흐르는 냇물(泉)에 얼굴(頁)을 비쳐보고 예뻐지고
싶다고 생각하는 것에서 염원, 부탁(願)을 의미한다.

읽기 한자

祈願(기원) 哀願(애원)

쓰기 한자

歎願書(탄원서) 願望(원망) 願書(원서) 民願(민원) 悲願(비원) 所願(소원)
素願(소원) 宿願(숙원) 念願(염원) 自願(자원) 請願(청원) 祝願(축원)
出願(출원)

</td>
</tr>
<tr>
<td>

月
달 월
月 | 0획

비 日(날 일)
目(눈 목)

</td>
<td>

글자 풀이

산의 저편에서 나오는 초승달의 모습을 본떴다.

읽기 한자

閏月(윤월) 吟風弄月(음풍농월) 月刊(월간) 月曆(월력) 月桂冠(월계관)

쓰기 한자

日就月將(일취월장) 月經(월경) 月光(월광) 月給(월급) 月內(월내)
月例(월례) 月末(월말) 月面(월면) 月別(월별) 月報(월보) 月石(월석)
月收(월수) 月食(월식) 月次(월차) 月出(월출) 今月(금월) 滿月(만월)
每月(매월) 明月(명월)

</td>
</tr>
<tr>
<td>

越
넘을 월
走 | 5획

동 超(뛰어넘을 초)

</td>
<td>

글자 풀이

도끼(戉)를 들고 달리어(走) 담장을 넘는다(越)는 의미이다.

읽기 한자

貸越(대월) 越境(월경) 越權(월권) 越南(월남) 越冬(월동) 越等(월등)
越班(월반) 越北(월북) 越尺(월척) 越便(월편) 優越(우월) 移越(이월)
超越(초월) 追越(추월) 卓越(탁월)

</td>
</tr>
<tr>
<td>

危
위태할 위
卩 | 4획

비 厄(액 액)
동 險(험할 험)

</td>
<td>

글자 풀이

산비탈(厂)에서 굴러 떨어진 위태한 사람(㔾)을 위에 있는 사람(勹)이
걱정스럽게 내려다보는 모양에서, '위태하다'는 뜻이다.

읽기 한자

危篤(위독) 危懼心(위구심) 危樓(위루)

쓰기 한자

危急(위급) 危機(위기) 危重(위중) 危害(위해) 危險(위험) 安危(안위)
危空(위공) 危機一髮(위기일발)

</td>
</tr>
</table>

位

5급

자리 **위**

人 | 5획

비 他(다를 타)
동 座(자리 좌)

글자 풀이

옛날은 신분(人)에 의해서 서(立)는 장소가 정해져 있었다는 데서 人과
立을 합성해서 지위, 위치(位)를 의미한다.

읽기 한자

爵位(작위) 位階秩序(위계질서) 諸位(제위) 卽位(즉위)

쓰기 한자

優位(우위) 帝位(제위) 位相(위상) 位置(위치) 各位(각위) 高位(고위)
單位(단위) 同位(동위) 方位(방위) 本位(본위) 部位(부위) 水位(수위)
神位(신위) 王位(왕위) 在位(재위) 地位(지위) 職位(직위) 體位(체위)
退位(퇴위) 品位(품위)

委

4급

맡길 **위**

女 | 5획

비 季(계절 계)
　秀(빼어날 수)
동 任(맡길 임)
　托(맡길 탁)

글자 풀이

벼(禾) 이삭이 불어오는 바람에 휘어지듯이, 여인(女)이 자상하게 물건을
만들고 작업을 하는 것에서 위임하다, 맡기다(委)는 의미이다.

읽기 한자

委棄(위기)

쓰기 한자

委細(위세) 委任(위임) 委積(위적) 敎委(교위) 委員會(위원회)
委任狀(위임장)

胃

3급Ⅱ

밥통 **위**

月 | 5획

비 骨(뼈 골)

글자 풀이

논밭에서 나온 음식물(田)이 들어가는 몸(月)의 한 부분으로, '밥통'을
뜻한다.

읽기 한자

胃壁(위벽) 胃散(위산) 胃炎(위염) 胃腸(위장) 胃痛(위통) 健胃(건위)

威

4급

위엄 **위**

女 | 6획

비 滅(멸할 멸)
　成(이룰 성)
동 嚴(엄할 엄)

글자 풀이

도끼(戌)를 든 듯이 무서운 시어머니(女)란 데서 위엄(威)을 의미한다.

읽기 한자

猛威(맹위) 威脅(위협)

쓰기 한자

威力(위력) 威武(위무) 威勢(위세) 威信(위신) 威壓(위압) 威嚴(위엄)
威儀(위의) 威風(위풍) 國威(국위) 權威(권위) 示威(시위)

偉

	5급Ⅱ
클	위
人	9획

ㅂ 違(어긋날 위)
동 大(큰 대)
　 巨(클 거)
　 太(클 태)
반 小(작을 소)

글자 풀이

사람(人)들이 둘레에 모여드니(韋) 뛰어난(偉) 사람이란 의미이다.

읽기 한자

偉跡(위적) 偉雅(위아)

쓰기 한자

偉大(위대) 偉力(위력) 偉業(위업) 偉容(위용) 偉人(위인)

爲

	4급Ⅱ
하/할	위(:)
爪	8획

ㅂ 僞(거짓 위)
약 為

글자 풀이

손(爪)과 몸(尸)을 새(鳥)처럼 움직여 나라를 위하여(爲) 어떤 일을 한다(爲)는 의미이다.

읽기 한자

指鹿爲馬(지록위마) 轉禍爲福(전화위복)

쓰기 한자

營爲(영위) 無爲徒食(무위도식) 爲己(위기) 爲民(위민) 爲始(위시)
爲業(위업) 爲人(위인) 爲主(위주) 當爲(당위) 無爲(무위) 作爲(작위)
行爲(행위) 爲政者(위정자) 無作爲(무작위) 人爲的(인위적)

圍

	4급
에워쌀	위
口	9획

ㅂ 園(동산 원)
동 包(쌀 포)
약 囲

글자 풀이

샘 주위(韋)에 울타리(口)를 치는 것에서 둘러싸다, 주위(圍)를 의미한다.

읽기 한자

擁圍(옹위) 圍徑(위경)

쓰기 한자

範圍(범위) 周圍(주위) 包圍(포위)

違

	3급
어긋날	위
辶	9획

ㅂ 偉(클 위)
동 錯(어긋날 착)

글자 풀이

특정 장소(口)에서 다른 방향으로 발걸음을 내디뎌(舛) 걸어가는(辶) 데서, '어기다' 는 뜻이다.

읽기 한자

違反(위반) 違背(위배) 違法(위법) 違約(위약) 違憲(위헌) 違和感(위화감)
非違(비위)

僞	3급Ⅱ 거짓 위 人 | 12획

비 爲(할 위)
동 假(거짓 가)
반 眞(참 진)
약 偽

글자 풀이

자연의 법칙에는 거짓이 없으나 사람(人)이 하는(爲) 일에는 거짓(僞)이 있다는 의미이다.

읽기 한자

僞造紙幣(위조지폐) 僞善(위선) 僞裝(위장) 僞造(위조) 僞證(위증)
眞僞(진위) 虛僞(허위)

慰	4급 위로할 위 心 | 11획

비 尉(벼슬 위)

글자 풀이

상관(尉)들은 마음(心) 속으로 부하들을 위로한다(慰)는 의미이다.

읽기 한자

弔慰金(조위금) 慰靈祭(위령제)

쓰기 한자

慰勞(위로) 慰問(위문) 慰安(위안)

緯	3급 씨 위 糸 | 9획

비 韓(나라 한)
반 經(지날 경)

글자 풀이

실 사(糸)에 군복 위(韋)를 합친 자로, 북실이 왔다갔다하며 베를 짠다는 데에서 씨줄(緯)을 의미한다.

읽기 한자

緯度(위도) 經緯(경위) 北緯(북위)

謂	3급Ⅱ 이를 위 言 | 9획

동 云(이를 운)

글자 풀이

위(胃)가 아프다고 말(言)로써 이야기(謂)한다는 의미이다.

읽기 한자

可謂(가위) 所謂(소위)

衛

4급Ⅱ
지킬 **위**
行 | 9획

비 衝(찌를 충)
동 防(막을 방)
　守(지킬 수)
반 攻(칠 공)
　擊(칠 격)

글자 풀이
성 주위(韋)를 빙빙 돌(行)며 경계를 하는 병사에 비유해서 지키는 사람(衛)을 의미한다.

읽기 한자
侍衛(시위)

쓰기 한자
衛生(위생) 衛星(위성) 警衛(경위) 防衛(방위) 守衛(수위) 自衛(자위)
護衛(호위) 前衛藝術(전위예술) 正當防衛(정당방위)

由

6급
말미암을 **유**
田 | 0획

비 田(밭 전)
　申(납 신)
　甲(갑옷 갑)

글자 풀이
나무 가지에 달린 열매의 모양으로, 열매가 나무 가지로 말미암아(由) 달린다는 의미이다.

읽기 한자
由緖(유서)

쓰기 한자
緣由(연유) 由來(유래) 經由(경유) 事由(사유) 理由(이유) 自由(자유)

幼

3급Ⅱ
어릴 **유**
幺 | 2획

비 幻(헛보일 환)
동 稚(어릴 치)
　兒(아이 아)
반 老(늙을 로)
　長(긴/어른 장)

글자 풀이
가는 실(幺)처럼 힘(力)이 약하다는 데서 어리다(幼)는 의미이다.

읽기 한자
幼年(유년) 幼兒(유아) 幼稚園(유치원) 老幼(노유) 長幼有序(장유유서)

有

7급
있을 **유:**
月 | 2획

비 右(오른 우)
동 在(있을 재)
반 無(없을 무)

글자 풀이
손(厂)에 고기(月)를 가지고 있다(有)는 의미이다.

읽기 한자
享有(향유) 含有(함유) 未曾有(미증유) 有償(유상)

쓰기 한자
占有(점유) 有機物(유기물) 有感(유감) 有故(유고) 有功(유공) 有給(유급)
有能(유능) 有力(유력) 有利(유리) 有望(유망) 有名(유명) 有別(유별)
有勢(유세) 有數(유수) 有識(유식) 有用(유용) 有意(유의) 有益(유익)
有情(유정) 有罪(유죄)

아

酉 3급
닭 **유**
酉 | 0획

▣ 西(서녘 서)
  酒(술 주)
▣ 鷄(닭 계)

글자 풀이

술그릇을 본뜬 글자로 술은 닭이 홰에 오르는 저녁에 마신다는 데서,
띠로는 닭을 나타낸다.

읽기 한자

酉方(유방) 酉時(유시) 癸酉(계유) 辛酉(신유)

乳 4급
젖 **유**
乙 | 7획

▣ 浮(뜰 부)
  孔(구멍 공)

글자 풀이

어머니가 어린 아기(子)를 안(爪)고 입에 젖(乙)을 물리는 것에서 젖(乳)을
의미한다.

읽기 한자

乳糖(유당) 乳臭(유취)

쓰기 한자

乳母(유모) 乳兒(유아) 乳業(유업) 豆乳(두유) 母乳(모유) 授乳(수유)
牛乳(우유) 乳製品(유제품) 離乳食(이유식) 鍾乳石(종유석)

油 6급
기름 **유**
水 | 5획

▣ 由(말미암을 유)
▣ 脂(기름 지)

글자 풀이

나무 열매를 짜내 받은 액체(由)로 물(水)보다 진하고 끈끈한 상태인
기름(油)을 의미한다.

읽기 한자

肝油(간유)

쓰기 한자

送油管(송유관) 揮發油(휘발유) 油畫(유화) 輕油(경유) 給油(급유)
豆油(두유) 燈油(등유) 石油(석유) 原油(원유) 精油(정유) 注油(주유)
重油(중유) 香油(향유) 油壓式(유압식) 油印物(유인물) 産油國(산유국)

柔 3급 Ⅱ
부드러울 **유**
木 | 5획

▣ 軟(연할 연)
▣ 堅(굳을 견)
  硬(굳을 경)
  固(굳을 고)

글자 풀이

창(矛)의 자루로 쓰는 나무(木)가 탄력이 있고 부드럽다(柔)는 의미이다.

읽기 한자

柔道(유도) 柔弱(유약) 柔軟(유연) 溫柔(온유)
懷柔(회유) 外柔內剛(외유내강) 優柔不斷(우유부단)

	3급 II
幽	그윽할 유
	幺 | 6획

동 暗(어두울 암)

글자 풀이

산(山) 속의 어둡고(幺) 검은(幺) 골짜기가 그윽하다(幽)는 의미이다.

읽기한자

幽界(유계) 幽靈(유령) 幽明(유명) 幽雅(유아) 幽宅(유택) 幽閉(유폐)
幽玄(유현) 深山幽谷(심산유곡)

	3급 II
悠	멀 유
	心 | 7획

비 愁(근심 수)
동 遙(멀 요)
　遠(멀 원)
반 近(가까울 근)

글자 풀이

기다란 줄(攸)의 끝자락이 저 멀리 있어 마음(心)에 멀게 느껴지는 데서,
'멀다, 아득하다' 는 뜻이다.

읽기한자

悠久(유구) 悠然(유연) 悠悠自適(유유자적)

	3급
唯	오직 유
	口 | 8획

비 惟(생각할 유)
동 但(다만 단)
　只(다만 지)

글자 풀이

새(隹)가 주둥이(口)로 할 수 있는 것은 오직(唯) 우는 일 뿐이라는
의미이다.

읽기한자

唯一(유일) 唯物論(유물론) 唯心論(유심론) 唯我獨尊(유아독존)
唯唯諾諾(유유낙낙)

	3급
惟	생각할 유
	心 | 8획

비 唯(오직 유)
　推(밀 추)
동 思(생각 사)
　想(생각 상)
　考(생각할 고)
　慮(생각할 려)

글자 풀이

새(隹)가 날아다니듯이 마음(忄) 속으로 상상의 날개를 펴서
생각한다(惟)는 의미이다.

읽기한자

惟獨(유독) 惟憂(유우) 思惟(사유) 伏惟(복유) 竊惟(절유)

아

猶	3급Ⅱ
	오히려 유
犬	9획

비 尊(높을 존)
동 尙(오히려 상)

글자 풀이

개(犭)고기와 술(酉)을 나눠(八) 먹고도 오히려(猶) 남는다는 의미이다.

읽기 한자

猶不足(유부족) 猶父猶子(유부유자) 猶豫(유예) 起訴猶豫(기소유예)
執行猶豫(집행유예)

裕	3급Ⅱ
	넉넉할 유:
衣	7획

동 富(부자 부)
　餘(남을 여)
　足(발/족할 족)
반 貧(가난할 빈)
　窮(궁할 궁)

글자 풀이

한복 옷(衤)의 소매가 골짜기(谷)처럼 휑하니 넉넉하다(裕)는 의미이다.

읽기 한자

裕寬(유관) 裕福(유복) 裕足(유족) 富裕(부유) 餘裕(여유)

遊	4급
	놀 유
辶	9획

동 戲(놀이 희)

글자 풀이

어린이(子)가 깃발(㫃)을 들고 뛰어다니며(辶) 논다(遊)는데서, '놀다' 는
의미이다.

읽기 한자

遊泳(유영) 遊戲(유희) 夢遊病(몽유병) 浮遊(부유)

쓰기 한자

遊覽(유람) 遊離(유리) 遊牧(유목) 遊星(유성) 遊說(유세) 遊學(유학)
交遊(교유) 外遊(외유) 遊擊隊(유격대) 遊園地(유원지) 遊興業(유흥업)
野遊會(야유회)

愈	3급
	나을 유
心	9획

비 兪(대답할 유)

글자 풀이

마음(心)이 즐거워(兪) 병이 낫는다(愈)는 의미이다.

읽기 한자

愈愈(유유) 愈出愈怪(유출유괴) 愈盛(유성) 愈甚(유심)

維

3급 II

벼리 유

糸 | 8획

비 經(지날/글 경)
동 綱(벼리 강)
　 紀(벼리 기)

글자 풀이

실(糸)로 새(隹)의 발목을 맨다는 데서 매다(維)는 의미이다.

읽기 한자

維舟(유주) 維新(유신) 維持(유지) 維歲次(유세차) 四維(사유)

誘

3급 II

꾈 유

言 | 7획

비 透(사무칠 투)
동 惑(미혹할 혹)

글자 풀이

말(言)을 빼어나게(秀)하여 상대방을 꾀어낸다(誘)는 의미이다.

읽기 한자

誘導(유도) 誘發(유발) 誘引(유인) 誘致(유치) 誘惑(유혹)
勸誘(권유) 誘導彈(유도탄)

遺

4급

남길 유

辶 | 12획

비 遣(보낼 견)

글자 풀이

길(辶)을 가다가 귀(貴)한 물건을 떨어트리는 데서, '잃어버리다, 남기다' 는 뜻이다.

읽기 한자

職務遺棄(직무유기) 遺稿(유고) 遺蹟(유적) 遺腹子(유복자)
後遺症(후유증) 養虎遺患(양호유환)

쓰기 한자

遺骨(유골) 遺物(유물) 遺産(유산) 遺書(유서) 遺言(유언) 遺業(유업)
遺作(유작) 遺傳(유전) 遺族(유족) 遺品(유품) 遺訓(유훈) 遺家族(유가족)
遺留品(유류품) 遺子女(유자녀)

儒

4급

선비 유

人 | 14획

비 需(쓸 수)
동 士(선비 사)

글자 풀이

이 시대의 사람(人)에게 각별히 요구되는(需) 것은 선비(儒) 정신이라는 의미이다.

읽기 한자

鴻儒(홍유) 腐儒(부유)

쓰기 한자

儒家思想(유가사상) 儒敎(유교) 儒林(유림) 儒生(유생) 儒學(유학)

肉 고기 육 肉 | 0획 **4급Ⅱ** 비 內(안 내) 동 身(몸 신) 　體(몸 체)	**글자 풀이** 새와 짐승의 고기 한 조각의 형태에서 고기, 몸, 육체(肉)를 의미한다. **읽기한자** 羊頭狗肉(양두구육) 肉慾(육욕) 靈肉(영육) 肉薄戰(육박전) 苦肉策(고육책) 糖水肉(탕수육) 酒池肉林(주지육림) 魚頭肉尾(어두육미) **쓰기한자** 肉彈(육탄) 筋肉質(근육질) 骨肉相殘(골육상잔) 肉感(육감) 肉類(육류) 肉味(육미) 肉聲(육성) 肉食(육식) 肉身(육신) 肉眼(육안) 肉體(육체) 肉親(육친) 肉筆(육필) 食肉(식육) 魚肉(어육)

育 기를 육 月 | 4획 **7급** 비 骨(뼈 골) 동 養(기를 양)	**글자 풀이** 물구나무선 어린이(子)는 보통보다 약한 어린이로 건강하게 키우기 위해서는 고기(肉)를 먹여서 키운다, 양육하다(育)는 의미이다. **읽기한자** 覆育(부육) 誕育(탄육) **쓰기한자** 育成(육성) 育兒(육아) 育英(육영) 教育(교육) 發育(발육) 保育(보육) 事育(사육) 生育(생육) 養育(양육) 體育(체육) 訓育(훈육)

閏 윤달 윤: 門 | 4획 **3급** 비 開(열 개) 　閉(닫을 폐)	**글자 풀이** 윤달에는 왕(王)이 대궐의 문(門) 밖 출입을 하지 않았던 고대의 풍습에서 윤달(閏)을 의미한다. **읽기한자** 閏年(윤년) 閏月(윤월)

潤 불을 윤: 水 | 12획 **3급Ⅱ** 비 閏(윤달 윤)	**글자 풀이** 저수지의 큰(王) 수문(門)에서 물(氵)이 나와 논을 적시어(潤) 풍년이 든다는 의미이다. **읽기한자** 潤氣(윤기) 潤色(윤색) 潤澤(윤택) 潤筆(윤필) 利潤(이윤) 浸潤(침윤)

恩 4급Ⅱ
은혜 은
心 | 6획

비 思(생각 사)
동 惠(은혜 혜)
반 怨(원망할 원)

글자 풀이

큰 도움으로 말미암아(因) 감사하는 마음(心)이 생긴다는 데서
은혜(恩)를 의미한다.

읽기한자

背恩忘德(배은망덕) 忘恩(망은)

쓰기한자

恩功(은공) 恩德(은덕) 恩師(은사) 恩人(은인) 恩典(은전) 恩情(은정)
恩惠(은혜) 報恩(보은) 謝恩會(사은회) 結草報恩(결초보은)

銀 6급
은 은
金 | 6획

비 根(뿌리 근)

글자 풀이

금(金)에 비교해 조금 값어치가 떨어지는(艮) 금속을 가리켜 은,
흰금(銀)을 의미한다.

읽기한자

銀塊(은괴) 銀幕(은막) 銀粧刀(은장도)

쓰기한자

銀鑛(은광) 銀髮(은발) 銀錢(은전) 銀婚式(은혼식) 銀賞(은상) 銀魚(은어)
銀製(은제) 銀行(은행) 銀貨(은화) 水銀(수은) 洋銀(양은) 銀河水(은하수)
金銀房(금은방) 銀行員(은행원)

隱 4급
숨을 은
阝 | 14획

비 穩(편안할 온)
동 遁(숨을 둔)
반 現(나타날 현)
　顯(나타날 현)
약 隠, 隐

글자 풀이

산 언덕(阝) 밑에서 조심스레(穩) 피해 산다는 데서 숨어산다(隱)는
의미이다.

읽기한자

隱忍自重(은인자중)

쓰기한자

隱居(은거) 隱密(은밀) 隱士(은사) 隱身(은신) 隱語(은어) 隱然(은연)
隱者(은자) 隱退(은퇴)

乙 3급Ⅱ
새 을
乙 | 0획

비 之(갈 지)
동 鳥(새 조)

글자 풀이

새의 모양을 본떴다.

읽기한자

乙丑甲子(을축갑자) 乙夜(을야) 甲男乙女(갑남을녀)

3급

吟 읊을 | 음
口 | 4획

비 今(이제 금)
　令(목숨 령)
　冷(찰 랭)
동 詠(읊을 영)

글자 풀이

입(口)으로 지금(今) 시를 읊는다(吟)는 의미이다.

읽기한자

吟味(음미) 吟風弄月(음풍농월) 吟唱(음창) 吟遊詩人(음유시인)
吟曲(음곡) 吟情(음정)

6급Ⅱ

音 소리 | 음
音 | 0획

비 意(뜻 의)
동 聲(소리 성)

글자 풀이

해(日)가 뜨면(立) 사람들이 일어나서 소리(音)를 내기 시작한다는 의미이다.

읽기한자

濁音(탁음) 音韻(음운) 音響(음향) 音盤(음반) 口蓋音化(구개음화)

쓰기한자

音階(음계) 音域(음역) 音標(음표) 雜音(잡음) 音讀(음독) 音聲(음성)
音素(음소) 音速(음속) 音信(음신) 音樂(음악) 音律(음율) 音節(음절)
音波(음파) 高音(고음) 錄音(녹음) 單音(단음) 得音(득음) 母音(모음)
半音(반음) 發音(발음) 防音(방음) 福音(복음)

3급Ⅱ

淫 음란할 | 음
水 | 8획

동 亂(어지러울 란)

글자 풀이

婬과 동자로 여자(女)와 더불어 손(爪)을 놀리고 알랑거리는(壬) 데서,
'음란하다, 음탕하다' 는 뜻이다.

읽기한자

姦淫(간음) 賣淫(매음) 手淫(수음) 荒淫(황음) 淫亂(음란) 淫行(음행)

4급Ⅱ

陰 그늘 | 음
阝 | 8획

반 陽(볕 양)
　景(볕 경)

글자 풀이

언덕(阝) 위에 지금(今) 구름(云)이 있어서 그늘(陰)이 져 있다는 의미이다.

읽기한자

陰曆(음력) 陰謀(음모) 陰沈(음침) 陰濕(음습)

쓰기한자

陰刻(음각) 陰散(음산) 陰氣(음기) 陰冷(음냉) 陰德(음덕) 陰門(음문)
陰府(음부) 陰部(음부) 陰聲(음성) 陰陽(음양) 陰地(음지) 陰害(음해)
陰凶(음흉) 光陰(광음) 綠陰(녹음) 夜陰(야음) 寸陰(촌음)

6급 II

飲 마실 음(:)
食 | 4획

비 飯(밥 반)
飾(꾸밀 식)

> **글자 풀이**
> 물이나 국(食)을 큰 입을 벌려(欠) 마셔 넘기는 것에서 마시다(飲)는 의미이다.

> **읽기한자**
> 飲泣(음읍) 食飲全廢(식음전폐)

> **쓰기한자**
> 飲酒(음주) 飲毒(음독) 飲料(음료) 飲福(음복) 飲食(음식) 過飲(과음)
> 米飲(미음) 試飲(시음) 暴飲(폭음)

7급

邑 고을 읍
邑 | 0획

비 色(빛 색)
동 郡(고을 군)
洞(골 동)

> **글자 풀이**
> 인구(口)가 모여 사는 지역(巴)이란 데서 고을(邑)을 의미한다.

> **읽기한자**
> 邑憐(읍련)

> **쓰기한자**
> 邑內(읍내) 邑民(읍민) 邑人(읍인) 邑長(읍장) 邑村(읍촌) 都邑(도읍)
> 小邑(소읍) 食邑(식읍)

3급

泣 울 읍
水 | 5획

비 立(설 립)
동 哭(울 곡)
반 笑(웃음 소)

> **글자 풀이**
> 눈물(氵)의 물줄기가 서있는(立) 듯 이어져 흐르는 데서, '울다'는 뜻이다.

> **읽기한자**
> 泣訴(읍소) 泣血(읍혈) 感泣(감읍)

4급 II

應 응할 응:
心 | 13획

비 雁(기러기 안)
동 諾(허락할 낙)
약 応

> **글자 풀이**
> 매(鷹)가 꿩을 잡아 주인의 마음에 호응한다는 데서, '응하다'는 뜻이다.

> **읽기한자**
> 應募(응모) 應諾(응낙) 臨機應變(임기응변)

> **쓰기한자**
> 應射(응사) 應援(응원) 適應(적응) 應答(응답) 應當(응당) 應待(응대)
> 應對(응대) 應分(응분) 應試(응시) 應用(응용) 應戰(응전) 應接(응접)
> 對應(대응) 反應(반응) 不應(불응) 相應(상응) 順應(순응) 呼應(호응)
> 因果應報(인과응보)

3급

凝
엉길 **응:**
冫 | 14획

비 疑(의심할 의)
동 結(맺을 결)

글자 풀이

생각의 갈피를 잡지 못하고(疑) 얼음이 얼 듯(冫) 굳어 버린 것으로 얼다, 굳다, 엉기다(凝)는 의미이다.

읽기 한자

凝結(응결) 凝固(응고) 凝視(응시) 凝積(응적) 凝集力(응집력) 凝滯(응체)
凝縮(응축) 凝血(응혈)

6급

衣
옷 **의**
衣 | 0획

동 服(옷 복)

글자 풀이

의복의 형태에서 옷, 의복(衣)을 의미한다.

읽기 한자

囚衣(수의) 衣冠(의관) 衣裳(의상) 錦衣夜行(금의야행)
錦衣還鄕(금의환향) 壽衣(수의) 麻衣(마의)

쓰기 한자

脫衣(탈의) 白衣從軍(백의종군) 衣類(의류) 衣服(의복) 上衣(상의)
布衣(포의) 下衣(하의) 衣食住(의식주) 人相着衣(인상착의)
好衣好食(호의호식)

3급

矣
어조사 **의**
矢 | 2획

비 矢(화살 시)

글자 풀이

화살(矢)이 날아가 꽂히는 곳(厶)이란 데서 말이 그칠 때 쓰이는 어조사(矣)이다.

읽기 한자

萬事休矣(만사휴의) 汝矣島(여의도)

3급

宜
마땅 **의**
宀 | 5획

비 宣(베풀 선)
동 當(마땅 당)
약 冝

글자 풀이

집(宀)에서 음식을 많이 쌓아(且) 놓고 제사를 지내는 일은 마땅하고, 옳은(宜) 일이라는 의미이다.

읽기 한자

宜當(의당) 便宜(편의) 時宜適切(시의적절)

	4급
依	의지할 의
	人 | 6획

비 他(다를 타)
동 賴(의뢰할 뢰)

글자 풀이

사람(人)은 옷(衣)에 의지하여(依) 활동한다는 의미이다.

읽기 한자

依賴(의뢰) 依願免職(의원면직)

쓰기 한자

依據(의거) 依舊(의구) 依例(의례) 依然(의연) 依存(의존) 依支(의지)
歸依(귀의) 依他心(의타심) 依法處斷(의법처단) 舊態依然(구태의연)

	6급 II
意	뜻 의:
	心 | 9획

비 章(글 장)
　 音(소리 음)
동 志(뜻 지)

글자 풀이

마음(心)에 담고 있는 소리(音)와 말에서 생각하다, 생각하고 있는
것(意)을 의미한다.

읽기 한자

弔意(조의) 意譯(의역) 意慾(의욕) 介意(개의) 隨意契約(수의계약)

쓰기 한자

意見(의견) 意氣(의기) 意圖(의도) 意味(의미) 意思(의사) 意識(의식)
意外(의외) 意義(의의) 意中(의중) 意志(의지) 意表(의표) 意向(의향)
決意(결의) 敬意(경의) 故意(고의) 同意(동의) 民意(민의) 發意(발의)
本意(본의)

	4급 II
義	옳을 의:
	羊 | 7획

비 儀(거동 의)
동 可(옳을 가)

글자 풀이

착하고 아름다운(美) 마음씨를 내(我)가 좋아하니 의롭고, 올바르다(義)는
의미이다.

읽기 한자

君臣有義(군신유의)

쓰기 한자

義憤(의분) 義賊(의적) 義擧(의거) 義警(의경) 義理(의리) 義務(의무)
義兵(의병) 義父(의부) 義士(의사) 義手(의수) 義眼(의안) 義人(의인)
義絕(의절) 義足(의족) 義齒(의치) 講義(강의) 結義(결의) 廣義(광의)
大義(대의) 道義(도의) 字義(자의) 定義(정의) 主義(주의) 忠義(충의)
義勇軍(의용군) 義兄弟(의형제) 三國志演義(삼국지연의)

	4급
疑	의심할 의
	疋 | 9획

비 凝(엉길 응)
동 惑(미혹할 혹)

글자 풀이

비수(匕)나 화살(矢), 창(矛)이 날아올 가능성이 있는 적지에서
발걸음(疋)이 더디고 무거운 데서, '의심하다' 는 뜻이다.

읽기 한자

疑懼心(의구심) 疑妻症(의처증) 疑惑(의혹) 被疑者(피의자) 懷疑(회의)

쓰기 한자

疑問(의문) 疑心(의심) 質疑(질의) 容疑者(용의자) 半信半疑(반신반의)

儀
4급
거동 **의**
人 | 13획

[비] 義(옳을 의)

글자 풀이

사람(人)은 올바르게(義) 거동(儀)을 하여야 한다는 의미이다.

읽기 한자

葬儀(장의)

쓰기 한자

儀禮(의례) 儀範(의범) 儀式(의식) 儀容(의용) 儀表(의표) 禮儀(예의)
祭天儀式(제천의식)

醫
6급
의원 **의**
酉 | 11획

[약] 医

글자 풀이

화살(矢)과 창(殳)에 맞아 움푹 패인 상처(匚)를 술(酉)로 소독하여 고치는
사람에서, '의원, 병 고치다'는 뜻이다.

읽기 한자

東醫寶鑑(동의보감) 獸醫師(수의사)

쓰기 한자

專門醫(전문의) 醫師(의사) 醫術(의술) 醫院(의원) 名醫(명의) 洋醫(양의)
醫務室(의무실) 醫藥品(의약품) 軍醫官(군의관) 無醫村(무의촌)
主治醫(주치의) 韓醫學(한의학)

議
4급 Ⅱ
의논할 **의(:)**
言 | 13획

[비] 講(욀 강)
[동] 論(논할 론)

글자 풀이

옳은(義) 결론을 얻기 위하여 말씀(言)으로 상담하고 의논한다(議)는
의미이다.

읽기 한자

閣議(각의) 謀議(모의) 熟議(숙의) 審議(심의)

쓰기 한자

異議(이의) 討議(토의) 抗議(항의) 議決(의결) 議席(의석) 議案(의안)
議員(의원) 議院(의원) 議長(의장) 議場(의장) 議題(의제) 議會(의회)
建議(건의) 決議(결의) 論議(논의) 同議(동의) 動議(동의) 問議(문의)
物議(물의) 發議(발의) 相議(상의) 爭議(쟁의) 提議(제의) 合議(합의)
會議(회의)

二
8급
두 **이:**
二 | 0획

[동] 貳(두/갖은 두 이)

글자 풀이

一에 一을 포개서 둘, 다음, 배(二)를 의미한다.

읽기 한자

唯一無二(유일무이) 二人三脚(이인삼각)

쓰기 한자

二輪車(이륜차) 不事二君(불사이군) 十二指腸(십이지장) 二分(이분)
二十(이십) 二重(이중) 二次(이차) 二毛作(이모작) 二重唱(이중창)
十二支(십이지) 二律背反(이율배반) 二八靑春(이팔청춘)
一口二言(일구이언) 一石二鳥(일석이조)

3급 Ⅱ

已
이미 이:
己 | 0획

비 己(몸 기)
　巳(뱀 사)
동 旣(이미 기)

글자 풀이

뱀(巳)을 칼로 이미 베어 끊었다(已)는 데서, '이미, 그치다, 말다' 는
뜻이다.

읽기 한자

已甚(이심) 已往(이왕) 不得已(부득이)

5급 Ⅱ

以
써 이:
人 | 3획

비 似(닮을 사)

글자 풀이

쟁기를 본뜬 글자로 밭갈 때 쟁기를 가지고 쓰는 데서, '쓰다, 가지다' 는
뜻이 나왔다.

쓰기 한자

以南(이남) 以內(이내) 以來(이래) 以北(이북) 以上(이상) 以外(이외)
以前(이전) 以下(이하) 以後(이후) 所以(소이) 所以然(소이연)
深以廣(심이광) 以爲(이위) 以實直告(이실직고) 以心傳心(이심전심)
以熱治熱(이열치열) 自古以來(자고이래)

아

3급

而
말이을 이
而 | 0획

비 面(얼굴 면)

글자 풀이

그리고, 그리하여, 그러나(而)의 의미이다.

읽기 한자

而公(이공) 而立(이립) 而已(이이) 然而(연이) 似而非(사이비)
而金以後(이금이후) 形而上學(형이상학) 形而下學(형이하학)

5급

耳
귀 이:
耳 | 0획

비 目(눈 목)

글자 풀이

사람 귀의 모양을 본떴다.

쓰기 한자

耳目(이목) 耳目口鼻(이목구비) 耳順(이순) 石耳(석이)
馬耳東風(마이동풍) 牛耳讀經(우이독경)

夷	3급
오랑캐 **이**	
大 | 3획	

비 弔(조상할 조)
동 蠻(오랑캐 만)

글자 풀이

큰(大) 활(弓)을 가지고 다니는 종족을 지칭하였으나 뒤에 '오랑캐'의 뜻이 붙었다.

읽기한자

夷滅(이멸) 東夷(동이) 島夷(도이) 明夷(명이) 邊夷(변이) 洋夷(양이)
以夷制夷(이이제이)

異	4급
다를 **이**:	
田 | 6획	

비 翼(날개 익)
동 他(다를 타)
반 同(같을 동)
  若(같을 약)
  如(같을 여)
  肖(닮을 초)

글자 풀이

모든 밭(田)이 한가지(共) 곡식을 심는 것이 아니고 다른(異) 작물을 심기도 한다는 의미이다.

읽기한자

異邦人(이방인) 異蹟(이적) 異彩(이채) 怪異(괴이) 異腹兄弟(이복형제)
同床異夢(동상이몽)

쓰기한자

異見(이견) 異端(이단) 異論(이론) 異變(이변) 異狀(이상) 異常(이상)
異色(이색) 異說(이설) 異性(이성) 異域(이역) 異議(이의) 異體(이체)

移	4급Ⅱ
옮길 **이**	
禾 | 6획	

비 利(이할 리)
동 運(옮길 운)
  轉(구를 전)
  徙(옮길 사)

글자 풀이

많은(多) 양의 벼(禾)를 창고로 옮긴다(移)는 의미이다.

읽기한자

移替(이체) 移越(이월) 移葬(이장)

쓰기한자

移管(이관) 移植(이식) 移籍(이적) 移轉(이전) 轉移(전이) 移監(이감)
移動(이동) 移民(이민) 移送(이송) 移住(이주) 移職(이직) 移行(이행)
變移(변이)

益	4급Ⅱ
더할 **익**	
皿 | 5획	

동 添(더할 첨)
  加(더할 가)
반 損(덜 손)

글자 풀이

접시(皿) 안에 물(水)이 넘칠 정도 들어 있는 것에서 늘다, 도움이 된다(益)는 의미이다.

읽기한자

弘益人間(홍익인간) 益甚(익심)

쓰기한자

損益(손익) 差益(차익) 老益壯(노익장) 益鳥(익조) 公益(공익) 國益(국익)
權益(권익) 無益(무익) 收益(수익) 受益(수익) 純益(순익) 有益(유익)
利益(이익) 便益(편익)

翼

3급 Ⅱ

날개 **익**

羽 | 11획

비 異(다를 이)
동 羽(깃 우)

글자 풀이

서로 다른(異) 깃(羽)들이 모여 날개(翼)를 의미한다.

읽기한자

右翼(우익) 左翼(좌익) 羽翼(우익)

人

8급

사람 **인**

人 | 0획

비 入(들 입)

글자 풀이

사람이 옆을 향한 모양을 본떴다.

읽기한자

囚人(수인) 異邦人(이방인) 弘益人間(홍익인간) 人倫(인륜) 人跡(인적)
佳人(가인) 浪人(낭인) 戀人(연인) 凡人(범인) 喪人(상인) 丈人(장인)
哲人(철인) 超人(초인) 宇宙人(우주인) 人面獸心(인면수심)
人之常情(인지상정) 廢人(폐인)

쓰기한자

人傑(인걸) 人家(인가) 人間(인간) 人格(인격) 人工(인공) 人口(인구)
人權(인권) 人氣(인기) 人德(인덕) 人道(인도) 人類(인류) 人望(인망)

仁

4급

어질 **인**

人 | 2획

동 慈(사랑 자)
　 賢(어질 현)

글자 풀이

두(二) 사람(亻)이 서로 사랑하고 생각해 준다는 것에서 배려하다,
어질다(仁)는 의미이다.

읽기한자

仁慈(인자)

쓰기한자

仁術(인술) 仁義(인의) 仁者(인자) 殺身成仁(살신성인)

引

4급 Ⅱ

끌 **인**

弓 | 1획

비 弘(클 홍)
동 導(인도할 도)
　 牽(끌 견)
반 推(밀 추)

글자 풀이

활(弓)을 당겨(丨) 화살이 날아가는 것에서 당기다, 데려가다(引)는
의미이다.

읽기한자

引伸(인신) 引率(인솔) 引揚(인양) 誘引(유인) 犯人引渡(범인인도)

쓰기한자

引繼(인계) 引繼引受(인계인수) 引見(인견) 引導(인도) 引力(인력)
引上(인상) 引用(인용) 引接(인접) 引責(인책) 引出(인출) 引下(인하)
吸引(흡인)

因	5급
	인할 **인**
口	3획

비 困(곤할 곤)
囚(가둘 수)
반 果(실과 과)

글자 풀이

어떤 일(口)에 크게(大) 인연(因)이 있다는 의미이다.

읽기한자

因襲(인습)

쓰기한자

因緣(인연) 遺傳因子(유전인자) 因果(인과) 因習(인습) 因子(인자)
近因(근인) 起因(기인) 病因(병인) 死因(사인) 心因(심인) 要因(요인)
原因(원인) 主因(주인) 火因(화인) 因果應報(인과응보)
因數分解(인수분해) 因人成事(인인성사)

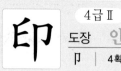

印	4급Ⅱ
	도장 **인**
卩	4획

비 卯(토끼 묘)

글자 풀이

어진(仁) 사람임을 나타내는 표시(卩)이니 도장(印)을 의미한다.

읽기한자

印鑑(인감) 印刷(인쇄) 封印(봉인) 影印(영인)

쓰기한자

印象(인상) 印朱(인주) 刻印(각인) 印本(인본) 印稅(인세) 印章(인장)
印出(인출) 印紙(인지) 官印(관인) 消印(소인) 調印(조인) 職印(직인)

忍	3급Ⅱ
	참을 **인**
心	3획

동 耐(견딜 내)

글자 풀이

칼날(刃)을 잡은 고통도 참아내는 마음(心)으로, '참다'는 뜻이다.

읽기한자

忍苦(인고) 忍耐(인내) 忍辱(인욕) 忍從(인종) 目不忍見(목불인견)
隱忍自重(은인자중) 不忍(불인) 殘忍(잔인)

姻	3급
	혼인 **인**
女	6획

동 婚(혼인할 혼)

글자 풀이

여자(女)가 인연(因)이 있어서 결혼을 한다(姻)는 의미이다.

읽기한자

姻戚(인척) 婚姻(혼인)

寅 범/동방 인
3급
宀 | 8획

비 演(펼 연)
동 虎(범 호)

글자 풀이

활을 본뜬 글자로, 고대에 활쏘기는 군자가 예절을 지키며 하는 운동 겸 수양인 데서, '공경하다'의 뜻이 나왔다. 띠로는 '범'이고, 방위로는 '동방'이 된다.

읽기한자

寅念(인념) 寅方(인방) 寅時(인시) 甲寅年(갑인년)

認 알 인
4급Ⅱ
言 | 7획

동 識(알 식)
　 知(알 지)

글자 풀이

사람의 말(言)과 행위를 곰곰히 마음(心) 속에 새겨(刃) 두는 것에서 인정하다, 용서하다(認)는 의미이다.

읽기한자

默認(묵인)

쓰기한자

否認(부인) 認可(인가) 認識(인식) 認定(인정) 認知(인지) 認許(인허)
公認(공인) 官認(관인) 承認(승인) 是認(시인) 誤認(오인) 容認(용인)
自認(자인) 確認(확인) 檢認定(검인정) 未確認(미확인)

一 한 일
8급
一 | 0획

동 壹(한/갖은 한 일)

글자 풀이

막대기 하나(一)를 가로로 놓은 모양이다.

읽기한자

唯一(유일) 一魚濁水(일어탁수) 一葉片舟(일엽편주) 金一封(금일봉)
劃一性(획일성) 一家親戚(일가친척) 一刀兩斷(일도양단) 一夫多妻(일부다처)
一言之下(일언지하) 一場春夢(일장춘몽) 始終一貫(시종일관) 一觸卽發(일촉즉발)
群鷄一鶴(군계일학) 千載一遇(천재일우) 初志一貫(초지일관)
彼此一般(피차일반) 一邊倒(일변도) 一騎當千(일기당천)

쓰기한자

歸一(귀일) 均一(균일) 單一(단일) 同一(동일) 萬一(만일) 一刻(일각) 一擧(일거)

日 날 일
8급
日 | 0획

비 曰(가로 왈)
　 目(눈 목)
반 月(달 월)

글자 풀이

해의 모양을 본떴다.

읽기한자

日暮(일모) 日刊(일간) 日較差(일교차) 日沒(일몰)
日照權(일조권) 日辰(일진)

쓰기한자

日帝(일제) 日誌(일지) 日射病(일사병) 日就月將(일취월장)
在日同胞(재일동포) 日課(일과) 日光(일광) 日給(일급) 日記(일기)
日氣(일기) 日當(일당) 日常(일상) 日收(일수) 日時(일시) 日食(일식)
日新(일신) 日夜(일야)

逸

3급 II

편안할 **일**

辶 | 8획

ㅂ 勉(힘쓸 면)
동 安(편안 안)

글자 풀이

토끼(免)가 빠르게 달아나(辶) 숨으니 편안하다는 데서, '편안하다, 숨다'는 뜻이다.

읽기한자

逸居(일거) 逸德(일덕) 逸民(일민) 逸士(일사) 逸品(일품) 逸話(일화)
安逸(안일) 隱逸(은일)

壬

3급 II

북방 **임:**

士 | 1획

ㅂ 王(임금 왕)
士(선비 사)

글자 풀이

사람이 벼를 베어 앞뒤로 안고 진 것을 본떴다.

읽기한자

壬方(임방) 壬人(임인)

任

5급 II

맡길 **임(:)**

人 | 4획

ㅂ 仕(섬길 사)
件(물건 건)
동 擔(멜 담)
委(맡길 위)
반 免(면할 면)

글자 풀이

사람(人)이 중요한 물건을 등지고 있는 것을 중요한 직책에 근무(壬)한다고 하는 것에서 근무, 직책(任)을 의미한다.

읽기한자

赴任(부임) 兼任(겸임)

쓰기한자

辭任(사임) 委任(위임) 離任(이임) 任官(임관) 任期(임기) 任命(임명)
任務(임무) 任用(임용) 任員(임원) 任地(임지) 任意(임의) 任置(임치)
擔任(담임) 大任(대임) 放任(방임)

賃

3급 II

품삯 **임:**

貝 | 6획

ㅂ 貨(재물 화)
貸(빌릴 대)

글자 풀이

일을 맡기고(任) 돈(貝)을 준다는 데서, '품삯'을 뜻한다.

읽기한자

賃金(임금) 賃貸(임대) 賃借(임차) 無賃(무임) 運賃(운임) 賃借人(임차인)
賃貸借(임대차) 低賃金(저임금)

7급

入 | 0획

들 **입**

- 비 人(사람 인)
- 동 納(들일 납)
- 반 出(날 출)

글자 풀이

동굴에 들어가는 형태에서 입구로, 들어가다(入)는 의미이다.

읽기한자

入閣(입각) 入館(입관) 入滅(입멸) 入籍(입적) 入寂(입적) 介入(개입) 沒入(몰입)
輸入(수입) 潛入(잠입) 漸入佳境(점입가경) 入荷(입하) 編入(편입)

쓰기한자

入庫(입고) 入營(입영) 入監(입감) 入校(입교) 入口(입구) 入國(입국)
入金(입금) 入隊(입대) 入力(입력) 入門(입문) 入社(입사) 入選(입선)
入所(입소) 入試(입시) 入室(입실) 入養(입양) 入院(입원) 入場(입장)

7급 II

子 | 0획

아들 **자**

- 비 予(나 여)
- 了(마칠 료)
- 矛(창 모)
- 반 女(계집 녀)

글자 풀이

갓난 아기(子)의 모양을 본떴다.

읽기한자

孟子(맹자) 亭子(정자) 妻子(처자) 金子塔(금자탑) 三尺童子(삼척동자)
娘子(낭자) 遺腹子(유복자) 梁上君子(양상군자)

쓰기한자

孔子(공자) 君子(군자) 卵子(난자) 子宮(자궁) 子女(자녀) 子方(자방)
子婦(자부) 子孫(자손) 子時(자시) 子息(자식) 子音(자음) 子正(자정)
子弟(자제) 公子(공자) 男子(남자) 內子(내자) 女子(여자) 讀者(독자)
量子(양자) 利子(이자) 母子(모자)

7급

字 | 3획

글자 **자**

- 비 宇(집 우)

글자 풀이

집에서(宀) 아이(子)가 차례차례 태어나듯 글자에서 글자가 생겨나므로
문자(字)를 의미한다.

읽기한자

字幕(자막) 十字架(십자가)

쓰기한자

字源(자원) 略字(약자) 點字(점자) 字句(자구) 字母(자모) 字意(자의) 字典(자전)
字解(자해) 字形(자형) 檢字(검자) 文字(문자) 習字(습자) 植字(식자) 英字(영자)
誤字(오자)

4급

姉 | 5획

손윗누이 **자**

- 반 妹(누이 매)

글자 풀이

시장(市)에 사람들이 슬슬 들어오듯이 차례차례 태어나는 아이들 중에서
가장 위의 여인(女)이라는 의미에서 누나(姉)를 의미한다.

읽기한자

愚姉(우자) 姑姉(고자)

쓰기한자

姉妹(자매) 姉妹結緣(자매결연) 姉兄(자형) 兄弟姉妹(형제자매)

刺

3급 II

찌를 **자:**
찌를 **척**

刀 | 6획

비 刷(인쇄할 쇄)

글자 풀이
가시가 있는 나무(朿)나 칼(刂)로 찌른다(刺)는 의미이다.

읽기 한자
刺客(자객) 亂刺(난자) 刺字(자자) 刺殺(척살)

自

7급 II

스스로 **자**

自 | 0획

비 白(흰 백)
통 己(몸 기)
반 他(다를 타)

글자 풀이
자기의 코를 가르키면서 나(自)라고 한 것에서 자기(自)를 의미한다.

읽기 한자
自愧(자괴) 自酌(자작) 自慢心(자만심) 自敍傳(자서전) 自販機(자판기)
自暴自棄(자포자기) 自我(자아) 自若(자약) 自滅(자멸) 自閉症(자폐증)
悠悠自適(유유자적)自激之心(자격지심)

쓰기 한자
自覺(자각) 自負(자부) 自決(자결) 自救(자구) 自國(자국) 自己(자기)
自動(자동) 自力(자력)

者

6급

놈 **자**

耂 | 5획

비 著(지을 저)
약 者

글자 풀이
노인(老)이 젊은 사람에게 말할(白) 때 이 놈(者) 저 놈(者) 한다는
의미이다.

읽기 한자
先驅者(선구자) 著者(저자) 配偶者(배우자) 被疑者(피의자)

쓰기 한자
或者(혹자) 勤勞者(근로자) 强者(강자) 記者(기자) 讀者(독자) 亡者(망자)
牧者(목자) 病者(병자) 富者(부자) 死者(사자) 勝者(승자) 信者(신자)
業者(업자) 王者(왕자)

玆

3급

이 **자**

玄 | 5획

통 斯(이 사)
반 彼(저 피)

글자 풀이
어린(幺幺) 풀(艹)이 이(玆)곳에서 자란다는 데서 이, 이에(玆)라는
의미이다.

읽기 한자
今玆(금자)

姿

4급
모양 자:
女 | 6획

비 恣(방자할 자)
동 態(모양 태)
　　樣(모양 양)

글자 풀이

인간에게 무엇보다 중요한 것은 아름다운 마음이지만, 여자(女)에 요구되는 그 다음(次)의 자세도 중요하다는 것에서 자세, 형태(姿)를 의미한다.

읽기한자

姿貌(자모) 芳姿(방자)

쓰기한자

姿色(자색) 姿勢(자세) 姿態(자태) 姿質(자질) 高姿勢(고자세) 雄姿(웅자)

恣

3급
방자할/마음대로 자:
心 | 6획

비 姿(모양 자)

글자 풀이

마음(心)에 내키는 대로 차례차례(次) 제멋대로 행한다는 데서 방자하다(恣)는 의미이다.

읽기한자

恣行(자행) 放恣(방자)

紫

3급 Ⅱ
자줏빛 자
糸 | 6획

비 緊(긴할 긴)

글자 풀이

이(此) 실과(糸) 옷감의 색은 자주빛(紫)이라는 의미이다.

읽기한자

紫色(자색) 紫煙(자연) 紫外線(자외선) 山紫水明(산자수명)

慈

3급 Ⅱ
사랑 자
心 | 10획

비 玆(이 자)
동 仁(어질 인)
　　愛(사랑 애)

글자 풀이

자식을 사랑하는 마음(心)이 풀이 우거져 무성하듯(玆) 한없는 데서, '사랑'을 뜻한다.

읽기한자

慈悲(자비) 慈善(자선) 慈愛(자애) 慈惠(자혜) 仁慈(인자) 慈堂(자당) 無慈悲(무자비) 大慈大悲(대자대비)

資

4급

재물 **자**

貝 | 6획

- 비 質(바탕 질)
- 동 財(재물 재)
  貨(재물 화)

글자 풀이

생명과 마음 다음(次)에 중요한 것은 생활 밑천인 돈과 재산(貝)이라는 것에서 밑천, 돈, 도움이 되는 것(資) 등을 의미한다.

읽기한자

資賴(자뢰) 零資(영자)

쓰기한자

資格(자격) 資金(자금) 資力(자력) 資料(자료) 資本(자본) 資産(자산)
資源(자원) 資財(자재) 資質(자질) 內資(내자) 物資(물자) 增資(증자)
出資(출자) 合資(합자) 軍資金(군자금) 機資材(기자재) 水資源(수자원)
學資金(학자금)

作

6급 II

지을 **작**

人 | 5획

- 동 著(지을 저)
  造(지을 조)
  創(비롯할 창)

글자 풀이

사람(人)이 나뭇가지를 구부려서 담장을 만들고, 그 안에 집을 만들고(乍) 있는 형태에서 만들다(作)는 의미이다.

읽기한자

稻作(도작) 拙作(졸작) 作詞(작사) 作弊(작폐) 輪作(윤작) 著作權(저작권)
振作(진작) 佳作(가작)

쓰기한자

作況(작황) 作家(작가) 作故(작고) 作曲(작곡) 作黨(작당) 作動(작동)
作名(작명) 作文(작문) 作法(작법) 作別(작별) 作色(작색) 作成(작성)
作詩(작시)

昨

6급 II

어제 **작**

日 | 5획

- 비 作(지을 작)
- 반 今(이제 금)

글자 풀이

하루 해(日)가 잠깐(乍) 사이에 휙 지나가 버리니 어제(昨)를 의미한다.

읽기한자

昨曉(작효) 昨醉(작취)

쓰기한자

昨今(작금) 昨年(작년) 昨日(작일)

酌

3급

술부을/잔질한 **작**

酉 | 3획

- 비 配(나눌 배)

글자 풀이

술(酉)을 국자(勺)로 따른다(酌)는 의미이다.

읽기한자

酌定(작정) 參酌(참작) 淸酌(청작) 無酌定(무작정) 情狀參酌(정상참작)

爵
벼슬 작
爪 | 14획

3급

비 官(벼슬 관)
吏(벼슬아치 리)

글자 풀이

참새 모양의 고급 술잔을 그린 것으로, 벼슬아치가 사용하는 데서, '벼슬'을 뜻한다.

읽기 한자

爵位(작위) 爵號(작호) 公爵(공작) 男爵(남작) 伯爵(백작) 封爵(봉작)
人爵(인작) 子爵(자작) 天爵(천작) 侯爵(후작) 進爵(진작) 獻爵(헌작)
高官大爵(고관대작)

殘
남을 잔
歹 | 8획

4급

비 錢(돈 전)
淺(얕을 천)
踐(밟을 천)
동 餘(남을 여)
약 残

글자 풀이

창을 마주대고(戔) 서로 싸우고 해치니 주검(歹)만 남는다(殘)는 의미이다.

읽기 한자

殘飯(잔반) 衰殘(쇠잔) 殘忍(잔인)

쓰기 한자

殘高(잔고) 殘金(잔금) 殘黨(잔당) 殘命(잔명) 殘雪(잔설) 殘惡(잔악)
殘額(잔액) 殘業(잔업) 殘餘(잔여) 殘存(잔존) 殘暴(잔포)
同族相殘(동족상잔) 敗殘兵(패잔병)

暫
잠깐 잠(:)
日 | 11획

3급 II

비 慙(부끄러울 참)

글자 풀이

죄인을 베는(斬)데 걸리는 시간(日)은 잠깐(暫)이면 된다는 의미이다.

읽기 한자

暫間(잠간) 暫時(잠시) 暫定的(잠정적)

潛
잠길 잠
水 | 12획

3급 II

비 浮(뜰 부)
동 沈(잠길 침)
沒(빠질 몰)

글자 풀이

물(氵) 속에 숨는다(朁)는 데서, '잠기다, 자맥질하다'는 뜻이다.

읽기 한자

潛伏(잠복) 潛入(잠입) 潛跡(잠적) 潛行(잠행)

자

雜 섞일 잡 _{4급}
隹 | 10획

글자 풀이
온갖 빛의 새들이 나무에 모여들 듯(集) 여러 빛깔의 천(衣)이 모인데서, '섞이다' 는 뜻이다.

비 難(어려울 난)
鷄(닭 계)
離(떠날 리)
동 混(섞을 혼)
약 雑

읽기 한자
煩雜(번잡) 醜雜(추잡) 雜鬼(잡귀) 雜貨(잡화) 亂雜(난잡) 雜役夫(잡역부)
雜菌(잡균) 雜湯(잡탕) 錯雜(착잡)

쓰기 한자
雜居(잡거) 雜穀(잡곡) 雜技(잡기) 雜念(잡념) 雜多(잡다) 雜談(잡담)
雜文(잡문) 雜犯(잡범) 雜費(잡비) 雜音(잡음) 雜誌(잡지) 雜草(잡초)
複雜(복잡) 混雜(혼잡) 雜商人(잡상인) 雜記帳(잡기장) 酒色雜技(주색잡기)

丈 어른 장: _{3급Ⅱ}
一 | 2획

글자 풀이
긴 지팡이를 손에 든 모양을 그린 글자로, '어른' 을 뜻한다.

비 大(큰 대)
동 長(긴 장)
반 少(적을 소)

읽기 한자
聘丈(빙장) 丈母(장모) 丈夫(장부) 丈人(장인) 丈尺(장척) 查丈(사장)
老人丈(노인장) 大丈夫(대장부) 主人丈(주인장) 春府丈(춘부장)
氣高萬丈(기고만장)

壯 장할 장: _{4급}
士 | 4획

글자 풀이
나무를 조각(爿)낼 수 있는 무사(士)이니 씩씩하다, 장하다(壯)는 의미이다.

비 莊(씩씩할 장)
동 健(굳셀 건)
약 壮

읽기 한자
壯版(장판) 豪言壯談(호언장담)

쓰기 한자
壯觀(장관) 壯年(장년) 壯談(장담) 壯大(장대) 壯烈(장렬) 壯士(장사)
壯元(장원) 壯丁(장정) 壯快(장쾌) 強壯(강장) 健壯(건장) 悲壯(비장)
雄壯(웅장) 老益壯(노익장) 小壯派(소장파)

長 긴 장(:) _{8급}
長 | 0획

글자 풀이
지팡이를 짚은 노인의 모습에서 본떴다.

동 永(길 영)
반 短(짧을 단)
幼(어릴 유)

읽기 한자
長距離(장거리) 長劍(장검) 長久(장구) 長壽(장수) 長幼有序(장유유서)
長征(장정)

쓰기 한자
長髮(장발) 長點(장점) 長篇小說(장편소설) 長考(장고) 長官(장관)
長技(장기) 長短(장단) 長文(장문) 長成(장성) 長詩(장시) 長魚(장어)
長音(장음) 長者(장자) 長子(장자) 長長(장장) 長調(장조) 長足(장족)
長指(장지) 長打(장타) 家長(가장) 係長(계장) 課長(과장) 官長(관장)
校長(교장) 局長(국장)

莊

3급 II

씩씩할 장

艹 | 7획

비 壯(장할 장)
약 荘

글자 풀이

초목(艹)이 씩씩하게(壯) 자라서 장엄하다(莊)는 의미이다.

읽기 한자

莊嚴(장엄) 莊子(장자) 莊重(장중) 別莊(별장) 山莊(산장)
老莊思想(노장사상)

章

6급

글 장

立 | 6획

비 意(뜻 의)
동 文(글월 문)

글자 풀이

소리와 음(音)을 구별하는 것으로, 음악의 끝(十)이라든가 문장의 한
단락, 글(章)을 의미한다.

읽기 한자

肩章(견장) 喪章(상장) 詞章派(사장파)

쓰기 한자

憲章(헌장) 章理(장리) 章程(장정) 國章(국장) 旗章(기장) 文章(문장)
序章(서장) 樂章(악장) 印章(인장) 終章(종장) 中章(중장) 初章(초장)
體力章(체력장)

帳

4급

장막 장

巾 | 8획

비 張(베풀 장)
동 幕(장막 막)

글자 풀이

벌레방지로 침상에 달아 논 것, 또 길게(長) 매달아논 천(巾)을 말하는
것으로 모기장, 장막(帳)을 의미한다.

읽기 한자

帳幕(장막) 帳簿(장부) 臺帳(대장)

쓰기 한자

原帳(원장) 日記帳(일기장) 通帳(통장) 揮帳(휘장) 布帳馬車(포장마차)

將

4급 II

장수 장(:)

寸 | 8획

비 獎(장려할 장)
동 帥(장수 수)
반 兵(병사 병)
　軍(군사 군)
　士(선비 사)
약 将

글자 풀이

장수(爿)가 되려고 촌(寸)에서 홀몸(月)으로 전쟁에 참가해서 장수(將)가
되었다는 의미이다.

읽기 한자

猛將(맹장) 將帥(장수)

쓰기 한자

智將(지장) 日就月將(일취월장) 將校(장교) 將軍(장군) 將來(장래)
將兵(장병) 將星(장성) 將養(장양) 將次(장차) 老將(노장) 名將(명장)
武將(무장) 小將(소장) 主將(주장) 守門將(수문장) 獨不將軍(독불장군)

掌

3급Ⅱ
손바닥 장:
手 | 8획

비 拳(주먹 권)
裳(치마 상)
常(떳떳할 상)

글자 풀이

손(手)의 거의(尙) 대부분을 차지하는 것이 손바닥(掌)이라는 의미이다.

읽기한자

管掌(관장) 分掌(분장) 車掌(차장) 合掌(합장) 仙人掌(선인장)
如反掌(여반장) 掌篇小說(장편소설) 拍掌大笑(박장대소)

葬

3급Ⅱ
장사지낼 장:
艹 | 9획

동 喪(잃을 상)

글자 풀이

옛날에는 사람이 죽으면(死) 볏짚(艹)으로 위, 아래를 싸서 장사를 지냈다(葬)는 의미이다.

읽기한자

埋葬(매장) 殉葬(순장) 假埋葬(가매장) 生埋葬(생매장) 暗埋葬(암매장)
葬禮(장례) 葬儀(장의) 葬地(장지) 國葬(국장) 水葬(수장) 安葬(안장)
移葬(이장) 合葬(합장) 火葬(화장) 葬送曲(장송곡) 高麗葬(고려장)
副葬品(부장품)

場

7급Ⅱ
마당 장
土 | 9획

비 陽(볕 양)
揚(날릴 양)
腸(창자 장)

글자 풀이

깃발(勿) 위로 높이 해(日)가 또 오르듯이 높게 흙(土)을 돋운 장소를 빗댄 곳, 장소(場)를 의미한다.

읽기한자

白沙場(백사장) 一場春夢(일장춘몽) 荷置場(하치장)

쓰기한자

劇場(극장) 亂場(난장) 刑場(형장) 場面(장면) 場所(장소) 場外(장외)
開場(개장) 工場(공장) 廣場(광장) 球場(구장) 農場(농장) 當場(당장)
道場(도장) 登場(등장) 牧場(목장)

粧

3급Ⅱ
단장할 장
米 | 6획

비 粉(가루 분)

글자 풀이

돌집(广) 벽에 흙(土)을 바르고 고운 분(米)을 덧입혀서 단장한다(粧)는 의미이다.

읽기한자

粧鏡(장경) 粧飾(장식) 內粧(내장) 丹粧(단장) 治粧(치장) 化粧(화장)
美粧院(미장원) 銀粧刀(은장도) 化粧紙(화장지)

裝 꾸밀 장
衣 | 7획

4급

동 飾(꾸밀 식)
약 装

글자 풀이
옷(衣)을 웅장하게(壯) 꾸며(裝) 입는다는 의미이다.

읽기 한자
裝飾(장식) 僞裝(위장)

쓰기 한자
裝備(장비) 裝着(장착) 裝置(장치) 假裝(가장) 輕裝(경장) 軍裝(군장)
男裝(남장) 武裝(무장) 變裝(변장) 服裝(복장) 盛裝(성장) 洋裝(양장)
女裝(여장) 旅裝(여장) 正裝(정장) 治裝(치장) 非武裝(비무장)
裝身具(장신구)

腸 창자 장
月 | 9획

4급

비 陽(볕 양)
 揚(날릴 양)
 場(마당 장)
동 胃(밥통 위)

글자 풀이
깃발(勿)이 아침 해(日)에 펄럭이며 움직이듯이 몸(月) 안에서 길게
자라 움직이고 있는 창자(腸)를 의미한다.

읽기 한자
肝腸(간장) 盲腸(맹장) 胃腸(위장)

쓰기 한자
腸壁(장벽) 斷腸(단장) 大腸(대장) 小腸(소장) 心腸(심장)
直腸(직장) 脫腸(탈장) 九折羊腸(구절양장) 十二指腸(십이지장)

獎 장려할 장(ː)
犬 | 11획

4급

비 將(장수 장)
동 勵(힘쓸 려)
 勸(권할 권)
약 奬, 奨

글자 풀이
개(犬)를 날쌔도록 훈련시키듯, 앞으로 장수(將)가 되라고 권하며 돕는
데서, '장려하다'는 뜻이다.

읽기 한자
奬勵(장려)

쓰기 한자
奬學金(장학금) 勸奬(권장)

障 막을 장
阝 | 11획

4급Ⅱ

비 章(글 장)
 陣(진칠 진)
동 礙(거리낄 애)
 防(막을 방)
 拒(막을 거)
 抵(막을 저)

글자 풀이
수많은 글자가 모여 글(章)을 이루듯 언덕(阝)이 모여 험한 산을 이루어
사람의 통행을 막는 데서, '막다'는 뜻이다.

읽기 한자
障屛(장병) 障塞(장새)

쓰기 한자
障壁(장벽) 障害(장해) 故障(고장) 保障(보장) 支障(지장) 綠內障(녹내장)
白內障(백내장)

藏

3급 II
감출 **장:**
艹 | 14획

비 臧(착할 장)
약 蔵

글자 풀이

사람의 눈(臣)에 띄지 않게 창(戈)을 판자(爿)나 풀(艹)로 덮어 감춘다
(藏)는 의미이다.

읽기한자

藏府(장부) 藏書(장서) 死藏(사장) 私藏(사장) 所藏(소장) 收藏(수장)
貯藏(저장) 藏中(장중) 愛藏品(애장품)

張

4급
베풀 **장**
弓 | 8획

비 帳(장막 장)
동 伸(펼 신)
　擴(넓힐 확)
반 縮(줄일 축)

글자 풀이

머리털이 자라 덥수룩하게 되듯이, 당긴 활(弓)줄이 늘어나(長)는 것에서
당기다, 넓어지다(張)는 의미이다.

읽기한자

伸張(신장) 擴張(확장) 誇張(과장) 緊張(긴장)

쓰기한자

張力(장력) 張數(장수) 主張(주장)
册張(책장) 出張(출장) 甲午更張(갑오경장)

臟

3급 II
오장 **장:**
月 | 18획

약 臓

글자 풀이

몸(月) 속에 감추어진(藏) 오장(臟)을 의미한다.

읽기한자

臟器(장기) 臟府(장부) 肝臟(간장) 內臟(내장) 心臟(심장)

墙

3급
담 **장**
土 | 13획

동 牆(담 장)

글자 풀이

거두어들인 곡식(嗇)을 보존하기 위하여 흙(土)으로 높게 쌓은 담(墻)을
의미한다.

읽기한자

墙內(장내) 墙有耳(장유이) 路柳墙花(노류장화)

	6급 II
才	재주 **재**
	手 | 0획

비 寸(마디 촌)
丈(어른 장)
木(나무 목)
동 技(재주 기)
術(재주 술)
藝(재주 예)

글자 풀이
풀이 지면에 싹텄을 때의 형태로 이것은 이윽고 가지와 잎이 되는 모태를 갖고 있는 것에서 소질, 지혜(才)를 의미한다.

읽기 한자

鈍才(둔재) 才幹(재간) 才弄(재롱) 鬼才(귀재) 才色兼備(재색겸비)
才勝薄德(재승박덕) 才子佳人(재자가인)

쓰기 한자

秀才(수재) 才能(재능) 才談(재담) 才德(재덕) 才量(재량) 才士(재사)
才質(재질) 才致(재치) 英才(영재) 天才(천재) 多才多能(다재다능)

	6급
在	있을 **재:**
	土 | 3획

비 布(베 포)
동 有(있을 유)
存(있을 존)
반 無(없을 무)

글자 풀이
땅(土)이 있으면 어디서나 반드시 식물의 싹(才)이 움트는 데서, '있다' 는 뜻이다.

읽기 한자

介在(개재) 潛在(잠재) 存在(존재) 偏在(편재)

쓰기 한자

在庫(재고) 散在(산재) 在籍(재적) 殘在(잔재) 在家(재가) 在京(재경)
在來(재래) 在野(재야) 在中(재중) 在學(재학) 健在(건재) 內在(내재)
實在(실재) 現在(현재) 在所者(재소자) 在任中(재임중) 所在地(소재지)
不在者(부재자)

자

	5급
再	두 **재:**
	冂 | 4획

비 用(쓸 용)
동 兩(두 량)
雙(두 쌍)

글자 풀이
같은 것을 몇 개나 쌓은 것에서 겹쳐서, 재차(再)를 의미한다.

읽기 한자

再臨(재림) 再審(재심) 再版(재판) 再湯(재탕) 再編(재편)

쓰기 한자

再婚(재혼) 再製酒(재제주) 再建(재건) 再考(재고) 再起(재기) 再論(재론)
再拜(재배) 再生(재생) 再選(재선) 再修(재수) 再演(재연) 再任(재임)
再次(재차) 再唱(재창) 再請(재청) 再現(재현) 再活(재활) 再會(재회)
再開發(재개발) 再發見(재발견) 非一非再(비일비재)

	5급
災	재앙 **재**
	火 | 3획

비 炎(불꽃 염)
동 殃(재앙 앙)
厄(액 액)
禍(재앙 화)
반 福(복 복)

글자 풀이
강물(巛)이 불어나고 화재(火)로 집을 태우거나 하듯이 물과 불에 의한 화재, 재난(災)을 의미한다.

읽기 한자

災殃(재앙) 災厄(재액) 災禍(재화) 橫災(횡재)

쓰기 한자

災難(재난) 災害(재해) 官災(관재) 三災(삼재) 水災(수재) 火災(화재)
天災地變(천재지변)

材 5급Ⅱ
재목 재
木 | 3획

비 林(수풀 림)
村(마을 촌)

글자 풀이
판자나 기둥으로 하기 위해 쓰러트린 나무(木)는 이제부터 도움(才)이 되는 나무라는 것에서 재목(材)을 의미한다.

읽기한자
凡材(범재) 版材(판재)

쓰기한자
骨材(골재) 資材(자재) 機資材(기자재) 適材適所(적재적소) 材木(재목) 木材(목재) 製材(제재) 材料(재료) 敎材(교재) 素材(소재) 藥材(약재) 惡材(악재) 取材(취재) 石材(석재) 樂材(악재) 人材(인재) 建材商(건재상)

哉 3급
어조사 재
口 | 6획

비 裁(옷마를 재)
栽(심을 재)
載(실을 재)
약 㦲

글자 풀이
말이 끊어질 때 쓰는 어조사이다.

읽기한자
嗚呼痛哉(오호통재)

栽 3급Ⅱ
심을 재:
木 | 6획

비 裁(옷마를 재)
哉(어조사 재)
載(실을 재)
동 植(심을 식)

글자 풀이
열(十) 번 삽질(戈)하여 나무(木)를 심는다(栽)는 의미이다.

읽기한자
栽培(재배) 植栽(식재)

財 5급Ⅱ
재물 재
貝 | 3획

동 資(재물 자)
貨(재물 화)

글자 풀이
싹을 띤 식물(才)이 크게 되듯이, 이제부터 값어치가 나가는 돈과 재산(貝)을 뜻하는 것으로 보물, 재물(財)을 의미한다.

읽기한자
橫財(횡재)

쓰기한자
財源(재원) 私財(사재) 損財(손재) 財界(재계) 財團(재단) 財力(재력) 財物(재물) 財産(재산) 財政(재정) 財貨(재화) 理財(이재) 蓄財(축재) 文化財(문화재) 家財道具(가재도구)

裁	3급Ⅱ
	옷마를 재
	衣 | 6획

비 哉(어조사 재)
　栽(심을 재)
　載(실을 재)

글자 풀이

옷감(衣)을 열(十) 번 정도 가위질(戈)하여 마름질 한다(裁)는 의미이다.

읽기한자

裁可(재가) 裁斷(재단) 裁量(재량) 裁定(재정) 決裁(결재) 獨裁(독재)
洋裁(양재) 裁判(재판) 總裁(총재) 仲裁(중재)

載	3급Ⅱ
	실을 재:
	車 | 6획

비 哉(어조사 재)
　栽(심을 재)

글자 풀이

열(十) 개의 창(戈)을 수레(車)에 싣는다(載)는 의미이다.

읽기한자

記載(기재) 滿載(만재) 連載(연재) 積載(적재) 全載(전재) 轉載(전재)
千載一遇(천재일우)

宰	3급
	재상 재:
	宀 | 7획

비 辛(매울 신)
　帝(임금 제)

글자 풀이

집(宀)에서 조리용칼(辛)로 요리하는 것은 음식을 다스리는(宰) 것으로
다스리다, 재상(宰)을 의미한다.

읽기한자

宰府(재부) 宰殺(재살) 宰相(재상) 宰臣(재신) 宰牛(재우) 宰人(재인)
主宰(주재) 總宰(총재)

爭	5급
	다툴 쟁
	爪 | 4획

비 淨(깨끗할 정)
동 競(다툴 경)
　戰(싸움 전)
　鬪(싸움 투)
반 和(화할 화)
약 争

글자 풀이

손(爪)과 손(∃)에 갈고리(亅)를 들고 싸운다(爭)는 의미이다.

읽기한자

紛爭(분쟁) 爭奪戰(쟁탈전)

쓰기한자

爭點(쟁점) 鬪爭(투쟁) 抗爭(항쟁) 百家爭鳴(백가쟁명) 爭議(쟁의)
爭取(쟁취) 競爭(경쟁) 論爭(논쟁) 黨爭(당쟁) 分爭(분쟁) 言爭(언쟁)
戰爭(전쟁)

低

4급 Ⅱ

낮을 **저:**

人 | 5획

비 抵(막을 저)
　底(밑 저)
반 高(높을 고)

글자 풀이

원래는 건물이 무너져가는 듯한 쇠퇴나 신분이 낮은(氏) 사람(人)을 가리켰는데 지금은 낮다, 저수준(低)을 의미한다.

읽기한자

低廉(저렴) 低率(저율) 低賃金(저임금)

쓰기한자

低姿勢(저자세) 低價(저가) 低空(저공) 低級(저급) 低頭(저두) 低利(저리)
低俗(저속) 低溫(저온) 低音(저음) 低調(저조) 低地(저지) 低質(저질)
低下(저하) 高低(고저) 低氣壓(저기압) 低血壓(저혈압)

底

4급

밑 **저:**

广 | 5획

비 抵(막을 저)
　低(낮을 저)

글자 풀이

바위집(广) 아래의 낮은(氏) 곳에서, '밑'을 뜻한다.

읽기한자

徹底(철저)

쓰기한자

底力(저력) 底流(저류) 底邊(저변) 底意(저의)
基底(기저) 心底(심저) 海底(해저)

抵

3급 Ⅱ

막을 **저:**

手 | 5획

비 低(낮을 저)
　底(밑 저)
동 抗(겨룰 항)

글자 풀이

손(扌)에 무기를 들고 성벽을 오르는 적을 낮은(氏) 곳으로 물리치며 대항한다(抵)는 의미이다.

읽기한자

抵當(저당) 抵觸(저촉) 抵抗(저항) 根抵當(근저당) 大抵(대저)
抵死爲限(저사위한)

著

3급 Ⅱ

나타날 **저:**

艹 | 9획

비 者(놈 자)
　暑(더울 서)
　署(마을 서)
동 作(지을 작)
　造(지을 조)

글자 풀이

풀(艹)의 섬유로 만든 옷을 모아(者) 전시하는 데서, '입다, 나타나다, 짓다'는 뜻이다.

읽기한자

著名(저명) 著書(저서) 著述(저술) 著者(저자) 著作(저작) 共著(공저)
論著(논저) 顯著(현저) 編著(편저)

貯

5급

쌓을 저:

貝 | 5획

[동] 蓄(모을 축)
築(쌓을 축)
積(쌓을 적)

글자 풀이

재물(貝)을 고무래(丁)로 긁어 모아 집(宀)에 쌓는다(貯)는 의미이다.

읽기한자

貯藏(저장)

쓰기한자

貯金(저금) 貯水(저수) 貯蓄(저축) 貯炭(저탄)

赤

5급

붉을 적

赤 | 0획

[비] 亦(또 역)
[동] 朱(붉을 주)
紅(붉을 홍)

글자 풀이

큰 화재의 불색깔이 빨갛다(赤)는 의미이다.

읽기한자

赤手空拳(적수공권) 赤壁賦(적벽부)

쓰기한자

赤潮(적조) 赤軍(적군) 赤旗(적기) 赤貧(적빈) 赤色(적색) 赤誠(적성)
赤身(적신) 赤子(적자) 赤字(적자) 赤化(적화) 赤信號(적신호)
赤十字(적십자) 赤外線(적외선) 赤血球(적혈구) 赤貧如洗(적빈여세)
赤口毒語(적구독어)

的

5급 Ⅱ

과녁 적

白 | 3획

[비] 酌(술부을 작)

글자 풀이

흰(白) 바탕의 과녁(勺) 모양으로 과녁, 목표(的)를 의미한다.

읽기한자

盲目的(맹목적) 超人的(초인적) 皮相的(피상적) 恒久的(항구적)
劃期的(획기적) 橫的(횡적) 天賦的(천부적) 可及的(가급적)

쓰기한자

標的(표적) 劇的(극적) 感傷的(감상적) 私的(사적) 組織的(조직적)
的中(적중) 目的(목적) 的實(적실) 的確(적확) 公的(공적) 內的(내적)
物的(물적) 法的(법적) 病的(병적)

寂

3급 Ⅱ

고요할 적

宀 | 8획

[비] 叔(아재비 숙)
[동] 閑(한가할 한)
靜(고요할 정)
[반] 忙(바쁠 망)

글자 풀이

산골에 사는 아재비(叔)네 집(宀)이 고요하다(寂)는 의미이다.

읽기한자

寂滅(적멸) 寂寂(적적) 孤寂(고적) 入寂(입적) 靜寂(정적) 閑寂(한적)

笛

3급 II

피리 **적**

竹 | 5획

비 畓(논 답)

글자 풀이

대(竹)통에 뚫은 구멍으로 말미암아(由) 소리를 내는 피리(笛)를 의미한다.

읽기한자

警笛(경적) 鼓笛隊(고적대) 汽笛(기적)

跡

3급 II

발자취 **적**

足 | 6획

비 跋(밟을 발)
동 蹟(자취 적)

글자 풀이

사람의 양쪽 겨드랑이(亦)처럼 길 양쪽에 생기는 발자국(足)에서,
'발자취'를 뜻한다.

읽기한자

遺跡(유적) 人跡(인적) 潛跡(잠적) 足跡(족적) 追跡(추적) 筆跡(필적)
跡捕(적포)

賊

4급

도둑 **적**

貝 | 6획

비 賤(천할 천)
　賦(부세 부)
동 盜(도둑 도)

글자 풀이

병장기(戎)를 들고 남의 재물(貝)을 훔치는 도둑(賊)이라는 의미이다.

읽기한자

逆賊(역적)

쓰기한자

賊徒(적도) 賊心(적심) 盜賊(도적) 馬賊(마적) 山賊(산적) 五賊(오적)
義賊(의적) 海賊(해적)

滴

3급

물방울 **적**

水 | 11획

비 摘(딸 적)
　適(맞을 적)
　敵(대적할 적)

글자 풀이

물(氵)이 중심의 한 점에 둥글게 맺히는(商) 데서, '물방울'을 뜻한다.

읽기한자

滴水(적수) 餘滴(여적)

摘 딸 **적** 3급Ⅱ 手 | 11획	**글자 풀이** 손(扌)을 중심의 한 점으로 모아(啇) 열매를 따는 데서, '따다' 는 뜻이다. **읽기 한자** 摘要(적요) 摘發(적발) 摘出(적출) 指摘(지적) 摘芽(적아)
비 滴(물방울 적) 適(맞을 적)	

適 맞을 **적** 4급 辶 | 11획	**글자 풀이** 나무뿌리(啇)는 가지가 자라기에 알맞게 뻗어 나간다(辶)는 데서, '(알)맞다' 는 뜻이다. **읽기 한자** 拘束適否審(구속적부심) 悠悠自適(유유자적) **쓰기 한자** 適歸(적귀) 適格(적격) 適期(적기) 適當(적당) 適量(적량) 適性(적성) 適時(적시) 適用(적용) 適應(적응) 適人(적인) 適任(적임) 適正(적정) 適合(적합) 最適(최적) 快適(쾌적) 適法節次(적법절차) 適者生存(적자생존) 適材適所(적재적소)
비 摘(딸 적) 滴(물방울 적)	

敵 대적할 **적** 4급Ⅱ 攵 | 11획	**글자 풀이** 침략이라는 하나(啇)의 목적만 가지고 쳐들어(攵) 오는 적을 대적한다(敵) 는 의미이다. **읽기 한자** 匹敵(필적)衆寡不敵(중과부적) **쓰기 한자** 敵陣(적진) 敵國(적국) 敵軍(적군) 敵手(적수) 敵意(적의) 敵情(적정) 敵地(적지) 强敵(강적) 對敵(대적) 無敵(무적) 宿敵(숙적) 外敵(외적) 政敵(정적) 天敵(천적) 敵對感(적대감) 利敵行爲(이적행위)
비 敲(두드릴 고)	

積 쌓을 **적** 4급 禾 | 11획	**글자 풀이** 자기가 벤 볏단(禾)을 책임(責)지고 쌓는다는 데서, '쌓다' 는 뜻이다. **읽기 한자** 積載積量(적재적량) 露積(노적) 乘積(승적) **쓰기 한자** 積金(적금) 積量(적량) 積立(적립) 積分(적분) 積善(적선) 見積(견적) 面積(면적) 山積(산적) 船積(선적) 容積(용적) 集積(집적) 蓄積(축적) 積極的(적극적) 積雪量(적설량) 野積場(야적장)
비 績(길쌈 적) 동 蓄(모을 축) 築(쌓을 축) 貯(쌓을 저) 반 崩(무너질 붕) 壞(무너질 괴)	

자

績

4급

길쌈 **적**

糸 | 11획

비 積(쌓을 적)
동 紡(길쌈 방)
　 織(짤 직)

글자 풀이

실(糸)을 한 올 한 올 책임(責)있게 엮어 천을 짜는 것에서 짜다, 작업의 완성도(績)를 의미한다.

읽기 한자

殊績(수적)

쓰기 한자

績工(적공) 功績(공적) 成績(성적) 實績(실적) 業績(업적) 治績(치적)
行績(행적)

蹟

3급 II

자취 **적**

足 | 11획

동 跡(발자취 적)

글자 풀이

발(足)의 책임(責)은 발자취(蹟)를 남기는 것을 의미한다.

읽기 한자

古蹟(고적) 奇蹟(기적) 史蹟(사적) 事蹟(사적) 遺蹟(유적)

籍

4급

문서 **적**

竹 | 14획

비 耕(밭갈 경)
동 券(문서 권)
　 簿(문서 부)

글자 풀이

따비(耒)질이 시작된 옛날(昔)부터 대쪽(竹)에 소유와 관련된 글을 남기기 시작한 데서, '문서'를 뜻한다.

읽기 한자

戶籍抄本(호적초본) 學籍簿(학적부)

쓰기 한자

國籍(국적) 無籍(무적) 兵籍(병적) 復籍(복적) 本籍(본적) 史籍(사적)
書籍(서적) 原籍(원적) 移籍(이적) 入籍(입적) 在籍(재적) 典籍(전적)
除籍(제적) 地籍(지적) 戶籍(호적) 自國籍(자국적) 二重國籍(이중국적)

田

4급 II

밭 **전**

田 | 0획

비 由(말미암을 유)
　 甲(갑옷 갑)
　 申(납 신)
반 畓(논 답)

글자 풀이

넓은 전원을 멀리에서 본 모양을 본떴다.

읽기 한자

田畓(전답) 耕者有田(경자유전) 丹田(단전) 我田引水(아전인수)
鹽田(염전) 桑田碧海(상전벽해)

쓰기 한자

田園(전원) 田地(전지) 火田民(화전민)

全

7급Ⅱ

온전 전

入 | 4획

비 金(쇠 금)
동 完(완전할 완)

글자 풀이

흠이 없는 쪽으로 넣는(入) 구슬(玉)이니 온전한(全) 구슬을 의미한다.

읽기 한자

全滅(전멸) 全貌(전모) 全般(전반) 全燒(전소) 食飮全廢(식음전폐)

쓰기 한자

全段(전단) 全額(전액) 全域(전역) 全景(전경) 全國(전국) 全軍(전군)
全權(전권) 全能(전능) 全擔(전담) 全量(전량) 全力(전력) 全面(전면)
全無(전무) 全文(전문) 全部(전부) 全盛(전성) 全勝(전승) 全身(전신)
全員(전원) 全集(전집) 全治(전치) 全敗(전패) 健全(건전) 萬全(만전)
保全(보전)

典

5급Ⅱ

법 전:

八 | 6획

비 曲(굽을 곡)
동 規(법 규)
　度(법도 도)
　法(법 법)
　式(법 식)
　律(법칙 률)

글자 풀이

종이가 만들어지기 전에는 서책이나 문서가 대나무나 나무에 쓰여
있었다. 그 형태에서 서책, 가르침, 본보기(典)를 의미한다.

읽기 한자

典獄署(전옥서) 典掌(전장)

쓰기 한자

典範(전범) 典籍(전적) 辭典(사전) 儀典(의전) 典質(전질) 經典(경전)
古典(고전) 大典(대전) 法典(법전) 佛典(불전) 事典(사전) 盛典(성전)
式典(식전) 藥典(약전) 原典(원전) 字典(자전) 祭典(제전) 出典(출전)
全國體典(전국체전)

前

7급Ⅱ

앞 전

刀 | 7획

비 刑(형벌 형)
반 後(뒤 후)

글자 풀이

매어있는 배의 밧줄을 칼(刀)로 자르고 배(月)가 나아가는 것에서 배가
나아가는 쪽의 뱃머리, 앞(前)을 의미한다.

읽기 한자

前輪驅動(전륜구동) 前置詞(전치사) 驛前(역전) 靈前(영전)
前渡金(전도금)

쓰기 한자

前篇(전편) 前景(전경) 前科(전과) 前過(전과) 前記(전기) 前期(전기)
前歷(전력) 前例(전례) 前面(전면) 前文(전문) 前生(전생) 前室(전실)
前夜(전야) 前月(전월) 前衛(전위) 前者(전자) 前提(전제) 前職(전직)
前進(전진)

展

5급Ⅱ

펼 전:

尸 | 7획

비 尾(꼬리 미)
　屋(집 옥)
동 伸(펼 신)

글자 풀이

사람(尸)이 옷(衣)을 입고 누우면 옷이 흐트러지는 것에서 퍼지다,
열리다(展)는 의미이다.

읽기 한자

伸展(신전) 公募展(공모전)

쓰기 한자

展墓(전묘) 展覽會(전람회) 展開(전개) 展示(전시) 國展(국전) 美展(미전)
展望(전망) 發展(발전) 進展(진전)

자

	4급
專	오로지 전
	寸 | 8획

비 傳(전할 전)
惠(은혜 혜)

글자 풀이

손(寸)으로 물레(車)를 돌리는 모양을 나타낸 글자로, 물레는 한쪽으로만 돈다는 데서, '오로지'의 뜻이다.

읽기 한자

專橫(전횡)

쓰기 한자

專攻(전공) 專斷(전단) 專賣(전매) 專務(전무) 專門(전문) 專屬(전속)
專用(전용) 專任(전임) 專制(전제) 專有物(전유물) 專管水域(전관수역)
一心專力(일심전력)

	7급Ⅱ
電	번개 전:
	雨 | 5획

비 雷(우뢰 뢰)
雲(구름 운)
露(이슬 로)

글자 풀이

비(雨)가 내릴 때 일어나는 번개불(申)에서 번개, 전기(電)를 의미한다.

읽기 한자

電柱(전주) 電池(전지) 蓄電池(축전지) 漏電(누전)

쓰기 한자

電擊(전격) 電離(전리) 電源(전원) 電球(전구) 電極(전극) 電氣(전기)
電燈(전등) 電流(전류) 電文(전문) 電報(전보) 電線(전선) 電送(전송)
電信(전신) 電壓(전압) 電子(전자) 電車(전차) 電鐵(전철) 電蓄(전축)
電波(전파) 電話(전화) 感電(감전) 斷電(단전) 無電(무전) 發電(발전)
放電(방전) 配電(배전) 送電(송전)

	5급Ⅱ
傳	전할 전
	人 | 11획

비 專(오로지 전)
약 伝

글자 풀이

고지식한 사람(人)은 오로지(專) 자기가 들은 대로만 전한다(傳)는 의미이다.

읽기 한자

自敍傳(자서전) 傳乘(전승) 傳染(전염)

쓰기 한자

宣傳(선전) 遺傳(유전) 評傳(평전) 傳單(전단) 傳達(전달) 傳來(전래)
傳令(전령) 傳馬(전마) 傳說(전설) 傳送(전송) 傳受(전수) 傳授(전수)
傳言(전언) 傳統(전통) 經傳(경전) 口傳(구전) 傳記(전기) 列傳(열전)
傳道師(전도사) 偉人傳(위인전) 父傳子傳(부전자전) 以心傳心(이심전심)

	4급
錢	돈 전:
	金 | 8획

비 賤(천할 천)
踐(밟을 천)
殘(남을 잔)
동 幣(화폐 폐)
약 銭

글자 풀이

물건(金)을 몇 번이나 잘라버려 작고 산산이 조각 난(戔) 듯이 작은 단위의 화폐를 말하는 것으로 화폐단위, 동전(錢)을 의미한다.

읽기 한자

守錢奴(수전노) 換錢(환전)

쓰기 한자

錢主(전주) 錢票(전표) 金錢(금전) 急錢(급전) 銅錢(동전)
無錢旅行(무전여행) 本錢(본전) 葉錢(엽전) 一錢(일전) 紙錢(지전)

戰

6급 II
싸움 전:
戈 | 12획

- 비 單(홑 단)
- 동 競(다툴 경)
  爭(다툴 쟁)
  鬪(싸움 투)
- 반 和(화할 화)
- 약 战, 戰

글자 풀이
사람마다 한명씩(單) 창(戈)을 들고 있는 데서, '싸우다'는 뜻이다.

읽기 한자
角逐戰(각축전) 挑戰(도전) 肉薄戰(육박전) 臨戰無退(임전무퇴)
騎馬戰(기마전)

쓰기 한자
戰亂(전란) 戰略(전략) 戰鬪(전투) 戰況(전황) 激戰(격전) 戰功(전공)
戰果(전과) 戰力(전력) 戰法(전법) 戰士(전사) 戰死(전사) 戰線(전선)
戰勢(전세) 戰術(전술) 戰勝(전승) 戰時(전시) 戰友(전우) 戰運(전운)
戰爭(전쟁) 戰車(전차) 戰後(전후) 開戰(개전) 決戰(결전) 苦戰(고전)
觀戰(관전) 交戰(교전)

轉

4급
구를 전:
車 | 11획

- 동 廻(돌 회)
- 약 転

글자 풀이
수레(車)가 하는 일은 오로지(專) 구르는(轉)일 뿐이라는 의미이다.

읽기 한자
轉換(전환) 性轉換(성전환) 轉役(전역) 轉載(전재) 轉禍爲福(전화위복)

쓰기 한자
轉勤(전근) 轉記(전기) 轉寫(전사) 轉送(전송) 轉業(전업) 轉用(전용)
轉籍(전적) 轉轉(전전) 轉職(전직) 公轉(공전) 逆轉(역전) 移轉(이전)
自轉(자전) 回轉(회전) 輪轉機(윤전기) 急轉直下(급전직하)
起承轉結(기승전결) 心機一轉(심기일전)

殿

3급 II
전각 전:
殳 | 9획

- 비 展(펼 전)

글자 풀이
본래 엉덩이를 나타냈으나 파생하여 엉덩이와 같이 안정감이 있는
큰 집, 전각(殿)을 의미한다.

읽기 한자
殿閣(전각) 殿角(전각) 殿階(전계) 殿內(전내) 殿堂(전당) 殿廊(전랑)
殿試(전시) 殿宇(전우) 殿最(전최) 殿下(전하) 宮殿(궁전) 內殿(내전)
大殿(대전) 大雄殿(대웅전) 別殿(별전) 寶殿(보전) 佛殿(불전)
聖殿(성전) 神殿(신전) 御殿(어전) 正殿(정전) 太極殿(태극전)

切

5급 II
끊을 절
온통 체
刀 | 2획

- 동 斷(끊을 단)
  絶(끊을 절)

글자 풀이
칼(刀)로 막대봉(七)을 자르는 것에서 자르다, 새기다(切)는 의미이다.

읽기 한자
貸切(대절) 切齒腐心(절치부심) 切迫(절박) 懇切(간절) 哀切(애절)

쓰기 한자
適切(적절) 切感(절감) 切開(절개) 切斷(절단) 切望(절망) 切上(절상)
切實(절실) 切除(절제) 切親(절친) 切下(절하) 半切(반절) 一切(일체)
親切(친절) 品切(품절)

折

4급

꺾을 **절**

手 | 4획

비 析(쪼갤 석)
祈(빌 기)
동 屈(굽을 굴)
曲(굽을 곡)

글자 풀이

손(扌)에 도끼(斤)를 쥐고 절단하는 것에서 꺾다, 부러뜨리다(折)는 의미이다.

읽기한자

折腰(절요) 腰折腹痛(요절복통)

쓰기한자

折骨(절골) 折半(절반) 曲折(곡절) 骨折(골절) 斷折(단절) 面折(면절)
半折(반절) 九折羊腸(구절양장) 百折不屈(백절불굴)

絶

4급Ⅱ

끊을 **절**

糸 | 6획

동 斷(끊을 단)
切(끊을 절)
반 繼(이을 계)
續(이을 속)
結(맺을 결)

글자 풀이

실(糸)로 묶은 마치 뱀이 따리를 튼 모양의 매듭(巴)을 칼(刀)로 자른다는 데서, '끊다'는 뜻이다.

읽기한자

絶叫(절규) 昏絶(혼절) 抱腹絶倒(포복절도) 絶世佳人(절세가인)
連絡不絶(연락부절) 絶頂(절정)

쓰기한자

絶妙(절묘) 絶緣(절연) 絶讚(절찬) 拒絶(거절) 絶海孤島(절해고도)
絶景(절경) 絶交(절교) 絶斷(절단) 絶對(절대) 絶望(절망) 絶命(절명)
絶壁(절벽) 絶食(절식) 絶筆(절필) 絶後(절후) 根絶(근절) 氣絶(기절)
斷絶(단절) 謝絶(사절) 義絶(의절) 中絶(중절) 五言絶句(오언절구)

節

5급Ⅱ

마디 **절**

竹 | 9획

비 範(법 범)
동 寸(마디 촌)
약 節

글자 풀이

대나무(竹)가 자라면서(卽) 마디마디로 나누어져 있는 것에서 마디, 일단락(節)을 의미한다.

읽기한자

仲秋佳節(중추가절) 節槪(절개) 節介(절개) 禮儀凡節(예의범절)
貞節(정절) 換節期(환절기)

쓰기한자

節儉(절검) 季節(계절) 節減(절감) 節氣(절기) 節度(절도) 節目(절목)
節米(절미) 節婦(절부) 節水(절수) 節約(절약) 節電(절전) 節制(절제)
節操(절조) 節次(절차) 節後(절후) 關節(관절) 句節(구절) 變節(변절)
使節(사절)

竊

3급

훔칠 **절**

穴 | 17획

동 盜(도둑 도)
약 窃

글자 풀이

짐승 또는 벌레(禼)가 구멍(穴)을 뚫고 들어와 쌀(米)을 훔쳐 빼내가는(丿) 것으로 훔치다, 몰래(竊)를 의미한다.

읽기한자

竊據(절거) 竊念(절념) 竊盜(절도) 竊賊(절적) 竊聽(절청) 竊取(절취)

<table>
<tr>
<td>

占

4급
점령할 점:
점칠 점
卜 │ 3획

비 古(예 고)
동 卜(점 복)

</td>
<td>

글자 풀이

입(口)으로 중얼대며 길흉을 점치는(卜) 데서, '점치다'는 뜻이다. 또,
땅(口)을 차지하려고 깃대(卜)를 꽂는 데서, '점령하다'는 뜻이다.

읽기한자

寡占(과점)

쓰기한자

占居(점거) 占據(점거) 占領(점령) 占術(점술) 占用(점용) 占有(점유)
強占(강점) 獨占(독점) 買占(매점) 先占(선점) 占星術(점성술)

</td>
</tr>
</table>

<table>
<tr>
<td>

店

5급 II
가게 점:
广 │ 5획

비 底(밑 저)

</td>
<td>

글자 풀이

점(占)칠 때 여러 가지를 늘어놓으며 얘기 하듯이 집 안(广)에 물품을
진열해 파는 가게(店)를 의미한다.

읽기한자

露店商(노점상) 飯店(반점) 連鎖店(연쇄점)

쓰기한자

酒店(주점) 店員(점원) 開店(개점) 賣店(매점) 本店(본점) 分店(분점)
商店(상점) 書店(서점) 支店(지점) 百貨店(백화점) 飮食店(음식점)

</td>
</tr>
</table>

<table>
<tr>
<td>

點

4급
점 점(:)
黑 │ 5획

비 默(잠잠할 묵)
약 点.点

</td>
<td>

글자 풀이

점(占)술로 병을 알아맞추고 거기에 검은(黑) 표시를 붙인 것에서 표시
(點)를 의미한다.

읽기한자

汚點(오점) 點滅(점멸) 盲點(맹점)

쓰기한자

點檢(점검) 點燈(점등) 點線(점선) 點數(점수) 點心(점심) 點字(점자)
點點(점점) 點呼(점호) 點火(점화) 減點(감점) 強點(강점) 據點(거점)
缺點(결점) 觀點(관점) 極點(극점) 短點(단점) 同點(동점) 得點(득점)
滿點(만점) 半點(반점) 罰點(벌점) 氷點(빙점) 時點(시점)

</td>
</tr>
</table>

<table>
<tr>
<td>

漸

3급 II
점점 점:
水 │ 11획

비 斬(벨 참)
동 進(나아갈 진)

</td>
<td>

글자 풀이

도끼(斤)를 실은 수레(車)가 냇물(氵)을 건너려고 바퀴를 점점(漸) 물 속으
로 밀고 있다는 의미이다.

읽기한자

漸減(점감) 漸染(점염) 漸入佳境(점입가경) 漸增(점증) 漸進(점진)
漸次(점차) 西勢東漸(서세동점)

</td>
</tr>
</table>

<table>
<tr><td>

接

4급 II

이을 접

手 | 8획

비 妾(첩 첩)

</td><td>

글자 풀이

옛날 여자(女) 죄인을 표시(立)하는 문신을 하기 위해, 손(扌)으로 안아 끌어 당겼던 것에서 접근하다, 접근시키다(接)는 의미이다.

읽기 한자

接觸(접촉) 皮骨相接(피골상접) 接尾辭(접미사)

쓰기 한자

接骨(접골) 接點(접점) 迎接(영접) 接頭辭(접두사) 接見(접견) 接境(접경)
接戰(접전) 接近(접근) 接待(접대) 接木(접목) 接線(접선) 接續(접속)
接受(접수) 接收(접수) 接種(접종) 接着(접착) 接合(접합) 間接(간접)
交接(교접) 近接(근접) 待接(대접) 面接(면접)

</td></tr>
</table>

<table>
<tr><td>

蝶

3급

나비 접

虫 | 9획

비 葉(잎 엽)

</td><td>

글자 풀이

초목(木)과 화초를 세상(世)으로 삼는 벌레(虫)이니 나비(蝶)라는 의미이다.

읽기 한자

蝶夢(접몽) 蝶泳(접영) 胡蝶(호접)

</td></tr>
</table>

<table>
<tr><td>

丁

4급

고무래/장정 정

一 | 1획

비 了(마칠 료)

</td><td>

글자 풀이

못의 모양을 본떠, '못'의 뜻이다. 또, 고무래 모양과 같고, 고무래질하는 장정에서 '고무래, 장정'의 뜻이 나왔다.

읽기 한자

丁憂(정우) 丁寧(정녕)

쓰기 한자

丁男(정남) 白丁(백정) 兵丁(병정) 壯丁(장정) 園丁(원정)

</td></tr>
</table>

<table>
<tr><td>

正

7급 II

바를 정(:)

止 | 1획

통 直(곧을 직)
반 反(돌이킬 반)
　 誤(그릇될 오)

</td><td>

글자 풀이

목표로 한(一) 곳에 정확히 가서 거기서 딱 멈추는(止) 것에서 올바르다, 때마침(正)을 의미한다.

읽기 한자

訂正(정정) 正坐(정좌) 司正(사정)

쓰기 한자

正刻(정각) 正裝(정장) 更正(경정) 正規(정규) 正答(정답) 正當(정당)
正道(정도) 正面(정면) 正門(정문) 正服(정복) 正史(정사) 正常(정상)
正色(정색) 正書(정서) 正視(정시) 正式(정식) 正義(정의) 正直(정직)
正體(정체) 正統(정통) 正確(정확)

</td></tr>
</table>

井

3급 Ⅱ

우물 **정**(:)

二 | 2획

비 田(밭 전)

글자 풀이

우물(井)의 둘레에 두른 난간의 모양을 본떴다.

읽기 한자

井間紙(정간지) 井然(정연) 井中觀天(정중관천) 井華水(정화수)
市井雜輩(시정잡배) 天井(천정)

廷

3급 Ⅱ

조정 **정**

廴 | 4획

비 延(늘일 연)

글자 풀이

일을 맡은(壬) 사람들이, 천천히 걷듯이(廴) 심사숙고하여 일을 처리하는 조정, 법정(廷)을 의미한다.

읽기 한자

廷論(정론) 廷吏(정리) 開廷(개정) 宮庭(궁정) 法廷(법정) 朝廷(조정)
出廷(출정) 退廷(퇴정) 閉廷(폐정) 休廷(휴정)

자

定

6급

정할 **정**:

宀 | 5획

비 宅(집 택)
약 㝎

글자 풀이

한 집(宀)에 정착하여 움직이지(疋) 않는 것에서 결정하다, 정하다(定)는 의미이다.

읽기 한자

肯定(긍정) 旣定事實(기정사실) 昏定晨省(혼정신성) 鑑定(감정)
暫定的(잠정적) 策定(책정) 定礎(정초)

쓰기 한자

定額(정액) 定評(정평) 定婚(정혼) 定價(정가) 定量(정량) 定例(정례)
定立(정립) 定石(정석) 定說(정설) 定數(정수) 定員(정원) 定義(정의)
定着(정착) 假定(가정) 改定(개정) 檢定(검정) 決定(결정)

征

3급 Ⅱ

칠 **정**

彳 | 5획

비 往(갈 왕)
동 伐(칠 벌)
　 討(칠 토)
　 打(칠 타)
　 擊(칠 격)
　 拍(칠 박)

글자 풀이

적을 바로(正) 잡기 위한 행동(彳)이라는 데서 치다(征)는 의미이다.

읽기 한자

征途(정도) 征伐(정벌) 征服(정복) 征夫(정부) 征人(정인)
遠征競技(원정경기) 遠征隊(원정대) 長征(장정)

亭 3급Ⅱ
정자 정
亠 | 7획

- 비 京(서울 경)
  享(누릴 향)
  亨(형통할 형)

글자 풀이

높게(高) 기둥(丁)을 세워서 지은 정자(亭)를 의미한다.

읽기한자

亭子(정자) 料亭(요정) 驛亭(역정)

貞 3급Ⅱ
곧을 정
貝 | 2획

- 비 貝(조개 패)
- 동 直(곧을 직)
- 반 曲(굽을 곡)

글자 풀이

돈(貝)을 내고 점(卜)을 치면 점괘가 바르고 곧게(貞) 나온다는 의미이다.

읽기한자

貞潔(정결) 貞淑(정숙) 貞節(정절) 貞操(정조) 童貞(동정) 不貞(부정)

政 4급Ⅱ
정사 정
攵 | 5획

- 비 放(놓을 방)
  效(본받을 효)

글자 풀이

나쁜 부분을 채찍으로 때려서(攵) 고치고 올바른(正) 행동을 하게끔 하는 것에서 다스리다, 정치(政)를 의미한다.

읽기한자

政綱(정강) 政策(정책)

쓰기한자

政略(정략) 政績(정적) 政客(정객) 政見(정견) 政經(정경) 政界(정계)
政局(정국) 政權(정권) 政堂(정당) 政變(정변) 政府(정부) 政社(정사)
政勢(정세) 政治(정치) 軍政(군정) 農政(농정) 內政(내정) 民政(민정)
善政(선정) 市政(시정) 王政(왕정) 財政(재정) 暴政(폭정) 學政(학정)

訂 3급
바로잡을 정
言 | 2획

- 비 詠(읊을 영)
- 동 矯(바로잡을 교)

글자 풀이

못을 쳐서 물체를 고정시키듯(丁) 말(言)로 잘못을 치는 데서, '바로잡다'는 뜻이다.

읽기한자

訂正(정정) 訂定(정정) 改訂(개정) 校訂(교정) 修訂(수정)

庭 6급Ⅱ

뜰 정
广 | 7획

비 廷(조정 정)

글자 풀이
곧바로 길고 평평하게 만든 정원(廷)이 있는 관청(广)의 모습에서 건물과 건물 사이에 있는 안쪽 정원(庭)을 의미한다.

읽기한자

徑庭(경정) 珠庭(주정)

쓰기한자

庭球(정구) 庭園(정원) 校庭(교정) 家庭(가정) 親庭(친정)

頂 3급Ⅱ

정수리 정
頁 | 2획

비 順(순할 순)
項(항목 항)

글자 풀이
못(丁)의 머리(頁)에서, '꼭대기'를 뜻한다.

읽기한자

頂上(정상) 登頂(등정) 山頂(산정) 絕頂(절정)

停 5급

머무를 정
人 | 9획

비 亭(정자 정)
동 留(머무를 류)

글자 풀이
사람(人)의 형태와 사람이 머무는 숙소(亭)의 형태에서 머무르다, 멈추다(停)는 의미이다.

읽기한자

停刊(정간)

쓰기한자

營業停止(영업정지) 停年(정년) 停電(정전) 停戰(정전) 停止(정지)
停學(정학) 停會(정회) 調停(조정) 停車場(정거장) 急停車(급정거)
停留場(정류장)

淨 3급Ⅱ

깨끗할 정
水 | 8획

비 爭(다툴 쟁)
동 潔(깨끗할 결)
반 汚(더러울 오)
약 浄

글자 풀이
계곡의 물(氵)이 어우러져 다투며(爭) 흐르니 맑고 깨끗하다(淨)는 의미이다.

읽기한자

淨潔(정결) 淨水(정수) 淨化(정화) 不淨(부정) 淸淨(청정)
西方淨土(서방정토) 自淨作用(자정작용)

情

5급 II
뜻 정
心 | 8획

비 精(정할 정)
동 意(뜻 의)
　 志(뜻 지)

글자 풀이
풀처럼 파랗게(靑) 투명한 물같은 마음(心)이라는 것에서 진심, 정(情)을 의미한다.

읽기 한자

慕情(모정) 薄情(박정) 戀情(연정) 情緒(정서) 情慾(정욕)

쓰기 한자

情趣(정취) 情況(정황) 激情(격정) 情感(정감) 情景(정경) 情談(정담)
情理(정리) 情報(정보) 情夫(정부) 情婦(정부) 情分(정분) 情史(정사)
情事(정사) 情勢(정세) 情熱(정열) 情調(정조) 情表(정표) 感情(감정)
冷情(냉정) 同情(동정) 母情(모정) 無情(무정) 物情(물정)

程

4급 II
한도/길(道) 정
禾 | 7획

비 稅(세금 세)
동 道(길 도)
　 路(길 로)

글자 풀이
벼(禾)가 성장한 크기를 나타낸다(呈)는 뜻에서 정도, 과정(程)을 의미한다.

읽기 한자

啓程(계정) 驛程(역정)

쓰기 한자

射程(사정) 里程標(이정표) 路程(노정) 工程(공정) 過程(과정) 課程(과정)
科程(과정) 規程(규정) 道程(도정) 登程(등정) 上程(상정) 旅程(여정)
日程(일정) 程道(정도) 路程記(노정기) 方程式(방정식)

精

4급 II
정할 정
米 | 8획

비 情(뜻 정)

글자 풀이
파랗게(靑) 투명하듯이 아름다운 쌀(米)을 만든다는 것에서 희게 하다, 쌀을 찧다(精)는 의미이다.

읽기 한자

精銳(정예) 精巧(정교) 精靈(정령) 精麥(정맥)

쓰기 한자

射精(사정) 酒精(주정) 精勤賞(정근상) 精華(정화) 精潔(정결) 精氣(정기)
精讀(정독) 精力(정력) 精密(정밀) 精白(정백) 精兵(정병) 精算(정산)
精選(정선) 精誠(정성) 精細(정세) 精神(정신) 精液(정액) 精油(정유)
精子(정자) 精製(정제) 精進(정진) 精通(정통)

整

4급
가지런할 정:
攵 | 12획

동 齊(가지런할 제)

글자 풀이
땔감을 꼭 매고(束) 그것을 탕탕 두드려(攵) 깔끔히 정리하는(正) 것에서 갖추다, 정리하다(整)는 의미이다.

읽기 한자

整齊(정제) 補整(보정)

쓰기 한자

整列(정렬) 整理(정리) 整備(정비) 整地(정지) 調整(조정)
整形手術(정형수술)

<table>
<tr><td>

靜
 고요할 정
 青 | 8획
 4급
동 寂(고요할 적)
 肅(엄숙할 숙)
 반 動(움직일 동)
 약 静

</td><td>

글자 풀이

다툼(爭)이 끝난 뒤는 정원의 우물처럼 깨끗해지(靑)는 것에서 조용하다, 고요하다(靜)는 의미이다.

읽기한자

靜寂(정적) 靜坐(정좌) 鎭靜(진정)

쓰기한자

靜觀(정관) 靜脈(정맥) 靜物(정물) 靜肅(정숙) 靜養(정양) 靜的(정적)
 動靜(동정) 安靜(안정) 平靜(평정) 靜電氣(정전기) 靜中動(정중동)

</td></tr>
</table>

<table>
<tr><td>

弟
 아우 제:
 弓 | 4획
 8급
비 第(차례 제)
 반 兄(형 형)

</td><td>

글자 풀이

끈을 위에서 밑으로 빙빙 감듯이 차례차례 태어나는 남동생(弟)을 의미한다.

읽기한자

妻弟(처제)

쓰기한자

弟子(제자) 師弟(사제) 首弟子(수제자) 子弟(자제) 兄弟(형제)
 難兄難弟(난형난제) 呼兄呼弟(호형호제)

</td></tr>
</table>

<table>
<tr><td>

制
 절제할 제:
 刀 | 6획
 4급 II
비 製(지을 제)

</td><td>

글자 풀이

툭 튀어나온 나뭇가지와 나무 줄기(未)를 칼(刀)로써 끊어 정리하는 것에서 절단하다, 제압하다(制)는 의미이다.

읽기한자

制御(제어) 制裁(제재) 抑制(억제) 內閣制(내각제)

쓰기한자

制憲(제헌) 專制(전제) 先制攻擊(선제공격) 制動(제동) 制服(제복) 制書(제서)
 制壓(제압) 制約(제약) 制定(제정) 制止(제지) 制限(제한) 强制(강제) 官制(관제)
 規制(규제) 自制(자제) 節制(절제) 統制(통제) 制度(제도) 法制(법제) 稅制(세제)
 體制(체제) 學制(학제) 制空權(제공권) 許可制(허가제)

</td></tr>
</table>

<table>
<tr><td>

帝
 임금 제:
 巾 | 6획
 4급
동 王(임금 왕)
 君(임금 군)
 皇(임금 황)
 반 民(백성 민)
 臣(신하 신)

</td><td>

글자 풀이

왕이 면류관을 쓰고 곤룡포를 입고 띠를 맨 모양을 본떴다.

읽기한자

皇帝(황제) 帝釋(제석)

쓰기한자

帝國主義(제국주의) 帝王(제왕) 帝政(제정) 反帝(반제) 日帝(일제)
 天帝(천제)

</td></tr>
</table>

자

除 4급 II
덜 제
阝 | 7획

- 비 徐(천천할 서)
- 동 減(덜 감)
  削(깎을 삭)
- 반 添(더할 첨)
  加(더할 가)

글자 풀이

절벽(阝)이 생길 정도로 많이 있는 흙이 걸리적거려(余) 치워버리는 것에서 버리다, 제거하다(除)는 의미이다.

읽기 한자

除幕(제막) 排除(배제) 免除(면제) 削除(삭제)

쓰기 한자

除籍(제적) 除去(제거) 除隊(제대) 除毒(제독) 除名(제명) 除番(제번)
除法(제법) 除雪(제설) 除授(제수) 除夜(제야) 除外(제외) 防除(방제)
掃除(소제) 切除(절제) 解除(해제)

第 6급 II
차례 제:
竹 | 5획

- 비 弟(아우 제)
- 동 序(차례 서)
  秩(차례 질)

글자 풀이

대나무(竹)에 풀줄기가 말아 올라간 형태(弟)에서 사물의 순서(第)를 나타내는 의미이다.

읽기 한자

謁聖及第(알성급제) 及第(급제)

쓰기 한자

本第入納(본제입납) 第一(제일) 第舍(제사) 第宅(제택) 落第(낙제)
等第(등제) 鄕第(향제) 第三者(제삼자) 第五列(제오열)

祭 4급 II
제사 제:
示 | 6획

- 비 察(살필 찰)
- 동 祀(제사 사)

글자 풀이

제단(示)에 짐승고기(月)를 올려서(又) 제사지내는 것에서 제사, 축제(祭)를 의미한다.

읽기 한자

祭享(제향) 忌祭(기제) 祭祀(제사) 祭需(제수) 冠婚喪祭(관혼상제)
祈雨祭(기우제) 司祭(사제) 慰靈祭(위령제)

쓰기 한자

祭酒(제주) 祭天儀式(제천의식) 祭官(제관) 祭器(제기) 祭壇(제단)
祭禮(제례) 祭文(제문) 祭物(제물) 祭服(제복) 祭典(제전) 祭主(제주)
時祭(시제) 祝祭(축제)

堤 3급
둑 제
土 | 9획

- 비 提(끌 제)
  題(제목 제)

글자 풀이

흙(土)과 돌을 옳게(是) 쌓아서 둑(堤)을 만든다는 의미이다.

읽기 한자

堤防(제방) 防潮堤(방조제) 防波堤(방파제)

提

4급 II

끌 제

手 | 9획

- 비 堤(둑 제)
- 동 引(끌 인)
  牽(끌 견)

글자 풀이

물건을 손(扌)으로 바르게(是) 끌고(提) 가야 한다는 의미이다.

읽기한자

提携(제휴) 提供(제공) 提訴(제소)

쓰기한자

提高(제고) 提起(제기) 提督(제독) 提示(제시) 提案(제안) 提言(제언)
提議(제의) 提請(제청) 提出(제출) 前提(전제) 提燈行列(제등행렬)

齊

3급 II

가지런할 제

齊 | 0획

- 비 濟(건널 제)
- 동 整(가지런할 정)
- 약 斉

글자 풀이

곡물의 이삭이 가지런하게 자라난 모양을 본뜬 글자로, '가지런하다' 는 뜻이다.

읽기한자

齊家(제가) 齊唱(제창) 整齊(정제) 一齊射擊(일제사격)

製

4급 II

지을 제:

衣 | 8획

- 비 制(절제할 제)
- 동 作(지을 작)
  造(지을 조)

글자 풀이

옷(衣)을 만들기 위해 옷감을 재단하는(制) 것에서 옷을 만들다, 물건을 만들다(製)는 의미이다.

읽기한자

製鍊(제련) 製鋼(제강) 製糖(제당)

쓰기한자

製粉(제분) 製絲(제사) 複製(복제) 私製(사제) 製圖(제도) 製本(제본)
製氷(제빙) 製藥(제약) 製作(제작) 製材(제재) 製造(제조) 製紙(제지)
製鐵(제철) 製品(제품) 木製(목제) 美製(미제)

際

4급 II

즈음/가(邊) 제:

阝 | 11획

- 비 祭(제사 제)
- 동 交(사귈 교)

글자 풀이

언덕(阝)에서 제사(祭)를 지내면서 많은 사람을 사귄다(際)는 의미이다.

읽기한자

際涯(제애) 此際(차제)

쓰기한자

際遇(제우) 際會(제회) 交際(교제) 國際(국제) 實際(실제)

諸 3급 Ⅱ
모두 **제**
言 | 9획

- ⊞ 緒(실마리 서)
- 동 皆(다 개)
  咸(다 함)

글자 풀이

말씀(言)을 모으는(者) 데서, '모두'의 뜻이다. 또 어조사로 쓰인다.

읽기한자

諸侯(제후) 諸國(제국) 諸君(제군) 諸氏(제씨) 諸員(제원) 諸位(제위)
諸賢(제현) 諸子百家(제자백가) 諸般節次(제반절차)

濟 4급 Ⅱ
건널 **제:**
水 | 14획

- ⊞ 齊(가지런할 제)
- 동 渡(건널 도)
- 약 済

글자 풀이

논에 대는 물(水)을 조절하(齊)는 것에서 도움주다(濟)는 의미이다.

읽기한자

弘濟(홍제) 辨濟(변제)

쓰기한자

共濟組合(공제조합) 濟度(제도) 濟美(제미) 濟民(제민) 濟世(제세)
決濟(결제) 經濟(경제) 救濟(구제) 濟濟多士(제제다사)
經世濟民(경세제민)

題 6급 Ⅱ
제목 **제**
頁 | 9획

- ⊞ 類(무리 류)

글자 풀이

옛날 머리털을 깎아 이마(頁)가 훤하게(是) 한 후 문신을 한 사례에서
이마가 앞을 나타내다, 제목 등의 의미가 되었다.

읽기한자

賦題(부제)

쓰기한자

題額(제액) 豫題(예제) 題名(제명) 題目(제목) 題書(제서) 題詩(제시) 題言(제언)
題字(제자) 題品(제품) 題號(제호) 題畫(제화) 改題(개제) 課題(과제) 難題(난제)
論題(논제) 命題(명제) 無題(무제) 問題(문제) 小題(소제) 宿題(숙제) 演題(연제)
例題(예제) 原題(원제) 議題(의제) 主題(주제)

弔 3급
조상할 **조:**
弓 | 1획

- ⊞ 弓(활 궁)
  弟(아우 제)
- 동 喪(잃을 상)
- 반 慶(경사 경)

글자 풀이

옛날 사람들은 조상집에 활(弓)과 칼(丨)을 가지고 가서
조상하였다(弔)는 의미이다.

읽기한자

弔客(조객) 弔哭(조곡) 弔橋(조교) 弔旗(조기) 弔文(조문) 弔問(조문)
弔辭(조사) 弔詞(조사) 弔喪(조상) 弔慰金(조위금) 弔意(조의) 弔電(조전)
慶弔事(경조사) 謹弔(근조)

早

4급 Ⅱ

이를 **조:**

日 | 2획

- 비 旱(가물 한)
- 동 旦(아침 단)
  曉(새벽 효)
  晨(새벽 신)
- 반 晩(늦을 만)
  夕(저녁 석)

글자 풀이

풀(十) 위로 얼굴을 내민 일출(日)의 형태로 아침은 빠르다는 것에서 일찍, 빠르다(早)는 의미이다.

읽기 한자

早熟(조숙) 早朝割引(조조할인) 時機尙早(시기상조) 早漏(조루)
早晩間(조만간)

쓰기 한자

早婚(조혼) 早期(조기) 早老(조로) 早産(조산) 早速(조속) 早退(조퇴)
早失父母(조실부모)

兆

3급 Ⅱ

억조 **조**

儿 | 4획

- 비 非(아닐 비)
  北(북녘 북)
  比(견줄 비)

글자 풀이

거북의 등을 태워서 점을 칠 때 나타나는 무늬의 모양을 본떴다.

읽기 한자

兆民(조민) 兆域(조역) 兆占(조점) 吉兆(길조) 前兆(전조) 徵兆(징조)
凶兆(흉조) 億兆蒼生(억조창생)

助

4급 Ⅱ

도울 **조:**

力 | 5획

- 동 扶(도울 부)
  補(기울 보)
  援(도울 원)
  佐(도울 좌)

글자 풀이

사람의 힘(力)이 부족했을 때 옆에서 힘을 보내 다시하는(且) 것에서 돕다(助)는 의미이다.

읽기 한자

傍助(방조) 助詞(조사) 助役(조역) 扶助(부조) 贊助(찬조) 助動詞(조동사)
相扶相助(상부상조) 補助(보조)

쓰기 한자

援助(원조) 助敎(조교) 助力(조력) 助産(조산) 助手(조수) 助言(조언)
助演(조연) 助長(조장) 救助(구조) 內助(내조) 協助(협조)

造

4급 Ⅱ

지을 **조:**

辶 | 7획

- 비 浩(넓을 호)
- 동 作(지을 작)
  著(지을 저)
  製(지을 제)

글자 풀이

주문받은 물품이 다 되었음을 알리러(告) 가는(辶) 것에서 제조하다, 만들다(造)는 의미이다.

읽기 한자

造幣公社(조폐공사) 被造物(피조물) 僞造(위조)

쓰기 한자

構造(구조) 模造(모조) 造景(조경) 造林(조림) 造船(조선) 造成(조성)
造語(조어) 造作(조작) 造形(조형) 造化(조화) 造花(조화) 改造(개조)
建造(건조) 急造(급조) 變造(변조) 石造(석조) 製造(제조) 創造(창조)
築造(축조) 造物主(조물주)

祖 — 7급
할아비 조
示 | 5획

- 비 租(조세 조)
  組(짤 조)
- 반 孫(손자 손)

글자 풀이
이미(且) 이 세상에 없는 몇 대 이전의 선조를 제사(示)하는 것에서 선조, 조상(祖)을 의미한다.

쓰기 한자
祖國(조국) 祖母(조모) 祖父(조부) 祖上(조상) 祖宗(조종) 開祖(개조)
鼻祖(비조) 先祖(선조) 始祖(시조) 遠祖(원조) 高祖父(고조부)

租 — 3급 Ⅱ
조세 조
禾 | 5획

- 비 祖(할아비 조)
  組(짤 조)
- 동 稅(세금 세)

글자 풀이
벼(禾)를 거두어 쌓아 놓은(且) 것의 일부를 조세(租)로 바친다는 의미이다.

읽기 한자
租稅(조세) 租界(조계) 租借(조차)

鳥 — 4급 Ⅱ
새 조
鳥 | 0획

- 비 烏(까마귀 오)
- 동 乙(새 을)
  禽(새 금)

글자 풀이
꼬리가 긴 새의 모양을 본떴다.

읽기 한자
鳥獸(조수) 鳥足之血(조족지혈)

쓰기 한자
候鳥(후조) 鳥類(조류) 吉鳥(길조) 白鳥(백조) 不死鳥(불사조)
七面鳥(칠면조) 一石二鳥(일석이조)

條 — 4급
가지 조
木 | 7획

- 비 修(닦을 수)
- 동 枝(가지 지)
- 약 条

글자 풀이
바람에 몸을 맡기고 유연하게(攸) 뻗어있는 나뭇가지(木)에서, '가지'의 뜻이다. 또, 가지의 뻗어나가는 것이 질서가 있다는 데서, '조리'의 뜻으로도 쓰인다.

읽기 한자
逐條審議(축조심의) 條項(조항) 枝條(지조)

쓰기 한자
條件(조건) 條理(조리) 條目(조목) 條文(조문) 條約(조약) 敎條(교조)
信條(신조) 無條件(무조건) 不條理(부조리) 金科玉條(금과옥조)

	4급
組 짤 조	
糸 | 5획	

비 租(조세 조)
祖(할아비 조)
동 紡(길쌈 방)
績(길쌈 적)
織(짤 직)

글자 풀이

실(糸)을 겹치고 또(且) 겹쳐서 짠 끈으로 짜다(組)는 의미이다.

읽기한자

組閣(조각) 組版(조판)

쓰기한자

組立(조립) 組成(조성) 組長(조장) 組織(조직) 組合(조합)
水利組合(수리조합)

	6급
朝 아침 조	
月 | 8획	

비 潮(조수 조)
반 夕(저녁 석)
暮(저물 모)

글자 풀이

풀 사이에서 아침 해가 나왔(卓)으므로 주위가 밝아져 왔지만 아직
달(月)이 완전히 지지 못하고 달그림자가 보이고 있는 모습에서 아침,
새벽(朝)을 의미한다.

읽기한자

朝令暮改(조령모개) 朝三暮四(조삼모사) 朝貢(조공) 朝廷(조정)
朝刊新聞(조간신문) 朝飯(조반) 早朝割引(조조할인)

쓰기한자

朝禮(조례) 朝服(조복) 朝夕(조석) 朝鮮(조선) 朝臣(조신) 朝野(조야)
朝見(조현) 朝會(조회) 王朝(왕조) 朝變夕改(조변석개)

	3급Ⅱ
照 비칠 조:	
火 | 9획	

비 昭(맑을 소)
동 映(비칠 영)

글자 풀이

낮에는 해(日)를 부르고(召) 밤에는 불(火)을 밝혀 비춘다(照)는 의미이다.

읽기한자

照度(조도) 照明(조명) 照準(조준) 落照(낙조) 探照(탐조) 照會(조회)
觀照(관조) 對照(대조) 參照(참조)

	4급
潮 조수/밀물 조	
水 | 12획	

비 朝(아침 조)

글자 풀이

바닷물(水)이 아침(朝) 저녁으로 들어갔다 나갔다 하여 조수(潮)를
의미한다.

읽기한자

防潮堤(방조제)

쓰기한자

潮流(조류) 潮水(조수) 干潮(간조) 高潮(고조) 滿潮(만조) 思潮(사조)
逆潮(역조) 赤潮(적조) 初潮(초조) 退潮(퇴조) 風潮(풍조) 紅潮(홍조)
潮力發電(조력발전)

調 5급Ⅱ

고를 **조**
言 | 8획

비 謂(이를 위)
동 均(고를 균)

<글자 풀이>
말(言)이나 행동이 전체에 두루(周) 전해지도록 하는 것에서 조정하다(調)는 의미이다.

<읽기 한자>
弄調(농조) 哀調(애조)

<쓰기 한자>
調整(조정) 亂調(난조) 散調(산조) 調達(조달) 調練(조련) 調理(조리)
調査(조사) 調書(조서) 調律(조율) 調印(조인) 調節(조절) 調停(조정)
調和(조화) 強調(강조) 格調(격조) 高調(고조) 曲調(곡조) 基調(기조)
論調(논조) 單調(단조) 短調(단조) 同調(동조) 步調(보조) 色調(색조)
順調(순조)

操 5급

잡을 **조(:)**
手 | 13획

비 燥(마를 조)
동 拘(잡을 구)
　捉(잡을 착)
　捕(잡을 포)

<글자 풀이>
새가 나무 위에 둥지(品)를 틀 듯 손(扌)을 생각대로 움직인다, 조정하다, 잡다(操)는 의미이다.

<읽기 한자>
操鍊(조련) 操縱(조종)

<쓰기 한자>
操身(조신) 操心(조심) 操業(조업) 操作(조작) 操筆(조필) 操行(조행)
情操(정조) 志操(지조) 體操(체조)

燥 3급

마를 **조**
火 | 13획

비 操(잡을 조)
동 乾(마를 건)
　渴(목마를 갈)
반 濕(젖을 습)

<글자 풀이>
나무(木)가 불(火)기운을 받아 소리를 내며(品) 눈는 데서, '마르다'는 뜻이다.

<읽기 한자>
燥渴症(조갈증) 乾燥(건조)

足 7급Ⅱ

발 **족**
足 | 0획

비 定(정할 정)
동 豊(풍년 풍)
　洽(흡족할 흡)
반 手(손 수)

<글자 풀이>
발전체의 모양을 본떴다.

<읽기 한자>
足跡(족적) 蛇足(사족) 鳥足之血(조족지혈)

<쓰기 한자>
滿足(만족) 發足(발족) 不足(부족) 四足(사족) 手足(수족) 失足(실족)
自足(자족) 長足(장족) 充足(충족) 豊足(풍족) 過不足(과부족)
禁足令(금족령) 力不足(역부족) 定足數(정족수) 太不足(태부족)
自給自足(자급자족)

族

6급

겨레 **족**

方 | 7획

비 旅(나그네 려)
旋(돌 선)
施(베풀 시)

글자 풀이

펄럭이(㫃)는 깃발(方)아래 화살(矢)을 모아놓은 모습에서 동료, 집안, 겨레(族)를 의미한다.

읽기 한자

滅族(멸족) 妻族(처족) 豪族(호족) 皇族(황족) 族譜(족보)

쓰기 한자

族屬(족속) 氏族(씨족) 遺族(유족) 核家族(핵가족) 族長(족장) 家族(가족)
貴族(귀족) 同族(동족) 民族(민족) 部族(부족) 水族(수족) 魚族(어족)
宗族(종족) 種族(종족) 親族(친족) 血族(혈족) 擧族的(거족적)
大家族(대가족) 配達民族(배달민족)

存

4급

있을 **존**

子 | 3획

동 在(있을 재)
有(있을 유)
반 無(없을 무)

글자 풀이

흙 속에 남아있는 뿌리(丈)는 머지않아 아이(子)가 자라듯이 싹을 틔운다. 그래서 지금은 보이지 않아도 있다, 남아있다(存) 등의 의미이다.

읽기 한자

尙存(상존) 存廢(존폐) 賦存(부존)

쓰기 한자

存立(존립) 存亡(존망) 存間(존문) 存續(존속) 存在(존재) 共存(공존)
保存(보존) 常存(상존) 生存(생존) 實存(실존) 依存(의존) 殘存(잔존)
適者生存(적자생존) 現存(현존)

尊

4급Ⅱ

높을 **존**

寸 | 9획

비 遵(좇을 준)
동 崇(높을 숭)
高(높을 고)
반 卑(낮을 비)

글자 풀이

축제 때에 신령에게 바치는(寸) 술(酋)에 연유하여 존엄하다, 중요하다(尊)는 의미이다.

읽기 한자

唯我獨尊(유아독존) 男尊女卑(남존여비)

쓰기 한자

尊屬(존속) 尊嚴(존엄) 尊稱(존칭) 直系尊屬(직계존속) 尊敬(존경)
尊貴(존귀) 尊重(존중) 尊兄(존형) 自尊心(자존심)

卒

5급Ⅱ

마칠 **졸**

十 | 6획

동 兵(병사 병)
士(선비 사)
終(마칠 종)
罷(마칠 파)
반 將(장수 장)
帥(장수 수)
약 卆

글자 풀이

똑같은 옷(衣)을 입은 열(十) 명의 군사(卒)라는 의미이다.

읽기 한자

卒哭(졸곡) 倉卒間(창졸간)

쓰기 한자

卒徒(졸도) 卒業(졸업) 卒然(졸연) 高卒(고졸) 國卒(국졸) 大卒(대졸)
中卒(중졸)

자

拙 3급
졸할 **졸**
手 | 5획

- 동 劣(못할 렬)
- 반 優(넉넉할 우)
  秀(뛰어날 수)

글자 풀이

손(扌)으로 만들어 낸(出) 작품이 실물보다 못하다(拙)는 의미이다.

읽기한자

拙稿(졸고) 拙劣(졸렬) 拙速(졸속) 拙作(졸작) 拙著(졸저) 拙筆(졸필)
稚拙(치졸) 拙丈夫(졸장부) 大巧如拙(대교여졸)

宗 4급Ⅱ
마루 **종**
宀 | 5획

- 비 完(완전할 완)
- 동 廟(사당 묘)

글자 풀이

조상(示)을 기리는 사당(宀)의 형태에서 신의 가르침, 종가(宗)를
의미한다.

읽기한자

宗廟(종묘)

쓰기한자

宗氏(종씨) 宗派(종파) 儒宗(유종) 宗家(종가) 宗敎(종교) 宗團(종단)
宗孫(종손) 宗族(종족) 宗親(종친) 改宗(개종) 祖宗(조종) 宗主國(종주국)

從 4급
좇을 **종(:)**
彳 | 8획

- 비 徒(무리 도)
- 동 遵(좇을 준)
  追(쫓을 추)
- 약 从, 従

글자 풀이

앞사람(人)에 뒷사람(人)이 붙어 따르듯이(彳) 걷는(步) 것에서 따르다,
따라가다(從)는 의미이다.

읽기한자

面從腹背(면종복배) 三從之道(삼종지도) 侍從(시종) 追從(추종)

쓰기한자

從軍(종군) 從來(종래) 從事(종사) 從屬(종속) 從前(종전) 服從(복종)
相從(상종) 順從(순종) 再從(재종) 主從(주종) 從業員(종업원)
從兄弟(종형제) 白衣從軍(백의종군) 女必從夫(여필종부)
類類相從(유유상종)

終 5급
마칠 **종**
糸 | 5획

- 비 納(들일 납)
- 동 末(끝 말)
  端(끝 단)
  了(마칠 료)
- 반 始(비로소 시)
  初(처음 초)

글자 풀이

실(糸)을 짜는 일은 겨울(冬)이 되기 전에 끝마쳐(終) 종결짓는다는
의미이다.

읽기한자

終了(종료) 終焉(종언) 終乃(종내) 終刊(종간) 終幕(종막) 臨終(임종)
終着驛(종착역) 終盤(종반)

쓰기한자

終點(종점) 終映(종영) 終講(종강) 終結(종결) 終局(종국) 終禮(종례)
終末(종말) 終始(종시) 終無消息(종무소식) 終身(종신) 終日(종일)
終戰(종전) 終止(종지) 始終(시종) 有終(유종) 最終(최종)
自初至終(자초지종)

種

5급 Ⅱ

씨 종(:)

禾 | 9획

비 鍾(쇠북 종)

글자 풀이

거둔 벼(禾) 중에서 다음 해에 뿌릴 종자로서 무겁고(重) 실한 것을
쓴다는 것에서 종자, 씨(種)를 의미한다.

읽기 한자

種豚(종돈) 播種(파종)

쓰기 한자

甲種(갑종) 雜種(잡종) 種藝(종예) 種子(종자) 種族(종족) 種類(종류)
種別(종별) 種目(종목) 各種(각종) 變種(변종) 別種(별종) 純種(순종)
新種(신종) 惡種(악종) 業種(업종) 人種(인종) 接種(접종) 職種(직종)
車種(차종) 土種(토종) 特種(특종) 品種(품종) 改良種(개량종)

縱

3급 Ⅱ

세로 종

糸 | 11획

반 橫(가로 횡)
약 縦

글자 풀이

실(糸)이 앞의 실을 따라(從) 길게 아래로 늘어진다는 데서 세로(縱)를
의미한다.

읽기 한자

縱斷(종단) 縱隊(종대) 縱的(종적) 縱走(종주) 放縱(방종) 操縱(조종)
縱橫無盡(종횡무진)

鍾

4급

쇠북 종

金 | 9획

비 種(씨 종)

글자 풀이

본디 금속제(金)의 무거운(重) 그릇으로 '술병, 술그릇'을 나타냈으나,
鐘과 함께 '쇠북 종'의 뜻으로 주로 쓰이며, 술그릇에서 옮겨온 뜻인
'종지(작은 그릇)'의 뜻으로도 많이 쓰인다.

읽기 한자

鍾閣(종각) 鍾樓(종루)

쓰기 한자

鍾路(종로) 警鍾(경종) 打鍾(타종) 藥鍾(약종) 玉鍾(옥종) 鍾乳石(종유석)
招人鍾(초인종) 自鳴鍾(자명종)

左

7급 Ⅱ

왼 좌:

工 | 2획

비 在(있을 재)
반 右(오른 우)

글자 풀이

무언가를 만들 때 가늠자 등을 들고 오른 손을 돕는 손의 형태에서
왼쪽(左)을 의미한다.

읽기 한자

左翼手(좌익수) 左之右之(좌지우지) 左側(좌측) 左衝右突(좌충우돌)
左遷(좌천)

쓰기 한자

左傾(좌경) 左派(좌파) 證左(증좌) 左靑龍(좌청룡) 左記(좌기) 左邊(좌변)
左手(좌수) 左右(좌우) 左心房(좌심방) 右往左往(우왕좌왕)

坐

3급 II

앉을 **좌:**

土 | 4획

반 立(설 립)

글자 풀이

두 사람(人人)이 흙(土) 위에 마주 앉는다(坐)는 의미이다.

읽기한자

坐臥(좌와) 坐像(좌상) 坐視(좌시) 坐藥(좌약) 坐罪(좌죄) 坐板(좌판)
對坐(대좌) 連坐(연좌) 正坐(정좌) 靜坐(정좌) 坐禪(좌선)

佐

3급

도울 **좌:**

人 | 5획

비 件(물건 건)
동 補(기울 보)
　 助(도울 조)
　 扶(도울 부)
　 援(도울 원)

글자 풀이

사람(人)의 왼손(左) 노릇을 하여 준다는 데서, '돕다'는 뜻이다.

읽기한자

補佐(보좌) 保佐(보좌) 上佐(상좌)

座

4급

자리 **좌:**

广 | 7획

동 席(자리 석)

글자 풀이

사람이 집안(广)에 앉아(坐) 있는 곳으로 자리(座)를 의미한다.

읽기한자

座右銘(좌우명)

쓰기한자

座談(좌담) 座上(좌상) 座席(좌석) 座中(좌중) 星座(성좌) 座標(좌표)
講座(강좌) 計座(계좌) 口座(구좌) 權座(권좌) 上座(상좌)
當座手票(당좌수표)

罪

5급

허물 **죄:**

网 | 8획

동 過(지날 과)

글자 풀이

인간의 도리를 져버린 나쁜(非) 짓을 해서 세상에 갈려있는 법률
망(罒)에 걸려든 사람에 연유해서 죄, 죄인(罪)을 의미한다.

읽기한자

罪囚(죄수) 雙罰罪(쌍벌죄) 免罪符(면죄부)

쓰기한자

犯罪(범죄) 輕犯罪(경범죄) 罪科(죄과) 罪過(죄과) 罪名(죄명) 罪目(죄목)
罪狀(죄상) 罪惡(죄악) 罪人(죄인) 罪質(죄질) 論罪(논죄) 斷罪(단죄)
大罪(대죄) 無罪(무죄) 謝罪(사죄) 餘罪(여죄) 原罪(원죄) 有罪(유죄)
重罪(중죄)

主

7급
임금/주인 **주**
丶 | 4획

동 王(임금 왕)
반 賓(손 빈)
　 客(손 객)

글자 풀이

조용히 움직이지 않고 타오르는 등잔을 본 뜬 것으로 주위를 밝게 하고 중심이 되는 사람을 빗대어 주인, 중심(主)을 의미한다.

읽기 한자

抱主(포주) 主幹(주간) 主謀者(주모자) 主峯(주봉) 荷主(하주)

쓰기 한자

主管(주관) 主犯(주범) 主張(주장) 主從(주종) 君主(군주) 主格(주격)
主觀(주관) 主導(주도) 主動(주동) 主力(주력) 主流(주류) 主婦(주부)
主上(주상) 主要(주요) 主義(주의) 主人(주인) 主將(주장)

朱

4급
붉을 **주**
木 | 2획

비 未(아닐 미)
동 丹(붉을 단)
　 赤(붉을 적)
　 紅(붉을 홍)

글자 풀이

소(牛)를 칼로 나누면(八) 붉은(朱) 피가 나온다는 의미이다.

읽기 한자

紫朱(자주) 朱墨(주묵)

쓰기 한자

朱木(주목) 朱門(주문) 朱書(주서) 朱紅(주홍) 朱黃(주황) 印朱(인주)

舟

3급
배 **주**
舟 | 0획

비 丹(붉을 단)
동 船(배 선)
　 航(배 항)

글자 풀이

작은 배(舟)의 모양을 본떴다.

읽기 한자

舟車(주거) 舟師(주사) 刻舟求劍(각주구검) 一葉片舟(일엽편주)

州

5급 Ⅱ
고을 **주**
巛 | 3획

비 川(내 천)
동 郡(고을 군)
　 邑(고을 읍)
　 洞(골 동)

글자 풀이

하천 안에 흙과 모래가 쌓여 섬이 만들어지는 모습에서 토지, 섬, 대륙(州)을 의미한다.

읽기 한자

州縣(주현) 州吏(주리)

쓰기 한자

州郡(주군)

자

走 4급 Ⅱ
달릴 주
走 | 0획

비 赤(붉을 적)
동 奔(달릴 분)

글자 풀이

팔을 사방(十)으로 휘저으며 발(止)을 재빠르게 놀리는 데서, '달리다' 는 뜻이다.

읽기한자

走狗(주구) 奔走(분주) 疾走(질주) 東奔西走(동분서주) 縱走(종주)

쓰기한자

逃走(도주) 脫走(탈주) 走馬看山(주마간산) 走力(주력) 走査(주사)
走者(주자) 走行(주행) 競走(경주) 獨走(독주) 力走(역주) 敗走(패주)
走馬燈(주마등)

住 7급
살 주:
人 | 5획

비 往(갈 왕)
佳(아름다울 가)
동 居(살 거)

글자 풀이

사람(人)은 주인(主)의식을 갖고 산다(住)는 의미이다.

읽기한자

還住(환주) 住貫(주관)

쓰기한자

居住(거주) 住居地(주거지) 住民(주민) 住所(주소) 住宅(주택) 安住(안주)
移住(이주) 入住(입주) 永住權(영주권) 原住民(원주민) 衣食住(의식주)
現住所(현주소)

周 4급
두루 주
口 | 5획

비 週(주일 주)

글자 풀이

둘레(冂)를 보기 좋게(吉) 두른다(周)는 의미이다.

읽기한자

周到綿密(주도면밀) 周旋(주선)

쓰기한자

周年(주년) 周到(주도) 周密(주밀) 周邊(주변) 周易(주역)
周圍(주위) 周知(주지) 一周(일주) 周波數(주파수) 用意周到(용의주도)

宙 3급 Ⅱ
집 주:
宀 | 5획

비 笛(피리 적)
동 戶(집 호) 室(집 실)
堂(집 당) 屋(집 옥)
宅(집 택) 閣(집 각)
館(집 관) 宇(집 우)

글자 풀이

한 가족이 사는 집(宙)에서 뜻을 넓혀 모든 우주(宙)의 공간을 의미한다.

읽기한자

宇宙(우주) 宇宙船(우주선) 宇宙人(우주인)

注

6급 Ⅱ
부을 주:
水 | 5획

비 住(살 주)

글자 풀이

물(水)이 주(主)로 하는 일은 물대는(注) 일이란 의미이다.

읽기한자

脚注(각주)

쓰기한자

注射(주사) 傾注(경주) 注目(주목) 注文(주문) 注視(주시) 注油(주유)
注意(주의) 注入(주입) 受注(수주)

洲

3급 Ⅱ
물가 주
水 | 6획

비 州(고을 주)

글자 풀이

강이나 물(氵) 가운데 있는 고을(州)에서, '물가, 섬'을 뜻한다.
강의 섬은 洲, 바다의 섬은 島이다.

읽기한자

滿洲(만주) 美洲(미주) 三角洲(삼각주) 亞洲(아주) 六大洲(육대주)

柱

3급 Ⅱ
기둥 주
木 | 5획

비 桂(계수나무 계)

글자 풀이

집을 버티게 하는 주된(主) 역할을 하는 나무(木)이니 기둥(柱)을 의미한다.

읽기한자

柱石(주석) 四柱(사주) 電柱(전주) 支柱(지주)

酒

4급
술 주(:)
酉 | 3획

비 猶(오히려 유)

글자 풀이

단지(酉)에 담겨있는 술(氵)을 걸러 올린 것에서 술(酒)을 의미한다.

읽기한자

濁酒(탁주) 酒幕(주막) 酒邪(주사) 飯酒(반주) 麥酒(맥주) 燒酒(소주)

쓰기한자

酒客(주객) 酒道(주도) 酒量(주량) 酒類(주류) 酒母(주모) 酒席(주석)
酒稅(주세) 甘酒(감주) 禁酒(금주) 農酒(농주) 毒酒(독주) 密酒(밀주)
藥酒(약주) 洋酒(양주) 飮酒(음주) 祭酒(제주) 淸酒(청주) 暴酒(폭주)
合歡酒(합환주) 酒案床(주안상) 愛酒家(애주가) 勸酒歌(권주가)
酒色雜技(주색잡기) 斗酒不辭(두주불사)

株

3급 II

그루 **주**

木 | 6획

비 珠(구슬 주)

글자 풀이

나무(木)의 밑바탕을 이루는 붉은(朱) 뿌리를 의미한다.

읽기한자

株價(주가) 株券(주권) 株式(주식) 株主(주주) 株總(주총) 新株(신주)
優良株(우량주) 優先株(우선주) 有望株(유망주) 人氣株(인기주)
守株待兔(수주대토) 株價指數(주가지수) 株式會社(주식회사)
赤松一株(적송일주)

晝

6급

낮 **주**

日 | 7획

비 畫(그림 화)
동 午(낮 오)
반 夜(밤 야)
약 昼

글자 풀이

해가 뜨고(旦) 학교에 가니 글(書) 공부를 하는 낮(晝)을 의미한다.

읽기한자

晝耕夜讀(주경야독)

쓰기한자

晝間(주간) 晝夜(주야) 白晝(백주)

週

5급 II

주일 **주**

辶 | 8획

비 周(두루 주)

글자 풀이

모두에게 무언가를 두루(周) 알리기 위해 쭉 걸어도는(辶) 것에서
한바퀴 돌다, 한 주(週)를 의미한다.

읽기한자

週刊(주간)

쓰기한자

週間(주간) 週給(주급) 週期(주기) 週年(주년) 週末(주말) 週番(주번)
週報(주보) 週日(주일) 週初(주초) 今週(금주) 來週(내주) 每週(매주)

奏

3급 II

아뢸 **주(:)**

大 | 6획

비 秦(나라이름 진)
奉(받들 봉)

글자 풀이

윗사람 앞에 엎드려 아뢰는 모양, 음악을 연주하는 모양을 본뜬
것으로 아뢰다, 연주하다(奏)는 의미이다.

읽기한자

伴奏(반주) 奏曲(주곡) 奏達(주달) 奏文(주문) 奏聞(주문) 奏疏(주소)
奏樂(주악) 奏請(주청) 奏效(주효) 獨奏(독주) 讀奏(독주) 伏奏(복주)
面奏(면주) 變奏(변주) 上奏(상주) 演奏(연주) 二重奏(이중주) 前奏(전주)
進奏(진주) 吹奏(취주) 彈奏(탄주) 合奏(합주)

珠	3급 II
	구슬 주
	玉 | 6획

동 玉(구슬 옥)

글자 풀이

붉고 고운(朱) 구슬(玉)로 진주(珠)를 의미한다.

읽기 한자

淚珠(누주) 珠閣(주각) 珠露(주로) 珠履(주리) 珠米(주미) 珠玉(주옥)
珠殿(주전) 珠汗(주한) 寶珠(보주) 念珠(염주) 珍珠(진주) 眞珠(진주)

鑄	3급 II
	쇠불릴 주
	金 | 14획

비 壽(목숨 수)
동 鍊(쇠불릴 련)
약 鋳

글자 풀이

오랜 시간(壽) 동안 쇠(金)를 다루어 물건을 만들어 내므로 쇠를 부어
물건을 만드는 것(鑄)을 의미한다.

읽기 한자

鑄工(주공) 鑄錢(주전) 鑄造(주조) 鑄鐵(주철)

竹	4급 II
	대 죽
	竹 | 0획

글자 풀이

대나무 잎의 모양을 본떴다.

읽기 한자

竹刀(죽도) 破竹之勢(파죽지세)

쓰기 한자

竹簡(죽간) 松竹(송죽) 爆竹 (폭죽) 竹林七賢(죽림칠현)
竹馬故友(죽마고우) 竹夫人(죽부인)

俊	3급
	준걸 준:
	人 | 7획

동 秀(빼어날 수)
　傑(뛰어날 걸)

글자 풀이

고개 숙이고(允) 오직 걷기만(夊) 하는 사람(亻)은 행동이 민첩하여 남보다
빼어난 데서, '준걸'을 뜻한다.

읽기 한자

俊傑(준걸) 俊德(준덕) 俊秀(준수) 俊嚴(준엄) 俊才(준재) 英俊(영준)

자

準

4급Ⅱ
준할 **준:**
水 | 10획

[동] 平(평평할 평)
[약] 准

글자 풀이

물(水) 표면에 파도가 조금 일어도 매(隹)처럼 재빠르게 평평하게(十) 하는 것에서 사물을 평정하는, 평정함의 정도(準)를 의미한다.

읽기 한자

隆準(융준) 照準(조준) 準租稅(준조세)

쓰기 한자

準據(준거) 標準(표준) 準優勝(준우승) 標準語(표준어) 準備(준비)
準用(준용) 準則(준칙) 基準(기준) 水準(수준) 準決勝(준결승) 平準(평준)

遵

3급
좇을 **준:**
辶 | 12획

[비] 尊(높을 존)
[동] 追(좇을 추)
從(좇을 종)

글자 풀이

존경하는(尊) 사람의 가르침대로 길을 간다(辶)는 데서 따라가다, 좇다(遵)는 의미이다.

읽기 한자

遵法(준법) 遵法精神(준법정신) 遵守(준수) 遵行(준행)

中

8급
가운데 **중**
丨 | 3획

[동] 央(가운데 앙)
[반] 邊(가 변)

글자 풀이

돌아가는 팽이의 중심축에 어느 쪽으로도 기울지 않고 한복판을 지키고 있는 것에서 가운데, 중심(中)을 의미한다.

읽기 한자

中庸(중용) 忌中(기중) 忙中閑(망중한) 五里霧中(오리무중) 中距離(중거리)
中途(중도) 中小企業(중소기업) 中旬(중순) 腦卒中(뇌졸중) 喪中(상중)
獄中(옥중) 中媒(중매) 中盤(중반) 中耳炎(중이염) 中湯(중탕) 胸中(흉중)

쓰기 한자

中堅(중견) 中繼(중계) 中間(중간) 中古(중고) 中國(중국) 中級(중급)

仲

3급Ⅱ
버금 **중:**
人 | 4획

[동] 次(버금 차)
亞(버금 아)
副(버금 부)
[반] 伯(맏 백)

글자 풀이

사람(人)이 어떤 일의 중간(中)에 서서 중개한다(仲)는 의미이다.

읽기 한자

仲介人(중개인) 仲媒(중매) 仲裁(중재) 仲秋節(중추절) 仲兄(중형)
伯仲之勢(백중지세)

重 7급

무거울 중:
里 | 2획

- 비 里(마을 리)
- 반 輕(가벼울 경)

글자 풀이

천(千) 리(里)를 걸으면 발이 무겁다(重)는 의미이다.

읽기 한자

重刊(중간) 重譯(중역) 重役(중역) 重版(중판) 莫重(막중) 慎重(신중)
重鎭(중진) 隱忍自重(은인자중) 重奏(중주) 偏重(편중) 荷重(하중)

쓰기 한자

重犯(중범) 重複(중복) 重傷(중상) 重點(중점) 重大(중대) 重量(중량)
重力(중력) 重罰(중벌) 重病(중병) 重稅(중세) 重修(중수) 重水(중수)
重視(중시) 重要(중요) 重用(중용) 重油(중유) 重任(중임) 重罪(중죄)

衆 4급 II

무리 중:
血 | 6획

- 비 寡(적을 과)
- 동 群(무리 군)
  類(무리 류)
  徒(무리 도)
  等(무리 등)
- 반 寡(적을 과)

글자 풀이

혈통(血)이 같은 돼지(豕)들이 한 무리(衆)를 이루고 산다는 의미이다.

읽기 한자

衆寡不敵(중과부적)

쓰기 한자

衆智(중지) 衆評(중평) 群衆(군중) 聽衆(청중) 衆論(중론) 衆生(중생)
公衆(공중) 觀衆(관중) 大衆(대중) 民衆(민중) 出衆(출중) 合衆國(합중국)
衆口難防(중구난방)

卽 3급 II

곧 즉
卩 | 7획

- 비 旣(이미 기)
- 약 即

글자 풀이

밥(食)을 보면 수저를 들어(卩) 곧(卽) 먹는다는 의미이다.

읽기 한자

卽刻(즉각) 卽決(즉결) 卽死(즉사) 卽席(즉석) 卽時(즉시) 卽位(즉위)
卽興的(즉흥적) 不卽不離(부즉불리) 一觸卽發(일촉즉발)

症 3급 II

증세 증(:)
疒 | 5획

- 비 疾(병 질)

글자 풀이

어떤 병(疒)인가를 바르게(正) 알아 낼 수 있는 병증세(症)를 의미한다.

읽기 한자

渴症(갈증) 健忘症(건망증) 症狀(증상) 症勢(증세) 痛症(통증)
症候群(증후군) 不感症(불감증) 不眠症(불면증) 食困症(식곤증)
疑妻症(의처증) 後遺症(후유증) 炎症(염증)

曾 3급Ⅱ

일찍 **증**

曰 | 8획

비 會(모일 회)
僧(중 승)
약 曽

증조부는 조부보다 일찍(曾) 태어났다는 의미이다.

읽기한자

曾經(증경) 曾孫(증손) 曾往(증왕) 曾祖父(증조부) 未曾有(미증유)

蒸 3급Ⅱ

찔 **증**

艹 | 10획

약 菸

글자 풀이
마른 풀(艹)과 땔감으로 솥에 재료를 넣고 불(灬)을 때는(烝) 데서,
'찌다'는 뜻이다.

읽기한자

蒸氣(증기) 蒸發(증발) 水蒸氣(수증기) 汗蒸(한증)

增 4급Ⅱ

더할 **증**

土 | 12획

비 僧(중 승)
동 加(더할 가)
반 減(덜 감)
削(깎을 삭)
除(덜 제)
약 増

글자 풀이
흙(土)이 많이 쌓여 늘어나는(曾) 것에서 늘다(增)는 의미이다.

읽기한자

增幅(증폭) 漸增(점증) 割增(할증) 增補(증보) 累增(누증)

쓰기한자

增額(증액) 增資(증자) 增加(증가) 增感(증감) 增強(증강) 增大(증대)
增産(증산) 增設(증설) 增員(증원) 增進(증진) 增築(증축) 增便(증편)
急增(급증)

憎 3급Ⅱ

미울 **증**

心 | 12획

비 增(더할 증)
僧(중 승)
동 惡(미워할 오)
반 愛(사랑 애)

글자 풀이
섭섭한 마음(心)이 거듭되어(曾) 미워한다(憎)는 의미이다.

읽기한자

憎惡(증오) 可憎(가증) 愛憎(애증)

證

4급

증거 **증**

言 | 12획

비 燈(등 등)
동 據(근거 거)
약 証

글자 풀이
여러 사람이 잘 보이는 단 위에 올라가(登) 사실대로 말하여(言)
증명한다(證)는 의미이다.

읽기한자

傍證(방증) 辨證(변증) 僞證(위증)

쓰기한자

證據(증거) 證券(증권) 證明(증명) 證書(증서) 證言(증언) 證人(증인) 證左(증좌)
證紙(증지) 證參(증참) 證驗(증험) 干證(간증) 檢證(검증) 考證(고증) 公證(공증)
物證(물증) 反證(반증) 保證(보증) 査證(사증) 實證(실증) 心證(심증) 認證(인증)
立證(입증) 確證(확증) 通行證(통행증) 領收證(영수증)

贈

3급

줄 **증**

貝 | 12획

동 授(줄 수)
呈(드릴 정)

글자 풀이
말로만 감사하다고 하는 것이 아니고 재물(貝)까지 거듭해서(會)
준다(贈)는 의미이다.

읽기한자

贈與(증여) 寄贈(기증) 追贈(추증)

자

之

3급Ⅱ

갈 **지**

丿 | 3획

동 往(갈 왕)
반 來(올 래)

글자 풀이
본디 땅을 딛고 서있는 발의 모양을 나타낸 글자로, '가다'는 뜻이다.
어조사로 많이 쓰인다.

읽기한자

旣往之事(기왕지사) 塞翁之馬(새옹지마) 搖之不動(요지부동)
自愧之心(자괴지심) 之東之西(지동지서) 結者解之(결자해지)
窮餘之策(궁여지책) 金蘭之交(금란지교) 莫逆之友(막역지우)
無用之物(무용지물) 無人之境(무인지경) 先見之明(선견지명)
愛之重之(애지중지) 漁夫之利(어부지리) 易地思之(역지사지)
烏合之卒(오합지졸) 已往之事(이왕지사) 人之常情(인지상정)
一言之下(일언지하) 一筆揮之(일필휘지) 自激之心(자격지심)
晚時之歎(만시지탄) 伯仲之勢(백중지세) 三遷之教(삼천지교)

止

5급

그칠 **지**

止 | 0획

동 停(머무를 정)

글자 풀이
발이 한걸음 앞에 나간 상태에서 딱 멈추었다(止)고 하는 것에서 멈추다,
멈추게 하다(止)는 의미이다.

읽기한자

止揚(지양) 抑止(억지) 廢止(폐지)

쓰기한자

靜止(정지) 閉止(폐지) 明鏡止水(명경지수) 止血(지혈) 禁止(금지)
防止(방지) 停止(정지) 制止(제지) 終止(종지) 解止(해지)
行動擧止(행동거지)

只

3급

다만 **지**

口 | 2획

[동] 但(다만 단)

입(口)에서 나온 말이 흩어져서(八) 다만, 단지(只) 여운이 남아 있을 뿐이라는 의미이다.

읽기 한자

但只(단지)

至

4급Ⅱ

이를 **지**

至 | 0획

[동] 到(이를 도)

글자 풀이

새가 땅에 내려앉은 모습을 본 떠 오다, 도착하다, 다다르다(至)는 의미이다.

읽기 한자

甚至於(심지어) 乃至(내지) 踏至(답지)

쓰기 한자

至嚴(지엄) 至極(지극) 至今(지금) 至難(지난) 至當(지당) 至大(지대)
至毒(지독) 至樂(지락) 至論(지론) 至上(지상) 至誠(지성) 至月(지월)
至日(지일) 至尊(지존) 至親(지친) 冬至(동지) 夏至(하지)
自初至終(자초지종)

枝

3급Ⅱ

가지 **지**

木 | 4획

[비] 技(재주 기)
[동] 條(가지 조)

글자 풀이

나무(木)의 가지(支)로 가지(枝)라는 의미이다.

읽기 한자

枝指(기지) 枝葉(지엽) 幹枝(간지) 金枝玉葉(금지옥엽)

池

3급Ⅱ

못 **지**

水 | 3획

[비] 地(따 지)
[동] 沼(못 소)
潭(못 담)
澤(못 택)

글자 풀이

물(氵)이 많이 고여 있으니(也) 못(池)을 의미한다.

읽기 한자

天池(천지) 乾電池(건전지) 水源池(수원지) 遊水池(유수지)
貯水池(저수지) 蓄電池(축전지) 酒池肉林(주지육림) 蓮池(연지)

4급Ⅱ
支 지탱할 지
支 | 0획

비 又(또 우)

글자 풀이

손(又)으로 열(十)가지 일을 버티어(支) 해낸다는 의미이다.

읽기 한자

支署(지서) 支柱(지주) 支離滅裂(지리멸렬)

쓰기 한자

支援(지원) 依支(의지) 支持(지지) 氣管支(기관지) 支局(지국) 支給(지급)
支流(지류) 支配(지배) 支部(지부) 度支(탁지) 支佛(지불) 支社(지사)
支院(지원) 支障(지장) 支店(지점) 收支(수지) 支出(지출) 十二支(십이지)
假支給金(가지급금)

7급
地 따 지
土 | 3획

비 池(못 지)
동 坤(따 곤)
반 天(하늘 천)
　乾(하늘 건)

글자 풀이

뱀은 논밭의 두렁처럼 구불구불 하다고 하여 지면(土)과 뱀(也)의
형태에서 흙, 땅(地)을 의미한다.

읽기 한자

地塊(지괴) 發祥地(발상지) 避暑地(피서지) 地獄(지옥) 葬地(장지)
耕作地(경작지) 轉地訓鍊(전지훈련) 地雷(지뢰) 地盤(지반)

쓰기 한자

地價(지가) 地境(지경) 地區(지구) 地球(지구) 地代(지대) 陸地(육지)
地帶(지대) 地圖(지도) 地力(지력) 地理(지리) 地利(지리) 地面(지면)
地目(지목) 地方(지방) 地番(지번) 客地(객지) 見地(견지) 境地(경지)
高地(고지) 共地(공지)

4급Ⅱ
志 뜻 지
心 | 3획

동 意(뜻 의)
　情(뜻 정)

글자 풀이

선비(士)의 마음(心) 속에는 깊은 뜻(志)이 있다는 의미이다.

읽기 한자

篤志家(독지가) 初志一貫(초지일관)

쓰기 한자

鬪志(투지) 志望(지망) 志士(지사) 志願(지원) 志操(지조) 志向(지향)
同志(동지) 意志(의지) 有志(유지) 立志(입지) 寸志(촌지) 三國志(삼국지)

5급Ⅱ
知 알 지
矢 | 3획

동 認(알 인)
　識(알 식)

글자 풀이

화살(矢)처럼 곧바로 날아가 맞추(口)는 것을 나타내는 글자로, 잘 알고
있다는 것에서 알다, 기억하다(知)는 의미이다.

읽기 한자

沒知覺(몰지각)

쓰기 한자

知覺(지각) 周知(주지) 探知(탐지) 知己(지기) 知能(지능) 知面(지면)
知名(지명) 知事(지사) 知性(지성) 知識(지식) 知人(지인) 知的(지적)
感知(감지) 告知(고지) 無知(무지) 未知(미지) 認知(인지) 親知(친지)
通知(통지) 道知事(도지사) 知行合一(지행합일) 不問可知(불문가지)
溫故知新(온고지신)

持	4급
	가질 지
	手 | 6획

비 待(기다릴 대)
特(특별할 특)
侍(모실 시)

글자 풀이

관청(寺)에서 보낸 공문서를 손(手)에 소중히 가지고(持) 있다는 의미이다.

읽기 한자

持久力(지구력) 持久戰(지구전) 維持(유지)

쓰기 한자

持論(지론) 持病(지병) 持參(지참) 堅持(견지) 所持(소지) 支持(지지)
持續性(지속성)

指	4급 II
	가리킬 지
	手 | 6획

비 脂(기름 지)

글자 풀이

맛(旨)있는 것을 집어서 먹는 손(手)의 모습에서 손가락(指)을 의미한다.

읽기 한자

指鹿爲馬(지록위마) 指摘(지적) 指呼之間(지호지간)

쓰기 한자

屈指(굴지) 指針(지침) 指彈(지탄) 指標(지표) 指稱(지칭) 指揮(지휘)
十二指腸(십이지장) 指壓(지압) 指章(지장) 斷指(단지) 長指(장지)
中指(중지) 指導(지도) 指令(지령) 指名(지명) 指目(지목) 指數(지수)
指示(지시) 指定(지정) 指向(지향) 指南鐵(지남철)

紙	7급
	종이 지
	糸 | 4획

비 納(들일 납)

글자 풀이

섬유질(糸)을 근원, 원료(氏)로 하여 종이(紙)를 생산한다는 의미이다.

읽기 한자

紙幣(지폐) 封紙(봉지) 壯版紙(장판지) 片紙(편지) 化粧紙(화장지)
紙筆墨(지필묵) 證紙(증지) 標紙(표지)

쓰기 한자

紙錢(지전) 更紙(갱지) 紙價(지가) 紙面(지면) 紙上(지상) 紙質(지질)
壁紙(벽지) 別紙(별지) 色紙(색지) 外紙(외지) 用紙(용지) 原紙(원지)
印紙(인지) 全紙(전지) 製紙(제지) 破紙(파지) 板紙(판지) 便紙(편지)
表紙(표지) 韓紙(한지) 休紙(휴지) 減光紙(감광지) 答案紙(답안지)

智	4급
	지혜/슬기 지
	日 | 8획

비 知(알 지)
동 慧(지혜 혜)

글자 풀이

해(日)와 같이 밝게 안다(知)는 데서 지혜, 슬기(智)를 의미한다.

읽기 한자

銳智(예지) 智謀(지모) 智慧(지혜)

쓰기 한자

智德體(지덕체) 智略(지략) 奇智(기지) 理智(이지) 衆智(중지)
仁義禮智信(인의예지신)

誌

4급
기록할 지
言 | 7획

비 詩(시 시)
　談(말씀 담)
동 記(기록할 기)
　錄(기록할 록)

글자 풀이

말(言)이나 뜻(志)을 적는다(誌)는 의미이다.

읽기한자

塔誌(탑지) 銘誌(명지)

쓰기한자

誌面(지면) 誌文(지문) 誌上(지상) 校誌(교지) 貴誌(귀지) 外誌(외지)
日誌(일지) 雜誌(잡지) 會誌(회지) 墓誌文(묘지문)

遲

3급
더딜/늦을 지
辶 | 12획

동 延(늘일 연)
　晚(늦을 만)
반 急(급할 급)
약 遅

글자 풀이

코뿔소(犀)가 천천히 걸어가니(辶) 더디다(遲)는 의미이다.

읽기한자

遲刻(지각) 遲延(지연) 遲進兒(지진아) 遲參(지참) 遲明(지명)
遲遲不進(지지부진)

直

7급 II
곧을 직
目 | 3획

비 眞(참 진)
동 貞(곧을 정)
반 屈(굽을 굴)
　曲(굽을 곡)

글자 풀이

숨어(ㄴ) 있어도 열(十) 사람의 눈(目)이 보고 있으면 나쁜 짓을 할 수
없다는 것에서 올바르다, 바로(直)를 의미한다.

읽기한자

直輸入(직수입) 直譯(직역) 剛直(강직) 率直(솔직) 愚直(우직) 直徑(직경)
硬直(경직)

쓰기한자

直覺(직각) 直系(직계) 直屬(직속) 直營(직영) 直腸(직장) 直派(직파)
直角(직각) 直感(직감) 直結(직결) 直觀(직관) 直球(직구) 直流(직류)
直賣(직매) 直面(직면) 直線(직선) 直視(직시) 直言(직언) 直前(직전)
直接(직접) 直進(직진) 直通(직통) 直後(직후) 曲直(곡직) 堂直(당직)

職

4급 II
직분 직
耳 | 12획

비 識(알 식)
　織(짤 직)
동 官(벼슬 관)

글자 풀이

귀(耳)로 듣는 말소리(音)를 창(戈)이나 칼로 새기는 직업(職)을 맡는다는
의미이다.

읽기한자

殉職(순직) 微官末職(미관말직) 補職(보직) 兼職(겸직) 免職(면직)
削奪官職(삭탈관직)

쓰기한자

辭職(사직) 離職(이직) 職工(직공) 職權(직권) 職能(직능) 職務(직무)
職分(직분) 職業(직업) 職員(직원) 職位(직위) 職人(직인) 職場(직장)
職種(직종) 職責(직책) 公職(공직) 官職(관직) 教職(교직) 求職(구직)
無職(무직) 復職(복직)

織 4급	
짤	직
糸	12획

- 비 識(알 식)
  職(직분 직)
- 동 紡(길쌈 방)
  績(길쌈 적)
  組(짤 조)

글자 풀이

실(糸)을 사용해서 음악(音)과 같이 즐거운 무늬가 붙은 문양(戈) 옷감을 짜는 것에서 짜다, 직물(織)을 의미한다.

읽기 한자

絹織(견직) 牽牛織女(견우직녀) 染織(염직)
綿織物(면직물) 編織物(편직물)

쓰기 한자

織物(직물) 織婦(직부) 織造(직조) 毛織(모직) 手織(수직)
組織(조직) 織女星(직녀성)

辰 3급Ⅱ	
별	진
때	신
辰	0획

- 동 星(별 성)
  庚(별 경)

글자 풀이

별의 모양을 본떴다.

읽기 한자

戊辰年(무진년) 辰方(진방) 辰宿(진수) 辰時(진시) 北辰(북진) 生辰(생신)

珍 4급	
보배	진
玉	5획

- 동 寶(보배 보)
- 약 珎

글자 풀이

사람(人)의 머릿결(彡) 같이 고운 무늬가 있는 구슬(玉)로 보배(珍)라는 의미이다.

읽기 한자

珍珠(진주)

쓰기 한자

珍貴(진귀) 珍技(진기) 珍奇(진기) 珍味(진미) 珍重(진중) 珍風景(진풍경)
山海珍味(산해진미)

眞 4급Ⅱ	
참	진
目	5획

- 비 直(곧을 직)
- 반 假(거짓 가)
  僞(거짓 위)

글자 풀이

비수(匕)로 재산(貝)의 일부(一)를 잘라내서(八) 학비를 대어 참(眞)을 배우게 한다는 의미이다.

읽기 한자

眞率(진솔) 眞影(진영) 迫眞(박진) 眞僞(진위) 眞珠(진주)

쓰기 한자

眞犯(진범) 眞否(진부) 眞紅色(진홍색) 眞價(진가) 眞空(진공) 眞談(진담)
眞理(진리) 眞味(진미) 眞相(진상) 眞性(진성) 眞數(진수) 眞實(진실)
眞心(진심) 眞言(진언) 眞意(진의) 眞正(진정) 眞情(진정) 眞品(진품)
寫眞(사진) 純眞(순진) 眞面目(진면목) 眞善美(진선미)

3급 Ⅱ
振
떨칠 진:
手 | 7획

비 辰(별 진)
동 奮(떨칠 분)
　拂(떨칠 불)

글자 풀이

별(辰)이 항상 움직이듯 손(手)을 흔들어 움직인다(振)는 의미이다.

읽기한자

振幅(진폭) 振動(진동) 振武(진무) 振作(진작) 振興(진흥) 不振(부진)

4급
陣
진칠 진
阝 | 7획

비 陳(베풀 진)
동 屯(진칠 둔)

글자 풀이

언덕(阝)을 의지하여 병차(車)를 중심으로 진을 친다(陣)는 의미이다.

읽기한자

鶴翼陣(학익진)

쓰기한자

陣營(진영) 陣地(진지) 陣痛(진통) 對陣(대진) 直陣(직진) 出陣(출진)
退陣(퇴진) 布陣(포진) 背水陣(배수진)

3급 Ⅱ
陳
베풀 진:
묵을 진
阝 | 8획

비 陣(진칠 진)
동 施(베풀 시)
　設(베풀 설)

글자 풀이

언덕(阝) 동쪽(東)에 고추를 늘어놓는다(陳)는 의미이다.

읽기한자

陳頭(진두) 陳列(진열) 陳謝(진사) 陳設(진설) 陳述(진술) 陳情(진정)
開陳(개진) 新陳代謝(신진대사) 陳腐(진부)

4급 Ⅱ
進
나아갈 진:
辶 | 8획

동 就(나아갈 취)
반 退(물러날 퇴)

글자 풀이

새(隹)가 날 때와 같이 빨리 걷는(辶) 것에서 진행하다, 앞으로
나가다(進)는 의미이다.

읽기한자

躍進(약진) 遲遲不進(지지부진) 遲進兒(지진아) 突進(돌진) 累進(누진)

쓰기한자

進甲(진갑) 進擊(진격) 進軍(진군) 進級(진급) 進度(진도) 進路(진로)
進步(진보) 進士(진사) 進上(진상) 進言(진언) 進入(진입) 進展(진전)
進出(진출) 進取(진취) 進退(진퇴) 進學(진학) 進行(진행) 進化(진화)
競進(경진)

盡 4급
다할 **진:**
皿 | 9획

동 窮(다할 궁)
약 尽

글자 풀이

화로(皿)에 불씨가 다 꺼져(聿) 가는 데서 다하다(盡)는 의미이다.

읽기한자

無盡藏(무진장) 縱橫無盡(종횡무진)

쓰기한자

盡力(진력) 盡心(진심) 極盡(극진) 賣盡(매진) 備盡(비진) 消盡(소진)
脫盡(탈진) 盡終日(진종일) 盡忠報國(진충보국) 氣盡脈盡(기진맥진)
無窮無盡(무궁무진)

鎭 3급Ⅱ
진압할 **진(:)**
金 | 10획

동 壓(누를 압)

글자 풀이

쇳(金)덩어리같이 참으로(眞) 무거운 것으로써 누른다(鎭)는 의미이다.

읽기한자

鎭壓(진압) 鎭定(진정) 鎭靜(진정) 鎭痛(진통) 鎭火(진화) 書鎭(서진)
重鎭(중진) 鎭山(진산)

震 3급Ⅱ
우레 **진:**
雨 | 7획

동 雷(우레 뢰)

글자 풀이

비(雨) 올 때 별(辰)처럼 번쩍이는 우레(震)를 의미한다.

읽기한자

震驚(진경) 震恐(진공) 震怒(진노) 震檀(진단) 震度(진도) 震動(진동)
震雷(진뢰) 震死(진사) 震源(진원) 震災(진재) 震電(진전) 強震(강진)
耐震(내진) 餘震(여진) 地震(지진)

姪 3급
조카 **질**
女 | 6획

비 致(이를 치)
반 叔(아재비 숙)

글자 풀이

형수(女)의 몸에서 태어나 세상에 이른(至) 조카(姪)를 의미한다.

읽기한자

姪女(질녀) 姪婦(질부) 叔姪(숙질) 族姪(족질)

疾 병 질 疒 | 5획 **3급Ⅱ** 동 病(병 병)	**글자 풀이** 화살(矢)에 맞아 병(疒)에 걸린다는 데서 병(病)을 의미한다. **읽기한자** 疾故(질고) 疾苦(질고) 疾病(질병) 疾視(질시) 疾走(질주) 疾患(질환) 惡疾(악질) 眼疾(안질)

秩 차례 질 禾 | 5획 **3급Ⅱ** 비 秋(가을 추) 稀(드물 희) 동 序(차례 서) 第(차례 제)	**글자 풀이** 벼(禾)를 실수(失)없이 차례차례(秩) 쌓는다는 의미이다. **읽기한자** 秩敍(질서) 秩滿(질만) 秩米(질미) 秩序(질서)

質 바탕 질 貝 | 8획 **5급Ⅱ** 비 贊(도울 찬) 동 素(본디 소) 本(근본 본) 약 貭	**글자 풀이** 돈(貝)을 빌린 표시로 도끼(斤) 두 자루를 상대에게 건네고 그것과 동등한 값어치가 있는 돈을 받아드는 것에서 약속 표시, 알맹이(質)를 의미한다. **읽기한자** 硬質(경질) **쓰기한자** 質疑(질의) 均質(균질) 異質(이질) 資質(자질) 質權(질권) 質量(질량) 質問(질문) 質責(질책) 角質(각질) 氣質(기질) 對質(대질) 同質(동질) 木質(목질) 物質(물질) 變質(변질) 本質(본질) 性質(성질) 素質(소질) 水質(수질) 實質(실질) 惡質(악질) 弱質(약질) 良質(양질) 言質(언질) 人質(인질)

執 잡을 집 土 | 8획 **3급Ⅱ** 동 握(쥘 악) 拘(잡을 구) 操(잡을 조) 捕(잡을 포)	**글자 풀이** 행운(幸)을 손(九)에 쥔다(九)는 데서 잡다, 가지다(執)는 의미이다. **읽기한자** 執權(집권) 執念(집념) 執刀(집도) 執務(집무) 執事(집사) 執着(집착) 執筆(집필) 執行(집행) 固執(고집) 父執(부집) 我執(아집)

集

6급Ⅱ

모을 **집**

隹 | 4획

- 동 會(모일 회)
  社(모일 사)
  聚(모일 취)
- 반 散(흩을 산)
  離(떠날 리)

글자 풀이

나무(木) 위에 새(隹)가 많이 무리지어 모여드는 것에서 모여들다, 모이다(集)는 의미이다.

읽기한자

募集(모집) 召集(소집) 徵集(징집)

쓰기한자

集積(집적) 採集(채집) 集散地(집산지) 離合集散(이합집산) 集結(집결)
集計(집계) 集團(집단) 集配(집배) 集約(집약) 集注(집주) 全集(전집)
集中(집중) 集合(집합) 集會(집회) 結集(결집) 文集(문집) 密集(밀집)
收集(수집) 詩集(시집) 雲集(운집) 集大成(집대성)

徵

3급Ⅱ

부를 **징**

彳 | 12획

- 비 微(작을 미)
  徽(아름다울 휘)
- 동 召(부를 소)
  招(부를 초)
- 약 徴

글자 풀이

작은(微) 존재로 숨어 있어도 임무를 맡기기(壬) 위하여 부른다(徵)는
의미이다.

읽기한자

徵發(징발) 徵兵(징병) 徵收(징수) 徵用(징용) 徵兆(징조) 徵集(징집)
徵表(징표) 徵驗(징험) 徵候(징후) 象徵(상징) 性徵(성징) 追徵(추징)
特徵(특징) 宮商角徵羽(궁상각치우)

懲

3급

징계할 **징**

心 | 15획

- 비 徵(부를 징)
- 동 戒(경계할 계)

글자 풀이

죄인을 불러(徵) 마음(心)으로 뉘우치도록 벌을 준다는 데서
징계하다(懲)는 의미이다.

읽기한자

懲戒(징계) 懲罰(징벌) 懲役(징역) 勸善懲惡(권선징악)

且

3급

또 **차:**

一 | 4획

- 비 具(갖출 구)
  目(눈 목)
- 동 亦(또 역)

글자 풀이

자루나 박스로 쌓고 또(且) 쌓는다는 의미이다.

읽기한자

且置(차치) 苟且(구차) 重且大(중차대)

次 버금 차
4급 II
欠 | 2획

- 비 吹(불 취)
- 동 亞(버금 아)
  仲(버금 중)
  副(버금 부)

글자 풀이

입을 크게 벌리(欠)고 하품(欠)을 하고 나서 다음 작업에 들어가는 것에서 다음(次)을 의미한다.

읽기 한자

屢次(누차)

쓰기 한자

次點(차점) 次官(차관) 次期(차기) 次男(차남) 次女(차녀) 次席(차석)
次善(차선) 次長(차장) 次例(차례) 次元(차원) 次第(차제) 年次(연차)
目次(목차)

此 이 차
3급 II
止 | 2획

- 동 是(이 시)
- 반 彼(저 피)

글자 풀이

멈춰서서(止) 비수(匕)로 이곳(此)이라고 지시하여 가리킨다는 의미이다.

읽기 한자

於此彼(어차피) 此際(차제) 此後(차후) 如此(여차) 彼此(피차)
此日彼日(차일피일)

差 다를 차
4급
工 | 7획

- 비 着(붙을 착)
- 동 異(다를 이)
  他(다를 타)

글자 풀이

다른 벼 포기와 달리 유독 하나의 벼 포기가 왼쪽(左)으로 이삭이 드리워진(垂) 데서, '다르다'는 뜻이다.

읽기 한자

咸興差使(함흥차사) 日較差(일교차) 天壤之差(천양지차)
參差不齊(참치부제) 偏差(편차)

쓰기 한자

差減(차감) 差度(차도) 差等(차등) 差別(차별) 差使(차사) 差送(차송) 差額(차액)
誤差(오차) 差異(차이) 差益(차익) 差入(차입) 差出(차출) 格差(격차) 交差(교차)
落差(낙차) 時差(시차) 快差(쾌차) 參差(참차) 視覺差(시각차) 千差萬別(천차만별)

借 빌/빌릴 차:
3급 II
人 | 8획

- 비 惜(아낄 석)
- 반 貸(빌릴 대)

글자 풀이

옛날(昔)에는 나라의 주인인 임금의 땅을 빌려 농사를 짓는 것으로 사람(人)들이 생각한데서, '빌리다'는 뜻이다.

읽기 한자

借名(차명) 借問(차문) 借邊(차변) 借用(차용) 借入(차입) 假借(가차)
賃貸借(임대차) 貸借(대차) 租借(조차)

捉	3급
	잡을 **착**
	手 | 7획

비 促(재촉할 촉)
동 執(잡을 집)
　 捕(잡을 포)

글자 풀이

범인이 도망을 못가도록 범인의 발(足)을 손(手)으로 꽉 잡는다(捉)는 의미이다.

읽기 한자

捉弄(착롱) 捕捉(포착)

錯	3급 Ⅱ
	어긋날 **착**
	金 | 8획

동 誤(그르칠 오)
　 謬(그르칠 류)

글자 풀이

옛날(昔)에 쇠붙이(金)에 새긴 글씨를 읽을 때 녹슬어 판독이 틀리는 일이 있었던 데서, '어긋나다'는 뜻이다.

읽기 한자

錯覺(착각) 錯亂(착란) 錯視(착시) 錯誤(착오) 錯雜(착잡) 倒錯(도착)
失錯(실착) 施行錯誤(시행착오) 精神錯亂(정신착란)

着	5급 Ⅱ
	붙을 **착**
	目 | 7획

비 差(다를 차)
동 到(이를 도)
　 附(붙을 부)
반 發(펼 발)

글자 풀이

양(羊)털이 자라면 눈(目)에 달라붙어 보이지 않을 정도가 되는 것에서 도착하다, 달라붙다, 몸에 붙다(着)는 의미이다.

읽기 한자

着劍(착검) 逢着(봉착) 附着(부착) 執着(집착) 沈着(침착)
終着驛(종착역) 倒着(도착)

쓰기 한자

歸着(귀착) 着工(착공) 着陸(착륙) 着服(착복) 着床(착상) 着色(착색)
着生(착생) 着席(착석) 着手(착수) 着實(착실) 着眼(착안) 着用(착용)
着衣(착의) 吸着(흡착)

贊	3급 Ⅱ
	도울 **찬:**
	貝 | 12획

비 質(바탕 질)
동 助(도울 조)
　 扶(도울 부)
　 援(도울 원)
　 補(도울 보)
반 反(돌아올 반)
약 賛

글자 풀이

어려움에 처한 사람에게 앞을 다투어(先先) 재물(貝)을 내서 돕는다는 데서, '돕다'는 뜻이다.

읽기 한자

贊同(찬동) 贊否(찬부) 贊成(찬성) 贊意(찬의) 贊助(찬조) 協贊(협찬)

讚
기릴 **찬:**
言 │ 19획

4급

동 頌(기릴 송)
약 讚

글자 풀이

상대의 좋은 점을 말(言)로 칭찬하며 재물로 돕는다(贊)는 데서, '기리다' 는 뜻이다.

읽기 한자

讚揚(찬양)

쓰기 한자

讚歌(찬가) 讚美(찬미) 絶讚(절찬) 讚辭(찬사) 激讚(격찬) 極讚(극찬)
禮讚(예찬) 自讚(자찬) 稱讚(칭찬) 讚頌歌(찬송가) 自畫自讚(자화자찬)

察
살필 **찰**
宀 │ 11획

4급 Ⅱ

비 際(즈음 제)
동 監(볼 감)
　省(살필 성)

글자 풀이

집(宀)에서 제사(祭) 지낼 때 제물의 종류나 놓이는 위치 등을 정성껏 살피는 데서, '살피다' 는 뜻이다.

읽기 한자

巡察(순찰) 貞察(정찰)

쓰기 한자

監察(감찰) 檢察(검찰) 警察(경찰) 考察(고찰) 視察(시찰) 觀察(관찰)
不察(불찰) 査察(사찰) 省察(성찰) 洞察(통찰)

參
참여할 **참**
석 　삼
厶 │ 9획

5급 Ⅱ

비 慘(참혹할 참)
　蔘(인삼 삼)
동 三(석 삼)
　與(더블 여)
약 参

글자 풀이

사람(人)이 머리(彡)에 장식을 한 비녀(厶)를 꽂고 의식에 참가한다는 데서, '참가하다' 는 의미이다. 厶이 세개가 들어 있어 三의 갖은 자로 쓰인다.

읽기 한자

參酌(참작) 參謀(참모) 參照(참조) 參禪(참선)

쓰기 한자

參散(삼산) 參與(참여) 持參(지참) 參加(참가) 參見(참견) 參考(참고)
參觀(참관) 參禮(참례) 參拜(참배) 參席(참석) 參戰(참전) 古參(고참)
不參(불참) 新參(신참)

慘
참혹할 **참**
心 │ 11획

3급

비 參(참여할 참)
동 憺(참담할 담)
약 惨

글자 풀이

심장(忄)이 세(參) 갈래로 찢어지는 듯이 아프다(慘)는 의미이다.

읽기 한자

慘劇(참극) 慘變(참변) 慘事(참사) 慘狀(참상) 慘敗(참패) 慘禍(참화)
無慘(무참) 悲慘(비참)

慙 부끄러울 참
3급
心 | 11획

비 暫(잠깐 잠)
　漸(점점 점)
동 愧(부끄러울 괴)
　羞(부끄러울 수)

> **글자 풀이**
>
> 양심에 가책을 느끼면 마음(心)이 베임(斬)을 당하는 듯 아픈 데서, '부끄럽다' 는 뜻이다.
>
> **읽기 한자**
>
> 慙愧(참괴) 慙德(참덕) 慙伏(참복) 慙色(참색) 慙悔(참회)

昌 창성할 창(:)
3급Ⅱ
日 | 4획

비 唱(부를 창)
동 盛(성할 성)
　繁(번성할 번)

> **글자 풀이**
>
> 해(日)와 해(日)를 합해서 밤낮이 없이 창성함(昌)을 의미한다.
>
> **읽기 한자**
>
> 昌盛(창성) 繁昌(번창) 隆昌(융창) 碧昌牛(벽창우)

倉 곳집 창(:)
3급Ⅱ
人 | 8획

비 蒼(푸를 창)
　滄(큰바다 창)
동 庫(곳집 고)

> **글자 풀이**
>
> 곡식을 쌓아두는 창고 모양을 본뜬 글자로, '곳집' 을 뜻한다.
>
> **읽기 한자**
>
> 倉庫(창고) 倉卒間(창졸간) 倉皇(창황) 穀倉地帶(곡창지대)
> 營倉(영창) 彈倉(탄창)

窓 창 창
6급Ⅱ
穴 | 6획

비 密(빽빽할 밀)

> **글자 풀이**
>
> 벽에 창(厶)으로 구멍(穴)을 뚫어 마음(心)이 시원하고 밝도록 창문(窓)을 만든다는 의미이다.
>
> **읽기 한자**
>
> 封窓(봉창)
>
> **쓰기 한자**
>
> 窓口(창구) 窓門(창문) 同窓(동창) 東窓(동창) 北窓(북창) 西窓(서창)
> 車窓(차창) 鐵窓(철창) 窓戶紙(창호지) 學窓時節(학창시절)

唱	5급
	부를 **창:**
	口 | 8획

비 昌(창성할 창)
동 歌(노래 가)

글자 풀이

입(口)를 벌리고 모두가 큰 소리로 민요를 부르는(昌) 것에서 확실히 조정하다, 노래 부르다(唱)는 의미이다.

읽기 한자

夫唱婦隨(부창부수)

쓰기 한자

唱劇(창극) 唱歌(창가) 唱導(창도) 唱法(창법) 歌唱(가창) 獨唱(독창)
名唱(명창) 復唱(복창) 奉唱(봉창) 先唱(선창) 再唱(재창) 提唱(제창)
主唱(주창) 重唱(중창) 合唱(합창) 愛唱曲(애창곡)

創	4급 Ⅱ
	비롯할 **창:**
	刀 | 10획

비 倉(곳집 창)
동 始(비로소 시)

글자 풀이

지금부터 요리(刂)를 하려고 곡물 등을 창고(倉)에서 꺼내 준비하는 것에서 시작하다, 만들다(創)는 의미이다.

읽기 한자

創刊(창간)

쓰기 한자

創傷(창상) 創氏改名(창씨개명) 創建(창건) 創立(창립) 創設(창설)
創始(창시) 創案(창안) 創業(창업) 創意(창의) 創作(창작) 創制(창제)
創造(창조) 創出(창출) 創世記(창세기) 獨創的(독창적) 草創期(초창기)

蒼	3급 Ⅱ
	푸를 **창**
	⧾⧾ | 10획

비 倉(곳집 창)
동 青(푸를 청)
　 綠(푸를 록)
　 碧(푸를 벽)

글자 풀이

풀(⧾⧾)을 베어 창고(倉)에 가득 쌓으니 색이 푸르다(蒼)는 의미이다.

읽기 한자

蒼空(창공) 蒼白(창백) 蒼遠(창원) 蒼天(창천) 古色蒼然(고색창연)
萬頃蒼波(만경창파) 億兆蒼生(억조창생)

暢	3급
	화창할 **창:**
	日 | 10획

비 陽(볕 양)
동 和(화할 화)

글자 풀이

햇볕(陽)이 넓게 퍼져(申) 날씨가 화창하다(暢)는 의미이다.

읽기 한자

暢達(창달) 暢茂(창무) 暢懷(창회) 流暢(유창) 和暢(화창)

차

3급 II
菜
나물 채:
++ | 8획

비 採(캘 채)
　彩(채색 채)
동 蔬(나물 소)

글자 풀이

손(爪)으로 풀(++)이나 나무(木)에서 나물(菜)을 뜯는다는 의미이다.

읽기 한자

菜蔬(채소) 菜毒(채독) 菜食(채식) 乾菜(건채) 山菜(산채) 生菜(생채)
野菜(야채) 菜麻田(채마전)

4급
採
캘 채:
手 | 8획

비 菜(나물 채)
　彩(채색 채)
동 擇(가릴 택)
　取(가질 취)

글자 풀이

손(手)과 손(爪)으로 삽이나 괭이를 써서 나무(木)를 캔다(採)는 의미이다.

읽기 한자

潛採(잠채) 採摘(채적)

쓰기 한자

採鑛(채광) 採光(채광) 採錄(채록) 採伐(채벌) 採算(채산) 採石(채석)
採用(채용) 採油(채유) 採點(채점) 採集(채집) 採取(채취) 採炭(채탄)
採擇(채택) 採血(채혈) 採火(채화) 公採(공채) 伐採(벌채) 特採(특채)

3급 II
彩
채색 채:
彡 | 8획

비 菜(나물 채)
　採(캘 채)

글자 풀이

손(爫)에 붓(彡)을 들어 나무(木)에 채색한다(彩)는 의미이다.

읽기 한자

彩色(채색) 光彩(광채) 文彩(문채) 色彩(색채) 異彩(이채) 水彩畵(수채화)

3급 II
債
빚 채:
人 | 11획

비 責(꾸짖을 책)
　積(쌓을 적)

글자 풀이

사람(人)은 책임(責)지고 빚(債)을 갚아야 한다는 의미이다.

읽기 한자

卜債(복채) 債券(채권) 債權(채권) 債務(채무) 公債(공채) 國債(국채)
起債(기채) 負債(부채) 私債(사채) 外債(외채) 會社債(회사채)

	4급
冊	책 **책**
	冂 | 3획

비 朋(벗 붕)
동 卷(책 권)
　篇(책 편)

글자 풀이

옛날에 대오리에 글자를 써서 엮어 책을 만들었으므로 책(冊)을 의미한다.

읽기한자

冊曆(책력) 冊封(책봉)

쓰기한자

冊立(책립) 冊名(책명) 冊房(책방) 冊子(책자) 冊張(책장) 分冊(분책)
書冊(서책)

	5급Ⅱ
責	꾸짖을 **책**
	貝 | 4획

비 債(빚 채)
　貴(귀할 귀)
동 叱(꾸짖을 질)
반 讚(기릴 찬)

글자 풀이

쿡쿡 가시로 찔러(主) 대듯이 돈(貝)을 돌려주라고 볶아 대는 것에서
책하다, 추궁하다(責)는 의미이다.

읽기한자

免責(면책)

쓰기한자

引責辭退(인책사퇴) 責望(책망) 責務(책무) 責罰(책벌) 責善(책선)
責任(책임) 見責(견책) 問責(문책) 罰責(벌책) 自責(자책) 罪責(죄책)
重責(중책) 職責(직책) 總責(총책) 無責任(무책임) 連帶責任(연대책임)

	3급Ⅱ
策	꾀 **책**
	竹 | 6획

동 計(셀 계)
　略(간략할 략)
　謀(꾀 모)

글자 풀이

대나무(竹)나 가시나무(朿)로 만든 채찍(策)도 꾀(策)를 써서
다루어야 한다는 의미이다.

읽기한자

策動(책동) 策略(책략) 策命(책명) 策問(책문) 策定(책정) 計策(계책)
對策(대책) 妙策(묘책) 方策(방책) 祕策(비책) 散策(산책) 上策(상책)
術策(술책) 施策(시책) 失策(실책) 政策(정책) 劃策(획책) 苦肉策(고육책)
窮餘之策(궁여지책)

	3급Ⅱ
妻	아내 **처**
	女 | 5획

비 妾(첩 첩)
반 夫(지아비 부)

글자 풀이

손(⺕)으로 열(十)가지 일을 하며 집안의 살림을 맡아서 하는
여자(女)이니 아내(妻)를 의미한다.

읽기한자

妻家(처가) 妻男(처남) 妻子(처자) 妻弟(처제) 妻族(처족) 妻兄(처형)
帶妻僧(대처승) 本妻(본처) 夫妻(부처) 喪妻(상처) 惡妻(악처) 良妻(양처)
前妻(전처) 恐妻家(공처가) 愛妻家(애처가) 疑妻症(의처증)
現地妻(현지처) 嚴妻侍下(엄처시하) 賢母良妻(현모양처)
一夫多妻(일부다처)

차

4급Ⅱ

處 곳 처:
虍 | 5획

비 虎(범 호)
동 所(바 소)
약 処

> **글자 풀이**
> 호랑이(虍)가 천천히 걷고(夂) 있는 곳(處)을 의미한다.

> **읽기 한자**
> 處暑(처서) 某處(모처) 卽決處分(즉결처분)

> **쓰기 한자**
> 處遇(처우) 居處(거처) 處刑(처형) 傷處(상처) 婚處(혼처) 處決(처결) 處女(처녀)
> 處斷(처단) 處理(처리) 處方(처방) 處罰(처벌) 處分(처분) 處事(처사) 處世(처세)
> 處所(처소) 處身(처신) 處地(처지) 處置(처치) 各處(각처) 去處(거처) 近處(근처)
> 難處(난처) 對處(대처) 到處(도처) 部處(부처) 善處(선처) 自處(자처) 出處(출처)
> 熱處理(열처리) 假處分(가처분)

3급Ⅱ

尺 자 척
尸 | 1획

비 尸(주검 시)
동 度(법도 도)

> **글자 풀이**
> 몸(尸)의 일부인 손목에서 팔꿈치(乀)까지의 길이가 한 자(尺)라는
> 의미이다.

> **읽기 한자**
> 尺貫法(척관법) 尺度(척도) 尺土(척토) 越尺(월척) 縮尺(축척)
> 九尺長身(구척장신) 三尺童子(삼척동자)

3급

斥 물리칠 척
斤 | 1획

비 斤(도끼 근)
동 排(밀칠 배)
반 和(화할 화)

> **글자 풀이**
> 도끼(斤)로 찍어(丶) 적을 물리친다(斥)는 의미이다.

> **읽기 한자**
> 斥和(척화) 斥候(척후) 排斥(배척)

3급Ⅱ

拓 넓힐 척
　 박을 탁
手 | 5획

동 擴(넓힐 확)

> **글자 풀이**
> 황량한 땅에서 손(扌)으로 돌(石)을 가려내어 밭을 넓힌다(拓)는
> 의미이다.

> **읽기 한자**
> 干拓(간척) 開拓(개척) 拓本(탁본)

戚 3급 II
친척 **척**
戈 | 7획

비 成(이룰 성)

글자 풀이

콩대에 달린 콩(尗)처럼 작은 도끼(戊)를 나타낸 글자였으나 도끼 들고 같이 일하고 싸우는 사람, 콩처럼 무성하게 퍼져가는 사람에서, '친척'을 뜻한다.

읽기한자

姻戚(인척) 戚臣(척신) 外戚(외척) 親戚(친척) 婚戚(혼척) 休戚(휴척)

千 7급
일천 **천**
十 | 1획

비 干(방패 간)

글자 풀이

사람이 앞으로 나아가는 모습과 十자를 포개 놓은 형태로, 숫자가 많은 것을 말한 것이며, 十의 백 배, 百의 열 배의 것을 의미한다.

읽기한자

千辛萬苦(천신만고) 千載一遇(천재일우) 千態萬象(천태만상)

쓰기한자

危險千萬(위험천만) 千慮一失(천려일실) 千差萬別(천차만별)
千篇一律(천편일률) 千古(천고) 千金(천금) 千年(천년) 千秋(천추)
千里馬(천리마) 千里眼(천리안) 千字文(천자문) 三千里(삼천리) 數千萬(수천만)
千萬多幸(천만다행)

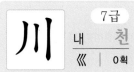

川 7급
내 **천**
巛 | 0획

동 水(물 수)
河(물 하)
반 山(메 산)

글자 풀이

양 쪽 기슭 사이를 물이 흐르고 있는 모양에서 내, 하천(川)을 의미한다.

읽기한자

乾川(건천)

쓰기한자

山川(산천) 河川(하천) 山川草木(산천초목) 川邊風景(천변풍경)
晝夜長川(주야장천)

天 7급
하늘 **천**
大 | 1획

비 夫(지아비 부)
동 乾(하늘 건)
반 地(따 지)
坤(따 곤)

글자 풀이

양손·양발을 벌리고 서있는 사람(大)의 머리 위에 크게 펼쳐 있는(一) 하늘(天)을 의미한다.

읽기한자

天涯(천애) 天井(천정) 露天(노천) 昇天(승천) 蒼天(창천) 衝天(충천)
炎天(염천) 天日鹽(천일염) 天賦(천부) 天高馬肥(천고마비)
天壤之差(천양지차) 天幕(천막) 仰天大笑(앙천대소) 天倫(천륜)

쓰기한자

天干(천간) 天國(천국) 天氣(천기) 天堂(천당) 天理(천리) 天命(천명)
天文(천문)

泉 샘 천
水 | 5획 | 4급

비 帛(비단 백)

글자 풀이

샘물이 솟아나서(白) 흘러내려 내(川)가 되어가는 모양으로 샘, 원천(泉)을 의미한다.

읽기한자

靈泉(영천) 泉壤(천양)

쓰기한자

泉布(천포) 鑛泉(광천) 九泉(구천) 冷泉(냉천) 溫泉(온천) 源泉(원천) 黃泉(황천)

淺 얕을 천:
水 | 8획 | 3급Ⅱ

비 殘(남을 잔)
　踐(밟을 천)
동 薄(엷을 박)
반 深(깊을 심)
약 浅

글자 풀이

물(氵) 속의 창들(戔)이 보일 정도로 물이 얕다(淺)는 의미이다.

읽기한자

淺綠(천록) 淺薄(천박) 淺學(천학) 深淺(심천) 日淺(일천)

踐 밟을 천:
足 | 8획 | 3급Ⅱ

비 賤(천할 천)
　錢(돈 전)
동 踏(밟을 답)
약 践

글자 풀이

창들(戔)을 들고 발(足)로 걸어 다닌다는 데서 밟다, 행하다(踐)는 의미이다.

읽기한자

實踐(실천) 踐約(천약) 踐歷(천력)

賤 천할 천:
貝 | 8획 | 3급Ⅱ

비 踐(밟을 천)
　錢(돈 전)
동 卑(낮을 비)
반 貴(귀할 귀)
약 賎

글자 풀이

신분이 낮아 재화(貝)라고는 창 두개(戔) 뿐이라는 데서, '천하다' 는 뜻이다.

읽기한자

賤價(천가) 賤待(천대) 賤民(천민) 賤視(천시) 賤人(천인) 賤職(천직) 貴賤(귀천) 微賤(미천) 卑賤(비천)

遷

3급Ⅱ
옮길 **천:**
辶 | 11획

- 비 邊(가 변)
- 동 運(옮길 운)
  移(옮길 이)
  徙(옮길 사)
- 약 迁

글자 풀이

사람(己)이 큰(大) 바구니(両)를 지고 가는(辶) 것을 보니 이삿짐을 옮긴다(遷)는 의미이다.

읽기한자

播遷(파천) 遷都(천도) 遷延(천연) 遷謫(천적) 變遷(변천) 左遷(좌천)
改過遷善(개과천선) 孟母三遷(맹모삼천) 三遷之敎(삼천지교)

薦

3급
천거할 **천:**
艹 | 13획

- 비 慶(경사 경)
- 동 擧(들 거)

글자 풀이

윗사람에게 약초(艹)나 녹용(鹿)이나 새(鳥)를 드리며 천거한다(薦)는 의미이다.

읽기한자

薦擧(천거) 薦新(천신) 公薦(공천) 落薦(낙천) 自薦(자천) 推薦(추천)
他薦(타천) 毛遂自薦(모수자천)

哲

3급Ⅱ
밝을 **철**
口 | 7획

- 동 明(밝을 명)
  晳(밝을 석)
- 반 冥(어두울 명)
  昏(어두울 혼)
  暗(어두울 암)

글자 풀이

사리의 옳고 그름을 나무를 꺾듯이(折) 입(口)으로 말한다는 것에서 사리에 밝다(哲)는 의미이다.

읽기한자

哲理(철리) 哲人(철인) 哲學(철학) 明哲(명철) 賢哲(현철)

徹

3급Ⅱ
통할 **철**
彳 | 12획

- 비 撤(거둘 철)
- 동 貫(꿸 관)
  透(사무칠 투)
  達(통달할 달)

글자 풀이

徹은 본래 鬲(솥 력)과 又(손을 의미)의 합성자로 식사 뒤치다꺼리로 손(又)으로 솥(鬲)을 치우는 것을 나타냈다. 지금은 예전에 어린이가 걷기(彳) 시작한 때부터는 잘 기르기(育) 위해 회초리를 들고 때려(攵)가면서 가르쳐 사리에 통하게 하였다는 데서, '통하다' 는 뜻으로 푼다.

읽기한자

徹夜(철야) 貫徹(관철) 冷徹(냉철) 徹天之恨(철천지한) 透徹(투철)
徹頭徹尾(철두철미)

鐵

5급

쇠 **철**

金 | 13획

동 金(쇠 금)
약 鉄

글자 풀이

창(戈)을 만드는 데 으뜸(王)으로 좋은(吉) 쇠(金)가 철(鐵)이라는 의미이다.

읽기한자

鐵拳(철권) 鐵面皮(철면피) 鐵鋼(철강) 鋼鐵(강철)

쓰기한자

鐵甲(철갑) 鐵鑛(철광) 鐵筋(철근) 鐵絲(철사) 鐵工(철공) 鐵橋(철교)
鐵器(철기) 鐵道(철도) 鐵路(철로) 鐵門(철문) 鐵物(철물) 鐵壁(철벽)
鐵石(철석) 鐵人(철인) 鐵製(철제) 鐵窓(철창) 鐵則(철칙) 鐵板(철판)
古鐵(고철) 洋鐵(양철) 電鐵(전철) 製鐵所(제철소) 地下鐵(지하철)
寸鐵殺人(촌철살인)

尖

3급

뾰족할 **첨**

小 | 3획

비 劣(못할 렬)
동 端(끝 단)
　 銳(날카로울 예)

글자 풀이

창날이나 칼날은 몸체(大)부분에서 점점 가늘어져(小) 끝이
뾰족하다(尖)는 의미이다.

읽기한자

尖端(첨단) 尖兵(첨병) 尖銳(첨예)

添

3급

더할 **첨**

水 | 8획

동 加(더할 가)
반 減(덜 감)
　 削(깎을 삭)

글자 풀이

화초를 사랑하고 예뻐하는(天) 마음(忄)으로 물(氵)을 준다는 데서
더하다(添)는 의미이다.

읽기한자

添加(첨가) 添附(첨부) 添削(첨삭) 錦上添花(금상첨화) 別添(별첨)

妾

3급

첩 **첩**

女 | 5획

비 辛(매울 신)

글자 풀이

늘 사람 옆에 서서(立) 시중을 드는 계집(女) 몸종을 나타냈으나 뒤에
'첩'의 뜻이 되었다.

읽기한자

妾室(첩실) 妻妾(처첩) 愛妾(애첩)

青 | 8급

푸를 청
青 | 0획

비 淸(맑을 청)
동 蒼(푸를 창)
綠(푸를 록)
碧(푸를 벽)

글자 풀이

풀잎의 색깔처럼 파랗게 맑은 우물의 물색에서 파랗게(靑) 투명한
색깔을 의미한다.

읽기 한자

靑丘(청구) 丹靑(단청) 踏靑(답청) 粉靑沙器(분청사기)

쓰기 한자

靑龍(청룡) 靑松(청송) 左靑龍(좌청룡) 靑果(청과) 靑史(청사) 靑山(청산)
靑色(청색) 靑魚(청어) 靑年(청년) 靑少年(청소년) 靑春(청춘)
靑寫眞(청사진) 靑信號(청신호)

淸 | 6급 II

맑을 청
水 | 8획

동 淡(맑을 담)
淑(맑을 숙)
雅(맑을 아)
반 濁(흐릴 탁)

글자 풀이

푸릇푸릇한 풀잎처럼, 파랗게(靑) 맑은 물(水)의 아름다움에서
맑다(靑)는 의미이다.

읽기 한자

淸廉(청렴) 淸濁(청탁) 淸心丸(청심환) 淸雅(청아) 淸淨(청정)
淸白吏(청백리)

쓰기 한자

肅淸(숙청) 淸敎徒(청교도) 淸潔(청결) 淸談(청담) 淸明(청명) 淸貧(청빈)
淸書(청서) 淸掃(청소) 淸純(청순) 血淸(혈청) 淸算(청산) 淸料理(청요리)
淸風明月(청풍명월) 百年河淸(백년하청) 淸日戰爭(청일전쟁)

晴 | 3급

갤 청
日 | 8획

비 淸(맑을 청)
請(청할 청)

글자 풀이

해(日)가 나고 하늘이 푸르니(靑) 날씨가 개다, 맑다(晴)는 의미이다.

읽기 한자

晴雨(청우) 晴天(청천) 快晴(쾌청)

請 | 4급 II

청할 청
言 | 8획

비 淸(맑을 청)
晴(갤 청)
동 願(원할 원)

글자 풀이

청년(靑)이 웃어른께 부탁의 말씀(言)을 드린다는 데서 청하다(請)는
의미이다.

읽기 한자

懇請(간청) 訴請(소청)

쓰기 한자

請婚(청혼) 招請(초청) 請負(청부) 請求(청구) 請約(청약) 請願(청원)
請由(청유) 強請(강청) 所請(소청) 申請(신청) 要請(요청) 自請(자청)
再請(재청) 提請(제청) 下請(하청)

聽

4급

들을 **청**

耳 | 16획

- 비 廳(관청 청)
- 동 聞(들을 문)
- 반 問(물을 문)
- 약 聴

글자 풀이

귀(耳)가 맡은(壬) 역할은 바른(直) 마음(心)에서 나오는 소리를 듣는 것이라는 데서, '듣다' 는 뜻이다.

읽기 한자

傍聽(방청) 補聽器(보청기)

쓰기 한자

聽覺(청각) 聽力(청력) 聽衆(청중) 聽取(청취) 可聽(가청) 傾聽(경청)
難聽(난청) 盜聽(도청) 視聽(시청) 公聽會(공청회)

廳

4급

관청 **청**

广 | 22획

- 비 聽(들을 청)
- 동 署(관청 서)
- 약 庁

글자 풀이

넘칠 정도로 많은 백성의 소리를 듣는(聽) 건물(广)이라는 것에서 관청(廳)을 의미한다.

읽기 한자

中央廳(중앙청)

쓰기 한자

廳舍(청사) 官廳(관청) 區廳(구청) 郡廳(군청) 調達廳(조달청) 道廳(도청)
市廳(시청) 大廳(대청) 兵務廳(병무청) 特許廳(특허청)

替

3급

바꿀 **체**

曰 | 8획

- 동 換(바꿀 환)

글자 풀이

두 사내(夫夫)가 마주 앉아 말(曰)을 하는데 서로 번갈아(替) 가면서 말한다는 의미이다.

읽기 한자

交替(교체) 代替(대체) 移替(이체) 立替(입체) 替費地(체비지)
世代交替(세대교체)

體

6급Ⅱ

몸 **체**

骨 | 13획

- 비 禮(예도 례)
- 동 身(몸 신)
- 반 心(마음 심)
- 약 体

글자 풀이

뼈(骨)를 중심으로 내장과 같이 풍성하게(豊) 붙어서 된 것이 몸(體)이라는 의미이다.

읽기 한자

物我一體(물아일체) 軟體動物(연체동물) 染色體(염색체) 被寫體(피사체)
體貌(체모) 體裁(체재) 媒介體(매개체) 媒體(매체)

쓰기 한자

體系(체계) 體感(체감) 體格(체격) 體內(체내) 體能(체능) 體得(체득)
體力(체력) 體面(체면) 體毛(체모) 體罰(체벌) 體言(체언) 體溫(체온)
體外(체외)

滯

3급 II
막힐 **체**
水 | 11획

비 帶(띠 대)
동 塞(막힐 색)

글자 풀이

띠(帶)를 두른 물(水)로 옷을 흘러내리지 않게 하듯 물의 흐름을 막는 것,
머무르게 하는(滯) 것을 의미한다.

읽기한자

遲滯(지체) 滯空時間(체공시간) 滯納(체납) 滯念(체념) 滯留(체류)
滯佛(체불) 滯賃(체임) 滯在(체재) 滯症(체증) 延滯(연체) 積滯(적체)
停滯(정체) 沈滯(침체)

逮

3급
잡을 **체**
辶 | 8획

동 捕(잡을 포)

글자 풀이

꼬리(水)를 잡으려는(辶) 손(彐)이 뒤에서 미치는 모양에서 미치다,
잡다(逮)는 의미이다.

읽기한자

逮捕(체포) 逮夜(체야) 及逮(급체) 未逮(미체) 連逮(연체)

遞

3급
갈릴 **체**
辶 | 10획

약 逓

글자 풀이

가지런하지 않게(虒) 여기저기로 왔다갔다(辶)하는 것에서
갈마들다(遞)는 의미이다.

읽기한자

遞加(체가) 遞減(체감) 遞代(체대) 遞送(체송) 遞信(체신) 遞傳(체전)
遞增(체증) 驛遞(역체) 郵遞局(우체국) 郵遞夫(우체부)

肖

3급 II
닮을/같을 **초**
月 | 3획

비 消(사라질 소)
동 若(같을 약)
　 如(같을 여)
　 似(닮을 사)

글자 풀이

자식은 어버이의 몸(月)을 작게(小) 줄인 것이라는 데서 닮다(肖)는 의미
이다.

읽기한자

肖似(초사) 肖像畫(초상화) 不肖(불초)

抄 뽑을 초
手 | 4획
3급

- 비 妙(묘할 묘)
- 동 拔(뽑을 발)
  選(가릴 선)

글자 풀이

손(扌)으로 원본의 일부인 적은(少) 부분만 가려 뽑는다는 데서, '뽑다'는 뜻이다.

읽기 한자

抄啓(초계) 抄錄(초록) 抄本(초본) 抄譯(초역) 抄掠(초략)
戶籍抄本(호적초본)

初 처음 초
刀 | 5획
5급

- 동 始(비로소 시)
- 반 終(마칠 종)
  了(마칠 료)

글자 풀이

옷(衤)감을 칼(刀)로 자르는 것은 옷을 만들기 위해 처음(初) 하는 일로 처음, 초기(初)를 의미한다.

읽기 한자

初動搜査(초동수사) 初刊(초간) 初度巡視(초도순시) 初旬(초순)
初審(초심) 初志一貫(초지일관) 初版(초판) 初喪(초상) 初盤(초반)

쓰기 한자

初段(초단) 初伏(초복) 初經(초경) 初級(초급) 初給(초급) 初期(초기)
初年(초년) 初代(초대) 初等(초등) 初面(초면) 初步(초보) 初産(초산)
初選(초선) 初聲(초성)

招 부를 초
手 | 5획
4급

- 비 超(뛰어넘을 초)
- 동 召(부를 소)
  呼(부를 호)
  聘(부를 빙)

글자 풀이

신령님의 계시를 받기 위해서 손(手)짓해서 불러(召) 들이는 것에서 불러들이다(招)는 의미이다.

읽기 한자

招聘(초빙) 招魂(초혼)

쓰기 한자

招待(초대) 招來(초래) 招請(초청) 招待狀(초대장) 招致(초치)
問招(문초) 自招(자초)

草 풀 초
艹 | 6획
7급

- 비 卓(높을 탁)

글자 풀이

해가 아침 일찍(早) 물 위로 나오듯이 빠르게 여기저기 무성(艹)해지는 모습에서 잡풀(草)을 의미한다.

읽기 한자

勿忘草(물망초) 草稿(초고) 草露(초로) 草率(초솔) 乾草(건초) 蘭草(난초)
大麻草(대마초) 草根木皮(초근목피)

쓰기 한자

草略(초략) 甘草(감초) 草綠(초록) 草木(초목) 草本(초본) 草食(초식)
草案(초안) 草野(초야) 草屋(초옥) 草原(초원) 草人(초인) 草地(초지)
草創期(초창기)

超

3급 Ⅱ

뛰어넘을 초

走 | 5획

비 招(부를 초)
동 越(넘을 월)
　　過(지날 과)

글자 풀이

임금의 부르심(김)에 평지는 달리고(走) 시냇물은 뛰어넘는다는 데서
'뛰어넘다' 는 뜻이다.

읽기한자

超遙(초요) 超過(초과) 超然(초연) 超脫(초탈) 超越(초월) 超人(초인)
超短波(초단파) 超黨派(초당파) 超滿員(초만원) 超非常(초비상)
超音速(초음속) 超音波(초음파) 超自然(초자연) 超人的(초인적)

礎

3급 Ⅱ

주춧돌 초

石 | 13획

비 楚(초나라 초)

글자 풀이

기둥의 무게를 견디려고 아픈(楚) 고생을 하고 있는 돌(石)이라는 데서,
'주춧돌' 을 뜻한다.

읽기한자

礎石(초석) 基礎(기초) 定礎(정초) 柱礎(주초)

秒

3급

분초 초

禾 | 4획

비 秋(가을 추)

글자 풀이

벼(禾)에 붙은 작은(小) 부분(丿)으로 적은 시간 단위(秒)를 의미한다.

읽기한자

秒速(초속) 秒針(초침) 分秒(분초) 閏秒(윤초)

促

3급 Ⅱ

재촉할 촉

人 | 7획

비 捉(잡을 착)
동 催(재촉할 최)
　　急(급할 급)
　　迫(핍박할 박)

글자 풀이

걷는 사람(人)한테 발(足)걸음을 빨리 하라고 재촉한다(促)는 의미이다.

읽기한자

販促(판촉) 促求(촉구) 促急(촉급) 促迫(촉박) 促成(촉성) 促進(촉진)
督促(독촉)

燭 3급
촛불 촉
火 | 13획

비 獨(홀로 독)
濁(흐릴 탁)
觸(닿을 촉)

글자 풀이
불(火)이 하나씩 하나씩 홀로(蜀) 타고 있으니 촛불(燭)을 의미한다.

읽기 한자
燭光(촉광) 燭臺(촉대) 燭漏(촉루) 燭數(촉수) 燭察(촉찰) 洞燭(통촉)
華燭(화촉)

觸 3급 II
닿을 촉
角 | 13획

비 獨(홀로 독)
濁(흐릴 탁)
燭(촛불 촉)
동 接(이을 접)
약 触

글자 풀이
곤충(蜀)의 뿔(角), 즉 촉각이 무엇을 살피느라고 물건에 닿는다(觸)는 의미이다.

읽기 한자
觸角(촉각) 觸覺(촉각) 觸感(촉감) 觸怒(촉노) 觸發(촉발) 觸媒(촉매)
觸手(촉수) 感觸(감촉) 一觸卽發(일촉즉발) 抵觸(저촉) 接觸(접촉)

寸 8급
마디 촌:
寸 | 0획

비 才(재주 재)
동 節(마디 절)

글자 풀이
손(十) 바닥에서 맥을 짚는 곳(丶)까지의 거리는 대개 한 치(寸) 전후라는 의미이다.

읽기 한자
寸秒(촌초) 妻三寸(처삼촌)

쓰기 한자
寸刻(촌각) 寸劇(촌극) 寸評(촌평) 寸數(촌수) 寸陰(촌음) 寸志(촌지)
方寸(방촌) 四寸(사촌) 一寸光陰(일촌광음) 寸鐵殺人(촌철살인)

村 7급
마을 촌:
木 | 3획

비 林(수풀 림)
동 里(마을 리)

글자 풀이
나무(木)가 조금(寸) 자라고 있는 곳에 사람이 모여 산다는 것에서 마을(村)을 의미한다.

읽기 한자
隣村(인촌) 驛村(역촌)

쓰기 한자
散村(산촌) 鑛山村(광산촌) 村落(촌락) 村老(촌로) 村婦(촌부) 村長(촌장)
江村(강촌) 農村(농촌) 富村(부촌) 貧村(빈촌) 山村(산촌) 漁村(어촌)
村夫子(촌부자) 基地村(기지촌) 無醫村(무의촌) 寺下村(사하촌)
地球村(지구촌) 集姓村(집성촌)

銃 총 총
4급 Ⅱ
金 | 6획

비 統(거느릴 통)

글자 풀이

쇠(金)를 알차게(充) 조립하여 만든 것이 총(銃)이라는 의미이다.

읽기 한자

銃劍(총검) 拳銃(권총)

쓰기 한자

銃擊(총격) 銃傷(총상) 銃彈(총탄) 機關銃(기관총) 機銃掃射(기총소사)
銃器(총기) 銃殺(총살) 銃聲(총성) 銃砲(총포) 小銃(소총) 長銃(장총)

聰 귀밝을 총
3급
耳 | 11획

비 總(다 총)
약 聡, 聰

글자 풀이

귀(耳)로 상대방의 말을 재빨리(悤) 알아들으니 귀가 밝고, 총명하다(聰)는
의미이다.

읽기 한자

聰氣(총기) 聰明(총명) 聰敏(총민)

總 다 총:
4급 Ⅱ
糸 | 11획

비 聰(귀밝을 총)
동 皆(다 개)
　咸(다 함)
　合(합할 합)
약 総, 縂

글자 풀이

실(糸)로 바쁘게(悤) 베를 짜도록 여러 사람들을 모두 모아
거느린다(總)는 의미이다.

읽기 한자

總罷業(총파업) 總販(총판) 總裁(총재) 總帥(총수)

쓰기 한자

總額(총액) 總點(총점) 總評(총평) 總角(총각) 總警(총경) 總計(총계)
總局(총국) 總量(총량) 總力(총력) 總論(총론) 總理(총리) 總務(총무)
總數(총수) 總員(총원) 總長(총장)

最 가장 최:
5급
日 | 8획

비 聖(성인 성)

글자 풀이

옛날에 전쟁에서 위험을 무릅쓰고(日) 적의 귀(耳)를 잘라(又) 오는 것은
가장 큰 모험이라는 데서 가장, 제일(最)을 의미한다.

읽기 한자

最尖端(최첨단)

쓰기 한자

最適(최적) 最強(최강) 最高(최고) 最古(최고) 最近(최근) 最多(최다)
最大(최대) 最良(최량) 最善(최선) 最小(최소) 最少(최소) 最新(최신)
最惡(최악) 最長(최장) 最低(최저) 最終(최종) 最初(최초) 最後(최후)

催

재촉할 최:

人 | 11획

3급 Ⅱ

동 促(재촉할 촉)

> **글자 풀이**
>
> 사람(人)이 높은(崔) 지위에 앉아 어떤 일을 빨리 하도록 재촉한다(催)는 의미이다.

> **읽기 한자**
>
> 催淚彈(최루탄) 催告(최고) 催眠(최면) 催促(최촉) 開催(개최) 主催(주최)

抽

뽑을 추

手 | 5획

3급

비 油(기름 유)
동 拔(뽑을 발)
　擢(뽑을 탁)

> **글자 풀이**
>
> 손(手)으로 과일(由)을 따듯이 어떤 물건을 빼낸다, 뽑는다(抽)는 의미이다.

> **읽기 한자**
>
> 抽象化(추상화) 抽出(추출) 抽脫(추탈) 抽拔(추발) 抽身(추신)

秋

가을 추

禾 | 4획

7급

비 私(사사 사)
　松(소나무 송)
반 春(봄 춘)

> **글자 풀이**
>
> 벼(禾)가 불(火)빛 같은 태양에 익는 계절이니 가을(秋)을 의미한다.

> **읽기 한자**
>
> 秋毫(추호) 秋霜(추상) 存亡之秋(존망지추) 晩秋(만추) 仲秋佳節(중추가절)

> **쓰기 한자**
>
> 秋季(추계) 秋穀(추곡) 秋分(추분) 秋夕(추석) 秋收(추수) 秋波(추파)
> 立秋(입추) 中秋(중추) 春秋(춘추) 千秋(천추) 春秋服(춘추복)
> 秋風落葉(추풍낙엽) 春夏秋冬(춘하추동)

追

쫓을/따를 추

辶 | 6획

3급 Ⅱ

비 進(나아갈 진)
　退(물러날 퇴)
동 遵(좇을 준)
　從(좇을 종)

> **글자 풀이**
>
> 조상신께 고기를 바치러 가는 것을 나타내는 글자로, 조상님을 잘 모시고 따르는 데서, '쫓다, 따르다' 는 뜻이다.

> **읽기 한자**
>
> 追伸(추신) 追加(추가) 追擊(추격) 追更(추경) 追求(추구) 追究(추구)
> 追窮(추궁) 追記(추기) 追念(추념) 追突(추돌) 追慕(추모) 追放(추방)
> 追想(추상) 追憶(추억) 追越(추월) 追認(추인) 追跡(추적) 追從(추종)
> 追徵(추징) 追後(추후) 訴追(소추)

推 4급 밀 추 手 | 8획

비 雄(수컷 웅)
반 引(끌 인)
　導(인도할 도)

글자 풀이

새(隹)들이 싸울 때 날개를 치며 적을 밀어내듯이 손(手)을 써서 상대방을 밀어낸다(推)는 의미이다.

읽기 한자

推薦(추천) 推尋(추심) 推仰(추앙)

쓰기 한자

推進(추진) 推移(추이) 推計(추계) 推考(추고) 推論(추론) 推理(추리)
推算(추산) 推定(추정) 推測(추측) 類推(유추)

醜 3급 추할 추 酉 | 10획

비 醉(취할 취)
반 美(아름다울 미)

글자 풀이

술(酉)에 취하면 도깨비(鬼)처럼 날뛰는 꼴이 보기에 추하다(醜)는 의미이다.

읽기 한자

醜男(추남) 醜女(추녀) 醜貌(추모) 醜夫(추부) 醜惡(추악) 醜雜(추잡)
醜態(추태) 醜行(추행)

丑 3급 소 축 一 | 3획

비 母(어미 모)
통 牛(소 우)

차

글자 풀이

손(彐)으로 소의 코뚜레(丨)를 잡는 것으로서 소(丑)를 의미한다.

읽기 한자

丑方(축방) 丑時(축시) 癸丑日記(계축일기) 公孫丑(공손축)

畜 3급 Ⅱ 짐승 축 田 | 5획

비 畓(논 답)
　蓄(쌓을 축)
통 獸(짐승 수)

글자 풀이

가축(畜)을 기르면 바닥의 흙(田)이 검게(玄) 된다는 데서 기르다, 가축(畜)을 의미한다.

읽기 한자

畜舍(축사) 畜産(축산) 畜生(축생) 畜養(축양) 畜牛(축우) 家畜(가축)
牧畜(목축)

祝 5급 빌　축 示 ┃ 5획 비 稅(세금 세) 동 祈(빌 기) 　　禱(빌 도)	**글자 풀이** 제단(示) 앞에서 축문을 낭독하는 사람(兄)의 모습에서 축복하다, 축하하다(祝)는 의미이다. **읽기한자** 祝杯(축배) 祝壽(축수) 祝賀(축하) 仰祝(앙축) **쓰기한자** 祝髮(축발) 祝儀(축의) 頌祝(송축) 祝辭(축사) 祝歌(축가) 祝官(축관) 祝文(축문) 祝福(축복) 祝願(축원) 祝典(축전) 祝電(축전) 慶祝(경축) 奉祝(봉축) 自祝(자축) 祝手(축수) 祝祭(축제) 祭祝(제축)

逐 3급 쫓을　축 辶 ┃ 7획 비 遂(드디어 수) 　　隊(무리 대) 동 追(쫓을 추) 　　驅(몰 구)	**글자 풀이** 돼지(豕)가 달아나는(辶) 것을 쫓는다(逐)는 의미이다. **읽기한자** 逐鹿(축록) 逐條(축조) 逐條審議(축조심의) 逐出(축출) 角逐戰(각축전) 驅逐(구축)

蓄 4급Ⅱ 모을　축 艹 ┃ 10획 비 畜(짐승 축) 동 貯(쌓을 저) 　　募(모을 모) 　　集(모을 집) 　　積(쌓을 적)	**글자 풀이** 곡식을 거두어 쌓아 놓고(畜) 풀(艹)로 덮은 데서, '쌓다, 모으다'는 뜻이다. **읽기한자** 蓄妾(축첩) 蓄電池(축전지) 含蓄(함축) **쓰기한자** 蓄怨(축원) 蓄音機(축음기) 蓄積(축적) 蓄財(축재) 不正蓄財(부정축재) 備蓄(비축) 貯蓄(저축) 電蓄(전축)

築 4급Ⅱ 쌓을　축 竹 ┃ 10획 동 貯(쌓을 저) 　　積(쌓을 적)	**글자 풀이** 대나무(竹)와 나무(木)로 여러 가지(凡) 공사(工)를 한다는 데서 짓다, 쌓다(築)는 의미이다. **읽기한자** 築臺(축대) **쓰기한자** 構築(구축) 築城(축성) 築造(축조) 築港(축항) 改築(개축) 建築(건축) 新築(신축) 增築(증축)

4급
縮 줄일 축
糸 | 11획

비 宿(잘 숙)
반 伸(펼 신)
　擴(넓힐 확)

글자 풀이

집안에 사람이 몸을 웅크리고 머무르(宿)듯이, 실(糸)로 꾹 매서 작게 하는 것에서 작게 하다, 줄이다, 짧게 하다(縮)는 의미이다.

읽기 한자

伸縮性(신축성) 縮刷(축쇄) 縮尺(축척) 緊縮(긴축)

쓰기 한자

縮圖(축도) 縮米(축미) 縮小(축소) 減縮(감축) 軍縮(군축) 短縮(단축)
收縮(수축) 壓縮(압축) 縮地法(축지법) 軍備縮小(군비축소)

7급
春 봄 춘
日 | 5획

비 奉(받들 봉)
　泰(클 태)
반 秋(가을 추)

글자 풀이

따뜻한 햇살(日)에 초목의 새순이 돋아나기 시작하는 계절로 봄(春)을 의미한다.

읽기 한자

春耕(춘경) 春夢(춘몽) 春府丈(춘부장) 陽春佳節(양춘가절) 一場春夢(일장춘몽)

쓰기 한자

春季(춘계) 春困(춘곤) 春窮期(춘궁기) 春分(춘분) 春情(춘정) 春秋(춘추)
春風(춘풍) 賣春(매춘) 新春(신춘) 早春(조춘) 靑春(청춘) 回春(회춘)
思春期(사춘기) 春秋服(춘추복) 二八靑春(이팔청춘) 立春大吉(입춘대길)

7급
出 날 출
凵 | 3획

동 進(나아갈 진)
반 入(들 입)

글자 풀이

풀이 여기저기 어우러져 만들어진 모양에서 나오다, 내다(出)는 의미이다.

읽기 한자

出刊(출간) 出沒(출몰) 出征(출정) 出獄(출옥) 出版(출판) 供出(공출)
腦出血(뇌출혈) 出荷(출하)

쓰기 한자

出擊(출격) 出庫(출고) 出勤(출근) 出納(출납) 出迎(출영) 傑出(걸출)
出家(출가) 出監(출감) 出講(출강) 出金(출금) 出動(출동) 出頭(출두)
出力(출력) 出馬(출마) 出發(출발) 出兵(출병) 出仕(출사) 出産(출산)
出生(출생) 出席(출석) 出世(출세) 出所(출소) 出身(출신) 出漁(출어)

5급 II
充 채울 충
儿 | 4획

비 允(맏 윤)
동 滿(찰 만)

글자 풀이

아이를 낳아 기를(育) 때, 해가 차면 스스로 걸을 수 있는 사람(儿)이 되는 데서, '차다, 가득하다'는 뜻이다.

읽기 한자

擴充(확충) 補充(보충)

쓰기 한자

充當(충당) 充滿(충만) 充分(충분) 充實(충실) 充員(충원) 充位(충위)
充耳(충이) 充足(충족) 充血(충혈) 不充分(불충분)

忠
4급Ⅱ
충성 **충**
心 | 4획

비 患(근심 환)

글자 풀이
어느 쪽으로도 기울지 않고(中) 거짓이 없는 참된 마음(心)을 이르는 진심, 참(忠)을 의미한다.

읽기 한자
忠魂(충혼)

쓰기 한자
忠犬(충견) 顯忠日(현충일) 忠告(충고) 忠誠(충성) 忠臣(충신) 忠實(충실)
忠心(충심) 忠言(충언) 忠義(충의) 忠節(충절) 忠孝(충효) 不忠(불충)

衝
3급Ⅱ
찌를 **충**
行 | 9획

비 衡(저울대 형)
동 突(갑자기 돌)

글자 풀이
행길(行)에서 무거운(重) 트럭끼리 부딪친다(衝)는 의미이다.

읽기 한자
衝擊(충격) 衝突(충돌) 衝動(충동) 衝天(충천) 上衝(상충) 要衝地(요충지)
折衝(절충) 士氣衝天(사기충천) 正面衝突(정면충돌) 左衝右突(좌충우돌)
緩衝地帶(완충지대)

蟲
4급Ⅱ
벌레 **충**
虫 | 12획

약 虫

글자 풀이
뱀들이 모여 있는 모양을 본떴다.

읽기 한자
驅蟲(구충) 桑蟲(상충)

쓰기 한자
寄生蟲(기생충) 蟲災(충재) 蟲齒(충치) 毒蟲(독충) 病蟲害(병충해)
害蟲(해충)

吹
3급Ⅱ
불 **취:**
口 | 4획

비 次(버금 차)
반 吸(마실 흡)

글자 풀이
입(口)을 크게 벌리고(欠) 입김을 불어(吹) 낸다는 의미이다.

읽기 한자
吹入(취입)

取

4급 II

가질 **취:**

又 | 6획

[동] 持(가질 지)
　　得(얻을 득)
[반] 捨(버릴 사)

글자 풀이

중국에서는 적을 잡은 표시로 귀(耳)를 잘라 거둔(又) 것에서 취하다, 잡다(取)는 의미이다.

읽기 한자

取捨選擇(취사선택) 詐取(사취) 奪取(탈취)

쓰기 한자

略取(약취) 採取(채취) 聽取(청취) 無錢取食(무전취식) 取得(취득)
取消(취소) 取食(취식) 取材(취재) 取調(취조) 爭取(쟁취) 受取人(수취인)
進取的(진취적)

臭

3급

냄새 **취:**

自 | 4획

[비] 鼻(코 비)

글자 풀이

개(犬)의 코(自)는 냄새(臭)를 잘 맡는다는 의미이다.

읽기 한자

臭覺(취각) 臭氣(취기) 惡臭(악취) 體臭(체취) 口尙乳臭(구상유취)

就

4급

나아갈 **취:**

尢 | 9획

[동] 進(나아갈 진)
　　去(갈 거)

글자 풀이

더욱(尤) 공부를 열심히 하여 서울(京)의 벼슬길에 나아간다(就)는 의미이다.

읽기 한자

就役(취역)

쓰기 한자

就業(취업) 就任(취임) 就職(취직) 就寢(취침) 就學(취학)
就航(취항) 去就(거취) 成就(성취) 就勞事業(취로사업)
所願成就(소원성취) 日就月將(일취월장) 進就的(진취적)

醉

3급 II

취할 **취:**

酉 | 8획

[비] 醜(추할 추)
[동] 酩(술취할 명)
　　酊(술취할 정)
[반] 醒(깰 성)
[약] 醉

글자 풀이

술(酉)을 마시면 마침내(卒) 취한다(醉)는 의미이다.

읽기 한자

醉客(취객) 醉氣(취기) 醉生夢死(취생몽사) 醉中(취중) 醉興(취흥)
滿醉(만취) 熟醉(숙취) 陶醉(도취) 心醉(심취)

趣 4급
뜻 취:
走 | 8획

동 志(뜻 지)
　意(뜻 의)

글자 풀이
물고기를 잡기(取) 위하여 공휴일마다 낚시터로 달려간다(走)는 데서 취미(趣)를 의미한다.

읽기 한자
雅趣(아취) 佳趣(가취)

쓰기 한자
趣味(취미) 趣舍(취사) 趣向(취향) 惡趣味(악취미) 情趣(정취) 興趣(흥취)

側 3급 Ⅱ
곁 측
人 | 9획

비 則(법칙 칙)
　測(헤아릴 측)
동 傍(곁 방)

글자 풀이
사람(人)은 법칙(則)을 곁(側)에 두고 살아야 한다는 의미이다.

읽기 한자
側近(측근) 側面(측면) 側目(측목) 貴側(귀측) 兩側(양측) 外側(외측)
右側(우측) 左側(좌측) 左側通行(좌측통행) 反側(반측)

測 4급 Ⅱ
헤아릴 측
水 | 9획

비 側(곁 측)
동 量(헤아릴 량)

글자 풀이
조개(貝)를 칼(刀)로 자르는 형태는 균등하다는 것으로 일정한 규칙에 따라서 물(水)의 깊이를 재는 것에서 재다(測)는 의미이다.

읽기 한자
怪常罔測(괴상망측)

쓰기 한자
豫測(예측) 推測(추측) 測候所(측후소) 測量(측량) 測定(측정) 測地(측지)
計測(계측) 觀測(관측) 目測(목측) 實測(실측) 凶測(흉측) 測雨器(측우기)

層 4급
층 층
尸 | 12획

동 階(섬돌 계)

글자 풀이
집(尸) 위에 집이 거듭(曾) 있다는 데서 층(層)을 의미한다.

읽기 한자
庶民層(서민층) 層巖絶壁(층암절벽) 層層侍下(층층시하) 富裕層(부유층)

쓰기 한자
層階(층계) 各層(각층) 階層(계층) 基層(기층) 單層(단층) 斷層(단층)
上層(상층) 深層(심층) 地層(지층) 下層(하층) 貧民層(빈민층)
知識層(지식층) 高層建物(고층건물) 高位層(고위층) 加一層(가일층)
中産層(중산층) 特權層(특권층)

治
4급 Ⅱ
다스릴 **치**
水 | 5획

비 汝(너 여)
　 始(비로소 시)
반 理(다스릴 리)

글자 풀이
물(水)의 흐름을 살피어 조절하고, 홍수를 막기 위해 물을 다스리는(台) 의식에서 유래하여 다스리다, 진압하다(治)는 의미이다.

읽기한자
治粧(치장) 治濕(치습)

쓰기한자
治略(치략) 治裝(치장) 治積(치적) 治家(치가) 治國(치국) 治道(치도)
治理(치리) 治民(치민) 治山(치산) 治世(치세) 治水(치수) 治安(치안)
治下(치하) 內治(내치) 法治(법치)

值
3급 Ⅱ
값 **치**
人 | 8획

비 直(곧을 직)
동 價(값 가)

글자 풀이
사람(人)은 곧고(直) 바르게 살아야 값(値) 있는 인생이 될 수 있다는 의미이다.

읽기한자
近似値(근사치) 値遇(치우) 相値(상치) 數値(수치) 價値(가치)
價値觀(가치관) 加重値(가중치) 絕對値(절대치) 平均値(평균치)
稀少價値(희소가치)

恥
3급 Ⅱ
부끄러울 **치**
心 | 6획

동 辱(욕될 욕)
　 愧(부끄러울 괴)
　 慙(부끄러울 참)

글자 풀이
귀(耳)가 붉어지는 마음(心)이란 데서 부끄럼(恥)이라는 의미이다.

읽기한자
廉恥(염치) 破廉恥(파렴치) 恥部(치부) 恥事(치사) 恥辱(치욕)
國恥日(국치일) 雪恥(설치) 厚顔無恥(후안무치)

置
4급 Ⅱ
둘 **치:**
罒 | 8획

비 直(곧을 직)

글자 풀이
마음이 솔직한(直) 사람은 잡혀가(罒)도 금방 방면되므로 처음부터 그대로 해 놓는다(置)는 의미이다.

읽기한자
置簿(치부) 置換(치환) 拘置(구치) 前置詞(전치사) 置之度外(치지도외)
倒置(도치) 荷置場(하치장)

쓰기한자
置酒(치주) 置標(치표) 裝置(장치) 置毒(치독) 置中(치중) 代置(대치)
放置(방치) 配置(배치) 備置(비치) 設置(설치) 安置(안치) 領置(영치)
位置(위치) 任置(임치) 處置(처치) 留置場(유치장)

致

5급
이룰 **치:**
至 | 4획

비 姪(조카 질)
동 至(이를 지)
　 到(이를 도)

<글자 풀이>
손에 도구를 들고(攵) 열심히 일하여 어떤 일의 끝까지 다달아(至)
이룬다(致)는 의미이다.

<읽기한자>
致享(치향) 致賀(치하) 致詞(치사) 韻致(운치)

<쓰기한자>
致辭(치사) 招致(초치) 功致辭(공치사) 致家(치가) 致敬(치경) 致富(치부)
致謝(치사) 致仕(치사) 致誠(치성) 致身(치신) 致語(치어) 才致(재치)
風致(풍치) 筆致(필치) 合致(합치) 致位(치위) 致意(치의) 理致(이치)
一致(일치)

稚

3급Ⅱ
어릴 **치**
禾 | 8획

비 雅(맑을 아)
　 惟(생각할 유)
동 幼(어릴 유)
반 老(늙을 로)

<글자 풀이>
벼(禾)가 새(隹)의 꼬리처럼 짧아 덜 자랐다는 데서 어리다(稚)는
의미이다.

<읽기한자>
稚拙(치졸) 稚氣(치기) 稚魚(치어) 幼稚園(유치원)

齒

4급Ⅱ
이 **치**
齒 | 0획

동 牙(어금니 아)
약 歯

<글자 풀이>
입을 벌려서 이빨이 보이고 있는 모양으로 사람이나 동물 등의
이빨(齒)을 의미한다.

<읽기한자>
脣亡齒寒(순망치한) 齒牙(치아) 切齒腐心(절치부심)

<쓰기한자>
齒骨(치골) 齒痛(치통) 齒科(치과) 齒德(치덕) 齒石(치석) 齒藥(치약)
齒列(치열) 不齒(불치) 年齒(연치) 義齒(의치) 蟲齒(충치)

則

5급
법칙 **칙**
곧 **즉**
刀 | 7획

비 測(헤아릴 측)
　 側(곁 측)
동 法(법 법)
　 規(법 규)
　 律(법칙 률)

<글자 풀이>
재산과 돈(貝)을 칼(刀)로 나눌 때 법칙(則)에 따라 나눈다는 의미이다.

<읽기한자>
附則(부칙)

<쓰기한자>
犯則(범칙) 校則(교칙) 規則(규칙) 反則(반칙) 法則(법칙) 變則(변칙)
稅則(세칙) 守則(수칙) 原則(원칙) 準則(준칙) 鐵則(철칙) 總則(총칙)
學則(학칙) 會則(회칙) 然則(연즉) 不規則(불규칙)

親	6급
	친할 **친**
	見 | 9획

비 新(새 신)
　 視(볼 시)

글자 풀이

서(立) 있는 나무(木) 옆에서 언제나 눈을 떼지 않고 봐(見)주고 있는 사람이라는 뜻에서 어버이, 양친(親)을 의미한다.

읽기 한자

親睦(친목) 親喪(친상) 親戚(친척) 雙親(쌍친)

쓰기 한자

親家(친가) 親交(친교) 親舊(친구) 親權(친권) 親近(친근) 親密(친밀)
親分(친분) 親書(친서) 親友(친우) 親切(친절) 親庭(친정) 親政(친정)
親族(친족) 親知(친지) 親筆(친필) 兩親(양친) 事親(사친) 養親(양친)

七	8급
	일곱 **칠**
	一 | 1획

글자 풀이

다섯 손가락에 두 손가락을 십자형으로 포개서 일곱을 나타냈다.

읽기 한자

七去之惡(칠거지악) 七旬(칠순)

쓰기 한자

七寶(칠보) 七夕(칠석) 七月(칠월) 七音(칠음) 七情(칠정) 七星堂(칠성당)
七言詩(칠언시) 七面鳥(칠면조) 北斗七星(북두칠성)

漆	3급Ⅱ
	옻 **칠**
	水 | 11획

동 黑(검을 흑)

글자 풀이

옻나무(木)에서 사람(人)이 진액(水)을 뽑아서 기름(尤)과 배합하며 옻칠을 한다(漆)는 의미이다.

읽기 한자

漆工藝(칠공예) 漆器(칠기) 漆夜(칠야) 漆板(칠판) 漆黑(칠흑) 金漆(금칠)

차

沈	3급Ⅱ
	잠길 **침(:)**
	성 **심:**
	水 | 4획

비 枕(베개 침)
동 潛(잠길 잠)
　 浸(잠길 침)
　 沒(빠질 몰)
반 浮(뜰 부)

글자 풀이

물(氵) 속으로 사람이 잠기는 모양(尤)을 나타내어 잠기다, 가라앉다(沈)는 의미이다.

읽기 한자

沈降(침강) 沈眠(침면) 沈沒(침몰) 沈水(침수) 沈重(침중) 沈着(침착)
沈痛(침통) 沈氏(심씨) 陰沈(음침) 沈默(침묵) 沈思(침사) 沈潛(침잠)
擊沈(격침) 浮沈(부침)

	3급
枕	베개 침:
	木 | 4획

비 沈(잠길 침)

글자 풀이

사람(儿)이 나무(木)로 만든 베개(冖)를 베고 있는 데서, '베개'를 뜻한다.

읽기 한자

枕頭(침두) 枕木(침목) 枕上(침상) 木枕(목침)

	4급Ⅱ
侵	침노할 침
	人 | 7획

비 浸(잠길 침)
동 掠(노략질할 략)
　擄(노략질할 로)
　犯(범할 범)

글자 풀이

사람(亻)이 손(又)에 비(帚)를 들고 마당을 점점 쓸어 들어간다는 데서, '침노하다'는 뜻이다.

읽기 한자

侵掠(침략) 侵奪(침탈)

쓰기 한자

侵攻(침공) 侵略(침략) 侵犯(침범) 侵入(침입) 侵害(침해) 南侵(남침)
來侵(내침) 再侵(재침) 不可侵(불가침)

	3급Ⅱ
浸	잠길 침:
	水 | 7획

비 侵(침노할 침)
동 潛(잠길 잠)
　沈(잠길 침)
　沒(빠질 몰)
반 浮(뜰 부)

글자 풀이

물(氵)이 침범하여(侵) 스며들어 적신다, 잠긴다(浸)는 의미이다.

읽기 한자

浸禮敎(침례교) 浸水(침수) 浸染(침염) 浸透(침투)

	4급
針	바늘 침(:)
	金 | 2획

비 計(셀 계)

글자 풀이

쇠(金)로 된 바늘의 모양(十)에서 바늘(針)을 의미한다.

읽기 한자

蜂針(봉침) 秒針(초침)

쓰기 한자

針線(침선) 針術(침술) 毒針(독침) 分針(분침) 時針(시침)

寝　4급
잘　침:
宀 | 11획

동 睡(졸음 수)
　 眠(잘 면)
　 宿(잘 숙)
반 起(일어날 기)

글자 풀이

집(宀)에서 침대(爿)를 쓸고(帚) 잔다(寝)는 의미이다.

읽기한자

寢臺(침대) 寢床(침상)

쓰기한자

寢具(침구) 寢息(침식) 寢食(침식) 寢室(침실) 起寢(기침) 同寢(동침)
不寢番(불침번) 就寢(취침)

稱　4급
일컬을　칭
禾 | 9획

비 稻(벼 도)
약 称

글자 풀이

벼(禾) 바구니(冉)를 손(爪)으로 들어 저울질(稱)하고 그 무게를
일컫는다(稱)는 의미이다.

읽기한자

詐稱(사칭) 稱慕(칭모) 稱疾(칭질)

쓰기한자

稱擧(칭거) 稱格(칭격) 稱德(칭덕) 稱道(칭도) 稱量(칭량) 稱名(칭명)
稱美(칭미) 稱病(칭병) 稱辭(칭사) 稱善(칭선) 稱頌(칭송) 稱情(칭정)
稱帝(칭제) 稱職(칭직) 稱讚(칭찬) 稱號(칭호) 假稱(가칭) 改稱(개칭)
敬稱(경칭) 對稱(대칭) 略稱(약칭) 名稱(명칭) 世稱(세칭) 俗稱(속칭)

快　4급Ⅱ
쾌할　쾌
心 | 4획

비 決(결단할 결)
　 抉(도려낼 결)
동 爽(상쾌할 상)
　 㤼(쾌할 령)

글자 풀이

손으로 물건의 일부를 깎아내듯이 마음(心)을 열어 제쳐서(夬) 거침이
없는 것에서 기분이 좋다(快)는 의미이다.

읽기한자

快哉(쾌재) 快晴(쾌청) 快刀(쾌도) 快諾(쾌락) 豪快(호쾌)

쓰기한자

快適(쾌적) 快差(쾌차) 痛快(통쾌) 快感(쾌감) 快擧(쾌거) 快樂(쾌락)
快走(쾌주) 快活(쾌활) 輕快(경쾌) 明快(명쾌) 不快(불쾌) 完快(완쾌)
快男兒(쾌남아) 快速船(쾌속선) 不快指數(불쾌지수)

打　5급
칠　타:
手 | 2획

비 抒(풀 서)
동 擊(칠 격)

글자 풀이

손(手)으로 못(丁)을 탕탕 두드려 박는 것에서 두드리다, 치다(打)는
의미이다.

읽기한자

猛打(맹타) 打率(타율) 打倒(타도)

쓰기한자

打擊(타격) 打點(타점) 打鍾(타종) 亂打(난타) 打開(타개) 打力(타력)
打令(타령) 打算(타산) 打殺(타살) 打線(타선) 打手(타수) 打數(타수)
打字(타자) 打者(타자) 打電(타전) 打破(타파) 强打(강타) 短打(단타)
代打(대타) 十打(십타) 安打(안타) 連打(연타)

他

5급
다를 **타**
人 | 3획

- 비 地(따 지)
  池(못 지)
- 동 異(다를 이)
  差(다를 차)
- 반 自(스스로 자)

글자 풀이

살모사(也)는 사람(人)이 좋아할 수 없는 것으로 밖으로 나가라는 의미에서 밖, 옆, 딴 것(他)을 의미한다.

읽기한자

他動詞(타동사) 他山之石(타산지석) 排他(배타)

쓰기한자

依他(의타) 自他共存(자타공존) 他界(타계) 他官(타관) 他國(타국) 他力(타력) 他殺(타살) 他姓(타성) 他律(타율) 他意(타의) 他人(타인) 他鄕(타향) 餘他(여타) 出他(출타) 他方面(타방면)

妥

3급
온당할 **타:**
女 | 4획

- 동 當(마땅 당)

글자 풀이

남자가 성년이 되어 손(爪)으로 아내인 여자(女)를 맞이하는 일은 온당하다(妥)는 의미이다.

읽기한자

妥結(타결) 妥當(타당) 妥協(타협) 普遍妥當(보편타당)

墮

3급
떨어질 **타:**
土 | 12획

- 비 隨(따를 수)
- 동 落(떨어질 락)
- 약 堕

글자 풀이

언덕(阝) 왼편으로(左) 몸(月)이 굴러 흙(土) 위에 떨어진다(墮)는 의미이다.

읽기한자

墮落(타락) 墮獄(타옥) 墮地(타지) 墮罪(타죄) 墮淚(타루) 失墮(실타)

托

3급
맡길 **탁**
手 | 3획

- 비 託(부탁할 탁)
- 동 任(맡길 임)

글자 풀이

손(扌)으로 맡아서(乇) 할 일거리를 맡긴다(托)는 의미이다.

읽기한자

托子(탁자) 依托(의탁)

卓 높을 **탁**	5급
十	6획

비 早(이를 조)
동 高(높을 고)
　　尙(오히려 상)
　　越(넘을 월)
반 低(밑 저)

타

글자 풀이

이른 아침(早)에 해가 떠서 하늘 위(上)로 높이 오른다는 데서 높다, 뛰어나다(卓)는 의미이다.

읽기 한자

卓越(탁월) 卓超(탁초) 卓冠(탁관) 卓拔(탁발)

쓰기 한자

卓見(탁견) 卓立(탁립) 卓然(탁연) 卓球(탁구) 卓子(탁자) 食卓(식탁)
圓卓(원탁) 卓上空論(탁상공론)

濁 흐릴 **탁**	3급
水	13획

비 獨(홀로 독)
　　燭(촛불 촉)
반 淨(깨끗할 정)
　　淸(맑을 청)

글자 풀이

미꾸라지 한(蜀) 마리가 온 도랑물(氵)을 흐린다(濁)는 의미이다.

읽기 한자

濁流(탁류) 濁世(탁세) 濁音(탁음) 濁酒(탁주) 一魚濁水(일어탁수)
淸濁(청탁) 混濁(혼탁)

濯 씻을 **탁**	3급
水	14획

비 曜(빛날 요)
동 洗(씻을 세)

글자 풀이

새(隹)가 깃, 날개(羽)를 물(氵)에서 씻는다는 데서 씻다, 빨래하다(濯)는 의미이다.

읽기 한자

濯足(탁족) 洗濯(세탁)

炭 숯 **탄:**	5급
火	5획

비 灰(재 회)
　　岸(언덕 안)
반 氷(얼음 빙)

글자 풀이

산(山)기슭이나 높은 언덕(厂)에서 숯구이 가마를 만들고 불(火)을 지펴 숯을 만드는 것에서 숯(炭)을 의미한다.

읽기 한자

貯藏炭(저장탄)

쓰기 한자

炭鑛(탄광) 炭層(탄층) 九孔炭(구공탄) 採炭(채탄) 炭素(탄소) 炭水(탄수)
炭化水素(탄화수소) 無煙炭(무연탄) 白炭(백탄) 石炭(석탄)

彈 탄알 탄:
弓 | 12획 · 4급

비 禪(선 선)
　單(홀 단)
약 弾

글자 풀이

활(弓)에서 화살이 하나(單)씩 튀어나간다는 데서 탄알(彈)을 의미한다.

읽기한자

催淚彈(최루탄) 彈丸(탄환) 彈冠(탄관) 彈琴(탄금) 彈倉(탄창)
誘導彈(유도탄) 照明彈(조명탄)

쓰기한자

彈道(탄도) 彈道彈(탄도탄) 彈力(탄력) 彈性(탄성) 彈壓(탄압) 彈藥(탄약)
防彈(방탄) 失彈(실탄) 誤發彈(오발탄) 流彈(유탄) 肉彈戰(육탄전)
指彈(지탄) 銃彈(총탄) 砲彈(포탄) 爆彈(폭탄) 核彈頭(핵탄두)

歎 탄식할 탄:
欠 | 11획 · 4급

비 歡(기쁠 환)
　難(어려울 난)

글자 풀이

어려운(堇) 일을 당하여 입을 크게 벌리고(欠) 한숨쉰다, 탄식하다(歎)는
의미이다.

읽기한자

慨歎(개탄) 晩時之歎(만시지탄)

쓰기한자

歎服(탄복) 歎聲(탄성) 歎息(탄식) 歎願書(탄원서) 感歎(감탄)
敬歎(경탄) 驚歎(경탄) 自歎(자탄) 痛歎(통탄) 恨歎(한탄)

誕 낳을/거짓 탄:
言 | 7획 · 3급

통 生(날 생)
　欺(속일 기)
　妄(망령될 망)

글자 풀이

말(言)을 길게 늘여(延)하는 것으로 본래 거짓말하다, 속이다(誕)는
의미인데, 새로 태어나다(誕)는 의미를 나타내기도 한다.

읽기한자

誕降(탄강) 誕欺(탄기) 誕妄(탄망) 誕生(탄생)
誕辰(탄신) 佛誕日(불탄일) 聖誕節(성탄절)

脫 벗을 탈
月 | 7획 · 4급

비 稅(세금 세)

글자 풀이

몸(月)에 살이 빠지거나 곤충 따위가 껍질을 벗는 데서, '벗다' 는 뜻이다.

읽기한자

脫稿(탈고) 脫獄(탈옥) 脫皮(탈피) 疏脫(소탈) 超脫(초탈) 脫漏(탈루)

쓰기한자

脫穀(탈곡) 脫黨(탈당) 脫落(탈락) 脫略(탈략) 脫毛(탈모) 脫法(탈법) 脫色(탈색)
脫線(탈선) 脫稅(탈세) 脫俗(탈속) 脫水(탈수) 脫營(탈영) 脫衣(탈의) 脫走(탈주)
脫盡(탈진) 脫出(탈출) 脫退(탈퇴) 離脫(이탈) 解脫(해탈) 虛脫(허탈)

奪 3급Ⅱ 빼앗을 **탈** 大 | 11획	**글자 풀이** 큰(大) 새(隹)를 손(寸)에 넣는다는 데서, '빼앗다' 는 뜻이다. **읽기 한자** 掠奪(약탈) 奪取(탈취) 奪還(탈환) 强奪(강탈) 收奪(수탈) 爭奪(쟁탈) 侵奪(침탈) 奪氣(탈기) 削奪官職(삭탈관직)

비 奮(떨칠 분)
동 掠(노략질할 략)

貪 3급 탐낼 **탐** 貝 | 4획	**글자 풀이** 사람의 도리를 저버리는 지금(今) 눈 앞에 있는 재물(貝)을 탐낸다(貪)는 의미이다. **읽기 한자** 貪官汚吏(탐관오리) 貪慾(탐욕) 食貪(식탐) 貪權(탐권) 貪廉(탐렴) 貪利(탐리) 貪位(탐위)

비 貧(가난할 빈)
동 慾(욕심 욕)

探 4급 찾을 **탐** 手 | 8획	**글자 풀이** 깊은(深) 굴 속에 들어가 더듬어(手) 물건을 찾는다(探)는 의미이다. **읽기 한자** 廉探(염탐) 探索(탐색) 探照燈(탐조등) **쓰기 한자** 探究(탐구) 探求(탐구) 探問(탐문) 探訪(탐방) 探査(탐사) 探情(탐정) 探知(탐지) 探險(탐험) 內探(내탐)

비 深(깊을 심)
동 索(찾을 색)
　訪(찾을 방)
　尋(찾을 심)

塔 3급Ⅱ 탑 **탑** 土 | 10획	**글자 풀이** 흙(土) 위에 돌을 모아 합한(合) 후 지붕(⁺⁺)을 올린 탑(塔)을 의미한다. **읽기 한자** 管制塔(관제탑) 金子塔(금자탑) 金塔(금탑) 佛塔(불탑) 司令塔(사령탑) 石塔(석탑) 鐵塔(철탑) 象牙塔(상아탑)

타

湯	3급 Ⅱ
끓을 탕:	
水 | 9획	

비 傷(상처 상)
場(마당 장)
陽(볕 양)
揚(날릴 양)

글자 풀이

물(氵)을 데워서(昜) 끓인다(湯)는 의미이다.

읽기 한자

湯藥(탕약) 冷湯(냉탕) 熱湯(열탕) 雜湯(잡탕) 再湯(재탕) 重湯(중탕)
補身湯(보신탕) 雙和湯(쌍화탕) 藥湯器(약탕기) 金城湯池(금성탕지)

太	6급
클 태	
大 | 1획	

동 大(큰 대)
巨(클 거)
泰(클 태)
반 小(작을 소)
微(작을 미)

글자 풀이

큰 대(大) 두 개를 써서 아주 크다(太)는 의미이다.

읽기 한자

太甚(태심) 太陰曆(태음력)

쓰기 한자

太古(태고) 太空(태공) 太極(태극) 太半(태반) 太白(태백) 太陽(태양)
太子(태자) 太祖(태조) 太宗(태종) 太初(태초) 太平(태평) 豆太(두태)
明太(명태) 太上王(태상왕) 太極旗(태극기) 太不足(태부족)
太平洋(태평양) 太平聖代(태평성대)

怠	3급
게으를 태	
心 | 5획	

비 念(생각 념)
동 慢(거만할 만)
반 勤(부지런할 근)

글자 풀이

젖(厶)을 입(口)에 물고 있는 아기의 마음(心)이니 느리고,
게으르다(怠)는 의미이다.

읽기 한자

怠慢(태만) 怠業(태업) 過怠料(과태료)

殆	3급 Ⅱ
거의 태	
歹 | 5획	

비 殃(재앙 앙)
동 危(위태할 위)

글자 풀이

죽음(歹)이 시작(台)되는 듯 거의(殆) 죽을 지경이란 데서
위태하다(殆)는 의미이다.

읽기 한자

殆無心(태무심) 殆半(태반) 危殆(위태)

泰
클 태
水 | 5획

비 春(봄 춘)
동 大(큰 대)
　 巨(클 거)
　 太(클 태)
반 小(작을 소)
　 微(작을 미)

3급Ⅱ

글자 풀이

불(火)이나 물(水)의 힘은 둘(二)다 크다(泰)는 의미이다.

읽기 한자

泰斗(태두) 泰然(태연) 泰平(태평) 泰山北斗(태산북두)
國泰民安(국태민안) 天下泰平(천하태평) 泰然自若(태연자약)

態
모습 태:
心 | 10획

비 熊(곰 웅)
　 能(능할 능)
동 樣(모양 양)
　 姿(모양 자)

4급Ⅱ

글자 풀이

마음(心) 먹기에 따라서 능하게(能) 나타나는 모양이나 태도(態)를
의미한다.

읽기 한자

醜態(추태)

쓰기 한자

樣態(양태) 姿態(자태) 千態萬象(천태만상) 舊態依然(구태의연)
態度(태도) 態勢(태세) 動態(동태) 變態(변태) 形態(형태) 事態(사태)
狀態(상태) 生態(생태) 世態(세태) 實態(실태) 容態(용태) 作態(작태)
重態(중태)

宅
집 택
宀 | 3획

비 完(완전할 완)
동 戶(집 호) 室(집 실)
　 堂(집 당) 屋(집 옥)
　 宅(집 택) 閣(집 각)
　 館(집 관) 宇(집 우)

5급Ⅱ

글자 풀이

몸을 의지하여 맡기는(乇) 집(宀)이라는 것에서 집(宅)을 의미한다.

읽기 한자

宅兆(택조) 幽宅(유택)

쓰기 한자

私宅(사택) 宅地(택지) 家宅(가택) 舍宅(사택) 社宅(사택) 陽宅(양택)
陰宅(음택) 自宅(자택) 住宅(주택) 宅內(댁내)

澤
못 택
水 | 13획

비 擇(가릴 택)
동 池(못 지)
　 潭(못 담)
　 沼(못 소)
약 沢

3급Ⅱ

글자 풀이

물(氵)이 주변을 엿보고(睪) 자리 잡은 뒤에 오래도록 머무는 데서,
'못' 을 뜻한다.

읽기 한자

澤雨(택우) 德澤(덕택) 光澤(광택) 潤澤(윤택) 惠澤(혜택)

타

擇 4급
가릴 **택**
手 | 13획

ㅂ 澤(못 택)
　譯(번역할 역)
동 選(가릴 선)
　拔(뽑을 발)
약 択

글자 풀이

여러 물건을 엿보고(睪) 손(扌)으로 좋은 것을 고른다는 데서, '가리다'는 뜻이다.

읽기 한자

取捨選擇(취사선택)

쓰기 한자

擇一(택일) 擇日(택일) 採擇(채택) 選擇(선택) 兩者擇一(양자택일)

土 8급
흙 **토**
土 | 0획

ㅂ 士(선비 사)
동 地(따 지)
　壤(흙덩이 양)

글자 풀이

초목이 새눈을 내미는 것에서 흙(土)을 의미한다.

읽기 한자

凍土(동토) 荒土(황토) 腐葉土(부엽토) 土臺(토대) 土壤(토양) 土豪(토호)
淨土(정토) 西方淨土(서방정토)

쓰기 한자

土管(토관) 土卵(토란) 土龍(토룡) 土鍾(토종) 土建(토건) 土器(토기)
土木(토목) 土石(토석) 土星(토성) 土城(토성) 土俗(토속) 土人(토인)
土地(토지) 土質(토질) 土着(토착) 客土(객토) 國土(국토) 農土(농토)
樂土(낙토) 領土(영토) 出土(출토) 風土(풍토) 鄕土(향토) 黃土(황토)

吐 3급 II
토할 **토(:)**
口 | 3획

ㅂ 味(맛 미)

글자 풀이

입(口)을 땅(土)으로 향해서 토한다(吐)는 의미이다.

읽기 한자

吐氣(토기) 吐說(토설)
吐血(토혈) 實吐(실토)

兔 3급 II
토끼 **토**
儿 | 6획

ㅂ 免(면할 면)
동 卯(토끼 묘)
약 兎

글자 풀이

토끼의 모양을 본떴다.

읽기 한자

兔脣(토순) 兔影(토영) 兔眼(토안)
家兔(가토) 赤兔馬(적토마) 野兔(야토)

討
칠 토(:)
言 | 3획
4급

- 비 計(셀 계)
- 동 伐(칠 벌)
  征(칠 정)
  打(칠 타)
- 반 守(지킬 수)
  防(막을 방)

글자 풀이
규정(寸)에 따라 심문하(言)는 것에서 묻다, 조사하다(討)는 의미이다.

읽기 한자
討索(토색)

쓰기 한자
討論(토론) 討伐(토벌) 討議(토의) 討罪(토죄) 檢討(검토) 聲討(성토)

通
통할 통
辶 | 7획
6급

- 비 痛(아플 통)
- 동 達(통달할 달)
  徹(통할 철)

글자 풀이
판지에 못을 박았(甬)듯이 도로(辶)가 어디까지나 계속되고 있는 것에서
통하다, 왕래하다(通)는 의미이다.

읽기 한자
姦通(간통) 亨通(형통) 通譯(통역) 通弊(통폐) 貫通(관통) 疏通(소통)

쓰기 한자
通卷(통권) 通勤(통근) 通告(통고) 通過(통과) 通關(통관) 通禁(통금)
通念(통념) 通達(통달) 通讀(통독) 通例(통례) 通路(통로) 通論(통론)
通報(통보) 通分(통분) 通貨(통화)

痛
아플 통:
疒 | 7획
4급

- 비 通(통할 통)

글자 풀이
병(疒)에 걸린 사람이 몸에 못이 박힌(甬) 듯이 아파하는 것에서 아프다,
슬퍼하다(痛)는 의미이다.

읽기 한자
腰痛(요통) 痛哭(통곡) 痛症(통증) 大聲痛哭(대성통곡) 腹痛(복통)
哀痛(애통) 沈痛(침통) 胃痛(위통)

쓰기 한자
痛感(통감) 痛憤(통분) 痛心(통심) 痛飮(통음) 痛切(통절) 痛快(통쾌)
痛恨(통한) 苦痛(고통) 頭痛(두통) 憤痛(분통) 悲痛(비통) 陣痛(진통)
齒痛(치통)

統
거느릴 통:
糸 | 6획
4급 Ⅱ

- 비 銃(총 총)
- 동 率(거느릴 솔)
  總(거느릴 총)
  御(거느릴 어)
  領(거느릴 령)

글자 풀이
실(糸)을 알차게(充) 모아서 줄을 꼬듯이 힘을 모은다는 데서
거느리다(統)는 의미이다.

읽기 한자
統率(통솔) 統帥權(통수권)

쓰기 한자
系統(계통) 統監(통감) 統計(통계) 統一(통일) 統將(통장) 統制(통제)
統治(통치) 統合(통합) 家統(가통) 法統(법통) 心統(심통) 傳統(전통)
正統(정통) 體統(체통) 總統(총통) 血統(혈통)

타

退

4급 II
물러날 **퇴:**
辶 | 6획

- 비 近(가까울 근)
- 반 進(나아갈 진)
  就(나아갈 취)

> **글자 풀이**
> 가던 길(辶)이 그쳤으니(艮) 물러날(退) 수밖에 없다는 의미이다.

> **읽기 한자**
> 退却(퇴각) 退役(퇴역) 退藏(퇴장) 退廷(퇴정) 臨戰無退(임전무퇴)
> 衰退(쇠퇴)

> **쓰기 한자**
> 退勤(퇴근) 退酒(퇴주) 退潮(퇴조) 退陣(퇴진) 擊退(격퇴) 辭退(사퇴)
> 隱退(은퇴) 退去(퇴거) 退路(퇴로) 退物(퇴물) 退步(퇴보) 退社(퇴사)
> 退色(퇴색) 退院(퇴원) 退位(퇴위) 退任(퇴임) 退場(퇴장) 退職(퇴직)
> 退治(퇴치) 退學(퇴학) 退行(퇴행) 退化(퇴화) 減退(감퇴) 勇退(용퇴)

投

4급
던질 **투**
手 | 4획

- 비 役(부릴 역)

> **글자 풀이**
> 손(扌)으로 창(殳)을 던지는 데서, '던지다' 는 뜻이다.

> **읽기 한자**
> 投稿(투고) 投影(투영) 投獄(투옥) 投圓盤(투원반)

> **쓰기 한자**
> 投球(투구) 投機(투기) 投賣(투매) 投射(투사) 投書(투서) 投宿(투숙)
> 投藥(투약) 投入(투입) 投資(투자) 投票(투표) 投下(투하) 投降(투항)
> 意氣投合(의기투합)

透

3급 II
사무칠 **투**
辶 | 7획

- 동 通(통할 통)
  徹(통할 철)

> **글자 풀이**
> 광선이 유리를 빼어나게(秀) 빠른 속도로 뚫고 들어가니(辶) 환하다(透)는
> 의미이다.

> **읽기 한자**
> 透明(투명) 透明體(투명체) 透視(투시) 透視圖(투시도) 透徹(투철)
> 浸透(침투)

鬪

4급
싸움 **투**
鬥 | 10획

- 동 競(다툴 경)
  爭(다툴 쟁)
  戰(싸움 전)

> **글자 풀이**
> 두 사람(鬥)이 우승컵(豆)을 놓고 경기 규칙(寸)에 따라 싸운다(鬪)는
> 의미이다.

> **읽기 한자**
> 鬪魂(투혼) 拳鬪(권투) 奮鬪(분투)

> **쓰기 한자**
> 鬪犬(투견) 鬪鷄(투계) 鬪技(투기) 鬪病(투병) 鬪爭(투쟁) 鬪志(투지)
> 健鬪(건투) 激鬪(격투) 決鬪(결투) 亂鬪(난투) 暗鬪(암투) 戰鬪(전투)
> 敢鬪精神(감투정신) 惡戰苦鬪(악전고투)

特

6급
특별할 **특**
牛 | 6획

비 待(기다릴 대)
　侍(모실 시)
　持(가질 지)
반 普(넓을 보)
　遍(두루 편)

<글자 풀이>
관청(寺)에서 특별한 일이 있으면 소(牛)를 잡아 제사를 지낸다는 데서 특별하다(特)는 의미이다.

<읽기 한자>
特徵(특징) 超特急(초특급)

<쓰기 한자>
特異(특이) 特採(특채) 特派(특파) 特講(특강) 特權(특권) 特級(특급)
特等(특등) 特報(특보) 特使(특사) 特選(특선) 特性(특성) 特用(특용)
特有(특유) 特長(특장) 特典(특전) 特電(특전) 特定(특정) 特製(특제)
特種(특종) 特進(특진) 特出(특출)

波

4급 Ⅱ
물결 **파**
水 | 5획

비 彼(저 피)
　派(갈래 파)
동 浪(물결 랑)
　濤(큰물결 도)

<글자 풀이>
동물 가죽(皮)처럼 구불구불한 강물(水)의 움직임, 파도(波)를 의미한다.

<읽기 한자>
防波堤(방파제) 波及(파급) 波浪(파랑) 腦波(뇌파) 超短波(초단파)
超音波(초음파)

<쓰기 한자>
高周波(고주파) 周波數(주파수) 波高(파고) 波動(파동) 波文(파문)
波市(파시) 波長(파장) 短波(단파) 世波(세파) 餘波(여파) 音波(음파)
人波(인파) 電波(전파) 秋波(추파) 風波(풍파) 寒波(한파)
平地風波(평지풍파)

破

4급 Ⅱ
깨뜨릴 **파:**
石 | 5획

동 裂(찢어질 렬)
　壞(무너질 괴)

<글자 풀이>
돌(石)로 만든 도끼로 짐승 가죽(皮)을 벗기는 것에서 찢다, 부수다(破)는 의미이다.

<읽기 한자>
破棄(파기) 破廉恥(파렴치) 破滅(파멸) 破片(파편) 踏破(답파) 突破(돌파)
破壞(파괴) 破竹之勢(파죽지세) 破顔大笑(파안대소) 破裂(파열) 凍破(동파)

<쓰기 한자>
破鏡(파경) 破戒(파계) 破損(파손) 破格(파격) 破局(파국) 破門(파문)
破産(파산) 破船(파선) 破字(파자) 破材(파재) 破題(파제) 破紙(파지)

派

4급
갈래 **파**
水 | 6획

비 波(물결 파)
　脈(줄기 맥)

<글자 풀이>
강물(水)의 본류에서 나누어진 지류, 분류(派)를 말하는 나눔, 가지(派)를 의미한다.

<읽기 한자>
派遣(파견)

<쓰기 한자>
派兵(파병) 派生(파생) 派爭(파쟁) 各派(각파) 敎派(교파) 舊派(구파)
急派(급파) 南派(남파) 黨派(당파) 密派(밀파) 分派(분파) 新派(신파)
右派(우파) 流波(유파) 一派(일파) 自派(자파) 政派(정파) 宗派(종파)
左派(좌파) 增派(증파) 特派(특파) 學派(학파) 派出婦(파출부)
生命派(생명파)

파

	3급
頗	자못 **파**
	頁 | 5획

동 偏(치우칠 편)

글자 풀이

대머리의 머리(頁) 가죽(皮)에 머리카락이 한쪽으로 자못(頗) 치우쳐서 (頗) 나 있다는 의미이다.

읽기한자

頗多(파다) 偏頗(편파)

	3급
罷	마칠 **파:**
	罒 | 10획

비 能(능할 능)
  態(모양 태)
  熊(곰 웅)
동 終(마칠 종)
  了(마칠 료)
반 初(처음 초)

글자 풀이

재능(能)이 있는 사람이라도 법망(罒)에 걸리면 파면(罷)이 된다는 데서 파하다(罷)는 의미이다.

읽기한자

罷免(파면) 罷業(파업) 罷場(파장) 罷職(파직)

	3급
播	뿌릴 **파(:)**
	手 | 12획

비 番(차례 번)

글자 풀이

손(手)으로 차례차례(番) 씨를 뿌린다(播)는 의미이다.

읽기한자

播多(파다) 播種(파종) 播遷(파천) 代播(대파) 傳播(전파) 直播(직파)
乾畓直播(건답직파)

	3급
把	잡을 **파:**
	手 | 4획

동 操(잡을 조)
  拘(잡을 구)
  執(잡을 집)

글자 풀이

머리를 쳐든 뱀(巴)의 머리를 손(手)으로 잡는데서 잡다(把)는 의미이다.

읽기한자

把手(파수) 把守(파수) 把持(파지)

判 4급
판단할 **판**
刀 | 5획

비 刑(형벌 형)
동 決(결단할 결)

글자 풀이
원래는 농가의 재산인 소(半)를 반씩 나누(刀)는 것이었는데, 점차 보고 판단하다, 구별하다(判)는 의미이다.

읽기한자
培判(배판) 審判(심판) 裁判(재판) 菊判(국판)

쓰기한자
判決(판결) 判斷(판단) 判讀(판독) 判例(판례) 判明(판명) 判別(판별)
判事(판사) 判書(판서) 判異(판이) 判定(판정) 決判(결판) 公判(공판)
談判(담판) 批判(비판) 誤判(오판) 判無識(판무식)

板 5급
널 **판**
木 | 4획

비 版(판목 판)
根(뿌리 근)

글자 풀이
나무(木)를 엷게 켜서 손으로 밀었을 뿐이라도 휘어지도록 한
판자(反)에서 엷은 판자(板)를 의미한다.

읽기한자
苗板(묘판) 坐板(좌판) 鋼板(강판) 漆板(칠판)

쓰기한자
板刻(판각) 看板(간판) 甲板(갑판) 降板(강판) 板木(판목) 板本(판본)
板書(판서) 板子(판자) 板紙(판지) 經板(경판) 京板(경판) 氷板(빙판)
完板(완판) 鐵板(철판) 合板(합판) 畫板(화판) 黑板(흑판)

版 3급Ⅱ
판목 **판**
片 | 4획

비 板(널 판)

글자 풀이
뒤집을(反) 수 있는 나무 조각(片)이니 널판지(版)이고 널판지에 글자를
새겨 판목(版)을 만든다는 의미이다.

읽기한자
改訂版(개정판) 版權(판권) 版圖(판도) 版木(판목) 版畫(판화) 銅版(동판)
木版(목판) 新版(신판) 鉛版(연판) 原版(원판) 再版(재판) 絶版(절판)
組版(조판) 重版(중판) 初版(초판) 出版(출판) 活版(활판) 複寫版(복사판)
縮小版(축소판) 壯版紙(장판지) 決定版(결정판) 豪華版(호화판)
架版(가판)

販 3급
팔 **판**
貝 | 4획

동 賣(팔 매)
반 買(살 매)
購(살 구)

글자 풀이
돈(貝)을 받고 반대로(反) 물건을 준다는 데서 판다(販)는 의미이다.

읽기한자
販禁(판금) 販路(판로) 販賣(판매) 販促(판촉) 街販(가판) 市販(시판)
外販(외판) 直販(직판) 總販(총판) 自販機(자판기) 共販場(공판장)

八

8급
여덟 **팔**
八 | 0획

비 入(들 입)
人(사람 인)

글자 풀이
엄지손가락 둘을 구부린 여덟(八)개의 손가락의 모양을 본떴다.

읽기한자
百八煩惱(백팔번뇌) 四柱八字(사주팔자)

쓰기한자
八角(팔각) 八景(팔경) 八道(팔도) 八字(팔자) 八等身(팔등신)
上八字(상팔자) 十八番(십팔번) 初八日(초팔일) 二八靑春(이팔청춘)
十中八九(십중팔구) 四通八達(사통팔달) 八方美人(팔방미인)

貝

3급
조개 **패:**
貝 | 0획

비 目(눈 목)
頁(머리 혈)

글자 풀이
옛날에 조개 껍질을 화폐로 쓴 데서 돈, 재물, 재산(貝)을 의미한다.

읽기한자
貝物(패물)

敗

5급
패할 **패:**
攵 | 7획

동 北(달아날 배)
반 勝(이길 승)

글자 풀이
재산인 조개(貝)가 두들겨(攵) 맞아 산산이 부서지는 것에서 지다,
돌파당하다, 가능성이 없다(敗)는 의미이다.

읽기한자
慘敗(참패) 敗訴(패소) 敗血症(패혈증) 惜敗(석패) 腐敗(부패)

쓰기한자
憤敗(분패) 敗殘兵(패잔병) 敗亡(패망) 敗北(패배) 敗色(패색) 敗子(패자)
敗戰(패전) 敗走(패주) 敗退(패퇴) 大敗(대패) 不敗(불패) 成敗(성패)
勝敗(승패) 失敗(실패) 連敗(연패) 完敗(완패) 全敗(전패)
敗家亡身(패가망신)

片

3급Ⅱ
조각 **편(:)**
片 | 0획

글자 풀이
나무(木)의 오른쪽 반의 모양으로 조각(片)을 의미한다.

읽기한자
一葉片舟(일엽편주) 片貌(편모) 片志(편지) 片紙(편지) 斷片(단편)
破片(파편) 片層雲(편층운) 片片金(편편금) 片道料金(편도요금)
一片丹心(일편단심)

便

7급

편할 **편(:)**
똥오줌 **변**

人 | 7획

비 更(다시 갱)
　 硬(굳을 경)
동 安(편안 안)
　 寧(편안 녕)
　 糞(똥 분)

글자 풀이

사람(人)은 불편한 것을 고쳐서(更) 편해(便)지려고 한다는 의미이다.

읽기 한자

便宜(편의) 便乘(편승)

쓰기 한자

便覽(편람) 便易(편이) 簡便(간편) 便痛(변통) 郵便(우편) 便祕(변비)
便利(편리) 便法(편법) 便安(편안) 便益(편익) 男便(남편) 不便(불편)
便紙(편지) 方便(방편) 右便(우편) 人便(인편) 增便(증편) 車便(차편)
形便(형편) 便器(변기) 便所(변소) 大便(대변) 小便(소변) 用便(용변)
相對便(상대편)

遍

3급

두루 **편**

辶 | 9획

비 篇(책 편)
　 編(엮을 편)
동 普(넓을 보)
반 特(특별할 특)

글자 풀이

이 집 저 집(戶)을 돌아다니며(辶) 책(冊)을 두루 본다는 데서, '두루'를 뜻한다.

읽기 한자

遍踏(편답) 遍歷(편력) 普遍性(보편성) 普遍妥當(보편타당)

篇

4급

책 **편**

竹 | 9획

비 遍(두루 편)
동 冊(책 책)

글자 풀이

옛날에 대나무(竹)를 쪼갠 조각(扁)을 모아 엮어 책을 만든 데서, '책'을 뜻한다.

읽기 한자

掌篇(장편) 佳篇(가편)

쓰기 한자

篇次(편차) 短篇(단편) 上篇(상편) 詩篇(시편) 玉篇(옥편) 長篇(장편)
全篇(전편) 前篇(전편) 中篇(중편) 千篇一律(천편일률) 下篇(하편)
後篇(후편)

編

3급Ⅱ

엮을 **편**

糸 | 9획

동 構(얽을 구)

글자 풀이

집(戶)에서 책(冊)을 실(糸)로 엮는다(編)는 의미이다.

읽기 한자

編柳(편류) 編修(편수) 編曲(편곡) 編隊(편대) 編物(편물) 編成(편성)
編入(편입) 編者(편자) 編著(편저) 編制(편제) 改編(개편) 續編(속편)
再編(재편) 編髮(변발) 編年體(편년체)

파

偏 3급 II
치우칠 **편**
人 | 9획

동 僻(궁벽할/치우칠 벽)

글자 풀이
扁은 본래 액자로서 문의 좌우 한 쪽에 걸리게 마련이므로 가운데서 벗어나 있음을 의미한다. 사람(人)의 생각이 어느 한 쪽으로 치우쳐(扁) 있다는 의미이다.

읽기 한자

偏頗(편파) 偏角(편각) 偏見(편견) 偏黨(편당) 偏頭痛(편두통) 偏母(편모) 偏食(편식) 偏愛(편애) 偏額(편액) 偏重(편중) 偏執症(편집증) 偏向(편향) 不偏不黨(불편부당)

平 7급 II
평평할 **평**
干 | 2획

동 均(고를 균)

글자 풀이
부초가 물에 떠 있는 모양에서 평평하다, 평지, 평온(平)을 의미한다.

읽기 한자

平凡(평범) 泰平(태평)

쓰기 한자

平均(평균) 平亂(평란) 平易(평이) 平靜(평정) 平價(평가) 平交(평교) 平年(평년) 平等(평등) 平面(평면) 平民(평민) 平方(평방) 平服(평복) 平常(평상) 平床(평상) 平生(평생) 平聲(평성) 平素(평소) 平時(평시) 平安(평안) 平野(평야) 平原(평원) 平日(평일) 平定(평정) 平準(평준)

評 4급
평할 **평:**
言 | 5획

비 誣(무고할 무)
동 批(비평할 비)

글자 풀이
어느 쪽으로도 쓸리지 않고(平) 느낀 그대로를 말(言)한 것에서 사물의 좋고, 나쁨을 기울지 않고 말한다(評)는 의미이다.

읽기 한자

漫評(만평)

쓰기 한자

評價(평가) 評論(평론) 評傳(평전) 評點(평점) 評定(평정) 評判(평판) 講評(강평) 論評(논평) 批評(비평) 世評(세평) 時評(시평) 詩評(시평) 惡評(악평) 定評(정평) 寸評(촌평) 總評(총평) 品評(품평) 好評(호평) 評議會(평의회) 再評價(재평가)

肺 3급 II
허파 **폐:**
肉 | 4획

비 肢(사지 지)

글자 풀이
좌우로 나뉘어(市) 공기가 들어가고 나오는 기능을 하는 몸(月)의 일부라는 데서, '허파'를 뜻한다.

읽기 한자

肺結核(폐결핵) 肺氣量(폐기량) 肺病(폐병) 肺患(폐환) 肺炎(폐렴)

閉 4급
닫을 폐:
門 | 3획

비 閑(한가할 한)
동 廢(폐할 폐)
반 開(열 개)

글자 풀이
문(門)에 빗장을 걸어(才) 문이 열리지 않도록 하는 것에서 닫다, 막다(閉)는 의미이다.

읽기한자
閉幕(폐막) 幽閉(유폐) 自閉症(자폐증) 閉塞(폐색) 閉鎖(폐쇄)

쓰기한자
開閉(개폐) 閉講(폐강) 閉校(폐교) 閉門(폐문) 閉業(폐업) 閉店(폐점)
閉會(폐회) 密閉(밀폐)

廢 3급 Ⅱ
폐할/버릴 폐:
广 | 12획

비 發(필 발)
동 棄(버릴 기)
　 抛(던질 포)
약 廃

글자 풀이
집(广)에 살던 사람이 모두 떠나가(發) 없다는 데서 폐하다(廢)는 의미이다.

읽기한자
廢棄(폐기) 廢家(폐가) 廢刊(폐간) 廢鑛(폐광) 廢校(폐교) 廢農(폐농)
廢物(폐물) 廢石(폐석) 廢水(폐수) 廢業(폐업) 廢人(폐인) 廢止(폐지)
廢車(폐차) 廢品(폐품) 廢合(폐합) 改廢(개폐) 存廢(존폐) 荒廢(황폐)
老廢物(노폐물) 食飮全廢(식음전폐)

蔽 3급
덮을 폐:
艹 | 12획

비 弊(해질 폐)
　 幣(화폐 폐)
동 隱(숨을 은)
　 蓋(덮을 개)

글자 풀이
비단(敝)이 해져서 나뭇잎(艹)으로 가린다(蔽)는 의미이다.

읽기한자
蔽塞(폐색) 蔽一言(폐일언) 建蔽率(건폐율) 隱蔽(은폐)

弊 3급 Ⅱ
폐단/해질 폐:
廾 | 12획

비 蔽(덮을 폐)
　 幣(화폐 폐)
동 害(해칠 해)

글자 풀이
비단(敝) 옷이 해져서 두 손(廾)으로 꿰매야 한다는 데서 해지다, 곤하다, 폐단(弊)을 의미한다.

읽기한자
弊家(폐가) 弊端(폐단) 弊社(폐사) 弊習(폐습) 弊風(폐풍) 弊害(폐해)
民弊(민폐) 惡弊(악폐) 作弊(작폐) 通弊(통폐) 疲弊(피폐)

幣

3급
화폐 폐:
巾 | 12획

비 弊(해질 폐)
　 蔽(덮을 폐)
동 錢(돈 전)

글자 풀이

해진(敝) 천(巾)도 돈이 된다는 데서, '돈, 화폐'를 뜻한다.

읽기한자

幣物(폐물) 納幣(납폐) 禮幣(예폐) 紙幣(지폐) 僞幣(위폐)
造幣(조폐) 貨幣(화폐)

布

4급Ⅱ
베/펼 포(:)
보시 보:
巾 | 2획

비 在(있을 재)

글자 풀이

손(广)으로 천(巾)을 짠다는 데서 베, 포목(布)을 의미한다.

읽기한자

麻布(마포) 濕布(습포)

쓰기한자

布帳(포장) 布陣(포진) 宣布(선포) 布告(포고) 布敎(포교) 布木(포목)
布石(포석) 布衣(포의) 公布(공포) 流布(유포) 毛布(모포) 發布(발포)
配布(배포) 分布(분포)

包

4급Ⅱ
쌀 포(:)
勹 | 3획

비 句(글귀 구)
　 抱(안을 포)
동 裝(꾸밀 장)
　 飾(꾸밀 식)

글자 풀이

손으로 뱃속의 아기를 덮어 감추듯이 감싸고 있는 모양에서 싸다(包)는
의미이다.

읽기한자

包含(포함)

쓰기한자

包圍(포위) 包裝(포장) 包容(포용) 內包(내포) 小包(소포)

抱

3급
안을 포:
手 | 5획

비 胞(세포 포)
동 擁(낄 옹)
　 懷(품을 회)

글자 풀이

손(手)으로 물건을 싸서(包) 가슴에 안는다(抱)는 의미이다.

읽기한자

抱腹絶倒(포복절도) 抱負(포부) 抱主(포주) 懷抱(회포)

胞	4급
	세포 포(:)
	月 | 5획

비 抱(안을 포)

글자 풀이

어미 뱃속에서 아기를 감싸고(包) 있는 인체의 기관(月)에서,
'세포, 태반' 을 뜻한다.

읽기 한자

細胞分裂(세포분열)

쓰기 한자

胞宮(포궁) 胞子(포자) 同胞(동포) 細胞(세포) 多細胞(다세포)
單細胞(단세포)

浦	3급 Ⅱ
	개(水邊) 포
	水 | 7획

비 捕(잡을 포)
동 津(나루 진)

글자 풀이

물가(氵)에 배를 대는 일을 돕는(甫) 곳이니 개(浦)라는 의미이다.

읽기 한자

浦口(포구) 浦村(포촌) 浦項(포항) 浦港(포항) 浦邊(포변) 浦田(포전)

捕	3급 Ⅱ
	잡을 포:
	手 | 7획

비 浦(개 포)
　補(기울 보)
동 獲(얻을 획)
　拘(잡을 구)
　操(잡을 조)

글자 풀이

포위망을 크게 펼쳐(甫) 죄인을 손으로 잡는다(扌)는 데서, '잡다' 는 뜻이다.

읽기 한자

逮捕(체포) 捕球(포구) 捕手(포수) 捕卒(포졸) 捕獲(포획) 生捕(생포)

砲	4급 Ⅱ
	대포 포:
	石 | 5획

비 胞(세포 포)
　抱(안을 포)

글자 풀이

옛날에는 돌(石)을 여러 개 싸서(包) 한 번에 발사한 데서, '대포' 를
뜻한다. 뒤에 화약을 쓰는 대포 등도 이 글자를 그대로 썼다.

읽기 한자

投砲丸(투포환) 迫擊砲(박격포)

쓰기 한자

砲擊(포격) 砲彈(포탄) 曲射砲(곡사포) 高射砲(고사포) 砲門(포문)
砲兵(포병) 砲聲(포성) 砲手(포수) 砲煙(포연) 砲火(포화) 空砲(공포)
大砲(대포) 發砲(발포) 銃砲(총포) 祝砲(축포) 十字砲(십자포)

파

飽

3급
배부를 **포:**
食 | 5획

비 飾(꾸밀 식)
반 飢(주릴 기)
　 饑(주릴 기)
　 餓(주릴 아)

글자 풀이

뱃속에 음식(食)을 가득 싸고(包) 있어서 배가 부르다(飽)는 의미이다.

읽기 한자

飽滿(포만) 飽食(포식) 飽聞(포문) 飽和(포화) 飽食暖衣(포식난의)

幅

3급
폭 **폭**
巾 | 9획

비 福(복 복)

글자 풀이

천(巾)이 옆으로 꽉찼다(福)는 데서 폭(幅)을 의미한다.

읽기 한자

幅廣(폭광) 江幅(강폭) 落幅(낙폭) 路幅(노폭) 大幅(대폭) 步幅(보폭)
小幅(소폭) 全幅的(전폭적) 增幅(증폭) 振幅(진폭) 畫幅(화폭)

暴

4급Ⅱ
사나울 **폭**
모질 **포:**
日 | 11획

비 爆(불터질 폭)
동 猛(사나울 맹)

글자 풀이

해(日)는 가뭄을, 홍수(水)는 수해를 가져오니 해와 물은
한가지로(共) 사납다(暴)는 의미이다.

읽기 한자

暴暑(폭서) 自暴自棄(자포자기) 暴露(폭로) 橫暴(횡포) 暴炎(폭염)

쓰기 한자

暴徒(폭도) 亂暴(난폭) 暴酒(폭주) 暴動(폭동) 暴力(폭력) 暴雪(폭설)
暴言(폭언) 暴雨(폭우) 暴政(폭정) 暴行(폭행) 暴利(폭리) 暴飲(폭음)
暴落(폭락) 暴發(폭발) 暴惡(포악) 暴風雨(폭풍우)

爆

4급
불터질 **폭**
火 | 15획

비 暴(사나울 폭)

글자 풀이

불(火)이 사납게(暴) 타니 폭발하다(爆)는 의미이다.

읽기 한자

猛爆(맹폭)

쓰기 한자

爆擊(폭격) 爆發(폭발) 爆死(폭사) 爆笑(폭소) 爆藥(폭약) 爆竹(폭죽)
爆彈(폭탄) 原爆(원폭) 自爆(자폭) 戰爆機(전폭기)

表 6급Ⅱ

겉 **표**
衣 | 3획

비 衰(쇠할 쇠)
衣(옷 의)
衷(속마음 충)
반 裏(속 리)

글자 풀이
털(毛→土) 옷(衣)을 겉(表)에 입고 밖으로 나타난다(表)는 의미이다.

읽기 한자
表裏(표리) 表裏不同(표리부동) 徵表(징표) 表皮(표피)

쓰기 한자
表象(표상) 亂數表(난수표) 辭表(사표) 表決(표결) 表記(표기) 表面(표면)
表明(표명) 表文(표문) 表示(표시) 表情(표정) 表題(표제) 表紙(표지)
表出(표출) 表現(표현) 公表(공표) 代表(대표) 圖表(도표) 發表(발표)
別表(별표) 師表(사표) 年表(연표) 意表(의표) 情表(정표) 地表(지표)
價格表(가격표) 無表情(무표정) 出師表(출사표) 統計表(통계표)

票 4급Ⅱ

표 **표**
示 | 6획

비 栗(밤 률)
粟(조 속)

글자 풀이
신령(示)한테 받은 액막이 부적이 들어있는 상자(両)에서 유래하여
펄렁이는 패찰(票)을 의미한다.

읽기 한자
換票(환표) 浮動票(부동표)

쓰기 한자
否票(부표) 郵票(우표) 投票(투표) 票決(표결) 票然(표연) 開票(개표)
計票(계표) 得票(득표) 手票(수표) 暗票(암표) 車票(차표) 價格票(가격표)
賣票所(매표소) 番號票(번호표) 空手票(공수표) 記票所(기표소)
買票行爲(매표행위)

漂 3급

떠다닐 **표**
水 | 11획

비 標(표할 표)
동 浮(뜰 부)
반 留(머무를 류)
停(머무를 정)

글자 풀이
쪽지(票)가 물(氵) 위에 떠다니듯 한다는 데서, '떠다니다, 빨래하다' 는
뜻이다.

읽기 한자
漂流(표류) 漂流記(표류기) 漂母(표모) 漂白(표백) 漂然(표연) 漂着(표착)
漂漂(표표) 浮漂(부표)

標 4급

표할 **표**
木 | 11획

비 漂(떠돌 표)

글자 풀이
신령한테 받은 부적(票)을 나무(木)판에 붙이는 것에서 표시, 표시판(標)을
의미한다.

읽기 한자
浮標(부표) 徵標(징표)

쓰기 한자
標記(표기) 標本(표본) 標示(표시) 標語(표어) 的的(표적) 標題(표제)
標準(표준) 標紙(표지) 目標(목표) 物標(물표) 商標(상표) 音標(음표)
座標(좌표) 指標(지표) 祕標(비표)

品	5급 II
	물건 품:
口	6획

<동> 物(물건 물)
件(물건 건)

글자 풀이

입(口)이 셋으로 많은 사람을 의미하고, 그 의미가 넓어져서 많은 물건, 물품(品)을 의미한다.

읽기 한자

類似品(유사품) 返品(반품) 副葬品(부장품) 化粧品(화장품) 品詞(품사) 廢品(폐품)

쓰기 한자

納品(납품) 品格(품격) 品貴(품귀) 品名(품명) 品目(품목) 品性(품성) 品切(품절) 品種(품종) 品質(품질) 品行(품행) 景品(경품) 金品(금품) 氣品(기품) 名品(명품) 物品(물품) 部品(부품) 備品(비품) 商品(상품) 賞品(상품)

風	6급 II
	바람 풍
風	0획

글자 풀이

보통(凡) 벌레(虫)들은 햇볕보다 바람(風)을 싫어한다는 의미이다.

읽기 한자

風浪(풍랑) 風貌(풍모)

쓰기 한자

威風(위풍) 破傷風(파상풍) 珍風景(진풍경) 驚風(경풍) 風景(풍경) 風敎(풍교) 風力(풍력) 風物(풍물) 風速(풍속) 風俗(풍속) 風習(풍습) 風齒(풍치) 風向(풍향) 中風(중풍) 春風(춘풍) 通風(통풍) 學風(학풍) 殺風景(살풍경) 風前燈火(풍전등화) 風化作用(풍화작용) 馬耳東風(마이동풍)

楓	3급 II
	단풍 풍
木	9획

<비> 極(다할 극)

글자 풀이

겨울 바람(風)에 잎이 물이 드는 나무(木)이니 단풍나무(楓)라는 의미이다.

읽기 한자

楓葉(풍엽) 楓菊(풍국) 楓林(풍림) 觀楓(관풍) 霜楓(상풍) 丹楓(단풍)

豊	4급 II
	풍년 풍
豆	6획

<비> 禮(예도 례)

글자 풀이

벼이삭을 산처럼 쌓아(曲)서 신령(豆)에게 바치며 기원을 올리는 것에서 작물의 작황이 좋은 것, 풍부하다(豊)는 의미이다.

쓰기 한자

豊年(풍년) 豊滿(풍만) 豊富(풍부) 豊盛(풍성) 豊作(풍작) 時和年豊(시화연풍)

皮 3급Ⅱ 가죽 **피** 皮 | 0획 비 反(돌이킬 반) 동 膚(살갗 부) 革(가죽 혁)	**글자 풀이** 짐승 가죽을 벗기는 모양을 본뜬 글자로, '가죽'을 뜻한다. **읽기한자** 皮骨(피골) 皮下(피하) 皮革(피혁) 去皮(거피) 毛皮(모피) 羊皮(양피) 外皮(외피) 牛皮(우피) 五加皮(오가피) 鐵面皮(철면피) 桂皮(계피)

彼 3급Ⅱ 저 **피:** 彳 | 5획 비 波(물결 파) 반 是(옳을/이 시) 此(이 차) 我(나 아)	**글자 풀이** 가죽(皮) 상점이 길(彳) 건너 저(彼)쪽에 있다는 의미이다. **읽기한자** 於此彼(어차피) 彼我(피아) 彼岸(피안) 彼此(피차) 此日彼日(차일피일)

疲 4급 피곤할 **피** 疒 | 5획 비 波(물결 파) 동 困(곤할 곤)	**글자 풀이** 뼈와 가죽(皮)이 붙어 병(疒)이 날 정도로 고달프고, 느른하다(疲)는 의미이다. **읽기한자** 疲弊(피폐) **쓰기한자** 疲困(피곤) 疲勞(피로)

被 3급Ⅱ 입을 **피:** 衣 | 5획 비 衲(기울 납)	**글자 풀이** 사람이 몸에 옷(衣)이나 가죽(皮)을 걸친다는 데서 입다, 덮다(被)는 의미이다. **읽기한자** 被擊(피격) 被服(피복) 被寫體(피사체) 被殺(피살) 被害(피해) 被害妄想(피해망상)

파

避 4급
피할 피:
辶 | 13획

[비] 壁(벽 벽)
　　碧(푸를 벽)
[동] 逃(도망할 도)

글자 풀이
길(辶)을 가는 몸(尸)이 돌(口)이나 죄인(辛)을 피한다(避)는 의미이다.

읽기한자
避暑(피서) 避暑地(피서지) 忌避(기피) 避雷針(피뢰침)

쓰기한자
避難(피난) 避身(피신) 待避(대피) 逃避(도피) 所避(소피) 回避(회피)
避難民(피난민)

匹 3급
짝 필
匸 | 2획

[비] 四(넉 사)
[동] 偶(짝 우)
　　配(짝 배)

글자 풀이
포목상에서 피륙을 짝지어(匹) 쌓아 놓은 모양을 본떴다.

읽기한자
匹馬(필마) 匹馬單騎(필마단기) 匹夫(필부) 匹敵(필적) 配匹(배필)

必 5급 Ⅱ
반드시 필
心 | 1획

[비] 心(마음 심)
[동] 須(모름지기 수)

글자 풀이
삐뚤어진(丿) 마음(心)은 반드시(必) 고칠 필요(必)가 있다는 의미이다.

읽기한자
必須(필수) 必需品(필수품) 生者必滅(생자필멸)

쓰기한자
事必歸正(사필귀정) 必勝(필승) 期必(기필) 必讀書(필독서)
必要惡(필요악) 生必品(생필품) 信賞必罰(신상필벌)

畢 3급 Ⅱ
마칠 필
田 | 6획

[비] 華(빛날 화)
[동] 竟(마침내 경)
　　終(마칠 종)
　　了(마칠 료)

글자 풀이
본래 그물로 사냥하는 뜻을 나타내는 글자였으나, 그물질로 사냥을 마치는 데서, '마치다'는 뜻도 나왔다.

읽기한자
畢竟(필경) 畢納(필납) 畢生(필생) 畢業(필업) 檢查畢(검사필)
檢定畢(검정필)

筆

5급 II

붓 **필**

竹 | 6획

동 毫(붓 호)

글자 풀이

붓대(聿)로는 옛날부터 대나무(竹)를 사용했는데, 그 붓을 손에 든 형태에서 붓(筆)을 의미한다.

읽기한자

漫筆(만필) 筆耕(필경) 筆跡(필적) 筆禍(필화) 隨筆(수필)
一筆揮之(일필휘지) 執筆(집필) 紙筆墨(지필묵)

쓰기한자

筆舌(필설) 粉筆(분필) 鉛筆(연필) 筆記(필기) 筆談(필담) 筆答(필답)
筆力(필력) 筆名(필명) 筆法(필법) 筆順(필순) 筆者(필자) 筆體(필체)
筆致(필치) 加筆(가필) 曲筆(곡필)

何

3급 II

어찌 **하**

人 | 5획

비 河(물 하)
　可(옳을 가)
동 那(어찌 나)
　奚(어찌 해)

글자 풀이

짐을 지고 있는(可) 사람(人)의 옆 모습으로 지고 있는 물건이 무엇(何)인가하는 의미이다.

읽기한자

幾何(기하) 誰何(수하) 幾何級數(기하급수) 何等(하등) 何時(하시)
何如(하여) 何人(하인) 何處(하처) 何必(하필) 如何(여하) 何如間(하여간)
抑何心情(억하심정)

下

7급 II

아래 **하:**

一 | 2획

반 上(위 상)

글자 풀이

가로선을 한 줄 긋고, 그 아래에 표시를 한 형태로 아래(下)를 의미한다.

읽기한자

零下(영하) 下賜(하사) 層層侍下(층층시하) 下石上臺(하석상대)
下厚上薄(하후상박) 莫上莫下(막상막하) 嚴妻侍下(엄처시하) 下懷(하회)

쓰기한자

下降(하강) 下卷(하권) 下段(하단) 下略(하략) 下界(하계) 下官(하관)
下校(하교) 下交(하교) 下級(하급) 下女(하녀) 下端(하단) 下達(하달)
下待(하대) 下落(하락) 下流(하류) 下命(하명) 下問(하문) 下部(하부)

하

河

5급 II

물 **하**

水 | 5획

비 何(어찌 하)
동 江(강 강)
　川(내 천)
　水(물 수)
반 山(메 산)

글자 풀이

물(水)의 흐름이 보기에 좋다(可)는 데서 강(河)을 의미한다.

읽기한자

河堤(하제) 河岸(하안)

쓰기한자

河口(하구) 河馬(하마) 河上(하상) 河川(하천) 河海(하해) 氷河(빙하)
山河(산하) 運河(운하) 大河小說(대하소설) 百年河淸(백년하청)
銀河水(은하수)

夏	7급
여름 **하:**	
夂 | 7획	

반 冬(겨울 동)

글자 풀이

천천히 걸어도(夂) 머리(頁)에 땀이 나는 여름(夏)이라는 의미이다.

읽기 한자

炎夏(염하) 暑夏(서하)

쓰기 한자

夏傑(하걸) 夏季(하계) 夏穀(하곡) 華夏(화하) 夏期(하기) 夏服(하복)
夏至(하지) 立夏(입하) 夏節期(하절기) 春夏秋冬(춘하추동)

荷	3급Ⅱ
멜 **하(:)**	
++ | 7획	

비 苛(매울 가)

글자 풀이

옛날에는 사람들이 짐을 무엇이건(何) 풀(++)을 엮어 싼 데서, '짐'을 뜻한다.

읽기 한자

荷物(하물) 荷船(하선) 荷役(하역) 荷主(하주) 荷重(하중) 荷香(하향)
荷花(하화) 薄荷(박하) 負荷(부하) 入荷(입하) 出荷(출하) 荷置場(하치장)

賀	3급Ⅱ
하례할 **하:**	
貝 | 5획	

비 貨(재물 화)
동 慶(경사 경)

글자 풀이

돈(貝)이나 물건을 주면서(加) 하례한다(賀)는 의미이다.

읽기 한자

謹賀新年(근하신년) 賀客(하객) 賀禮(하례) 賀正(하정) 慶賀(경하)
敬賀(경하) 祝賀(축하) 致賀(치하) 年賀狀(연하장) 年賀葉書(연하엽서)

學	8급
배울 **학**	
子 | 13획	

비 覺(깨달을 각)
반 敎(가르칠 교)
　 訓(가르칠 훈)
약 学

글자 풀이

아이들(子)이 서당(冖)에서 두 손으로 책을 잡고(臼) 스승을 본받으며(爻) 글을 배운다는 데서, '배우다'는 뜻이다.

읽기 한자

篤學(독학) 晚學(만학) 譜學(보학)

쓰기 한자

學群(학군) 學緣(학연) 學界(학계) 學科(학과) 學校(학교) 學究(학구) 學級(학급)
學期(학기) 學年(학년) 學堂(학당) 學力(학력) 學歷(학력) 學名(학명) 學問(학문)
學兵(학병) 學部(학부) 學府(학부) 學費(학비) 學士(학사) 學舍(학사) 學生(학생)
學說(학설) 學術(학술) 學習(학습) 學識(학식) 學業(학업)

鶴
학 │ 학
鳥 │ 10획

비 鷄(닭 계)

글자 풀이

머리 위에 살이 붉게 드러나 있는 새라는 데서, '두루미, 학'을 뜻한다.

읽기한자

鶴髮(학발) 白鶴(백학) 丹頂鶴(단정학) 群鷄一鶴(군계일학)
鶴髮雙親(학발쌍친) 鶴首苦待(학수고대)

3급 II

汗
땀 │ 한(:)
水 │ 3획

비 干(방패 간)

글자 풀이

더위를 이겨내는 방패(干) 역할을 하는 물(氵)이니 땀(汗)을 의미한다.

읽기한자

汗蒸(한증) 盜汗(도한) 發汗(발한) 汗汗(한한) 不汗黨(불한당)

3급

旱
가물 │ 한:
日 │ 3획

비 旰(이를 조)

글자 풀이

해(日)를 방패로 막아야(干) 할 정도로 가물다(旱)는 의미이다.

읽기한자

旱災(한재) 旱害(한해) 旱徵(한징) 旱熱(한열) 旱鬼(한귀) 旱炎(한염)
旱暑(한서) 枯旱(고한) 久旱(구한) 耐旱(내한) 七年大旱(칠년대한)

4급

恨
한(怨) │ 한:
心 │ 6획

비 限(한할 한)
　根(뿌리 근)
동 怨(원망할 원)
　悔(뉘우칠 회)

글자 풀이

마음(忄) 속에 머물러(艮) 잊혀지지 않는 원한(恨)을 의미한다.

읽기한자

悔恨(회한)

쓰기한자

恨歎(한탄) 餘恨(여한) 遺恨(유한) 怨恨(원한) 痛恨(통한)

하

限
4급Ⅱ
한할 **한:**
阝 | 6획

비 恨(한 한)
根(뿌리 근)

글자 풀이
험한 산언덕(阝)에 막혀 걸음을 멈추어야(艮) 하는 데서, '한하다, 막히다'는 뜻이다.

읽기 한자
違限(위한) 壽限(수한)

쓰기 한자
限界狀況(한계상황) 限界(한계) 限度(한도) 限定(한정) 局限(국한) 權限(권한)
極限(극한) 期限(기한) 無限(무한) 上限(상한) 時限(시한) 年限(연한) 有限(유한)
制限(제한) 下限(하한) 無限大(무한대) 無限量(무한량) 無限定(무한정)
無期限(무기한) 無制限(무제한) 最大限(최대한) 最小限(최소한)

寒
5급
찰 **한**
宀 | 9획

비 塞(변방 새)
동 冷(찰 랭)
반 溫(따뜻할 온)
暖(따뜻할 난)
熱(더울 열)

글자 풀이
겨울(冬)이 되면 움집(宀) 지면이 얼어서 풀을 깔고(甘) 사람이 그 위에서 자는 모습에서 춥다(寒)는 의미이다.

읽기 한자
脣亡齒寒(순망치한) 寒微(한미) 耐寒(내한) 凍氷寒雪(동빙한설)

쓰기 한자
嚴冬雪寒(엄동설한) 寒氣(한기) 寒暖(한난) 寒冷(한냉) 寒帶(한대)
寒流(한류) 寒食(한식) 寒天(한천) 寒村(한촌) 寒波(한파) 寒害(한해)
極寒(극한) 大寒(대한) 惡寒(오한) 小寒(소한) 防寒服(방한복)
三寒四溫(삼한사온)

閑
4급
한가할 **한**
門 | 4획

비 閉(닫을 폐)
開(열 개)
반 忙(바쁠 망)

글자 풀이
문(門) 안에 나무(木)가 한가롭게(閑) 서 있다는 의미이다.

읽기 한자
忙中閑(망중한) 閑邪(한사) 閑寂(한적)

쓰기 한자
閑暇(한가) 閑良(한량) 閑散(한산) 閑人(한인) 閑職(한직)
空閑地(공한지) 農閑期(농한기) 等閑視(등한시) 有閑階級(유한계급)

漢
7급Ⅱ
한수/한나라 **한:**
水 | 11획

비 嘆(탄식할 탄)

글자 풀이
물(氵)과 진흙(堇)의 양자강 유역에 세운 한나라(漢)라는 의미이다.

읽기 한자
怪漢(괴한) 無賴漢(무뢰한)

쓰기 한자
巨漢(거한) 漢江(한강) 漢文(한문) 漢城(한성) 漢水(한수) 漢陽(한양)
漢王(한왕) 漢字(한자) 漢族(한족) 漢學(한학) 銀漢(은한) 羅漢(나한)
惡漢(악한) 門外漢(문외한) 好色漢(호색한) 漢四郡(한사군)

韓
8급
한국/나라 한(:)
韋 | 8획

비 緯(씨 위)

 글자 풀이

해가 돋는(卓) 동방의 위대한(韋) 나라인 한국(韓)을 의미한다.

읽기한자

韓譯(한역) 韓瓦(한와) 滯韓(체한)

쓰기한자

英韓辭典(영한사전) 韓國(한국) 韓末(한말) 韓美(한미) 韓方(한방)
韓服(한복) 韓食(한식) 韓式(한식) 韓醫(한의) 韓人(한인) 韓日(한일)
韓族(한족) 韓紙(한지) 韓貨(한화) 南韓(남한) 來韓(내한) 對韓(대한)
訪韓(방한) 北韓(북한) 三韓(삼한) 韓半島(한반도) 韓國語(한국어)
大韓民國(대한민국)

割
3급 II
벨 할
刀 | 10획

비 害(해할 해)
동 分(나눌 분)

글자 풀이

칼(刂)로 베어 해친다(害)는 데서, '베다, 가르다, 나누다' 는 뜻이다.

읽기한자

割據(할거) 割當(할당) 割禮(할례) 割腹(할복) 割愛(할애) 割引(할인)
割增(할증) 分割(분할) 役割(역할) 割賦(할부)

含
3급 II
머금을 함
口 | 4획

비 今(이제 금)
　吟(읊을 음)
동 懷(품을 회)
　抱(안을 포)

글자 풀이

지금(今) 입(口) 속에 무엇이 있다하여 머금다(含)는 의미이다.

읽기한자

含量(함량) 含有(함유) 含蓄(함축) 包含(포함) 含憤蓄怨(함분축원)

咸
3급
다 함
口 | 6획

비 減(덜 감)
　成(이룰 성)
동 皆(다 개)

글자 풀이

도끼(戊)의 서슬이 모든 사람(口)에게 위압감을 느끼게 한다는 데서,
'다, 모두'를 뜻한다.

읽기한자

咸登(함등) 咸服(함복) 咸悅(함열) 咸池(함지) 咸集(함집)

 하

陷 3급Ⅱ

陷 빠질 함:
阝 | 8획

동 沒(빠질 몰)

글자 풀이
언덕(阝)에 있는 함정(臼)에 사람(人)이 빠진다(陷)는 의미이다.

읽기 한자

陷落(함락) 陷沒(함몰) 陷害(함해) 缺陷(결함) 謀陷(모함)

合 6급

合 합할 합
口 | 3획

비 今(이제 금)
令(하여금 령)
반 分(나눌 분)

글자 풀이
사람(人)들이 모여(一)들어서 대화(口)하는 것에서 얘기하는 것이
일치한다, 맞다(合)는 의미이다.

읽기 한자

合邦(합방) 合乘(합승) 合葬(합장) 合掌(합장) 封合(봉합) 附合(부합)
符合(부합) 烏合之卒(오합지졸) 統廢合(통폐합)

쓰기 한자

合格(합격) 合計(합계) 合宮(합궁) 合金(합금) 合當(합당) 合同(합동)
合流(합류) 合理(합리) 合法(합법) 合本(합본) 合算(합산) 合席(합석)

抗 4급

抗 겨룰 항:
手 | 4획

비 折(꺾을 절)
동 競(다툴 경)
爭(다툴 쟁)
戰(싸움 전)

글자 풀이
손(手)으로 적과 겨루어(亢) 대항하고 막는다(抗)는 의미이다.

읽기 한자

抗訴(항소) 抵抗(저항)

쓰기 한자

抗拒(항거) 抗告(항고) 抗命(항명) 抗辯(항변) 抗手(항수) 抗議(항의)
抗日(항일) 抗爭(항쟁) 抗戰(항전) 抗體(항체) 對抗(대항) 反抗(반항)
不可抗力(불가항력)

巷 3급

巷 거리 항:
己 | 6획

비 恭(공손할 공)
港(항구 항)
동 街(거리 가)

글자 풀이
고을(己) 사람들이 함께(共) 사는 곳이니 거리, 마을(巷)을 의미한다.

읽기 한자

巷間(항간) 巷談(항담) 巷說(항설)

恒

3급Ⅱ

항상 **항**

心 | 6획

동 常(떳떳할 상)

글자 풀이
하늘과 땅 사이에 해가 늘 뜨듯(亘) 마음(忄)도 늘 한결같다는 데서, '늘, 항상'을 뜻한다.

읽기한자

恒久的(항구적) 恒常(항상) 恒星(항성) 恒心(항심) 恒溫(항온) 恒用(항용)

航

4급Ⅱ

배 **항:**

舟 | 4획

비 船(배 선)
동 舟(배 주)
船(배 선)

글자 풀이
사람의 목줄기(亢)처럼 배(舟)가 똑바로 나가는 것에서 건너다, 나가다(航)는 의미이다.

읽기한자

巡航(순항) 渡航(도항)

쓰기한자

歸航(귀항) 就航(취항) 航空機(항공기) 航空郵便(항공우편) 航路(항로)
航母(항모) 航速(항속) 航海(항해) 缺航(결항) 難航(난항) 密航(밀항)
運航(운항) 直航(직항) 出航(출항) 回航(회항) 航法士(항법사)
外航船(외항선)

港

4급Ⅱ

항구 **항:**

水 | 9획

비 巷(거리 항)

글자 풀이
물(水)에 접하고 있는 마을(巷)의 모습에서 배가 출입하는 항구(港)를 의미한다.

읽기한자

凍港(동항) 封港(봉항)

쓰기한자

歸港(귀항) 寄港(기항) 港口(항구) 港都(항도) 開港(개항) 空港(공항)
軍港(군항) 商港(상항) 漁港(어항) 外港(외항) 入港(입항) 出港(출항)

項

3급Ⅱ

항목 **항:**

頁 | 3획

비 境(지경 경)
頂(정수리 정)
동 款(항목 관)

글자 풀이
머리(頁)의 방향을 이리 저리 돌리게 하는(工) 목덜미(項)를 의미한다.

읽기한자

項領(항령) 項目(항목) 各項(각항) 事項(사항) 條項(조항) 同類項(동류항)
項鎖(항쇄)

하

	3급
亥	돼지 **해**
	亠 | 4획

비 刻(새길 각)
동 豚(돼지 돈)
　　豕(돼지 시)

글자 풀이

돼지 시(豕)와 글자 모양이 비슷하여 돼지띠로 배당했다.

읽기한자

亥方(해방) 亥時(해시) 乙亥年(을해년)

	5급Ⅱ
害	해할 **해:**
	宀 | 7획

비 割(벨 할)
　　憲(법 헌)
동 損(덜 손)
반 利(이할 리)

글자 풀이

손(手)이나 입(口)을 잘못 놀리면 집(宀)에 해(害)가 돌아온다는 의미이다.

읽기한자

旱害(한해) 弊害(폐해) 被害(피해) 被害妄想(피해망상) 迫害(박해) 霜害(상해)

쓰기한자

妨害(방해) 傷害(상해) 損害(손해) 危害(위해) 害毒(해독) 害惡(해악) 害蟲(해충)
加害(가해) 公害(공해) 冷害(냉해) 病害(병해) 殺害(살해) 水害(수해) 要害(요해)
有害(유해) 陰害(음해) 利害(이해) 自害(자해)

	3급
奚	어찌 **해**
	大 | 7획

비 系(이을 계)
　　溪(시내 계)
동 那(어찌 나)
　　何(어찌 하)

글자 풀이

손(爪)으로 머리털을 실타래(糸)처럼 크게(大) 땋는 종족을 뜻한다.
또 그 종족을 종으로 부린 데서 '종'의 뜻이, 그 종족을 어디서 어떻게
잡아오나 하는 데서, '어찌'의 뜻이 나왔다.

읽기한자

奚暇(해가) 奚故(해고) 奚琴(해금) 奚奴(해노) 奚童(해동) 奚兒(해아)
奚若(해약)

	7급Ⅱ
海	바다 **해:**
	水 | 7획

비 梅(매화 매)
　　每(매양 매)
동 洋(큰바다 양)
반 陸(뭍 륙)

글자 풀이

강물(水)은 매양(每) 바다(海)로 통한다는 의미이다.

읽기한자

海綿(해면) 海恕(해서) 海岸(해안) 碧海(벽해) 沿海(연해) 海拔(해발)
桑田碧海(상전벽해)

쓰기한자

海底(해저) 海賊(해적) 海警(해경) 海軍(해군) 海難(해난) 海女(해녀)
海圖(해도) 海島(해도) 海東(해동) 海路(해로) 海流(해류) 海里(해리)
海面(해면) 海邊(해변) 海兵(해병) 海上(해상) 海洋(해양) 海外(해외)
海運(해운) 海戰(해전) 海草(해초) 海風(해풍) 苦海(고해) 公海(공해)
近海(근해)

該

3급
갖출/마땅 해
言 | 6획

비 核(씨 핵)
동 當(마땅 당)

<blockquote>
글자 풀이

고사지낼 때 돼지(亥) 머리가 갖추어 졌다고 말하는(言) 데서, '갖추다, 마땅하다' 는 뜻이다.

읽기한자

該當(해당) 該地(해지) 該敏(해민) 該博(해박)
</blockquote>

解

4급Ⅱ
풀 해:
角 | 6획

동 釋(풀 석)
　放(놓을 방)
반 結(맺을 결)

<blockquote>
글자 풀이

칼(刀)로써 소(牛)뿔(角)을 잘라 낸다는 기분으로 산산조각 내다, 잘라 떼내어 풀다(解)는 의미이다.

읽기한자

解渴(해갈) 解析(해석) 解夢(해몽) 解釋(해석) 解免(해면)

쓰기한자

解散(해산) 解脫(해탈) 解決(해결) 解禁(해금) 解答(해답) 解讀(해독) 解毒(해독)
解得(해득) 解明(해명) 解放(해방) 解氷(해빙) 解産(해산) 解說(해설) 解消(해소)
解約(해약)
</blockquote>

核

4급
씨 핵
木 | 6획

비 該(갖출 해)
　刻(새길 각)

<blockquote>
글자 풀이

나무(木)의 씨앗이 살 속의 뼈(亥)처럼 외피에 쌓여 있는 데서, '씨, 알맹이'를 뜻한다.

읽기한자

耐核(내핵) 核桃(핵도)

쓰기한자

肺結核(폐결핵) 核分裂(핵분열) 核果(핵과) 核心(핵심) 核子(핵자)
結核(결핵) 果核(과핵) 核爆彈(핵폭탄) 核武器(핵무기) 核發電(핵발전)
核實驗(핵실험)
</blockquote>

幸

6급Ⅱ
다행 행:
干 | 5획

비 辛(매울 신)

<blockquote>
글자 풀이

토지(土)와 양(羊)따위의 가축이 많으면 다행하다(幸)는 의미이다.

읽기한자

巡幸(순행) 薄幸(박행)

쓰기한자

幸福(행복) 幸運(행운) 天幸(천행) 行幸(행행) 多幸(다행) 不幸(불행)
幸運兒(행운아) 千萬多幸(천만다행)
</blockquote>

하

6급

다닐 행(:)
항렬 항

行 | 0획

閒 往(갈 왕)
閒 言(말씀 언)

글자 풀이

십자로(十)의 모양에서 유래되어 사람이 걷는 곳이므로 가다(行)는 의미이다.

읽기한자

竝行(병행) 遂行(수행) 恣行(자행) 醜行(추행) 行脚(행각) 行廊(행랑)
行蹟(행적) 刊行(간행) 隨行(수행) 潛行(잠행) 執行(집행) 尾行(미행)
緩行(완행)

쓰기한자

行間(행간) 行軍(행군) 行動(행동) 行列(행렬) 行路(행로) 行方(행방)
行步(행보) 行事(행사) 行使(행사) 行商(행상) 行色(행색) 行書(행서)
行星(행성) 行勢(행세) 行實(행실) 行員(행원) 行爲(행위) 行人(행인)

6급

향할 향:

口 | 3획

閒 同(한가지 동)

글자 풀이

창은 남과 북, 동과 서로 같이 마주서서 만드는 것에서 향하다, 대하다(向)는 의미이다.

읽기한자

偏向(편향)

쓰기한자

傾向(경향) 轉向(전향) 趣向(취향) 向發(향발) 向方(향방) 向拜(향배)
向上(향상) 向時(향시) 南向(남향) 動向(동향) 東向(동향) 方向(방향)
性向(성향) 意向(의향) 指向(지향) 志向(지향) 風向(풍향) 下向(하향)
內向性(내향성) 外向性(외향성)

3급

누릴 향:

亠 | 6획

閒 亨(형통할 형)
  亭(정자 정)
  京(서울 경)

글자 풀이

조상신에게 음식을 바치는 모양을 그린 글자로, '드리다' 는 뜻을, 제사를 드리고 복을 받아 누린다는 데서, '누리다' 는 뜻이다.

읽기한자

享年(향년) 享樂(향락) 享祀(향사) 享受(향수) 享有(향유) 時享(시향)
秋享(추향)

4급 Ⅱ

향기 향

香 | 0획

閒 番(차례 번)

글자 풀이

쌀(禾)로 빚은 술이 단(日은 甘의 변형)맛을 풍긴다는 데서, '향기' 를 뜻한다.

읽기한자

香辛料(향신료) 香爐(향로) 墨香(묵향)

쓰기한자

香氣(향기) 香料(향료) 香水(향수) 香油(향유) 香火(향화)

하

鄉

4급 Ⅱ

시골 **향**

阝 | 10획

- 반 京(서울 경)
- 약 鄉

글자 풀이

본래 사람들이 시골 마당에서 음식을 가운데 두고 둘러앉아 있는 모양을 그린 글자로, '시골' 을 뜻한다.

읽기 한자

鄕愁(향수)

쓰기 한자

歸鄕(귀향) 鄕歌(향가) 鄕校(향교) 鄕軍(향군) 鄕里(향리) 鄕樂(향악)
鄕約(향약) 鄕村(향촌) 鄕土(향토) 京鄕(경향) 故鄕(고향) 同鄕(동향)
落鄕(낙향) 望鄕(망향) 本鄕(본향) 思鄕(사향) 色鄕(색향) 他鄕(타향)
失鄕民(실향민) 鄕友會(향우회) 理想鄕(이상향)

響

3급 Ⅱ

울릴 **향:**

音 | 13획

- 비 嚮(길잡을 향)

글자 풀이

고요한 시골(鄕)에서는 소리(音)가 잘 울려(響) 퍼진다는 의미이다.

읽기 한자

響應(향응) 交響樂(교향악) 反響(반향) 影響(영향) 音響(음향)

許

5급

허락할 **허**

言 | 4획

- 비 評(평할 평)
- 동 諾(허락할 낙)

글자 풀이

상대의 말(言)을 잘 듣고 일정한 범위(午) 안에서 허락한다(許)는 의미이다.

읽기 한자

幾許(기허) 許諾(허락) 何許人(하허인) 免許(면허)

쓰기 한자

許可(허가) 許多(허다) 許容(허용) 官許(관허) 認許(인허) 特許(특허)
十里許(십리허) 無許可(무허가)

虛

4급 Ⅱ

빌 **허**

虍 | 6획

- 동 空(빌 공)
- 반 實(열매 실)
- 약 虚

글자 풀이

호랑이(虎)를 잡으려고 함정(业)을 파 놓았는데, 걸린 것이 없다는 데서, '비다' 는 뜻이다.

읽기 한자

虛飢(허기) 虛像(허상) 虛慾(허욕) 虛禮虛飾(허례허식) 虛無孟浪(허무맹랑)
虛妄(허망) 虛僞(허위) 虛荒(허황)

쓰기 한자

虛構(허구) 虛點(허점) 虛辭(허사) 虛張聲勢(허장성세) 虛空(허공)
虛實(허실) 虛數(허수) 虛無(허무) 虛費(허비) 虛想(허상) 虛事(허사)
虛勢(허세) 虛送(허송) 虛言(허언) 虛風(허풍) 空虛(공허) 虛氣(허기)
虛弱(허약) 虛榮心(허영심)

	3급
軒	집 헌
	車 | 3획

동 閣(집 각)
館(집 관)
堂(집 당)
舍(집 사)
室(집 실)

글자 풀이

수레나 가마(車)를 타고 가는 사람을 막는(干) 곳이니 처마, 집(軒)이라는 의미이다.

읽기한자

軒頭(헌두) 軒軒丈夫(헌헌장부) 東軒(동헌) 烏竹軒(오죽헌)

	4급
憲	법 헌:
	心 | 12획

비 害(해할 해)
동 法(법 법)
式(법 식)
規(법 규)
律(법칙 률)

글자 풀이

집(宀)에서 손(丰) 넷(罒)이 마음(心)을 같이하여 일하려면 법(憲)에 따라야 한다는 의미이다.

읽기한자

違憲(위헌) 司憲府(사헌부)

쓰기한자

憲法(헌법) 憲兵(헌병) 憲章(헌장) 憲政(헌정) 改憲(개헌) 官憲(관헌)
黨憲(당헌) 入憲(입헌) 制憲(제헌) 護憲(호헌)

	3급 II
獻	드릴 헌:
	犬 | 16획

비 戲(놀이 희)
동 呈(드릴 정)
貢(바칠 공)
贈(줄 증)
약 献

글자 풀이

호랑이(虍)가 개(犬)를 솥에 넣고 삶아서(鬲) 드린다, 바친다(獻)는 의미이다.

읽기한자

獻金(헌금) 獻納(헌납) 獻上(헌상) 獻身(헌신) 獻血(헌혈) 獻花(헌화)
貢獻(공헌) 奉獻(봉헌) 進獻(진헌) 文獻(문헌)

	4급
險	험할 험:
	阝 | 13획

비 檢(검사할 검)
儉(검소할 검)
동 危(위태할 위)
약 険

글자 풀이

언덕(阝)이 모두 다(僉) 험하다(險)는 의미이다.

읽기한자

冒險(모험)

쓰기한자

險口(험구) 險難(험난) 險談(험담) 險路(험로) 險狀(험상) 險惡(험악)
保險(보험) 危險(위험) 探險(탐험)

驗

4급 Ⅱ
시험 험:
馬 | 13획

동 試(시험 시)
약 験

글자 풀이

말(馬)을 여러(僉) 사람이 타 보고, 살펴보아 좋고 나쁨을 가리는 데서, '시험'을 뜻한다.

읽기 한자

靈驗(영험)

쓰기 한자

證驗(증험) 受驗(수험) 試驗(시험) 實驗(실험) 經驗(경험) 先驗(선험)
體驗(체험) 效驗(효험)

革

4급
가죽 혁
革 | 0획

동 皮(가죽 피)

글자 풀이

동물의 뼈와 털과 고기를 모피에서 제거하는 것에서 깨끗한 가죽(革)을 의미한다.

읽기 한자

沿革(연혁) 皮革(피혁)

쓰기 한자

革帶(혁대) 變革(변혁) 革命(혁명) 革新(혁신) 改革(개혁) 革細工(혁세공)
反革命(반혁명) 宗教改革(종교개혁) 軍事革命(군사혁명)
無血革命(무혈혁명)

玄

3급 Ⅱ
검을 현
玄 | 0획

동 黑(검을 흑)
반 白(흰 백)

글자 풀이

검은 실을 길게 묶은 모양을 본뜬 글자로, '검다, 현묘하다'는 뜻이다.

읽기 한자

玄關(현관) 玄木(현목) 玄妙(현묘) 玄武(현무) 玄米(현미) 玄孫(현손)
玄黃(현황) 幽玄(유현)

하

現

6급 Ⅱ
나타날 현:
玉 | 7획

비 規(법 규)
　 視(볼 시)
　 理(다스릴 리)
동 顯(나타날 현)
반 消(사라질 소)
　 隱(숨을 은)

글자 풀이

옥(玉)을 갈고 닦으면 아름다운 빛깔이 드러난다(見)는 데서, '나타나다'는 뜻이다.

읽기 한자

現夢(현몽) 現役(현역)

쓰기 한자

現象(현상) 現存(현존) 現況(현황) 現行犯(현행범) 現金(현금) 現今(현금)
現代(현대) 現物(현물) 現狀(현상) 現世(현세) 現實(현실) 現業(현업)
現場(현장) 現在(현재) 現地(현지) 現職(현직) 現品(현품) 現下(현하)
現行(현행) 具現(구현) 實現(실현) 再現(재현) 出現(출현) 現住所(현주소)

絃

3급

줄 현

糸 | 5획

비 弦(시위 현)
동 線(줄 선)

글자 풀이

현묘한(玄) 소리를 내는 실(糸)이니 현악기의 줄(絃)이라는 의미이다.

읽기한자

絃樂器(현악기) 續絃(속현) 絶絃(절현) 管絃樂器(관현악기)

賢

4급Ⅱ

어질 현

貝 | 8획

비 資(재물 자)
賃(품삯 임)
동 良(어질 량)
仁(어질 인)
반 惡(악할 악)
愚(어리석을 우)
약 贒

글자 풀이

임금이 신하(臣)의 손(又)에 재물(貝)을 내려 어질다(賢)는 의미이다.

읽기한자

賢母良妻(현모양처) 賢淑(현숙)

쓰기한자

賢明(현명) 賢友(현우) 賢人(현인) 賢者(현자) 名賢(명현) 先賢(선현)
聖賢(성현) 竹林七賢(죽림칠현)

縣

3급

고을 현:

糸 | 10획

비 懸(달 현)
동 郡(고을 군)
邑(고을 읍)
약 県

글자 풀이

눈(目)에 잘 띄게 나무(木)에 줄(糸)을 걸어 매다는 데서, '매달다'는 뜻이다.
뒤에 縣은 州나 郡 등의 큰 고을에 매달려 있는 작은 고을이라는 데서,
'고을'의 뜻이 되었다.

읽기한자

縣監(현감) 縣令(현령)

懸

3급Ⅱ

달 현:

心 | 16획

비 縣(고을 현)

글자 풀이

마음(心)에 오래 간직하도록 고을(縣) 사람들이 모두 볼 수 있는 곳에
매단다는 데서, '달다, 걸다'는 뜻이다.

읽기한자

懸賞手配(현상수배) 懸板(현판) 懸案(현안)

顯
나타날 현:
頁 | 14획

4급

동 現(나타날 현)
약 顕

글자 풀이
누에 머리(頁)에서 나온 고치를 솥(日)에 넣어서 찐(火) 후에 실(絲)을
뽑으면 명주실이 나타난다(顯)는 의미이다.

읽기한자

顯微鏡(현미경) 顯著(현저) 破邪顯正(파사현정)

쓰기한자

顯考(현고) 顯達(현달) 顯職(현직) 顯忠日(현충일)

穴
굴 혈
穴 | 0획

3급Ⅱ

비 空(빌 공)
동 窟(굴 굴)

글자 풀이
굴(穴), 터널 입구의 모양을 본떴다.

읽기한자

穴居(혈거) 經穴(경혈) 洞穴(동혈) 墓穴(묘혈) 虎穴(호혈)

血
피 혈
血 | 0획

4급Ⅱ

비 皿(그릇 명)

글자 풀이
그릇(皿) 담은(ヽ) 피(血)라는 의미이다.

읽기한자

血淚(혈루) 血盟(혈맹) 腦出血(뇌출혈) 輸血(수혈) 鳥足之血(조족지혈)
吸血鬼(흡혈귀) 獻血(헌혈) 血糖(혈당)

쓰기한자

血管(혈관) 血緣(혈연) 血鬪(혈투) 血氣(혈기) 血路(혈로) 血脈(혈맥)
血書(혈서) 血眼(혈안) 血壓(혈압) 血液(혈액) 血肉(혈육) 血戰(혈전)
血族(혈족) 血淸(혈청) 血統(혈통) 貧血(빈혈) 鮮血(선혈) 止血(지혈)

嫌
싫어할 혐
女 | 10획

3급

동 忌(꺼릴 기)
　 厭(싫어할 염)
반 好(좋을 호)

글자 풀이
여자(女)가 일이 겹쳐(兼) 있어 마음이 불편한데서 의심하다,
싫어하다(嫌)는 의미이다.

읽기한자

嫌家(혐가) 嫌忌(혐기) 嫌惡(혐오) 嫌疑(혐의)

協 4급Ⅱ
화할 협
十 | 6획

동 和(화할 화)

글자 풀이

힘 셋(劦)을 한데 묶어서 (十) 돕는다(協)는 것에서, 서로 도우니 화합(協)하다는 의미이다.

읽기한자

妥協(타협) 協贊(협찬) 協奏(협주)

쓰기한자

協同組合(협동조합) 協同(협동) 協力(협력) 協商(협상) 協心(협심)
協約(협약) 協議(협의) 協定(협정) 協助(협조) 協調(협조) 協會(협회)
不協和音(불협화음)

脅 3급Ⅱ
위협할 협
月 | 6획

동 威(위엄 위)

글자 풀이

세 개의 힘(劦)으로써 상대방 몸(月)에 으름장(脅)을 놓는다는 의미이다.

읽기한자

脅迫(협박) 脅弱(협약) 脅痛(협통) 威脅(위협) 誘脅(유협) 脅奪(협탈)

兄 8급
형 형
儿 | 3획

동 允(맏 윤)
　伯(맏 백)
반 弟(아우 제)

글자 풀이

먼저 태어나서 걸음마(儿)를 하게 되고 나이 어린 사람에게 말(口)로 지시를 하는 사람의 태도에서 형제 중에 윗사람(兄)을 의미한다.

읽기한자

雅兄(아형) 異腹兄弟(이복형제) 妻兄(처형) 伯兄(백형)

쓰기한자

兄氏(형씨) 兄弟姉妹(형제자매) 兄夫(형부) 兄弟(형제) 老兄(노형)
父兄(부형) 長兄(장형) 學兄(학형) 義兄弟(의형제) 親兄弟(친형제)
難兄難弟(난형난제) 呼兄呼弟(호형호제)

刑 4급
형벌 형
刀 | 4획

비 列(벌릴 렬)
　形(모양 형)
　則(곧 즉)
동 罰(벌할 벌)

글자 풀이

형틀(幵)에 올려놓고 매를 치거나 칼(刂)로 벌을 내리는 데서, '형벌'을 뜻한다.

읽기한자

刑事訴訟(형사소송)

쓰기한자

刑期(형기) 刑罰(형벌) 刑法(형법) 刑場(형장) 減刑(감형) 求刑(구형)
極刑(극형) 死刑(사형) 實刑(실형) 惡刑(악형) 重刑(중형) 處刑(처형)
體刑(체형) 行刑(행형) 火刑(화형) 終身刑(종신형) 刑務所(형무소)
刑事事件(형사사건)

亨 **3급** 형통할 **형** 亠 | 5획 비 享(누릴 향) 亭(정자 정) 京(서울 경)	**글자 풀이** 조상신에게 음식을 바치는 모양을 그린 글자로, 제사를 드리고 복을 받아 만사형통한다는 데서, '형통하다' 는 뜻이다. **읽기한자** 亨通(형통) 萬事亨通(만사형통)

形 **6급Ⅱ** 모양 **형** 彡 | 4획 비 刑(형벌 형) 동 像(모양 상) 樣(모양 양) 態(모양 태)	**글자 풀이** 아름다운 선으로 그린 테두리의 모양에서 모양, 형태(形)를 의미한다. **읽기한자** 形而上學(형이상학) 形而下學(형이하학) **쓰기한자** 形象(형상) 象形(상형) 異形(이형) 形局(형국) 形狀(형상) 形相(형상) 形色(형색) 形成(형성) 形勢(형세) 形式(형식) 形言(형언) 形容(형용) 形質(형질) 形體(형체) 形態(형태) 形便(형편) 造形(조형) 地形(지형) 固形(고형) 大形(대형) 圖形(도형) 無形(무형) 變形(변형) 成形(성형) 小形(소형) 外形(외형) 圓形(원형) 原形(원형) 有形(유형) 人形(인형) 字形(자형)

螢 **3급** 반딧불 **형** 虫 | 10획 비 螢(경영할 영) 勞(일할 로) 약 蛍	**글자 풀이** 쌍불(火火)을 두르고(冖) 있는 벌레(虫)이니 개똥벌레(螢)라는 의미이다. **읽기한자** 螢光燈(형광등) 螢光物質(형광물질) 螢光板(형광판) 螢雪之功(형설지공)

衡 **3급Ⅱ** 저울대 **형** 行 | 10획 동 銓(저울 전) 稱(일컬을 칭)	**글자 풀이** 소(大)를 몰고 길을 다닐(行) 때 쇠뿔(角)이 사람에 접촉되어도 받히지 않도록 양쪽 뿔위에 가로로 걸어 놓은 나무(木)로 본래 쇠뿔나무를 나타내었는데, 이것이 평형을 이루어야 하므로 저울대, 저울, 저울질하다(衡)는 의미가 되었다. **읽기한자** 衡度(형도) 衡平(형평) 權衡(권형) 均衡(균형) 度量衡(도량형) 稱衡(칭형) 平衡(평형)

하

兮	3급
	어조사 **혜**
	八 | 2획

비 分(나눌 분)

글자 풀이

선행의 말이 끝나고, 다시 말을 시작할 때 쓰는 조사이다.

읽기한자

樂兮(낙혜) 實兮歌(실혜가) 沙八兮(사팔혜)

惠	4급 Ⅱ
	은혜 **혜:**
	心 | 8획

비 專(오로지 전)
동 恩(은혜 은)
약 惠

글자 풀이

물레(車)가 한쪽으로만 돌듯 사람의 마음(心)이 한쪽으로 베풀어지는 데서, '은혜'를 뜻한다.

읽기한자

惠賜(혜사) 惠贈(혜증) 互惠(호혜) 惠澤(혜택) 慈惠(자혜)

쓰기한자

惠存(혜존) 惠書(혜서) 惠聲(혜성) 惠政(혜정) 施惠(시혜) 恩惠(은혜)
天惠(천혜)

慧	3급 Ⅱ
	슬기로울 **혜:**
	心 | 11획

동 智(슬기 지)

글자 풀이

두 손에 비를 들고(彗) 마당을 쓸듯 마음(心)의 잡념을 제거하는 데서, '슬기롭다'는 뜻이다.

읽기한자

慧眼(혜안) 知慧(지혜) 智慧(지혜)

戶	4급 Ⅱ
	집 **호:**
	戶 | 0획

비 尸(주검 시)
동 家(집 가) 室(집 실)
　 堂(집 당) 宅(집 택)
　 屋(집 옥) 館(집 관)
　 閣(집 각) 門(문 문)

글자 풀이

쌍 문의 왼쪽 반의 형태에서 문, 집(戶)을 의미한다.

쓰기한자

戶籍(호적) 戶口(호구) 戶當(호당) 戶別(호별) 戶主(호주) 窓戶(창호)
門戶(문호) 門戶開放(문호개방) 家家戶戶(가가호호)

互	3급
	서로 **호:**
	二 | 2획

비 瓦(기와 와)
동 相(서로 상)

글자 풀이
고리와 고리가 서로 어긋나지 않게 맞추어진(互) 모양을 본떴다.

읽기 한자
互選(호선) 互讓(호양) 互惠(호혜) 互換(호환) 相互(상호)
互角之勢(호각지세) 互惠關稅(호혜관세)

乎	3급
	어조사 **호**
	丿 | 4획

비 平(평평할 평)
呼(부를 호)

글자 풀이
그런가 아닌가 할 때의 그런가(乎)의 뜻을 가진 조사이다.

읽기 한자
斷乎(단호) 確乎(확호)

好	4급 Ⅱ
	좋을 **호:**
	女 | 3획

비 奴(종 노)
妃(왕비 비)
동 良(좋을 량)
반 惡(악할 악)

글자 풀이
어머니(女)가 아들(子)을 안고 좋아한다(好)는 의미이다.

읽기 한자
好喪(호상)

쓰기 한자
好機(호기) 好轉(호전) 好況(호황) 好奇心(호기심) 友好條約(우호조약)
無骨好人(무골호인) 好價(호가) 好感(호감) 好美(호미) 好事(호사)
好色(호색) 好惡(호오) 好意(호의) 好材(호재) 好調(호조) 好評(호평)
良好(양호) 友好(우호) 絶好(절호) 好景氣(호경기) 好時節(호시절)
好色漢(호색한) 好戰的(호전적) 同好人(동호인) 好衣好食(호의호식)

虎	3급 Ⅱ
	범 **호(:)**
	虍 | 2획

비 虛(빌 허)
處(곳 처)
동 寅(범 인)

글자 풀이
호랑이의 모양을 본떴다.

읽기 한자
虎口(호구) 猛虎(맹호) 白虎(백호) 三人成虎(삼인성호) 虎穴(호혈)
虎死留皮(호사유피) 養虎遺患(양호유환)

呼	4급 Ⅱ
부를 **호**	
口	5획

비 乎(어조사 호)

글자 풀이

입(口)에서 숨을 와하고 뱉어내는 것에서 큰소리를 내어(乎) 외치다, 부르다(呼)는 의미이다.

읽기 한자

嗚呼(오호) 呼訴(호소)

쓰기 한자

點呼(점호) 歡呼(환호) 呼稱(호칭) 呼價(호가) 呼客(호객) 呼名(호명) 呼應(호응) 呼出(호출) 呼吸(호흡) 深呼吸(심호흡) 呼兄呼弟(호형호제)

胡	3급 Ⅱ
되 **호**	
月	5획

비 湖(호수 호)

글자 풀이

옛(古)부터 북쪽에 사는 종족(月)을 오랑캐(胡)라고 하였다.

읽기 한자

胡亂(호란) 胡壽(호수) 胡人(호인) 胡笛(호적) 胡桃(호도) 胡燕(호연)

浩	3급 Ⅱ
넓을 **호:**	
水	7획

비 造(지을 조)
동 博(넓을 박)
　 廣(넓을 광)
　 洪(넓을 홍)
반 狹(좁을 협)

글자 풀이

비가 많이 와서 물(氵)이 불어난다고 큰 소리로 알린다(告)는 데서 넓다, 크다(洪)는 의미이다.

읽기 한자

浩然之氣(호연지기) 浩大(호대) 浩繁(호번) 浩博(호박) 浩歌(호가)

毫	3급
터럭 **호**	
毛	7획

비 豪(호걸 호)
동 髮(터럭 발)
　 毛(털 모)

글자 풀이

고품질(高)의 털(毛)과 그 털로 만든 붓에서, '붓, 터럭'을 뜻한다.

읽기 한자

毫端(호단) 毫末(호말) 毫髮(호발) 秋毫(추호) 揮毫(휘호)

湖	5급 호수 호 水 | 9획

비 胡(되 호)

글자 풀이

물(水)이 예(古)부터 머물러 있는 곳에 달(月) 그림자가 비치니 호수(湖)라는 의미이다.

읽기한자

畿湖(기호)

쓰기한자

湖南(호남) 湖水(호수) 江湖(강호)

號	6급 이름 호(:) 虍 | 7획

동 名(이름 명)
약 号

글자 풀이

호랑이(虎)의 울음소리처럼 입을 크게 가로 세로로(号) 움직여 부르짖는다(號)는 의미이다.

읽기한자

號泣(호읍) 雅號(아호) 符號(부호) 創刊號(창간호) 號哭(호곡)

쓰기한자

略號(약호) 稱號(칭호) 郵便番號(우편번호) 號令(호령) 號數(호수)
口號(구호) 國號(국호) 今號(금호) 記號(기호) 年號(연호) 怒號(노호)
番號(번호) 商號(상호) 信號(신호) 號外(호외) 暗號(암호) 屋號(옥호)
字號(자호) 題號(제호) 赤信號(적신호)

3급Ⅱ 호걸 호 豕 | 7획

비 毫(터럭 호)
동 傑(뛰어날 걸)

글자 풀이

등덜미가 높게(高) 솟은 멧돼지(豕)같이 강하다하여 뛰어나다, 굳세다(豪)는 의미이다.

읽기한자

豪傑(호걸) 豪放(호방) 豪言(호언) 豪雨(호우) 豪族(호족) 豪快(호쾌)
豪華(호화) 強豪(강호) 文豪(문호) 富豪(부호) 土豪(토호)
英雄豪傑(영웅호걸)

護	4급Ⅱ 도울 호: 言 | 14획

비 獲(얻을 획)
　穫(거둘 확)
동 援(도울 원)
　助(도울 조)
　扶(도울 부)
　補(기울 보)

글자 풀이

숲(艹)에서 손(又) 위에 앵무새(隹)를 올려놓고 사람 말(言)을 흉내내도록 돕고 돌보는 데서, '돕다, 지키다' 는 뜻이다.

읽기한자

擁護(옹호) 護喪(호상)

쓰기한자

護憲(호헌) 看護(간호) 辯護(변호) 援護(원호) 護國(호국) 護送(호송)
護衛(호위) 加護(가호) 警護(경호) 救護(구호) 防護(방호) 保護(보호)
守護(수호) 愛護(애호) 養護室(양호실) 護身術(호신술)

하

或 혹 혹

4급

戈 | 4획

ㅂ 域(지경 역)
惑(미혹할 혹)

글자 풀이

나라(國)에 성벽 등의 울타리(囗)가 없으면 혹 적이 쉽게 쳐들어 올 수 있고, 창(戈)을 들고 백성(口)과 땅(一)을 지킨다 해도 혹시나 하는 데서, '혹'을 뜻한다.

읽기 한자

或曰(혹왈) 或也(혹야)

쓰기 한자

或是(혹시) 或時(혹시) 或者(혹자)

惑 미혹할 혹

3급 II

心 | 8획

ㅂ 或(혹 혹)
동 迷(미혹할 미)

글자 풀이

혹시나(或) 하는 마음(心)이 생기는 데서, '미혹하다'는 뜻이다.

읽기 한자

迷惑(미혹) 惑星(혹성) 惑世(혹세) 困惑(곤혹) 當惑(당혹) 不惑(불혹)
誘惑(유혹) 疑惑(의혹)

昏 어두울 혼

3급

日 | 4획

ㅂ 婚(혼인할 혼)
동 暗(어두울 암)
반 明(밝을 명)
　朗(밝을 랑)

글자 풀이

나무 뿌리(氏) 밑으로 해(日)가 져서 날이 저물어, 어둡다(昏)는 의미이다.

읽기 한자

昏迷(혼미) 昏睡(혼수) 昏絶(혼절) 昏定晨省(혼정신성) 黃昏(황혼)

混 섞을 혼:

4급

水 | 8획

ㅂ 溫(따뜻할 온)
동 雜(섞일 잡)

글자 풀이

탁하고 맑은 물(水)이 모두 같은(昆) 곳으로 흘러 섞인다(混)는 의미이다.

읽기 한자

混泳(혼영) 混濁(혼탁)

쓰기 한자

混同(혼동) 混亂(혼란) 混線(혼선) 混成(혼성) 混聲(혼성) 混宿(혼숙)
混食(혼식) 混用(혼용) 混入(혼입) 混雜(혼잡) 混戰(혼전) 混合(혼합)
混血(혼혈)

婚

4급
혼인할 혼
女 | 8획

비 昏(어두울 혼)
동 姻(혼인 인)

글자 풀이
예전에 신부(女)를 맞는 혼례식은 저물녘(昏)에 촛불을 켜고 진행한 데서, '혼인하다'는 뜻이다.

읽기한자
婚姻(혼인) 旣婚(기혼) 婚需(혼수) 晩婚(만혼)

쓰기한자
婚期(혼기) 婚談(혼담) 婚禮(혼례) 婚事(혼사) 婚主(혼주) 婚處(혼처)
結婚(결혼) 求婚(구혼) 禁婚(금혼) 成婚(성혼) 新婚(신혼) 約婚(약혼)
離婚(이혼) 再婚(재혼) 定婚(정혼) 早婚(조혼) 重婚(중혼) 請婚(청혼)
初婚(초혼) 破婚(파혼) 華婚(화혼) 回婚(회혼)

魂

3급Ⅱ
넋 혼
鬼 | 4획

비 愧(부끄러울 괴)
塊(흙덩이 괴)
동 靈(신령 령)
魄(넋 백)

글자 풀이
구름(云)처럼 떠다니는 귀신(鬼)을 혼(魂)이라 한다는 의미이다.

읽기한자
魂談(혼담) 魂靈(혼령) 商魂(상혼) 靈魂(영혼) 鎭魂(진혼) 招魂(초혼)
鬪魂(투혼)

忽

3급Ⅱ
갑자기 홀
心 | 4획

비 勿(말 물)
忿(성낼 분)
동 突(갑자기 돌)

글자 풀이
마음(心)에 없던(勿) 일이 홀연(忽)히 생각난다는 의미이다.

읽기한자
忽待(홀대) 忽然(홀연) 疏忽(소홀)

弘

3급
클 홍
弓 | 2획

비 引(끌 인)
동 巨(클 거)
大(큰 대)
泰(클 태)
太(클 태)
반 小(작을 소)
微(작을 미)

글자 풀이
활(弓)을 쏘기 위하여 팔(厶)을 크게(弘) 편다는 의미이다.

읽기한자
弘報(홍보) 弘益人間(홍익인간) 弘範(홍범) 弘誓(홍서) 弘敎(홍교)
弘通(홍통)

하

洪

3급 II

넓을 홍
水 | 6획

동 博(넓을 박)
　 廣(넓을 광)
　 浩(넓을 호)
반 狹(좁을 협)

글자 풀이

장마가 져서 물(氵)이 사방팔방 한가지(共)로 넓게(洪) 펼쳐져 있다는 의미이다.

읽기한자

洪範(홍범) 洪水(홍수) 洪州(홍주) 洪城(홍성) 洪福(홍복) 洪震(홍진)

紅

4급

붉을 홍
糸 | 3획

비 經(지날 경)
동 赤(붉을 적)
　 朱(붉을 주)
　 丹(붉을 단)

글자 풀이

빨갛게 물들인(工) 색실(糸)에서 홍색, 붉다(紅)는 의미이다.

읽기한자

紅顔(홍안) 紅茶(홍차) 紅疫(홍역)

쓰기한자

紅潮(홍조) 紅玉(홍옥) 朱紅(주홍) 紅燈街(홍등가) 紅一點(홍일점)

鴻

3급

기러기 홍
鳥 | 6획

동 雁(기러기 안)

글자 풀이

강(江) 위를 나는 새(鳥)에서, '기러기'를 뜻한다.

읽기한자

鴻基(홍기) 鴻毛(홍모) 鴻恩(홍은) 鴻名(홍명) 鴻學(홍학) 鴻儒(홍유)
鴻雁(홍안)

火

8급

불 화(:)
火 | 0획

반 水(물 수)

글자 풀이

불이 타고 있는 모양을 본떴다.

읽기한자

火爐(화로) 火葬(화장) 明若觀火(명약관화) 鎭火(진화) 耐火(내화)

쓰기한자

火傷(화상) 火刑(화형) 點火(점화) 採火(채화) 烈火(열화) 火器(화기)
火氣(화기) 火力(화력) 火山(화산) 火星(화성) 火食(화식) 火藥(화약)
火印(화인) 火田(화전) 火急(화급) 發火(발화) 放火(방화) 防火(방화)
聖火(성화) 消火(소화) 失火(실화) 引火(인화) 砲火(포화) 活火山(활화산)
休火山(휴화산) 死火山(사화산) 導火線(도화선) 電光石火(전광석화)

化
5급 II
될 **화**(:)
匕 | 2획

비 北(북녘 북)
　 比(견줄 비)
　 仁(어질 인)
동 變(변할 변)

 글자 풀이
사람(人)이 거꾸로(匕) 서 있는 형태에서 바뀌다, 둔갑하다(化)는 의미이다.

읽기 한자
鈍化(둔화) 化粧(화장) 企業化(기업화) 軟化(연화) 淨化(정화) 鹽化(염화)
荒廢化(황폐화)

쓰기 한자
激化(격화) 歸化(귀화) 劇化(극화) 化石(화석) 化工(화공) 化身(화신)
化成(화성) 化學(화학) 化合(화합) 感化(감화) **強化(강화)** 開化(개화)
敎化(교화) 老化(노화) 綠化(녹화) 同化(동화) 文化(문화) 美化(미화)
消化(소화)

禾
3급
벼 **화**
禾 | 0획

비 木(나무 목)
동 稻(벼 도)

글자 풀이
이삭이 늘어진 벼(禾)의 모양을 본떴다.

읽기 한자
禾穀(화곡) 禾苗(화묘) 禾尺(화척) 禾主(화주) 禾積(화적) 晚禾(만화)
松禾(송화) 田禾(전화) 種禾稻(종화도)

花
7급
꽃 **화**
艹 | 4획

비 化(될 화)

글자 풀이
풀(艹)의 모습이 변하는(化) 것에서 꽃(花)을 의미한다.

읽기 한자
花燭(화촉) 錦上添花(금상첨화) 路柳墻花(노류장화) 花顔(화안)
花郞(화랑) 菊花(국화) 梅花(매화) 獻花(헌화) 鳳仙花(봉선화) 桃花(도화)

쓰기 한자
花粉(화분) 花鬪(화투) 花環(화환) 無窮花(무궁화) 花柳界(화류계)
花壇(화단) 花代(화대) 花信(화신) 花園(화원) 花鳥(화조) 花草(화초)
開花(개화) 國花(국화) 落花(낙화) 木花(목화) 白花(백화) 百花(백화)
眼花(안화) 造花(조화) 無花果(무화과) 解語花(해어화)

和
6급 II
화할 **화**
口 | 5획

비 私(사사 사)
　 利(이할 리)
동 睦(화목할 목)
반 競(다툴 경)
　 爭(다툴 쟁)
　 戰(싸움 전)

 글자 풀이
벼(禾)가 잘 익어 기뻐 말(口)하고 있는 것에서 온화하다, 부드럽다(和)는
의미이다.

읽기 한자
違和感(위화감) 斥和(척화) 飽和(포화) 和睦(화목) 附和雷同(부화뇌동)
雙和湯(쌍화탕) 緩和(완화)

쓰기 한자
和氣(화기) 和色(화색) 和順(화순) 和約(화약) 和親(화친) 和合(화합)
和平(화평) 和解(화해) 總和(총화) 講和(강화) 不和(불화) 溫和(온화)
人和(인화) 調和(조화) 親和(친화) 和答(화답) 和音(화음)

하

華 빛날 화
4급
艹 | 7획

- 비 畢(마칠 필)
- 동 煥(빛날 환)
  燦(빛날 찬)
  輝(빛날 휘)

글자 풀이

화초(艹)가 흐드러지게 피어 드리워진(垂) 모양에서, '꽃, 빛나다'는 뜻이다.

읽기 한자

華燭(화촉) 繁華(번화) 昇華(승화) 井華水(정화수) 豪華(호화)

쓰기 한자

散華(산화) 榮華(영화) 精華(정화) 中華(중화) 華甲(화갑) 華髮(화발)
華商(화상) 華婚(화혼) 華嚴經(화엄경)

貨 재물 화:
4급 II
貝 | 4획

- 비 資(재물 자)
  賃(품삯 임)
- 동 資(재물 자)
  財(재물 재)

글자 풀이

돈인 조개(貝) 껍질은 여러 가지 물품으로 바뀌는(化) 것이 가능한 것으로 값어치가 있는 것, 돈(貨)을 의미한다.

읽기 한자

貨幣(화폐) 硬貨(경화)

쓰기 한자

雜貨(잡화) 貨物(화물) 貨主(화주) 貨車(화차) 金貨(금화) 良貨(양화)
美貨(미화) 寶貨(보화) 惡貨(악화) 外貨(외화) 銀貨(은화) 日貨(일화)
財貨(재화) 通貨(통화) 韓貨(한화) 百貨店(백화점) 手貨物(수화물)

畫 그림 화:
그을 획
6급
田 | 7획

- 비 書(글 서)
  晝(낮 주)
- 동 圖(그림 도)
- 약 画

글자 풀이

붓(聿)으로 도화지(一)에 그림(田)을 그린다(畫)는 의미이다.

읽기 한자

畫幅(화폭) 漫畫(만화) 邦畫(방화) 畫廊(화랑) 畫伯(화백) 自畫像(자화상)
彩色畫(채색화) 肖像畫(초상화) 版畫(판화) 墨畫(묵화)

쓰기 한자

映畫(영화) 靜物畫(정물화) 自畫自讚(자화자찬) 畫家(화가) 畫面(화면)
畫法(화법) 畫室(화실) 畫板(화판) 畫筆(화필) 錄畫(녹화) 名畫(명화)
壁畫(벽화) 佛畫(불화) 書畫(서화) 詩畫(시화) 洋畫(양화) 外畫(외화)
原畫(원화) 油畫(유화) 印畫(인화)

話 말씀 화
7급 II
言 | 6획

- 비 活(살 활)
- 동 談(말씀 담)
  言(말씀 언)
  語(말씀 어)
  說(말씀 설)

글자 풀이

혀(舌)와 입술을 사용해서 마음에 생각하고 있는 것을 얘기(言)해 전하는 것에서 이야기, 말하다(話)는 의미이다.

읽기 한자

祕話(비화) 詞話(사화) 逸話(일화)

쓰기 한자

送話機(송화기) 話頭(화두) 話法(화법) 話術(화술) 話者(화자) 話題(화제)
講話(강화) 口話(구화) 談話(담화) 對話(대화) 童話(동화) 史話(사화)
說話(설화) 手話(수화) 神話(신화) 實話(실화) 野話(야화) 電話(전화)
通話(통화) 會話(회화) 訓話(훈화) 受話器(수화기)

禍 재앙 화: 示 | 9획	3급Ⅱ

비 過(지날 과)
동 災(재앙 재)
　殃(재앙 앙)
　厄(액 액)
　凶(흉할 흉)
반 吉(길할 길)
　福(복 복)

글자 풀이

사람의 도리를 저버리는 잘못(過)을 저지르면 신(示)이 재앙을 내린다는 데서, '재앙'을 뜻한다.

읽기한자

慘禍(참화) 禍根(화근) 禍福(화복) 禍因(화인) 士禍(사화) 輪禍(윤화)
災禍(재화) 戰禍(전화) 筆禍(필화) 吉凶禍福(길흉화복)
轉禍爲福(전화위복)

確 굳을 확 石 | 10획	4급Ⅱ

비 鶴(학 학)
동 固(굳을 고)
　堅(굳을 견)
　硬(굳을 경)
반 軟(연할 연)

글자 풀이

돌(石)처럼 단단하고 높이 나는 새(隹)처럼 지조가 높고 굳은 데서, '굳다'는 뜻이다.

읽기한자

確率(확률)

쓰기한자

確證(확증) 確固(확고) 確答(확답) 確立(확립) 確保(확보) 確信(확신)
確實(확실) 確約(확약) 確言(확언) 確認(확인) 確定(확정) 明確(명확)
正確(정확) 精確(정확) 未確認(미확인) 不確實(불확실) 確固不動(확고부동)

擴 넓힐 확 手 | 15획	3급

비 橫(가로 횡)
반 縮(줄일 축)
약 拡

글자 풀이

손(手)을 써서 넓게(廣) 늘리고 넓힌다(擴)는 의미이다.

읽기한자

擴大(확대) 擴散(확산) 擴聲器(확성기) 擴張(확장) 擴充(확충)

穫 거둘 확 禾 | 14획	3급

비 獲(얻을 획)
　護(도울 호)
동 收(거둘 수)

글자 풀이

벼(禾)를 얻고자(隻) 풀(艹)을 베듯이 베어 거둔다(穫)는 의미이다.

읽기한자

收穫(수확) 耕穫(경확) 秋穫(추확)

丸 둥글 환
3급
丶 | 2획

비 九(아홉 구)
동 圓(둥글 원)
　 團(둥글 단)

글자 풀이

반죽한 물건, 약재를 아홉(九)번 굴려서 덩어리(丶)가 둥근(丸) 알을 만든다는 의미이다.

읽기 한자

丸藥(환약) 一丸(일환) 淸心丸(청심환) 彈丸(탄환) 砲丸(포환)

患 근심 환:
5급
心 | 7획

비 忠(충성 충)
동 憂(근심 우)
　 愁(근심 수)

글자 풀이

꼬챙이(串)로 심장(心)을 쑤신다는 데서 근심, 병(患)을 의미한다.

읽기 한자

內憂外患(내우외환) 識字憂患(식자우환) 養虎遺患(양호유환) 憂患(우환)
疾患(질환)

쓰기 한자

患亂(환란) 患難(환난) 患部(환부) 患者(환자) 後患(후환) 急患(급환)
外患(외환) 老患(노환) 病患(병환) 宿患(숙환) 重患者(중환자)
外來患者(외래환자) 有備無患(유비무환)

換 바꿀 환:
3급Ⅱ
手 | 9획

동 替(바꿀 체)

글자 풀이

크게(奐) 필요한 것을 손(手)에 넣으려고 다른 물건과 바꾼다(換)는 의미이다.

읽기 한자

互換(호환) 換氣(환기) 換買(환매) 換物(환물) 轉換(전환) 換算(환산)
換言(환언) 換率(환율) 換票(환표) 交換(교환) 變換(변환) 外換(외환)
換去來(환거래) 郵便換(우편환) 換節期(환절기) 換拂(환불) 換錢(환전)

還 돌아올 환
3급Ⅱ
辶 | 13획

비 環(고리 환)
동 回(돌아올 회)
　 歸(돌아갈 귀)

글자 풀이

고리(睘)를 따라 길(辶)을 가면 먼저 있던 자리로 돌아온다(還)는 의미이다.

읽기 한자

返還(반환) 召還(소환) 還甲(환갑) 還國(환국) 還給(환급) 還都(환도)
還流(환류) 還付(환부) 還生(환생) 還屬(환속) 還俗(환속) 還收(환수)
還元(환원) 歸還(귀환) 生還(생환) 送還(송환) 錦衣還鄕(금의환향)
還拂(환불) 償還(상환) 奪還(탈환)

環

4급

고리 **환(:)**

玉 | 13획

비 還(돌아올 환)

글자 풀이

옥(玉)으로 놀라 휘둥그렇게 뜬 사람의 눈(罒)처럼 둥글게 만든 가락지로,
'고리'를 뜻한다.

읽기한자

循環(순환) 惡循環(악순환)

쓰기한자

環境(환경) 環狀(환상) 環視(환시) 環玉(환옥) 金環(금환) 一環(일환)
指環(지환) 花環(화환) 衆人環視(중인환시)

歡

4급

기쁠 **환**

欠 | 18획

비 歎(탄식할 탄)
勸(권할 권)
동 喜(기쁠 희)
반 哀(슬플 애)
怒(성낼 노)
약 欢, 歓

글자 풀이

풀숲(艹)에서 새(隹)가 입(口)을 크게 벌리고(欠) 먹고 노래하며(口)
기뻐한다(歡)는 의미이다.

읽기한자

哀歡(애환)

쓰기한자

歡談(환담) 歡待(환대) 歡聲(환성) 歡送(환송) 歡心(환심) 歡迎(환영)
歡呼(환호) 歡喜(환희) 合歡酒(합환주) 歡樂街(환락가) 歡呼聲(환호성)

活

7급Ⅱ

살 **활**

水 | 6획

비 話(말씀 화)
浩(넓을 호)
동 生(날 생)
반 死(죽을 사)
殺(죽일 살)

글자 풀이

혀(舌)를 정신없이 놀리며 먹듯이 활발히 움직이는 물(氵)의 형상에서
살다, 생동감이 있다(活)는 의미이다.

읽기한자

活躍(활약) 敏活(민활) 活版(활판)

쓰기한자

活劇(활극) 活況(활황) 活氣(활기) 活動(활동) 活力(활력) 活路(활로)
活魚(활어) 活用(활용) 活字(활자) 活着(활착) 復活(부활) 死活(사활)
生活(생활) 自活(자활)

況

4급

상황 **황:**

水 | 5획

비 兄(맏 형)
동 狀(형상 상)

글자 풀이

물(水)이 불어나고(兄) 줄어드는 상황(況)을 알아본다는 의미이다.

읽기한자

況且(황차) 槪況(개황)

쓰기한자

景況(경황) 近況(근황) 不況(불황) 狀況(상황) 盛況(성황) 實況(실황)
作況(작황) 戰況(전황) 情況(정황) 現況(현황) 好況(호황) 活況(활황)

皇 3급Ⅱ
임금 황
白 | 4획

동 王(임금 왕)
帝(임금 제)
君(임금 군)
반 臣(신하 신)
民(백성 민)

글자 풀이

흰(白) 면류관을 쓴 임금(王)이란 데서 임금, 황제(皇)를 의미한다.

읽기 한자

皇考(황고) 皇國(황국) 皇宮(황궁) 皇女(황녀) 皇妃(황비) 皇室(황실)
皇恩(황은) 皇帝(황제) 皇族(황족) 敎皇(교황) 張皇(장황)
三皇五帝(삼황오제)

荒 3급Ⅱ
거칠 황
艹 | 6획

비 流(흐를 류)

글자 풀이

냇(川)물이 마르고 풀(艹), 농작물이 말라 죽어서(亡) 들이
거칠어진다(荒)는 의미이다.

읽기 한자

荒年(황년) 荒唐(황당) 荒凉(황량) 荒城(황성) 荒野(황야) 荒廢(황폐)
虛荒(허황) 凶荒(흉황)

黃 6급
누를 황
黃 | 0획

비 寅(범 인)

글자 풀이

밭(田)은 모두 한 가지로(共) 누렇게(黃) 익었다는 의미이다.

읽기 한자

黃狗(황구) 黃昏(황혼) 黃禍(황화) 浮黃(부황) 黃金分割(황금분할)
黃桃(황도)

쓰기 한자

黃泉(황천) 朱黃(주황) 黃口(황구) 黃金(황금) 黃道(황도) 黃牛(황우)
黃鳥(황조) 黃土(황토) 黃海(황해) 牛黃(우황) 黃人種(황인종)
黃金萬能(황금만능)

灰 4급
재 회
火 | 2획

비 厄(액 액)

글자 풀이

손(厂)에 드는 것이 가능할 듯한 불(火)씨이니 다 타버린 뒤에 남은
재(灰)를 의미한다.

읽기 한자

灰漆(회칠) 灰陶(회도)

쓰기 한자

灰白色(회백색) 灰壁(회벽) 灰色(회색) 石灰(석회) 洋灰(양회)
灰色分子(회색분자)

回	4급Ⅱ
	돌아올 **회**
	口 │ 3획

비 固(굳을 고)
동 還(돌아올 환)
　　歸(돌아갈 귀)

글자 풀이

소용돌이가 빙글빙글 돌고 있는 모양에서 돌다(回)는 의미이다.

읽기한자

回顧(회고) 回廊(회랑) 回附(회부) 回邪(회사) 回旋(회선) 旋回(선회)

쓰기한자

回甲(회갑) 回歸(회귀) 回覽(회람) 回遊(회유) 回轉(회전) 回避(회피)
回婚(회혼) 回軍(회군) 回答(회답) 回路(회로) 回復(회복) 回容(회용)
回想(회상) 回船(회선) 回線(회선) 回收(회수) 回數(회수) 回信(회신)
回心(회심) 回春(회춘) 回航(회항) 今回(금회) 每回(매회) 數回(수회)

悔	3급Ⅱ
	뉘우칠 **회:**
	心 │ 7획

비 海(바다 해)
동 恨(한 한)

글자 풀이

지나간 잘못을 마음(心) 속으로 매양(每) 뉘우친다(悔)는 의미이다.

읽기한자

悔改(회개) 悔心(회심) 悔恨(회한) 後悔莫及(후회막급)

會	6급Ⅱ
	모일 **회:**
	日 │ 9획

비 曾(일찍 증)
동 集(모을 집)
　　社(모일 사)
반 散(흩을 산)
　　離(떠날 리)
약 会

글자 풀이

사람의 얼굴에 눈, 귀, 코, 입 따위가 모인 모양을 본뜬 글자로,
'모이다'는 뜻이다.

읽기한자

會館(회관) 懇談會(간담회) 司會(사회) 宴會(연회) 照會(조회)

쓰기한자

會誌(회지) 機會(기회) 會見(회견) 會計(회계) 會期(회기) 會談(회담) 會同(회동)
會得(회득) 會報(회보) 會費(회비) 會社(회사) 會食(회식) 會心(회심) 會員(회원)
會意(회의) 會議(회의) 會則(회칙) 會合(회합) 會話(회화) 開會(개회) 敎會(교회)
國會(국회) 大會(대회) 流會(유회) 面會(면회) 牧會(목회) 密會(밀회)

懷	3급Ⅱ
	품을 **회**
	心 │ 16획

비 壞(무너질 괴)
동 抱(안을 포)
약 懐

글자 풀이

호주머니에 거울을 간직하듯(裏) 마음(忄)에 간직하는 데서,
'품다'는 뜻이다.

읽기한자

懷抱(회포) 懷古(회고) 懷柔(회유) 懷疑(회의) 感懷(감회) 所懷(소회)
述懷(술회)

하

劃

3급 Ⅱ

그을 **획**

刀 | 12획

비 畫(낮 주)
　 畵(그림 화)

글자 풀이

붓(聿)으로 논밭(田)의 경계(一)를 그어 나눈다(刂)는 데서 긋다,
쪼개다(劃)는 의미이다.

읽기 한자

劃數(획수) 劃定(획정) 劃策(획책) 計劃(계획) 區劃(구획) 企劃(기획)
劃期的(획기적) 劃一的(획일적)

獲

3급 Ⅱ

얻을 **획**

犬 | 14획

비 護(도울 호)
　 穫(거둘 확)
동 得(얻을 득)
반 失(잃을 실)

글자 풀이

사냥개(犭)를 수풀(艹) 속에 데리고 가서 새(隹)를 손(又)으로 잡아,
얻는다(獲)는 의미이다.

읽기 한자

濫獲(남획) 獲得(획득) 漁獲(어획) 藏獲(장획) 捕獲(포획)

橫

3급 Ⅱ

가로 **횡**

木 | 12획

비 黃(누를 황)
　 擴(넓힐 확)
반 縱(세로 종)

글자 풀이

대문의 빗장으로 쓰이는 가로지른(黃) 나무(木)로, '가로, 비끼다'는 뜻이다.

읽기 한자

橫帶(횡대) 橫列(횡렬) 橫領(횡령) 橫流(횡류) 橫步(횡보) 橫書(횡서)
橫線(횡선) 橫數(횡수) 橫材(횡재) 橫災(횡재) 橫暴(횡포) 橫行(횡행)
專橫(전횡) 縱橫(종횡) 縱橫無盡(종횡무진) 橫斷步道(횡단보도)

孝

7급 Ⅱ

효도 **효:**

子 | 4획

비 老(늙을 로)

글자 풀이

자식(子)이 나이든 부모(耂)를 등에 진 형태에서 부모를 잘 섬기다,
효도하다(孝)는 의미이다.

쓰기 한자

孝女(효녀) 孝道(효도) 孝婦(효부) 孝誠(효성) 孝心(효심) 孝子(효자)
孝行(효행) 不孝(불효) 忠孝(충효)

效

5급Ⅱ
본받을 효:
攵 | 6획

비 敎(가르칠 교)
救(구할 구)
약 効

글자 풀이

착한 사람과 사귀어(交) 그 행실을 본받도록 타이르고 회초리질 한다(攵)는 데서, '본받다'의 뜻이다.

읽기한자

效率(효율)

쓰기한자

效則(효칙) 效死(효사) 效果(효과) 效能(효능) 效力(효력) 效用(효용)
效驗(효험) 無效(무효) 發效(발효) 時效(시효) 實效(실효) 失效(실효)
藥效(약효) 特效(특효) 有效(유효) 溫室效果(온실효과) 展示效果(전시효과)

曉

3급
새벽 효:
日 | 12획

비 燒(사를 소)
동 晨(새벽 신)
반 昏(어두울 혼)
약 暁

글자 풀이

해(日)가 높은(堯) 산이나 언덕 위로 떠오르는 밝은 녘, 새벽(曉)이라는 의미이다.

읽기한자

曉星(효성) 曉達(효달) 曉得(효득) 拂曉(불효) 通曉(통효)
殘月曉星(잔월효성)

厚

4급
두터울 후:
厂 | 7획

동 敦(도타울 돈)
篤(도타울 독)
반 薄(엷을 박)

글자 풀이

포대기(冃)로 아이(子)를 두껍게 감싼 모양으로 산기슭(厂)에 두껍게 흙과 돌 등이 쌓여 있는 데서, '두텁다'는 뜻이다.

읽기한자

厚賜(후사) 厚薄(후박) 厚顔無恥(후안무치) 上厚下薄(상후하박)
顔厚(안후)

쓰기한자

厚待(후대) 厚德(후덕) 厚謝(후사) 厚意(후의) 溫厚(온후) 重厚(중후)
厚生事業(후생사업)

侯

3급
제후 후
人 | 7획

비 候(기후 후)

글자 풀이

화살(矢)을 쏘아 과녁(彐)에 맞추는 사람(人)을 제후로 봉한 것에서 제후(侯)를 의미한다.

읽기한자

侯爵(후작) 諸侯(제후) 土侯國(토후국) 王侯將相(왕후장상)

하

본문학습 **499**

後 7급 II
뒤 **후:**
彳 | 6획

반 前(앞 전)
　先(먼저 선)

글자 풀이
길(彳)을 걷는데 어린아이(幺)는 걸음이 느려(夂) 뒤진다(後)는 의미이다.

읽기 한자
後遺症(후유증) 後悔(후회) 幕後(막후) 此後(차후) 後輩(후배) 後尾(후미)

쓰기 한자
後輪(후륜) 後援(후원) 後見(후견) 後光(후광) 後宮(후궁) 後期(후기)
後記(후기) 後代(후대) 後面(후면) 後門(후문) 後聞(후문) 後味(후미)
後半(후반) 後方(후방) 後佛(후불) 後事(후사) 後生(후생) 後世(후세)
後送(후송) 後食(후식)

候 4급
기후 **후:**
人 | 8획

비 侯(제후 후)

글자 풀이
사람(亻)이 활을 쏠 때 과녁(侯)을 살피는 데서, '살피다'는 뜻이다.
또 활쏘기에 좋은 날씨를 살피는 데서, '기후'를 뜻한다.

읽기 한자
斥候兵(척후병) 候補(후보) 立候補(입후보) 症候(증후) 徵候(징후)

쓰기 한자
候鳥(후조) 氣候(기후) 惡天候(악천후) 全天候(전천후) 氣體候(기체후)
測候所(측후소)

訓 6급
가르칠 **훈:**
言 | 3획

동 敎(가르칠 교)
반 學(배울 학)

글자 풀이
하천(川)의 형태를 따라 물이 순조롭게 흐르듯이, 말(言)에 따르도록 하는
것에서 말로 따르게 하다, 인도하다(訓)는 의미이다.

읽기 한자
訓蒙字會(훈몽자회) 訓釋(훈석)

쓰기 한자
訓戒(훈계) 訓讀(훈독) 訓練(훈련) 訓令(훈령) 訓放(훈방) 訓手(훈수)
訓示(훈시) 訓育(훈육) 訓長(훈장) 訓話(훈화) 家訓(가훈) 敎訓(교훈)
校訓(교훈) 級訓(급훈) 內訓(내훈) 社訓(사훈) 音訓(음훈) 字訓(자훈)
政訓(정훈) 訓民正音(훈민정음)

毁 3급
헐 **훼:**
殳 | 9획

동 壞(무너질 괴)
반 建(세울 건)

글자 풀이
땅(土) 위에 절구(臼)를 놓고 공이(几)를 손(又)에 들어 빻아서 헐고,
무너뜨린다(毁)는 의미이다.

읽기 한자
毁慕(훼모) 毁傷(훼상) 名譽毁損(명예훼손)

揮

4급
휘두를 **휘**
手 | 9획

비 輝(빛날 휘)

글자 풀이

전차(車)를 둘러싸고(冖) 있는 군대를 손(手)을 휘두르면서 지시하는
것에서 휘두르다, 지시하다(揮)는 의미이다.

읽기한자

揮毫(휘호) 一筆揮之(일필휘지)

쓰기한자

發揮(발휘) 指揮(지휘) 指揮權(지휘권) 指揮者(지휘자)

輝

3급
빛날 **휘**
車 | 8획

비 揮(휘두를 휘)
동 華(빛날 화)
煥(빛날 환)
燦(빛날 찬)

글자 풀이

기치와 창검을 들고 행진하는 군인(軍)의 행진이 빛(光)나 보인다는 데서,
'빛나다' 는 뜻이다.

읽기한자

光輝(광휘) 輝炭(휘탄) 輝巖(휘암) 德輝(덕휘) 明輝(명휘) 星輝(성휘)
顔輝(안휘)

休

7급
쉴 **휴**
人 | 4획

비 林(수풀 림)
동 息(쉴 식)

글자 풀이

사람(人)이 큰 나무(木) 아래에서 잠시 쉬는 것에서 쉬다(休)는 의미이다.

읽기한자

休刊(휴간) 休眠(휴면) 休廷(휴정)

쓰기한자

休暇(휴가) 歸休(귀휴) 遊休(유휴) 出産休暇(출산휴가) 休講(휴강)
休校(휴교) 休德(휴덕) 休務(휴무) 休息(휴식) 休養(휴양) 休業(휴업)
休日(휴일) 休戰(휴전) 休電(휴전) 休止(휴지) 休紙(휴지) 休職(휴직)
休學(휴학) 休會(휴회) 無休(무휴) 連休(연휴) 年休(연휴) 休火山(휴화산)

携

3급
이끌 **휴**
手 | 10획

동 引(끌 인)
提(끌 제)

글자 풀이

사냥꾼은 사냥하러 갈 때 곧(乃) 손(扌)으로 새매(隹)를 이끌어 지니고
가는 데서, '이끌다, 지니다' 는 뜻이다.

읽기한자

携帶(휴대) 技術提携(기술제휴) 提携(제휴)

凶 5급Ⅱ
흉할 **흉**
凵 | 2획

동 禍(재앙 화)
　災(재앙 재)
　殃(재앙 앙)
반 吉(길할 길)
　福(복 복)

글자 풀이

함정(凵)에 빠지면(乂) 죽게 되므로 흉하다(凶)는 의미이다.

읽기한자

凶夢(흉몽) 凶兆(흉조) 吉凶禍福(길흉화복)

쓰기한자

凶彈(흉탄) 凶家(흉가) 凶計(흉계) 凶器(흉기) 凶年(흉년) 凶物(흉물)
凶事(흉사) 凶相(흉상) 凶惡(흉악) 凶漁(흉어) 凶作(흉작) 凶測(흉측)
吉凶(길흉) 陰凶(음흉) 凶惡無道(흉악무도)

胸 3급Ⅱ
가슴 **흉**
月 | 6획

글자 풀이

匈은 양쪽 젖가슴 사이의 움푹하게 패인 부분(凶)이 오장육부를
가린다(勹)는 데서 본래는 가슴을 나타냈다. 뒤에 중국 북방 이민족인
흉노를 지칭하게 됨에 따라 肉(月)을 더해 胸으로 썼다.

읽기한자

胸背(흉배) 胸部(흉부) 胸像(흉상) 胸圍(흉위) 胸中(흉중)

黑 5급
검을 **흑**
黑 | 0획

비 墨(먹 묵)
동 漆(옻 칠)
　暗(어두울 암)
　昏(어두울 혼)
반 白(흰 백)
약 黑

글자 풀이

불(火)을 피우면 나오는 그을음으로 굴뚝(里)이 까맣게 되는 것에서
검다(黑)는 의미이다.

읽기한자

黑幕(흑막) 黑雪糖(흑설탕) 漆黑(칠흑)

쓰기한자

黑髮(흑발) 黑鉛(흑연) 黑點(흑점) 黑白(흑백) 黑色(흑색) 黑心(흑심)
黑煙(흑연) 黑人(흑인) 黑子(흑자) 黑板(흑판) 黑海(흑해) 暗黑(암흑)
黑死病(흑사병)

吸 4급Ⅱ
마실 **흡**
口 | 4획

비 及(미칠 급)
동 飮(마실 음)

글자 풀이

입(口)을 벌리고 있으면 공기가 연이어(及) 따라 붙듯이 들어오는
것에서 입으로 숨을 빨아들이다(吸)는 의미이다.

읽기한자

吸血鬼(흡혈귀) 吸盤(흡반)

쓰기한자

吸氣(흡기) 吸力(흡력) 吸收(흡수) 吸水(흡수) 吸煙(흡연) 吸引(흡인)
吸入(흡입) 吸着(흡착) 深呼吸(심호흡) 呼吸(호흡)

興
4급 Ⅱ
일 흥(:)
臼 | 9획

비 與(더불 여)
　 輿(수레 여)
동 盛(성할 성)
반 亡(망할 망)
　 衰(쇠할 쇠)
약 兴

<글자 풀이>
손을 맞잡고(舁) 힘을 합하면(同) 사업이 흥성하게 일어난다는 데서, '일다' 는 뜻이다.

<읽기 한자>
興亡盛衰(흥망성쇠) 卽興(즉흥) 振興(진흥) 醉興(취흥) 興奮(흥분)

<쓰기 한자>
興趣(흥취) 遊興(유흥) 興盡悲來(흥진비래) 興國(흥국) 興亡(흥망)
興味(흥미) 興盛(흥성) 興業(흥업) 興行(흥행) 發興(발흥) 復興(부흥)
新興(신흥) 餘興(여흥) 中興(중흥) 興信所(흥신소)

希
4급 Ⅱ
바랄 희
巾 | 4획

비 布(베 포)
동 望(바랄 망)
　 願(바랄 원)

<글자 풀이>
실이 엇갈리며 무늬가 놓인(爻) 천(布)은 누구나 갖고 싶어 한다는 데서, '바라다' 는 뜻이다.

<쓰기 한자>
希求(희구) 希望(희망) 希願(희원)

喜
4급
기쁠 희
口 | 9획

동 歡(기쁠 환)
　 悅(기쁠 열)
　 樂(즐길 락)
반 哀(슬플 애)
　 怒(성낼 노)

<글자 풀이>
길하다고(吉) 두 손(++)으로 북을 치고 입(口)으로 노래하며 기뻐한다(喜)는 의미이다.

<읽기 한자>
喜怒哀樂(희로애락) 喜壽(희수) 喜悅(희열)

<쓰기 한자>
喜劇(희극) 喜報(희보) 喜悲(희비) 喜色(희색) 歡喜(환희) 喜消息(희소식)
一喜一悲(일희일비) 喜喜樂樂(희희낙낙) 喜色滿面(희색만면)

하

稀
3급 Ⅱ
드물 희
禾 | 7획

동 薄(엷을 박)
반 密(빽빽할 밀)

<글자 풀이>
벼(禾)농사가 바라는(希) 만큼 풍년이 드는 일은 드물다(稀)는 의미이다.

<읽기 한자>
稀貴(희귀) 稀年(희년) 稀代(희대) 稀微(희미) 稀薄(희박) 稀釋(희석)
稀姓(희성) 稀世(희세) 稀少(희소) 稀壽(희수) 稀有(희유) 古稀(고희)
稀少價値(희소가치)

戲

놀이 희

戈 | 13획

비 獻(바칠 헌)
동 遊(놀 유)
약 戯, 戱

> **글자 풀이**
>
> 범(虍)의 탈을 쓰고, 창(戈)을 들고 춤추는 연극판에서 그릇(豆)의 음식을 먹고 논다는 데서, '놀이'를 뜻한다.
>
> **읽기 한자**
>
> 戲曲(희곡) 戲弄(희롱) 戲笑(희소) 戲筆(희필) 戲畫(희화) 遊戲(유희)

漢字

(사) 한국어문회 주관 / 한국한자능력검정회 시행

부록 Ⅰ

사자성어(四字成語)

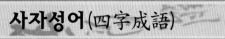

街談巷說	4Ⅱ 5 3 5Ⅱ (가담항설)	3	길거리에 떠도는 소문. 세상의 풍문
佳人薄命	3Ⅱ 8 3Ⅱ 7 (가인박명)	3Ⅱ	아름다운 여자는 기박한 운명을 타고남
刻骨難忘	4 4 4Ⅱ 3 (각골난망)	3	뼈에 깊이 사무쳐 결코 잊혀지지 않음
刻骨銘心	4 4 3Ⅱ 7 (각골명심)	3Ⅱ	뼈 속에 새기고 마음 속에 새긴다는 것으로 마음 속에 깊이 새겨 잊혀지지 아니함을 말함
刻骨痛恨	4 4 4 4 (각골통한)	4	뼈에 사무쳐 마음 속 깊이 맺힌 원한
角者無齒	6Ⅱ 6 5 4Ⅱ (각자무치)	4Ⅱ	뿔이 있는 짐승은 날카로운 이빨이 없다는 뜻. 한사람이 모든 복이나 재주를 다 가질 수 없음을 이르는 말
刻舟求劍	4 3 4Ⅱ 3Ⅱ (각주구검)	3	어리석고 미련하여 융통성이 없음을 가리킴
感慨無量	6 3 5 5 (감개무량)	3	감개(感慨)가 한이 없음
敢不生心	4 7Ⅱ 8 7 (감불생심)	4	감히 엄두를 내지 못함
甘言利說	4 6 6Ⅱ 5Ⅱ (감언이설)	4	남의 비위를 맞추는 달콤한 말과 이로운 조건만을 들어 그럴듯하게 꾸미는 말
感之德之	6 3Ⅱ 5Ⅱ 3Ⅱ (감지덕지)	3Ⅱ	감사하게 여기고 덕으로 여긴다는 데서, 대단히 고맙게 여기는 것을 말함
甲男乙女	4 7Ⅱ 3Ⅱ 8 (갑남을녀)	3Ⅱ	평범한 보통 사람들
江湖煙波	7Ⅱ 5 4Ⅱ 4Ⅱ (강호연파)	4Ⅱ	강이나 호수 위에 안개처럼 하얗게 어린 기운, 자연풍경
改過遷善	5 5 3Ⅱ 5 (개과천선)	3Ⅱ	잘못을 고치고 착하게 됨
蓋世之才	3Ⅱ 7 3Ⅱ 6Ⅱ (개세지재)	3Ⅱ	온 세상을 덮을 만큼 뛰어난 재주
居安思危	4 7Ⅱ 5 4 (거안사위)	4	편안히 살 때 위태로움을 생각함
擧案齊眉	5 5 3Ⅱ 3 (거안제미)	3	양홍의 아내가 밥상을 들어 눈썹과 나란히 하여 남편 앞에 놓았다는 데서 유래한 말로, 아내가 남편을 깍듯이 공경함을 말함
乞人憐天	3 8 3 7 (걸인연천)	3	거지가 하늘을 걱정한다는 뜻으로 격에 맞지 않는 걱정을 말함
格物致知	5Ⅱ 7Ⅱ 5 5 (격물치지)	5	사물의 이치를 연구하여 자기의 지식을 확고하게 함
隔世之感	3Ⅱ 7Ⅱ 3Ⅱ 6 (격세지감)	3Ⅱ	오래지 않은 동안에 몰라보게 변하여 아주 다른 세상이 된 것 같은 느낌
牽強附會	3 6 3Ⅱ 6Ⅱ (견강부회)	3	사리에 맞지 않는 말을 억지로 끌어 붙임
見利思義	5Ⅱ 6Ⅱ 5 4Ⅱ (견리사의)	4Ⅱ	이익이 보일 때 먼저 의리를 생각함
犬馬之勞	4 5 3Ⅱ 5Ⅱ (견마지로)	3Ⅱ	개나 말 정도의 하찮은 힘을 뜻함

見物生心	5Ⅱ7Ⅱ 8 7 (견물생심)	5Ⅱ	물건을 보면 그 물건을 가지고 싶은 생각이 듦
堅忍不拔	4 3Ⅱ7Ⅱ3Ⅱ (견인불발)	3Ⅱ	굳게 참아내고 마음이 흔들리지 않음
結者解之	5Ⅱ 6 4 3Ⅱ (결자해지)	3Ⅱ	일을 만든 사람이 일을 해결해야한다는 뜻
結草報恩	5Ⅱ 7 4 4Ⅱ (결초보은)	4Ⅱ	죽어서 혼령이 되어서라도 은혜를 잊지 않고 갚는다는 뜻
兼人之勇	3Ⅱ 8 3Ⅱ6Ⅱ (겸인지용)	3Ⅱ	혼자서 능히 여러 사람을 당해낼 만한 용기
輕擧妄動	5 5 3Ⅱ7Ⅱ (경거망동)	3Ⅱ	깊이 생각해보지도 않고 경솔하게 행동함
傾國之色	4 8 3Ⅱ 7 (경국지색)	3Ⅱ	한 나라의 형세를 기울어지게 할만큼 뛰어나게 아름다운 미인
經世濟民	4Ⅱ7Ⅱ4Ⅱ 8 (경세제민)	4Ⅱ	세상을 다스리고 백성을 구함
敬天勤民	5Ⅱ 7 4 8 (경천근민)	4	하느님을 공경하고 백성을 다스리기에 부지런함
驚天動地	4 7 7Ⅱ 7 (경천동지)	4	하늘이 놀라고 땅이 놀람
敬天愛人	5Ⅱ 7 6 8 (경천애인)	5Ⅱ	하늘을 공경하고 사람을 사랑함
鷄卵有骨	4 4 7 4 (계란유골)	4	달걀에도 뼈가 있다는 뜻으로, 공교롭게 일이 방해됨을 이르는 말
鷄鳴狗盜	4 4 3 4 (계명구도)	3	비굴하게 남을 속이는 천박한 재주 또는 그런 재주를 가진 사람
孤軍奮鬪	4 8 3Ⅱ 4 (고군분투)	3Ⅱ	외로운 군력으로 분발하여 싸운다는 데서 홀로 여럿을 상대로 하여 싸우는 것을 말함
高臺廣室	6Ⅱ3Ⅱ5Ⅱ 8 (고대광실)	3Ⅱ	높은 대와 넓은 집이란 뜻에서 굉장히 크고 좋은 집을 말함
孤立無援	4 7Ⅱ 5 4 (고립무원)	4	고립되어 도움 받을 만한 곳이 없음
姑息之計	3Ⅱ4Ⅱ3Ⅱ6Ⅱ (고식지계)	3Ⅱ	당장의 편안함만을 꾀하는 일시적인 방편
苦肉之策	6 4 3Ⅱ3Ⅱ (고육지책)	3Ⅱ	적을 속이기 위해 자기를 상해가면서 하는 계책
孤掌難鳴	4 3Ⅱ4Ⅱ 4 (고장난명)	3Ⅱ	외손뼉은 울리지 않는다는 데서, 혼자만의 힘으로는 어떤 일을 하기가 어렵다는 것을 비유함
苦盡甘來	6 4 4 7 (고진감래)	4	고생 끝에 낙이 옴
高枕安眠	6Ⅱ 3 7Ⅱ 3 (고침안면)	3	근심 없이 편히 잘 지냄
曲學阿世	5 8 3Ⅱ7Ⅱ (곡학아세)	3Ⅱ	학문을 왜곡하여 세속에 아부함
骨肉相殘	4 4Ⅱ5Ⅱ 4 (골육상잔)	4	같은 민족끼리 해치고 상하게 하는 일

空前絶後	7Ⅱ7Ⅱ4 7Ⅱ (공전절후)	4Ⅱ	전에도 없었고 앞으로도 없을 일
過猶不及	5 3Ⅱ7Ⅱ3Ⅱ (과유불급)	3Ⅱ	정도를 지나침은 미치지 않은 것과 마찬가지 임을 이르는 말
矯角殺牛	3 6 4Ⅱ5 (교각살우)	3	소뿔을 바로잡으려다가 소를 잡는다는 데서, 작은 일로 인해 큰 일을 그르침을 말함
巧言令色	3Ⅱ6 5 7 (교언영색)	3Ⅱ	남의 환심을 사려고 아첨하는 교묘한 말과 보기 좋게 꾸미는 얼굴빛
敎學相長	8 8 5Ⅱ8 (교학상장)	5Ⅱ	남을 가르치는 일과 스승에게서 배우는 일이 서로 도와서 자기의 학문을 길러 줌
九曲肝腸	8 5 3Ⅱ4 (구곡간장)	3Ⅱ	굽이굽이 사무친 속마음
口蜜腹劍	7 3 3Ⅱ3Ⅱ (구밀복검)	3	입으로는 달콤한 말을 하면서 배에는 칼을 품고 있음을 이르는 말
九死一生	8 6 8 8 (구사일생)	6	여러 차례 죽을 고비를 넘기고 살아남
口尚乳臭	7 3Ⅱ4 3 (구상유취)	3	입에서 아직 젖비린내가 난다는 뜻으로 하는 말이 유치함을 이름
九牛一毛	8 5 8 4Ⅱ (구우일모)	4Ⅱ	아홉 마리 소의 가운데 박힌 하나의 털이란 뜻으로 썩 많은 것 가운데 작은 하나를 말함
九折羊腸	8 4 4Ⅱ4 (구절양장)	4	아홉 번 꺾인 양의 창자란 뜻에서 꼬불꼬불하고 험한 산길을 말함
國泰民安	8 3Ⅱ8 7Ⅱ (국태민안)	3Ⅱ	나라는 태평하고 백성은 평안함
群鷄一鶴	4 4 8 3Ⅱ (군계일학)	3Ⅱ	평범한 사람 가운데 뛰어난 한 사람을 비유함
君臣有義	4 5Ⅱ7 4Ⅱ (군신유의)	4	임금과 신하에게는 의가 있어야 함
群雄割據	4 5 3Ⅱ4 (군웅할거)	3Ⅱ	많은 영웅들이 각자에 자리 잡고 서로 세력을 다툼
君爲臣綱	4 4Ⅱ5Ⅱ3Ⅱ (군위신강)	3Ⅱ	임금은 신하의 모범이 되어야 한다는 말
窮餘之策	4 4Ⅱ3Ⅱ3Ⅱ (궁여지책)	3Ⅱ	생각다 못해 해내는 계책
權謀術數	4Ⅱ3Ⅱ6 7 (권모술수)	3Ⅱ	남을 교묘하게 속이는 일
權不十年	4Ⅱ7Ⅱ8 8 (권불십년)	4Ⅱ	권세가 10년을 가지 못함
勸善懲惡	4 5 3 5Ⅱ (권선징악)	3	선행을 장려하고 악행을 벌함
克己復禮	3Ⅱ5Ⅱ4Ⅱ6 (극기복례)	3Ⅱ	자기의 사욕을 극복하고 예를 회복함
極惡無道	4Ⅱ5Ⅱ5 7Ⅱ (극악무도)	4Ⅱ	지극히 악하고도 도의심이 없음
近墨者黑	6 3Ⅱ6 5 (근묵자흑)	3Ⅱ	나쁜 사람을 가까이하면 물들기 쉬움

近朱者赤	6 4 6 5 (근주자적)	4	붉은 색을 가까이하는 사람은 붉어지게 됨
金科玉條	8 6Ⅱ4Ⅱ 4 (금과옥조)	4	금옥과 같이 몹시 귀중한 법칙이나 규정
金蘭之契	8 3Ⅱ3Ⅱ3Ⅱ (금란지계)	3Ⅱ	다정한 친구사이
錦上添花	3Ⅱ7Ⅱ 3 7 (금상첨화)	3	비단 위에다 꽃을 얹는 다는 데서 좋은 일이 겹침
金石之交	8 6 3Ⅱ 6 (금석지교)	3Ⅱ	쇠나 돌처럼 굳고 변함없는 교제
金城湯池	8 4Ⅱ3Ⅱ3Ⅱ (금성탕지)	3Ⅱ	방비가 완벽함
今始初聞	6Ⅱ6Ⅱ 5 6Ⅱ (금시초문)	5	바로 지금 처음으로 들음
錦衣夜行	3Ⅱ 6 6 6 (금의야행)	3Ⅱ	비단옷을 입고 밤에 다닌다는 뜻으로 아무 보람이 없는 행동을 비유함
錦衣玉食	3Ⅱ 6 4Ⅱ7Ⅱ (금의옥식)	3Ⅱ	비단옷과 옥같이 흰 쌀밥이란 뜻에서 호화롭고 사치스러운 의식을 가리킴
錦衣還鄕	3Ⅱ 6 3Ⅱ4Ⅱ (금의환향)	3Ⅱ	비단옷을 입고 고향으로 돌아온다는 데서, 출세를 하여 고향에 돌아옴을 말함
金枝玉葉	8 3Ⅱ4Ⅱ 5 (금지옥엽)	3Ⅱ	금으로 된 가지와 옥으로 된 잎사귀라는 뜻으로 임금의 자손이나 집안, 혹은 귀여운 자손을 비유
氣高萬丈	7Ⅱ6Ⅱ 8 3 (기고만장)	3Ⅱ	기격의 높이가 만 발이나 된다는 데서, 기운이 펄펄 나는 모양을 말함
起死回生	4Ⅱ 6 4Ⅱ 8 (기사회생)	4Ⅱ	죽을 뻔하다가 도로 회복되 살아남
奇想天外	4 4Ⅱ 7 8 (기상천외)	4	보통은 생각할 수 없는 기발한 생각이나 그런 모양
吉凶禍福	5 5Ⅱ3Ⅱ5Ⅱ (길흉화복)	3Ⅱ	길흉과 화복
落落長松	5 5 8 4 (낙락장송)	4	가지가 축축 길게 늘어지고 키가 큰 소나무
落木寒天	5 8 5 7 (낙목한천)	5	낙엽 진 나무와 차가운 하늘, 곧 추운 겨울철
落花流水	5 7 5Ⅱ 8 (낙화유수)	5	떨어지는 꽃과 흐르는 물, 가는 봄의 경치
難攻不落	4Ⅱ 4 7Ⅱ 5 (난공불락)	4	공격하기가 어려워 좀처럼 함락되지 아니함
亂臣賊子	4 5Ⅱ 4 7Ⅱ (난신적자)	4	나라를 어지럽게 하는 신하와 부모에게 불효하는 자식
難兄難弟	4Ⅱ 8 4Ⅱ 8 (난형난제)	4Ⅱ	누가 형인지 누가 아우인지 분간하기 어렵다는 뜻으로 두 사물의 낫고 못함을 분간하기 어려울 때 비유하는 말
內憂外患	7Ⅱ3Ⅱ 8 5 (내우외환)	3Ⅱ	나라 안팎의 근심 걱정
內柔外剛	7Ⅱ3Ⅱ 8 3Ⅱ (내유외강)	3Ⅱ	사실은 마음이 약한데도 외부에는 강하게 나타남

怒甲移乙	4Ⅱ 4 4Ⅱ3Ⅱ (노갑이을)	3Ⅱ	어떤 사람에게 당한 화풀이를 다른 사람에게 해댐
怒氣衝天	4Ⅱ7Ⅱ3Ⅱ 7 (노기충천)	3Ⅱ	성난 기색이 하늘을 찌를 정도로 잔뜩 성이 나 있음을 말함
怒發大發	4Ⅱ6Ⅱ 8 6Ⅱ (노발대발)	4	크게 성을 냄
綠楊芳草	6 3 3Ⅱ 7 (녹양방초)	3	푸른 버들과 아름다운 풀
論功行賞	4Ⅱ6Ⅱ 6 5 (논공행상)	4Ⅱ	세운 공을 논정하여 상을 줌
累卵之勢	3Ⅱ 4 3Ⅱ4Ⅱ (누란지세)	3Ⅱ	달걀을 포개어 놓은 것과 같은 몹시 위태로운 형세를 말함
累卵之危	3Ⅱ 4 3Ⅱ 4 (누란지위)	3Ⅱ	달걀을 포개어 놓은 것과 같은 몹시 위태로운 형세를 말함
能小能大	5Ⅱ 8 5Ⅱ 8 (능소능대)	5Ⅱ	작은 일에도 능하고 큰일에도 능하다는 데서 모든 일에 두루 능함을 말
多多益善	6 6 4Ⅱ 5 (다다익선)	4Ⅱ	많으면 많을수록 좋음
多才多能	6 6Ⅱ 6 5Ⅱ (다재다능)	5Ⅱ	재능이 많다는 말
斷機之敎	4Ⅱ 4 3Ⅱ 8 (단기지교)	3Ⅱ	학문을 중도에서 그만두는 것은 짜던 베의 날을 끊는 것과 같다는 가르침
單刀直入	4Ⅱ3Ⅱ7Ⅱ 7 (단도직입)	3Ⅱ	한칼로 바로 적진에 쳐들어간다는 뜻으로, 여러 말을 늘어놓지 않고 바로 요점이나 본문제를 중심적으로 말함을 이르는 말
堂狗風月	6Ⅱ 3 6Ⅱ 8 (당구풍월)	3	서당 개 삼년이면 풍월을 읊는다는 말
大驚失色	8 4 6 7 (대경실색)	4	몹시 놀라 얼굴빛이 하얗게 변함
大器晩成	8 4Ⅱ3Ⅱ6Ⅱ (대기만성)	3Ⅱ	보통사람보다 뛰어난 큰 사람은 남들보다 늦게 대성한다는 뜻
大同小異	8 7 8 4 (대동소이)	4	거의 다를 것이 없고 거의 비슷비슷함
大聲痛哭	8 4Ⅱ 4 3Ⅱ (대성통곡)	3Ⅱ	큰 목소리로 슬피 욺
獨不將軍	5Ⅱ 7 4Ⅱ 8 (독불장군)	4Ⅱ	남의 의견은 무시하고 저 혼자 모든 일을 처리함
獨也靑靑	5Ⅱ 3 8 8 (독야청청)	3	홀로 푸르름. 혼탁한 세상에서 홀로 높은 절개를 드러내고 있음을 말함
同價紅裳	7 5Ⅱ 4 3Ⅱ (동가홍상)	3Ⅱ	같은 값이면 다홍치마
同苦同樂	7 6 7 6Ⅱ (동고동락)	6	같이 고생하고 같이 즐김, 괴로움과 즐거움을 함께 함
東問西答	8 7 8 7Ⅱ (동문서답)	7	묻는 말에 전혀 딴 말을 함
同病相憐	7 6 5Ⅱ 3 (동병상련)	3	같은 병을 앓는 사람끼리 서로 가엾게 여긴다는 데서, 처지가 비슷한 사람끼리 서로 동정함을 말함

한자	독음·급수	급수	뜻풀이
東奔西走	8 3Ⅱ 8 4Ⅱ (동분서주)	3Ⅱ	사방으로 이리저리 바삐 돌아다님
同床異夢	7 4Ⅱ 4 3Ⅱ (동상이몽)	3Ⅱ	같은 잠자리에서 다른 꿈을 꾼다는 데서 같은 처지에 있으면서도 목표가 저마다 다름을 일컫는 말
登高自卑	7 6Ⅱ7Ⅱ3Ⅱ (등고자비)	3Ⅱ	높이 오르려면 낮은 곳에서부터 오른다는 말로, 일을 하는 데는 반드시 순서를 밟아야 한다는 뜻
燈下不明	4Ⅱ7Ⅱ7Ⅱ6Ⅱ (등하불명)	4Ⅱ	등잔 밑이 어둡다는 데서, 가까이 있는 것을 모름을 말함
燈火可親	4Ⅱ 8 5 6 (등화가친)	4Ⅱ	가을밤은 서늘하여 등불을 가까이하여 글 읽기에 좋다는 말
馬耳東風	5 5 8 6Ⅱ (마이동풍)	5	남의 말을 귀담아 듣지 않고 흘려버림
莫上莫下	3Ⅱ7Ⅱ3Ⅱ7Ⅱ (막상막하)	3Ⅱ	위도 없고 아래도 없다는 데서, 우열의 차이가 없다는 말
莫逆之友	3Ⅱ4Ⅱ3Ⅱ 5 (막역지우)	3Ⅱ	서로의 뜻을 거스르지 않는 친한 벗
萬頃蒼波	8 3Ⅱ3Ⅱ4Ⅱ (만경창파)	3Ⅱ	한없이 넓고 푸른 바다
萬古不變	8 6 7Ⅱ5Ⅱ (만고불변)	5Ⅱ	오랜 세월을 두고 변하지 않음
晩時之歎	3Ⅱ7Ⅱ3Ⅱ 4 (만시지탄)	3Ⅱ	시기가 늦었음을 원통해하는 탄식
罔極之恩	3 4Ⅱ3Ⅱ4Ⅱ (망극지은)	3	다함이 없는 임금이나 부모의 은혜
亡羊之歎	5 4Ⅱ3Ⅱ 4 (망양지탄)	3Ⅱ	갈림길에서 양을 잃고 탄식한다는 뜻으로 학문의 길이 여러 갈래여서 잡기 어렵다는 말로 쓰임
茫然自失	3 7 7Ⅱ 6 (망연자실)	3	정신을 잃고 어리둥절한 모양
面從腹背	7 4 3Ⅱ4Ⅱ (면종복배)	3Ⅱ	겉으로는 복종하면서도 속으로는 배반함
滅私奉公	3Ⅱ 4 5Ⅱ6Ⅱ (멸사봉공)	3Ⅱ	사적인 것을 버리고 공적인 것을 위하여 힘써 일함
明鏡止水	6Ⅱ 4 5 8 (명경지수)	4	맑은 거울과 조용한 물이란 뜻에서 고요하고 잔잔한 마음을 비유
名實相符	7Ⅱ5 5Ⅱ3Ⅱ (명실상부)	3Ⅱ	명목과 실상이 서로 부합함
明若觀火	6Ⅱ3Ⅱ5Ⅱ 8 (명약관화)	3Ⅱ	밝기가 불을 보는 것과 같다는 데서 어떤 사실이 불을 보듯이 환함을 말함
命在頃刻	7 6 3Ⅱ 4 (명재경각)	3Ⅱ	목숨이 경각에 있다는 데서 거의 죽게 됨을 이름
目不識丁	6 7Ⅱ5Ⅱ 4 (목불식정)	4	낫 놓고 기역자도 모른다는 말과 같음
目不忍見	6 7Ⅱ3Ⅱ5Ⅱ (목불인견)	3Ⅱ	몹시 딱하거나 불쌍해 눈을 뜨고 볼 수 없음
武陵桃源	4Ⅱ3Ⅱ3Ⅱ 4 (무릉도원)	3Ⅱ	속세를 떠난 별천지

無不通知	5 7Ⅱ 6 5Ⅱ (무불통지)	5	무엇이든지 환히 통하여 모르는 것이 없음
無所不爲	5 7 7Ⅱ4Ⅱ (무소불위)	4Ⅱ	못하는 것이 없음
無爲徒食	5 4Ⅱ 4 7Ⅱ (무위도식)	4	아무 하는 일없이 한갓 먹기만 함
聞一知十	6Ⅱ 8 5Ⅱ 8 (문일지십)	5Ⅱ	하나를 들으면 열을 앎
門前成市	8 7Ⅱ6Ⅱ7Ⅱ (문전성시)	6Ⅱ	찾아오는 사람이 많음
勿失好機	3Ⅱ 6 4Ⅱ 4 (물실호기)	3Ⅱ	좋은 기회를 놓치지 않음
美辭麗句	6 4 4Ⅱ4Ⅱ (미사여구)	4	좋은 말과 화려한 글귀
博覽強記	4Ⅱ 4 6 7Ⅱ (박람강기)	4	동서고금의 책을 널리 읽고 사물을 잘 기억함
拍掌大笑	4 3Ⅱ 8 4Ⅱ (박장대소)	3Ⅱ	손뼉을 치고 크게 웃음
博學多識	4Ⅱ 8 6 5Ⅱ (박학다식)	4Ⅱ	학문이 넓고 식견이 많음
拔本塞源	3Ⅱ 6 3Ⅱ 4 (발본색원)	3Ⅱ	폐단의 근본 원인을 아주 없앰
傍若無人	3 3Ⅱ 5 8 (방약무인)	3	곁에 아무도 없는 것과 같이 언행이 기탄없음
背恩忘德	4Ⅱ4Ⅱ 3 5Ⅱ (배은망덕)	3	남한테 입은 은혜를 저버리고 은덕을 잊음
百家爭鳴	7 7Ⅱ 5 4 (백가쟁명)	4	많은 학자나 논객들이 거리낌 없이 자유롭게 논쟁함
百計無策	7 6Ⅱ 5 3Ⅱ (백계무책)	3Ⅱ	온갖 계책이 다 소용없음
白骨難忘	8 4 4Ⅱ 3 (백골난망)	3	죽어 백골이 되어도 깊은 은덕을 잊을 수 없다는 말
百年大計	7 8 8 6Ⅱ (백년대계)	6Ⅱ	먼 뒷날까지 걸친 큰 계획
百年河淸	7 8 5 6Ⅱ (백년하청)	5	아무리 오래 기다려도 어떤 일이 이루어지기 어려움을 이름
白面書生	8 7 6Ⅱ 8 (백면서생)	6Ⅱ	글만 읽고 세상물정을 하나도 모르는 사람
百戰老將	7 6Ⅱ 7 4Ⅱ (백전노장)	4Ⅱ	수많은 싸움을 치른 노련한 장수, 세상의 온갖 풍파를 다 겪은 사람을 비유
百戰百勝	7 6Ⅱ 7 6 (백전백승)	6	싸우는 때마다 모조리 이김
百折不屈	7 4 7Ⅱ 4 (백절불굴)	4	백 번 꺾여도 굽히지 않는다는 데서, 모든 어려움을 극복해 나가는 것을 비유함
伯仲之勢	3Ⅱ3Ⅱ3Ⅱ4Ⅱ (백중지세)	3Ⅱ	맏형과 다음의 사이처럼 서로 우열을 가리기 어려움을 말함

百八煩惱	7 8 3 3 (백팔번뇌)	3	인간의 과거·현재·미래의 삼세에 걸쳐 있다는 백 여덟 가지 번뇌를 말함
富貴在天	4Ⅱ 5 6 7 (부귀재천)	4Ⅱ	부귀는 하늘에 달려 있어서 인력으로는 어찌할 수 없다는 뜻
夫婦有別	7 4Ⅱ 7 6 (부부유별)	4Ⅱ	남편과 아내 사이에는 인륜상 서로 침범하지 못하는 구별이 있다는 말
夫爲婦綱	7 4Ⅱ4Ⅱ3Ⅱ (부위부강)	3Ⅱ	남편은 아내의 모범이 되어야 한다는 말
父爲子綱	8 4Ⅱ7 3Ⅱ (부위자강)	3Ⅱ	부모는 자식의 모범이 되어야 한다는 말
不知其數	7Ⅱ5 3Ⅱ 7 (부지기수)	3Ⅱ	그 수를 알 수 없음, 무수히 많음
夫唱婦隨	7 5 4Ⅱ3Ⅱ (부창부수)	3Ⅱ	남편이 부르면 아내가 따른다는 뜻
附和雷同	3Ⅱ6Ⅱ3Ⅱ 7 (부화뇌동)	3Ⅱ	아무런 주견 없이 남의 의견이나 행동을 덩달아 따름
北窓三友	8 6Ⅱ 8 5Ⅱ (북창삼우)	5Ⅱ	거문고, 술, 시를 아울러 이르는 말
不問可知	7Ⅱ 7 5 5Ⅱ (불문가지)	5	묻지 않아도 알 수 있음
不問曲直	7Ⅱ 7 5 7Ⅱ (불문곡직)	5	옳고 그른 것을 따지지 아니함
不遠千里	7Ⅱ 6 7 7 (불원천리)	6	천리를 멀다 여기지 아니함
不恥下問	7Ⅱ3Ⅱ7Ⅱ 7 (불치하문)	3Ⅱ	아랫사람에게 묻기를 부끄러워하지 않음
不偏不黨	7Ⅱ3Ⅱ7Ⅱ4Ⅱ (불편부당)	3Ⅱ	어느 한쪽으로 치우치거나 기울어짐 없이 아주 공평함을 말함
朋友有信	3 5Ⅱ 7 6Ⅱ (붕우유신)	3	벗과 벗의 도리는 믿음에 있다는 말
非一非再	4Ⅱ 8 4Ⅱ 5 (비일비재)	4Ⅱ	한두 번이 아님
貧者一燈	4Ⅱ 6 8 4Ⅱ (빈자일등)	4Ⅱ	가난한 사람의 등 하나가 부자의 많은 등보다 더 소중함을 이름
氷炭之間	5 5 3Ⅱ7Ⅱ (빙탄지간)	3Ⅱ	얼음과 숯의 사이처럼 서로 화합할 수 없는 사이를 말함
四顧無親	8 3 5 6 (사고무친)	3	사방을 둘러보아도 친한 사람이 없음 의지할 사람이 없음
四分五裂	8 6Ⅱ 8 3Ⅱ (사분오열)	3Ⅱ	이리저리 아무렇게나 나눠지고 찢어짐
沙上樓閣	3Ⅱ7Ⅱ3Ⅱ3Ⅱ (사상누각)	3Ⅱ	모래 위의 누각이라는 뜻, 오래 유지되지 못할 일이나 실현 불가능할 일을 말함
死生決斷	6 8 5Ⅱ4Ⅱ (사생결단)	4Ⅱ	죽고 사는 것을 거들떠보지 않고 끝장을 내려고 덤벼 듦
事必歸正	7Ⅱ5 4 7Ⅱ (사필귀정)	4	모든 잘잘못은 반드시 바른 길로 돌아 옮

山紫水明	8 3Ⅱ 8 6Ⅱ (산자수명)	3Ⅱ	산수의 경치가 썩 아름다움
殺身成仁	4Ⅱ6 6Ⅱ 4 (살신성인)	4	옳은 일을 위해 자신을 희생함
森羅萬象	3Ⅱ4Ⅱ 8 4 (삼라만상)	3Ⅱ	우주 속에 존재하는 모든 사물과 모든 현상
三旬九食	8 3Ⅱ 8 7Ⅱ (삼순구식)	3Ⅱ	가난하여 끼니를 많이 거름
三從之道	8 4 3Ⅱ7Ⅱ (삼종지도)	3Ⅱ	여자는 어렸을 때는 아버지를 따르고, 시집을 가서는 남편을 따르고, 남편이 죽으면 아들을 따라야 한다는 유교 규범
桑田碧海	3Ⅱ4Ⅱ3Ⅱ7Ⅱ (상전벽해)	3Ⅱ	세상일이 덧없이 바뀜을 이르는 말
塞翁之馬	3Ⅱ 3 3Ⅱ 5 (새옹지마)	3	인생의 길흉화복은 항상 바뀌어 미리 점칠 수 없음을 말함
生不如死	8 7Ⅱ4Ⅱ 6 (생불여사)	4Ⅱ	삶이 죽음만 같지 못하다는 매우 곤경에 처해 있음을 알리는 말
先見之明	8 5Ⅱ3Ⅱ6Ⅱ (선견지명)	3Ⅱ	닥쳐올 일을 미리 앎
先公後私	8 6Ⅱ7Ⅱ 4 (선공후사)	4	공사를 먼저하고 사사를 뒤로 미룸
雪上加霜	6Ⅱ7Ⅱ 5 3Ⅱ (설상가상)	3Ⅱ	엎친 데 덮친 격
說往說來	5Ⅱ4Ⅱ5Ⅱ 7 (설왕설래)	4Ⅱ	서로 자신의 주장을 내세우며 옥신각신하는 것을 말함
騷人墨客	3 8 3Ⅱ5Ⅱ (소인묵객)	3Ⅱ	시문과 서화에 종사하는 사람
小貪大失	8 3 8 6 (소탐대실)	3	작은 것을 탐하다가 큰 것을 잃음
束手無策	5Ⅱ7Ⅱ 5 3Ⅱ (속수무책)	3Ⅱ	손을 묶어 놓아 방책이 없다는 데서, 손을 묶은 듯이 꼼짝할 수 없음을 말함
送舊迎新	4Ⅱ5Ⅱ 4 6Ⅱ (송구영신)	4	묵은해를 보내고 새해를 맞음
首丘初心	5Ⅱ3Ⅱ 5 7 (수구초심)	3Ⅱ	여우가 죽을 때 고향 쪽으로 머리를 두고 죽는다는 데서 비롯한 것으로 고향을 그리워하는 마음을 말함
壽福康寧	3Ⅱ5Ⅱ4Ⅱ3Ⅱ (수복강녕)	3Ⅱ	장수하고 행복하며 건강하고 평안함
手不釋卷	7Ⅱ7Ⅱ3Ⅱ 4 (수불석권)	3Ⅱ	손에서 책을 놓지 않음
修身齊家	4Ⅱ6 3Ⅱ7Ⅱ (수신제가)	3Ⅱ	몸을 닦고 집안을 바로 잡음
水魚之交	8 5 3Ⅱ 6 (수어지교)	3Ⅱ	물과 고기의 사이처럼 떨어질 수 없는 특별한 친분
守株待兔	4Ⅱ3Ⅱ 6 3Ⅱ (수주대토)	3Ⅱ	달리 변통할 줄을 모르고 한가지만을 내내 고집함을 말함
宿虎衝鼻	5Ⅱ3Ⅱ3Ⅱ 5 (숙호충비)	3Ⅱ	잠자는 범의 코를 찌른다는 뜻으로 화를 스스로 불러들임

한자	독음	급수	뜻
脣亡齒寒	3 5 4Ⅱ 5 (순망치한)	3	입술이 없으면 이가 시리다는 뜻으로 이해관계가 서로 밀접하여 한쪽이 망하면 다른 한쪽도 보전하기 어려움을 말함
乘勝長驅	3Ⅱ 6 8 3 (승승장구)	3	싸움에서 이긴 기세를 타고 계속 적을 몰아침
是是非非	4Ⅱ4Ⅱ4Ⅱ4Ⅱ (시시비비)	4Ⅱ	옳은 것은 옳고 그른 것은 그르다고 하는 일
始終如一	6Ⅱ 5 4Ⅱ 8 (시종여일)	4Ⅱ	처음부터 끝까지 한결같아서 변함없음
始終一貫	6Ⅱ 5 8 3Ⅱ (시종일관)	3Ⅱ	처음부터 끝까지 한결같이 관철함
食少事煩	7Ⅱ 7 7Ⅱ 3 (식소사번)	3	먹을 것은 적고 할 일은 많음
識字憂患	5Ⅱ 7 3Ⅱ 5 (식자우환)	3Ⅱ	글자를 아는 것이 오히려 근심이 된다는 말
信賞必罰	6Ⅱ 5 5 4Ⅱ (신상필벌)	4Ⅱ	상줄 사람에겐 상을 주고 벌 받을 사람에겐 반드시 벌을 준다는 것
身言書判	6Ⅱ 6 6Ⅱ 4 (신언서판)	4	인물을 선택하는 네 가지 조건으로, 신수·말씨·글씨·판단력
神出鬼沒	6Ⅱ 7 3Ⅱ 3Ⅱ (신출귀몰)	3Ⅱ	귀신처럼 자유자재로 나타났다 사라졌다 함
實事求是	5Ⅱ7Ⅱ4Ⅱ4Ⅱ (실사구시)	4Ⅱ	사실에 근거하여 진리나 진상을 탐구하는 일
深思熟考	4Ⅱ 5 3Ⅱ 5 (심사숙고)	3Ⅱ	깊이 생각하고 곰곰이 생각함
深山幽谷	4Ⅱ 8 3Ⅱ3Ⅱ (심산유곡)	3Ⅱ	깊은 산의 으슥한 골짜기
十中八九	8 8 8 8 (십중팔구)	8	열이면 그 가운데 여덟이나 아홉은 그러함
我田引水	3Ⅱ4Ⅱ4Ⅱ 8 (아전인수)	3Ⅱ	제 논에 물대기와 같은 말로 자기에게 이로운 대로만 함
惡戰苦鬪	5 6Ⅱ 6 4 (악전고투)	4	몹시 어렵게 싸우는 것
安分知足	7Ⅱ6Ⅱ5 7Ⅱ (안분지족)	5Ⅱ	제 분수를 지키고 만족할 줄을 앎
安貧樂道	7Ⅱ4Ⅱ6Ⅱ7Ⅱ (안빈낙도)	4Ⅱ	가난한 생활 가운데서도 편안한 마음으로 도를 닦음
安心立命	7Ⅱ 7 7Ⅱ 7 (안심입명)	7	하찮은 일에 흔들리지 않는 경지
眼下無人	4Ⅱ7Ⅱ 5 8 (안하무인)	4Ⅱ	눈 아래 사람이 없다는 뜻으로 남을 업신여김을 말함
藥房甘草	6Ⅱ4Ⅱ 4 7 (약방감초)	4	무슨 일이나 빠짐없이 끼임
良藥苦口	5 6Ⅱ 6 7 (양약고구)	5Ⅱ	좋은 약은 입에 쓰다는 말
弱肉強食	6Ⅱ4Ⅱ 6 7 (약육강식)	4Ⅱ	약한 것이 강한 것에 먹힘

羊頭狗肉	4 6 3 4Ⅱ (양두구육)	3	양의 머리를 내걸어놓고 개고기를 판다는 데서, 겉으로는 그럴 듯하게 내세우나 속은 변변치 않음을 말함
梁上君子	3Ⅱ7Ⅱ 4 7Ⅱ (양상군자)	3Ⅱ	도둑을 점잖게 이르는 말
魚東肉西	5 84Ⅱ 8 (어동육서)	4Ⅱ	제사음식을 차릴 때, 생선은 동쪽에 고기는 서쪽에 놓는 것
魚頭肉尾	5 64Ⅱ3Ⅱ (어두육미)	3Ⅱ	물고기는 머리 쪽이, 짐승의 고기는 꼬리 쪽이 맛있다는 말
漁夫之利	5 73Ⅱ6Ⅱ (어부지리)	3Ⅱ	제삼자가 이익을 취함을 이르는 말
語不成說	7 7Ⅱ6Ⅱ5Ⅱ (어불성설)	5Ⅱ	말이 조금도 이치에 맞지 않음을 말함
抑強扶弱	3Ⅱ 63Ⅱ6Ⅱ (억강부약)	3Ⅱ	강한 자를 누르고 약한 자를 도움
億兆蒼生	5 33Ⅱ3Ⅱ 8 (억조창생)	3Ⅱ	수많은 백성
言語道斷	6 7 7Ⅱ4Ⅱ (언어도단)	4Ⅱ	어이가 없어 말을 할 수가 없음
言中有骨	6 8 7 4 (언중유골)	4	말 속에 뼈가 있다는 데서 예사로운 말 속에 심상치 않은 뜻이 있음을 말함
嚴妻侍下	4 3Ⅱ3Ⅱ7Ⅱ (엄처시하)	3Ⅱ	무서운 아내를 아래에서 모시고 있다는 데서, 아내에게 쥐어 사는 남편을 조롱하는 말
如履薄氷	4Ⅱ3Ⅱ3Ⅱ 5 (여리박빙)	3Ⅱ	살얼음을 밟는 것과 같다는 것으로 아슬아슬하고 불안한 지경
如出一口	4Ⅱ 7 8 7 (여출일구)	4Ⅱ	여러 사람의 말이 한결같이 같음
女必從夫	8 5 4 7 (여필종부)	4	아내는 반드시 남편에게 순종해야 한다는 말
易地思之	4 7 5 3Ⅱ (역지사지)	3Ⅱ	처지를 바꾸어서 생각함
緣木求魚	4 84Ⅱ 5 (연목구어)	4	나무에서 물고기를 구한다는 뜻으로 도저히 불가능한 일을 굳이 하려는 것을 비유하는 말
連戰連勝	4Ⅱ6Ⅱ4Ⅱ 6 (연전연승)	4Ⅱ	때마다 연달아 이김
榮枯盛衰	4Ⅱ 3 4Ⅱ3Ⅱ (영고성쇠)	3	개인이나 사회의 성하고 쇠함은 일정하지 않음
五車之書	87Ⅱ3Ⅱ6Ⅱ (오거지서)	3Ⅱ	장서가 매우 많음을 이르는 말
五穀百果	8 4 7 6 (오곡백과)	4	온갖 곡식과 온갖 과일
五里霧中	8 7 3 8 (오리무중)	3	짙은 안개 속에서 길을 찾아 헤맨다는 뜻, 도무지 어떤 것의 종적을 알 수 없다는 뜻
吾鼻三尺	3 5 83Ⅱ (오비삼척)	3	내 코가 석자라는 말로 자신의 어려움이 심하여 남의 사정을 돌볼 겨를이 없음을 이름
烏飛梨落	3Ⅱ4Ⅱ 3 5 (오비이락)	3	까마귀 날자 배 떨어진다는 말로, 일이 공교롭게 같이 일어나 남의 의심을 사게 됨

傲霜孤節	3 3Ⅱ 4 5Ⅱ (오상고절)	3	서릿발이 심한 속에서도 굴하지 않고 외로이 지키는 절개의 뜻으로, 국화를 비유하는 말
烏合之卒	3Ⅱ 6 3Ⅰ5Ⅱ (오합지졸)	3Ⅱ	까마귀가 모인 것처럼 규율이 없는 병졸. 어중이떠중이
玉骨仙風	4Ⅱ 4 5 6Ⅱ (옥골선풍)	4	옥과 같은 골격과 선인과 같은 풍채
溫故知新	6 4Ⅱ5Ⅱ6 (온고지신)	4Ⅱ	옛 것을 익혀 새 것을 앎
曰可曰否	3 5 3 4 (왈가왈부)	3	어떤 일에 대하여 옳거니, 옳지 않거니 하고 말함
樂山樂水	6Ⅱ 8 6Ⅱ 8 (요산요수)	6Ⅱ	산과 물을 좋아한다는 것으로 즉 자연을 좋아함
搖之不動	3 3Ⅱ7Ⅱ7Ⅱ (요지부동)	3	흔들어도 꼼짝 않음
龍頭蛇尾	4 6 3 3Ⅱ (용두사미)	3Ⅱ	용의 머리와 뱀의 꼬리란 뜻에서 시작만 좋고 나중은 좋지 않음을 비유함
龍味鳳湯	4 4Ⅱ3 3Ⅱ (용미봉탕)	3Ⅱ	맛이 썩 좋은 음식
雨順風調	5Ⅱ5 6Ⅱ5Ⅱ (우순풍조)	5Ⅱ	비가 오고 바람이 부는 것이 때와 분량이 알맞음
右往左往	7Ⅱ4Ⅱ7Ⅱ4Ⅱ (우왕좌왕)	4Ⅱ	오른쪽으로 갔다 왼쪽으로 갔다 하며 종잡지 못함
優柔不斷	4 3Ⅱ7Ⅱ4Ⅱ (우유부단)	3Ⅱ	어물저물하며 딱 잘라 결단을 내리지 못함
牛耳讀經	5 5 6Ⅱ4Ⅱ (우이독경)	4Ⅱ	쇠귀에 경 읽기 곧 아무리 말해도 소용이 없음을 말함
遠禍召福	6 3Ⅱ 3 5Ⅱ (원화소복)	3	화를 멀리 하고 복을 불러들임
危機一髮	4 4 8 4 (위기일발)	4	눈앞에 닥친 위기의 순간
有口無言	7 7 5 6 (유구무언)	5	입은 있으나 말이 없다는 뜻으로, 변명할 말이 없거나 변명을 하지 못함을 이름
有名無實	7 7Ⅱ 5 5Ⅱ (유명무실)	5	명목만 있고 실상은 없음
流芳百世	5Ⅱ3Ⅱ 7 7Ⅱ (유방백세)	3Ⅱ	꽃다운 이름이 후세에 길이 전함
有備無患	7 4Ⅱ 5 5 (유비무환)	4Ⅱ	준비가 되어 있으면 근심거리가 없다는 말
唯我獨尊	3 3Ⅱ5Ⅱ4Ⅱ (유아독존)	3	오직 자기만이 홀로 존귀하다는 데서, 이 세상에 자기 혼자만이 잘났다고 하는 일
類類相從	5Ⅱ5Ⅱ5Ⅱ 4 (유유상종)	4	서로 비슷한 사람들끼리 어울리는 것
悠悠自適	3Ⅱ3Ⅱ7Ⅱ 4 (유유자적)	3Ⅱ	속세를 떠나 아무 것에도 얽매이지 않고 자유롭게 마음 편히 삶
隱忍自重	4 3Ⅱ7Ⅱ 7 (은인자중)	3Ⅱ	마음속으로 참아가며 행동을 신중히 함

吟風弄月	3 6 3 8 (음풍농월)	3	맑은 바람을 쐬며 시를 읊고 밝은 달을 바라보며 시를 지음 풍류를 즐긴다는 뜻
異口同聲	4 7 7 4 (이구동성)	4	다른 입에서 같은 소리를 낸다는 데서, 여러 사람의 말이 한결같음을 말함
以卵擊石	5 4 4 6 (이란격석)	4	달걀로 돌을 친다는 뜻으로 턱없이 약한 것으로 강한 것을 당해내려는 어리석음
以心傳心	5 7 5 7 (이심전심)	5	마음에서 마음으로 뜻을 전함
以熱治熱	5 5 4 5 (이열치열)	4	열로 열을 다스림 곧 힘은 힘으로써 물리침
利用厚生	6 6 4 8 (이용후생)	4	기물의 사용을 편리하게 하고 백성의 생활을 윤택하게 함
泥田鬪狗	3 4 4 3 (이전투구)	3	진흙밭에서 싸우는 개의 뜻으로, 저급한 싸움을 이름
離合集散	4 6 6 4 (이합집산)	4	헤어졌다가 모였다가 하는 일
因果應報	5 6 4 4 (인과응보)	4	좋은 인연에 좋은 과보가 오고, 악한 인연에는 악한 과보가 온다는 불교 용어
人面獸心	8 7 3 7 (인면수심)	3	사람의 도리를 지키지 못하고 행동이 흉악하고 음탕한 사람
人命在天	8 7 6 7 (인명재천)	6	사람의 목숨은 하늘에 달려 있다는 말
人死留名	8 6 4 7 (인사유명)	4	사람은 죽어서 이름을 남긴다
一刻千金	8 4 7 8 (일각천금)	4	매우 짧은 시간도 천금만큼 귀하다
一擧兩得	8 5 4 4 (일거양득)	4	한 가지 일로써 두 가지 이득을 얻음
日久月深	8 3 8 4 (일구월심)	3	세월이 흐를수록 바라는 마음이 더욱 간절해짐
一刀兩斷	8 3 4 4 (일도양단)	3	한 칼로 쳐서 두 동강이를 내듯이 머뭇거리지 않고 일이나 행동을 선뜻 결정함
一蓮托生	8 3 3 8 (일련탁생)	3	다른 사람과 행동과 운명을 같이 함
一脈相通	8 4 5 6 (일맥상통)	4	하나의 맥락으로 서로 통한다는 데서 솜씨나 성격 등이 서로 비슷함을 말함
一罰百戒	8 4 7 4 (일벌백계)	4	한 사람이나 한 가지 죄를 벌줌으로써 여러 사람을 경계함
一絲不亂	8 4 7 4 (일사불란)	4	한 타래의 실이 전혀 엉클어지지 않았다는 데서 질서정연하여 조금도 어지러움이 없음을 말함
一石二鳥	8 6 8 4 (일석이조)	4	하나의 돌로 두 마리의 새를 잡는다는 말
一魚濁水	8 5 3 8 (일어탁수)	3	한 마리의 물고기가 물을 흐린다는 뜻에서 한 사람의 잘못으로 여러 사람이 그 해를 입게 됨을 비유
一言半句	8 6 6 4 (일언반구)	4	한 마디의 말과 한 구의 반. 아주 짧은 말이나 글귀

한자	독음	급수	뜻
一衣帶水	8 6 4Ⅱ 8 (일의대수)	4Ⅱ	한 가닥의 띠와 같이 좁은 냇물이나 바다
一以貫之	8 5Ⅱ3Ⅱ3Ⅱ (일이관지)	3Ⅱ	하나의 이치로서 모든 것을 꿰뚫음
一日三秋	8 8 8 7 (일일삼추)	7	하루가 삼 년처럼 길게 느껴짐
一日之長	8 8 3Ⅱ 8 (일일지장)	3Ⅱ	하루 먼저 태어나서 나이가 조금 위가 된다는 뜻
一場春夢	8 7Ⅱ 7 3Ⅱ (일장춘몽)	3Ⅱ	헛된 영화나 덧없는 일
一觸卽發	8 3Ⅱ3Ⅱ6Ⅱ (일촉즉발)	3Ⅱ	금방이라도 일이 터질 듯한 아슬아슬한 긴장상태
日就月將	8 4 8 4Ⅱ (일취월장)	4	날로 달로 자라나감
一波萬波	8 4Ⅱ 8 4Ⅱ (일파만파)	4Ⅱ	하나의 물결이 수많은 물결이 된다는 데서, 하나의 사건이 여러 가지로 자꾸 확대되는 것을 말함
一片丹心	8 3Ⅱ3Ⅱ 7 (일편단심)	3Ⅱ	변치 않는 참된 마음
一筆揮之	8 5Ⅱ 4 3Ⅱ (일필휘지)	3Ⅱ	한숨에 글씨나 그림을 죽 쓰거나 그림
一喜一悲	8 4 8 4 (일희일비)	4	한편 기쁘고 한편 슬픔, 기쁜 일과 슬픈 일이 번갈아 일어남
臨機應變	3Ⅱ 4 4Ⅱ5Ⅱ (임기응변)	3Ⅱ	그때그때 일의 형편에 따라 일을 처리함
立身揚名	7Ⅱ6Ⅱ3Ⅱ7Ⅱ (입신양명)	3Ⅱ	입신하여 이름을 널리 알림
自強不息	7Ⅱ 6 7Ⅱ4Ⅱ (자강불식)	4Ⅱ	스스로 힘쓰고 쉬지 아니함
自激之心	7Ⅱ 4 3Ⅱ 7 (자격지심)	3Ⅱ	자기가 한일에 대해 스스로 미흡하다고 생각하는 것
自業自得	7Ⅱ6Ⅱ7Ⅱ4Ⅱ (자업자득)	4Ⅱ	자신이 저지른 일의 과보를 자기가 받음
自中之亂	7Ⅱ 8 3Ⅱ 4 (자중지란)	3Ⅱ	한패 속에서 싸움이 일어남
自初至終	7Ⅱ 5 4Ⅱ 5 (자초지종)	4Ⅱ	처음부터 끝까지 이르는 동안 또 그 사실
自暴自棄	7Ⅱ4Ⅱ7Ⅱ 3 (자포자기)	3	스스로 자기의 몸을 해치고 자기의 몸을 버림
自畫自讚	7Ⅱ 6 7Ⅱ4Ⅱ (자화자찬)	4	자기가 한 일을 자기 스스로 칭찬함
作心三日	6Ⅱ 7 8 8 (작심삼일)	6Ⅱ	한 번 결심한 것이 사흘을 가지 않음
張三李四	4 8 6 8 (장삼이사)	4	평범한 사람들
適材適所	4 5Ⅱ 4 7 (적재적소)	4	마땅한 인재를 마땅한 자리에 씀

電光石火	7Ⅱ6Ⅱ 6 8 (전광석화)	6	몹시 짧은 시간
前無後無	7Ⅱ 5 7Ⅱ 5 (전무후무)	5	전에도 없었고 후에도 없음
轉禍爲福	4 3Ⅱ4Ⅱ5Ⅱ (전화위복)	3Ⅱ	화가 바뀌어 복이 됨
切齒腐心	5Ⅱ4Ⅱ3Ⅱ 7 (절치부심)	3Ⅱ	몹시 분하여 이를 갈면서 속을 썩임
漸入佳境	3Ⅱ 7 3Ⅱ4Ⅱ (점입가경)	3Ⅱ	점점 흥미로운 경지로 들어감
朝令暮改	6 5 3 5 (조령모개)	3	아침에 명령을 내렸다가 저녁에 고친다는 말로 무슨 일을 자주 변경함을 뜻함
朝變夕改	6 5Ⅱ 7 5 (조변석개)	5	아침저녁으로 뜯어 고침 곧 일을 자주 뜯어고침
朝三暮四	6 8 3 8 (조삼모사)	3	간사한 꾀로 남을 속여 희롱함을 이르는 말
鳥足之血	4Ⅱ7Ⅱ3Ⅱ4Ⅱ (조족지혈)	3Ⅱ	아주 적은 분량
足脫不及	7Ⅱ 4 7Ⅱ3Ⅱ (족탈불급)	3Ⅱ	맨발로 뛰어도 미치지 못함을 말하는 것으로 능력이나 역량이 현저히 차이가 남을 말함
存亡之秋	4 5 3Ⅱ 7 (존망지추)	3Ⅱ	죽고 사느냐의 절박한 상황
種豆得豆	5Ⅱ4Ⅱ4Ⅱ4Ⅱ (종두득두)	4Ⅱ	콩 심은 데 콩 난다
縱橫無盡	3Ⅱ3Ⅱ 5 4 (종횡무진)	3Ⅱ	세로와 가로로 다함이 없다는 데서, 자유자재하여 끝이 없는 상태를 말함
坐不安席	3Ⅱ7Ⅱ7Ⅱ 6 (좌불안석)	3Ⅱ	마음에 초조·불안·근심 등이 있어 한 자리에 오래 앉아 있지 못함
坐井觀天	3Ⅱ3Ⅱ5Ⅱ 7 (좌정관천)	3Ⅱ	우물에 앉아 하늘을 본다는 뜻으로, 견문이 좁아 세상 물정을 너무 모름을 말함
左之右之	7Ⅱ3Ⅱ7Ⅱ3Ⅱ (좌지우지)	3Ⅱ	제 마음대로 다루거나 휘두름
左衝右突	7Ⅱ3Ⅱ7Ⅱ3Ⅱ (좌충우돌)	3Ⅱ	이리저리 마구 치고 받고 함
主客一體	7 5Ⅱ 8 6Ⅱ (주객일체)	5Ⅱ	주인과 손이 한 몸이라는 데서, 나와 나 밖의 대상이 하나가 됨을 말함
晝耕夜讀	6 3Ⅱ 6 6Ⅱ (주경야독)	3Ⅱ	낮에는 일하고 밤에는 책을 읽는다는 의미로 바쁜 틈을 타서 공부를 한다는 뜻
走馬看山	4Ⅱ5Ⅱ 4 8 (주마간산)	4	달리는 말 위에서 산천을 구경한다는 데서, 이것저것 살필 겨를 없이 대충 지나치며 살핌을 이름
酒池肉林	4 3Ⅱ4Ⅱ 7 (주지육림)	3Ⅱ	술은 못을 이루고 고기는 숲을 이룬다는 것으로 호사스러운 술잔치를 이름
竹馬故友	4Ⅱ 5 4 5Ⅱ (죽마고우)	4Ⅱ	죽마를 타고 놀던 오래된 벗, 어렸을 때부터 친하게 사귄 벗
衆寡不敵	4Ⅱ3Ⅱ7Ⅱ4Ⅱ (중과부적)	3Ⅱ	적은 사람으로는 많은 사람을 대적하지 못함

衆口難防	4Ⅱ 7 4Ⅱ 4Ⅱ (중구난방)	4Ⅱ	여러 사람의 말은 막기가 어렵다는 뜻
指鹿爲馬	4Ⅱ 3 4Ⅱ 5 (지록위마)	3	윗사람을 농락하여 권세를 마음대로 휘두르는 것
支離滅裂	4Ⅱ 4 3Ⅱ 3Ⅱ (지리멸렬)	3Ⅱ	서로 갈라져 흩어지고 찢기어 나눠짐. 어떤 일의 갈피를 잡을 수 없음
知命之年	5Ⅱ 7 3Ⅱ 8 (지명지년)	3Ⅱ	쉰 살의 나이를 달리 이르는 말
至誠感天	4 4Ⅱ 6 7 (지성감천)	4Ⅱ	지극한 정성에 하늘이 감동함
盡忠報國	4 4Ⅱ 4Ⅱ 8 (진충보국)	4	충성을 다하여 나라의 은혜를 갚음
進退兩難	4Ⅱ 4Ⅱ 4Ⅱ 4Ⅱ (진퇴양난)	4Ⅱ	나아갈 수도 물러설 수도 없는 궁지에 몰린 상황
進退維谷	4Ⅱ 4Ⅱ 3Ⅱ 3Ⅱ (진퇴유곡)	3Ⅱ	나아가거나 물러서거나 오직 골짜기뿐이라는 데서, 꼼짝할 수 없는 궁지에 빠짐을 말함
此日彼日	3Ⅱ 8 3Ⅱ 8 (차일피일)	3Ⅱ	이날저날 하고 자꾸 기일을 미루어 가는 경우에 씀
天高馬肥	7 6Ⅱ 5 3Ⅱ (천고마비)	3Ⅱ	하늘은 높고 말은 살찐다.
千慮一得	7 4 8 4Ⅱ (천려일득)	4	어리석은 사람도 많은 생각 가운데 한 가지쯤 좋은 생각이 미칠 수 있다는 말
千慮一失	7 4 8 6 (천려일실)	4	지혜로운 사람도 많은 생각 가운데는 간혹 실책이 있을 수 있다는 말
天生緣分	7 8 4 6Ⅱ (천생연분)	4	하늘에서 미리 정해 준 연분
千辛萬苦	7 3 8 6 (천신만고)	3	온갖 신고 또는 그것을 겪음
天壤之差	7 3Ⅱ 3Ⅱ 4 (천양지차)	3Ⅱ	하늘과 땅의 차이 곧 커다란 차이
天人共怒	7 8 6Ⅱ 4Ⅱ (천인공노)	4Ⅱ	하늘과 사람이 함께 분노한다는 뜻에서, 도저히 용서할 수 없음을 비유함
千載一遇	7 3Ⅱ 8 4 (천재일우)	3Ⅱ	좀처럼 얻기 어려운 좋은 기회
千差萬別	7 4 8 6 (천차만별)	4	여러 가지 사물이 모두 차이가 있고 구별이 있음
千篇一律	7 4 8 4Ⅱ (천편일률)	4	많은 사물이 색다른 바가 없이 모두 비슷비슷함을 말함
徹頭徹尾	3Ⅱ 6 3Ⅱ 3Ⅱ (철두철미)	3Ⅱ	처음부터 끝까지 투철함. 처음부터 끝까지 철저하게
寸鐵殺人	8 5 4Ⅱ 8 (촌철살인)	4Ⅱ	한 치의 쇠붙이로 사람을 죽인다는 데서, 짧은 말로 어떤 일의 급소를 찔러 사람을 크게 감동시키는 것을 말함
秋風落葉	7 6Ⅱ 5 5 (추풍낙엽)	5	가을바람에 흩어져 떨어지는 낙엽. 세력 같은 것이 일순간에 실추됨을 비유함
出將入相	7 4Ⅱ 7 5Ⅱ (출장입상)	4Ⅱ	문무를 겸비하여 장상의 벼슬을 모두 지낸 사람

忠言逆耳	4Ⅱ 6 4Ⅱ 5 (충언역이)	4Ⅱ	바르게 타이르는 말일수록 듣기 싫다
取捨選擇	4Ⅱ 3 5 4 (취사선택)	3	취할 것은 취하고 버릴 것은 버려서 골라잡음
醉生夢死	3Ⅱ 8 3Ⅱ 6 (취생몽사)	3Ⅱ	술에 취하여 꿈을 꾸다가 죽는다는 말로, 아무 의미 없이, 이룬 일도 없이 한 평생을 흐리멍텅하게 보내는 것을 말함
置之度外	4Ⅱ3Ⅱ 6 8 (치지도외)	3Ⅱ	내버려 두어 더이상 문제 삼지 아니함.
七去之惡	8 5 3Ⅱ5Ⅱ (칠거지악)	3Ⅱ	아내를 내쫓는 이유가 되는 일곱 가지 사항
他山之石	5 8 3Ⅱ 6 (타산지석)	3Ⅱ	다른 사람의 하찮은 언행도 자기 지덕을 닦는 데는 도움이 된다.
卓上空論	5 7Ⅱ7Ⅱ4Ⅱ (탁상공론)	4Ⅱ	실현성이 없는 헛된 공론
貪官汚吏	3 4Ⅱ 3 3Ⅱ (탐관오리)	3	탐욕이 많고 행실이 깨끗하지 못한 벼슬아치
泰山北斗	3Ⅱ 8 8 4Ⅱ (태산북두)	3Ⅱ	태산과 북두성을 이르는 말로 세상 사람들로부터 가장 존경받는 사람들을 일컫는 말
破邪顯正	4Ⅱ3Ⅱ 4 7Ⅱ (파사현정)	3Ⅱ	그릇된 생각을 깨뜨리고 바른 도리를 드러냄
破顔大笑	4Ⅱ3Ⅱ 8 4Ⅱ (파안대소)	3Ⅱ	즐거운 표정으로 한바탕 웃음
破竹之勢	4Ⅱ4Ⅱ3Ⅱ4Ⅱ (파죽지세)	3Ⅱ	대를 쪼개는 것과 같은 기세로, 세력이 강하여 막을 수 없는 형세를 말함
八方美人	8 7Ⅱ 6 8 (팔방미인)	6	어느 모로 보나 아름다운 사람이란 뜻으로, 여러 방면에 능통한 사람
抱腹絶倒	3 3Ⅱ4Ⅱ3Ⅱ (포복절도)	3	배를 안고 넘어진다는 표현으로 아주 우스운 형세
飽食暖衣	3 7Ⅱ4Ⅱ 6 (포식난의)	3	배불리 먹고 따듯하게 입음, 곧 의식이 넉넉함을 말함
表裏不同	6Ⅱ3Ⅱ7Ⅱ 7 (표리부동)	3Ⅱ	겉과 속이 다름
風前燈火	6Ⅱ7Ⅱ4Ⅱ 8 (풍전등화)	4Ⅱ	바람 앞의 등불이란 뜻으로 매우 위태로운 상황을 가리키는 말
皮骨相接	3Ⅱ 4 5Ⅱ4Ⅱ (피골상접)	3Ⅱ	살가죽과 뼈가 맞붙을 정도로 몹시 마름
彼此一般	3Ⅱ3Ⅱ 8 3Ⅱ (피차일반)	3Ⅱ	저편이나 이편이나 한가지. 두 편이 서로 같음
匹夫匹婦	3 7 3 4Ⅱ (필부필부)	3	한 사람의 남자와 한 사람의 여자. 평범한 보통 남자
下石上臺	7Ⅱ 6 7Ⅱ3Ⅱ (하석상대)	3Ⅱ	아랫돌 빼서 윗돌 괴고 윗돌 빼서 아랫돌 괴기
鶴首苦待	3Ⅱ5Ⅱ 6 6 (학수고대)	3Ⅱ	학의 목처럼 목을 길게 늘여 애태우며 기다린다는 뜻으로 몹시 기다림을 말함
咸興差使	3 4Ⅱ 4 6 (함흥차사)	3	한번 가면 깜깜무소식이라는 말

恒茶飯事	3Ⅱ3Ⅱ3Ⅱ7Ⅱ (항다반사)	3Ⅱ	늘 있는 일
虛張聲勢	4Ⅱ 4 4Ⅱ4Ⅱ (허장성세)	4	실속 없이 허세만 부림
軒軒丈夫	3 3 3Ⅱ 7 (헌헌장부)	3	이목구비가 반듯하고 헌거로운 남자
賢母良妻	4Ⅱ 8 5Ⅱ3Ⅱ (현모양처)	3Ⅱ	어진 어머니이면서 착한 아내
螢雪之功	3 6 3Ⅱ6Ⅱ (형설지공)	3	반딧불과 눈빛으로 글을 읽었다 하여 애써 공부한 보람을 의미함
浩然之氣	3Ⅱ 7 3Ⅱ7Ⅱ (호연지기)	3Ⅱ	공명정대하여 조금도 부끄러울 바가 없는 도덕적 용기
好衣好食	4Ⅱ 6 4Ⅱ7Ⅱ (호의호식)	4Ⅱ	잘 먹고 잘 입음 또는 그런 생활
昏定晨省	3 6 3 6Ⅱ (혼정신성)	3	저녁에 이부자리를 보고 아침에 자리를 돌아본다는 뜻으로, 자식이 조석으로 부모의 안부를 물어서 살핌을 말함
紅爐點雪	4 3Ⅱ 4 6Ⅱ (홍로점설)	3Ⅱ	빨갛게 달아오른 화로 위에 눈을 뿌리면 순식간에 녹듯이 사욕이나 의혹이 일순간에 꺼져 없어짐을 뜻하는 말임
弘益人間	3 4Ⅱ 8 7Ⅱ (홍익인간)	3	널리 인간세상을 이롭게 한다는 뜻
畵蛇添足	6 3Ⅱ 3 7Ⅱ (화사첨족)	3	뱀을 그리면서 발을 보태어 넣는다는 데서, 쓸데없는 일을 하는 것을 말함
花朝月夕	7Ⅱ 6 8 7 (화조월석)	6	꽃피는 아침과 달뜨는 저녁. 경치가 썩 좋은 때를 일컫는 말임
會者定離	6 6 6 4 (회자정리)	4	만나는 자는 반드시 헤어지게 마련이라는 것
興亡盛衰	4Ⅱ 5 4Ⅱ3Ⅱ (흥망성쇠)	3Ⅱ	흥하고 망하고 성하고 쇠하는 일
興盡悲來	4Ⅱ 4 4Ⅱ 7 (흥진비래)	4	즐거운 일이 다하면 슬픈 일이 온다는 데서, 순환하는 세상의 이치를 가리키는 말
喜怒哀樂	4 4Ⅱ3Ⅱ6Ⅱ (희로애락)	3Ⅱ	기쁨과 노여움과 슬픔과 즐거움. 사람의 온갖 감정

漢字	級	用 例
街 거리 가(:)	4Ⅱ	[단] 街路樹(가로수) 街路燈(가로등) 大學街(대학가) [장] 街道(가도) 街頭示威(가두시위)
肝 간 간(:)	3Ⅱ	[단] 肝氣(간기) 肝油(간유) 肝腸(간장) [장] 肝膽 2급 (간담) 肝癌 2급 (간암) 肝臟(간장) 肝要(간요)
間 사이 간(:)	7Ⅱ	[단] 間隔(간격) 間隙 1급 (간극) 間數(간수) [장] 間食(간식) 間接(간접) 間諜 2급 (간첩) 間或(간혹)
簡 간략할 간(:) 대쪽 간(:)	4	[단] 簡單(간단) 簡略(간략) 簡素(간소) [장] 簡易(간이) 簡紙(간지)
降 내릴 강: 항복할 항	4	[단] 降兵(항병) 降伏(항복) [장] 降等(강등) 降臨(강림) 降雨(강우) 降雪(강설)
强 강할 강(:)	6	[단] 强大國(강대국) 强力(강력) 强化(강화) [장] 强姦(강간) 强勸(강권) 强盜(강도) 强制(강제)
改 고칠 개(:)	5	[단] 改札 2급 (개찰) 改漆(개칠) [장] 改良(개량) 改作(개작) 改正(개정) 改宗(개종)
蓋 덮을 개(:)	3Ⅱ	[단] 蓋草(개초) [장] 蓋頭(개두) 蓋馬高原(개마고원) 蓋然(개연)
個 낱 개(:)	4Ⅱ	[단] 個人(개인) [장] 個別(개별) 個性(개성) 個體(개체)
更 다시 갱: 고칠 경	4	[단] 更迭 1급 (경질) 更張(경장) [장] 更年期(갱년기) 更生(갱생) 更新(갱신)
契 맺을 계:	3Ⅱ	[단] 契丹(글안/거란) [장] 契機(계기) 契分(계분) 契約(계약) 契員(계원)
景 볕 경(:)	5	[단] 景概(경개) 景氣(경기) 景物(경물) 景致(경치) [장] 景武臺(경무대) 景福宮(경복궁) 景品(경품)
考 생각할 고(:)	5	[단] 考案(고안) 考察(고찰) [장] 考古(고고) 考查(고사) 考試(고시)

漢字	級	用 例
故 연고 고(:)	4 Ⅱ	[단] 故鄕(고향) [장] 故國(고국) 故事(고사) 故人(고인) 故障(고장)
固 굳을 고(:)	5	[단] 固辭(고사) 固守(고수) 固執(고집) 固着(고착) [장] 固城(고성)
恐 두려울 공(:)	3 Ⅱ	[단] 恐怖 2급(공포) [장] 恐龍(공룡)
課 공부할 과 과정 과(:)	5 Ⅱ	[단] 課程(과정) 課業(과업) [장] 課稅(과세)
貫 꿸 관(:)	3 Ⅱ	[단] 貫流(관류) 貫通(관통) 貫鄕(관향) 貫徹(관철) [장] 貫珠(관주)
怪 괴이할 괴(:)	3 Ⅱ	[단] 怪怪罔測(괴괴망측) 怪常(괴상) 怪異(괴이) [장] 怪物(괴물) 怪變(괴변) 怪病(괴병)
口 입 구(:)	7	[단] 口文(구문) 口錢(구전) [장] 口腔 1급(구강) 口論(구론) 口辯(구변) 口號(구호)
具 갖출 구(:)	5 Ⅱ	[단] 具備(구비) 具色(구색) 具全(구전) 具現(구현) [장] 具氏(구씨)
卷 책 권(:)	4	[단] 卷頭言(권두언) 卷數(권수) [장] 卷煙(궐련)
勤 부지런할 근(:)	4	[단] 勤告(근고) [장] 勤儉(근검) 勤勞(근로) 勤務(근무) 勤念(근념)
難 어려울 난(:)	4 Ⅱ	[단] 難關(난관) 難局(난국) 難解(난해) [장] 難堪 1급(난감) 難處(난처) 難兄難弟(난형난제)
短 짧을 단(:)	6 Ⅱ	[단] 短距離(단거리) 短點(단점) 短縮(단축) [장] 短簫 1급(단소) 短杖 1급(단장) 短靴 2급(단화)
唐 당나라 당황할 당(:)	3 Ⅱ	[단] 唐書(당서) 唐詩(당시) [장] 唐突(당돌)

漢字	級	用 例
大 큰 대(:)	8	[단] 大宗孫(대종손) 大斗(대두) 大田(대전) [장] 大家(대가) 大國(대국) 大將(대장) 大盛況(대성황)
帶 띠 대(:)	4Ⅱ	[단] 帶狀(대상) 帶率(대솔) [장] 帶劍(대검) 帶同(대동) 帶妻僧(대처승)
度 법도 도(:) 헤아릴 탁	6	[단] 度外視(도외시) 度外置之(도외치지) 度支部(탁지부) [장] 度量(도량) 度數(도수)
盜 도둑 도(:)	4	[단] 盜掘 2급(도굴) 盜用(도용) 盜賊(도적) [장] 盜跖 특급(도척)
冬 겨울 동(:)	7	[단] 冬至(동지) [장] 冬期(동기) 冬眠(동면)
童 아이 동(:)	6Ⅱ	[단] 童蒙先習(동몽선습) [장] 童心(동심) 童謠(동요) 童話(동화)
浪 물결 랑(:)	3Ⅱ	[단] 浪太(낭태) [장] 浪漫(낭만) 浪費(낭비) 浪說(낭설)
來 올 래(:)	7	[단] 來年(내년) 來歷(내력) 來日(내일) 來診 2급(내진) [장] 來客(내객) 來賓(내빈) 來住(내주)
令 하여금 령(:)	5	[단] 令夫人(영부인) 令愛(영애) [장] 令監(영감)
露 이슬 로(:)	3Ⅱ	[단] 露骨(노골) 露語(노어) 露出(노출) [장] 露積(노적)
料 헤아릴 료(:)	5	[단] 料理(요리) 料食(요식) 料量(요량) [장] 料金(요금) 料給(요급)
類 무리 류(:)	5Ⅱ	[단] 類 달리(유달리) [장] 類萬不同(유만부동) 類類相從(유유상종)
柳 버들 류(:)	4	[단] 柳京(유경) 柳眉(유미) 柳氏(유씨) [장] 柳器(유기) 柳緣(유연)

漢字	級	用 例
麻 삼 마(:)	3Ⅱ	[단] 麻姑(마고) 麻谷寺(마곡사) 麻織物(마직물) 麻布(마포) [장] 麻雀 1급(마작)
滿 찰 만(:)	4Ⅱ	[단] 滿朔(만삭) 滿了(만료) 滿足(만족) 滿洲(만주) [장] 滿面(만면) 滿堂(만당) 滿發(만발) 滿場(만장)
每 매양 매(:)	7Ⅱ	[단] 每日(매일) [장] 每年(매년) 每事(매사) 每時間(매시간) 每回(매회)
賣 팔 매(:)	5	[단] 賣買(매매) [장] 賣家(매가) 賣却(매각) 賣國奴(매국노)
孟 맏 맹(:)	3Ⅱ	[단] 孟浪(맹랑) [장] 孟冬(맹동) 孟母三遷(맹모삼천) 孟子(맹자)
侮 업신여길 모(:)	3	[단] 侮辱(모욕) [장] 侮慢(모만)
木 나무 목	8	[단] 木家具(목가구) 木工(목공) 木馬(목마) 木曜日(목요일) [장] 木瓜 2급(모과)
聞 들을 문(:)	6Ⅱ	[단] 聞慶(문경) [장] 聞見(문견) 聞一知十(문일지십)
未 아닐 미(:)	4Ⅱ	[단] 未安(미안) [장] 未開(미개) 未決(미결) 未來(미래) 未熟(미숙)
美 아름다울 미(:)	6	[단] 美國(미국) 美人(미인– 미국인) [장] 美術(미술) 美人(미인– 미녀)
迷 미혹할 미(:)	3	[단] 迷兒(미아) 迷惑(미혹) [장] 迷信(미신) 迷宮(미궁) 迷夢(미몽)
放 놓을 방(:)	6Ⅱ	[단] 放學(방학) [장] 放談(방담) 放浪(방랑) 放送(방송)
倍 곱 배(:)	5	[단] 倍達民族(배달민족) [장] 倍加(배가) 倍量(배량) 倍率(배율)

漢字	級	用例
凡 무릇 범(:)	3Ⅱ	[단] 凡節(범절) [장] 凡例(범례) 凡百(범백) 凡夫(범부) 凡俗(범속)
屛 병풍 병(:)	3	[단] 屛山書院(병산서원) 屛風(병풍) [장] 屛迹1급(병적)
保 지킬 보(:)	4Ⅱ	[단] 保證(보증) [장] 保健(보건) 保管(보관) 保留(보류)
復 회복할 복 다시 부:	4Ⅱ	[단] 復刊(복간) 復古(복고) 復歸(복귀) 復學(복학) [장] 復興(부흥) 復活(부활)
符 부호 부(:)	3Ⅱ	[단] 符節(부절) [장] 符籍(부적) 符號(부호)
府 마을[官廳] 부(:)	4Ⅱ	[단] 府使(부사) 府域(부역) [장] 府君(부군)
附 붙을 부(:)	3Ⅱ	[단] 附子(부자) [장] 附加稅(부가세) 附記(부기) 附錄(부록) 附說(부설)
分 나눌 분(:)	6Ⅱ	[단] 分家(분가) 分校(분교) 分岐2급點(분기점) 分配(분배) [장] 分量(분량) 分福(분복) 分數(분수)
粉 가루 분(:)	4	[단] 粉骨(분골) 粉食(분식) [장] 粉紅(분홍)
非 아닐 비(:)	4Ⅱ	[단] 非但(비단) [장] 非公開(비공개) 非常(비상) 非情(비정) 非行(비행)
仕 섬길 사(:)	5Ⅱ	[단] 仕官(사관) 仕記(사기) 仕日(사일) [장] 仕宦1급(사환)
思 생각 사(:)	5	[단] 思考(사고) 思念(사념) 思慕(사모) [장] 思想(사상)
寺 절 사	4Ⅱ	[단] 寺門(사문) 寺院(사원) 寺刹2급(사찰) [장] 寺奴婢(시노비) 寺人(시인) 寺正(시정)

漢字	級	用 例
射 쏠 사(:)	4	[단] 射擊(사격) 射殺(사살) 射手(사수) 射精(사정) [장] 射場(사장) 射亭(사정)
殺 죽일 살 감할 쇄:	4Ⅱ	[단] 殺氣(살기) 殺伐(살벌) 殺傷(살상) 殺生(살생) [장] 殺到(쇄도)
尙 오히려 상(:)	3Ⅱ	[단] 尙宮(상궁) 尙今(상금) 尙門(상문) 尙州(상주) [장] 尙古(상고) 尙文(상문) 尙武(상무)
狀 형상 상 문서 장:	4Ⅱ	[단] 狀態(상태) 狀況(상황) [장] 狀啓(장계) 狀頭(장두)
喪 잃을 상(:)	3Ⅱ	[단] 喪家(상가) 喪亡(상망) 喪服(상복) 喪主(상주) [장] 喪配(상배) 喪夫(상부) 喪妻(상처)
徐 천천할 서(:)	3Ⅱ	[단] 徐氏(서씨) 徐羅伐(서라벌) [장] 徐步(서보) 徐徐(서서)히 徐行(서행)
說 말씀 설 달랠 세:	5Ⅱ	[단] 說明(설명) 說往說來(설왕설래) 說樂(열락) [장] 說客(세객)
素 본디 소(:) 흴[白] 소(:)	4Ⅱ	[단] 素朴(소박) 素數(소수) 素材(소재) 素質(소질) [장] 素物(소물) 素服(소복) 素饌1급(소찬)
掃 쓸[掃除] 소(:)	4Ⅱ	[단] 掃灑1급(소쇄) 掃蕩1급(소탕) [장] 掃除(소제) 掃地(소지)
燒 사를 소(:)	3Ⅱ	[단] 燒却(소각) 燒失(소실) 燒盡(소진) 燒火(소화) [장] 燒紙(소지)
孫 손자 손(:)	6	[단] 孫女(손녀) 孫婦(손부) 孫氏(손씨) 孫子(손자) [장] 孫(손 – 後孫)
手 손 수(:)	7Ⅱ	[단] 手段(수단) 手足(수족) 手帖1급(수첩) [장] 手巾1급(수건)
受 받을 수(:)	4Ⅱ	[단] 受講(수강) 受賞(수상) 受信(수신) 受業(수업) [장] 受苦(수고)

漢字	級	用 例
數 셈 수:	7	[단] 數罟 특급 (촉고) 數尿 2급症 (삭뇨증) [장] 數學 (수학) 數量 (수량)
宿 잘 숙 별자리 수:	5Ⅱ	[단] 宿根 (숙근) 宿德 (숙덕) 宿命 (숙명) 宿食 (숙식) [장] 宿曜 (수요) 星宿 (성수)
試 시험 시(:)	4Ⅱ	[단] 試驗 (시험) [장] 試官 (시관) 試金石 (시금석) 試食 (시식)
審 살필 심(:)	3Ⅱ	[단] 審理 (심리) 審美眼 (심미안) 審査 (심사) [장] 審議 (심의) 審判 (심판)
亞 버금 아(:)	3Ⅱ	[단] 亞細亞 (아세아) 亞鉛 (아연) [장] 亞流 (아류) 亞聖 (아성) 亞將 (아장)
雅 맑을 아(:)	3Ⅱ	[단] 雅淡 (아담) [장] 雅俗 (아속) 雅趣 (아취)
愛 사랑 애(:)	6	[단] 愛國 (애국) 愛人 (애인) 愛情 (애정) 愛酒 (애주) [장] 愛誦 (애송) 愛煙 (애연) 愛之重之 (애지중지)
易 바꿀 역 쉬울 이:	4	[단] 易數 (역수) 易理 (역리) 易學 (역학) [장] 易行 (이행)
沿 물따라갈 연(:) 따를 연(:)	3Ⅱ	[단] 沿道 (연도) 沿岸 (연안) 沿邊 (연변) 沿海 (연해) [장] 沿革 (연혁)
燕 제비 연(:)	3Ⅱ	[단] 燕京 (연경) 燕山君 (연산군) 燕行 (연행) [장] 燕子 (연자) 燕雀 1급 (연작)
映 비칠 영(:)	4	[단] 映寫 (영사) 映畫 (영화) [장] 映窓 (영창)
要 요긴할 요(:)	5Ⅱ	[단] 要緊 (요긴) 要領 (요령) 要素 (요소) 要約 (요약) [장] 要綱 (요강) 要求 (요구) 要人 (요인) 要點 (요점)
怨 원망할 원(:)	4	[단] 怨讐 특급 (원수) [장] 怨望 (원망) 怨聲 (원성)

漢字	級	用例
爲 하 위(:) 할 위(:)	4Ⅱ	[단] 爲始(위시) 爲人(위인-사람됨) [장] 爲人(위인-사람을 위함)
飮 마실 음(:)	6Ⅱ	[단] 飮毒(음독) 飮料(음료) [장] 飮福(음복) 飮食(음식)
議 의논할 의(:)	4Ⅱ	[단] 議決(의결) 議事(의사) 議員(의원) 議長(의장) [장] 議政府(의정부)
任 맡길 임(:)	5Ⅱ	[단] 任氏(임씨) [장] 任期(임기) 任命(임명) 任務(임무) 任員(임원)
刺 찌를 자: 찌를 척	3Ⅱ	[단] 刺殺(척살) [장] 刺客(자객)
暫 잠깐 잠(:)	3Ⅱ	[단] 暫間(잠간) 暫別(잠별) 暫逢(잠봉) 暫定(잠정) [장] 暫時(잠시)
長 긴 장(:)	8	[단] 長短(장단) 長久(장구) 長篇(장편) [장] 長官(장관) 長老(장로) 長成(장성) 長者(장자)
將 장수 장(:)	4Ⅱ	[단] 將軍(장군) 將來(장래) 將次(장차) 將就(장취) [장] 將校(장교) 將帥(장수) 將兵(장병) 將星(장성)
奬 장려할 장(:)	4	[단] 奬忠壇(장충단) [장] 奬勵(장려) 奬學生(장학생)
著 나타날 저:	3Ⅱ	[단] 著押(착압) [장] 著書(저서) 著者(저자) 著述(저술) 著作權(저작권)
占 점령할 점: 점칠 점	4	[단] 占卜(점복) 占術(점술) [장] 占據(점거) 占領(점령) 占有物(점유물)
點 점 점(:)	4	[단] 點檢(점검) 點線(점선) 點數(점수) 點火(점화) [장] 點心(점심)
井 우물 정(:)	3Ⅱ	[단] 井間(정간) 井底蛙 특급Ⅱ(정저와) 井華水(정화수) [장] 井邑詞(정읍사)

漢字	級	用例
正 바를 정(:)	7Ⅱ	[단] 正月(정월) 正二月(정이월) 正朝(정조) 正初(정초) [장] 正當(정당) 正道(정도) 正式(정식) 正直(정직)
操 잡을 조(:)	5	[단] 操業短縮(조업단축) 操作(조작) 操縱(조종) [장] 操心性(조심성) 操鍊(조련)
從 좇을 종(:)	4	[단] 從當(종당) 從屬(종속) 從事(종사) 從軍(종군) [장] 從弟(종제) 從祖(종조) 從姪(종질) 從兄(종형)
種 씨 종(:)	5Ⅱ	[단] 種犬(종견) 種鷄(종계) 種子(종자) 種豚(종돈) 種族(종족) [장] 種類(종류) 種目(종목) 種別(종별)
酒 술 주(:)	4	[단] 酒案床(주안상) 酒煎1급子(주전자) 酒池肉林(주지육림) [장] 酒酊1급(주정)
奏 아뢸 주(:)	3Ⅱ	[단] 奏效(주효) [장] 奏功(주공) 奏請(주청)
仲 버금 중(:)	3Ⅱ	[단] 仲介人(중개인) 仲媒(중매) 仲秋佳節(중추가절) [장] 仲氏(중씨) 仲兄(중형)
症 증세 증(:)	3Ⅱ	[단] 症勢(증세) 症候(증후) [장] 症(증)나다
陳 베풀 진: 묵을 진	3Ⅱ	[단] 陳久(진구) 陳腐(진부) 陳外家(진외가) [장] 陳列(진열) 陳設(진설) 陳述(진술)
鎭 진압할 진(:)	3Ⅱ	[단] 鎭南浦(진남포) 鎭靜劑(진정제) 鎭魂祭(진혼제) [장] 鎭壓(진압) 鎭痛(진통)
昌 창성할 창(:)	3Ⅱ	[단] 昌寧(창녕) 昌平(창평) [장] 昌慶苑2급(창경원) 昌德宮(창덕궁) 昌盛(창성)
倉 곳집 창(:)	3Ⅱ	[단] 倉庫(창고) [장] 倉卒(창졸)
針 바늘 침(:)	4	[단] 針小棒1급大(침소봉대) 針葉樹(침엽수) [장] 針母(침모) 針線(침선)

漢字	級	用 例
沈 잠길 침(:) 성 심:	3Ⅱ	[단] 沈降(침강) 沈積(침적) 沈滯(침체) 沈痛(침통) [장] 沈溺 2급(침닉) 沈默(침묵) 沈潛(침잠) 沈氏(심씨) 沈淸(심청)
吐 토할 토(:)	3Ⅱ	[단] 吐露(토로) [장] 吐根(토근) 吐瀉 1급(토사) 吐血(토혈)
討 칠[伐] 토(:)	4	[단] 討伐(토벌) 討滅(토멸) 討食(토식) 討破(토파) [장] 討論(토론) 討議(토의)
播 뿌릴 파(:)	3	[단] 播多(파다) 播植(파식) [장] 播說(파설) 播種(파종) 播遷(파천)
片 조각 편(:)	3Ⅱ	[단] 片鱗 1급(편린) 片影(편영) 片肉(편육) 片仔 1급丸(편자환) [장] 片紙(편지)
便 편할 편(:)	7	[단] 便利(편리) 便法(편법) 便安(편안) 便易(편이) [장] 便紙(편지)
布 베/펼 포(:)	4Ⅱ	[단] 布木(포목) 布笠 1급(포립) 布網 2급(포망) 布衣寒士(포의한사) [장] 布告(포고) 布敎(포교) 布德(포덕) 布石(포석)
暴 사나울 폭 모질 포:	4Ⅱ	[단] 暴徒(폭도) 暴露(폭로) 暴行(폭행) [장] 暴惡(포악) 暴虐 2급(포학)
包 쌀 포(:)	4Ⅱ	[단] 包裝(포장) 包紙(포지) 包含(포함) [장] 包括 1급(포괄) 包容(포용) 包圍網 2급(포위망)
胞 세포 포(:)	4	[단] 胞衣(포의) 胞子(포자) [장] 胞胎 2급(포태)
荷 멜 하(:)	3Ⅱ	[단] 荷香(하향) 荷花(하화) [장] 荷物(하물) 荷役(하역)
汗 땀 한(:)	3Ⅱ	[단] 汗國(한국) 汗黨(한당) [장] 汗馬(한마) 汗蒸(한증)
韓 한국 한(:) 나라 한(:)	8	[단] 韓山(한산) 韓氏(한씨) [장] 韓國(한국) 韓服(한복)

漢字	級	用 例
行 다닐 행(:) 항렬 항	6	[단] 行動(행동) 行路(행로) 行事(행사) [장] 行實(행실)
虎 범 호(:)	3Ⅱ	[단] 虎班(호반) [장] 虎口(호구) 虎視耽耽 1급(호시탐탐) 虎患(호환)
號 이름 호(:)	6	[단] 號角(호각) [장] 號哭(호곡) 號外(호외)
火 불 화(:)	8	[단] 火曜日(화요일) [장] 火氣(화기) 火力(화력) 火病(화병) 火葬(화장)
化 될 화(:)	5Ⅱ	[단] 化學(화학) 化粧(화장) [장] 化石(화석) 化身(화신)
畫 그림 화: 그을 획	6	[단] 畫順(획순) 畫一(획일) 畫策(획책) [장] 畫家(화가) 畫龍(화룡) 畫幅(화폭)
環 고리 환(:)	4	[단] 環狀(환상) [장] 環境(환경)
興 일[盛] 흥(:)	4Ⅱ	[단] 興盛(흥성) 興亡盛衰(흥망성쇠) [장] 興味(흥미) 興趣(흥취)

漢字	級	用 例	漢字	級	用 例
可 옳을 가:	5	可決(가결) 可能(가능) 可否(가부) 可視(가시)	建 세울 건:	5	建國(건국) 建物(건물) 建設(건설) 建築(건축)
假 거짓 가:	4Ⅱ	假令(가령) 假名(가명) 假作(가작) 假定(가정)	健 굳셀 건:	5	健脚(건각) 健康(건강) 健在(건재) 健金(건금)
暇 겨를 가: 틈 가:	4	暇隙1급(가극) 暇日(가일)	儉 검소할 검:	4	儉朴(검박) 儉素(검소) 儉約(검약)
減 덜 감:	4Ⅱ	減少(감소) 減員(감원) 減損(감손) 減縮(감축)	檢 검사할 검:	4Ⅱ	檢擧(검거) 檢査(검사) 檢出(검출)
敢 감히 감: 구태여 감:	4	敢然(감연) 敢戰(감전) 敢鬪(감투) 敢行(감행)	見 볼 견: 뵈올 현:	5Ⅱ	見聞(견문) 見識(견식) 見學(견학) 見解(견해) 見舅1급姑(현구고)
感 느낄 감:	6	感激(감격) 感動(감동) 感謝(감사) 感化(감화)	敬 공경 경:	5Ⅱ	敬禮(경례) 敬仰(경앙) 敬愛(경애) 敬意(경의)
講 욀 강:	4Ⅱ	講究(강구) 講讀(강독) 講習(강습) 講演(강연)	慶 경사 경:	4Ⅱ	慶事(경사) 慶尙道(경상도) 慶弔(경조) 慶州(경주)
去 갈 거:	5	去年(거년) 去來(거래) 去勢(거세) 去就(거취)	警 깨우칠 경:	4Ⅱ	警覺心(경각심) 警戒(경계) 警告(경고) 警備(경비)
巨 클 거:	4	巨大(거대) 巨物(거물) 巨餘洞(거여동) 巨人(거인)	鏡 거울 경:	4	鏡鑑(경감) 鏡臺(경대) 鏡城(경성) 鏡浦臺(경포대)
拒 막을 거:	4	拒否(거부) 拒逆(거역) 拒絶(거절)	競 다툴 경:	5	競技(경기) 競馬(경마) 競試(경시) 競爭(경쟁)
據 근거 거:	4	據點(거점)	系 이어맬 계:	4	系譜(계보) 系列(계열) 系統(계통)
擧 들 거:	5	擧國(거국) 擧動(거동) 擧手(거수) 擧行(거행)	戒 경계할 계:	4	戒告(계고) 戒嚴(계엄) 戒律(계율)

부록
Ⅰ

漢字	級	用 例	漢字	級	用 例
季 계절 계:	4	季刊(계간) 季嫂1급(계수) 季氏(계씨) 季節(계절)	過 지날 과:	5Ⅱ	過去(과거) 過激(과격) 過渡期(과도기) 過誤(과오)
界 지경 계:	6Ⅱ	界面調(계면조) 界域(계역) 界標(계표) 界限(계한)	廣 넓을 광:	5Ⅱ	廣告(광고) 廣範圍(광범위) 廣州(광주)
係 맬 계:	4Ⅱ	係數(계수) 係員(계원) 係長(계장)	鑛 쇳돌 광:	4	鑛山(광산) 鑛夫(광부) 鑛石(광석) 鑛業(광업)
計 셀 계:	6Ⅱ	計略(계략) 計量(계량) 計算(계산) 計畫(계화)	校 학교 교:	8	校舍(교사) 校長(교장) 校正(교정) 校訓(교훈)
繼 이을 계:	4	繼母(계모) 繼續(계속) 繼承(계승) 繼統(계통)	敎 가르칠 교:	8	敎授(교수) 敎育(교육) 敎訓(교훈) 敎會(교회)
古 예 고:	6	古今(고금) 古代(고대) 古典(고전) 古稀(고희)	救 구원할 구:	5	救命(구명) 救世軍(구세군) 救助(구조)
告 고할 고:	5Ⅱ	告發(고발) 告白(고백) 告示(고시) 告知書(고지서)	舊 예 구:	5Ⅱ	舊面(구면) 舊式(구식) 舊習(구습) 舊正(구정)
困 곤할 곤:	4	困境(곤경) 困窮(곤궁) 困難(곤란)	郡 고을 군:	6	郡內(군내) 郡民(군민) 郡守(군수) 郡廳(군청)
孔 구멍 공:	4	孔丘(공구) 孔德洞(공덕동) 孔孟(공맹) 孔雀1급(공작)	勸 권할 권:	4	勸農(권농) 勸善懲惡(권선징악) 勸誘(권유)
共 한가지 공:	6Ⅱ	共感(공감) 共動(공동) 共謀(공모) 共通(공통)	貴 귀할 귀:	5	貴公子(귀공자) 貴族(귀족) 貴重(귀중)
攻 칠[擊] 공:	4	攻擊(공격) 攻駁1급(공박) 攻防戰(공방전) 攻守(공수)	歸 돌아갈 귀:	4	歸家(귀가) 歸國(귀국) 歸省客(귀성객)
果 실과 과:	6Ⅱ	果斷性(과단성) 果樹(과수) 果實 (과실) 果然(과연)	近 가까울 근:	6	近郊(근교) 近似(근사) 近世(근세) 近況(근황)

漢字	級	用 例	漢字	級	用 例
禁 금할 금:	4Ⅱ	禁忌(금기) 禁煙(금연) 禁止(금지)	倒 넘어질 도:	3Ⅱ	倒産(도산) 倒錯的(도착적)
暖 따뜻할 난:	4Ⅱ	暖帶(난대) 暖流(난류) 暖衣飽食(난의포식)	途 길[行中]도:	3Ⅱ	途上(도상) 途中下車(도중하차)
內 안 내:	7Ⅱ	內閣(내각) 內科(내과) 內部(내부) 內外(내외)	導 인도할 도:	4Ⅱ	導水路(도수로) 導入(도입) 導出(도출)
念 생각 념:	5Ⅱ	念頭(염두) 念佛(염불) 念願(염원)	洞 골 동: 밝을 통:	7	洞窟 2급(동굴) 洞內(동내) 洞里(동리) 洞會(동회) 洞達(통달) 洞察(통찰) 洞燭(통촉) 洞徹(통철)
怒 성낼 노:	4Ⅱ	怒氣(노기) 怒色(노색)	凍 얼 동:	3Ⅱ	凍結(동결) 凍傷(동상) 凍土(동토) 凍破(동파)
但 다만 단:	3Ⅱ	但書(단서) 但只(단지)	動 움직일 동:	7Ⅱ	動機(동기) 動力(동력) 動物(동물) 動詞(동사)
斷 끊을 단:	4Ⅱ	斷交(단교) 斷水(단수) 斷食(단식) 斷煙(단연)	等 무리 등:	6Ⅱ	等距離(등거리) 等級(등급) 等式(등식)
代 대신 대:	6Ⅱ	代理(대리) 代表(대표) 代行(대행)	亂 어지러울 란:	4	亂動(난동) 亂離(난리)
待 기다릴 대:	6	待機(대기) 待望(대망) 待遇(대우) 待避(대피)	濫 넘칠 람:	3	濫發(남발) 濫用(남용) 濫造(남조)
貸 빌릴 대: 뀔 대:	3Ⅱ	貸館料(대관료) 貸金(대금) 貸出(대출)	朗 밝을 랑:	5Ⅱ	朗讀(낭독) 朗報(낭보) 朗誦(낭송)
對 대할 대:	6Ⅱ	對決(대결) 對象(대상) 對外(대외) 對話(대화)	冷 찰 랭:	5	冷却(냉각) 冷氣(냉기) 冷待(냉대) 冷凍(냉동)
到 이를 도:	5Ⅱ	到達(도달) 到任(도임) 到着(도착) 到處(도처)	兩 두 량:	4Ⅱ	兩家(양가) 兩極(양극) 兩親(양친)

漢字	級	用 例	漢字	級	用 例
勵 힘쓸 려:	3Ⅱ	勵精(여정) 勵行(여행)	漏 샐 루:	3Ⅱ	漏刻(누각) 漏落(누락) 漏泄 1급(누설)
練 익힐 련:	5Ⅱ	練兵場(연병장) 練習(연습) 練祭祀(연제사)	里 마을 리:	7	里數(이수) 里長(이장) 里程標(이정표)
戀 그리워할련: 그릴 련:	3Ⅱ	戀慕(연모) 戀愛(연애) 戀情(연정)	理 다스릴 리:	6Ⅱ	理科(이과) 理論(이론) 理致(이치)
鍊 단련할 련:	3Ⅱ	鍊金術(연금술) 鍊磨(연마)	利 이할 리:	6Ⅱ	利己主義(이기주의) 利潤(이윤)
例 법식 례:	6	例示(예시) 例外(예외)	離 떠날 리:	4	離陸(이륙) 離別(이별) 離婚(이혼)
禮 예도 례:	6	禮物(예물) 禮拜(예배) 禮義(예의)	裏 속 리:	3Ⅱ	裏面(이면) 裏書(이서) 裏作(이작) 裏海(이해)
老 늙을 로:	7	老衰(노쇠) 老人(노인)	李 오얏 리: 성(姓) 리:	6	李氏(이씨) 李下不整冠(이하부정관)
路 길 로:	6	路上(노상) 路線(노선) 路資(노자)	吏 관리 리: 벼슬아치리:	3Ⅱ	吏道(이도) 吏讀(이두) 吏胥 1급(이서)
弄 희롱할 롱:	3Ⅱ	弄談(농담) 弄調(농조) 弄筆(농필)	馬 말 마:	5	馬軍(마군) 馬事會(마사회) 馬上(마상) 馬耳東風(마이동풍)
累 여러 루: 자주 루:	3Ⅱ	累計(누계) 累進(누진) 累積(누적)	萬 일만 만:	8	萬能(만능) 萬民法(만민법) 萬歲(만세) 萬愚節(만우절)
淚 눈물 루:	3	淚管(누관) 淚腺(누선) 淚水(누수)	晚 늦을 만:	3Ⅱ	晚學(만학) 晚時之歎(만시지탄) 晚秋(만추) 晚覺(만각)
屢 여러 루:	3	屢屢(누누)이 屢代(누대) 屢沈(누침)	慢 거만할 만:	3	慢驚風(만경풍) 慢悔(만회) 慢然(만연)

漢字	級	用 例	漢字	級	用 例
漫 흩어질 만:	3	漫談(만담) 漫筆(만필) 漫畫(만화)	暮 저물 모:	3	暮景(모경) 暮年(모년) 暮夜(모야) 暮春(모춘)
妄 망령될 망:	3Ⅱ	妄念(망념) 妄動(망동) 妄想症(망상증)	卯 토끼 묘:	3	卯末(묘말) 卯飯(묘반) 卯睡(묘수) 卯初(묘초)
望 바랄 망:	5Ⅱ	望夫石(망부석) 望遠鏡(망원경) 望鄕(망향)	妙 묘할 묘:	4	妙計(묘계) 妙技(묘기) 妙齡1급(묘령) 妙香山(묘향산)
買 살 매:	5	買價(매가) 買受(매수) 買食(매식) 買入(매입) 買占(매점)	苗 모 묘:	3	苗脈(묘맥) 苗木(묘목) 苗床(묘상) 苗圃1급(묘포)
猛 사나울 맹:	3Ⅱ	猛犬(맹견) 猛攻擊(맹공격) 猛烈(맹렬) 猛獻(맹헌)	墓 무덤 묘:	4	墓碣특급Ⅱ(묘갈) 墓碑(묘비) 墓所 (묘소) 墓誌(묘지)
免 면할 면:	3Ⅱ	免稅(면세) 免罪(면죄) 免職(면직)	廟 사당 묘:	3	廟堂(묘당) 廟論(묘론) 廟議(묘의)
面 낯 면:	7	面壁參禪(면벽참선) 面識(면식) 面接(면접) 面會(면회)	戊 천간 무:	3	戊午士禍(무오사화) 戊辰(무진)
勉 힘쓸 면:	4	勉勵(면려) 勉從(면종) 勉學(면학)	茂 무성할 무:	3Ⅱ	茂林(무림) 茂盛(무성) 茂樹(무수) 茂才(무재)
命 목숨 명:	7	命令(명령) 命脈(명맥) 命名(명명) 命中(명중)	武 호반 무:	4Ⅱ	武家(무가) 武器(무기) 武斷(무단) 武力(무력)
母 어미 모:	8	母系(모계) 母校(모교) 母性愛(모성애) 母情(모정)	務 힘쓸 무:	4Ⅱ	務望(무망) 務實力行(무실역행)
某 아무 모:	3	某官(모관) 某國(모국) 某年(모년) 某氏(모씨)	貿 무역할 무:	3Ⅱ	貿穀(무곡) 貿易政策(무역정책)
慕 그릴 모:	3Ⅱ	慕心(모심) 慕情(모정) 慕華(모화)	舞 춤출 무:	4	舞曲(무곡) 舞臺(무대) 舞蹈1급場(무도장) 舞踊1급(무용)

漢字	級	用 例	漢字	級	用 例
霧 안개 무:	3	霧露(무로) 霧散(무산) 霧塞(무새) 霧消(무소)	範 법 범:	4	範式(범식) 範圍(범위) 範疇 2급 (범주)
問 물을 문:	7	問答(문답) 問病(문병) 問安(문안) 問題(문제)	辨 분별할 변:	3	辨理士(변리사) 辨明(변명) 辨別(변별) 辨證(변증)
反 돌아올 반: 돌이킬 반:	6Ⅱ	反共(반공) 反對(반대) 反復(반복) 反省(반성)	辯 말씀 변:	4	辯論(변론) 辯明(변명) 辯士(변사) 辯護人(변호인)
半 반 반:	6Ⅱ	半跏 특급Ⅱ 像(반가상) 半減(반감) 半導體(반도체) 半生(반생)	變 변할 변:	5Ⅱ	變改(변개) 變更(변경) 變動(변동) 變化(변화)
返 돌이킬반:	3	返納(반납) 返送(반송) 返品(반품)	步 걸음 보:	4Ⅱ	步道(보도) 步兵(보병) 步幅(보폭) 步行(보행)
叛 배반할 반:	3	叛軍(반군) 叛起(반기) 叛亂(반란) 叛逆(반역)	普 넓을 보:	4	普及(보급) 普通法(보통법) 普遍的(보편적)
訪 찾을 방:	4Ⅱ	訪客(방객) 訪求(방구) 訪問(방문) 訪議(방의)	補 기울 보:	3Ⅱ	補強(보강) 補償(보상) 補修(보수) 補充(보충)
拜 절 배:	4Ⅱ	拜金(배금) 拜禮(배례) 拜伏(배복) 拜席(배석)	報 갚을 보: 알릴 보:	4Ⅱ	報告書(보고서) 報答(보답) 報道陣(보도진) 報償(보상)
背 등 배:	4Ⅱ	背景(배경) 背叛(배반) 背水陣(배수진)	譜 족보 보:	3Ⅱ	譜所(보소) 譜牒 1급 (보첩) 譜學(보학)
配 나눌 배: 짝 배:	4Ⅱ	配管(배관) 配給(배급) 配當(배당) 配列(배열)	寶 보배 보:	4Ⅱ	寶庫(보고) 寶物(보물) 寶石(보석) 寶玉(보옥)
培 북돋울 배:	3Ⅱ	培根(배근) 培植(배식) 培養(배양)	奉 받들 봉:	5Ⅱ	奉公(봉공) 奉仕(봉사) 奉送(봉송) 奉呈 2급 式(봉정식)
犯 범할 범:	4	犯法(범법) 犯人(범인) 犯罪(범죄) 犯行(범행)	鳳 봉새 봉:	3Ⅱ	鳳德(봉덕) 鳳仙花(봉선화) 鳳凰 1급 (봉황)

漢字	級	用 例	漢字	級	用 例
付 부칠 부:	3Ⅱ	付壁書(부벽서) 付與(부여) 付之一笑(부지일소)	悲 슬플 비:	4Ⅱ	悲觀(비관) 悲劇(비극) 悲鳴(비명) 悲哀(비애)
否 아닐 부:	4	否決(부결) 否認(부인) 否定(부정) 否票(부표)	費 쓸 비:	5	費目(비목) 費用(비용) 費財(비재)
負 질[荷] 부:	4	負擔(부담) 負傷(부상) 負債(부채)	備 갖출 비:	4Ⅱ	備考(비고) 備忘錄(비망록) 備蓄(비축)
副 버금 부:	4Ⅱ	副官(부관) 副詞(부사) 副業(부업)	鼻 코 비:	5	鼻高(비고) 鼻祖(비조) 鼻出血(비출혈)
富 부자 부:	4Ⅱ	富強(부강) 富國(부국) 富貴(부귀) 富者(부자)	士 선비 사:	5	士官(사관) 士氣(사기) 士兵(사병) 士禍(사화)
簿 문서 부:	3Ⅱ	簿記(부기) 簿籍(부적) 簿牒1급(부첩)	巳 뱀 사:	3	巳生(사생) 巳時(사시) 巳座(사좌)
憤 분할 분:	4	憤慨(분개) 憤激(분격) 憤氣(분기) 憤敗(분패)	四 넉 사:	8	四季(사계) 四君子(사군자) 四時(사시) 四月(사월)
奮 떨칠 분:	3Ⅱ	奮發(분발) 奮然(분연) 奮戰(분전) 奮鬪(분투)	史 사기 사:	5Ⅱ	史家(사가) 史記(사기) 史學(사학)
比 견줄 비:	5	比較(비교) 比例(비례) 比喩1급(비유) 比率(비율)	死 죽을 사:	6	死力(사력) 死亡(사망) 死文(사문) 死因(사인)
批 비평할 비:	4	批答(비답) 批判(비판) 批評(비평)	似 닮을 사:	3	似而非(사이비) 似虎(사호)
卑 낮을 비:	3Ⅱ	卑賤(비천) 卑下(비하)	事 일 사:	7Ⅱ	事件(사건) 事理(사리) 事物(사물) 事大主義(사대주의)
祕 숨길 비:	4	祕決(비결) 祕密(비밀) 祕書(비서)	使 하여금 사: 부릴 사:	6	使動(사동) 使命(사명) 使臣(사신) 使者(사자)

漢字	級	用 例	漢字	級	用 例
賜 줄 사:	3	賜暇(사가) 賜金(사금) 賜姓(사성) 賜藥(사약)	緒 실마리 서:	3Ⅱ	緒論(서론) 緒業(서업) 緒正(서정)
謝 사례할 사:	4Ⅱ	謝禮(사례) 謝意(사의) 謝恩(사은) 謝罪(사죄)	善 착할 선:	5	善導(선도) 善惡(선악) 善意(선의) 善行(선행)
産 낳을 산:	5Ⅱ	産故(산고) 産氣(산기) 産卵(산란) 産母(산모)	選 가릴 선:	5	選擧(선거) 選拔(선발) 選定(선정) 選出(선출)
散 흩을 산:	4	散漫(산만) 散文(산문) 散在(산재)	性 성품 성:	5Ⅱ	性格(성격) 性慾(성욕) 性質(성질) 性品(성품)
算 셈 산:	7	算數(산수) 算術(산술) 算出(산출)	盛 성할 성:	4Ⅱ	盛大(성대) 盛了(성료) 盛需品(성수품) 盛況(성황)
上 윗 상:	7Ⅱ	上客(상객) 上層(상층) 上品(상품) 上下(상하)	聖 성인 성:	4Ⅱ	聖歌(성가) 聖經(성경) 聖女(성녀) 聖人(성인)
想 생각 상:	4Ⅱ	想起(상기) 想念(상념) 想像(상상) 想定(상정)	世 인간 세:	7Ⅱ	世界(세계) 世代(세대) 世上(세상) 世評(세평)
序 차례 서:	5	序頭(서두) 序論(서론) 序文(서문) 序列(서열)	洗 씻을 세:	5Ⅱ	洗鍊(세련) 洗禮(세례) 洗面器(세면기) 洗濯(세탁)
恕 용서할 서:	3Ⅱ	恕諒(서량) 恕免(서면) 恕宥1급(서유) 恕罪(서죄)	細 가늘 세:	4Ⅱ	細菌(세균) 細密(세밀) 細部(세부) 細胞(세포)
庶 여러 서:	3	庶務(서무) 庶物(서물) 庶民(서민) 庶子(서자)	稅 세금 세:	4Ⅱ	稅關(세관) 稅金(세금) 稅務士(세무사) 稅制(세제)
暑 더울 서:	3	暑退(서퇴) 暑滯(서체)	歲 해 세:	5Ⅱ	歲暮(세모) 歲拜(세배) 歲費(세비) 歲時(세시)
署 마을[官廳] 서:	3Ⅱ	署理(서리) 署名(서명) 署員(서원) 署長(서장)	勢 형세 세:	4Ⅱ	勢道(세도) 勢力(세력)

漢字	級	用 例	漢字	級	用 例
小 작을 소:	8	小劇場(소극장) 小企業(소기업) 小說家(소설가)	市 저자 시:	7Ⅱ	市街(시가) 市立(시립) 市民(시민) 市場(시장)
少 적을 소:	7	少量(소량) 少數(소수)	示 보일 시:	5	示達(시달) 示範(시범) 示唆 2급 (시사) 示威(시위)
所 바 소:	7	所見(소견) 所望(소망) 所信(소신) 所謂(소위) 所長(소장)	矢 화살 시:	3	矢數(시수) 矢心(시심) 矢言(시언)
笑 웃음 소:	4Ⅱ	笑門萬福來(소문만복래) 笑聲(소성) 笑話(소화)	侍 모실 시:	3Ⅱ	侍講(시강) 侍女(시녀) 侍墓(시묘) 侍婢(시비)
損 덜 손:	4	損傷(손상) 損失(손실) 損益(손익) 損財(손재) 損害(손해)	始 비로소 시:	6Ⅱ	始動(시동) 始務式(시무식) 始作(시작) 始終(시종)
送 보낼 송:	4Ⅱ	送舊迎新(송구영신) 送別(송별)	是 이 시:	4Ⅱ	是日(시일) 是是非非(시시비비) 是認(시인) 是正(시정)
訟 송사할 송:	3Ⅱ	訟官(송관) 訟事(송사) 訟隻 2급 (송척)	施 베풀 시:	4Ⅱ	施工(시공) 施政(시정) 施策(시책) 施行(시행)
頌 칭송할송: 기릴 송:	4	頌歌(송가) 頌德(송덕) 頌詩(송시) 頌祝(송축)	視 볼 시:	4Ⅱ	視力(시력) 視野(시야) 視察(시찰) 視聽者(시청자)
誦 욀 송:	3	誦經(송경) 誦讀(송독) 誦說(송설) 誦言(송언)	信 믿을 신:	6Ⅱ	信仰(신앙) 信用(신용) 信義(신의) 信任(신임)
刷 인쇄할 쇄:	3Ⅱ	刷馬(쇄마) 刷新(쇄신)	愼 삼갈 신:	3Ⅱ	愼戒(신계) 愼口(신구) 愼言(신언) 愼重(신중)
鎖 쇠사슬 쇄:	3Ⅱ	鎖骨(쇄골) 鎖國(쇄국) 鎖門(쇄문)	甚 심할 심:	3Ⅱ	甚急(심급) 甚難(심난) 甚深(심심) 甚至於(심지어)
順 순할 순:	5Ⅱ	順理(순리) 順産(순산) 順序(순서) 順位(순위)	我 나 아:	3Ⅱ	我國(아국) 我軍(아군) 我田引水(아전인수) 我執(아집)

漢字	級	用 例	漢字	級	用 例
餓 주릴 아:	3	餓鬼(아귀) 餓狼 1급 (아랑)	壤 흙덩이 양:	3Ⅱ	壤地(양지) 壤土(양토)
岸 언덕 안:	3Ⅱ	岸壁(안벽)	讓 사양할 양:	3Ⅱ	讓渡(양도) 讓步(양보) 讓位(양위) 讓許(양허)
案 책상 안:	5	案件(안건) 案內(안내) 案頭(안두) 案出(안출)	御 거느릴 어:	3Ⅱ	御命(어명) 御用(어용) 御前(어전)
眼 눈 안:	4Ⅱ	眼境(안경) 眼孔(안공) 眼目(안목) 眼下無人(안하무인)	語 말씀 어:	7	語感(어감) 語根(어근) 語不成說(어불성설)
雁 기러기 안:	3	雁言(안언) 雁行(안행)	汝 너 여:	3	汝等(여등) 汝輩(여배)
顔 낯 안:	3Ⅱ	顔料(안료) 顔面不知(안면부지) 顔色(안색)	與 더불 여: 줄 여:	4	與件(여건) 與民(여민) 與樂(여락) 與野(여야)
暗 어두울 암:	4Ⅱ	暗記(암기) 暗示(암시) 暗中摸索(암중모색)	輿 수레 여:	3	輿駕 1급 (여가) 輿論調査(여론조사) 輿望(여망)
仰 우러를 앙:	3Ⅱ	仰望(앙망) 仰視(앙시)	宴 잔치 연:	3Ⅱ	宴樂(연락) 宴席(연석) 宴饗 1급 (연향) 宴會(연회)
也 이끼 야: 어조사야:	3	也帶(야대) 也無妨(야무방)	軟 연할 연:	3Ⅱ	軟骨(연골) 軟球(연구) 軟禁(연금) 軟弱(연약)
夜 밤 야:	6	夜間(야간) 夜景(야경) 夜勤(야근) 夜學(야학)	硏 갈 연:	4Ⅱ	硏究(연구) 硏修(연수) 硏學(연학)
野 들[坪] 야:	6	野球(야구) 野望(야망) 野生馬(야생마) 野人(야인)	演 펼 연:	4Ⅱ	演技(연기) 演說(연설) 演習(연습) 演出(연출)
養 기를 양:	5Ⅱ	養鷄(양계) 養成(양성) 養殖 2급 (양식) 養育(양육)	永 길 영:	6	永劫 1급 (영겁) 永訣式(영결식) 永久(영구)

漢字	級	用 例	漢字	級	用 例
詠 읊을 영:	3	詠歌(영가) 詠嘆 특급Ⅱ(영탄)	瓦 기와 와:	3Ⅱ	瓦屋(와옥) 瓦葺 1급(와즙) 瓦解(와해)
影 그림자 영:	3Ⅱ	影像(영상) 影印本(영인본) 影響(영향)	臥 누울 와:	3	臥龍(와룡) 臥病(와병) 臥薪 1급 嘗膽 2급(와신상담)
銳 날카로울 예:	3	銳角(예각) 銳利(예리)	緩 느릴 완:	3Ⅱ	緩急(완급) 緩衝(완충) 緩行(완행) 緩和(완화)
藝 재주 예:	4Ⅱ	藝能(예능) 藝文(예문) 藝術(예술)	往 갈 왕:	4Ⅱ	往年(왕년) 往來(왕래) 往復(왕복) 往診 2급(왕진)
譽 기릴 예: 명예 예:	3Ⅱ	譽望(예망) 譽聲(예성) 譽言(예언)	外 바깥 외:	8	外家(외가) 外見上(외견상) 外交官(외교관) 外國(외국)
午 낮 오:	7Ⅱ	午睡(오수) 午時(오시) 午正(오정) 午後(오후)	曜 빛날 요:	5	曜日(요일)
五 다섯 오:	8	五感(오감) 五倫(오륜) 五色(오색)	用 쓸 용:	6Ⅱ	用途(용도) 用兵(용병) 用意(용의) 用品(용품)
汚 더러울 오:	3	汚名(오명) 汚染(오염)	勇 날랠 용:	6Ⅱ	勇氣(용기) 勇斷(용단) 勇士(용사) 勇將(용장)
悟 깨달을 오:	3Ⅱ	悟道(오도) 悟性(오성) 悟人(오인)	友 벗 우:	5Ⅱ	友軍(우군) 友邦(우방) 友愛(우애) 友誼 1급(우의) 友情(우정)
娛 즐길 오:	3	娛樂(오락) 娛遊(오유)	雨 비 우:	5Ⅱ	雨期(우기) 雨備(우비) 雨傘 2급(우산) 雨天時(우천시)
傲 거만할 오:	3	傲氣(오기) 傲慢(오만) 傲霜孤節(오상고절)	遇 만날 우:	4	遇事生風(우사생풍) 遇賊歌(우적가)
誤 그르칠 오:	4Ⅱ	誤記(오기) 誤報(오보) 誤算(오산) 誤解(오해)	運 옮길 운:	6Ⅱ	運命(운명) 運營(운영) 運行(운행)

漢字	級	用 例	漢字	級	用 例
援 도울 원:	4	援軍(원군) 援兵(원병) 援助(원조) 援護(원호)	壯 장할 장:	4	壯骨(장골) 壯年(장년)
遠 멀 원:	6	遠隔(원격) 遠景(원경) 遠近(원근)	在 있을 재:	6	在庫(재고) 在所者(재소자) 在野(재야) 在學生(재학생)
願 원할 원:	5	願望(원망) 願書(원서)	再 두 재:	5	再開(재개) 再建(재건) 再考(재고) 再現(재현)
有 있을 유:	7	有感(유감) 有口無言(유구무언) 有名無實(유명무실)	低 낮을 저:	4Ⅱ	低價(저가) 低開發(저개발) 低調(저조) 低質化(저질화)
應 응할 응:	4Ⅱ	應當(응당) 應授(응수)	底 밑 저:	4	底力(저력) 底流(저류) 底邊(저변) 底意(저의)
意 뜻 의:	6Ⅱ	意見(의견) 意氣衝天(의기충천) 意圖(의도) 意慾(의욕)	貯 쌓을 저:	5	貯金(저금) 貯水池(저수지) 貯蓄(저축) 貯炭場(저탄장)
義 옳을 의:	4Ⅱ	義理(의리) 義務(의무) 義士(의사) 義人(의인)	典 법 전:	5Ⅱ	典據(전거) 典禮(전례) 典範(전범) 典雅(전아)
二 두 이:	8	二頭膊1급筋(이두박근) 二類(이류) 二律背反(이율배반)	展 펼 전:	5Ⅱ	展開(전개) 展覽會(전람회) 展望(전망) 展示場(전시장)
以 써 이:	5Ⅱ	以南(이남) 以上(이상) 以心傳心(이심전심)	電 번개 전:	7Ⅱ	電球(전구) 電氣(전기) 電鐵(전철) 電話(전화)
耳 귀 이:	5	耳聾1급(이롱) 耳鳴症(이명증) 耳目口鼻(이목구비) 耳順(이순)	錢 돈 전:	4	錢穀(전곡) 錢主(전주) 錢貨(전화)
異 다를 이:	4	異見(이견) 異口同聲(이구동성) 異質的(이질적)	戰 싸움 전:	6Ⅱ	戰亂(전란) 戰略(전략) 戰死者(전사자) 戰爭(전쟁)
姿 모양 자:	4	姿勢(자세) 姿態(자태) 姿色(자색)	轉 구를 전:	4	轉落(전락) 轉補(전보) 轉移(전이) 轉換(전환)

漢字	級	用 例	漢字	級	用 例
店 가게 점:	5Ⅱ	店員(점원) 店村(점촌) 店鋪 2급 (점포)	助 도울 조:	4Ⅱ	助教(조교) 助力(조력) 助詞(조사) 助言(조언)
定 정할 정:	6	定價(정가) 定款 2급 (정관) 定立(정립) 定着(정착)	造 지을 조:	4Ⅱ	造景(조경) 造成(조성) 造語(조어) 造作(조작)
整 가지런할 정:	4	整理(정리) 整備(정비) 整然(정연) 整地(정지)	左 왼 좌:	7Ⅱ	左傾(좌경) 左顧右眄 1급 (좌고우면) 左翼(좌익)
弟 아우 제:	8	弟子(제자) 弟嫂 1급 (제수)	座 자리 좌:	4	座談(좌담) 座席(좌석) 座右銘(좌우명) 座中(좌중)
制 절제할 제:	4Ⅱ	制度(제도) 制動(제동) 制服(제복) 制約(제약)	罪 허물 죄:	5	罪過(죄과) 罪惡(죄악) 罪人(죄인) 罪責感(죄책감)
帝 임금 제:	4	帝國(제국) 帝王(제왕) 帝政(제정)	住 살 주:	7	住居(주거) 住民(주민) 住所(주소) 住宅街(주택가)
第 차례 제:	6Ⅱ	第一(제일) 第三章(제삼장) 第三者(제삼자)	注 부을 주:	6Ⅱ	注力(주력) 注目(주목) 注文(주문) 注意(주의)
祭 제사 제:	4Ⅱ	祭器(제기) 祭禮(제례) 祭物(제물) 祭祀(제사)	準 준할 준:	4Ⅱ	準決勝(준결승) 準備(준비) 準例(준례)
製 지을 제:	4Ⅱ	製鋼(제강) 製粉(제분) 製藥(제약) 製作(제작)	重 무거울 중:	7	重工業(중공업) 重傷(중상) 重言復言(중언부언)
際 즈음 제: 가[邊] 제:	4Ⅱ	際遇(제우) 際會(제회)	衆 무리 중:	4Ⅱ	衆口難防(중구난방) 衆論(중론) 衆寡不敵(중과부적)
濟 건널 제:	4Ⅱ	濟度(제도) 濟物浦(제물포) 濟世(제세)	進 나아갈 진:	4Ⅱ	進路(진로) 進一步(진일보) 進退兩難(진퇴양난)
早 이를 조:	4Ⅱ	早産(조산) 早熟(조숙) 早失父母(조실부모) 早退(조퇴)	盡 다할 진:	4	盡力(진력) 盡忠(진충) 盡人事待天命(진인사대천명)

漢字	級	用 例	漢字	級	用 例
讚 기릴 찬:	4	讚歌(찬가) 讚美(찬미) 讚辭(찬사)	致 이를 치:	5	致命傷(치명상) 致富(치부) 致死(치사) 致賀(치하)
唱 부를 창:	5	唱歌(창가) 唱劇(창극) 唱妓 1급 (창기) 唱樂(창악)	置 둘[措] 치:	4Ⅱ	置簿(치부) 置中(치중) 置換(치환)
創 비롯할 창:	4Ⅱ	創團(창단) 創立(창립) 創造(창조)	寢 잘 침:	4	寢具(침구) 寢臺(침대) 寢室(침실) 寢衣(침의)
採 캘 채:	4	採鑛(채광) 採算性(채산성) 採點(채점) 採取(채취)	打 칠 타:	5	打開(타개) 打算(타산) 打作(타작) 打診 2급 (타진)
處 곳 처:	4Ⅱ	處女(처녀) 處理(처리) 處方(처방) 處世(처세) 處所(처소)	妥 온당할 타:	3	妥結(타결) 妥當(타당) 妥協(타협)
寸 마디 촌:	8	寸步(촌보) 寸數(촌수) 寸陰(촌음) 寸志(촌지)	炭 숯 탄:	5	炭鑛(탄광) 炭素(탄소)
村 마을 촌:	7	村老(촌로) 村落(촌락) 村婦(촌부) 村邑(촌읍)	彈 탄알 탄:	4	彈頭(탄두) 彈力(탄력) 彈壓(탄압) 彈丸(탄환)
總 다[皆] 총:	4Ⅱ	總計(총계) 總動員(총동원) 總額(총액)	歎 탄식할 탄:	4	歎服(탄복) 歎息(탄식) 歎願(탄원)
最 가장 최:	5	最高(최고) 最近(최근) 最大(최대) 最善(최선)	態 모습 태:	4Ⅱ	態度(태도) 態勢(태세)
取 가질 취:	4Ⅱ	取得(취득) 取消(취소) 取材(취재) 取下(취하)	痛 아플 통:	4	痛感(통감) 痛哭(통곡) 痛症(통증) 痛快(통쾌)
就 나아갈 취:	4	就業(취업) 就任(취임) 就職(취직) 就學(취학)	統 거느릴 통:	4Ⅱ	統計(통계) 統一(통일) 統制(통제) 統合(통합)
趣 뜻 취:	4	趣味(취미) 趣意(취의) 趣旨 2급 (취지) 趣向(취향)	退 물러날 퇴:	4Ⅱ	退却(퇴각) 退去(퇴거) 退任(퇴임) 退役(퇴역)

漢字	級	用例	漢字	級	用例
破 깨뜨릴 파:	4Ⅱ	破壞(파괴) 破産(파산) 破裂(파열)	航 배 항:	4Ⅱ	航空(항공) 航路(항로) 航海(항해) 航行(항행)
敗 패할 패:	5	敗家亡身(패가망신) 敗北(패배) 敗戰(패전)	港 항구 항:	4Ⅱ	港口(항구) 港都(항도) 港灣 2급 (항만)
閉 닫을 폐:	4	閉校(폐교) 閉鎖(폐쇄) 閉店(폐점) 閉會(폐회)	害 해할 해:	5Ⅱ	害毒(해독) 害惡(해악) 害蟲(해충)
砲 대포 포:	4Ⅱ	砲擊(포격) 砲門(포문) 砲聲(포성) 砲彈(포탄)	海 바다 해:	7Ⅱ	海女(해녀) 海岸(해안) 海洋(해양)
品 물건 품:	5Ⅱ	品格(품격) 品目(품목) 品性(품성) 品質(품질)	解 풀 해:	4Ⅱ	解決(해결) 解禁(해금) 解答(해답) 解明(해명) 解析(해석)
避 피할 피:	4	避難(피난) 避暑(피서) 避身(피신) 避妊 2급 (피임)	向 향할 향:	6	向方(향방) 向上(향상) 向學熱(향학열) 向後(향후)
下 아래 하:	7Ⅱ	下降(하강) 下校(하교) 下山(하산) 下車(하차)	憲 법 헌:	4	憲法(헌법) 憲兵(헌병) 憲章(헌장) 憲政(헌정)
夏 여름 하:	7	夏季(하계) 夏穀(하곡) 夏服(하복) 夏至(하지)	險 험할 험:	4	險難(험난) 險談(험담) 險路(험로)
恨 한 한:	4	恨歎(한탄)	驗 시험 험:	4Ⅱ	驗算(험산) 驗電氣(험전기)
限 한할 한:	4Ⅱ	限界(한계) 限度(한도) 限定(한정)	現 나타날 현:	6Ⅱ	現金(현금) 現代(현대) 現實(현실) 現在(현재)
漢 한수 한: 한나라 한:	7Ⅱ	漢文(한문) 漢字(한자) 漢族(한족) 漢學(한학)	顯 나타날 현:	4	顯官(현관) 顯示(현시) 顯著(현저) 破邪顯正(파사현정)
抗 겨룰 항:	4	抗拒(항거) 抗辯(항변) 抗訴(항소) 抗議(항의)	惠 은혜 혜:	4Ⅱ	惠存(혜존) 惠澤(혜택)

漢字	級	用 例	漢字	級	用 例
戶 집 호:	4Ⅱ	戶口(호구) 戶當(호당) 戶籍(호적)	會 모일 회:	6Ⅱ	會見(회견) 會計(회계) 會者定離(회자정리)
好 좋을 호:	4Ⅱ	好感(호감) 好奇心(호기심) 好調(호조)	孝 효도 효:	7Ⅱ	孝道(효도) 孝誠(효성) 孝悌1급忠信(효제충신)
護 도울 호:	4Ⅱ	護國(호국) 護衛(호위) 護憲(호헌)	效 본받을 효:	5Ⅱ	效果(효과) 效能(효능) 效力(효력) 效用(효용)
混 섞을 혼:	4	混沌1급(혼돈) 混同(혼동) 混亂(혼란)	厚 두터울 후:	4	厚待(후대) 厚生(후생) 厚意(후의) 利用厚生(이용후생)
貨 재물 화:	4Ⅱ	貨物(화물) 貨幣(화폐)	後 뒤 후:	7Ⅱ	後見人(후견인) 後記(후기) 後代(후대) 後世(후세)
患 근심 환:	5	患難(환난) 患者(환자)	候 기후 후:	4	候補(후보) 候鳥(후조)
況 상황 황:	4	況且(황차)	訓 가르칠 훈:	6	訓練(훈련) 訓民正音(훈민정음) 訓示(훈시)

加減	(가감)	5	↔	4Ⅱ	姑婦	(고부)	3Ⅱ	↔	4Ⅱ
可否	(가부)	5	↔	4	高卑	(고비)	6Ⅱ	↔	3Ⅱ
加除	(가제)	5	↔	4Ⅱ	高低	(고저)	6Ⅱ	↔	4Ⅱ
干滿	(간만)	4	↔	4Ⅱ	高下	(고하)	6Ⅱ	↔	7Ⅱ
簡細	(간세)	4	↔	4Ⅱ	曲直	(곡직)	5	↔	7Ⅱ
甘苦	(감고)	4	↔	6	功過	(공과)	6Ⅱ	↔	5Ⅱ
江山	(강산)	7Ⅱ	↔	8	空陸	(공륙)	7Ⅱ	↔	5Ⅱ
強弱	(강약)	6	↔	6Ⅱ	攻防	(공방)	4	↔	4Ⅱ
剛柔	(강유)	3Ⅱ	↔	3Ⅱ	公私	(공사)	6Ⅱ	↔	4
開閉	(개폐)	6	↔	4	供需	(공수)	3Ⅱ	↔	3Ⅱ
去來	(거래)	5	↔	7	攻守	(공수)	4	↔	4Ⅱ
去留	(거류)	5	↔	4Ⅱ	功罪	(공죄)	6Ⅱ	↔	5
巨細	(거세)	4	↔	4Ⅱ	寬猛	(관맹)	3Ⅱ	↔	3Ⅱ
乾坤	(건곤)	3Ⅱ	↔	3	官民	(관민)	4Ⅱ	↔	8
乾濕	(건습)	3Ⅱ	↔	3Ⅱ	教習	(교습)	8	↔	6
硬軟	(경연)	3Ⅱ	↔	3Ⅱ	巧拙	(교졸)	3Ⅱ	↔	3
經緯	(경위)	4Ⅱ	↔	3	教學	(교학)	8	↔	8
慶弔	(경조)	4Ⅱ	↔	3	君民	(군민)	4	↔	8
輕重	(경중)	5	↔	7	君臣	(군신)	4	↔	5Ⅱ
京鄉	(경향)	6	↔	4Ⅱ	屈伸	(굴신)	4	↔	3
啓閉	(계폐)	3Ⅱ	↔	4	弓矢	(궁시)	3Ⅱ	↔	3
古今	(고금)	6	↔	6Ⅱ	貴賤	(귀천)	5	↔	3Ⅱ
苦樂	(고락)	6	↔	6Ⅱ	勤慢	(근만)	4	↔	3
高落	(고락)	6Ⅱ	↔	5	勤怠	(근태)	4	↔	3

今古	(금고)	6Ⅱ	↔	6		多少	(다소)	6	↔	7
今昔	(금석)	6Ⅱ	↔	3		單複	(단복)	4Ⅱ	↔	4
及落	(급락)	3Ⅱ	↔	5		旦夕	(단석)	3Ⅱ	↔	7
急緩	(급완)	6Ⅱ	↔	3Ⅱ		斷續	(단속)	4Ⅱ	↔	4Ⅱ
起結	(기결)	4Ⅱ	↔	5Ⅱ		短長	(단장)	6Ⅱ	↔	8
起伏	(기복)	4Ⅱ	↔	4		當落	(당락)	5Ⅱ	↔	5
飢飽	(기포)	3	↔	3		當否	(당부)	5Ⅱ	↔	4
起陷	(기함)	4Ⅱ	↔	3Ⅱ		大小	(대소)	8	↔	8
吉凶	(길흉)	5	↔	5Ⅱ		貸借	(대차)	3Ⅱ	↔	3Ⅱ
諾否	(낙부)	3Ⅱ	↔	4		都農	(도농)	5	↔	7Ⅱ
難易	(난이)	4Ⅱ	↔	4		東西	(동서)	8	↔	8
男女	(남녀)	7Ⅱ	↔	8		同異	(동이)	7	↔	4
南北	(남북)	8	↔	8		動靜	(동정)	7Ⅱ	↔	4
來去	(내거)	7	↔	5		動止	(동지)	7Ⅱ	↔	5
來往	(내왕)	7	↔	4Ⅱ		冬夏	(동하)	7	↔	7
內外	(내외)	7Ⅱ	↔	8		頭尾	(두미)	6	↔	3Ⅱ
冷暖	(냉난)	5	↔	4Ⅱ		鈍敏	(둔민)	3	↔	3
冷熱	(냉열)	5	↔	5		得喪	(득상)	4Ⅱ	↔	3Ⅱ
冷溫	(냉온)	5	↔	6		得失	(득실)	4Ⅱ	↔	6
奴婢	(노비)	3Ⅱ	↔	3Ⅱ		登降	(등강)	7	↔	4
勞使	(노사)	5Ⅱ	↔	6		登落	(등락)	7	↔	5
老少	(노소)	7	↔	7		騰落	(등락)	3	↔	5
老幼	(노유)	7	↔	3Ⅱ		滿干	(만간)	4Ⅱ	↔	4
多寡	(다과)	6	↔	3Ⅱ		賣買	(매매)	5	↔	5

明滅	(명멸)	6Ⅱ	↔	3Ⅱ	卑高	(비고)	3Ⅱ	↔	6Ⅱ
明暗	(명암)	6Ⅱ	↔	4Ⅱ	悲樂	(비락)	4Ⅱ	↔	6Ⅱ
母子	(모자)	8	↔	7Ⅱ	悲歡	(비환)	4Ⅱ	↔	4
問答	(문답)	7	↔	7Ⅱ	悲喜	(비희)	4Ⅱ	↔	4
文武	(문무)	7	↔	4Ⅱ	貧富	(빈부)	4Ⅱ	↔	4Ⅱ
物心	(물심)	7Ⅱ	↔	7	賓主	(빈주)	3	↔	7
美惡	(미악)	6	↔	5Ⅱ	氷炭	(빙탄)	5	↔	5
美醜	(미추)	6	↔	3	士民	(사민)	5Ⅱ	↔	8
民官	(민관)	8	↔	4Ⅱ	死生	(사생)	6	↔	8
班常	(반상)	6Ⅱ	↔	4Ⅱ	邪正	(사정)	3Ⅱ	↔	7Ⅱ
發着	(발착)	6Ⅱ	↔	5Ⅱ	師弟	(사제)	4Ⅱ	↔	8
方圓	(방원)	7Ⅱ	↔	4Ⅱ	死活	(사활)	6	↔	7Ⅱ
背向	(배향)	4Ⅱ	↔	6	朔望	(삭망)	3	↔	5Ⅱ
白黑	(백흑)	8	↔	5	山海	(산해)	8	↔	7Ⅱ
煩簡	(번간)	3	↔	4	殺活	(살활)	4Ⅱ	↔	7Ⅱ
腹背	(복배)	3Ⅱ	↔	4Ⅱ	詳略	(상략)	3Ⅱ	↔	4
本末	(본말)	6	↔	5	常班	(상반)	4Ⅱ	↔	6Ⅱ
父母	(부모)	8	↔	8	賞罰	(상벌)	5	↔	4Ⅱ
夫婦	(부부)	7	↔	4Ⅱ	上下	(상하)	7Ⅱ	↔	7Ⅱ
父子	(부자)	8	↔	7Ⅱ	生滅	(생멸)	8	↔	3Ⅱ
夫妻	(부처)	7	↔	3Ⅱ	生沒	(생몰)	8	↔	3Ⅱ
浮沈	(부침)	3Ⅱ	↔	3Ⅱ	生死	(생사)	8	↔	6
北南	(북남)	8	↔	8	生殺	(생살)	8	↔	4Ⅱ
分合	(분합)	6Ⅱ	↔	6	暑寒	(서한)	3	↔	5

善惡	(선악)	5	↔	5Ⅱ		勝負	(승부)	6	↔	4
先後	(선후)	8	↔	7Ⅱ		乘除	(승제)	3Ⅱ	↔	4Ⅱ
盛衰	(성쇠)	4Ⅱ	↔	3Ⅱ		勝敗	(승패)	6	↔	5
成敗	(성패)	6Ⅱ	↔	5		始末	(시말)	6Ⅱ	↔	5
細大	(세대)	4Ⅱ	↔	8		是非	(시비)	4Ⅱ	↔	4Ⅱ
續斷	(속단)	4Ⅱ	↔	4Ⅱ		始終	(시종)	6Ⅱ	↔	5
損得	(손득)	4	↔	4Ⅱ		新古	(신고)	6Ⅱ	↔	6
損益	(손익)	4	↔	4Ⅱ		新舊	(신구)	6Ⅱ	↔	5Ⅱ
送受	(송수)	4Ⅱ	↔	4Ⅱ		臣民	(신민)	5Ⅱ	↔	8
送迎	(송영)	4Ⅱ	↔	4		身心	(신심)	6Ⅱ	↔	7
受給	(수급)	4Ⅱ	↔	5		信疑	(신의)	6Ⅱ	↔	4
收給	(수급)	4Ⅱ	↔	5		伸縮	(신축)	3	↔	4
需給	(수급)	3Ⅱ	↔	5		失得	(실득)	6	↔	4Ⅱ
水陸	(수륙)	8	↔	5Ⅱ		實否	(실부)	5Ⅱ	↔	4
首尾	(수미)	5Ⅱ	↔	3Ⅱ		心身	(심신)	7	↔	6Ⅱ
受拂	(수불)	4Ⅱ	↔	3Ⅱ		深淺	(심천)	4Ⅱ	↔	3Ⅱ
授受	(수수)	4Ⅱ	↔	4Ⅱ		心體	(심체)	7	↔	6Ⅱ
手足	(수족)	7Ⅱ	↔	7Ⅱ		雅俗	(아속)	3Ⅱ	↔	4Ⅱ
收支	(수지)	4Ⅱ	↔	4Ⅱ		安否	(안부)	7Ⅱ	↔	4
水火	(수화)	8	↔	8		安危	(안위)	7Ⅱ	↔	4
叔姪	(숙질)	4	↔	3		哀樂	(애락)	3Ⅱ	↔	6Ⅱ
順逆	(순역)	5Ⅱ	↔	4Ⅱ		愛惡	(애오)	6	↔	5Ⅱ
乘降	(승강)	3Ⅱ	↔	4		愛憎	(애증)	6	↔	3Ⅱ
昇降	(승강)	3Ⅱ	↔	4		哀歡	(애환)	3Ⅱ	↔	4

良否	(양부)	5Ⅱ	↔	4		右左	(우좌)	7Ⅱ	↔	7Ⅱ
陽陰	(양음)	6	↔	4Ⅱ		雨晴	(우청)	5Ⅱ	↔	3
抑揚	(억양)	3Ⅱ	↔	3Ⅱ		遠近	(원근)	6	↔	6
言文	(언문)	6	↔	7		怨恩	(원은)	4	↔	4Ⅱ
言行	(언행)	6	↔	6		月日	(월일)	8	↔	8
與受	(여수)	4	↔	4Ⅱ		有無	(유무)	7	↔	5
與野	(여야)	4	↔	6		陸海	(육해)	5Ⅱ	↔	7Ⅱ
然否	(연부)	7	↔	4		隱見	(은견)	4	↔	5Ⅱ
炎涼	(염량)	3Ⅱ	↔	3Ⅱ		恩怨	(은원)	4Ⅱ	↔	4
榮枯	(영고)	4Ⅱ	↔	3		隱現	(은현)	4	↔	6Ⅱ
迎送	(영송)	4	↔	4Ⅱ		隱顯	(은현)	4	↔	4
榮辱	(영욕)	4Ⅱ	↔	3Ⅱ		陰陽	(음양)	4Ⅱ	↔	6
豫決	(예결)	4	↔	5Ⅱ		陰晴	(음청)	4Ⅱ	↔	3
銳鈍	(예둔)	3	↔	3		異同	(이동)	4	↔	7
玉石	(옥석)	4Ⅱ	↔	6		理亂	(이란)	6Ⅱ	↔	4
溫冷	(온랭)	6	↔	5		吏民	(이민)	3Ⅱ	↔	8
溫涼	(온량)	6	↔	3Ⅱ		離合	(이합)	4	↔	6
緩急	(완급)	3Ⅱ	↔	6Ⅱ		利害	(이해)	6Ⅱ	↔	5Ⅱ
往來	(왕래)	4Ⅱ	↔	7		因果	(인과)	5	↔	6Ⅱ
往返	(왕반)	4Ⅱ	↔	3		日月	(일월)	8	↔	8
往復	(왕복)	4Ⅱ	↔	4Ⅱ		任免	(임면)	5Ⅱ	↔	3Ⅱ
往還	(왕환)	4Ⅱ	↔	3Ⅱ		入落	(입락)	7	↔	5
用捨	(용사)	6Ⅱ	↔	3		入出	(입출)	7	↔	7
優劣	(우열)	4	↔	3		子女	(자녀)	7Ⅱ	↔	8

姉妹	(자매)	4	↔	4		存滅	(존멸)	4	↔	3Ⅱ
子母	(자모)	7Ⅱ	↔	8		存沒	(존몰)	4	↔	3Ⅱ
自他	(자타)	7Ⅱ	↔	5		存無	(존무)	4	↔	5
昨今	(작금)	6Ⅱ	↔	6Ⅱ		尊卑	(존비)	4Ⅱ	↔	3Ⅱ
長短	(장단)	8	↔	6Ⅱ		尊侍	(존시)	4Ⅱ	↔	3Ⅱ
將兵	(장병)	4Ⅱ	↔	5Ⅱ		存廢	(존폐)	4	↔	3Ⅱ
將士	(장사)	4Ⅱ	↔	5Ⅱ		終始	(종시)	5	↔	6Ⅱ
長幼	(장유)	8	↔	3Ⅱ		縱橫	(종횡)	3Ⅱ	↔	3Ⅱ
將卒	(장졸)	4Ⅱ	↔	5Ⅱ		坐立	(좌립)	3Ⅱ	↔	7Ⅱ
田畓	(전답)	4Ⅱ	↔	3		坐臥	(좌와)	3Ⅱ	↔	3
前後	(전후)	7Ⅱ	↔	7Ⅱ		左右	(좌우)	7Ⅱ	↔	7Ⅱ
正反	(정반)	7Ⅱ	↔	6Ⅱ		罪罰	(죄벌)	5	↔	4Ⅱ
正副	(정부)	7Ⅱ	↔	4Ⅱ		罪刑	(죄형)	5	↔	4
正邪	(정사)	7Ⅱ	↔	3Ⅱ		主客	(주객)	7	↔	5Ⅱ
正誤	(정오)	7Ⅱ	↔	4Ⅱ		晝夜	(주야)	6	↔	6
正僞	(정위)	7Ⅱ	↔	3Ⅱ		主從	(주종)	7	↔	4
弟兄	(제형)	8	↔	8		重輕	(중경)	7	↔	5
早晩	(조만)	4Ⅱ	↔	3Ⅱ		衆寡	(중과)	4Ⅱ	↔	3Ⅱ
朝暮	(조모)	6	↔	3		中外	(중외)	8	↔	8
朝夕	(조석)	6	↔	7		增減	(증감)	4Ⅱ	↔	4Ⅱ
祖孫	(조손)	7	↔	6		贈答	(증답)	3	↔	7Ⅱ
燥濕	(조습)	3	↔	3Ⅱ		增削	(증삭)	4Ⅱ	↔	3Ⅱ
朝野	(조야)	6	↔	6		增損	(증손)	4Ⅱ	↔	4
存亡	(존망)	4	↔	5		憎愛	(증애)	3Ⅱ	↔	6

遲速	(지속)	3	↔	6		出入	(출입)	7	↔	7
智愚	(지우)	4	↔	3Ⅱ		忠逆	(충역)	4Ⅱ	↔	4Ⅱ
知行	(지행)	5Ⅱ	↔	6		取貸	(취대)	4Ⅱ	↔	3Ⅱ
眞假	(진가)	4Ⅱ	↔	4Ⅱ		取捨	(취사)	4Ⅱ	↔	3
眞僞	(진위)	4Ⅱ	↔	3Ⅱ		治亂	(치란)	4Ⅱ	↔	4
進退	(진퇴)	4Ⅱ	↔	4Ⅱ		沈浮	(침부)	3Ⅱ	↔	3Ⅱ
集配	(집배)	6Ⅱ	↔	4Ⅱ		快鈍	(쾌둔)	4Ⅱ	↔	3
集散	(집산)	6Ⅱ	↔	4		炭氷	(탄빙)	5	↔	5
借貸	(차대)	3Ⅱ	↔	3Ⅱ		吐納	(토납)	3Ⅱ	↔	4
着發	(착발)	5Ⅱ	↔	6Ⅱ		投打	(투타)	4	↔	5
贊反	(찬반)	3Ⅱ	↔	6Ⅱ		敗興	(패흥)	5	↔	4Ⅱ
淺深	(천심)	3Ⅱ	↔	4Ⅱ		廢立	(폐립)	3Ⅱ	↔	7Ⅱ
天壤	(천양)	7	↔	3Ⅱ		廢置	(폐치)	3Ⅱ	↔	4Ⅱ
天地	(천지)	7	↔	7		表裏	(표리)	6Ⅱ	↔	3Ⅱ
添減	(첨감)	3	↔	4Ⅱ		豊薄	(풍박)	4Ⅱ	↔	3Ⅱ
添削	(첨삭)	3	↔	3Ⅱ		豊凶	(풍흉)	4Ⅱ	↔	5Ⅱ
晴雨	(청우)	3	↔	5Ⅱ		皮骨	(피골)	3Ⅱ	↔	4
晴陰	(청음)	3	↔	4Ⅱ		彼我	(피아)	3Ⅱ	↔	3Ⅱ
淸濁	(청탁)	6Ⅱ	↔	3		彼此	(피차)	3Ⅱ	↔	3Ⅱ
醜美	(추미)	3	↔	6		夏冬	(하동)	7	↔	7
春秋	(춘추)	7	↔	7		寒暖	(한란)	5	↔	4Ⅱ
出缺	(출결)	7	↔	4Ⅱ		閑忙	(한망)	4	↔	3
出納	(출납)	7	↔	4		寒暑	(한서)	5	↔	3
出沒	(출몰)	7	↔	3Ⅱ		寒熱	(한열)	5	↔	5

寒溫	(한온)	5	↔	6	禍福	(화복)	3Ⅱ	↔	5Ⅱ
海空	(해공)	7Ⅱ	↔	7Ⅱ	和戰	(화전)	6Ⅱ	↔	6Ⅱ
海陸	(해륙)	7Ⅱ	↔	5Ⅱ	活殺	(활살)	7Ⅱ	↔	4Ⅱ
向背	(향배)	6	↔	4Ⅱ	會散	(회산)	6Ⅱ	↔	4
虛實	(허실)	4Ⅱ	↔	5Ⅱ	厚薄	(후박)	4	↔	3Ⅱ
顯微	(현미)	4	↔	3Ⅱ	後先	(후선)	7Ⅱ	↔	8
顯密	(현밀)	4	↔	4Ⅱ	毀譽	(훼예)	3	↔	3Ⅱ
玄素	(현소)	3Ⅱ	↔	4Ⅱ	凶吉	(흉길)	5Ⅱ	↔	5
賢愚	(현우)	4Ⅱ	↔	3Ⅱ	胸背	(흉배)	3Ⅱ	↔	4Ⅱ
形影	(형영)	6Ⅱ	↔	3Ⅱ	凶豊	(흉풍)	5Ⅱ	↔	4Ⅱ
兄弟	(형제)	8	↔	8	黑白	(흑백)	5	↔	8
刑罪	(형죄)	4	↔	5	興亡	(흥망)	4Ⅱ	↔	5
好惡	(호오)	4Ⅱ	↔	5Ⅱ	興敗	(흥패)	4Ⅱ	↔	5
呼吸	(호흡)	4Ⅱ	↔	4Ⅱ	喜怒	(희로)	4	↔	4Ⅱ
昏明	(혼명)	3	↔	6Ⅱ	喜悲	(희비)	4	↔	4Ⅱ

可決	(가결)	↔	否決	(부결)	5 5Ⅱ	↔	4 5Ⅱ
架空	(가공)	↔	實在	(실재)	3Ⅱ 7Ⅱ	↔	5Ⅱ 6
加重	(가중)	↔	輕減	(경감)	5 7	↔	5 4Ⅱ
幹線	(간선)	↔	支線	(지선)	3Ⅱ 6Ⅱ	↔	4Ⅱ 6Ⅱ
干涉	(간섭)	↔	放任	(방임)	4 3	↔	6Ⅱ 5Ⅱ
間接	(간접)	↔	直接	(직접)	7Ⅱ 4Ⅱ	↔	7Ⅱ 4Ⅱ
干潮	(간조)	↔	滿潮	(만조)	4 4	↔	4Ⅱ 4
減産	(감산)	↔	增産	(증산)	4Ⅱ 5Ⅱ	↔	4Ⅱ 5Ⅱ
感性	(감성)	↔	理性	(이성)	6 5Ⅱ	↔	6Ⅱ 5Ⅱ
剛健	(강건)	↔	柔弱	(유약)	3Ⅱ 5	↔	3Ⅱ 6Ⅱ
槪述	(개술)	↔	詳述	(상술)	3Ⅱ 3Ⅱ	↔	3Ⅱ 3Ⅱ
拒否	(거부)	↔	承認	(승인)	4 4	↔	4Ⅱ 4Ⅱ
傑作	(걸작)	↔	拙作	(졸작)	4 6Ⅱ	↔	3 6Ⅱ
結果	(결과)	↔	原因	(원인)	5Ⅱ 6Ⅱ	↔	5 5
高雅	(고아)	↔	卑俗	(비속)	6Ⅱ 3Ⅱ	↔	3Ⅱ 4Ⅱ
困難	(곤란)	↔	容易	(용이)	4 4Ⅱ	↔	4Ⅱ 4
供給	(공급)	↔	需要	(수요)	3Ⅱ 5	↔	3Ⅱ 5Ⅱ
公平	(공평)	↔	偏頗	(편파)	6Ⅱ 7Ⅱ	↔	3Ⅱ 3
過失	(과실)	↔	故意	(고의)	5Ⅱ 6	↔	4Ⅱ 6Ⅱ
寬大	(관대)	↔	嚴格	(엄격)	3Ⅱ 8	↔	4 5Ⅱ
拘束	(구속)	↔	放免	(방면)	3Ⅱ 5Ⅱ	↔	6Ⅱ 3Ⅱ
均等	(균등)	↔	差等	(차등)	4 6Ⅱ	↔	4 6Ⅱ
僅少	(근소)	↔	過多	(과다)	3 7	↔	5Ⅱ 6
近接	(근접)	↔	遠隔	(원격)	6 4Ⅱ	↔	6 3Ⅱ

及第	(급제)	↔	落第	(낙제)	3Ⅱ 6Ⅱ	↔	5 6Ⅱ
奇數	(기수)	↔	偶數	(우수)	4 7	↔	3Ⅱ 7
濫用	(남용)	↔	節約	(절약)	3 6Ⅱ	↔	5Ⅱ 5Ⅱ
納稅	(납세)	↔	徵稅	(징세)	4 4Ⅱ	↔	3Ⅱ 4Ⅱ
朗讀	(낭독)	↔	默讀	(묵독)	5Ⅱ 6Ⅱ	↔	3Ⅱ 6Ⅱ
內包	(내포)	↔	外延	(외연)	7Ⅱ 4Ⅱ	↔	8 4
弄談	(농담)	↔	眞談	(진담)	3Ⅱ 5	↔	4Ⅱ 5
農繁	(농번)	↔	農閑	(농한)	7Ⅱ 3Ⅱ	↔	7Ⅱ 4
能動	(능동)	↔	被動	(피동)	5Ⅱ 7Ⅱ	↔	3Ⅱ 7Ⅱ
單式	(단식)	↔	複式	(복식)	4Ⅱ 6	↔	4 6
當番	(당번)	↔	非番	(비번)	5Ⅱ 6	↔	4Ⅱ 6
對話	(대화)	↔	獨白	(독백)	6Ⅱ 7Ⅱ	↔	5Ⅱ 8
獨創	(독창)	↔	模倣	(모방)	5Ⅱ 5	↔	4 3
漠然	(막연)	↔	確然	(확연)	3Ⅱ 7	↔	4Ⅱ 7
忘却	(망각)	↔	記憶	(기억)	3 3	↔	7Ⅱ 3Ⅱ
滅亡	(멸망)	↔	隆盛	(융성)	3Ⅱ 5	↔	3Ⅱ 4Ⅱ
模倣	(모방)	↔	創造	(창조)	4 3	↔	4Ⅱ 4Ⅱ
未熟	(미숙)	↔	老鍊	(노련)	4Ⅱ 3Ⅱ	↔	7 3Ⅱ
微視	(미시)	↔	巨視	(거시)	3Ⅱ 4Ⅱ	↔	4 4Ⅱ
敏速	(민속)	↔	遲鈍	(지둔)	3 6	↔	3 3
發生	(발생)	↔	消滅	(소멸)	6Ⅱ 8	↔	6Ⅱ 3Ⅱ
白晝	(백주)	↔	深夜	(심야)	8 6	↔	4Ⅱ 6
複雜	(복잡)	↔	單純	(단순)	4 4	↔	4Ⅱ 4Ⅱ
不當	(부당)	↔	妥當	(타당)	7Ⅱ 5Ⅱ	↔	3 5Ⅱ

富裕	(부유)	↔	貧窮	(빈궁)	4Ⅱ 3Ⅱ	↔	4Ⅱ 4
紛爭	(분쟁)	↔	和解	(화해)	3Ⅱ 5	↔	6Ⅱ 4Ⅱ
辭任	(사임)	↔	就任	(취임)	4 5Ⅱ	↔	4 5Ⅱ
削減	(삭감)	↔	添加	(첨가)	3Ⅱ 4Ⅱ	↔	3 5
相逢	(상봉)	↔	離別	(이별)	5Ⅱ 3Ⅱ	↔	4 6
生面	(생면)	↔	熟面	(숙면)	8 7	↔	3Ⅱ 7
洗練	(세련)	↔	稚拙	(치졸)	5Ⅱ 5Ⅱ	↔	3Ⅱ 3
消滅	(소멸)	↔	生成	(생성)	6Ⅱ 3Ⅱ	↔	8 6Ⅱ
送舊	(송구)	↔	迎新	(영신)	4Ⅱ 5Ⅱ	↔	4 6Ⅱ
拾得	(습득)	↔	遺失	(유실)	3Ⅱ 4Ⅱ	↔	4 6
濕潤	(습윤)	↔	乾燥	(건조)	3Ⅱ 3Ⅱ	↔	3Ⅱ 3
昇天	(승천)	↔	降臨	(강림)	3Ⅱ 7	↔	4 3Ⅱ
新婦	(신부)	↔	新郎	(신랑)	6Ⅱ 4Ⅱ	↔	6Ⅱ 3Ⅱ
愼重	(신중)	↔	輕率	(경솔)	3Ⅱ 7	↔	5 3Ⅱ
惡化	(악화)	↔	好轉	(호전)	5Ⅱ 5Ⅱ	↔	4Ⅱ 4
安靜	(안정)	↔	興奮	(흥분)	7Ⅱ 4	↔	4Ⅱ 3Ⅱ
愛好	(애호)	↔	嫌惡	(혐오)	6 4Ⅱ	↔	3 5Ⅱ
抑制	(억제)	↔	促進	(촉진)	3Ⅱ 4Ⅱ	↔	3Ⅱ 4Ⅱ
年頭	(연두)	↔	歲暮	(세모)	8 6	↔	5Ⅱ 3
溫暖	(온난)	↔	寒冷	(한랭)	6 4Ⅱ	↔	5 5
緩慢	(완만)	↔	急激	(급격)	3Ⅱ 3	↔	6Ⅱ 4
外柔	(외유)	↔	內剛	(내강)	8 3Ⅱ	↔	7Ⅱ 3Ⅱ
容易	(용이)	↔	難解	(난해)	4Ⅱ 4	↔	4Ⅱ 4Ⅱ
韻文	(운문)	↔	散文	(산문)	3Ⅱ 7	↔	4 7

原告	(원고)	↔	被告	(피고)	5 5Ⅱ	↔	3Ⅱ 5Ⅱ
原書	(원서)	↔	譯書	(역서)	5 6Ⅱ	↔	3Ⅱ 6Ⅱ
遠心	(원심)	↔	求心	(구심)	6 7	↔	4Ⅱ 7
遠洋	(원양)	↔	近海	(근해)	6 6	↔	6 7Ⅱ
怨恨	(원한)	↔	恩惠	(은혜)	4 4	↔	4Ⅱ 4Ⅱ
柔和	(유화)	↔	強硬	(강경)	3Ⅱ 6Ⅱ	↔	6 3Ⅱ
隆起	(융기)	↔	沈降	(침강)	3Ⅱ 4Ⅱ	↔	3Ⅱ 4
應用	(응용)	↔	原理	(원리)	4Ⅱ 6Ⅱ	↔	5 6Ⅱ
義務	(의무)	↔	權利	(권리)	4Ⅱ 4Ⅱ	↔	4Ⅱ 6Ⅱ
異端	(이단)	↔	正統	(정통)	4 4Ⅱ	↔	7Ⅱ 4Ⅱ
人爲	(인위)	↔	自然	(자연)	8 4Ⅱ	↔	7Ⅱ 7
臨時	(임시)	↔	經常	(경상)	3Ⅱ 7Ⅱ	↔	4Ⅱ 4Ⅱ
潛在	(잠재)	↔	顯在	(현재)	3Ⅱ 6	↔	4 6
低下	(저하)	↔	向上	(향상)	4Ⅱ 7Ⅱ	↔	6 7Ⅱ
漸進	(점진)	↔	急進	(급진)	3Ⅱ 4Ⅱ	↔	6Ⅱ 4Ⅱ
精算	(정산)	↔	概算	(개산)	4Ⅱ 7	↔	3Ⅱ 7
靜肅	(정숙)	↔	騷亂	(소란)	4 4	↔	3 4
情神	(정신)	↔	物質	(물질)	5Ⅱ 6Ⅱ	↔	7Ⅱ 5Ⅱ
定着	(정착)	↔	漂流	(표류)	6 5Ⅱ	↔	3 5Ⅱ
弔客	(조객)	↔	賀客	(하객)	3 5Ⅱ	↔	3Ⅱ 5Ⅱ
拙劣	(졸렬)	↔	巧妙	(교묘)	3 3	↔	3Ⅱ 4
左遷	(좌천)	↔	榮轉	(영전)	7Ⅱ 3Ⅱ	↔	4Ⅱ 4
重厚	(중후)	↔	輕薄	(경박)	7 4	↔	5 3Ⅱ
增進	(증진)	↔	減退	(감퇴)	4Ⅱ 4Ⅱ	↔	4Ⅱ 4Ⅱ

支出	(지출)	↔	收入	(收入)	4Ⅱ 7	↔	4Ⅱ 7
進步	(진보)	↔	保守	(보수)	4Ⅱ 4Ⅱ	↔	4Ⅱ 4Ⅱ
質疑	(질의)	↔	應答	(응답)	5Ⅱ 4	↔	4Ⅱ 7Ⅱ
借用	(차용)	↔	返濟	(반제)	3Ⅱ 6Ⅱ	↔	3 4Ⅱ
贊成	(찬성)	↔	反對	(반대)	3Ⅱ 6Ⅱ	↔	6Ⅱ 6Ⅱ
慘敗	(참패)	↔	快勝	(쾌승)	3 5	↔	4Ⅱ 6
聽者	(청자)	↔	話者	(화자)	4 6	↔	7Ⅱ 6
超人	(초인)	↔	凡人	(범인)	3Ⅱ 8	↔	3Ⅱ 8
總角	(총각)	↔	處女	(처녀)	4Ⅱ 6Ⅱ	↔	4Ⅱ 8
抽象	(추상)	↔	具體	(구체)	3 4	↔	5Ⅱ 6Ⅱ
縮小	(축소)	↔	擴大	(확대)	4 8	↔	3 8
忠臣	(충신)	↔	逆臣	(역신)	4Ⅱ 5Ⅱ	↔	4Ⅱ 5Ⅱ
治世	(치세)	↔	亂世	(난세)	4Ⅱ 7Ⅱ	↔	4 7Ⅱ
稱讚	(칭찬)	↔	非難	(비난)	4 4	↔	4Ⅱ 4Ⅱ
快樂	(쾌락)	↔	苦痛	(고통)	4Ⅱ 6Ⅱ	↔	6 4
脫退	(탈퇴)	↔	加入	(가입)	4 4Ⅱ	↔	5 7
統合	(통합)	↔	分析	(분석)	4Ⅱ 6	↔	6Ⅱ 3
退步	(퇴보)	↔	進步	(진보)	4Ⅱ 4Ⅱ	↔	4Ⅱ 4Ⅱ
特殊	(특수)	↔	普遍	(보편)	6 3Ⅱ	↔	4 3
破壞	(파괴)	↔	建設	(건설)	4Ⅱ 3Ⅱ	↔	5 4Ⅱ
平等	(평등)	↔	差別	(차별)	7Ⅱ 6Ⅱ	↔	4 6
廢業	(폐업)	↔	開業	(개업)	3Ⅱ 6Ⅱ	↔	6 6Ⅱ
飽食	(포식)	↔	飢餓	(기아)	3 7Ⅱ	↔	3 3
被害	(피해)	↔	加害	(가해)	3Ⅱ 5Ⅱ	↔	5 5Ⅱ

畢讀	(필독)	↔	始讀	(시독)	3Ⅱ 6Ⅱ	↔	6Ⅱ 6Ⅱ
必然	(필연)	↔	偶然	(우연)	5Ⅱ 7	↔	3Ⅱ 7
下待	(하대)	↔	恭待	(공대)	7Ⅱ 6	↔	3Ⅱ 6
下落	(하락)	↔	騰貴	(등귀)	7Ⅱ 5	↔	3 5
夏至	(하지)	↔	冬至	(동지)	7 4Ⅱ	↔	7 4Ⅱ
陷沒	(함몰)	↔	隆起	(융기)	3Ⅱ 3Ⅱ	↔	3Ⅱ 4Ⅱ
解散	(해산)	↔	集合	(집합)	4Ⅱ 4	↔	6Ⅱ 6
許可	(허가)	↔	禁止	(금지)	5 5	↔	4Ⅱ 5
虛僞	(허위)	↔	眞實	(진실)	4Ⅱ 3Ⅱ	↔	4Ⅱ 5Ⅱ
革新	(혁신)	↔	保守	(보수)	4 6Ⅱ	↔	4Ⅱ 4Ⅱ
顯官	(현관)	↔	微官	(미관)	4 4Ⅱ	↔	3Ⅱ 4Ⅱ
現實	(현실)	↔	理想	(이상)	6Ⅱ 5Ⅱ	↔	6Ⅱ 4Ⅱ
紅顏	(홍안)	↔	白髮	(백발)	4 3Ⅱ	↔	8 4
訓讀	(훈독)	↔	音讀	(음독)	6 6Ⅱ	↔	6Ⅱ 6Ⅱ
吸氣	(흡기)	↔	排氣	(배기)	4Ⅱ 7Ⅱ	↔	3Ⅱ 7Ⅱ
興奮	(흥분)	↔	鎭靜	(진정)	4Ⅱ 3Ⅱ	↔	3Ⅱ 4
可燃性	(가연성)	↔	不燃性	(불연성)	5 4 5Ⅱ	↔	7Ⅱ 4 5Ⅱ
開架式	(개가식)	↔	閉架式	(폐가식)	6 3Ⅱ 6	↔	4 3Ⅱ 6
開放性	(개방성)	↔	閉鎖性	(폐쇄성)	6 6Ⅱ 5Ⅱ	↔	4 3Ⅱ 5Ⅱ
巨視的	(거시적)	↔	微視的	(미시적)	4 4Ⅱ 5Ⅱ	↔	3Ⅱ 4Ⅱ 5Ⅱ
高踏的	(고답적)	↔	世俗的	(세속적)	6Ⅱ 3Ⅱ 5Ⅱ	↔	7Ⅱ 4Ⅱ 5Ⅱ
具體的	(구체적)	↔	抽象的	(추상적)	5Ⅱ 6Ⅱ 5Ⅱ	↔	3 4 5Ⅱ
急騰勢	(급등세)	↔	急落勢	(급락세)	6Ⅱ 3 4Ⅱ	↔	6Ⅱ 5 4Ⅱ
及第點	(급제점)	↔	落第點	(낙제점)	3Ⅱ 6Ⅱ 4	↔	5 6Ⅱ 4

旣決案	(기결안)	↔	未決案	(미결안)	3 5Ⅱ 5	↔	4Ⅱ 5Ⅱ 5
奇順列	(기순열)	↔	偶順列	(우순열)	4 5Ⅱ 4Ⅱ	↔	3Ⅱ 5Ⅱ 4Ⅱ
落選人	(낙선인)	↔	當選人	(당선인)	5 5 8	↔	5Ⅱ 5 8
老處女	(노처녀)	↔	老總角	(노총각)	7 4Ⅱ 8	↔	7 4Ⅱ 6Ⅱ
農繁期	(농번기)	↔	農閑期	(농한기)	7Ⅱ 3Ⅱ 5	↔	7Ⅱ 4 5
單純性	(단순성)	↔	複雜性	(복잡성)	4Ⅱ 4Ⅱ 5Ⅱ	↔	4 4 5Ⅱ
大殺年	(대살년)	↔	大有年	(대유년)	8 4 8	↔	8 7 8
大丈夫	(대장부)	↔	拙丈夫	(졸장부)	8 3 7	↔	3 3Ⅱ 7
都給人	(도급인)	↔	受給人	(수급인)	5 5 8	↔	4Ⅱ 5 8
同質化	(동질화)	↔	異質化	(이질화)	7 5Ⅱ 5Ⅱ	↔	4 5Ⅱ 5Ⅱ
買受人	(매수인)	↔	賣渡人	(매도인)	5 4Ⅱ 8	↔	5 3Ⅱ 8
門外漢	(문외한)	↔	專門家	(전문가)	8 8 7Ⅱ	↔	4 8 7Ⅱ
發信人	(발신인)	↔	受信人	(수신인)	6Ⅱ 6Ⅱ 8	↔	4Ⅱ 6Ⅱ 8
白眼視	(백안시)	↔	靑眼視	(청안시)	8 4Ⅱ 4Ⅱ	↔	8 4Ⅱ 4Ⅱ
富益富	(부익부)	↔	貧益貧	(빈익빈)	4Ⅱ 4Ⅱ 4Ⅱ	↔	4Ⅱ 4Ⅱ 4Ⅱ
不文律	(불문율)	↔	成文律	(성문율)	7Ⅱ 7 4Ⅱ	↔	6Ⅱ 7 4Ⅱ
非需期	(비수기)	↔	盛需期	(성수기)	4Ⅱ 3Ⅱ 5	↔	4Ⅱ 3Ⅱ 5
上終價	(상종가)	↔	下終價	(하종가)	7Ⅱ 5 5Ⅱ	↔	7Ⅱ 5 5Ⅱ
夕刊紙	(석간지)	↔	朝刊紙	(조간지)	7 3Ⅱ 7	↔	6 3Ⅱ 7
小口徑	(소구경)	↔	大口徑	(대구경)	8 7 3Ⅱ	↔	8 7 3Ⅱ
送荷人	(송하인)	↔	受荷人	(수하인)	4Ⅱ 3Ⅱ 8	↔	4Ⅱ 3Ⅱ 8
輸入國	(수입국)	↔	輸出國	(수출국)	3Ⅱ 7 8	↔	3Ⅱ 7 8
收入額	(수입액)	↔	支出額	(지출액)	4Ⅱ 7 4	↔	4Ⅱ 7 4
拾得物	(습득물)	↔	紛失物	(분실물)	3Ⅱ 4Ⅱ 7Ⅱ	↔	3Ⅱ 6 7Ⅱ

勝利者	(승리자)	↔	敗北者	(패배자)	6 6Ⅱ 6	↔ 5 8 6
昇壓器	(승압기)	↔	降壓器	(강압기)	3Ⅱ 4Ⅱ 4Ⅱ	↔ 4 4Ⅱ 4Ⅱ
始發驛	(시발역)	↔	終着驛	(종착역)	6Ⅱ 6Ⅱ 3Ⅱ	↔ 5 5Ⅱ 3Ⅱ
兩非論	(양비론)	↔	兩是論	(양시론)	4Ⅱ 4Ⅱ 4Ⅱ	↔ 4Ⅱ 4Ⅱ 4Ⅱ
嚴侍下	(엄시하)	↔	慈侍下	(자시하)	4 3Ⅱ 7Ⅱ	↔ 3Ⅱ 3Ⅱ 7Ⅱ
逆轉勝	(역전승)	↔	逆轉敗	(역전패)	4Ⅱ 4 6	↔ 4Ⅱ 4 5
劣等感	(열등감)	↔	優越感	(우월감)	3 6Ⅱ 6	↔ 4 3Ⅱ 6
外斜面	(외사면)	↔	內斜面	(내사면)	8 3Ⅱ 7	↔ 7Ⅱ 3Ⅱ 7
外疏薄	(외소박)	↔	內疏薄	(내소박)	8 3Ⅱ 3Ⅱ	↔ 7Ⅱ 3Ⅱ 3Ⅱ
唯心論	(유심론)	↔	唯物論	(유물론)	3 7 4Ⅱ	↔ 3 7Ⅱ 4Ⅱ
賃貸料	(임대료)	↔	賃借料	(임차료)	3Ⅱ 3Ⅱ 5	↔ 3Ⅱ 3Ⅱ 5
立席券	(입석권)	↔	座席券	(좌석권)	7Ⅱ 6 4	↔ 4 6 4
積極策	(적극책)	↔	消極策	(소극책)	4 4Ⅱ 3Ⅱ	↔ 6Ⅱ 4Ⅱ 3Ⅱ
早熟性	(조숙성)	↔	晚熟性	(만숙성)	4Ⅱ 3Ⅱ 5Ⅱ	↔ 3Ⅱ 3Ⅱ 5Ⅱ
縱斷面	(종단면)	↔	橫斷面	(횡단면)	3Ⅱ 4Ⅱ 7	↔ 3Ⅱ 4Ⅱ 7
增加率	(증가율)	↔	減少率	(감소율)	4Ⅱ 5 3	↔ 4Ⅱ 7 3Ⅱ
初盤戰	(초반전)	↔	終盤戰	(종반전)	5 3Ⅱ 6Ⅱ	↔ 5 3Ⅱ 6Ⅱ
出發驛	(출발역)	↔	到着驛	(도착역)	7 6Ⅱ 3Ⅱ	↔ 5Ⅱ 5Ⅱ 3Ⅱ
就任辭	(취임사)	↔	離任辭	(이임사)	4 5Ⅱ 4	↔ 4 5Ⅱ 4
販賣品	(판매품)	↔	非賣品	(비매품)	3 5 5Ⅱ	↔ 4Ⅱ 5 5Ⅱ
廢刊號	(폐간호)	↔	創刊號	(창간호)	3Ⅱ 3Ⅱ 6	↔ 4Ⅱ 3Ⅱ 6
暴騰勢	(폭등세)	↔	暴落勢	(폭락세)	4Ⅱ 3 4Ⅱ	↔ 4Ⅱ 5 4Ⅱ
必然性	(필연성)	↔	偶然性	(우연성)	5Ⅱ 7 5Ⅱ	↔ 3Ⅱ 7 5Ⅱ
閑中忙	(한중망)	↔	忙中閑	(망중한)	4 8 3	↔ 3 8 4
合憲性	(합헌성)	↔	違憲性	(위헌성)	6 4 5Ⅱ	↔ 3 4 5Ⅱ

歡送宴	(환송연)	↔	歡迎宴	(환영연)	4 4 II 3 II	↔	4 4 3 II
凶漁期	(흉어기)	↔	豊漁期	(풍어기)	5 II 55	↔	4 II 55
見利思義	(견리사의)	↔	見利忘義	(견리망의)	5 II 6 II 54 II	↔	5 II 6 II 34 II
輕擧妄動	(경거망동)	↔	隱忍自重	(은인자중)	553 II 7 II	↔	43 II 7 II 7
景氣上昇	(경기상승)	↔	景氣下降	(경기하강)	57 II 7 3 II	↔	57 II 7 II 4
高官大爵	(고관대작)	↔	微官末職	(미관말직)	6 II 4 II 83	↔	3 II 4 II 54 II
高臺廣室	(고대광실)	↔	一間斗屋	(일간두옥)	6 II 3 II 5 II 8	↔	87 II 4 II 5
高山流水	(고산유수)	↔	市道之交	(시도지교)	6 II 85 II 8	↔	7 II 7 II 3 II 6
錦上添花	(금상첨화)	↔	雪上加霜	(설상가상)	3 II 7 37	↔	6 II 7 II 53 II
奇數拍子	(기수박자)	↔	偶數拍子	(우수박자)	4 7 47 II	↔	3 II 7 47 II
吉則大凶	(길즉대흉)	↔	凶則大吉	(흉즉대길)	5 585 II	↔	5 II 585
樂觀論者	(낙관론자)	↔	悲觀論者	(비관론자)	6 II 5 4 II 6	↔	4 II 5 4 II 6
暖房裝置	(난방장치)	↔	冷房裝置	(냉방장치)	4 II 4 4 4 II	↔	5 4 II 4 4 II
凍氷寒雪	(동빙한설)	↔	和風暖陽	(화풍난양)	3 II 556 II	↔	6 II 6 II 4 II 6
物價下落	(물가하락)	↔	物價騰貴	(물가등귀)	7 II 5 II 7 II 5	↔	7 II 5 II 35
歲入豫算	(세입예산)	↔	歲出豫算	(세출예산)	5 II 747	↔	5 II 747
始終一貫	(시종일관)	↔	龍頭蛇尾	(용두사미)	6 II 583 II	↔	463 II 3 II
我田引水	(아전인수)	↔	易地思之	(역지사지)	3 II 4 II 4 II 8	↔	4 753 II
違法行爲	(위법행위)	↔	適法行爲	(적법행위)	35 II 64 II	↔	45 II 64 II
流芳百世	(유방백세)	↔	遺臭萬年	(유취만년)	5 II 3 II 77 II	↔	4 388
積善餘慶	(적선여경)	↔	積惡餘殃	(적악여앙)	4 54 II 4 II	↔	4 5 II 4 II 3
卒年月日	(졸년월일)	↔	生年月日	(생년월일)	5 II 888	↔	8888
支出豫算	(지출예산)	↔	收入豫算	(수입예산)	4 II 747	↔	4 II 747
下意上達	(하의상달)	↔	上意下達	(상의하달)	7 II 6 7 II 4 II	↔	7 II 6 II 7 II 4 II
興盡悲來	(흥진비래)	↔	苦盡甘來	(고진감래)	4 II 44 II 7	↔	6 447

유의자(類義字) - 뜻이 비슷한 한자(漢字)

歌曲	(가곡)	7	–	5		感覺	(감각)	6	–	4
街道	(가도)	4Ⅱ	–	7Ⅱ		監觀	(감관)	4Ⅱ	–	5Ⅱ
街路	(가로)	4Ⅱ	–	6		減削	(감삭)	4Ⅱ	–	3Ⅱ
家室	(가실)	7Ⅱ	–	8		減省	(감생)	4Ⅱ	–	6Ⅱ
歌樂	(가악)	7	–	6Ⅱ		減損	(감손)	4Ⅱ	–	4
歌詠	(가영)	7	–	3		監視	(감시)	4Ⅱ	–	4Ⅱ
家屋	(가옥)	7Ⅱ	–	5		敢勇	(감용)	4	–	6Ⅱ
歌謠	(가요)	7	–	4Ⅱ		監察	(감찰)	4Ⅱ	–	4Ⅱ
加增	(가증)	5	–	4Ⅱ		剛健	(강건)	3Ⅱ	–	5
歌唱	(가창)	7	–	5		強健	(강건)	6	–	5
加添	(가첨)	5	–	3		剛堅	(강견)	3Ⅱ	–	4
價值	(가치)	5Ⅱ	–	3Ⅱ		強硬	(강경)	6	–	3Ⅱ
家宅	(가택)	7Ⅱ	–	5Ⅱ		強固	(강고)	6	–	5
街巷	(가항)	4Ⅱ	–	3		綱紀	(강기)	3Ⅱ	–	4
家戶	(가호)	7Ⅱ	–	4Ⅱ		康寧	(강녕)	4Ⅱ	–	3Ⅱ
刻銘	(각명)	4	–	3Ⅱ		講釋	(강석)	4Ⅱ	–	3Ⅱ
覺悟	(각오)	4	–	3Ⅱ		講誦	(강송)	4Ⅱ	–	3
刊刻	(간각)	3Ⅱ	–	4		綱維	(강유)	3Ⅱ	–	3Ⅱ
間隔	(간격)	7Ⅱ	–	3Ⅱ		江河	(강하)	7Ⅱ	–	5
簡略	(간략)	4	–	4		降下	(강하)	4	–	7Ⅱ
懇誠	(간성)	3Ⅱ	–	4Ⅱ		講解	(강해)	4Ⅱ	–	4Ⅱ
姦淫	(간음)	3	–	3Ⅱ		開啓	(개계)	6	–	3Ⅱ
懇切	(간절)	3Ⅱ	–	5Ⅱ		蓋覆	(개복)	3Ⅱ	–	3Ⅱ
簡擇	(간택)	4	–	4		客旅	(객려)	5Ⅱ	–	5Ⅱ

居家	(거가)	4	–	7Ⅱ		堅固	(견고)	4	–	5
居館	(거관)	4	–	3Ⅱ		牽引	(견인)	3	–	4Ⅱ
巨大	(거대)	4	–	8		結構	(결구)	5Ⅱ	–	4
擧動	(거동)	5	–	7Ⅱ		決斷	(결단)	5Ⅱ	–	4Ⅱ
居留	(거류)	4	–	4Ⅱ		潔白	(결백)	4Ⅱ	–	8
距離	(거리)	3Ⅱ	–	4		訣別	(결별)	3Ⅱ	–	6
居住	(거주)	4	–	7		結束	(결속)	5Ⅱ	–	5Ⅱ
健剛	(건강)	5	–	3Ⅱ		結約	(결약)	5Ⅱ	–	5Ⅱ
乾枯	(건고)	3Ⅱ	–	3		潔淨	(결정)	4Ⅱ	–	3Ⅱ
建立	(건립)	5	–	7Ⅱ		決判	(결판)	5Ⅱ	–	4
乾燥	(건조)	3Ⅱ	–	3		謙讓	(겸양)	3Ⅱ	–	3Ⅱ
乞求	(걸구)	3	–	4Ⅱ		警覺	(경각)	4Ⅱ	–	4
檢督	(검독)	4Ⅱ	–	4Ⅱ		鏡鑑	(경감)	4	–	3Ⅱ
檢査	(검사)	4Ⅱ	–	5		境界	(경계)	4Ⅱ	–	6Ⅱ
檢閱	(검열)	4Ⅱ	–	3		警戒	(경계)	4Ⅱ	–	4
檢察	(검찰)	4Ⅱ	–	4Ⅱ		敬恭	(경공)	5Ⅱ	–	3Ⅱ
隔間	(격간)	3Ⅱ	–	7Ⅱ		經過	(경과)	4Ⅱ	–	5Ⅱ
激烈	(격렬)	4	–	4		景光	(경광)	5	–	6Ⅱ
格式	(격식)	5Ⅱ	–	6		京都	(경도)	6	–	5
激衝	(격충)	4	–	3Ⅱ		傾倒	(경도)	4	–	3Ⅱ
擊打	(격타)	4	–	5		經歷	(경력)	4Ⅱ	–	5Ⅱ
堅剛	(견강)	4	–	3Ⅱ		經理	(경리)	4Ⅱ	–	6Ⅱ
堅强	(견강)	4	–	6		慶福	(경복)	4Ⅱ	–	5Ⅱ
堅硬	(견경)	4	–	3Ⅱ		傾斜	(경사)	4	–	3Ⅱ

境域	(경역)	4Ⅱ	–	4	苦難	(고난)	6	–	4Ⅱ
經營	(경영)	4Ⅱ	–	4	孤獨	(고독)	4	–	5Ⅱ
競爭	(경쟁)	5	–	5	考慮	(고려)	5	–	4
慶祝	(경축)	4Ⅱ	–	5	告白	(고백)	5Ⅱ	–	8
慶賀	(경하)	4Ⅱ	–	3Ⅱ	古昔	(고석)	6	–	3
界境	(계경)	6Ⅱ	–	4Ⅱ	告示	(고시)	5Ⅱ	–	5
契券	(계권)	3Ⅱ	–	4	苦辛	(고신)	6	–	3
階級	(계급)	4	–	6	高卓	(고탁)	6Ⅱ	–	5
階段	(계단)	4	–	4	穀糧	(곡량)	4	–	4
季末	(계말)	4	–	5	哭泣	(곡읍)	3Ⅱ	–	3
計算	(계산)	6Ⅱ	–	7	困窮	(곤궁)	4	–	4
繫束	(계속)	3	–	5Ⅱ	攻擊	(공격)	4	–	4
繼續	(계속)	4	–	4Ⅱ	恭敬	(공경)	3Ⅱ	–	5Ⅱ
計數	(계수)	6Ⅱ	–	7	恐懼	(공구)	3Ⅱ	–	3
繼承	(계승)	4	–	4Ⅱ	供給	(공급)	3Ⅱ	–	5
契約	(계약)	3Ⅱ	–	5Ⅱ	貢納	(공납)	3Ⅱ	–	4
界域	(계역)	6Ⅱ	–	4	共同	(공동)	6Ⅱ	–	7
季節	(계절)	4	–	5Ⅱ	攻伐	(공벌)	4	–	4Ⅱ
計策	(계책)	6Ⅱ	–	3Ⅱ	供與	(공여)	3Ⅱ	–	4
溪川	(계천)	3Ⅱ	–	7	工作	(공작)	7Ⅱ	–	6Ⅱ
階層	(계층)	4	–	4	工造	(공조)	7Ⅱ	–	4Ⅱ
枯渴	(고갈)	3	–	3	攻討	(공토)	4	–	4
故舊	(고구)	4Ⅱ	–	5Ⅱ	空虛	(공허)	7Ⅱ	–	4Ⅱ
考究	(고구)	5	–	4Ⅱ	貢獻	(공헌)	3Ⅱ	–	3Ⅱ

孔穴	(공혈)	4	–	3Ⅱ		光色	(광색)	6Ⅱ	–	7
果敢	(과감)	6Ⅱ	–	4		光彩	(광채)	6Ⅱ	–	3Ⅱ
過去	(과거)	5Ⅱ	–	5		光輝	(광휘)	6Ⅱ	–	3
科目	(과목)	6Ⅱ	–	6		怪奇	(괴기)	3Ⅱ	–	4
寡少	(과소)	3Ⅱ	–	7		怪異	(괴이)	3Ⅱ	–	4
果實	(과실)	6Ⅱ	–	5Ⅱ		愧慙	(괴참)	3	–	3
過失	(과실)	5Ⅱ	–	6		愧恥	(괴치)	3	–	3Ⅱ
過誤	(과오)	5Ⅱ	–	4Ⅱ		橋梁	(교량)	5	–	3Ⅱ
課程	(과정)	5Ⅱ	–	4Ⅱ		巧妙	(교묘)	3Ⅱ	–	4
館閣	(관각)	3Ⅱ	–	3Ⅱ		郊野	(교야)	3	–	6
觀覽	(관람)	5Ⅱ	–	4		矯正	(교정)	3	–	7Ⅱ
管理	(관리)	4	–	6Ⅱ		矯直	(교직)	3	–	7Ⅱ
關鎖	(관쇄)	5Ⅱ	–	3Ⅱ		教訓	(교훈)	8	–	6
慣習	(관습)	3Ⅱ	–	6		求乞	(구걸)	4Ⅱ	–	3
觀視	(관시)	5Ⅱ	–	4Ⅱ		究竟	(구경)	4Ⅱ	–	3
關與	(관여)	5Ⅱ	–	4		究考	(구고)	4Ⅱ	–	5
官爵	(관작)	4Ⅱ	–	3		舊故	(구고)	5Ⅱ	–	4Ⅱ
管掌	(관장)	4	–	3Ⅱ		丘陵	(구릉)	3Ⅱ	–	3Ⅱ
觀察	(관찰)	5Ⅱ	–	4Ⅱ		區別	(구별)	6	–	6
貫徹	(관철)	3Ⅱ	–	3Ⅱ		區分	(구분)	6	–	6Ⅱ
貫通	(관통)	3Ⅱ	–	6		具備	(구비)	5Ⅱ	–	4Ⅱ
廣漠	(광막)	5Ⅱ	–	3Ⅱ		求索	(구색)	4Ⅱ	–	3Ⅱ
光明	(광명)	6Ⅱ	–	6Ⅱ		區域	(구역)	6	–	4
廣博	(광박)	5Ⅱ	–	4Ⅱ		久遠	(구원)	3Ⅱ	–	6

救援	(구원)	5	–	4	勸勵	(권려)	4	–	3Ⅱ
救濟	(구제)	5	–	4Ⅱ	勸勉	(권면)	4	–	4
構造	(구조)	4	–	4Ⅱ	勸獎	(권장)	4	–	4
苟且	(구차)	3	–	3	權稱	(권칭)	4Ⅱ	–	4
構築	(구축)	4	–	4Ⅱ	權衡	(권형)	4Ⅱ	–	3Ⅱ
群黨	(군당)	4	–	4Ⅱ	鬼神	(귀신)	3Ⅱ	–	6Ⅱ
軍旅	(군려)	8	–	5Ⅱ	貴重	(귀중)	5	–	7
軍兵	(군병)	8	–	5Ⅱ	歸還	(귀환)	4	–	3Ⅱ
軍士	(군사)	8	–	5Ⅱ	規格	(규격)	5	–	5Ⅱ
君王	(군왕)	4	–	8	糾結	(규결)	3	–	5Ⅱ
郡邑	(군읍)	6	–	7	規例	(규례)	5	–	6
君主	(군주)	4	–	7	糾明	(규명)	3	–	6Ⅱ
群衆	(군중)	4	–	4Ⅱ	規範	(규범)	5	–	4
郡縣	(군현)	6	–	3	規式	(규식)	5	–	6
屈曲	(굴곡)	4	–	5	規律	(규율)	5	–	4Ⅱ
屈折	(굴절)	4	–	4	糾察	(규찰)	3	–	4Ⅱ
宮家	(궁가)	4Ⅱ	–	7Ⅱ	規則	(규칙)	5	–	5
窮困	(궁곤)	4	–	4	規度	(규탁)	5	–	6
窮究	(궁구)	4	–	4Ⅱ	糾彈	(규탄)	3	–	4
窮極	(궁극)	4	–	4Ⅱ	均等	(균등)	4	–	6Ⅱ
窮塞	(궁색)	4	–	3Ⅱ	龜裂	(균열)	3	–	3Ⅱ
宮殿	(궁전)	4Ⅱ	–	3Ⅱ	均調	(균조)	4	–	5Ⅱ
窮盡	(궁진)	4	–	4	均平	(균평)	4	–	7Ⅱ
券契	(권계)	4	–	3Ⅱ	極窮	(극궁)	4Ⅱ	–	4

極端	(극단)	4Ⅱ	–	4Ⅱ	己身	(기신)	5Ⅱ	–	6Ⅱ
克勝	(극승)	3Ⅱ	–	6	飢餓	(기아)	3	–	3
極盡	(극진)	4Ⅱ	–	4	技藝	(기예)	5	–	4Ⅱ
根本	(근본)	6	–	6	旣已	(기이)	3	–	3Ⅱ
謹愼	(근신)	3	–	3Ⅱ	記識	(기지)	7Ⅱ	–	5Ⅱ
禽鳥	(금조)	3Ⅱ	–	4Ⅱ	祈祝	(기축)	3Ⅱ	–	5
金鐵	(금철)	8	–	5	忌嫌	(기혐)	3	–	3
急迫	(급박)	6Ⅱ	–	3Ⅱ	緊要	(긴요)	3Ⅱ	–	5Ⅱ
給賜	(급사)	5	–	3	羅列	(나열)	4Ⅱ	–	4Ⅱ
急速	(급속)	6Ⅱ	–	6	絡脈	(낙맥)	3Ⅱ	–	4Ⅱ
給與	(급여)	5	–	4	落墮	(낙타)	5	–	3
急促	(급촉)	6Ⅱ	–	3Ⅱ	難苦	(난고)	4Ⅱ	–	6
棄却	(기각)	3	–	3	納貢	(납공)	4	–	3Ⅱ
紀綱	(기강)	4	–	3Ⅱ	納入	(납입)	4	–	7
機械	(기계)	4	–	3Ⅱ	納獻	(납헌)	4	–	3Ⅱ
奇怪	(기괴)	4	–	3Ⅱ	浪漫	(낭만)	3Ⅱ	–	3
器具	(기구)	4Ⅱ	–	5Ⅱ	耐忍	(내인)	3Ⅱ	–	3Ⅱ
記錄	(기록)	7Ⅱ	–	4Ⅱ	冷涼	(냉량)	5	–	3Ⅱ
起立	(기립)	4Ⅱ	–	7Ⅱ	冷寒	(냉한)	5	–	5
企望	(기망)	3Ⅱ	–	5Ⅱ	勞勤	(노근)	5Ⅱ	–	4
起發	(기발)	4Ⅱ	–	6Ⅱ	努力	(노력)	4Ⅱ	–	7Ⅱ
寄付	(기부)	4	–	3Ⅱ	勞務	(노무)	5Ⅱ	–	4Ⅱ
欺詐	(기사)	3	–	3	奴隷	(노예)	3Ⅱ	–	3
技術	(기술)	5	–	6Ⅱ	老翁	(노옹)	7	–	3

綠靑	(녹청)	6	–	8	大巨	(대거)	8	–	4
論議	(논의)	4Ⅱ	–	4Ⅱ	刀劍	(도검)	3Ⅱ	–	3Ⅱ
農耕	(농경)	7Ⅱ	–	3Ⅱ	到達	(도달)	5Ⅱ	–	4Ⅱ
雷震	(뇌진)	3Ⅱ	–	3Ⅱ	徒黨	(도당)	4	–	4Ⅱ
樓閣	(누각)	3Ⅱ	–	3Ⅱ	道塗	(도도)	7Ⅱ	–	3
樓館	(누관)	3Ⅱ	–	3Ⅱ	道途	(도도)	7Ⅱ	–	3Ⅱ
陵丘	(능구)	3Ⅱ	–	3Ⅱ	道路	(도로)	7Ⅱ	–	6
斷決	(단결)	4Ⅱ	–	5Ⅱ	道理	(도리)	7Ⅱ	–	6Ⅱ
段階	(단계)	4	–	4	逃亡	(도망)	4	–	5
單獨	(단독)	4Ⅱ	–	5Ⅱ	徒輩	(도배)	4	–	3Ⅱ
端末	(단말)	4Ⅱ	–	5	渡涉	(도섭)	3Ⅱ	–	3
團圓	(단원)	5Ⅱ	–	4Ⅱ	都市	(도시)	5	–	7Ⅱ
斷切	(단절)	4Ⅱ	–	5Ⅱ	跳躍	(도약)	3	–	3
斷絶	(단절)	4Ⅱ	–	4Ⅱ	都邑	(도읍)	5	–	7
端正	(단정)	4Ⅱ	–	7Ⅱ	導引	(도인)	4Ⅱ	–	4Ⅱ
但只	(단지)	3Ⅱ	–	3	盜賊	(도적)	4	–	4
達成	(달성)	4Ⅱ	–	6Ⅱ	盜竊	(도절)	4	–	3
達通	(달통)	4Ⅱ	–	6	到着	(도착)	5Ⅱ	–	5Ⅱ
談說	(담설)	5	–	5Ⅱ	逃避	(도피)	4	–	4
談言	(담언)	5	–	6	圖畫	(도화)	6Ⅱ	–	6
擔任	(담임)	4Ⅱ	–	5Ⅱ	導訓	(도훈)	4Ⅱ	–	6
談話	(담화)	5	–	7Ⅱ	獨孤	(독고)	5Ⅱ	–	4
堂室	(당실)	6Ⅱ	–	8	毒害	(독해)	4Ⅱ	–	5Ⅱ
當該	(당해)	5Ⅱ	–	3	敦篤	(돈독)	3	–	3

敦厚	(돈후)	3	–	4	明光	(명광)	6Ⅱ	–	6Ⅱ
突忽	(돌홀)	3Ⅱ	–	3Ⅱ	明朗	(명랑)	6Ⅱ	–	5Ⅱ
同等	(동등)	7	–	6Ⅱ	命令	(명령)	7	–	5
洞里	(동리)	7	–	7	明白	(명백)	6Ⅱ	–	8
動搖	(동요)	7Ⅱ	–	3	名稱	(명칭)	7Ⅱ	–	4
同一	(동일)	7	–	8	名號	(명호)	7Ⅱ	–	6
洞穴	(동혈)	7	–	3Ⅱ	明輝	(명휘)	6Ⅱ	–	3
頭首	(두수)	6	–	5Ⅱ	慕戀	(모련)	3Ⅱ	–	3Ⅱ
等級	(등급)	6Ⅱ	–	6	毛髮	(모발)	4Ⅱ	–	4
等類	(등류)	6Ⅱ	–	5Ⅱ	模倣	(모방)	4	–	3
磨研	(마연)	3Ⅱ	–	4Ⅱ	模範	(모범)	4	–	4
末端	(말단)	5	–	4Ⅱ	慕愛	(모애)	3Ⅱ	–	6
末尾	(말미)	5	–	3Ⅱ	募集	(모집)	3	–	6Ⅱ
忘失	(망실)	3	–	6	謀策	(모책)	3Ⅱ	–	3Ⅱ
每常	(매상)	7Ⅱ	–	4Ⅱ	茂盛	(무성)	3Ⅱ	–	4Ⅱ
脈絡	(맥락)	4Ⅱ	–	3Ⅱ	貿易	(무역)	3Ⅱ	–	4
盟誓	(맹세)	3Ⅱ	–	3	文書	(문서)	7	–	6Ⅱ
猛勇	(맹용)	3Ⅱ	–	6Ⅱ	文章	(문장)	7	–	6
猛暴	(맹포)	3Ⅱ	–	4Ⅱ	文彩	(문채)	7	–	3Ⅱ
勉勵	(면려)	4	–	3Ⅱ	門戶	(문호)	8	–	4Ⅱ
面貌	(면모)	7	–	3Ⅱ	物件	(물건)	7Ⅱ	–	5
面顔	(면안)	7	–	3Ⅱ	物品	(물품)	7Ⅱ	–	5Ⅱ
面容	(면용)	7	–	4Ⅱ	美麗	(미려)	6	–	4Ⅱ
滅亡	(멸망)	3Ⅱ	–	5	尾末	(미말)	3Ⅱ	–	5

微細	(미세)	3Ⅱ	–	4Ⅱ		煩數	(번삭)	3	–	7
微小	(미소)	3Ⅱ	–	8		飜譯	(번역)	3	–	3Ⅱ
迷惑	(미혹)	3	–	3Ⅱ		番第	(번제)	6	–	6Ⅱ
憫憐	(민련)	3	–	3		番次	(번차)	6	–	4Ⅱ
敏速	(민속)	3	–	6		法規	(법규)	5Ⅱ	–	5
迫急	(박급)	3Ⅱ	–	6Ⅱ		法度	(법도)	5Ⅱ	–	6
朴素	(박소)	6	–	4Ⅱ		法例	(법례)	5Ⅱ	–	6
朴質	(박질)	6	–	5Ⅱ		法律	(법률)	5Ⅱ	–	4Ⅱ
迫脅	(박협)	3Ⅱ	–	3Ⅱ		法式	(법식)	5Ⅱ	–	6
飯食	(반식)	3Ⅱ	–	7Ⅱ		法典	(법전)	5Ⅱ	–	5Ⅱ
返還	(반환)	3	–	3Ⅱ		法則	(법칙)	5Ⅱ	–	5
發起	(발기)	6Ⅱ	–	4Ⅱ		碧綠	(벽록)	3Ⅱ	–	6
發射	(발사)	6Ⅱ	–	4		碧青	(벽청)	3Ⅱ	–	8
發展	(발전)	6Ⅱ	–	5Ⅱ		變改	(변개)	5Ⅱ	–	5
邦國	(방국)	3	–	8		變更	(변경)	5Ⅱ	–	4
方道	(방도)	7Ⅱ	–	7Ⅱ		變易	(변역)	5Ⅱ	–	4
放釋	(방석)	6Ⅱ	–	3Ⅱ		邊際	(변제)	4Ⅱ	–	4Ⅱ
方正	(방정)	7Ⅱ	–	7Ⅱ		變革	(변혁)	5Ⅱ	–	4
妨害	(방해)	4	–	5Ⅱ		變化	(변화)	5Ⅱ	–	5Ⅱ
配分	(배분)	4Ⅱ	–	6Ⅱ		別離	(별리)	6	–	4
配偶	(배우)	4Ⅱ	–	3Ⅱ		別選	(별선)	6	–	5
排斥	(배척)	3Ⅱ	–	3		別差	(별차)	6	–	4
配匹	(배필)	4Ⅱ	–	3		兵士	(병사)	5Ⅱ	–	5Ⅱ
繁茂	(번무)	3Ⅱ	–	3Ⅱ		兵卒	(병졸)	5Ⅱ	–	5Ⅱ

病患	(병환)	6	–	5	憤慨	(분개)	4	–	3
報告	(보고)	4Ⅱ	–	5Ⅱ	分區	(분구)	6Ⅱ	–	6
報道	(보도)	4Ⅱ	–	7Ⅱ	墳墓	(분묘)	3	–	4
報償	(보상)	4Ⅱ	–	3Ⅱ	分配	(분배)	6Ⅱ	–	4Ⅱ
保衛	(보위)	4Ⅱ	–	4Ⅱ	分別	(분별)	6Ⅱ	–	6
保護	(보호)	4Ⅱ	–	4Ⅱ	分析	(분석)	6Ⅱ	–	3
覆蓋	(복개)	3Ⅱ	–	3Ⅱ	奔走	(분주)	3Ⅱ	–	4Ⅱ
福慶	(복경)	5Ⅱ	–	4Ⅱ	分割	(분할)	6Ⅱ	–	3Ⅱ
本根	(본근)	6	–	6	崩壞	(붕괴)	3	–	3Ⅱ
本源	(본원)	6	–	4	朋黨	(붕당)	3	–	4Ⅱ
奉仕	(봉사)	5Ⅱ	–	5Ⅱ	朋友	(붕우)	3	–	5Ⅱ
奉承	(봉승)	5Ⅱ	–	4Ⅱ	悲慨	(비개)	4Ⅱ	–	3
逢遇	(봉우)	3Ⅱ	–	4	比較	(비교)	5	–	3Ⅱ
奉獻	(봉헌)	5Ⅱ	–	3Ⅱ	悲哀	(비애)	4Ⅱ	–	3Ⅱ
部隊	(부대)	6Ⅱ	–	4Ⅱ	費用	(비용)	5	–	6Ⅱ
部類	(부류)	6Ⅱ	–	5Ⅱ	悲慘	(비참)	4Ⅱ	–	3
附屬	(부속)	3Ⅱ	–	4	卑賤	(비천)	3Ⅱ	–	3Ⅱ
賦與	(부여)	3Ⅱ	–	4	批評	(비평)	4	–	4
扶翼	(부익)	3Ⅱ	–	3Ⅱ	賓客	(빈객)	3	–	5Ⅱ
扶助	(부조)	3Ⅱ	–	4Ⅱ	貧困	(빈곤)	4Ⅱ	–	4
副次	(부차)	4Ⅱ	–	4Ⅱ	貧窮	(빈궁)	4Ⅱ	–	4
附着	(부착)	3Ⅱ	–	5Ⅱ	聘召	(빙소)	3	–	3
負荷	(부하)	4	–	3Ⅱ	聘招	(빙초)	3	–	4
扶護	(부호)	3Ⅱ	–	4Ⅱ	査檢	(사검)	5	–	4Ⅱ

斜傾	(사경)	3Ⅱ	–	4	散漫	(산만)	4	–	3
思考	(사고)	5	–	5	産生	(산생)	5Ⅱ	–	8
賜給	(사급)	3	–	5	算數	(산수)	7	–	7
詐欺	(사기)	3	–	3	山岳	(산악)	8	–	3
思念	(사념)	5	–	5Ⅱ	森林	(삼림)	3Ⅱ	–	7
思慮	(사려)	5	–	4	想念	(상념)	4Ⅱ	–	5Ⅱ
使令	(사령)	6	–	5	商量	(상량)	5Ⅱ	–	5
思慕	(사모)	5	–	3Ⅱ	想思	(상사)	4Ⅱ	–	5
事務	(사무)	7Ⅱ	–	4Ⅱ	上昇	(상승)	7Ⅱ	–	3Ⅱ
士兵	(사병)	5Ⅱ	–	5Ⅱ	喪失	(상실)	3Ⅱ	–	6
思想	(사상)	5	–	4Ⅱ	狀態	(상태)	4Ⅱ	–	4Ⅱ
辭說	(사설)	4	–	5Ⅱ	相互	(상호)	5Ⅱ	–	3
辭讓	(사양)	4	–	3Ⅱ	色彩	(색채)	7	–	3Ⅱ
事業	(사업)	7Ⅱ	–	6Ⅱ	省減	(생감)	6Ⅱ	–	4Ⅱ
使役	(사역)	6	–	3Ⅱ	省略	(생략)	6Ⅱ	–	4
査閱	(사열)	5	–	3	生産	(생산)	8	–	5Ⅱ
舍屋	(사옥)	4Ⅱ	–	5	生出	(생출)	8	–	7
思惟	(사유)	5	–	3	生活	(생활)	8	–	7Ⅱ
査察	(사찰)	5	–	4Ⅱ	逝去	(서거)	3	–	5
舍宅	(사택)	4Ⅱ	–	5Ⅱ	誓盟	(서맹)	3	–	3Ⅱ
社會	(사회)	6Ⅱ	–	6Ⅱ	暑熱	(서열)	3	–	5
削減	(삭감)	3Ⅱ	–	4Ⅱ	徐緩	(서완)	3Ⅱ	–	3Ⅱ
削除	(삭제)	3Ⅱ	–	4Ⅱ	書籍	(서적)	6Ⅱ	–	4
山陵	(산릉)	8	–	3Ⅱ	書册	(서책)	6Ⅱ	–	4

釋放	(석방)	3Ⅱ	–	6Ⅱ	蔬菜	(소채)	3	–	3Ⅱ
善良	(선량)	5	–	5Ⅱ	損減	(손감)	4	–	4Ⅱ
鮮麗	(선려)	5Ⅱ	–	4Ⅱ	損傷	(손상)	4	–	4
選拔	(선발)	5	–	3Ⅱ	損失	(손실)	4	–	6
選別	(선별)	5	–	6	損害	(손해)	4	–	5Ⅱ
選擇	(선택)	5	–	4	訟訴	(송소)	3Ⅱ	–	3Ⅱ
旋回	(선회)	3Ⅱ	–	4Ⅱ	衰弱	(쇠약)	3Ⅱ	–	6Ⅱ
設施	(설시)	4Ⅱ	–	4Ⅱ	秀傑	(수걸)	4	–	4
說話	(설화)	5Ⅱ	–	7Ⅱ	首頭	(수두)	5Ⅱ	–	6
攝理	(섭리)	3	–	6Ⅱ	受領	(수령)	4Ⅱ	–	5
性心	(성심)	5Ⅱ	–	7	樹林	(수림)	6	–	7
姓氏	(성씨)	7Ⅱ	–	4	睡眠	(수면)	3	–	3Ⅱ
聲音	(성음)	4Ⅱ	–	6Ⅱ	壽命	(수명)	3Ⅱ	–	7
省察	(성찰)	6Ⅱ	–	4Ⅱ	樹木	(수목)	6	–	8
成就	(성취)	6Ⅱ	–	4	輸送	(수송)	3Ⅱ	–	4Ⅱ
世界	(세계)	7Ⅱ	–	6Ⅱ	修習	(수습)	4Ⅱ	–	6
世代	(세대)	7Ⅱ	–	6Ⅱ	收拾	(수습)	4Ⅱ	–	3Ⅱ
細微	(세미)	4Ⅱ	–	3Ⅱ	修飾	(수식)	4Ⅱ	–	3Ⅱ
洗濯	(세탁)	5Ⅱ	–	3	授與	(수여)	4Ⅱ	–	4
消滅	(소멸)	6Ⅱ	–	3Ⅱ	守衛	(수위)	4Ⅱ	–	4Ⅱ
小微	(소미)	8	–	3Ⅱ	殊異	(수이)	3Ⅱ	–	4
素朴	(소박)	4Ⅱ	–	6	獸畜	(수축)	3Ⅱ	–	3Ⅱ
訴訟	(소송)	3Ⅱ	–	3Ⅱ	殊特	(수특)	3Ⅱ	–	6
素質	(소질)	4Ⅱ	–	5Ⅱ	收穫	(수확)	4Ⅱ	–	3

熟練	(숙련)	3Ⅱ	–	5Ⅱ		辛苦	(신고)	3	–	6
肅嚴	(숙엄)	4	–	4		神鬼	(신귀)	6Ⅱ	–	3Ⅱ
淑淸	(숙청)	3Ⅱ	–	6Ⅱ		愼謹	(신근)	3Ⅱ	–	3
宿寢	(숙침)	5Ⅱ	–	4		神靈	(신령)	6Ⅱ	–	3Ⅱ
純潔	(순결)	4Ⅱ	–	4Ⅱ		辛烈	(신열)	3	–	4
術藝	(술예)	6Ⅱ	–	4Ⅱ		伸張	(신장)	3	–	4
崇高	(숭고)	4	–	6Ⅱ		愼重	(신중)	3Ⅱ	–	7
崇尙	(숭상)	4	–	3Ⅱ		身體	(신체)	6Ⅱ	–	6Ⅱ
習慣	(습관)	6	–	3Ⅱ		室家	(실가)	8	–	7Ⅱ
習練	(습련)	6	–	5Ⅱ		實果	(실과)	5Ⅱ	–	6Ⅱ
濕潤	(습윤)	3Ⅱ	–	3Ⅱ		失敗	(실패)	6	–	5
習學	(습학)	6	–	8		尋訪	(심방)	3	–	4Ⅱ
承繼	(승계)	4Ⅱ	–	4		審査	(심사)	3Ⅱ	–	5
承奉	(승봉)	4Ⅱ	–	5Ⅱ		心性	(심성)	7	–	5Ⅱ
時期	(시기)	7Ⅱ	–	5		阿丘	(아구)	3Ⅱ	–	3Ⅱ
施設	(시설)	4Ⅱ	–	4Ⅱ		兒童	(아동)	5Ⅱ	–	6Ⅱ
始創	(시창)	6Ⅱ	–	4Ⅱ		樂歌	(악가)	6Ⅱ	–	7
始初	(시초)	6Ⅱ	–	5		安康	(안강)	7Ⅱ	–	4Ⅱ
試驗	(시험)	4Ⅱ	–	4Ⅱ		安寧	(안녕)	7Ⅱ	–	3Ⅱ
式例	(식례)	6	–	6		顔面	(안면)	3Ⅱ	–	7
飾粧	(식장)	3Ⅱ	–	3Ⅱ		眼目	(안목)	4Ⅱ	–	6
植栽	(식재)	7	–	3Ⅱ		安全	(안전)	7Ⅱ	–	7Ⅱ
式典	(식전)	6	–	5Ⅱ		安平	(안평)	7Ⅱ	–	7Ⅱ
申告	(신고)	4Ⅱ	–	5Ⅱ		暗冥	(암명)	4Ⅱ	–	3

壓抑	(압억)	4Ⅱ	–	3Ⅱ		言語	(언어)	6	–	7
殃災	(앙재)	3	–	5		嚴肅	(엄숙)	4	–	4
殃禍	(앙화)	3	–	3Ⅱ		業務	(업무)	6Ⅱ	–	4Ⅱ
愛戀	(애련)	6	–	3Ⅱ		業事	(업사)	6Ⅱ	–	7Ⅱ
愛慕	(애모)	6	–	3Ⅱ		餘暇	(여가)	4Ⅱ	–	4
厄禍	(액화)	3	–	3Ⅱ		旅客	(여객)	5Ⅱ	–	5Ⅱ
約結	(약결)	5Ⅱ	–	5Ⅱ		女娘	(여랑)	8	–	3Ⅱ
略省	(약생)	4	–	6Ⅱ		麗美	(여미)	4Ⅱ	–	6
約束	(약속)	5Ⅱ	–	5Ⅱ		輿地	(여지)	3	–	7
掠奪	(약탈)	3	–	3Ⅱ		域境	(역경)	4	–	4Ⅱ
糧穀	(양곡)	4	–	4		役使	(역사)	3Ⅱ	–	6
楊柳	(양류)	3	–	4		硏究	(연구)	4Ⅱ	–	4Ⅱ
良善	(양선)	5Ⅱ	–	5		硏磨	(연마)	4Ⅱ	–	3Ⅱ
養育	(양육)	5Ⅱ	–	7		戀慕	(연모)	3Ⅱ	–	3Ⅱ
諒知	(양지)	3	–	5Ⅱ		憐憫	(연민)	3	–	3
樣態	(양태)	4	–	4Ⅱ		年歲	(연세)	8	–	5Ⅱ
壤土	(양토)	3Ⅱ	–	8		燃燒	(연소)	4	–	3Ⅱ
良好	(양호)	5Ⅱ	–	4Ⅱ		連續	(연속)	4Ⅱ	–	4Ⅱ
御領	(어령)	3Ⅱ	–	5		硏修	(연수)	4Ⅱ	–	4Ⅱ
語辭	(어사)	7	–	4		練習	(연습)	5Ⅱ	–	6
抑壓	(억압)	3Ⅱ	–	4Ⅱ		戀愛	(연애)	3Ⅱ	–	6
言談	(언담)	6	–	5		緣因	(연인)	4	–	5
言辭	(언사)	6	–	4		悅樂	(열락)	3Ⅱ	–	6Ⅱ
言說	(언설)	6	–	5Ⅱ		閱覽	(열람)	3	–	4

閱視	(열시)	3	–	4Ⅱ	娛樂	(오락)	3	–	6Ⅱ
閱眼	(열안)	3	–	4Ⅱ	傲慢	(오만)	3	–	3
念慮	(염려)	5Ⅱ	–	4	誤錯	(오착)	4Ⅱ	–	3Ⅱ
念想	(염상)	5Ⅱ	–	4Ⅱ	汚濁	(오탁)	3	–	3
詠歌	(영가)	3	–	7	屋舍	(옥사)	5	–	4Ⅱ
永久	(영구)	6	–	3Ⅱ	屋宇	(옥우)	5	–	3Ⅱ
零落	(영락)	3	–	5	溫暖	(온난)	6	–	4Ⅱ
領率	(영솔)	5	–	3Ⅱ	緩徐	(완서)	3Ⅱ	–	3Ⅱ
領受	(영수)	5	–	4Ⅱ	完全	(완전)	5	–	7Ⅱ
靈神	(영신)	3Ⅱ	–	6Ⅱ	畏懼	(외구)	3	–	3
永遠	(영원)	6	–	6	要求	(요구)	5Ⅱ	–	4Ⅱ
詠吟	(영음)	3	–	3	要緊	(요긴)	5Ⅱ	–	3Ⅱ
映照	(영조)	4	–	3Ⅱ	搖動	(요동)	3	–	7Ⅱ
詠唱	(영창)	3	–	5	料量	(요량)	5	–	5
領統	(영통)	5	–	4Ⅱ	遙遠	(요원)	3	–	6
英特	(영특)	6	–	6	料度	(요탁)	5	–	6
靈魂	(영혼)	3Ⅱ	–	3Ⅱ	勇敢	(용감)	6Ⅱ	–	4
榮華	(영화)	4Ⅱ	–	4	勇猛	(용맹)	6Ⅱ	–	3Ⅱ
例規	(예규)	6	–	5	容貌	(용모)	4Ⅱ	–	3Ⅱ
銳利	(예리)	3	–	6Ⅱ	用費	(용비)	6Ⅱ	–	5
例法	(예법)	6	–	5Ⅱ	庸常	(용상)	3	–	4Ⅱ
藝術	(예술)	4Ⅱ	–	6Ⅱ	憂慮	(우려)	3Ⅱ	–	4
例式	(예식)	6	–	6	憂愁	(우수)	3Ⅱ	–	3Ⅱ
例典	(예전)	6	–	5Ⅱ	羽翼	(우익)	3Ⅱ	–	3Ⅱ

宇宙	(우주)	3Ⅱ	–	3Ⅱ		肉體	(육체)	4Ⅱ	–	6Ⅱ
憂患	(우환)	3Ⅱ	–	5		潤濕	(윤습)	3Ⅱ	–	3Ⅱ
運動	(운동)	6Ⅱ	–	7Ⅱ		潤澤	(윤택)	3Ⅱ	–	3Ⅱ
云謂	(운위)	3	–	3Ⅱ		律法	(율법)	4Ⅱ	–	5Ⅱ
援救	(원구)	4	–	5		隆盛	(융성)	3Ⅱ	–	4Ⅱ
願望	(원망)	5	–	5Ⅱ		隆昌	(융창)	3Ⅱ	–	3Ⅱ
院宇	(원우)	5	–	3Ⅱ		隆興	(융흥)	3Ⅱ	–	4Ⅱ
怨恨	(원한)	4	–	4		隱祕	(은비)	4	–	4
偉大	(위대)	5Ⅱ	–	8		恩惠	(은혜)	4Ⅱ	–	4Ⅱ
委任	(위임)	4	–	5Ⅱ		淫姦	(음간)	3Ⅱ	–	3
違錯	(위착)	3	–	3Ⅱ		音聲	(음성)	6Ⅱ	–	4Ⅱ
危殆	(위태)	4	–	3Ⅱ		吟詠	(음영)	3	–	3
悠久	(유구)	3Ⅱ	–	3Ⅱ		音韻	(음운)	6Ⅱ	–	3Ⅱ
流浪	(유랑)	5Ⅱ	–	3Ⅱ		泣哭	(읍곡)	3	–	3Ⅱ
儒士	(유사)	4	–	5Ⅱ		依據	(의거)	4	–	4
幼少	(유소)	3Ⅱ	–	7		議論	(의논)	4Ⅱ	–	4Ⅱ
遺失	(유실)	4	–	6		宜當	(의당)	3	–	5Ⅱ
裕足	(유족)	3Ⅱ	–	7Ⅱ		依倣	(의방)	4	–	3
留住	(유주)	4Ⅱ	–	7		衣服	(의복)	6	–	6
幼稚	(유치)	3Ⅱ	–	3Ⅱ		意思	(의사)	6Ⅱ	–	5
遊戲	(유희)	4	–	3Ⅱ		意義	(의의)	6Ⅱ	–	4Ⅱ
肉身	(육신)	4Ⅱ	–	6Ⅱ		意志	(의지)	6Ⅱ	–	4Ⅱ
育養	(육양)	7	–	5Ⅱ		意趣	(의취)	6Ⅱ	–	4
陸地	(육지)	5Ⅱ	–	7		離別	(이별)	4	–	6

移運	(이운)	4Ⅱ	–	6Ⅱ	獎勸	(장권)	4	–	4
利益	(이익)	6Ⅱ	–	4Ⅱ	獎勵	(장려)	4	–	3Ⅱ
移轉	(이전)	4Ⅱ	–	4	帳幕	(장막)	4	–	3Ⅱ
引牽	(인견)	4Ⅱ	–	3	丈夫	(장부)	3Ⅱ	–	7
忍耐	(인내)	3Ⅱ	–	3Ⅱ	將帥	(장수)	4Ⅱ	–	3Ⅱ
引導	(인도)	4Ⅱ	–	4Ⅱ	裝飾	(장식)	4	–	3Ⅱ
認識	(인식)	4Ⅱ	–	5Ⅱ	才術	(재술)	6Ⅱ	–	6Ⅱ
因緣	(인연)	5	–	4	栽植	(재식)	3Ⅱ	–	7
仁慈	(인자)	4	–	3Ⅱ	災殃	(재앙)	5	–	3
認知	(인지)	4Ⅱ	–	5Ⅱ	災厄	(재액)	5	–	3
一同	(일동)	8	–	7	才藝	(재예)	6Ⅱ	–	4Ⅱ
賃貸	(임대)	3Ⅱ	–	3Ⅱ	災禍	(재화)	5	–	3Ⅱ
入納	(입납)	7	–	4	財貨	(재화)	5Ⅱ	–	4Ⅱ
自己	(자기)	7Ⅱ	–	5Ⅱ	爭競	(쟁경)	5	–	5
姿貌	(자모)	4	–	3Ⅱ	爭鬪	(쟁투)	5	–	4
慈愛	(자애)	3Ⅱ	–	6	著述	(저술)	3Ⅱ	–	3Ⅱ
慈仁	(자인)	3Ⅱ	–	4	著作	(저작)	3Ⅱ	–	6Ⅱ
資財	(자재)	4	–	5Ⅱ	貯積	(저적)	5	–	4
資質	(자질)	4	–	5Ⅱ	貯蓄	(저축)	5	–	4Ⅱ
刺衝	(자충)	3Ⅱ	–	3Ⅱ	抵抗	(저항)	3Ⅱ	–	4
資貨	(자화)	4	–	4Ⅱ	賊盜	(적도)	4	–	4
殘餘	(잔여)	4	–	4Ⅱ	積累	(적루)	4	–	3Ⅱ
掌管	(장관)	3Ⅱ	–	4	積貯	(적저)	4	–	5
長久	(장구)	8	–	3Ⅱ	寂靜	(적정)	3Ⅱ	–	4

積蓄	(적축)	4	–	4Ⅱ	整齊	(정제)	4	–	3Ⅱ
典例	(전례)	5Ⅱ	–	6	停住	(정주)	5	–	7
典範	(전범)	5Ⅱ	–	4	停止	(정지)	5	–	5
典法	(전법)	5Ⅱ	–	5Ⅱ	正直	(정직)	7Ⅱ	–	7Ⅱ
典式	(전식)	5Ⅱ	–	6	貞直	(정직)	3Ⅱ	–	7Ⅱ
全完	(전완)	7Ⅱ	–	5	除減	(제감)	4Ⅱ	–	4Ⅱ
典律	(전율)	5Ⅱ	–	4Ⅱ	題目	(제목)	6Ⅱ	–	6
轉移	(전이)	4	–	4Ⅱ	祭祀	(제사)	4Ⅱ	–	3Ⅱ
戰爭	(전쟁)	6Ⅱ	–	5	帝王	(제왕)	4	–	8
典籍	(전적)	5Ⅱ	–	4	製作	(제작)	4Ⅱ	–	6Ⅱ
戰鬪	(전투)	6Ⅱ	–	4	齊整	(제정)	3Ⅱ	–	4
錢幣	(전폐)	4	–	3	製造	(제조)	4Ⅱ	–	4Ⅱ
轉回	(전회)	4	–	4Ⅱ	第次	(제차)	6Ⅱ	–	4Ⅱ
節季	(절계)	5Ⅱ	–	4	第宅	(제택)	6Ⅱ	–	5Ⅱ
切斷	(절단)	5Ⅱ	–	4Ⅱ	調均	(조균)	5Ⅱ	–	4
絶斷	(절단)	4Ⅱ	–	4Ⅱ	租賦	(조부)	3Ⅱ	–	3Ⅱ
竊盜	(절도)	3	–	4	租稅	(조세)	3Ⅱ	–	4Ⅱ
接續	(접속)	4Ⅱ	–	4Ⅱ	早速	(조속)	4Ⅱ	–	6
淨潔	(정결)	3Ⅱ	–	4Ⅱ	照映	(조영)	3Ⅱ	–	4
停留	(정류)	5	–	4Ⅱ	造作	(조작)	4Ⅱ	–	6Ⅱ
正方	(정방)	7Ⅱ	–	7Ⅱ	組織	(조직)	4	–	4
征伐	(정벌)	3Ⅱ	–	4Ⅱ	調和	(조화)	5Ⅱ	–	6Ⅱ
情意	(정의)	5Ⅱ	–	6Ⅱ	尊高	(존고)	4Ⅱ	–	6Ⅱ
靜寂	(정적)	4	–	3Ⅱ	尊貴	(존귀)	4Ⅱ	–	5

尊崇	(존숭)	4Ⅱ	–	4	贈與	(증여)	3	–	4
存在	(존재)	4	–	6	憎惡	(증오)	3Ⅱ	–	5Ⅱ
拙劣	(졸렬)	3	–	3	知識	(지식)	5Ⅱ	–	5Ⅱ
卒兵	(졸병)	5Ⅱ	–	5Ⅱ	地輿	(지여)	7	–	3
終結	(종결)	5	–	5Ⅱ	志意	(지의)	4Ⅱ	–	6Ⅱ
終端	(종단)	5	–	4Ⅱ	智慧	(지혜)	4	–	3Ⅱ
終了	(종료)	5	–	3	珍寶	(진보)	4	–	4Ⅱ
終末	(종말)	5	–	5	辰宿	(진수)	3Ⅱ	–	5Ⅱ
終止	(종지)	5	–	5	眞實	(진실)	4Ⅱ	–	5Ⅱ
座席	(좌석)	4	–	6	陳列	(진열)	3Ⅱ	–	4Ⅱ
罪過	(죄과)	5	–	5Ⅱ	進出	(진출)	4Ⅱ	–	7
住居	(주거)	7	–	4	進就	(진취)	4Ⅱ	–	4
主君	(주군)	7	–	4	質朴	(질박)	5Ⅱ	–	6
州郡	(주군)	5Ⅱ	–	6	疾病	(질병)	3Ⅱ	–	6
舟船	(주선)	3	–	5	秩序	(질서)	3Ⅱ	–	5
珠玉	(주옥)	3Ⅱ	–	4Ⅱ	質素	(질소)	5Ⅱ	–	4Ⅱ
周圍	(주위)	4	–	4	質正	(질정)	5Ⅱ	–	7Ⅱ
朱紅	(주홍)	4	–	4	疾患	(질환)	3Ⅱ	–	5
俊傑	(준걸)	3	–	4	集團	(집단)	6Ⅱ	–	5Ⅱ
遵守	(준수)	3	–	4Ⅱ	集募	(집모)	6Ⅱ	–	3
重複	(중복)	7	–	4	集會	(집회)	6Ⅱ	–	6Ⅱ
中央	(중앙)	8	–	3Ⅱ	懲戒	(징계)	3	–	4
增加	(증가)	4Ⅱ	–	5	徵聘	(징빙)	3Ⅱ	–	3
贈給	(증급)	3	–	5	徵收	(징수)	3Ⅱ	–	4Ⅱ

漢字語	讀音				漢字語	讀音			
差別	(차별)	4	–	6	天覆	(천부)	7	–	3Ⅱ
差異	(차이)	4	–	4	鐵鋼	(철강)	5	–	3Ⅱ
次第	(차제)	4Ⅱ	–	6Ⅱ	添加	(첨가)	3	–	5
錯誤	(착오)	3Ⅱ	–	4Ⅱ	尖端	(첨단)	3	–	4Ⅱ
讚譽	(찬예)	4	–	3Ⅱ	淸潔	(청결)	6Ⅱ	–	4Ⅱ
贊助	(찬조)	3Ⅱ	–	4Ⅱ	靑綠	(청록)	8	–	6
察見	(찰견)	4Ⅱ	–	5Ⅱ	聽聞	(청문)	4	–	6Ⅱ
察觀	(찰관)	4Ⅱ	–	5Ⅱ	靑碧	(청벽)	8	–	3Ⅱ
慙愧	(참괴)	3	–	3	淸淑	(청숙)	6Ⅱ	–	3Ⅱ
參與	(참여)	5Ⅱ	–	4	淸淨	(청정)	6Ⅱ	–	3Ⅱ
唱歌	(창가)	5	–	7	靑蒼	(청창)	8	–	3Ⅱ
倉庫	(창고)	3Ⅱ	–	4	替代	(체대)	3	–	6Ⅱ
創始	(창시)	4Ⅱ	–	6Ⅱ	滯塞	(체색)	3Ⅱ	–	3Ⅱ
創作	(창작)	4Ⅱ	–	6Ⅱ	體身	(체신)	6Ⅱ	–	6Ⅱ
創初	(창초)	4Ⅱ	–	5	替換	(체환)	3	–	3Ⅱ
彩紋	(채문)	3Ⅱ	–	3Ⅱ	超過	(초과)	3Ⅱ	–	5Ⅱ
彩色	(채색)	3Ⅱ	–	7	招聘	(초빙)	4	–	3
菜蔬	(채소)	3Ⅱ	–	3	超越	(초월)	3Ⅱ	–	3Ⅱ
採擇	(채택)	4	–	4	初創	(초창)	5	–	4Ⅱ
策謀	(책모)	3Ⅱ	–	3Ⅱ	促急	(촉급)	3Ⅱ	–	6Ⅱ
冊書	(책서)	4	–	6Ⅱ	促迫	(촉박)	3Ⅱ	–	3Ⅱ
責任	(책임)	5Ⅱ	–	5Ⅱ	村落	(촌락)	7	–	5
踐踏	(천답)	3Ⅱ	–	3Ⅱ	村里	(촌리)	7	–	7
淺薄	(천박)	3Ⅱ	–	3Ⅱ	寸節	(촌절)	8	–	5Ⅱ

聰明	(총명)	3	–	6Ⅱ	浸透	(침투)	3Ⅱ	–	3Ⅱ
催促	(최촉)	3Ⅱ	–	3Ⅱ	打擊	(타격)	5	–	4
抽拔	(추발)	3	–	3Ⅱ	墮落	(타락)	3	–	5
追隨	(추수)	3Ⅱ	–	3Ⅱ	度量	(탁량)	6	–	5
追從	(추종)	3Ⅱ	–	4	濁汚	(탁오)	3	–	3
祝慶	(축경)	5	–	4Ⅱ	卓越	(탁월)	5	–	3Ⅱ
築構	(축구)	4Ⅱ	–	4	奪掠	(탈략)	3Ⅱ	–	3
畜牛	(축우)	3Ⅱ	–	5	探求	(탐구)	4	–	4Ⅱ
蓄積	(축적)	4Ⅱ	–	4	探訪	(탐방)	4	–	4Ⅱ
出生	(출생)	7	–	8	探索	(탐색)	4	–	3Ⅱ
衝激	(충격)	3Ⅱ	–	4	貪慾	(탐욕)	3	–	3Ⅱ
衝突	(충돌)	3Ⅱ	–	3Ⅱ	怠慢	(태만)	3	–	3
充滿	(충만)	5Ⅱ	–	4Ⅱ	態樣	(태양)	4Ⅱ	–	4
趣意	(취의)	4	–	6Ⅱ	泰平	(태평)	3Ⅱ	–	7Ⅱ
側傍	(측방)	3Ⅱ	–	3	宅舍	(택사)	5Ⅱ	–	4Ⅱ
測度	(측탁)	4Ⅱ	–	6	討伐	(토벌)	4	–	4Ⅱ
層階	(층계)	4	–	4	土壤	(토양)	8	–	3Ⅱ
治理	(치리)	4Ⅱ	–	6Ⅱ	土地	(토지)	8	–	7
稚幼	(치유)	3Ⅱ	–	3Ⅱ	通貫	(통관)	6	–	3Ⅱ
侵掠	(침략)	4Ⅱ	–	3	洞達	(통달)	7	–	4Ⅱ
沈沒	(침몰)	3Ⅱ	–	3Ⅱ	通達	(통달)	6	–	4Ⅱ
沈默	(침묵)	3Ⅱ	–	3Ⅱ	統領	(통령)	4Ⅱ	–	5
侵犯	(침범)	4Ⅱ	–	4	統率	(통솔)	4Ⅱ	–	3Ⅱ
沈潛	(침잠)	3Ⅱ	–	3Ⅱ	統帥	(통수)	4Ⅱ	–	3Ⅱ

通徹	(통철)	6	–	3Ⅱ	弊害	(폐해)	3Ⅱ	–	5Ⅱ
洞通	(통통)	7	–	6	抱擁	(포옹)	3	–	3
通透	(통투)	6	–	3Ⅱ	包容	(포용)	4Ⅱ	–	4Ⅱ
統合	(통합)	4Ⅱ	–	6	包圍	(포위)	4Ⅱ	–	4
退却	(퇴각)	4Ⅱ	–	3	捕捉	(포착)	3Ⅱ	–	3
鬪爭	(투쟁)	4	–	5	包含	(포함)	4Ⅱ	–	3Ⅱ
鬪戰	(투전)	4	–	6Ⅱ	抱懷	(포회)	3	–	3Ⅱ
透徹	(투철)	3Ⅱ	–	3Ⅱ	捕獲	(포획)	3Ⅱ	–	3Ⅱ
透浸	(투침)	3Ⅱ	–	3Ⅱ	暴露	(폭로)	4Ⅱ	–	3Ⅱ
透通	(투통)	3Ⅱ	–	6	表皮	(표피)	6Ⅱ	–	3Ⅱ
特殊	(특수)	6	–	3Ⅱ	品件	(품건)	5Ⅱ	–	5
特異	(특이)	6	–	4	品物	(품물)	5Ⅱ	–	7Ⅱ
波浪	(파랑)	4Ⅱ	–	3Ⅱ	豊足	(풍족)	4Ⅱ	–	7Ⅱ
判決	(판결)	4	–	5Ⅱ	豊厚	(풍후)	4Ⅱ	–	4
販賣	(판매)	3	–	5	疲困	(피곤)	4	–	4
敗亡	(패망)	5	–	5	疲勞	(피로)	4	–	5Ⅱ
敗北	(패배)	5	–	8	皮革	(피혁)	3Ⅱ	–	4
便安	(편안)	7	–	7Ⅱ	畢竟	(필경)	3Ⅱ	–	3
平均	(평균)	7Ⅱ	–	4	下降	(하강)	7Ⅱ	–	4
平等	(평등)	7Ⅱ	–	6Ⅱ	賀慶	(하경)	3Ⅱ	–	4Ⅱ
平安	(평안)	7Ⅱ	–	7Ⅱ	河川	(하천)	5	–	7
平和	(평화)	7Ⅱ	–	6Ⅱ	學習	(학습)	8	–	6
廢棄	(폐기)	3Ⅱ	–	3	寒冷	(한랭)	5	–	5
廢亡	(폐망)	3Ⅱ	–	5	恨歎	(한탄)	4	–	4

陷沒	(함몰)	3Ⅱ	–	3Ⅱ		顯著	(현저)	4	–	3Ⅱ
抗拒	(항거)	4	–	4		顯現	(현현)	4	–	6Ⅱ
航船	(항선)	4Ⅱ	–	5		嫌忌	(혐기)	3	–	3
該當	(해당)	3	–	5Ⅱ		嫌惡	(혐오)	3	–	5Ⅱ
害毒	(해독)	5Ⅱ	–	4Ⅱ		脅迫	(협박)	3Ⅱ	–	3Ⅱ
解放	(해방)	4Ⅱ	–	6Ⅱ		協和	(협화)	4Ⅱ	–	6Ⅱ
解散	(해산)	4Ⅱ	–	4		形貌	(형모)	6Ⅱ	–	3Ⅱ
解釋	(해석)	4Ⅱ	–	3Ⅱ		刑罰	(형벌)	4	–	4Ⅱ
解消	(해소)	4Ⅱ	–	6Ⅱ		形像	(형상)	6Ⅱ	–	3Ⅱ
害損	(해손)	5Ⅱ	–	4		形象	(형상)	6Ⅱ	–	4
海洋	(해양)	7Ⅱ	–	6		形式	(형식)	6Ⅱ	–	6
行動	(행동)	6	–	7Ⅱ		形容	(형용)	6Ⅱ	–	4Ⅱ
行爲	(행위)	6	–	4Ⅱ		形態	(형태)	6Ⅱ	–	4Ⅱ
鄕村	(향촌)	4Ⅱ	–	7		惠恩	(혜은)	4Ⅱ	–	4Ⅱ
許可	(허가)	5	–	5		慧智	(혜지)	3Ⅱ	–	4
虛空	(허공)	4Ⅱ	–	7Ⅱ		惠澤	(혜택)	4Ⅱ	–	3Ⅱ
許諾	(허락)	5	–	3Ⅱ		毫毛	(호모)	3	–	4Ⅱ
虛無	(허무)	4Ⅱ	–	5		毫髮	(호발)	3	–	4
虛僞	(허위)	4Ⅱ	–	3Ⅱ		互相	(호상)	3	–	5Ⅱ
獻納	(헌납)	3Ⅱ	–	4		混亂	(혼란)	4	–	4
憲法	(헌법)	4	–	5Ⅱ		魂靈	(혼령)	3Ⅱ	–	3Ⅱ
懸掛	(현괘)	3Ⅱ	–	3		昏冥	(혼명)	3	–	3
賢良	(현량)	4Ⅱ	–	5Ⅱ		婚姻	(혼인)	4	–	3
玄妙	(현묘)	3Ⅱ	–	4		混雜	(혼잡)	4	–	4
絃線	(현선)	3	–	6Ⅱ		混濁	(혼탁)	4	–	3

鴻雁	(홍안)	3	–	3		會集	(회집)	6Ⅱ	–	6Ⅱ
畫圖	(화도)	6	–	6Ⅱ		懷抱	(회포)	3Ⅱ	–	3
和睦	(화목)	6Ⅱ	–	3Ⅱ		悔恨	(회한)	3Ⅱ	–	4
化變	(화변)	5Ⅱ	–	5Ⅱ		獲得	(획득)	3Ⅱ	–	4Ⅱ
話說	(화설)	7Ⅱ	–	5Ⅱ		曉晨	(효신)	3	–	3
禍殃	(화앙)	3Ⅱ	–	3		訓敎	(훈교)	6	–	8
禍厄	(화액)	3Ⅱ	–	3		訓導	(훈도)	6	–	4Ⅱ
話言	(화언)	7Ⅱ	–	6		毁壞	(훼괴)	3	–	3Ⅱ
禍災	(화재)	3Ⅱ	–	5		輝光	(휘광)	3	–	6Ⅱ
貨財	(화재)	4Ⅱ	–	5Ⅱ		携帶	(휴대)	3	–	4Ⅱ
和平	(화평)	6Ⅱ	–	7Ⅱ		休息	(휴식)	7	–	4Ⅱ
貨幣	(화폐)	4Ⅱ	–	3		凶猛	(흉맹)	5Ⅱ	–	3Ⅱ
和協	(화협)	6Ⅱ	–	4Ⅱ		凶惡	(흉악)	5Ⅱ	–	5Ⅱ
確固	(확고)	4Ⅱ	–	5		凶暴	(흉포)	5Ⅱ	–	4Ⅱ
還歸	(환귀)	3Ⅱ	–	4		吸飮	(흡음)	4Ⅱ	–	6Ⅱ
歡悅	(환열)	4	–	3Ⅱ		興起	(흥기)	4Ⅱ	–	4Ⅱ
患憂	(환우)	5	–	3Ⅱ		興隆	(흥륭)	4Ⅱ	–	3Ⅱ
歡喜	(환희)	4	–	4		稀貴	(희귀)	3Ⅱ	–	5
皇王	(황왕)	3Ⅱ	–	8		喜樂	(희락)	4	–	6Ⅱ
皇帝	(황제)	3Ⅱ	–	4		希望	(희망)	4Ⅱ	–	5Ⅱ
荒廢	(황폐)	3Ⅱ	–	3Ⅱ		稀少	(희소)	3Ⅱ	–	7
回歸	(회귀)	4Ⅱ	–	4		喜悅	(희열)	4	–	3Ⅱ
會社	(회사)	6Ⅱ	–	6Ⅱ		希願	(희원)	4Ⅱ	–	5
回旋	(회선)	4Ⅱ	–	3Ⅱ		戱遊	(희유)	3Ⅱ	–	4
回轉	(회전)	4Ⅱ	–	4						

유의어(類義語) - 뜻이 비슷한 한자어(漢字語)

架空	(가공)	–	虛構	(허구)	3Ⅱ 7Ⅱ	–	4Ⅱ 4
佳約	(가약)	–	婚約	(혼약)	3Ⅱ 5Ⅱ	–	4 5Ⅱ
角逐	(각축)	–	逐鹿	(축록)	6Ⅱ 3	–	3 3
簡拔	(간발)	–	選拔	(선발)	4 3Ⅱ	–	5 3Ⅱ
簡册	(간책)	–	竹簡	(죽간)	4 4	–	4Ⅱ 4
講士	(강사)	–	演士	(연사)	4Ⅱ 5Ⅱ	–	4Ⅱ 5Ⅱ
強風	(강풍)	–	猛風	(맹풍)	6 6Ⅱ	–	3Ⅱ 6Ⅱ
開拓	(개척)	–	開荒	(개황)	6 3Ⅱ	–	6 3Ⅱ
客房	(객방)	–	賓室	(빈실)	5Ⅱ 4Ⅱ	–	3 8
巨商	(거상)	–	豪商	(호상)	4 5Ⅱ	–	3Ⅱ 5Ⅱ
乞身	(걸신)	–	請老	(청로)	3 6Ⅱ	–	4Ⅱ 7
激勵	(격려)	–	鼓舞	(고무)	4 3Ⅱ	–	3Ⅱ 4
決心	(결심)	–	覺悟	(각오)	5Ⅱ 7	–	4 3Ⅱ
敬老	(경로)	–	尙齒	(상치)	5Ⅱ 7	–	3Ⅱ 4Ⅱ
敬仰	(경앙)	–	仰慕	(앙모)	5Ⅱ 3Ⅱ	–	3Ⅱ 3Ⅱ
傾向	(경향)	–	動向	(동향)	4 6	–	7Ⅱ 6
計略	(계략)	–	方略	(방략)	6Ⅱ 4	–	7Ⅱ 4
高見	(고견)	–	尊意	(존의)	6Ⅱ 5Ⅱ	–	4Ⅱ 6Ⅱ
考量	(고량)	–	思料	(사료)	5 5	–	5 5
固守	(고수)	–	墨守	(묵수)	5 4Ⅱ	–	3Ⅱ 4Ⅱ
故友	(고우)	–	故舊	(고구)	4Ⅱ 5Ⅱ	–	4Ⅱ 5Ⅱ
鼓吹	(고취)	–	鼓舞	(고무)	3Ⅱ 3Ⅱ	–	3Ⅱ 4
古賢	(고현)	–	先哲	(선철)	6 4Ⅱ	–	8 3Ⅱ
古稀	(고희)	–	從心	(종심)	6 3Ⅱ	–	4 7

曲解	(곡해)	–	誤解	(오해)	5 4Ⅱ	–	4Ⅱ 4Ⅱ
功業	(공업)	–	功烈	(공렬)	6Ⅱ 6Ⅱ	–	6Ⅱ 4
貢獻	(공헌)	–	寄與	(기여)	3Ⅱ 3Ⅱ	–	4 4
過激	(과격)	–	急進	(급진)	5Ⅱ 4	–	6Ⅱ 4Ⅱ
管見	(관견)	–	短見	(단견)	4 5Ⅱ	–	6Ⅱ 5Ⅱ
冠省	(관생)	–	除煩	(제번)	3Ⅱ 6Ⅱ	–	4Ⅱ 3
廣才	(광재)	–	逸才	(일재)	5Ⅱ 6Ⅱ	–	3Ⅱ 6Ⅱ
交番	(교번)	–	遞番	(체번)	6 6	–	3 6
交涉	(교섭)	–	折衝	(절충)	6 3	–	4 3Ⅱ
久疾	(구질)	–	宿病	(숙병)	3Ⅱ 3Ⅱ	–	5Ⅱ 6
求婚	(구혼)	–	請婚	(청혼)	4Ⅱ 4	–	4Ⅱ 4
窮民	(궁민)	–	難民	(난민)	4 8	–	4Ⅱ 8
厥初	(궐초)	–	始初	(시초)	3 5	–	6Ⅱ 5
貴家	(귀가)	–	尊宅	(존택)	5 7Ⅱ	–	4Ⅱ 5Ⅱ
歸宅	(귀택)	–	還家	(환가)	4 5Ⅱ	–	3Ⅱ 7Ⅱ
極力	(극력)	–	盡力	(진력)	4Ⅱ 7Ⅱ	–	4 7Ⅱ
根幹	(근간)	–	基礎	(기초)	6 3Ⅱ	–	5Ⅱ 3Ⅱ
給料	(급료)	–	給與	(급여)	5 5	–	5 4
急所	(급소)	–	要點	(요점)	6Ⅱ 7	–	5Ⅱ 4
奇計	(기계)	–	妙策	(묘책)	4 6Ⅱ	–	4 3Ⅱ
器量	(기량)	–	才能	(재능)	4Ⅱ 5	–	6Ⅱ 5Ⅱ
旣述	(기술)	–	前述	(전술)	3 3Ⅱ	–	7Ⅱ 3Ⅱ
氣品	(기품)	–	風格	(풍격)	7Ⅱ 5Ⅱ	–	6Ⅱ 5Ⅱ
吉凶	(길흉)	–	慶弔	(경조)	5 5Ⅱ	–	4Ⅱ 3

濫用	(남용)	–	誤用	(오용)	3 6Ⅱ	–	4Ⅱ 6Ⅱ
浪費	(낭비)	–	徒消	(도소)	3Ⅱ 5	–	4 6Ⅱ
冷暖	(냉난)	–	寒暑	(한서)	5 4Ⅱ	–	5 3
勞作	(노작)	–	力作	(역작)	5Ⅱ 6Ⅱ	–	7Ⅱ 6Ⅱ
短命	(단명)	–	薄命	(박명)	6Ⅱ 7	–	3Ⅱ 7
丹粧	(단장)	–	化粧	(화장)	3Ⅱ 3Ⅱ	–	5Ⅱ 3Ⅱ
當到	(당도)	–	到達	(도달)	5Ⅱ 5Ⅱ	–	5Ⅱ 4Ⅱ
大寶	(대보)	–	至寶	(지보)	8 4Ⅱ	–	4Ⅱ 4Ⅱ
待遇	(대우)	–	處遇	(처우)	6 4	–	4Ⅱ 4
大河	(대하)	–	長江	(장강)	8 5	–	8 7Ⅱ
同甲	(동갑)	–	同齒	(동치)	7 4	–	7 4Ⅱ
同類	(동류)	–	伴黨	(반당)	7 5Ⅱ	–	3 4Ⅱ
同意	(동의)	–	贊成	(찬성)	7 6Ⅱ	–	3Ⅱ 6Ⅱ
頭眉	(두미)	–	始終	(시종)	6 3	–	6Ⅱ 5
頭緒	(두서)	–	條理	(조리)	6 3Ⅱ	–	4 6Ⅱ
登極	(등극)	–	卽位	(즉위)	7 4Ⅱ	–	3Ⅱ 5
晩年	(만년)	–	老年	(노년)	3Ⅱ 8	–	7 8
望鄕	(망향)	–	懷鄕	(회향)	5Ⅱ 4Ⅱ	–	3Ⅱ 4Ⅱ
面相	(면상)	–	容貌	(용모)	7 5Ⅱ	–	4Ⅱ 3Ⅱ
名勝	(명승)	–	景勝	(경승)	7Ⅱ 6	–	5 6
謀略	(모략)	–	方略	(방략)	3Ⅱ 4	–	7Ⅱ 4
模範	(모범)	–	龜鑑	(귀감)	4 4	–	3 3Ⅱ
目讀	(목독)	–	默讀	(묵독)	6 6Ⅱ	–	3Ⅱ 6Ⅱ
沒頭	(몰두)	–	專心	(전심)	3Ⅱ 6	–	4 7

武術	(무술)	–	武藝	(무예)	4Ⅱ 6Ⅱ	–	4Ⅱ 4Ⅱ
默諾	(묵낙)	–	默認	(묵인)	3Ⅱ 3Ⅱ	–	3Ⅱ 4Ⅱ
問候	(문후)	–	問安	(문안)	7 4	–	7 7Ⅱ
未久	(미구)	–	不遠	(불원)	4Ⅱ 3Ⅱ	–	7Ⅱ 6
美酒	(미주)	–	佳酒	(가주)	6 4	–	3Ⅱ 4
密通	(밀통)	–	暗通	(암통)	4Ⅱ 6	–	4Ⅱ 6
薄情	(박정)	–	冷淡	(냉담)	3Ⅱ 5Ⅱ	–	5 3Ⅱ
叛徒	(반도)	–	逆黨	(역당)	3 4	–	4Ⅱ 4Ⅱ
反逆	(반역)	–	謀反	(모반)	6Ⅱ 4Ⅱ	–	3Ⅱ 6
發端	(발단)	–	始作	(시작)	6Ⅱ 4Ⅱ	–	6Ⅱ 6Ⅱ
發送	(발송)	–	郵送	(우송)	6Ⅱ 4Ⅱ	–	4 4Ⅱ
傍觀	(방관)	–	坐視	(좌시)	3 5Ⅱ	–	3Ⅱ 4Ⅱ
方法	(방법)	–	手段	(수단)	7 5Ⅱ	–	7Ⅱ 4
背恩	(배은)	–	忘德	(망덕)	4Ⅱ 4Ⅱ	–	3 5Ⅱ
白眉	(백미)	–	壓卷	(압권)	8 3	–	4Ⅱ 4
凡夫	(범부)	–	俗人	(속인)	3Ⅱ 7	–	4Ⅱ 8
變遷	(변천)	–	沿革	(연혁)	5Ⅱ 3Ⅱ	–	3Ⅱ 4
普遍	(보편)	–	一般	(일반)	4 3	–	8 3Ⅱ
伏龍	(복룡)	–	臥龍	(와룡)	4 4	–	3 4
本末	(본말)	–	首尾	(수미)	6 5	–	5Ⅱ 3Ⅱ
部門	(부문)	–	分野	(분야)	6Ⅱ 8	–	6Ⅱ 6
負約	(부약)	–	僞言	(위언)	4 5Ⅱ	–	3Ⅱ 6
祕本	(비본)	–	珍書	(진서)	4 6	–	4 6Ⅱ
比翼	(비익)	–	連理	(연리)	5 3Ⅱ	–	4Ⅱ 6Ⅱ

射技	(사기)	–	弓術	(궁술)	4 5	–	3Ⅱ 6Ⅱ
事前	(사전)	–	未然	(미연)	7Ⅱ 7Ⅱ	–	4Ⅱ 7
詐稱	(사칭)	–	冒名	(모명)	3 4	–	3 7Ⅱ
私通	(사통)	–	通情	(통정)	4 6	–	6 5Ⅱ
山林	(산림)	–	隱士	(은사)	8 7	–	4 5Ⅱ
散策	(산책)	–	散步	(산보)	4 3Ⅱ	–	4 4Ⅱ
賞美	(상미)	–	稱讚	(칭찬)	5 6	–	4 4
狀況	(상황)	–	情勢	(정세)	4Ⅱ 4	–	5Ⅱ 4Ⅱ
暑衣	(서의)	–	夏服	(하복)	3 6	–	7 6
仙境	(선경)	–	桃源	(도원)	5Ⅱ 4Ⅱ	–	3Ⅱ 4
先納	(선납)	–	豫納	(예납)	8 4	–	4 4
善治	(선치)	–	善政	(선정)	5 4Ⅱ	–	5 4Ⅱ
說破	(설파)	–	論破	(논파)	5Ⅱ 4Ⅱ	–	4Ⅱ 4Ⅱ
成就	(성취)	–	達成	(달성)	6Ⅱ 4	–	4Ⅱ 6Ⅱ
所望	(소망)	–	念願	(염원)	7 5Ⅱ	–	5Ⅱ 5
所願	(소원)	–	希望	(희망)	7 5	–	4Ⅱ 5Ⅱ
素行	(소행)	–	品行	(품행)	4Ⅱ 6	–	5Ⅱ 6
俗論	(속론)	–	流議	(유의)	4Ⅱ 4Ⅱ	–	5Ⅱ 4Ⅱ
刷新	(쇄신)	–	革新	(혁신)	3Ⅱ 6Ⅱ	–	4 6Ⅱ
首尾	(수미)	–	始終	(시종)	5Ⅱ 3Ⅱ	–	6Ⅱ 5
修飾	(수식)	–	治粧	(치장)	4Ⅱ 3Ⅱ	–	4Ⅱ 3Ⅱ
熟歲	(숙세)	–	豊年	(풍년)	3Ⅱ 5Ⅱ	–	4Ⅱ 8
承諾	(승낙)	–	許諾	(허락)	4Ⅱ 3Ⅱ	–	5 3Ⅱ
昇進	(승진)	–	榮轉	(영전)	3Ⅱ 4Ⅱ	–	4Ⅱ 4

視野	(시야)	–	眼界	(안계)	4Ⅱ 6	–	4Ⅱ 6Ⅱ
始祖	(시조)	–	鼻祖	(비조)	6Ⅱ 7	–	5 7
食言	(식언)	–	負約	(부약)	7Ⅱ 6	–	4 5Ⅱ
神算	(신산)	–	神策	(신책)	6Ⅱ 7	–	6Ⅱ 3Ⅱ
信音	(신음)	–	雁書	(안서)	6Ⅱ 6Ⅱ	–	3 6Ⅱ
心友	(심우)	–	知音	(지음)	7 5Ⅱ	–	5Ⅱ 6Ⅱ
我軍	(아군)	–	友軍	(우군)	3Ⅱ 8	–	5Ⅱ 8
壓迫	(압박)	–	威壓	(위압)	4Ⅱ 3Ⅱ	–	4 4Ⅱ
哀歡	(애환)	–	喜悲	(희비)	3Ⅱ 4	–	4 4Ⅱ
野合	(야합)	–	私通	(사통)	6 6	–	4 6
約婚	(약혼)	–	佳約	(가약)	5Ⅱ 4	–	3Ⅱ 5Ⅱ
御聲	(어성)	–	德音	(덕음)	3Ⅱ 4Ⅱ	–	5Ⅱ 6Ⅱ
業績	(업적)	–	功績	(공적)	6Ⅱ 4	–	6Ⅱ 4
旅館	(여관)	–	客舍	(객사)	5Ⅱ 3Ⅱ	–	5Ⅱ 4Ⅱ
逆轉	(역전)	–	反轉	(반전)	4Ⅱ 4	–	6Ⅱ 4
戀歌	(연가)	–	情歌	(정가)	3Ⅱ 7	–	5Ⅱ 7
然否	(연부)	–	與否	(여부)	7 4	–	4 4
廉價	(염가)	–	低價	(저가)	3 5Ⅱ	–	4Ⅱ 5Ⅱ
零落	(영락)	–	衰落	(쇠락)	3 5	–	3Ⅱ 5
永眠	(영면)	–	他界	(타계)	6 3Ⅱ	–	5 6Ⅱ
領域	(영역)	–	分野	(분야)	5 4	–	6Ⅱ 6
領土	(영토)	–	版圖	(판도)	5 8	–	3Ⅱ 6Ⅱ
禮物	(예물)	–	幣物	(폐물)	6 7Ⅱ	–	3 7Ⅱ
緩急	(완급)	–	遲速	(지속)	3Ⅱ 6Ⅱ	–	3 6

愚見	(우견)	–	拙見	(졸견)	3Ⅱ 5Ⅱ	–	3 5Ⅱ
優待	(우대)	–	厚待	(후대)	4 6	–	4 6
運送	(운송)	–	通運	(통운)	6Ⅱ 4Ⅱ	–	6 6Ⅱ
原因	(원인)	–	理由	(이유)	5 5	–	6Ⅱ 6
威儀	(위의)	–	儀觀	(의관)	4 4	–	4 5Ⅱ
留級	(유급)	–	落第	(낙제)	4Ⅱ 6	–	5 6Ⅱ
遊離	(유리)	–	漂泊	(표박)	4 4	–	3 3
維新	(유신)	–	革新	(혁신)	3Ⅱ 6Ⅱ	–	4 6Ⅱ
幼稚	(유치)	–	未熟	(미숙)	3Ⅱ 3Ⅱ	–	4Ⅱ 3Ⅱ
倫理	(윤리)	–	道德	(도덕)	3Ⅱ 6Ⅱ	–	7Ⅱ 5Ⅱ
潤文	(윤문)	–	改稿	(개고)	3Ⅱ 7	–	5 3Ⅱ
潤澤	(윤택)	–	豊富	(풍부)	3Ⅱ 3Ⅱ	–	4Ⅱ 4Ⅱ
應辯	(응변)	–	隨機	(수기)	4Ⅱ 4	–	3Ⅱ 4
利潤	(이윤)	–	利文	(이문)	6Ⅱ 3Ⅱ	–	6Ⅱ 7
移葬	(이장)	–	遷墓	(천묘)	4Ⅱ 3Ⅱ	–	3Ⅱ 4
認可	(인가)	–	許可	(허가)	4Ⅱ 5	–	5 5
逸才	(일재)	–	秀才	(수재)	3Ⅱ 6Ⅱ	–	4 6Ⅱ
一毫	(일호)	–	秋毫	(추호)	8 3	–	7 3
任意	(임의)	–	恣意	(자의)	5Ⅱ 6Ⅱ	–	3 6Ⅱ
入寂	(입적)	–	歸元	(귀원)	7 3Ⅱ	–	4 5Ⅱ
殘命	(잔명)	–	餘壽	(여수)	4 7	–	4Ⅱ 3Ⅱ
壯志	(장지)	–	雄志	(웅지)	4 4Ⅱ	–	5 4Ⅱ
在廷	(재정)	–	在朝	(재조)	6 3Ⅱ	–	6 6
著姓	(저성)	–	名族	(명족)	3Ⅱ 7Ⅱ	–	7Ⅱ 6

摘出	(적출)	–	摘發	(적발)	3Ⅱ 7	–	3Ⅱ 6Ⅱ
轉居	(전거)	–	移轉	(이전)	4 4	–	4Ⅱ 4
專決	(전결)	–	獨斷	(독단)	4 5Ⅱ	–	5Ⅱ 4Ⅱ
轉變	(전변)	–	變化	(변화)	4 5Ⅱ	–	5Ⅱ 5Ⅱ
漸漸	(점점)	–	次次	(차차)	3Ⅱ 3Ⅱ	–	4Ⅱ 4Ⅱ
精讀	(정독)	–	熟讀	(숙독)	4Ⅱ 6Ⅱ	–	3Ⅱ 6Ⅱ
情勢	(정세)	–	狀況	(상황)	5Ⅱ 4Ⅱ	–	4Ⅱ 4
情趣	(정취)	–	風情	(풍정)	5Ⅱ 4	–	6Ⅱ 5Ⅱ
操心	(조심)	–	注意	(주의)	5 7	–	6Ⅱ 6Ⅱ
尊稱	(존칭)	–	敬稱	(경칭)	4Ⅱ 4	–	5Ⅱ 4
拙稿	(졸고)	–	愚稿	(우고)	3 3Ⅱ	–	3Ⅱ 3Ⅱ
卒壽	(졸수)	–	凍梨	(동리)	5Ⅱ 3Ⅱ	–	3Ⅱ 3
從心	(종심)	–	稀壽	(희수)	4 7	–	3Ⅱ 3Ⅱ
仲介	(중개)	–	居間	(거간)	3Ⅱ 3Ⅱ	–	4 7Ⅱ
遲參	(지참)	–	晚到	(만도)	3 5Ⅱ	–	3Ⅱ 5Ⅱ
進步	(진보)	–	向上	(향상)	4Ⅱ 4Ⅱ	–	6 7Ⅱ
進退	(진퇴)	–	去就	(거취)	4Ⅱ 4Ⅱ	–	5 4
贊反	(찬반)	–	可否	(가부)	3Ⅱ 6Ⅱ	–	5 4
贊助	(찬조)	–	協贊	(협찬)	3Ⅱ 4Ⅱ	–	4Ⅱ 3Ⅱ
蒼空	(창공)	–	碧空	(벽공)	3Ⅱ 7Ⅱ	–	3Ⅱ 7Ⅱ
尺土	(척토)	–	寸土	(촌토)	3Ⅱ 8	–	8 8
天地	(천지)	–	乾坤	(건곤)	7 7	–	3Ⅱ 3
天地	(천지)	–	覆載	(부재)	7 7	–	3Ⅱ 3Ⅱ
淸濁	(청탁)	–	好惡	(호오)	6Ⅱ 3	–	4Ⅱ 5Ⅱ

滯拂	(체불)	–	滯納	(체납)	3Ⅱ 3Ⅱ	–	3Ⅱ 4
招請	(초청)	–	招待	(초대)	4 4Ⅱ	–	4 6
秋毫	(추호)	–	毫末	(호말)	7 3		3 5
出荷	(출하)	–	積出	(적출)	7 3Ⅱ		4 7
治粧	(치장)	–	裝飾	(장식)	4Ⅱ 3Ⅱ		4 3Ⅱ
寢床	(침상)	–	寢臺	(침대)	4 4Ⅱ	–	4 3Ⅱ
脫獄	(탈옥)	–	破獄	(파옥)	4 3Ⅱ	–	4Ⅱ 3Ⅱ
吐說	(토설)	–	實吐	(실토)	3Ⅱ 5Ⅱ	–	5Ⅱ 3Ⅱ
痛感	(통감)	–	切感	(절감)	4 6		5Ⅱ 6
統率	(통솔)	–	統領	(통령)	4Ⅱ 3Ⅱ	–	4Ⅱ 5
特酒	(특주)	–	名酒	(명주)	6 4	–	7Ⅱ 4
破産	(파산)	–	倒産	(도산)	4Ⅱ 5Ⅱ	–	3Ⅱ 5Ⅱ
遍歷	(편력)	–	轉歷	(전력)	3 5Ⅱ	–	4 5Ⅱ
評論	(평론)	–	批評	(비평)	4 4Ⅱ	–	4 4
平凡	(평범)	–	尋常	(심상)	7Ⅱ 3	–	3 4Ⅱ
抱腹	(포복)	–	絶倒	(절도)	3 3Ⅱ	–	4Ⅱ 3Ⅱ
抱負	(포부)	–	雄志	(웅지)	3 4	–	5 4Ⅱ
漂流	(표류)	–	漂泊	(표박)	3 5Ⅱ		3 3
風燈	(풍등)	–	累卵	(누란)	6Ⅱ 4Ⅱ		3Ⅱ 4
下技	(하기)	–	末藝	(말예)	7Ⅱ 5		5 4Ⅱ
閑居	(한거)	–	燕息	(연식)	4 4	–	3Ⅱ 4Ⅱ
抗爭	(항쟁)	–	抗戰	(항전)	4 5	–	4 6Ⅱ
海外	(해외)	–	異域	(이역)	7Ⅱ 8	–	4 4
獻供	(헌공)	–	獻納	(헌납)	3Ⅱ 3Ⅱ	–	3Ⅱ 4

顯職	(현직)	–	達官	(달관)	4 4Ⅱ	–	4Ⅱ 4Ⅱ
脅迫	(협박)	–	威脅	(위협)	3Ⅱ 3Ⅱ	–	4 3Ⅱ
螢窓	(형창)	–	學窓	(학창)	3 6Ⅱ	–	8 6Ⅱ
護國	(호국)	–	衛國	(위국)	4Ⅱ 8	–	4Ⅱ 8
忽變	(홀변)	–	突變	(돌변)	3Ⅱ 5Ⅱ	–	3Ⅱ 5Ⅱ
鴻業	(홍업)	–	鴻績	(홍적)	3 6Ⅱ	–	3 4
皇恩	(황은)	–	皇澤	(황택)	3Ⅱ 4Ⅱ	–	3Ⅱ 3Ⅱ
會得	(회득)	–	理解	(이해)	6Ⅱ 4Ⅱ	–	6Ⅱ 4Ⅱ
回覽	(회람)	–	轉照	(전조)	4Ⅱ 4	–	4 3Ⅱ
劃一	(획일)	–	一律	(일률)	3Ⅱ 8	–	8 4Ⅱ
訓戒	(훈계)	–	勸戒	(권계)	6 4	–	4 4
凶報	(흉보)	–	哀啓	(애계)	5Ⅱ 4Ⅱ	–	3Ⅱ 3Ⅱ
興亡	(흥망)	–	盛衰	(성쇠)	4Ⅱ 5	–	4Ⅱ 3Ⅱ
喜樂	(희락)	–	喜悅	(희열)	4 6Ⅱ	–	4 3Ⅱ
懇親會	(간친회)	–	親睦會	(친목회)	3Ⅱ 6 6Ⅱ	–	6 3Ⅱ 6Ⅱ
改良種	(개량종)	–	育成種	(육성종)	5 5Ⅱ 5Ⅱ	–	7 6Ⅱ 5Ⅱ
開催者	(개최자)	–	主催者	(주최자)	6 3Ⅱ 6	–	7 3Ⅱ 6
車同軌	(거동궤)	–	書同文	(서동문)	7Ⅱ 7 3	–	6Ⅱ 7 7
巨細事	(거세사)	–	大小事	(대소사)	4 4Ⅱ 7Ⅱ	–	8 8 7Ⅱ
儉約家	(검약가)	–	節約家	(절약가)	4 5Ⅱ 7Ⅱ	–	5Ⅱ 5Ⅱ 7Ⅱ
景勝地	(경승지)	–	名勝地	(명승지)	5 6 7	–	7Ⅱ 6 7
經驗談	(경험담)	–	體驗談	(체험담)	4Ⅱ 4Ⅱ 5	–	6Ⅱ 4Ⅱ 5
孤兒院	(고아원)	–	保育院	(보육원)	4 5Ⅱ 5	–	4Ⅱ 7 5
高潮線	(고조선)	–	滿潮線	(만조선)	6Ⅱ 4 6Ⅱ	–	4Ⅱ 4 6Ⅱ

空想家	(공상가)	–	夢想家	(몽상가)	7Ⅱ 4Ⅱ 7Ⅱ	–	3Ⅱ 4Ⅱ 7Ⅱ
共通點	(공통점)	–	同一點	(동일점)	6Ⅱ 6 4	–	7 8 4
敎鍊場	(교련장)	–	訓鍊場	(훈련장)	8 3Ⅱ 7Ⅱ	–	6 3Ⅱ 7Ⅱ
交通業	(교통업)	–	運輸業	(운수업)	6 6 6Ⅱ	–	6Ⅱ 3Ⅱ 6Ⅱ
極上品	(극상품)	–	最上品	(최상품)	4Ⅱ 7Ⅱ 5Ⅱ	–	5 7Ⅱ 5Ⅱ
金蘭契	(금란계)	–	魚水親	(어수친)	8 3Ⅱ 3Ⅱ	–	5 8 6
騎馬術	(기마술)	–	乘馬術	(승마술)	3Ⅱ 5 6Ⅱ	–	3Ⅱ 5 6Ⅱ
都大體	(도대체)	–	大關節	(대관절)	5 8 6Ⅱ	–	8 5Ⅱ 5Ⅱ
桃源境	(도원경)	–	理想鄕	(이상향)	3Ⅱ 4 4Ⅱ	–	6Ⅱ 4Ⅱ 4Ⅱ
毒舌家	(독설가)	–	險口家	(험구가)	4Ⅱ 4 7Ⅱ	–	4 7 7Ⅱ
模造紙	(모조지)	–	白上紙	(백상지)	4 4Ⅱ 7	–	8 7Ⅱ 7
貿易國	(무역국)	–	通商國	(통상국)	3Ⅱ 4 8	–	6 5Ⅱ 8
未曾有	(미증유)	–	破天荒	(파천황)	4Ⅱ 3Ⅱ 7	–	4Ⅱ 7 3Ⅱ
放浪者	(방랑자)	–	流浪者	(유랑자)	6Ⅱ 3Ⅱ 6	–	5Ⅱ 3Ⅱ 6
訪問記	(방문기)	–	探訪記	(탐방기)	4Ⅱ 7 7	–	4 4Ⅱ 7
別乾坤	(별건곤)	–	別天地	(별천지)	6 3Ⅱ 3	–	6 7 7
普遍性	(보편성)	–	一般性	(일반성)	4 3 5Ⅱ	–	8 3Ⅱ 5Ⅱ
本土種	(본토종)	–	在來種	(재래종)	6 8 5Ⅱ	–	6 7 5Ⅱ
浮浪者	(부랑자)	–	無賴漢	(무뢰한)	3Ⅱ 3Ⅱ 6	–	5 3Ⅱ 7Ⅱ
不老草	(불로초)	–	不死藥	(불사약)	7Ⅱ 7 7	–	7Ⅱ 6 6
比翼鳥	(비익조)	–	連理枝	(연리지)	5 3Ⅱ 4Ⅱ	–	4Ⅱ 6Ⅱ 3Ⅱ
私有地	(사유지)	–	民有地	(민유지)	4 7 7	–	8 7 7
相思病	(상사병)	–	花風病	(화풍병)	5Ⅱ 5 6	–	7 6Ⅱ 6
喪布契	(상포계)	–	爲親契	(위친계)	3Ⅱ 4 3Ⅱ	–	4Ⅱ 6 3Ⅱ

設計圖	(설계도)	–	靑寫眞	(청사진)	4Ⅱ6Ⅱ6Ⅱ	–	854Ⅱ
所有物	(소유물)	–	掌中物	(장중물)	777Ⅱ	–	3Ⅱ87Ⅱ
瞬息間	(순식간)	–	轉瞬間	(전순간)	3Ⅱ4Ⅰ7Ⅱ	–	43Ⅱ7Ⅱ
新年辭	(신년사)	–	年頭辭	(연두사)	6Ⅱ84	–	864
愛酒家	(애주가)	–	好酒家	(호주가)	647Ⅱ	–	4Ⅱ47Ⅱ
魚水親	(어수친)	–	知音人	(지음인)	586	–	5Ⅱ6Ⅱ8
力不足	(역부족)	–	力不及	(역불급)	7Ⅱ7Ⅱ7Ⅱ	–	7Ⅱ7Ⅱ3Ⅱ
永久性	(영구성)	–	恒久性	(항구성)	63Ⅱ5Ⅱ	–	3Ⅱ3Ⅱ5Ⅱ
隷屬物	(예속물)	–	從屬物	(종속물)	347Ⅱ	–	447Ⅱ
宇宙船	(우주선)	–	衛星船	(위성선)	3Ⅱ3Ⅱ5	–	4Ⅱ4Ⅱ5
雲雨樂	(운우락)	–	薦枕石	(천침석)	5Ⅱ5Ⅱ6Ⅱ	–	336
月旦評	(월단평)	–	月朝評	(월조평)	83Ⅱ4	–	864
潤筆料	(윤필료)	–	揮毫料	(휘호료)	3Ⅱ5Ⅱ5	–	435
雜所得	(잡소득)	–	雜收入	(잡수입)	474Ⅱ	–	44Ⅱ7
再構成	(재구성)	–	再編成	(재편성)	546Ⅱ	–	53Ⅱ6Ⅱ
精米所	(정미소)	–	製粉所	(제분소)	4Ⅱ67	–	4Ⅱ47
周遊家	(주유가)	–	旅行家	(여행가)	447Ⅱ	–	5Ⅱ67Ⅱ
地方色	(지방색)	–	鄕土色	(향토색)	77Ⅱ7	–	4Ⅱ87
推定量	(추정량)	–	想定量	(상정량)	465	–	4Ⅱ65
通俗物	(통속물)	–	大衆物	(대중물)	64Ⅱ7Ⅱ	–	84Ⅱ7Ⅱ
合法性	(합법성)	–	適法性	(적법성)	65Ⅱ5Ⅱ	–	45Ⅱ5Ⅱ
鄕愁病	(향수병)	–	懷鄕病	(회향병)	4Ⅱ3Ⅱ6	–	3Ⅱ4Ⅱ6
紅一點	(홍일점)	–	一點紅	(일점홍)	484	–	844
休耕地	(휴경지)	–	休閑地	(휴한지)	73Ⅱ7	–	747

街談巷說 (가담항설)	道聽塗說 (도청도설)	4Ⅱ535Ⅱ	7Ⅱ435Ⅱ
刻骨難忘 (각골난망)	結草報恩 (결초보은)	444Ⅱ3	5Ⅱ74Ⅱ
各樣各色 (각양각색)	形形色色 (형형색색)	6Ⅱ46 7	6Ⅱ6 77
刻舟求劍 (각주구검)	守株待兔 (수주대토)	434Ⅱ3Ⅱ	4Ⅱ3Ⅱ63Ⅱ
干城之材 (간성지재)	命世之才 (명세지재)	44Ⅱ3Ⅱ5Ⅱ	77Ⅱ3Ⅱ6Ⅱ
甲男乙女 (갑남을녀)	張三李四 (장삼이사)	47Ⅱ3Ⅱ8	4868
擊壤之歌 (격양지가)	鼓腹擊壤 (고복격양)	43Ⅱ3Ⅱ7	3Ⅱ3 43Ⅱ
見利思義 (견리사의)	見危受命 (견위수명)	5Ⅱ654Ⅱ	5Ⅱ44Ⅱ7
犬兔之爭 (견토지쟁)	漁夫之利 (어부지리)	43Ⅱ3Ⅱ5	573Ⅱ6Ⅱ
傾國之色 (경국지색)	月態花容 (월태화용)	483Ⅱ7	84Ⅱ74Ⅱ
高閣大樓 (고각대루)	高臺廣室 (고대광실)	6Ⅱ3Ⅱ83Ⅱ	6Ⅱ3Ⅱ5Ⅱ8
高山流水 (고산유수)	淡水之交 (담수지교)	6Ⅱ85Ⅱ8	3Ⅱ83Ⅱ6
姑息之計 (고식지계)	臨時方便 (임시방편)	3Ⅱ4Ⅱ3Ⅱ6Ⅱ	3Ⅱ77Ⅱ7
骨肉之親 (골육지친)	血肉之親 (혈육지친)	44Ⅱ3Ⅱ6	4Ⅱ4 4Ⅱ3Ⅱ6
口蜜腹劍 (구밀복검)	笑裏藏刀 (소리장도)	733Ⅱ3Ⅱ	4Ⅱ3Ⅱ3Ⅱ3Ⅱ
近墨者黑 (근묵자흑)	近朱者赤 (근주자적)	63Ⅱ65	6465
金蘭之契 (금란지계)	水魚之交 (수어지교)	83Ⅱ3Ⅱ3Ⅱ	853Ⅱ6
金城湯池 (금성탕지)	難攻不落 (난공불락)	84Ⅱ3Ⅱ3Ⅱ	4Ⅱ47Ⅱ5
難伯難仲 (난백난중)	難兄難弟 (난형난제)	4Ⅱ34Ⅱ3Ⅱ	4Ⅱ84 8
累卵之危 (누란지위)	風前燈火 (풍전등화)	3Ⅱ43Ⅱ4	6Ⅱ7Ⅱ4Ⅱ8
淡水之交 (담수지교)	莫逆之友 (막역지우)	3Ⅱ83Ⅱ6	3Ⅱ4Ⅱ3Ⅱ5Ⅱ
大海一滴 (대해일적)	九牛一毛 (구우일모)	87Ⅱ83	8584Ⅱ
道不拾遺 (도불습유)	太平聖代 (태평성대)	7Ⅱ7Ⅱ3Ⅱ4	67Ⅱ4Ⅱ6Ⅱ
同病相憐 (동병상련)	草綠同色 (초록동색)	765Ⅱ3	7677

東山高臥 (동산고와)	–	悠悠自適 (유유자적)	886Ⅱ3	– 3Ⅱ37Ⅱ4
馬耳東風 (마이동풍)	–	吾不關焉 (오불관언)	5586Ⅱ	– 37Ⅱ53
莫上莫下 (막상막하)	–	伯仲之間 (백중지간)	3Ⅱ7Ⅱ3Ⅱ7Ⅱ	– 3Ⅱ3Ⅱ3Ⅱ7Ⅱ
麥秀之歎 (맥수지탄)	–	亡國之恨 (망국지한)	3Ⅱ43Ⅱ4	– 583Ⅱ4
孟母斷機 (맹모단기)	–	三遷之敎 (삼천지교)	3Ⅱ84Ⅱ4	– 83Ⅱ3Ⅱ8
面從腹背 (면종복배)	–	陽奉陰違 (양봉음위)	743Ⅱ4Ⅱ	– 65Ⅱ4Ⅱ3
傍若無人 (방약무인)	–	眼下無人 (안하무인)	33Ⅱ58	– 4Ⅱ7Ⅱ58
百年河淸 (백년하청)	–	何待歲月 (하대세월)	7856Ⅱ	– 3Ⅱ65Ⅱ8
比翼連理 (비익연리)	–	二姓之樂 (이성지락)	53Ⅱ4Ⅱ6Ⅱ	– 87Ⅱ3Ⅱ6Ⅱ
山海珍味 (산해진미)	–	龍味鳳湯 (용미봉탕)	87Ⅱ44Ⅱ	– 44Ⅱ3Ⅱ3Ⅱ
上石下臺 (상석하대)	–	姑息之計 (고식지계)	7Ⅱ67Ⅱ3	– 3Ⅱ4Ⅱ3Ⅱ6Ⅱ
首丘初心 (수구초심)	–	胡馬望北 (호마망북)	5Ⅱ357	– 3Ⅱ55Ⅱ8
宿虎衝鼻 (숙호충비)	–	打草驚蛇 (타초경사)	5Ⅱ3Ⅱ3Ⅱ5	– 5743Ⅱ
心心相印 (심심상인)	–	以心傳心 (이심전심)	775Ⅱ4Ⅱ	– 5Ⅱ75Ⅱ7
羊頭狗肉 (양두구육)	–	表裏不同 (표리부동)	4Ⅱ634Ⅱ	– 6Ⅱ3Ⅱ7Ⅱ7
愚公移山 (우공이산)	–	積小成大 (적소성대)	3Ⅱ64Ⅱ8	– 486Ⅱ8
類類相從 (유유상종)	–	草綠同色 (초록동색)	5Ⅱ55Ⅱ4	– 7677
因果應報 (인과응보)	–	種豆得豆 (종두득두)	56Ⅱ4Ⅱ4Ⅱ	– 5Ⅱ4Ⅱ4Ⅱ4Ⅱ
一擧兩得 (일거양득)	–	一石二鳥 (일석이조)	854Ⅱ4Ⅱ	– 8684Ⅱ
臨時方便 (임시방편)	–	目前之計 (목전지계)	3Ⅱ7Ⅱ77	– 67Ⅱ3Ⅱ6Ⅱ
轉禍爲福 (전화위복)	–	塞翁之馬 (새옹지마)	43Ⅱ4Ⅱ5Ⅱ	– 3Ⅱ33Ⅱ5
指呼之間 (지호지간)	–	一衣帶水 (일의대수)	4Ⅱ4Ⅱ3Ⅱ7Ⅱ	– 864Ⅱ8
天壤之差 (천양지차)	–	雲泥之差 (운니지차)	73Ⅱ3Ⅱ4	– 5Ⅱ3Ⅱ3Ⅱ4
沈魚落雁 (침어낙안)	–	天下絶色 (천하절색)	3Ⅱ553	– 77Ⅱ4Ⅱ7

通俗歌謠	(통속가요)	–	大衆歌謠	(대중가요)	6 4Ⅱ 74Ⅱ – 8 4Ⅱ 74Ⅱ
風前燈火	(풍전등화)	–	危機一髮	(위기일발)	6Ⅱ 7Ⅱ 4Ⅱ 8 – 4 4 8 4
匹夫匹婦	(필부필부)	–	甲男乙女	(갑남을녀)	3 7 3 4Ⅱ – 4 7Ⅱ 3Ⅱ 8
咸興差使	(함흥차사)	–	終無消息	(종무소식)	3 4Ⅱ 4 6 – 5 5 6Ⅱ 4Ⅱ
虎死留皮	(호사유피)	–	人死留名	(인사유명)	3Ⅱ 6 4Ⅱ 3Ⅱ – 8 6 4Ⅱ 7Ⅱ
紅顔薄命	(홍안박명)	–	佳人薄命	(가인박명)	4 3Ⅱ 3Ⅱ 7 – 3Ⅱ 8 3Ⅱ 7
黃狗乳臭	(황구유취)	–	口尙乳臭	(구상유취)	6 3 4 3 – 7 3Ⅱ 4 3
興亡盛衰	(흥망성쇠)	–	榮枯盛衰	(영고성쇠)	4Ⅱ 5 4Ⅱ 3Ⅱ – 4Ⅱ 3 4Ⅱ 3Ⅱ

假橋	(가교)	4Ⅱ 5	임시 다리.
架橋	(가교)	3Ⅱ 5	다리를 놓음.
加擔	(가담)	5 4Ⅱ	같은 편이 되어 함께 일을 함.
街談	(가담)	4Ⅱ 5	거리에 떠도는 소문이나 이야기.
家務	(가무)	7Ⅱ 4Ⅱ	집안일.
歌舞	(가무)	7 4	노래와 춤.
家寶	(가보)	7Ⅱ 4Ⅱ	한 집안에서 대를 물려 전하는 보배로운 물건.
家譜	(가보)	7Ⅱ 3Ⅱ	한 집안의 혈연관계나 내력을 계통 있게 적은 책.
假死	(가사)	4Ⅱ 6	죽은 것처럼 보이는 상태.
歌辭	(가사)	7 4	시가와 산문 중간 형태의 문학.
假設	(가설)	4Ⅱ 4Ⅱ	임시로 설치함.
假說	(가설)	4Ⅱ 5Ⅱ	어떤 사실을 설명하기 위하여 설정한 가정.
加設	(가설)	5 4Ⅱ	덧붙이거나 추가하여 설치함.
架設	(가설)	3Ⅱ 4Ⅱ	전깃줄이나 교량 따위를 공중에 건너질러 설치함.
街說	(가설)	4Ⅱ 5Ⅱ	거리에 떠도는 이야기, 세상의 평판.
加勢	(가세)	5 4Ⅱ	힘을 보태거나 거듦.
家勢	(가세)	7Ⅱ 4Ⅱ	집안의 살림살이 따위의 형세.
佳作	(가작)	3Ⅱ 6Ⅱ	매우 뛰어난 작품.
假作	(가작)	4Ⅱ 6Ⅱ	거짓 행동. 임시로 만든 것. 다른 작품을 베껴서 만든 작품.
加護	(가호)	5 4Ⅱ	보호하고 도와줌.
家戶	(가호)	7Ⅱ 4Ⅱ	집이나 가구 따위를 세는 단위.
各其	(각기)	6Ⅱ 3Ⅱ	저마다의 사람이나 사물.
脚氣	(각기)	3Ⅱ 7Ⅱ	비타민 비 원(B1)이 부족하여 일어나는 영양실조 증상.
刻字	(각자)	4 7	글자를 새김.

覺者	(각자)	4 6	진리를 깨달은 사람.
却下	(각하)	3 7Ⅱ	국가 기관에 대한 행정상 신청을 배척하는 처분. 소(訴) 따위가 요건을 갖추지 못한 경우, 소송을 종료하는 일.
閣下	(각하)	3Ⅱ 7Ⅱ	고급 관료나 인사들에 대한 경칭.
監吏	(감리)	4Ⅱ 3Ⅱ	감독하는 일을 맡아보던 관리.
監理	(감리)	4Ⅱ 6Ⅱ	감독하고 관리함.
感謝	(감사)	6 4Ⅱ	고마움을 나타내는 인사.
監事	(감사)	4Ⅱ 7Ⅱ	재산이나 업무를 감사하는 사람.
監査	(감사)	4Ⅱ 5	감독하고 검사함.
減産	(감산)	4Ⅱ 5Ⅱ	생산을 줄임.
減算	(감산)	4Ⅱ 7	빼어 셈함.
感傷	(감상)	6 4	하찮은 일에도 슬퍼져서 마음이 상함.
感想	(감상)	6 4Ⅱ	마음속에서 일어나는 느낌이나 생각.
鑑賞	(감상)	3Ⅱ 5	주로 예술 작품을 즐기고 평가함.
感受	(감수)	6 4Ⅱ	외부의 영향을 수동적으로 받아들임.
甘受	(감수)	4 4Ⅱ	책망이나 괴로움 따위를 달갑게 받아들임.
監修	(감수)	4Ⅱ 4Ⅱ	책의 저술이나 편찬 따위를 감독함.
剛斷	(강단)	3Ⅱ 4Ⅱ	굳세고 야무지게 견디어 내는 힘.
講壇	(강단)	4Ⅱ 5	강연 따위를 하는 사람이 올라서도록 약간 높게 만든 자리.
剛度	(강도)	3Ⅱ 6	금속의 단단하고 센 정도.
強盜	(강도)	6 4	폭행 따위의 수단으로 남의 재물을 빼앗는 행위.
江邊	(강변)	7Ⅱ 4Ⅱ	강가.
強辯	(강변)	6 4	이치에 닿지 아니한 것을 끝까지 주장함.
講士	(강사)	4Ⅱ 5Ⅱ	강연회에서 강연을 하는 사람.
講師	(강사)	4Ⅱ 4Ⅱ	학교 따위에서 위촉을 받아 강의를 하는 사람.

講說	(강설)	4Ⅱ 5Ⅱ	강론하여 설명함.
降雪	(강설)	4 6Ⅱ	눈이 내림.
講習	(강습)	4Ⅱ 6	학문 따위를 가르치고 익힘.
強襲	(강습)	6 3Ⅱ	습격을 강행함. 적이 예상치 못한 때에 세차게 공격함.
強占	(강점)	6 4	남의 것을 강제로 차지함.
強點	(강점)	6 4	남보다 우세하거나 더 뛰어난 점.
剛直	(강직)	3Ⅱ 7Ⅱ	마음이 꼿꼿하고 곧음.
降職	(강직)	4 4Ⅱ	직위를 낮춤.
鋼板	(강판)	3Ⅱ 5	강철판.
降板	(강판)	4 5	야구에서, 투수를 경기 도중에 마운드에서 내려오게 하는 일.
講和	(강화)	4Ⅱ 6Ⅱ	싸우던 두 편이 싸움을 그치고 평화로운 상태가 됨.
講話	(강화)	4Ⅱ 7Ⅱ	강의하듯이 쉽게 풀어서 이야기함.
改刊	(개간)	5 3Ⅱ	책 따위의 원판을 고치어 간행함.
開刊	(개간)	6 3Ⅱ	신문이나 책 따위를 처음으로 간행함.
概觀	(개관)	3Ⅱ 5Ⅱ	전체를 대강 살펴봄.
開館	(개관)	6 3Ⅱ	도서관 따위의 기관이 처음으로 문을 엶.
概說	(개설)	3Ⅱ 5Ⅱ	줄거리만 잡아 대강 설명함.
開設	(개설)	6 4Ⅱ	사무소나 제도 따위를 새로 마련하고 일을 시작함.
個數	(개수)	4Ⅱ 7	낱으로 셀 수 있는 물건의 수효.
改修	(개수)	5 4Ⅱ	고쳐서 바로잡거나 다시 만듦.
改訂	(개정)	5 3	글의 틀린 곳 따위를 고쳐 바로잡음.
開廷	(개정)	6 3Ⅱ	법정을 열어 재판을 시작하는 일.
改組	(개조)	5 4	조직 따위를 고쳐 다시 짬.
改造	(개조)	5 4Ⅱ	고쳐 다시 만듦.

改票	(개표)	5 4 Ⅱ	차표 따위를 들어가는 입구에서 검사함.
開票	(개표)	6 4 Ⅱ	투표함을 열고 투표의 결과를 점검함.
巨富	(거부)	4 4 Ⅱ	큰 부자.
拒否	(거부)	4 4	요구나 제의 따위를 물리침.
居士	(거사)	4 5 Ⅱ	숨어 살며 벼슬을 하지 않는 선비.
巨事	(거사)	4 7 Ⅱ	매우 큰 일.
去聲	(거성)	5 4 Ⅱ	중세 국어 사성(四聲)의 하나.
巨星	(거성)	4 4 Ⅱ	뛰어난 인물을 비유적으로 이르는 말.
去處	(거처)	5 4 Ⅱ	가 있는 곳 또는 갈 곳.
居處	(거처)	4 4 Ⅱ	자리 잡고 사는 장소.
乾燥	(건조)	3 Ⅱ 3	물기나 습기가 없거나 없앰.
建造	(건조)	5 4 Ⅱ	건물이나 배 따위를 만듦.
劍技	(검기)	3 Ⅱ 5	검을 다루는 솜씨.
劍氣	(검기)	3 Ⅱ 7 Ⅱ	검의 칼날에서 풍기는 싸늘한 기운.
劍士	(검사)	3 Ⅱ 5 Ⅱ	칼 쓰기에 능한 사람.
檢事	(검사)	4 Ⅱ 7 Ⅱ	검찰권을 행사하는 국가 기관.
檢查	(검사)	4 Ⅱ 5	사실이나 상태 또는 물질의 구성 성분 따위를 조사함.
檢收	(검수)	4 Ⅱ 4 Ⅱ	물건의 수량, 품질 따위를 검사하여 받아들임.
檢水	(검수)	4 Ⅱ 8	수질이 좋은지 나쁜지를 검사하는 일.
警覺	(경각)	4 Ⅱ 4	잘못을 하지 않도록 정신을 차림.
頃刻	(경각)	3 Ⅱ 4	아주 짧은 시간.
境界	(경계)	4 Ⅱ 6 Ⅱ	사물이나 지역이 분간되는 한계.
警戒	(경계)	4 Ⅱ 4	조심하여 단속함.
京畿	(경기)	6 3 Ⅱ	서울을 중심으로 한 주위의 지방.

驚起	(경기)	4 4Ⅱ	놀라서 일어남.
競步	(경보)	5 4Ⅱ	걸음의 빠르기를 겨루는 경기.
警報	(경보)	4Ⅱ 4Ⅱ	태풍이나 공습 따위의 위험이 닥쳐올 때 경고하는 일.
經費	(경비)	4Ⅱ 5	사업을 경영하거나 운영하는 데 필요한 비용.
警備	(경비)	4Ⅱ 4Ⅱ	도난 따위를 염려하여 미리 살피고 지키는 일.
傾斜	(경사)	4 3Ⅱ	비스듬히 기울어짐. 기울기.
慶事	(경사)	4Ⅱ 7Ⅱ	축하할 만한 기쁜 일.
經常	(경상)	4Ⅱ 4Ⅱ	일정한 상태로 계속하여 변동이 없음.
輕傷	(경상)	5 4	가벼운 상처.
慶宴	(경연)	4Ⅱ 3Ⅱ	경사스러운 잔치.
競演	(경연)	5 4Ⅱ	예술이나 재주 따위의 실력을 겨룸.
境外	(경외)	4Ⅱ 8	일정한 경계의 밖.
敬畏	(경외)	5Ⅱ 3	공경하면서 어려워함.
經由	(경유)	4Ⅱ 6	어떤 곳을 거쳐 지남.
經遊	(경유)	4Ⅱ 4	여기저기 돌아다니며 놂.
傾注	(경주)	4 6Ⅱ	힘이나 정신을 한 곳에만 기울임.
競走	(경주)	5 4Ⅱ	빠르기를 겨루는 일.
敬歎	(경탄)	5Ⅱ 4	우러러 감탄함.
驚歎	(경탄)	4 4	몹시 놀라며 감탄함.
京鄉	(경향)	6 4Ⅱ	서울과 시골.
傾向	(경향)	4 6	사상, 행동 따위가 어떤 방향으로 기울어짐.
契機	(계기)	3Ⅱ 4	어떤 일이 일어나거나 변화하도록 만드는 결정적인 원인이나 기회.
繼起	(계기)	4 4Ⅱ	어떤 일이나 현상이 잇따라 일어남.
計器	(계기)	6Ⅱ 4Ⅱ	길이, 무게 따위나 온도, 강도 따위를 재는 기구.

啓導	(계도)	3Ⅱ 4Ⅱ	남을 일깨우고 이끌어 줌.
系圖	(계도)	4 6Ⅱ	어떤 집안의 대대(代代)의 계통을 나타낸 도표.
契主	(계주)	3Ⅱ 7	계를 조직하여 관리하는 사람.
繼走	(계주)	4 4Ⅱ	이어달리기.
故舊	(고구)	4Ⅱ 5Ⅱ	사귄 지 오래된 친구.
考究	(고구)	5 4Ⅱ	자세히 살펴 연구함.
考慮	(고려)	5 4	생각하고 헤아려 봄.
高麗	(고려)	6Ⅱ 4Ⅱ	왕건이 개성에 도읍하여 세운 나라.
固辭	(고사)	5 4	굳이 사양함.
故事	(고사)	4Ⅱ 7Ⅱ	유래가 있는 옛날의 일.
枯死	(고사)	3 6	말라 죽음.
古城	(고성)	6 4Ⅱ	오래된 성.
高聲	(고성)	6Ⅱ 4Ⅱ	크고 높은 목소리.
告訴	(고소)	5Ⅱ 3Ⅱ	신고하여 하소연함. 범죄 사실을 신고하여 수사를 요구하는 일.
苦笑	(고소)	6 4Ⅱ	쓴웃음.
孤兒	(고아)	4 5Ⅱ	부모를 여의거나 버림받아 몸 붙일 곳이 없는 아이.
高雅	(고아)	6Ⅱ 3Ⅱ	뜻이나 품격 따위가 높고 우아함.
公納	(공납)	6Ⅱ 4	국고로 들어가는 조세. 또는 조세를 내는 일.
貢納	(공납)	3Ⅱ 4	백성이 그 지방 특산물을 조정에 바치던 일.
公論	(공론)	6Ⅱ 4Ⅱ	여럿의 의논.
空論	(공론)	7Ⅱ 4Ⅱ	실속이 없는 논의.
公募	(공모)	6Ⅱ 3	공개 모집.
共謀	(공모)	6Ⅱ 3Ⅱ	공동 어떤 일을 꾀함.
供物	(공물)	3Ⅱ 7Ⅱ	신령이나 부처 앞에 바치는 물건.

貢物	(공물)	3Ⅱ 7Ⅱ	지방에서 중앙에 상납하게 한 특산물.
攻防	(공방)	4 4Ⅱ	서로 공격하고 방어함.
空房	(공방)	7Ⅱ 4Ⅱ	사람이 들지 않거나 거처하지 않는 방.
公稅	(공세)	6Ⅱ 4Ⅱ	나라에 바치는 세금.
攻勢	(공세)	4 4Ⅱ	공격하는 태세.
供需	(공수)	3Ⅱ 3Ⅱ	공급과 수요.
攻守	(공수)	4 4Ⅱ	공격과 수비.
公營	(공영)	6Ⅱ 4	공적인 기관에서 공공의 이익을 위하여 경영함.
共榮	(공영)	6Ⅱ 4Ⅱ	함께 번영함.
公益	(공익)	6Ⅱ 4Ⅱ	사회 전체의 이익.
共益	(공익)	6Ⅱ 4Ⅱ	공동의 이익.
公轉	(공전)	6Ⅱ 4	한 천체(天體)가 다른 천체의 둘레를 주기적으로 도는 일.
空轉	(공전)	7Ⅱ 4	기계나 바퀴 따위가 헛돎.
公布	(공포)	6Ⅱ 4Ⅱ	일반에게 널리 알림.
空砲	(공포)	7Ⅱ 4Ⅱ	실탄을 넣지 않고 소리만 나게 하는 총질.
果刀	(과도)	6Ⅱ 3Ⅱ	과일 깎는 칼.
過渡	(과도)	5Ⅱ 3Ⅱ	한 상태에서 다른 상태로 넘어가거나 바뀌어 가는 도중.
誇示	(과시)	3Ⅱ 5	자랑하여 보임.
課試	(과시)	5Ⅱ 4Ⅱ	일정한 시기에 정기적으로 보이는 시험.
科程	(과정)	6Ⅱ 4Ⅱ	학과 과정.
課程	(과정)	5Ⅱ 4Ⅱ	해야 할 일의 정도. 학습하여야 할 과목의 내용과 분량.
過程	(과정)	5Ⅱ 4Ⅱ	일이 되어 가는 경로.
官界	(관계)	4Ⅱ 6Ⅱ	국가 기관. 또는 그 관리들로 이루어지는 사회.
官階	(관계)	4Ⅱ 4	관리나 벼슬의 등급.

關係	(관계)	5Ⅱ 4Ⅱ	서로 관련을 맺거나 관련이 있음.
官祿	(관록)	4Ⅱ 3Ⅱ	관원(官員)에게 주던 봉급.
貫祿	(관록)	3Ⅱ 3Ⅱ	쌓은 경력과 그에 따르는 권위.
官吏	(관리)	4Ⅱ 3Ⅱ	관직에 있는 사람.
管理	(관리)	4 6Ⅱ	어떤 일의 사무를 맡아 처리함.
官用	(관용)	4Ⅱ 6Ⅱ	정부 기관이나 국립 공공 기관에서 사용함.
寬容	(관용)	3Ⅱ 4Ⅱ	남의 잘못을 너그럽게 받아들이거나 용서함.
慣用	(관용)	3Ⅱ 6Ⅱ	습관적으로 늘 씀.
管掌	(관장)	4 3Ⅱ	일을 맡아서 주관함.
館長	(관장)	3Ⅱ 8	박물관 따위의 '관(館)' 자가 붙은 기관의 우두머리.
廣幅	(광폭)	5Ⅱ 3	넓은 폭.
狂暴	(광폭)	3Ⅱ 4Ⅱ	미쳐 날뛰듯이 매우 거칠고 사나움.
壞死	(괴사)	3Ⅱ 6	생체 내의 조직이나 세포가 부분적으로 죽는 일.
怪死	(괴사)	3Ⅱ 6	원인을 알 수 없이 죽음.
教導	(교도)	8 4Ⅱ	가르쳐서 이끎.
教徒	(교도)	8 4	종교를 믿는 사람이나 그 무리.
教師	(교사)	8 4Ⅱ	학교 따위에서 일정한 자격을 가지고 학생을 가르치는 사람.
校舍	(교사)	8 4Ⅱ	학교의 건물.
校訂	(교정)	8 3	출판물 따위의 잘못된 글자나 글귀 따위를 바르게 고침.
矯正	(교정)	3 7Ⅱ	틀어지거나 잘못된 것을 바로잡음.
構圖	(구도)	4 6Ⅱ	그림에서 모양, 색깔, 위치 따위의 짜임새.
求道	(구도)	4Ⅱ 7Ⅱ	진리나 종교적인 깨달음의 경지를 구함.
具備	(구비)	5Ⅱ 4Ⅱ	있어야 할 것은 빠짐없이 다 갖춤.
口碑	(구비)	7 4	비석에 새긴 것처럼 오래도록 말로 전해 내려온 것.

具象	(구상)	5Ⅱ 4	사물이 일정한 형태와 성질을 갖춤.
構想	(구상)	4 4Ⅱ	일의 실현 방법 따위를 이리저리 생각함.
球狀	(구상)	6Ⅱ 4Ⅱ	공처럼 둥근 모양.
拘束	(구속)	3Ⅱ 5Ⅱ	행동이나 의사의 자유를 속박함.
舊俗	(구속)	5Ⅱ 4Ⅱ	낡은 풍속.
救援	(구원)	5 4	어려움이나 위험에 빠진 사람을 구하여 줌.
舊怨	(구원)	5Ⅱ 4	오래전부터 품어 왔던 원한.
救濟	(구제)	5 4Ⅱ	피해를 당하여 어려운 처지에 있는 사람을 도와줌.
驅除	(구제)	3 4Ⅱ	해충 따위를 몰아내어 없앰.
救助	(구조)	5 4Ⅱ	재난 따위를 당하여 어려운 처지에 빠진 사람을 구하여 줌.
構造	(구조)	4 4Ⅱ	어떤 전체를 짜서 이루어진 얼개.
構築	(구축)	4 4Ⅱ	쌓아 만듦.
驅逐	(구축)	3 3	어떤 세력 따위를 몰아서 쫓아냄.
國境	(국경)	8 4Ⅱ	나라와 나라의 영역을 가르는 경계.
國慶	(국경)	8 4Ⅱ	나라의 경사.
軍需	(군수)	8 3Ⅱ	군사상 필요한 것.
郡守	(군수)	6 4Ⅱ	군(郡)의 행정을 맡아보는 으뜸 직위.
窮塞	(궁색)	4 3Ⅱ	아주 가난함.
窮色	(궁색)	4 7	곤궁한 기색.
歸京	(귀경)	4 6	서울로 돌아가거나 돌아옴.
歸耕	(귀경)	4 3Ⅱ	벼슬을 그만두고 시골로 돌아가서 농사를 지음.
劇團	(극단)	4 5Ⅱ	연극을 전문으로 공연하는 단체.
極端	(극단)	4Ⅱ 4Ⅱ	맨 끝.
極寒	(극한)	4Ⅱ 5	견디기 어려운 추위.

極限	(극한)	4Ⅱ 4Ⅱ	도달할 수 있는 최후의 단계나 지점.
根幹	(근간)	6 3Ⅱ	뿌리와 줄기. 바탕이나 중심이 되는 중요한 것.
近刊	(근간)	6 3Ⅱ	최근에 출판함.
急錢	(급전)	6Ⅱ 4	급하게 쓸 돈.
給田	(급전)	5 4Ⅱ	논밭을 나누어 줌.
器官	(기관)	4Ⅱ 4Ⅱ	일정한 모양과 생리 기능을 가지고 있는 생물체의 부분.
機關	(기관)	4 5Ⅱ	일정한 역할과 목적을 위하여 설치한 기구나 조직.
氣管	(기관)	7Ⅱ 4	호흡 기관.
汽管	(기관)	5 4	증기를 보내는 관.
器具	(기구)	4Ⅱ 5Ⅱ	세간, 도구, 기계 따위를 통틀어 이르는 말.
機構	(기구)	4 4	어떤 목적을 위하여 구성한 조직의 구성 체계.
機敏	(기민)	4 3	눈치가 빠르고 동작이 날쌤.
飢民	(기민)	3 8	굶주린 백성.
技師	(기사)	5 4Ⅱ	특별한 기술 업무를 맡아보는 사람.
騎士	(기사)	3Ⅱ 5Ⅱ	말을 탄 무사.
氣像	(기상)	7Ⅱ 3Ⅱ	사람이 타고난 기개나 마음씨가 겉으로 드러난 모양.
氣象	(기상)	7Ⅱ 4	대기 중에서 일어나는 물리적인 현상, 날씨.
起床	(기상)	4Ⅱ 4Ⅱ	잠자리에서 일어남.
奇數	(기수)	4 7	홀수.
機首	(기수)	4 5Ⅱ	비행기의 앞부분.
騎手	(기수)	3Ⅱ 7Ⅱ	경마에서 말을 타는 사람.
旣述	(기술)	3 3Ⅱ	이미 앞서 기술함.
記述	(기술)	7Ⅱ 3Ⅱ	기록하여 서술함.
奇案	(기안)	4 5	기묘한 생각이나 계획.

起案	(기안)	4Ⅱ 5	사업이나 활동 계획의 초안.
奇遇	(기우)	4 4	기이한 인연으로 만남.
祈雨	(기우)	3Ⅱ 5Ⅱ	날이 가물 때에 비가 오기를 빎.
祈願	(기원)	3Ⅱ 5	바라는 일이 이루어지기를 빎.
紀元	(기원)	4 5Ⅱ	연대를 계산하는 데에 기준이 되는 해.
起原	(기원)	4Ⅱ 5	사물이 처음으로 생김. 또는 그런 근원.
起源	(기원)	4Ⅱ 4	사물이 처음으로 생긴 근원.
奇人	(기인)	4 8	성격이나 말, 행동 따위가 별난 사람.
起因	(기인)	4Ⅱ 5	일이 일어나게 된 까닭.
機長	(기장)	4 8	항공기 승무원 가운데 최고 책임자.
記帳	(기장)	7Ⅱ 4	장부에 적음. 또는 그 장부.
器材	(기재)	4Ⅱ 5Ⅱ	기구와 재료.
奇才	(기재)	4 6Ⅱ	아주 뛰어난 재주를 가진 사람.
記載	(기재)	7Ⅱ 3Ⅱ	문서 따위에 기록하여 올림.
基點	(기점)	5Ⅱ 4	기본이 되는 점이나 곳.
起點	(기점)	4Ⅱ 4	처음으로 일어나거나 시작되는 곳.
奇行	(기행)	4 6	기이한 행동.
紀行	(기행)	4 6	여행하는 동안에 겪은 것을 적은 것.
難局	(난국)	4Ⅱ 5Ⅱ	일을 하기 어려운 상황.
亂國	(난국)	4 8	질서가 없고 어지러운 나라.
亂局	(난국)	4 5Ⅱ	어지러운 판국.
暖流	(난류)	4Ⅱ 5Ⅱ	저위도 지역에서 고위도 지역으로 흐르는 따뜻한 해류.
亂流	(난류)	4 5Ⅱ	공기나 물 따위가 불규칙하거나 어지럽게 흐르는 현상.
難事	(난사)	4Ⅱ 7Ⅱ	처리하기 어려운 일.

亂射	(난사)	4　4	총 따위를 겨냥하지 아니하고 아무 곳에나 마구 쏨.
暖衣	(난의)	4Ⅱ 6	따뜻한 옷.
難義	(난의)	4Ⅱ 4Ⅱ	이해하기 어려운 뜻.
暖海	(난해)	4Ⅱ 7Ⅱ	따뜻한 바다.
難解	(난해)	4Ⅱ 4Ⅱ	이해하기 어려움.
南伐	(남벌)	8　4Ⅱ	무력으로 남쪽 지방을 침.
濫伐	(남벌)	3　4Ⅱ	나무를 함부로 베어 냄.
內城	(내성)	7Ⅱ 4Ⅱ	이중으로 쌓은 성에서 안쪽의 성.
耐性	(내성)	3Ⅱ 5Ⅱ	약효가 저하하는 현상. 환경 조건의 변화에 견딜 수 있는 생물의 성질.
內容	(내용)	7Ⅱ 4Ⅱ	안에 든 것. 사물의 속내를 이루는 것.
耐用	(내용)	3Ⅱ 6Ⅱ	기계나 시설 따위가 오랜 기간 사용해도 견디어 냄.
內臟	(내장)	7Ⅱ 3Ⅱ	척추동물의 위, 간 등 여러 가지 기관.
內藏	(내장)	7Ⅱ 3Ⅱ	밖으로 드러나지 않게 안에 간직함.
內裝	(내장)	7Ⅱ 4	내부를 꾸미거나 설비를 갖춤.
奴婢	(노비)	3Ⅱ 3Ⅱ	사내종과 계집종을 아울러 이르는 말.
老婢	(노비)	7　3Ⅱ	늙은 여자종.
老眼	(노안)	7　4Ⅱ	늙어 시력이 나빠짐.
老顔	(노안)	7　3Ⅱ	노쇠한 얼굴. 노인의 얼굴.
綠陰	(녹음)	6　4Ⅱ	푸른 잎이 우거진 나무나 수풀.
錄音	(녹음)	4Ⅱ 6Ⅱ	테이프 따위에 소리를 기록함.
論意	(논의)	4Ⅱ 6Ⅱ	논하는 말이나 글의 뜻.
論議	(논의)	4Ⅱ 4Ⅱ	어떤 문제에 대하여 서로 의견을 내어 토의함.
樓臺	(누대)	3Ⅱ 3Ⅱ	누각이나 대사(臺榭)와 같이 높은 건물.
累代	(누대)	3Ⅱ 6Ⅱ	여러 대(代).

多寡	(다과)	6 3Ⅱ	수량의 많고 적음.
茶果	(다과)	3Ⅱ 6Ⅱ	차와 과실.
斷髮	(단발)	4Ⅱ 4	머리털을 짧게 깎음.
短髮	(단발)	6Ⅱ 4	짧은 머리털.
但書	(단서)	3Ⅱ 6Ⅱ	본문 다음에 그에 대한 어떤 조건이나 예외 따위를 나타내는 글.
端緒	(단서)	4Ⅱ 3Ⅱ	어떤 문제를 해결하는 방향으로 이끌어 가는 실마리.
單數	(단수)	4Ⅱ 7	홀수.
斷水	(단수)	4Ⅱ 8	물길이 막힘.
單式	(단식)	4Ⅱ 6	단순한 방식이나 형식. 일대일로 하는 경기.
斷食	(단식)	4Ⅱ 7Ⅱ	음식을 먹지 아니함.
單元	(단원)	4Ⅱ 5Ⅱ	어떤 주제나 내용을 중심으로 묶은 학습 단위.
團員	(단원)	5Ⅱ 4Ⅱ	어떤 단체에 속한 사람.
丹粧	(단장)	3Ⅱ 3Ⅱ	얼굴, 머리, 옷차림 따위를 곱게 꾸밈.
斷腸	(단장)	4Ⅱ 4	몹시 슬퍼서 창자가 끊어지는 듯함.
端裝	(단장)	4Ⅱ 4	단정하게 차림.
丹田	(단전)	3Ⅱ 4Ⅱ	배꼽 아래로 한 치 다섯 푼 되는 곳.
斷電	(단전)	4Ⅱ 7Ⅱ	전기의 공급이 끊김.
斷定	(단정)	4Ⅱ 6	딱 잘라서 판단하고 결정함.
端正	(단정)	4Ⅱ 7Ⅱ	옷차림새나 몸가짐 따위가 얌전하고 바름.
但只	(단지)	3Ⅱ 3	다만. 다른 것이 아니라 오로지.
斷指	(단지)	4Ⅱ 4Ⅱ	손가락을 자름.
單層	(단층)	4Ⅱ 4	하나로만 이루어진 층.
斷層	(단층)	4Ⅱ 4	지각 변동으로 지층이 갈라져 어긋나는 현상. 또는 그런 지형.
斷片	(단편)	4Ⅱ 3Ⅱ	끊어지거나 쪼개진 조각.

斷篇	(단편)	4Ⅱ 4	내용이 연결되지 못하고 조각조각 따로 떨어진 짧은 글.
答辭	(답사)	7Ⅱ 4	회답하는 말. 환영사 따위에 답하는 말.
踏査	(답사)	3Ⅱ 5	현장에 가서 직접 보고 조사함.
大刀	(대도)	8 3Ⅱ	큰 칼.
大盜	(대도)	8 4	큰 도둑.
大悲	(대비)	8 4Ⅱ	부처의 큰 자비.
對備	(대비)	6Ⅱ 4Ⅱ	어떠한 일에 대응하기 위하여 미리 준비함.
大師	(대사)	8 4Ⅱ	중을 높여 이르는 말.
臺辭	(대사)	3Ⅱ 4	연극이나 영화 따위에서 배우가 하는 말.
代役	(대역)	6Ⅱ 3Ⅱ	다른 사람이 역할을 대신 맡아 하는 일.
大役	(대역)	8 3Ⅱ	국가적인 큰 공사. 큰 역할.
大逆	(대역)	8 4Ⅱ	국가와 사회의 질서를 어지럽히는 큰 죄.
對譯	(대역)	6Ⅱ 3Ⅱ	원문과 맞대어서 번역함.
大將	(대장)	8 4Ⅱ	한 무리의 우두머리, 군대 계급의 하나.
大腸	(대장)	8 4	큰창자.
臺帳	(대장)	3Ⅱ 4	일정한 양식으로 기록한 장부. 상업상의 모든 계산을 기록한 원부.
隊長	(대장)	4Ⅱ 8	한 대(隊)의 우두머리.
大賊	(대적)	8 4	큰 도적.
對敵	(대적)	6Ⅱ 4Ⅱ	맞서 겨룸.
大殿	(대전)	8 3Ⅱ	임금이 거처하는 궁전.
大田	(대전)	8 4Ⅱ	충청남도에 있는 광역시.
圖籍	(도적)	6Ⅱ 4	지도와 호적. 그림과 책.
盜賊	(도적)	4 4	도둑.
盜聽	(도청)	4 4	남의 이야기 따위를 몰래 엿듣는 일.

道廳	(도청)	7 Ⅱ 4	도의 행정을 맡아 처리하는 관청.
導火	(도화)	4 Ⅱ 8	폭약을 터지게 하는 불. 사건의 원인이나 동기를 비유하는 말.
桃花	(도화)	3 Ⅱ 7	복숭아꽃.
毒死	(독사)	4 Ⅱ 6	독약에 의해 죽음.
毒蛇	(독사)	4 Ⅱ 3 Ⅱ	독액을 분비하는 뱀.
毒笑	(독소)	4 Ⅱ 4 Ⅱ	독기를 품고 웃는 웃음.
毒素	(독소)	4 Ⅱ 4 Ⅱ	해로운 요소.
毒酒	(독주)	4 Ⅱ 4	매우 독한 술.
獨奏	(독주)	5 Ⅱ 3 Ⅱ	한 사람이 악기를 연주하는 것.
獨走	(독주)	5 Ⅱ 4 Ⅱ	혼자서 뜀.
東經	(동경)	8 4 Ⅱ	지구의 경도. 본초 자오선을 0도로 하여 동쪽으로 18도까지의 경선.
銅鏡	(동경)	4 Ⅱ 4	구리 거울.
動機	(동기)	7 Ⅱ 4	행동을 일으키게 하는 계기.
銅器	(동기)	4 Ⅱ 4 Ⅱ	구리로 만든 그릇.
凍死	(동사)	3 Ⅱ 6	얼어 죽음.
動詞	(동사)	7 Ⅱ 3 Ⅱ	사물의 동작이나 작용을 나타내는 품사.
動搖	(동요)	7 Ⅱ 3	물체나 생각 따위가 흔들리고 움직임.
童謠	(동요)	6 Ⅱ 4 Ⅱ	어린이들의 생활 감정이나 심리를 표현한 정형시 또는 노래.
冬至	(동지)	7 4 Ⅱ	이십사절기의 하나.
同志	(동지)	7 4 Ⅱ	뜻이 서로 같은 사람.
凍太	(동태)	3 Ⅱ 6	얼린 명태.
動態	(동태)	7 Ⅱ 4 Ⅱ	움직이거나 변하는 모습.
慢性	(만성)	3 5 Ⅱ	버릇이 되다시피 하여 쉽게 고쳐지지 아니하는 성질.
晩成	(만성)	3 Ⅱ 6 Ⅱ	늦게 이루어짐.

滿花	(만화)	4Ⅱ 7	가득 핀 온갖 꽃.
萬貨	(만화)	8 4Ⅱ	온갖 물품이나 재화.
亡靈	(망령)	5 3Ⅱ	죽은 사람의 영혼.
妄靈	(망령)	3Ⅱ 3Ⅱ	늙거나 정신이 흐려서 말이나 행동이 정상을 벗어남.
埋葬	(매장)	3 3Ⅱ	시체나 유골 따위를 땅속에 묻음.
埋藏	(매장)	3 3Ⅱ	묻어서 감춤. 지하자원 따위가 땅속에 묻히어 있음.
猛將	(맹장)	3Ⅱ 4	용맹한 장수.
盲腸	(맹장)	3Ⅱ 4	척추동물의 막창자.
母系	(모계)	8 4	어머니 쪽의 핏줄 계통.
謀計	(모계)	3Ⅱ 6Ⅱ	꾀. 계교를 꾸밈.
模寫	(모사)	4 5	사물을 형체 그대로 그림. 원본을 베끼어 씀.
謀事	(모사)	3Ⅱ 7Ⅱ	일을 꾀함.
謀士	(모사)	3Ⅱ 5Ⅱ	꾀를 써서 일이 잘 이루어지게 하는 사람.
武器	(무기)	4Ⅱ 4Ⅱ	전쟁에 사용되는 기구.
無機	(무기)	5 4	생명이나 활력을 지니고 있지 않음.
武斷	(무단)	4Ⅱ 4Ⅱ	무력이나 억압을 써서 강제로 행함.
無斷	(무단)	5 4Ⅱ	사전 허락이 없음.
武將	(무장)	4Ⅱ 4Ⅱ	무관으로서의 장수.
武裝	(무장)	4Ⅱ 4	싸움에 필요한 장비를 갖춤.
文豪	(문호)	7 3Ⅱ	뛰어난 문학 작품을 많이 쓴 글 솜씨가 좋은 사람.
門戶	(문호)	8 4Ⅱ	집으로 드나드는 문. 외부와 교류하기 위한 통로를 비유.
未刊	(미간)	4Ⅱ 3Ⅱ	아직 간행되지 않음.
眉間	(미간)	3 7Ⅱ	눈썹사이.
未收	(미수)	4Ⅱ 4Ⅱ	돈이나 물건 따위를 아직 다 거두어들이지 못함.

未遂	(미수)	4Ⅱ 3	목적한 바를 시도하였으나 이루지 못함.
未濟	(미제)	4Ⅱ 4Ⅱ	일이 아직 해결되지 않음.
美製	(미제)	6 4Ⅱ	미국에서 생산해 낸 물품.
微震	(미진)	3Ⅱ 3Ⅱ	약한 지진.
未盡	(미진)	4Ⅱ 4	다하지 못함.
密封	(밀봉)	4Ⅱ 3Ⅱ	단단히 붙여 꼭 봉함.
蜜蜂	(밀봉)	3 3	꿀벌.
反射	(반사)	6Ⅱ 4	다른 물체의 표면에 부딪혀서 나아가던 방향을 반대로 바꾸는 현상.
班師	(반사)	6Ⅱ 4Ⅱ	교회 학교의 선생.
班常	(반상)	6Ⅱ 4Ⅱ	양반과 상사람을 아울러 이르는 말.
盤上	(반상)	3Ⅱ 7Ⅱ	밥상이나 바둑판 따위의 위.
伴奏	(반주)	3 3Ⅱ	노래나 기악의 연주를 도와주기 위하여 옆에서 다른 악기를 연주함.
飯酒	(반주)	3Ⅱ 4	밥을 먹을 때에 곁들여서 한두 잔 마시는 술.
發布	(발포)	6Ⅱ 4Ⅱ	법령 따위를 세상에 널리 펴서 알림.
發砲	(발포)	6Ⅱ 4Ⅱ	총이나 포를 쏨.
防共	(방공)	4Ⅱ 6Ⅱ	공산주의 침투를 막아 냄.
防空	(방공)	4Ⅱ 7Ⅱ	적의 항공기나 미사일 등의 공중 공격을 막음.
房門	(방문)	4Ⅱ 8	방으로 드나드는 문.
訪問	(방문)	4Ⅱ 7	찾아가서 만나거나 봄.
訪韓	(방한)	4Ⅱ 8	한국을 방문함.
防寒	(방한)	4Ⅱ 5	추위를 막음.
排水	(배수)	3Ⅱ 8	물을 밖으로 퍼내거나 다른 곳으로 내보냄. 물 빼기.
背水	(배수)	4Ⅱ 8	강, 호수 따위의 큰물을 등지고 있음.
配水	(배수)	4Ⅱ 8	급수관을 통하여 물을 나누어 보냄.

培植	(배식)	3Ⅱ 7	식물을 가꾸고 심음.
配食	(배식)	4Ⅱ 7Ⅱ	군대나 단체 같은 데서 식사를 나누어 줌.
配車	(배차)	4Ⅱ 7Ⅱ	정해진 시간 또는 순서에 따라 기차 따위를 보냄.
排次	(배차)	3Ⅱ 4Ⅱ	차례를 정함.
排布	(배포)	3Ⅱ 4Ⅱ	머리를 써서 일을 조리 있게 계획함. 또는 그 속마음.
配布	(배포)	4Ⅱ 4Ⅱ	신문이나 책자 따위를 널리 나누어 줌.
白眉	(백미)	8 3	흰 눈썹. 여럿 가운데에서 가장 뛰어난 사람이나 훌륭한 물건을 비유.
百味	(백미)	7 4Ⅱ	온갖 맛있는 음식물.
變更	(변경)	5Ⅱ 4	다르게 바꾸어 새롭게 고침.
邊境	(변경)	4Ⅱ 4Ⅱ	나라의 경계가 되는 변두리의 땅.
變喪	(변상)	5Ⅱ 3Ⅱ	변고로 인하여 생긴 상사(喪事).
辨償	(변상)	3 3Ⅱ	남에게 진 빚을 갚음.
兵器	(병기)	5Ⅱ 4Ⅱ	전쟁에 쓰는 기구.
竝記	(병기)	3 7Ⅱ	함께 나란히 적음.
報告	(보고)	4Ⅱ 5Ⅱ	어떤 일에 관하여 말이나 글로 알림.
寶庫	(보고)	4Ⅱ 4	귀중한 것이 간직되어 있는 곳.
保國	(보국)	4Ⅱ 8	나라를 보호하여 지킴.
報國	(보국)	4Ⅱ 8	나라의 은혜를 갚음. 나라에 충성을 다함.
報道	(보도)	4Ⅱ 7Ⅱ	일반 사람들에게 새로운 소식을 알림.
步道	(보도)	4Ⅱ 7Ⅱ	걸어 다니는 사람을 위한 도로.
報償	(보상)	4Ⅱ 3Ⅱ	남에게 진 빚 또는 받은 물건을 갚음.
補償	(보상)	3Ⅱ 3Ⅱ	남에게 끼친 손해를 갚음.
保釋	(보석)	4Ⅱ 3Ⅱ	보증금 따위를 받고 형사 피고인을 구류에서 풀어 주는 일.
寶石	(보석)	4Ⅱ 6	빛깔이 아름다우며 희귀한 광물.

保守	(보수)	4Ⅱ 4Ⅱ	전통적인 것을 보전하여 지킴.
補修	(보수)	3Ⅱ 4Ⅱ	낡은 것을 보충하여 수리함.
保身	(보신)	4Ⅱ 6Ⅱ	자신의 몸을 온전히 지킴.
補身	(보신)	3Ⅱ 6Ⅱ	몸의 영양을 보충함.
保衛	(보위)	4Ⅱ 4Ⅱ	보호하고 지킴.
寶位	(보위)	4Ⅱ 5	왕위(王位).
步調	(보조)	4Ⅱ 5Ⅱ	걸음걸이의 속도나 모양 따위의 상태.
補助	(보조)	3Ⅱ 4Ⅱ	보태어 도움.
腹水	(복수)	3Ⅱ 8	배 속에 액체가 괴는 병증.
複數	(복수)	4 7	둘 이상의 수.
卜役	(복역)	3 3Ⅱ	나라에서 백성에게 책임 지우던 강제 노동이나 병역.
服役	(복역)	6 3Ⅱ	공역이나 병역 따위에 종사함. 징역을 삶.
本貫	(본관)	6 3Ⅱ	성씨의 시조(始祖)가 난 곳.
本館	(본관)	6 3Ⅱ	별관(別館)이나 분관(分館)에 상대하여 주가 되는 건물.
本殿	(본전)	6 3Ⅱ	신령을 모시는 전당.
本錢	(본전)	6 4	원금에 이자를 붙이지 아니한 돈.
簿記	(부기)	3Ⅱ 7Ⅱ	자산, 자본, 부채의 수지증감 따위를 밝히는 장부 기록법.
附記	(부기)	3Ⅱ 7Ⅱ	원문에 덧붙이어 적음.
部隊	(부대)	6Ⅱ 4Ⅱ	일정한 규모로 편성된 군대 조직.
附帶	(부대)	3Ⅱ 4Ⅱ	기본이 되는 것에 곁달아 덧붙임.
副賞	(부상)	4Ⅱ 5	상장 외에 덧붙여 주는 상품.
富商	(부상)	4Ⅱ 5Ⅱ	부유한 상인.
浮上	(부상)	3Ⅱ 7Ⅱ	물 위로 떠오름. 훨씬 높은 위치로 올라섬.
負傷	(부상)	4 4	몸에 상처를 입음.

負役	(부역)	4 3Ⅱ	백성이 부담하는 공역.
賦役	(부역)	3Ⅱ 3Ⅱ	국가가 보수 없이 국민에게 의무적으로 책임을 지우는 노역.
富裕	(부유)	4Ⅱ 3Ⅱ	재물이 넉넉함.
浮遊	(부유)	3Ⅱ 4	물 위나 공기 중에 떠다님. 이리저리 떠돌아다님.
否定	(부정)	4 6	그렇지 아니하다고 단정함.
不貞	(부정)	7Ⅱ 3Ⅱ	정조를 지키지 아니함.
富豪	(부호)	4Ⅱ 3Ⅱ	재산이 넉넉하고 세력이 있는 사람.
符號	(부호)	3Ⅱ 6	일정한 뜻을 나타내기 위하여 따로 정하여 쓰는 기호.
悲鳴	(비명)	4Ⅱ 4	슬피 욺.
碑銘	(비명)	4 3Ⅱ	비석에 새긴 글.
非命	(비명)	4Ⅱ 7	제명대로 다 살지 못하고 죽음.
碑文	(비문)	4 7	비석에 새긴 글.
非文	(비문)	4Ⅱ 7	문법에 맞지 않는 문장.
悲報	(비보)	4Ⅱ 4Ⅱ	슬픈 소식.
秘寶	(비보)	4 4Ⅱ	남몰래 감추어 둔 보물.
非常	(비상)	4Ⅱ 4Ⅱ	평상시와 다른 뜻밖의 사태.
飛上	(비상)	4Ⅱ 7Ⅱ	날아오름.
非行	(비행)	4Ⅱ 6	잘못되거나 그릇된 행위.
飛行	(비행)	4Ⅱ 6	공중으로 날아다님.
悲話	(비화)	4Ⅱ 7Ⅱ	슬픈 이야기.
飛火	(비화)	4Ⅱ 8	어떤 일의 영향이 다른 데까지 번짐.
秘話	(비화)	4 7Ⅱ	세상에 드러나지 아니한 이야기.
事故	(사고)	7Ⅱ 4Ⅱ	뜻밖에 일어난 불행한 일.
史庫	(사고)	5Ⅱ 4	국가의 중요한 서적을 보관하던 서고.

沙果	(사과)	3Ⅱ 6Ⅱ	사과나무의 열매.
謝過	(사과)	4Ⅱ 5Ⅱ	잘못을 인정하고 용서를 빎.
史官	(사관)	5Ⅱ 4Ⅱ	역사의 편찬을 맡아보던 벼슬.
士官	(사관)	5Ⅱ 4Ⅱ	군대의 장교를 통틀어 이르는 말.
沙器	(사기)	3Ⅱ 4Ⅱ	사기그릇.
詐欺	(사기)	3 3	나쁜 꾀로 남을 속임.
事端	(사단)	7Ⅱ 4Ⅱ	일의 실마리.
師團	(사단)	4Ⅱ 5Ⅱ	군대 편성 단위의 하나.
私利	(사리)	4 6Ⅱ	사사로운 이익.
舍利	(사리)	4Ⅱ 6Ⅱ	부처나 성자의 유골.
思慕	(사모)	5 3Ⅱ	애틋하게 생각하고 그리워함.
私募	(사모)	4 3	주식 등을 발행할 때에 관계자에게서 모집하는 일.
事象	(사상)	7Ⅱ 4	관찰할 수 있는 사물과 현상.
思想	(사상)	5 4Ⅱ	사회, 인생 따위에 관한 인식이나 견해.
死傷	(사상)	6 4	죽거나 다침.
私設	(사설)	4 4Ⅱ	개인이 사사로이 설립한 시설.
辭說	(사설)	4 5Ⅱ	늘어놓는 이야기 또는 푸념.
射手	(사수)	4 7Ⅱ	대포나 총, 활 따위를 쏘는 사람.
師授	(사수)	4Ⅱ 4Ⅱ	스승에게서 학문이나 기술의 가르침을 받음.
詐術	(사술)	3 6Ⅱ	남을 속이는 수단.
邪術	(사술)	3Ⅱ 6Ⅱ	바르지 못한 요사스러운 술법.
私心	(사심)	4 7	사사로운 마음. 자기 욕심을 채우려는 마음.
邪心	(사심)	3Ⅱ 7	간사스러운 마음.
斜陽	(사양)	3Ⅱ 6	기울어지는 태양. 석양.

辭讓	(사양)	4 3Ⅱ	남에게 양보함.
事緣	(사연)	7Ⅱ 4	앞뒤 사정과 까닭.
辭緣	(사연)	4 4	편지나 말의 내용.
寺院	(사원)	4Ⅱ 5	종교의 교당. 절.
社員	(사원)	6Ⅱ 4Ⅱ	회사원.
私怨	(사원)	4 4	사사로운 원한.
師恩	(사은)	4Ⅱ 4Ⅱ	스승의 은혜.
謝恩	(사은)	4Ⅱ 4Ⅱ	받은 은혜에 대하여 감사히 여겨 사례함.
謝意	(사의)	4Ⅱ 6Ⅱ	감사하게 여기는 뜻.
辭意	(사의)	4 6Ⅱ	맡아보던 일자리를 그만두고 물러날 뜻.
射場	(사장)	4 7Ⅱ	활터.
私藏	(사장)	4 3Ⅱ	개인이 사사로이 간직함.
事績	(사적)	7Ⅱ 4	일의 실적이나 공적.
史籍	(사적)	5Ⅱ 4	역사 기록 서적.
史跡	(사적)	5Ⅱ 3Ⅱ	역사적으로 중요한 사건이나 시설의 자취.
司祭	(사제)	3Ⅱ 4Ⅱ	주교와 신부를 통틀어 이르는 말.
師弟	(사제)	4Ⅱ 8	스승과 제자.
私製	(사제)	4 4Ⅱ	개인이 사사로이 만듦.
社債	(사채)	6Ⅱ 3Ⅱ	주식회사가 채권을 발행하여 사업 자금을 조달하는 채무.
私債	(사채)	4 3Ⅱ	개인 사이의 사사로운 빚.
師表	(사표)	4Ⅱ 6Ⅱ	학식과 덕행이 높아 남의 모범이 될 만한 인물.
死票	(사표)	6 4Ⅱ	선거 때에, 낙선한 후보자에게 던져진 표.
辭表	(사표)	4 6Ⅱ	직책에서 사임하겠다는 뜻을 적어 내는 문서.
師兄	(사형)	4Ⅱ 8	한 스승의 제자로서, 먼저 제자가 된 사람.

死刑	(사형)	6 4	죄인의 목숨을 끊는 형벌.
詞兄	(사형)	3Ⅱ 8	벗으로 사귀는 문인이나 학자끼리 서로 높여 부르는 말.
散亂	(산란)	4 4	흩어져 어지러움, 어수선함.
産卵	(산란)	5Ⅱ 4	알을 낳음.
山積	(산적)	8 4	물건이나 일이 산더미같이 쌓임.
山賊	(산적)	8 4	산속에 근거지를 둔 도둑.
商街	(상가)	5Ⅱ 4Ⅱ	상점들이 죽 늘어서 있는 거리.
喪家	(상가)	3Ⅱ 7Ⅱ	사람이 죽어 장례를 치르는 집.
上卷	(상권)	7Ⅱ 4	두 권이나 세 권으로 된 책의 첫째 권.
商權	(상권)	5Ⅱ 4Ⅱ	상업상의 권리.
想起	(상기)	4Ⅱ 4Ⅱ	지난 일을 돌이켜 생각하여 냄.
詳記	(상기)	3Ⅱ 7Ⅱ	자세히 기록함.
上司	(상사)	7Ⅱ 3Ⅱ	위 등급의 관청. 자기보다 벼슬이나 지위가 위인 사람.
喪事	(상사)	3Ⅱ 7Ⅱ	사람이 죽은 사고.
常事	(상사)	4Ⅱ 7Ⅱ	늘 있는 일.
上疏	(상소)	7Ⅱ 3Ⅱ	임금에게 글을 올리던 일.
上訴	(상소)	7Ⅱ 3Ⅱ	상급 법원에 재심을 요구하는 일.
喪輿	(상여)	3Ⅱ 3	사람의 시체를 실어서 묘지까지 나르는 도구.
賞與	(상여)	5 4	상으로 돈이나 물건 따위를 줌.
上程	(상정)	7Ⅱ 4Ⅱ	토의할 안건을 내어 놓음.
常情	(상정)	4Ⅱ 5Ⅱ	사람에게 있는 보통의 인정.
喪主	(상주)	3Ⅱ 7	상을 치를 때 주(主)가 되는 상제(喪制).
常住	(상주)	4Ⅱ 7	늘 일정하게 살고 있음.
傷處	(상처)	4 4Ⅱ	다친 자리.

喪妻	(상처)	3Ⅱ 3Ⅱ	아내의 죽음을 당함.
序詞	(서사)	5 3Ⅱ	책 따위의 첫머리에 그 책의 취지나 내용을 적은 글.
敍事	(서사)	3 7Ⅱ	사실을 있는 그대로 적음.
先導	(선도)	8 4Ⅱ	앞장서서 이끌거나 안내함.
善導	(선도)	5 4Ⅱ	착하고 바른 길로 이끎.
宣傳	(선전)	4 5Ⅱ	주장 따위를 널리 알리는 일.
宣戰	(선전)	4 6Ⅱ	한 나라가 다른 나라에 대하여 전쟁을 시작한다는 의사 표시를 하는 일.
先進	(선진)	8 4Ⅱ	연령, 기량 따위가 앞섬. 문물의 발전 단계가 다른 것보다 앞섬.
先陣	(선진)	8 4	본진(本陣)의 앞에 자리 잡거나 앞장서서 나아가는 부대.
星團	(성단)	4Ⅱ 5Ⅱ	항성의 집단.
聖壇	(성단)	4Ⅱ 5	신을 모신 제단.
盛大	(성대)	4Ⅱ 8	규모 따위가 풍성하고 큼.
聲帶	(성대)	4Ⅱ 4Ⅱ	인체에서 목소리를 내는 기관.
成員	(성원)	6Ⅱ 4Ⅱ	모임을 구성하는 인원.
聲援	(성원)	4Ⅱ 4	소리를 질러 응원함.
聖典	(성전)	4Ⅱ 5Ⅱ	성경(聖經). 성인들의 거룩한 말씀으로 이루어진 책.
聖戰	(성전)	4Ⅱ 6Ⅱ	거룩한 사명을 띤 전쟁.
消極	(소극)	6Ⅱ 4Ⅱ	기백이 부족하고 비활동적임.
笑劇	(소극)	4Ⅱ 4	관객을 웃기기 위하여 만든 저속한 연극.
疏遠	(소원)	3Ⅱ 6	사이가 두텁지 아니하고 거리가 있어서 서먹서먹함.
訴願	(소원)	3Ⅱ 5	하소연하여 바로잡아 주기를 바람.
訴狀	(소장)	3Ⅱ 4Ⅱ	소송을 제기하기 위하여 법원에 제출하는 서류.
小腸	(소장)	8 4	작은창자.
所持	(소지)	7 4	가지고 있는 것.

掃地	(소지)	4Ⅱ 7	땅을 쓺.
素地	(소지)	4Ⅱ 7	본래의 바탕.
續報	(속보)	4Ⅱ 4Ⅱ	앞의 보도에 잇달은 소식.
速報	(속보)	6 4Ⅱ	빨리 알리는 소식.
速步	(속보)	6 4Ⅱ	빠른 걸음.
訟事	(송사)	3Ⅱ 7Ⅱ	분쟁이 있을 때, 관부나 법원에 호소하여 판결을 구하는 일.
送辭	(송사)	4Ⅱ 4	떠나는 사람을 이별하여 보내는 인사말.
頌辭	(송사)	4 4	공덕을 기리는 말.
送狀	(송장)	4Ⅱ 4Ⅱ	보내는 짐의 내용을 적은 문서.
送葬	(송장)	4Ⅱ 3Ⅱ	죽은 이를 장사 지내어 보냄.
水耕	(수경)	8 3Ⅱ	물재배.
水鏡	(수경)	8 4	물안경. 남의 스승이 될 만한 인물. 달(月).
受給	(수급)	4Ⅱ 5	급여 따위를 받음. 받고 줌.
收給	(수급)	4Ⅱ 5	수입과 지급을 아울러 이르는 말.
需給	(수급)	3Ⅱ 5	수요와 공급을 아울러 이르는 말.
受難	(수난)	4Ⅱ 4Ⅱ	견디기 힘든 어려운 일을 당함.
水難	(수난)	8 4Ⅱ	물 난리.
受領	(수령)	4Ⅱ 5	돈이나 물품을 받아들임.
守令	(수령)	4Ⅱ 5	옛날 고을을 다스리던 지방관.
壽福	(수복)	3Ⅱ 5Ⅱ	오래 살고 복을 누리는 일.
收復	(수복)	4Ⅱ 4Ⅱ	잃었던 땅이나 권리 따위를 되찾음.
修辭	(수사)	4Ⅱ 4	말이나 글을 다듬고 꾸미는 일.
搜査	(수사)	3 5	찾아서 조사함.
數詞	(수사)	7 3Ⅱ	사물의 수량이나 순서를 나타내는 품사.

守城	(수성)	4Ⅱ 4Ⅱ	적의 공격을 막기 위하여 성을 지킴.
水星	(수성)	8 4Ⅱ	태양에서 첫 번째로 가까운 행성.
守勢	(수세)	4Ⅱ 4Ⅱ	적의 공격을 맞아 지키는 형세.
收稅	(수세)	4Ⅱ 4Ⅱ	세금을 거두어들이는 일.
修身	(수신)	4Ⅱ 6Ⅱ	마음과 행실을 바르게 닦아 수양함.
受信	(수신)	4Ⅱ 6Ⅱ	통신이나 신호를 받음.
守身	(수신)	4Ⅱ 6Ⅱ	자신의 몸을 지킴.
愁心	(수심)	3Ⅱ 7	매우 근심함.
水深	(수심)	8 4Ⅱ	물의 깊이.
受容	(수용)	4Ⅱ 4Ⅱ	어떠한 것을 받아들임.
收容	(수용)	4Ⅱ 4Ⅱ	포로, 관객, 물품 따위를 일정한 장소나 시설에 모아 넣음.
收入	(수입)	4Ⅱ 7	돈이나 물품 따위를 거두어들임. 또는 그 돈이나 물품.
輸入	(수입)	3Ⅱ 7	다른 나라로부터 물품을 사들임. 다른 나라의 문화 따위를 배워 들여옴.
修正	(수정)	4Ⅱ 7Ⅱ	바로잡아 고침.
修訂	(수정)	4Ⅱ 3	글이나 글자의 잘못된 점을 고침.
受精	(수정)	4Ⅱ 4Ⅱ	암수의 생식 세포가 서로 하나로 합치는 현상.
修築	(수축)	4Ⅱ 4Ⅱ	헐어진 곳을 고쳐 지음.
收縮	(수축)	4Ⅱ 4	근육 따위가 오그라듦.
修行	(수행)	4Ⅱ 6	행실, 학문, 기예 따위를 닦음.
遂行	(수행)	3 6	계획한 대로 일을 해냄.
隨行	(수행)	3Ⅱ 6	일정한 임무를 띠고 가는 사람을 따라감.
修好	(수호)	4Ⅱ 4Ⅱ	나라와 나라가 서로 사이좋게 지냄.
守護	(수호)	4Ⅱ 4Ⅱ	지키고 보호함.
宿緣	(숙연)	5Ⅱ 4	오래 묵은 인연.

肅然	(숙연)	4 7	고요하고 엄숙함.
旬刊	(순간)	3Ⅱ 3Ⅱ	신문, 잡지 따위를 열흘에 한 번씩 간행하는 일.
瞬間	(순간)	3Ⅱ 7Ⅱ	아주 짧은 동안.
拾得	(습득)	3Ⅱ 4Ⅱ	주워서 얻음.
習得	(습득)	6 4Ⅱ	기술 따위를 익혀서 자기 것으로 함.
乘降	(승강)	3Ⅱ 4	차, 배, 비행기 따위를 타고 내림.
昇降	(승강)	3Ⅱ 4	오르고 내림.
乘務	(승무)	3Ⅱ 4Ⅱ	기차, 비행기 따위에서 운행과 관련된 사무를 맡아봄.
僧舞	(승무)	3Ⅱ 4	장삼과 고깔을 걸치고 부채를 쥐고 추는 민속춤.
僧服	(승복)	3Ⅱ 6	중의 옷.
承服	(승복)	4Ⅱ 6	납득하여 따름.
市街	(시가)	7Ⅱ 4Ⅱ	도시의 큰 길거리.
詩歌	(시가)	4Ⅱ 7	가사를 포함한 시문학을 통틀어 이르는 말.
時刻	(시각)	7Ⅱ 4	시간의 어느 한 시점.
視覺	(시각)	4Ⅱ 4	눈을 통해 빛의 자극을 받아들이는 감각 작용.
視角	(시각)	4Ⅱ 6Ⅱ	사물을 관찰하는 자세.
侍婢	(시비)	3Ⅱ 3Ⅱ	곁에서 시중을 드는 계집종.
是非	(시비)	4Ⅱ 4Ⅱ	옳음과 그름.
詩碑	(시비)	4Ⅱ 4	시를 새긴 비석.
施賞	(시상)	4Ⅱ 5	상장이나 상품, 상금 따위를 줌.
詩想	(시상)	4Ⅱ 4Ⅱ	시를 짓기 위한 착상. 시적인 생각이나 상념.
視線	(시선)	4Ⅱ 6Ⅱ	눈이 가는 길. 눈의 방향.
詩仙	(시선)	4Ⅱ 5Ⅱ	신선의 기풍이 있는 천재적인 시인.
詩選	(시선)	4Ⅱ 5	시를 뽑아 모은 책.

侍宴	(시연)	3Ⅱ 3Ⅱ	모든 신하가 자리를 함께 하는 대궐 안 잔치.
試演	(시연)	4Ⅱ 4Ⅱ	연극 따위를 일반에게 공개하기 전에 시험적으로 공연함.
是認	(시인)	4Ⅱ 4Ⅱ	어떤 내용이나 사실이 옳다고 인정함.
詩人	(시인)	4Ⅱ 8	시를 전문적으로 짓는 사람.
始點	(시점)	6Ⅱ 4	어떠한 것이 처음으로 일어나거나 시작되는 곳.
時點	(시점)	7Ⅱ 4	시간의 흐름 가운데 어느 한순간.
視點	(시점)	4Ⅱ 4	어떤 대상을 볼 때에 시력의 중심이 가 닿는 점.
施政	(시정)	4Ⅱ 4Ⅱ	정치를 시행함.
是正	(시정)	4Ⅱ 7Ⅱ	잘못된 것을 바로잡음.
時政	(시정)	7Ⅱ 4Ⅱ	그 당시의 정치.
時制	(시제)	7Ⅱ 4Ⅱ	어떤 사실이 일어난 시간선상의 위치를 표시하는 문법 범주.
詩題	(시제)	4Ⅱ 6Ⅱ	시의 제목이나 제재.
施行	(시행)	4Ⅱ 6	실지로 행함.
試行	(시행)	4Ⅱ 6	시험적으로 행함.
申告	(신고)	4Ⅱ 5Ⅱ	행정 관청 따위에 일정한 사실을 보고함.
辛苦	(신고)	3 6	어려운 일을 당하여 몹시 애쓰거나 고생함.
新館	(신관)	6Ⅱ 3Ⅱ	새로 지은 건물.
神官	(신관)	6Ⅱ 4Ⅱ	신을 받들어 모시는 일을 맡은 관직.
新報	(신보)	6Ⅱ 4Ⅱ	새로운 소식. 새로 간행된 신문이나 잡지.
新譜	(신보)	6Ⅱ 3Ⅱ	새로운 곡의 악보.
晨省	(신성)	3 6Ⅱ	아침 일찍 부모의 침소에 가서 밤사이의 안부를 살피는 일.
神聖	(신성)	6Ⅱ 4Ⅱ	매우 거룩하고 성스러움.
伸縮	(신축)	3 4	늘고 줆. 늘이고 줄임.
新築	(신축)	6Ⅱ 4Ⅱ	새로 지음.

失權	(실권)	6 4Ⅱ	권리나 권세를 잃음.
實權	(실권)	5Ⅱ 4Ⅱ	실제로 행사할 수 있는 권리나 권세.
失戀	(실연)	6 3Ⅱ	연애에 실패함.
實演	(실연)	5Ⅱ 4Ⅱ	실제로 하여 보임.
安眠	(안면)	7Ⅱ 3Ⅱ	편안히 잠을 잠.
顔面	(안면)	3Ⅱ 7	얼굴.
安否	(안부)	7Ⅱ 4	편안하게 잘 지내는지 아니한지에 대한 소식.
眼部	(안부)	4Ⅱ 6Ⅱ	눈이 있는 부위.
安息	(안식)	7Ⅱ 4Ⅱ	편히 쉼.
眼識	(안식)	4Ⅱ 5Ⅱ	안목과 식견.
安危	(안위)	7Ⅱ 4	편안함과 위태함.
安慰	(안위)	7Ⅱ 4	몸을 편안하게 하고 마음을 위로함.
略史	(약사)	4 5Ⅱ	간략하게 줄여 적은 역사.
藥師	(약사)	6Ⅱ 4Ⅱ	약에 관한 일을 맡아보는 사람.
羊角	(양각)	4Ⅱ 6Ⅱ	양의 뿔.
陽刻	(양각)	6 4	조각에서 글자 따위를 도드라지게 새기는 일.
兩部	(양부)	4Ⅱ 6Ⅱ	두 개의 부.
良否	(양부)	5Ⅱ 4	좋음과 나쁨.
糧食	(양식)	4 7Ⅱ	사람의 먹을거리.
樣式	(양식)	4 6	일정한 모양이나 형식.
良好	(양호)	5Ⅱ 4Ⅱ	대단히 좋음.
養護	(양호)	5Ⅱ 4Ⅱ	기르고 보호함.
御醫	(어의)	3Ⅱ 6	임금이나 왕족의 병을 치료하던 의원.
語義	(어의)	7 4Ⅱ	단어나 말의 뜻.

女警	(여경)	8 4Ⅱ	여자 경찰관.
餘慶	(여경)	4Ⅱ 4Ⅱ	남에게 좋은 일을 많이 한 보답으로 뒷날 그 자손이 받는 경사.
女權	(여권)	8 4Ⅱ	여자의 권리.
旅券	(여권)	5Ⅱ 4	외국을 여행하는 사람의 신분증명서.
女婢	(여비)	8 3Ⅱ	계집 종.
餘備	(여비)	4Ⅱ 4Ⅱ	넉넉하게 갖춤.
女裝	(여장)	8 4	남자가 여자처럼 차림.
旅裝	(여장)	5Ⅱ 4	여행할 때의 차림.
旅程	(여정)	5Ⅱ 4Ⅱ	여행의 일정.
餘情	(여정)	4Ⅱ 5Ⅱ	남아 있는 정이나 생각.
易經	(역경)	4 4Ⅱ	주역(周易).
逆境	(역경)	4Ⅱ 4Ⅱ	일이 순조롭지 않아 매우 어렵게 된 처지.
逆轉	(역전)	4Ⅱ 4	형세가 뒤집혀짐.
驛前	(역전)	3Ⅱ 7Ⅱ	역의 앞쪽.
曆學	(역학)	3Ⅱ 8	천체의 운동을 관측하여 책력을 연구하는 학문.
易學	(역학)	4 8	주역의 괘(卦)를 해석하여 음양 변화의 원리와 이치를 연구하는 학문.
疫學	(역학)	3Ⅱ 8	전염병 따위의 원인이나 변동 상태를 연구하는 학문.
年暇	(연가)	8 4	직원들에게 1년에 일정한 기간을 쉬도록 해 주는 유급 휴가.
戀歌	(연가)	3Ⅱ 7	사랑을 표현하는 노래.
延期	(연기)	4 5	정해진 기한을 뒤로 늘림.
演技	(연기)	4Ⅱ 5	배우가 배역의 성격, 행동 따위를 표현해 내는 일.
煙氣	(연기)	4Ⅱ 7Ⅱ	무엇이 불에 탈 때에 생겨나는 기운.
連名	(연명)	4Ⅱ 7Ⅱ	두 사람 이상의 이름을 잇대어 씀.
延命	(연명)	4 7	목숨을 겨우 이어 살아감.

演舞	(연무)	4 Ⅱ 4	춤을 연습함, 춤을 추어 관중에게 보임.
研武	(연무)	4 Ⅱ 4 Ⅱ	무예를 닦음.
聯邦	(연방)	3 Ⅱ 3	자치권을 가진 다수의 나라가 연합하여 구성하는 국가.
連方	(연방)	4 Ⅱ 7 Ⅱ	잇따라 자꾸.
連射	(연사)	4 Ⅱ 4	발사 장치를 갖춘 기구를 잇달아 쏨.
演士	(연사)	4 Ⅱ 5 Ⅱ	연설하는 사람.
年收	(연수)	8 4 Ⅱ	한 해 동안의 수입.
研修	(연수)	4 Ⅱ 4 Ⅱ	학문 따위를 갈고 닦음.
聯彈	(연탄)	3 Ⅱ 4	한 대의 피아노를 두 사람이 함께 치며 연주함.
軟炭	(연탄)	3 Ⅱ 5	역청탄. 검고 광택이 있는 가장 일반적인 석탄.
列強	(열강)	4 Ⅱ 6	여러 강한 나라.
熱講	(열강)	5 4 Ⅱ	열정적 강의.
列聖	(열성)	4 Ⅱ 4 Ⅱ	대대의 여러 임금.
劣性	(열성)	3 5 Ⅱ	열등한 성질.
熱誠	(열성)	5 4 Ⅱ	열렬한 정성.
鹽基	(염기)	3 Ⅱ 5 Ⅱ	산과 반응하여 염을 만드는 물질.
鹽氣	(염기)	3 Ⅱ 7 Ⅱ	소금기.
念佛	(염불)	5 Ⅱ 4 Ⅱ	부처의 모습과 공덕을 생각하면서 아미타불을 부르는 일. 불경을 외는 일.
鹽拂	(염불)	3 Ⅱ 3 Ⅱ	장례식이 끝난 뒤 소금을 몸에 뿌려 부정을 씻는 일.
令監	(영감)	5 4 Ⅱ	고위 벼슬아치, 지체 높은 사람, 남편, 나이 많은 노년에 접어든 남자를 이르는 말.
靈感	(영감)	3 Ⅱ 6	신령스러운 예감이나 느낌. 기발한 착상이나 자극.
零度	(영도)	3 6	온도, 고도 따위의 도수(度數)를 세는 기점이 되는 자리.
領導	(영도)	5 4 Ⅱ	앞장서서 이끌고 지도함.
零上	(영상)	3 7 Ⅱ	0℃ 이상의 기온을 이르는 말.

映像	(영상)	4 3Ⅱ	빛의 굴절이나 반사에 의하여 물체의 상(像)이 비추어진 것.
映窓	(영창)	4 6Ⅱ	방을 밝게 하기 위하여 방과 마루 사이에 낸 두 쪽의 미닫이.
營倉	(영창)	4 3Ⅱ	법을 어긴 군인을 가두기 위하여 부대 안에 설치한 감옥.
映畫	(영화)	4 6	움직이는 대상을 촬영하여 상황을 재현하는 종합 예술.
榮華	(영화)	4Ⅱ 4	몸이 귀하게 되어 이름이 세상에 빛남.
禮訪	(예방)	6 4Ⅱ	예를 갖추는 의미로 인사차 방문함.
豫防	(예방)	4 4Ⅱ	질병이나 재해 따위가 일어나기 전에 미리 대처하여 막는 일.
禮俗	(예속)	6 4Ⅱ	예의범절에 관한 풍속.
隷屬	(예속)	3 4	남의 지배나 지휘 아래 매임.
禮儀	(예의)	6 4	존경의 뜻을 표하는 거동.
禮義	(예의)	6 4Ⅱ	사람이 지켜야 할 예절과 의리.
傲氣	(오기)	3 7Ⅱ	남에게 지기 싫어하는 마음. 잘난 체하며 방자한 기운.
誤記	(오기)	4Ⅱ 7Ⅱ	잘못 기록함.
獄死	(옥사)	3Ⅱ 6	감옥에서 죽음.
獄舍	(옥사)	3Ⅱ 4Ⅱ	죄인을 가두어 두는 건물.
要員	(요원)	5Ⅱ 4Ⅱ	어떤 일을 하는 데 꼭 필요한 인원. 중요한 지위에 있는 사람.
遙遠	(요원)	3 6	멂. 까마득함.
優秀	(우수)	4 4	여럿 가운데 뛰어남.
憂愁	(우수)	3Ⅱ 3Ⅱ	근심과 걱정을 아울러 이르는 말.
原版	(원판)	5 3Ⅱ	복제하거나 다시 새기는 바탕이 되는 본디의 판.
圓板	(원판)	4Ⅱ 5	넓으며 둥근 모양의 판.
僞裝	(위장)	3Ⅱ 4	본 모습이 드러나지 않도록 거짓으로 꾸밈.
胃腸	(위장)	3Ⅱ 4	위(胃)와 장(腸)을 아울러 이르는 말.
僞貨	(위화)	3Ⅱ 4Ⅱ	위조한 화폐.

違和	(위화)	3 6Ⅱ	조화가 어그러짐.
有故	(유고)	7 4Ⅱ	특별한 사정이 있음.
遺孤	(유고)	4 4	부모가 다 죽은 외로운 아이.
有機	(유기)	7 4	생활 기능을 갖추고 있음. 생물체처럼 전체를 구성하고 있는 각 부분이 서로 밀접하게 관련을 가지고 있음.
遺棄	(유기)	4 3	내다 버림.
柔道	(유도)	3Ⅱ 7Ⅱ	맨손으로 던지기, 조르기 등의 기술로 승부를 겨루는 운동.
誘導	(유도)	3Ⅱ 4Ⅱ	사람이나 물건을 목적한 장소나 방향으로 이끎.
惟獨	(유독)	3 5Ⅱ	많은 것 가운데 홀로 두드러지게.
有毒	(유독)	7 4Ⅱ	독성이 있음.
流離	(유리)	5Ⅱ 4	일정한 집과 직업이 없이 이곳저곳으로 떠돌아다님.
遊離	(유리)	4 4	따로 떨어짐.
類似	(유사)	5Ⅱ 3	서로 비슷함.
遺事	(유사)	4 7Ⅱ	예로부터 전하여 오는 사적.
由緖	(유서)	6 3Ⅱ	예로부터 전하여 내려오는 까닭과 내력.
遺書	(유서)	4 6Ⅱ	유언을 적은 글.
流星	(유성)	5Ⅱ 4Ⅱ	지구의 대기권 안으로 들어와 빛을 내며 떨어지는 작은 물체.
有聲	(유성)	7 4Ⅱ	소리가 있음.
遊說	(유세)	4 5Ⅱ	자기 의견 또는 정당의 주장을 선전하며 돌아다님.
有勢	(유세)	7 4Ⅱ	세력이 있음.
乳業	(유업)	4 6Ⅱ	우유나 유제품을 생산하거나 판매하는 사업.
遺業	(유업)	4 6Ⅱ	선대(先代)부터 이어온 사업.
誘因	(유인)	3Ⅱ 5	어떤 일 또는 현상을 일으키는 원인.
誘引	(유인)	3Ⅱ 4Ⅱ	주의나 흥미를 일으켜 꾀어냄.
油田	(유전)	6 4Ⅱ	석유가 나는 곳.

遺傳	(유전)	4 5Ⅱ	물려받아 내려옴.
有志	(유지)	7 4Ⅱ	마을이나 지역에서 명망 있는 사람. 어떤 일에 뜻이 있는 사람.
維持	(유지)	3Ⅱ 4	어떤 상태를 보존하여 변함없이 지킴.
遺志	(유지)	4 4Ⅱ	죽은 사람이 살아서 이루지 못하고 남긴 뜻.
留置	(유치)	4Ⅱ 4Ⅱ	남의 물건을 맡아 둠.
誘致	(유치)	3Ⅱ 5	꾀어서 데려옴.
留學	(유학)	4Ⅱ 8	외국에 머물면서 공부함.
儒學	(유학)	4 8	인(仁)과 예(禮)를 중시하는, 공자를 시조로 하는 전통적인 학문.
恩師	(은사)	4Ⅱ 4Ⅱ	가르침을 받은 은혜로운 스승.
銀絲	(은사)	6 4	은을 얇게 입힌 실. 은으로 가늘게 만든 실.
隱士	(은사)	4 5Ⅱ	예전에, 벼슬하지 아니하고 숨어 살던 선비.
恩人	(은인)	4Ⅱ 8	자신에게 은혜를 베푼 사람.
隱人	(은인)	4 8	산야에 묻혀 숨어 사는 사람.
陰計	(음계)	4Ⅱ 6Ⅱ	나쁜 목적으로 몰래 흉악한 일을 꾸밈.
音階	(음계)	6Ⅱ 4	음정의 순서로 음을 차례로 늘어놓은 것.
陰氣	(음기)	4Ⅱ 7Ⅱ	어둡고 침침하거나 쌀쌀한 기운.
陰記	(음기)	4Ⅱ 7Ⅱ	비석의 뒷면에 새긴 글.
飮器	(음기)	6Ⅱ 4Ⅱ	술잔 따위와 같이 술을 마시는 데 쓰는 그릇.
陰性	(음성)	4Ⅱ 5Ⅱ	음의 성질.
音聲	(음성)	6Ⅱ 4Ⅱ	사람의 목소리나 말소리.
音域	(음역)	6Ⅱ 4	음넓이. 소리 높이의 범위.
音譯	(음역)	6Ⅱ 3Ⅱ	한자를 가지고 외국어의 음을 나타내는 일.
凝視	(응시)	3 4Ⅱ	눈길을 모아 한 곳을 똑바로 바라봄.
應試	(응시)	4Ⅱ 4Ⅱ	시험에 응함.

依據	(의거)	4 4	어떤 사실이나 원리 따위에 근거함.
義擧	(의거)	4Ⅱ 5	정의를 위하여 의로운 일을 도모함.
衣冠	(의관)	6 3Ⅱ	웃옷과 갓이라는 뜻으로, 남자가 정식으로 갖추어 입는 옷차림.
醫官	(의관)	6 4Ⅱ	의술에 종사하던 벼슬아치.
義士	(의사)	4Ⅱ 5Ⅱ	의로운 뜻을 지니고 행동하는 사람.
議事	(의사)	4Ⅱ 7Ⅱ	회의에서 어떤 일을 의논함.
醫師	(의사)	6 4Ⅱ	의술로 병을 치료하는 사람.
義眼	(의안)	4Ⅱ 4Ⅱ	만들어 넣은 인공적인 눈알.
議案	(의안)	4Ⅱ 5	회의에서 심의하고 토의할 안건.
議員	(의원)	4Ⅱ 4Ⅱ	국회 등의 의결권을 가진 사람.
醫員	(의원)	6 4Ⅱ	의사와 의생(醫生)을 통틀어 이르는 말.
儀裝	(의장)	4 4	의식을 행하는 장소의 장식이나 장치.
議長	(의장)	4Ⅱ 8	회의를 주재하고 그 회의의 집행부를 대표하는 사람.
依支	(의지)	4 4Ⅱ	다른 것에 몸을 기대거나 도움을 받음.
意志	(의지)	6Ⅱ 4Ⅱ	어떠한 일을 이루고자 하는 마음.
利器	(이기)	6Ⅱ 4Ⅱ	날카로운 병기. 편리한 기기.
移記	(이기)	4Ⅱ 7Ⅱ	옮겨 적음.
異動	(이동)	4 7Ⅱ	전임이나 퇴직 따위로 말미암은 직책의 변동.
異同	(이동)	4 7	다른 것과 같은 것.
移動	(이동)	4Ⅱ 7Ⅱ	움직여 옮김.
理論	(이론)	6Ⅱ 4Ⅱ	사물의 이치를 해명하는 정연한 명제의 체계.
異論	(이론)	4 4Ⅱ	다른 논의나 의견.
異名	(이명)	4 7Ⅱ	본명 외에 달리 부르는 이름.
耳鳴	(이명)	5 4	귀울림. 귓속에 잡음이 들리는 병적인 상태.

理想	(이상)	6Ⅱ 4Ⅱ	생각해 볼 때 가장 완전하다고 여겨지는 상태.
異常	(이상)	4 4Ⅱ	정상적인 상태와 다름.
異狀	(이상)	4 4Ⅱ	평소와는 다른 상태.
異說	(이설)	4 5Ⅱ	통설과는 다른 의견.
移設	(이설)	4Ⅱ 4Ⅱ	다른 곳으로 옮기어 설치함.
利息	(이식)	6Ⅱ 4Ⅱ	이자(利子).
移植	(이식)	4Ⅱ 7	옮겨서 심음.
利敵	(이적)	6Ⅱ 4Ⅱ	적을 이롭게 함.
移籍	(이적)	4Ⅱ 4	호적을 옮김. 운동선수가 소속 팀으로부터 다른 팀으로 적을 옮기는 일.
履行	(이행)	3Ⅱ 6	실제로 행함.
移行	(이행)	4Ⅱ 6	다른 상태로 옮아감.
引導	(인도)	4Ⅱ 4Ⅱ	이끌어 지도함.
引渡	(인도)	4Ⅱ 3Ⅱ	사물이나 권리 따위를 넘겨 줌.
印象	(인상)	4Ⅱ 4	어떤 대상에 대하여 마음속에 새겨지는 느낌.
引上	(인상)	4Ⅱ 7Ⅱ	끌어 올림. 요금 따위를 올림.
仁慈	(인자)	4 3Ⅱ	마음이 어질고 따듯함.
仁者	(인자)	4 6	마음이 어진 사람.
仁政	(인정)	4 4Ⅱ	어진 정치.
認定	(인정)	4Ⅱ 6	확실히 그렇다고 여김.
人智	(인지)	8 4	사람의 슬기.
印紙	(인지)	4Ⅱ 7	수수료 따위를 낸 것을 증명하기 위하여 서류에 붙이는 종이 표.
認知	(인지)	4Ⅱ 5Ⅱ	어떤 사실을 인정하여 앎.
印畫	(인화)	4Ⅱ 6	사진 원판을 인화지 위에 올려놓고 사진이 나타나도록 하는 일.
引火	(인화)	4Ⅱ 8	불이 붙음. 불을 붙임.

一旦	(일단)	8 3Ⅱ	우선 먼저. 우선 잠깐.
一段	(일단)	8 4	한 계단. 한 토막. 한 단계.
一員	(일원)	8 4Ⅱ	단체에 소속된 한 구성원.
一圓	(일원)	8 4Ⅱ	일정한 범위의 지역.
一齊	(일제)	8 3Ⅱ	여럿이 한꺼번에 함.
日帝	(일제)	8 4	일본 제국주의의 준말.
日製	(일제)	8 4Ⅱ	일본에서 만듦.
入官	(입관)	7 4Ⅱ	관리(官吏)로 들어감.
入館	(입관)	7 3Ⅱ	도서관, 박물관 따위에 들어감.
子婦	(자부)	7Ⅱ 4Ⅱ	며느리.
自負	(자부)	7Ⅱ 4	스스로 능력을 믿고 당당함.
自盡	(자진)	7Ⅱ 4	스스로 자기의 목숨을 끊음. 온갖 정성을 다함.
自進	(자진)	7Ⅱ 4Ⅱ	스스로 나섬.
作爲	(작위)	6Ⅱ 4Ⅱ	사실과는 다른, 보이기 위한 의식적 행위.
爵位	(작위)	3 5	벼슬과 지위를 통틀어 이르는 말. 작(爵)의 신분.
壯觀	(장관)	4 5Ⅱ	훌륭하고 볼만한 광경.
長官	(장관)	8 4Ⅱ	국무를 처리하는 행정 각부의 우두머리.
帳記	(장기)	4 7Ⅱ	필요한 물건의 이름과 값 따위를 적어 놓은 글.
臟器	(장기)	3Ⅱ 4Ⅱ	내장의 여러 기관.
丈夫	(장부)	3Ⅱ 7	다 자란 씩씩한 남자. 남편.
帳簿	(장부)	4 3Ⅱ	물건의 출납이나 돈의 수지(收支) 계산을 적어 두는 책.
壯士	(장사)	4 5Ⅱ	몸이 우람하고 힘이 아주 센 사람.
葬事	(장사)	3Ⅱ 7Ⅱ	죽은 사람을 땅에 묻거나 화장하는 일.
將星	(장성)	4Ⅱ 4Ⅱ	군대의 장군(將軍).

長城	(장성)	8 4Ⅱ	길게 둘러쌓은 성.
將帥	(장수)	4Ⅱ 3Ⅱ	군사를 거느리는 우두머리.
長壽	(장수)	8 3Ⅱ	오래도록 삶.
壯丁	(장정)	4 4	나이가 젊고 기운이 좋은 남자.
章程	(장정)	6 4Ⅱ	여러 조목으로 나누어 마련한 규정.
再拜	(재배)	5 4Ⅱ	두 번 절함.
栽培	(재배)	3Ⅱ 3Ⅱ	식물을 심어 가꿈.
在籍	(재적)	6 4	학적 따위의 명부(名簿)에 이름이 올라 있음.
載積	(재적)	3Ⅱ 4	실어서 쌓음.
裁定	(재정)	3Ⅱ 6	일의 옳고 그름을 따져서 결정함.
財政	(재정)	5Ⅱ 4Ⅱ	돈에 관한 여러 가지 일. 자금의 운용과 관련한 경제 상태.
再版	(재판)	5 3Ⅱ	이미 간행된 책을 다시 출판함.
裁判	(재판)	3Ⅱ 4	옳고 그름을 따져 판단함. 법관이 공권적 판단을 내리는 일.
敵機	(적기)	4Ⅱ 4	적군의 비행기.
適期	(적기)	4 5	알맞은 시기.
敵黨	(적당)	4Ⅱ 4Ⅱ	적의 무리.
適當	(적당)	4 5Ⅱ	정도에 알맞음.
敵船	(적선)	4Ⅱ 5	적이나 적국의 배.
積善	(적선)	4 5	착한 일을 많이 함.
敵地	(적지)	4Ⅱ 7	적이 점령하거나 차지하고 있는 땅.
適地	(적지)	4 7	무엇을 하기에 조건이 알맞은 땅.
全卷	(전권)	7Ⅱ 4	책 전부.
全權	(전권)	7Ⅱ 4Ⅱ	일체의 권한.
傳單	(전단)	5Ⅱ 4Ⅱ	선전이나 선동 따위의 글이 담긴 종이쪽.

專斷	(전단)	4 4Ⅱ	혼자 마음대로 결정하고 단행함.
戰端	(전단)	6Ⅱ 4Ⅱ	전쟁을 벌이게 된 실마리.
傳導	(전도)	5Ⅱ 4Ⅱ	열 또는 전기가 물체 속을 이동하는 일.
前途	(전도)	7Ⅱ 3Ⅱ	앞으로 나아갈 길.
前略	(전략)	7Ⅱ 4	편지나 글, 말의 앞부분을 줄임.
戰略	(전략)	6Ⅱ 4	전쟁을 전반적으로 이끌어 가는 방법이나 책략.
專賣	(전매)	4 5	어떤 물건을 독점하여 팖.
轉賣	(전매)	4 5	샀던 물건을 도로 다른 사람에게 팔아넘김.
典範	(전범)	5Ⅱ 4	본보기가 될 만한 모범.
戰犯	(전범)	6Ⅱ 4	전쟁 범죄 또는 그를 저지른 사람.
戰勢	(전세)	6Ⅱ 4Ⅱ	전쟁, 경기 따위의 형세나 형편.
田稅	(전세)	4Ⅱ 4Ⅱ	논밭에 부과되는 조세.
轉送	(전송)	4 4Ⅱ	물건이나 편지 따위를 전하여 달라고 남에게 맡겨 보냄.
電送	(전송)	7Ⅱ 4Ⅱ	글이나 사진 따위를 전류나 전파를 이용하여 먼 곳에 보냄.
專用	(전용)	4 6Ⅱ	남과 공동으로 쓰지 아니하고 혼자서만 씀. 오로지 한 가지만을 씀.
轉用	(전용)	4 6Ⅱ	예정되어 있는 곳에 쓰지 아니하고 다른 데로 돌려서 씀.
全員	(전원)	7Ⅱ 4Ⅱ	소속된 인원의 전체.
田園	(전원)	4Ⅱ 6	도시에서 떨어진 시골이나 교외.
電源	(전원)	7Ⅱ 4	전류가 오는 원천.
前儒	(전유)	7Ⅱ 4	전대의 유생(儒生).
專有	(전유)	4 7	혼자 독차지하여 가짐.
典籍	(전적)	5Ⅱ 4	책.
前績	(전적)	7Ⅱ 4	이전에 이루어 놓은 업적.
戰績	(전적)	6Ⅱ 4	상대와 싸워서 얻은 실적.

田籍	(전적)	4Ⅱ 4	토지대장.
前提	(전제)	7Ⅱ 4Ⅱ	조건 따위를 먼저 내세우는 것.
專制	(전제)	4 4Ⅱ	권력을 장악하고 그 개인의 의사에 따라 모든 일을 처리함.
前職	(전직)	7Ⅱ 4Ⅱ	전에 가졌던 직업이나 직위.
轉職	(전직)	4 4Ⅱ	직업이나 직무를 바꾸어 옮김.
前進	(전진)	7Ⅱ 4Ⅱ	앞으로 나아감.
前陣	(전진)	7Ⅱ 4	전쟁 따위에서 여러 진 가운데 앞에 친 진.
傳播	(전파)	5Ⅱ 3	전하여 널리 퍼뜨림.
電波	(전파)	7Ⅱ 4Ⅱ	전류가 진동함으로써 방사되는 전자기파.
全篇	(전편)	7Ⅱ 4	글이나 책 따위의 한 편 전체.
前篇	(전편)	7Ⅱ 4	두세 편으로 나누어진 책이나 영화 따위의 앞 편.
節稅	(절세)	5Ⅱ 4Ⅱ	세금을 덜 냄.
絕世	(절세)	4Ⅱ 7Ⅱ	세상에 견줄 데가 없을 정도로 아주 뛰어남.
切除	(절제)	5Ⅱ 4Ⅱ	잘라 냄.
節制	(절제)	5Ⅱ 4Ⅱ	정도에 넘지 아니하도록 알맞게 조절하여 제한함.
漸漸	(점점)	3Ⅱ 3Ⅱ	조금씩 더하거나 덜하여지는 모양.
點點	(점점)	4 4	낱낱의 점.
正攻	(정공)	7Ⅱ 4	정면으로 하는 공격.
精工	(정공)	4Ⅱ 7Ⅱ	정교하게 공작함.
情婦	(정부)	5Ⅱ 4Ⅱ	아내가 아니면서, 정을 두고 깊이 사귀는 여자.
政府	(정부)	4Ⅱ 4Ⅱ	입법, 사법, 행정의 삼권을 포함하는 통치 기구.
正副	(정부)	7Ⅱ 4Ⅱ	으뜸과 버금.
正否	(정부)	7Ⅱ 4	바른 것과 그른 것.
情狀	(정상)	5Ⅱ 4Ⅱ	있는 그대로의 사정과 형편.

政商	(정상)	4Ⅱ 5Ⅱ	정치권력과 결탁하여 이익을 꾀하는 상인.
正常	(정상)	7Ⅱ 4Ⅱ	특별한 변동이나 탈이 없이 제대로인 상태.
頂上	(정상)	3Ⅱ 7Ⅱ	산 따위의 맨 꼭대기. 최고의 상태. 한 나라의 최고 수뇌.
情勢	(정세)	5Ⅱ 4Ⅱ	일이 되어 가는 형편.
政勢	(정세)	4Ⅱ 4Ⅱ	정치상의 동향이나 형세.
定義	(정의)	6 4Ⅱ	어떤 말이나 사물의 뜻을 명백히 밝혀 규정함.
正義	(정의)	7Ⅱ 4Ⅱ	올바른 도리. 바른 뜻.
亭子	(정자)	3Ⅱ 7Ⅱ	경치가 좋은 곳에 놀거나 쉬기 위하여 지은 집.
精子	(정자)	4Ⅱ 7Ⅱ	생물의 수컷의 생식 세포.
政敵	(정적)	4Ⅱ 4Ⅱ	정치에서 대립되는 처지에 있는 사람.
靜寂	(정적)	4 3Ⅱ	고요하고 쓸쓸함.
靜的	(정적)	4 5Ⅱ	정지 상태에 있는. 또는 그런 것.
停職	(정직)	5 4Ⅱ	일정 기간 직무에 종사하지 못하도록 하는 처분. 직무 정지.
定職	(정직)	6 4Ⅱ	일정한 직업.
正統	(정통)	7Ⅱ 4Ⅱ	바른 계통.
精通	(정통)	4Ⅱ 6	어떤 사물에 대하여 깊고 자세히 통하여 앎.
提起	(제기)	4Ⅱ 4Ⅱ	의견이나 문제를 내어 놓음.
祭器	(제기)	4Ⅱ 4Ⅱ	제사에 쓰는 그릇.
制度	(제도)	4Ⅱ 6	한 사회의 관습이나 규범 따위의 체계.
濟度	(제도)	4Ⅱ 6	고해의 세상에서 중생을 건져 내어 열반에 이르게 함.
製圖	(제도)	4Ⅱ 6Ⅱ	기계, 건축물, 공작물 따위의 도면이나 도안을 그림.
諸島	(제도)	3Ⅱ 5	모든 섬. 여러 섬.
提督	(제독)	4Ⅱ 4Ⅱ	해군 함대의 사령관.
除毒	(제독)	4Ⅱ 4Ⅱ	독을 없애 버림.

制約	(제약)	4Ⅱ 5Ⅱ	조건을 붙여 내용을 제한함.
製藥	(제약)	4Ⅱ 6Ⅱ	약을 만듦.
提議	(제의)	4Ⅱ 4Ⅱ	의안을 내어 놓음.
祭儀	(제의)	4Ⅱ 4	제사의 의식.
制定	(제정)	4Ⅱ 6	제도나 법률 따위를 만들어서 정함.
帝政	(제정)	4 4Ⅱ	황제가 다스리는 정치.
祭政	(제정)	4Ⅱ 4Ⅱ	제사와 정치.
制止	(제지)	4Ⅱ 5	말려서 못하게 함.
製紙	(제지)	4Ⅱ 7	종이를 만듦.
弔旗	(조기)	3 7	남의 죽음을 슬퍼하는 뜻을 나타내는 기. 반기(半旗).
早期	(조기)	4Ⅱ 5	이른 시기.
早起	(조기)	4Ⅱ 4Ⅱ	아침 일찍 일어남.
潮流	(조류)	4 5Ⅱ	밀물과 썰물 때문에 일어나는 바닷물의 흐름.
鳥類	(조류)	4Ⅱ 5Ⅱ	새무리.
弔問	(조문)	3 7	남의 죽음에 대하여 슬퍼하는 뜻을 드러내어 상주(喪主)를 위문함.
弔文	(조문)	3 7	죽은 사람의 생전의 공덕을 기리고 그의 명복을 비는 글.
助詞	(조사)	4Ⅱ 3Ⅱ	체언 따위에 붙어 문법적 관계를 표시하거나 말뜻을 도와주는 품사.
早死	(조사)	4Ⅱ 6	일찍 죽음.
祖師	(조사)	7 4Ⅱ	어떤 학파나 종파를 처음 세운 사람.
助長	(조장)	4Ⅱ 8	힘을 도와서 더 자라게 함. 부정적인 의미로 씀.
組長	(조장)	4 8	조로 편성한 단위 조직의 우두머리.
弔花	(조화)	3 7	조의를 표하는 데 쓰는 꽃.
造化	(조화)	4Ⅱ 5Ⅱ	만물을 창조하고 변화시키는 자연의 이치. 신통한 일.
造花	(조화)	4Ⅱ 7	인공적으로 만든 꽃.

存續	(존속)	4 4Ⅱ	어떤 대상이나 현상이 그대로 있거나 계속됨.
尊屬	(존속)	4Ⅱ 4	부모 또는 그와 같은 항렬 이상에 속하는 친족.
宗團	(종단)	4Ⅱ 5Ⅱ	종교나 종파의 단체.
終端	(종단)	5 4Ⅱ	맨 끝.
縱斷	(종단)	3Ⅱ 4Ⅱ	남북의 방향으로 건너가거나 건너옴.
宗社	(종사)	4Ⅱ 6Ⅱ	종묘와 사직이라는 뜻에서 나라를 이름.
從事	(종사)	4 7Ⅱ	어떤 일을 일삼아서 함.
主幹	(주간)	7 3Ⅱ	어떤 일을 책임지고 맡아서 처리함.
週刊	(주간)	5Ⅱ 3Ⅱ	한 주일에 한 번씩 간행함.
周忌	(주기)	4 3	사람이 죽은 뒤 그 날짜가 해마다 돌아오는 횟수.
酒氣	(주기)	4 7Ⅱ	술기운.
主導	(주도)	7 4Ⅱ	주동적으로 이끎.
周到	(주도)	4 5Ⅱ	주의가 두루 미쳐서 빈틈없음.
酒道	(주도)	4 7Ⅱ	술을 마시거나 술자리에 있을 때의 도리.
走力	(주력)	4Ⅱ 7Ⅱ	달리는 힘.
酒歷	(주력)	4 5Ⅱ	술을 마신 경력.
主謀	(주모)	7 3Ⅱ	주장하여 일을 꾸밈.
酒母	(주모)	4 8	술밑. 술청에서 술을 파는 여인.
注射	(주사)	6Ⅱ 4	약액을 생물체의 조직이나 혈관 속에 직접 주입하는 일.
酒邪	(주사)	4 3Ⅱ	술 마신 뒤에 버릇으로 하는 못된 언행.
主演	(주연)	7 4Ⅱ	연극이나 영화에서 주인공을 맡아 하는 일.
酒宴	(주연)	4 3Ⅱ	술잔치.
主將	(주장)	7 4Ⅱ	우두머리가 되는 장수.
主張	(주장)	7 4	자기의 의견이나 주의를 굳게 내세움.

主潮	(주조)	7 4	주된 조류나 경향.
酒造	(주조)	4 4Ⅱ	술을 빚어 만듦.
鑄造	(주조)	3Ⅱ 4Ⅱ	녹인 쇠붙이를 거푸집에 부어 물건을 만듦.
主宗	(주종)	7 4Ⅱ	여러 가지 가운데 주가 되는 것.
主從	(주종)	7 4	주인과 부하를 아울러 이르는 말.
住持	(주지)	7 4	절을 주관하는 중.
周知	(주지)	4 5Ⅱ	여러 사람이 두루 앎.
俊秀	(준수)	3 4	생김, 풍채 따위가 빼어남.
遵守	(준수)	3 4Ⅱ	규칙 따위를 그대로 좇아서 지킴.
中伏	(중복)	8 4	삼복(三伏)의 하나. 하지가 지난 뒤 네 번째 경일(庚日).
重複	(중복)	7 4	거듭하거나 겹침.
增員	(증원)	4Ⅱ 4Ⅱ	인원을 늘림.
增援	(증원)	4Ⅱ 4	사람 수를 더 늘리어 도움.
知覺	(지각)	5Ⅱ 4	알아서 깨달음.
遲刻	(지각)	3 4	정해진 시각보다 늦게 출근하거나 등교함.
支給	(지급)	4Ⅱ 5	돈이나 물품 따위를 정하여진 몫만큼 내줌.
至急	(지급)	4Ⅱ 6Ⅱ	매우 급함.
志士	(지사)	4Ⅱ 5Ⅱ	나라와 민족을 위하여 몸 바쳐 일하려는 뜻을 가진 사람.
指事	(지사)	4Ⅱ 7Ⅱ	사물을 가리켜 보임. 육서(六書)의 하나.
支社	(지사)	4Ⅱ 6Ⅱ	본사에서 갈려 나가 일정한 지역에서 본사의 일을 대신 맡아 하는 곳.
地緣	(지연)	7 4	살고 있는 지역을 근거로 하는 인연.
遲延	(지연)	3 4	무슨 일을 더디게 끌어 시간을 늦춤.
志願	(지원)	4Ⅱ 5	어떤 일이나 조직에 뜻을 두어 끼이길 바람.
支援	(지원)	4Ⅱ 4	지지하여 도움.

指章	(지장)	4Ⅱ 6	손가락에 인주 따위를 묻혀 그 지문(指紋)을 찍은 것.
支障	(지장)	4Ⅱ 4Ⅱ	일하는데 거치적거리거나 방해가 되는 장애.
地點	(지점)	7 4	땅 위의 일정한 점.
支店	(지점)	4Ⅱ 5Ⅱ	본점에서 갈라져 나온 가게.
支持	(지지)	4Ⅱ 4	어떤 의견 따위에 찬동하여 힘을 보탬.
紙誌	(지지)	7 4	신문과 잡지 따위를 통틀어 이르는 말.
眞空	(진공)	4Ⅱ 7Ⅱ	물질이 전혀 존재하지 아니하는 공간.
進攻	(진공)	4Ⅱ 4	나아가 공격함.
珍味	(진미)	4 4Ⅱ	음식의 아주 좋은 맛.
眞味	(진미)	4Ⅱ 4Ⅱ	참된 맛.
眞美	(진미)	4Ⅱ 6	참된 아름다움.
珍寶	(진보)	4 4Ⅱ	진귀한 보배.
進步	(진보)	4Ⅱ 4Ⅱ	정도나 수준이 나아지거나 높아짐.
眞相	(진상)	4Ⅱ 5Ⅱ	참된 모습.
進上	(진상)	4Ⅱ 7Ⅱ	진귀한 토산물 따위를 임금이나 권력자에게 바침.
珍姓	(진성)	4 7Ⅱ	흔하게 볼 수 없는 아주 드문 성(姓).
盡誠	(진성)	4 4Ⅱ	정성을 다함.
眞性	(진성)	4Ⅱ 5Ⅱ	사물이나 현상의 있는 그대로의 성질.
眞情	(진정)	4Ⅱ 5Ⅱ	참되고 애틋한 정이나 마음.
眞正	(진정)	4Ⅱ 7Ⅱ	거짓이 없이 참되고 바름.
鎭靜	(진정)	3Ⅱ 4	소란스럽고 어지러운 일을 가라앉힘.
鎭痛	(진통)	3Ⅱ 4	아픈 것을 가라앉혀 멎게 하는 일.
陣痛	(진통)	4 4	해산할 때에, 짧은 간격을 두고 주기적으로 반복되는 복부의 통증.
珍貨	(진화)	4 4Ⅱ	진귀한 물품.

進化	(진화)	4Ⅱ 5Ⅱ	일이나 사물 따위가 점점 발달하여 감.
鎭火	(진화)	3Ⅱ 8	불이 난 것을 끔.
差等	(차등)	4 6Ⅱ	고르지 않고 차별이 있음.
次等	(차등)	4Ⅱ 6Ⅱ	다음가는 등급.
茶禮	(차례)	3Ⅱ 6	명절날, 조상 생일 따위의 낮에 지내는 제사.
次例	(차례)	4Ⅱ 6	순서에 따라 각각에게 돌아오는 기회. 책 따위에서 벌여 놓은 항목.
車掌	(차장)	7Ⅱ 3Ⅱ	기차 따위에서 찻삯을 받거나 운행과 승객 편의를 돕는 사람.
次長	(차장)	4Ⅱ 8	관공서나 회사 따위에서, 장(長)에 다음가는 직위.
創意	(창의)	4Ⅱ 6Ⅱ	새로운 의견을 생각하여 냄.
唱義	(창의)	5 4Ⅱ	앞장서서 정의를 부르짖음.
天職	(천직)	7 4Ⅱ	타고난 직업이나 직분.
賤職	(천직)	3Ⅱ 4Ⅱ	사회적 지위가 낮고 천한 직업.
初婚	(초혼)	5 4	처음으로 하는 혼인.
招魂	(초혼)	4 3Ⅱ	사람이 죽었을 때에, 그 혼을 소리쳐 부르는 일.
總記	(총기)	4Ⅱ 7Ⅱ	책 내용의 전체를 총괄하는 기술.
聰氣	(총기)	3 7Ⅱ	슬기로운 기운. 좋은 기억력.
銃器	(총기)	4Ⅱ 4Ⅱ	권총, 소총 따위의 무기를 통틀어 이르는 말.
總帥	(총수)	4Ⅱ 3Ⅱ	전군을 지휘하는 사람.
總數	(총수)	4Ⅱ 7	전체의 수량이나 분량을 나타낸 수.
推計	(추계)	4 6Ⅱ	일부를 가지고 전체를 미루어 계산함.
秋季	(추계)	7 4	가을철.
畜舍	(축사)	3Ⅱ 4Ⅱ	가축을 기르는 건물.
祝辭	(축사)	5 4	축하의 뜻을 나타내는 글이나 말.
出港	(출항)	7 4Ⅱ	배가 항구를 떠나감.

出航	(출항)	7 4Ⅱ	선박이나 항공기가 출발함.
治下	(치하)	4Ⅱ 7Ⅱ	통치 아래. 통치의 영향력이 미치는 범위나 구역.
致賀	(치하)	5 3Ⅱ	남이 한 일에 대하여 고마움이나 칭찬의 뜻을 표시함.
侵攻	(침공)	4Ⅱ 4	다른 나라를 침입하여 공격함.
針工	(침공)	4 7Ⅱ	바느질을 하는 기술.
寢睡	(침수)	4 3	잠을 자는 것을 높인 말.
浸水	(침수)	3Ⅱ 8	물에 젖거나 잠김.
他派	(타파)	5 4	사상, 이념, 행동 따위가 다른 파.
打破	(타파)	5 4Ⅱ	부정적인 제도 따위를 깨뜨려 없애 버림.
彈性	(탄성)	4 5Ⅱ	힘을 가하면 모양이 바뀌었다가, 힘을 빼면 본디 모양으로 되돌아가려고 하는 성질.
歎聲	(탄성)	4 4Ⅱ	한탄하거나 탄식하는 소리.
奪取	(탈취)	3Ⅱ 4Ⅱ	빼앗아 가짐.
脫臭	(탈취)	4 3	냄새를 빼어 없앰.
擇一	(택일)	4 8	여럿 가운데에서 하나를 고름.
擇日	(택일)	4 8	운수가 좋은 날을 가려서 고름.
吐氣	(토기)	3Ⅱ 7Ⅱ	욕지기.
土器	(토기)	8 4Ⅱ	오랜 옛날에 쓰던, 흙으로 만든 그릇.
統長	(통장)	4Ⅱ 8	행정 구역의 단위인 통(統)의 우두머리.
通帳	(통장)	6 4	예금의 출납 장부.
投機	(투기)	4 4	기회를 틈타 큰 이익을 보려고 함.
鬪技	(투기)	4 5	서로 맞붙어 다툼.
投射	(투사)	4 4	창이나 포탄 따위를 내던지거나 쏨.
鬪士	(투사)	4 5Ⅱ	싸우거나 싸우려고 나선 사람.
特殊	(특수)	6 3Ⅱ	특별히 다름. 평균 수준을 넘음.

特需	(특수)	6 3Ⅱ	특별한 상황에서 발생하는 수요.
波紋	(파문)	4Ⅱ 3Ⅱ	수면에 이는 물결. 어떤 사건이 다른 데에 미치는 영향.
破門	(파문)	4Ⅱ 8	사제의 의리를 끊고 문하에서 내쫓음.
波長	(파장)	4Ⅱ 8	파동에서 같은 위상을 가진 서로 이웃한 두 점 사이의 거리. 어떤 사건이 끼치는 영향의 정도를 비유.
罷場	(파장)	3 7Ⅱ	백일장, 시장(市場) 따위가 끝남.
平常	(평상)	7Ⅱ 4Ⅱ	보통 때.
平床	(평상)	7Ⅱ 4Ⅱ	나무로 만든 침상의 하나.
廢館	(폐관)	3Ⅱ 3Ⅱ	낡고 못쓰게 된 건물. 도서관 따위 시설을 운영하지 아니함.
閉館	(폐관)	4 3Ⅱ	정한 시간에 도서관 따위의 문을 닫음.
廢校	(폐교)	3Ⅱ 8	학교의 운영을 폐지함.
閉校	(폐교)	4 8	학교 문을 닫고 수업을 중지하고 쉼.
捕手	(포수)	3Ⅱ 7Ⅱ	본루에서 투수가 던지는 공을 받는 선수.
砲手	(포수)	4Ⅱ 7Ⅱ	총으로 짐승을 잡는 사냥꾼. 총포를 가진 군사.
捕食	(포식)	3Ⅱ 7Ⅱ	다른 동물을 잡아먹음.
飽食	(포식)	3 7Ⅱ	배부르게 먹음.
砲火	(포화)	4Ⅱ 8	총포를 쏠 때에 일어나는 불. 총포를 쏨. 총포.
飽和	(포화)	3 6Ⅱ	더 이상의 양을 수용할 수 없이 가득 참.
暴發	(폭발)	4Ⅱ 6Ⅱ	감정, 분노, 힘, 열기, 사건 따위가 갑작스럽게 퍼지거나 일어남.
爆發	(폭발)	4 6Ⅱ	불이 일어나며 갑작스럽게 터짐.
暴飮	(폭음)	4Ⅱ 6Ⅱ	술을 한꺼번에 많이 마심.
爆音	(폭음)	4 6Ⅱ	폭발할 때 나는 큰 소리.
豊盛	(풍성)	4Ⅱ 4Ⅱ	넉넉하고 많음.
風聲	(풍성)	6Ⅱ 4Ⅱ	바람 소리.
必修	(필수)	5Ⅱ 4Ⅱ	반드시 학습하거나 이수하여야 함.

必須	(필수)	5 Ⅱ 3	꼭 있어야 하거나 하여야 함.
匹敵	(필적)	3 4 Ⅱ	능력이나 세력이 엇비슷하여 서로 맞섬.
筆跡	(필적)	5 Ⅱ 3 Ⅱ	글씨의 모양이나 솜씨.
下段	(하단)	7 Ⅱ 4	아래의 단. 글의 아래쪽 부분.
下端	(하단)	7 Ⅱ 4 Ⅱ	아래쪽의 끝.
限滿	(한만)	4 Ⅱ 4 Ⅱ	기한이 다 참.
韓滿	(한만)	8 4 Ⅱ	한반도와 만주를 아울러 이르는 말.
漢籍	(한적)	7 Ⅱ 4	한문으로 쓴 책.
閑適	(한적)	4 4	한가하고 고요함.
合掌	(합장)	6 3 Ⅱ	두 손바닥을 합하여 마음이 한결같음을 나타냄.
合葬	(합장)	6 3 Ⅱ	여러 사람의 시체를 한 무덤에 묻음.
降意	(항의)	4 6 Ⅱ	항복할 뜻.
抗議	(항의)	4 4 Ⅱ	반대의 뜻을 주장함.
害毒	(해독)	5 Ⅱ 4 Ⅱ	좋고 바른 것을 망치거나 손해를 끼침.
解毒	(해독)	4 Ⅱ 4 Ⅱ	독성 물질의 작용을 없앰.
解讀	(해독)	4 Ⅱ 6 Ⅱ	어려운 문구 따위를 읽어 이해하거나 해석함.
解散	(해산)	4 Ⅱ 4	모였던 사람이 흩어짐.
解産	(해산)	4 Ⅱ 5 Ⅱ	아이를 낳음.
鄕愁	(향수)	4 Ⅱ 3 Ⅱ	고향을 그리워하는 마음이나 시름.
香水	(향수)	4 Ⅱ 8	향을 풍기는 액체 화장품의 하나.
享有	(향유)	3 7	누리어 가짐.
香油	(향유)	4 Ⅱ 6	향기로운 냄새가 나는 기름.
賢明	(현명)	4 Ⅱ 6 Ⅱ	어질고 슬기로움.
顯名	(현명)	4 7 Ⅱ	큰 업적으로 이름이 세상에 널리 알려짐.

賢婦	(현부)	4Ⅱ 4Ⅱ	어진 며느리.
顯否	(현부)	4 4	나타남과 나타나지 않음.
懸賞	(현상)	3Ⅱ 5	판매, 모집, 수배 등에 상금 따위를 내걺.
現像	(현상)	6Ⅱ 3Ⅱ	노출된 필름이나 인화지를 약품으로 처리하여 상이 나타나도록 함.
現狀	(현상)	6Ⅱ 4Ⅱ	나타나 보이는 현재의 상태.
現象	(현상)	6Ⅱ 4	인간이 지각할 수 있는, 사물의 모양과 상태.
戸口	(호구)	4Ⅱ 7	호적상 집의 수효와 식구 수.
虎口	(호구)	3Ⅱ 7	매우 위태로운 처지. 어수룩하여 이용하기 좋은 사람.
好機	(호기)	4Ⅱ 4	좋은 기회.
豪氣	(호기)	3Ⅱ 7Ⅱ	씩씩하고 거리낌 없는 기상.
呼父	(호부)	4Ⅱ 8	아버지라고 부름.
好否	(호부)	4Ⅱ 4	좋음과 나쁨.
好酒	(호주)	4Ⅱ 4	술을 좋아함.
戸主	(호주)	4Ⅱ 7	한 집안의 주인이 되는 사람.
婚需	(혼수)	4 3Ⅱ	혼인에 드는 물품.
昏睡	(혼수)	3 3	정신없이 잠이 듦. 의식을 잃고 인사불성이 되는 일.
婚前	(혼전)	4 7Ⅱ	결혼하기 전.
混戰	(혼전)	4 6Ⅱ	두 편이 어지럽게 뒤섞여서 승패를 가름할 수 없을 만큼 치열하게 다툼.
花郎	(화랑)	7 3Ⅱ	신라 때에 둔, 심신 수련을 위한 귀족 청소년 단체.
畫廊	(화랑)	6 3Ⅱ	그림 따위의 미술품을 진열하여 관람하도록 만든 방.
和尙	(화상)	6Ⅱ 3Ⅱ	수행을 많이 한 중. 중을 높여 이르는 말.
火傷	(화상)	8 4	데었을 때에 일어나는 피부의 손상.
畫像	(화상)	6 3Ⅱ	사람의 얼굴을 그림으로 그린 형상.
火星	(화성)	8 4Ⅱ	태양에서 넷째로 가까운 행성.

華城	(화성)	4 4Ⅱ	조선 정조 때에, 현 경기도 수원시에 쌓은 성.
化粧	(화장)	5Ⅱ 3Ⅱ	화장품 따위로 얼굴을 곱게 꾸밈. 머리나 옷의 맵시를 냄.
火葬	(화장)	8 3Ⅱ	죽은 사람을 불에 살라 장사 지냄.
回報	(회보)	4Ⅱ 4Ⅱ	물음이나 요구에 대하여 대답으로 보고함. 돌아와서 보고함.
會報	(회보)	6Ⅱ 4Ⅱ	회(會)에 관한 일을 그 회원에게 알리는 보고.
懷疑	(회의)	3Ⅱ 4	의심을 품음.
會議	(회의)	6Ⅱ 4Ⅱ	여럿이 모여 의논함.

약자(略字)

基本字	級	略字	基本字	級	略字	基本字	級	略字
假	4Ⅱ	仮	穀	4	穀	腦	3Ⅱ	脳
價	5Ⅱ	価	寬	3Ⅱ	寛	單	4Ⅱ	単
覺	4	覚	觀	5Ⅱ	覌,观,観	團	5Ⅱ	団
減	4Ⅱ	减	關	5Ⅱ	関	斷	4Ⅱ	断
鑑	3Ⅱ	鑑	館	3Ⅱ	舘	擔	4Ⅱ	担
監	4Ⅱ	监	廣	5Ⅱ	広	當	5Ⅱ	当
蓋	3Ⅱ	盖	鑛	4	鉱	黨	4Ⅱ	党
個	4Ⅱ	个	壞	3Ⅱ	壊	對	6Ⅱ	対
槪	3Ⅱ	概	區	6	区	臺	3Ⅱ	台,臺
慨	3	慨	舊	5Ⅱ	旧	德	5Ⅱ	徳
據	4	拠	句	4Ⅱ	勾	圖	6Ⅱ	図
擧	5	挙,舉	龜	3	亀	獨	5Ⅱ	独
儉	4	倹	國	8	国	讀	6Ⅱ	読
劍	3Ⅱ	剣	勸	4	効,勧	毒	4Ⅱ	毒
檢	4Ⅱ	検	權	4Ⅱ	权,権	燈	4Ⅱ	灯
擊	4	撃	歸	4	帰	樂	6Ⅱ	楽
堅	4	坚	旣	3	既	亂	4	乱
缺	4Ⅱ	欠	棄	3	弃	濫	3	滥
徑	3Ⅱ	径	氣	7Ⅱ	気	覽	4	覧,览
經	4Ⅱ	経	器	4Ⅱ	器	來	7	来
輕	5	軽	緊	3Ⅱ	紧	兩	4Ⅱ	両
繼	4	継	寧	3Ⅱ	寍,寧	涼	3Ⅱ	涼
繫	3	繋	惱	3	悩	勵	3Ⅱ	励

基本字	級	略字	基本字	級	略字	基本字	級	略字
麗	4Ⅱ	麗	墨	3Ⅱ	墨	緒	3Ⅱ	緒
戀	3Ⅱ	恋	默	3Ⅱ	黙	釋	3Ⅱ	釈
聯	3Ⅱ	联	迫	3Ⅱ	廹	船	5	舩
練	5Ⅱ	練	發	6Ⅱ	発	禪	3Ⅱ	禅
鍊	3Ⅱ	錬	輩	3Ⅱ	輩	攝	3	摂
獵	3	猟	拜	4Ⅱ	拝	聲	4Ⅱ	声
靈	3Ⅱ	灵,霊	繁	3Ⅱ	繁	歲	5Ⅱ	岁,歲
禮	6	礼	變	5Ⅱ	変	燒	3Ⅱ	焼
勞	5Ⅱ	労	邊	4Ⅱ	辺,边	屬	4	属
爐	3Ⅱ	炉	屛	3	屏	續	4Ⅱ	続
錄	4Ⅱ	录	竝	3	並	壽	3Ⅱ	寿
龍	4	竜	寶	4Ⅱ	宝	收	4Ⅱ	収
樓	3Ⅱ	楼	富	4Ⅱ	冨	數	7	数
淚	3	涙	佛	4Ⅱ	仏	獸	3Ⅱ	獣
離	4	难	拂	3Ⅱ	払	隨	3Ⅱ	随
臨	3Ⅱ	临	寫	5	写,写,寫	帥	3Ⅱ	帅
滿	4Ⅱ	満	師	4Ⅱ	师	搜	3	捜
萬	8	万	辭	4	辞	肅	4	甫,粛
賣	5	売	殺	4Ⅱ	殺	濕	3Ⅱ	湿
麥	3Ⅱ	麦	嘗	3	甞	乘	3Ⅱ	乗
貌	3Ⅱ	皃	桑	3Ⅱ	桒	實	5Ⅱ	実
夢	3Ⅱ	梦	狀	4Ⅱ	状	雙	3Ⅱ	双
廟	3	庿,庙	敍	3	叙	亞	3Ⅱ	亜

基本字	級	略字	基本字	級	略字	基本字	級	略字
兒	5Ⅱ	児	搖	3	揺	戰	6Ⅱ	战,戦
惡	5Ⅱ	悪	員	4Ⅱ	貟	轉	4	転
巖	3Ⅱ	岩	遠	6	逺	錢	4	銭
壓	4Ⅱ	圧	僞	3Ⅱ	偽	竊	3	窃
藥	6Ⅱ	薬	圍	4	囲	節	5Ⅱ	節
壤	3Ⅱ	壌	爲	4Ⅱ	為	點	4	点,奌
讓	3Ⅱ	譲	隱	4	隠,隐	定	6	㝎
嚴	4	厳	應	4Ⅱ	応	靜	4	静
與	4	与	宜	3	冝	淨	3Ⅱ	浄
餘	4Ⅱ	余	醫	6	医	濟	4Ⅱ	済
譯	3Ⅱ	訳	者	6	者	齊	3Ⅱ	斉
驛	3Ⅱ	駅	殘	4	残	條	4	条
硏	4Ⅱ	研	雜	4	雑	卒	5Ⅱ	卆
鉛	4	鈆	壯	4	壮	從	4	从,従
鹽	3Ⅱ	塩	將	4Ⅱ	将	縱	3Ⅱ	縦
榮	4Ⅱ	栄	莊	3Ⅱ	荘	晝	6	昼
營	4	営	裝	4	装	鑄	3Ⅱ	鋳
藝	4Ⅱ	芸,藝	奬	4	奨,獎	準	4Ⅱ	准
譽	3Ⅱ	誉	臟	3Ⅱ	臓	卽	3Ⅱ	即
豫	4	予	藏	3Ⅱ	蔵	增	4Ⅱ	増
溫	6	温	哉	3	㦲	曾	3Ⅱ	曽
謠	4Ⅱ	謡	爭	5	争	蒸	3Ⅱ	蒸
遙	3	遥	傳	5Ⅱ	伝	證	4	証

基本字	級	略字	基本字	級	略字	基本字	級	略字
遲	3	遅	醉	3Ⅱ	酔	歡	4	欢,歓
珍	4	珎	齒	4Ⅱ	歯	會	6Ⅱ	会
盡	4	尽	稱	4	称	懷	3Ⅱ	懐
質	5Ⅱ	盾	墮	3	堕	曉	3	暁
徵	3Ⅱ	徴	彈	4	弾	效	5Ⅱ	効
贊	3Ⅱ	賛	擇	4	択	黑	5	黒
讚	4	讃	澤	3Ⅱ	沢	興	4Ⅱ	兴
參	5Ⅱ	参	兔	3Ⅱ	兎	戲	3Ⅱ	戲,戯
慘	3	惨	廢	3Ⅱ	廃			
處	4Ⅱ	処	學	8	学			
淺	3Ⅱ	浅	鄕	4Ⅱ	郷			
賤	3Ⅱ	賎	虛	4Ⅱ	虚			
踐	3Ⅱ	践	獻	3Ⅱ	献			
遷	3Ⅱ	迁	險	4	険			
鐵	5	鉄	驗	4Ⅱ	験			
廳	4	庁	縣	3	県			
聽	4	聴	賢	4Ⅱ	賢			
體	6Ⅱ	体	顯	4	顕			
遞	3	逓	螢	3	蛍			
觸	3Ⅱ	触	惠	4Ⅱ	恵			
聰	3	聡,聰	號	6	号			
總	4Ⅱ	総,總	畫	6	画			
蟲	4Ⅱ	虫	擴	3	拡			

擧案齊眉

거안제미

아내가 남편을 깍듯이 공경함을 말함
남편 앞에 놓았다는 데서 유래한 말로,
양홍의 아내가 밥상을 들어 눈썹과 나란히 하여

(사) 한국어문회 주관 / 한국한자능력검정회 시행

漢字

부록 II

최근 기출 & 실전문제

최근 기출 & 실전문제 정답

제99회 3급 기출문제 (2022. 11. 26 시행)

(社)한국어문회 주관 · 한국한자능력검정회 시행

◎ 다음 문장에서 밑줄 친 漢字語의 讀音을 쓰시오. (1~35)

○ 그는 마음이 착한 사람으로서 형제간에 우애를 (1)敦篤히 하였다. 또 그는 (2)廉恥를 알고, 매사에 (3)謹愼하며 (4)謙讓하였다. 또 누가 (5)飢餓에 시달려 (6)求乞하면 (7)憐憫하여 도왔다.

○ 그는 퇴직 후 환경이 (8)汚染되지 않은 시골로 이사하였다. 그리고는 (9)菜蔬를 (10)栽培하고 (11)蜂蜜을 채취하며 살았다. 지인들이 찾아오면 편안히 (12)宿泊하게 해주며 (13)接賓을 소홀히 하지 않았다. 또 마을 일에는 비용을 (14)喜捨하기도 하였다.

○ 세상에는 좋은 사람들도 있지만 (15)庸劣한 사람들도 있다. 그들은 남을 (16)傲慢하고 (17)放恣하게 대하거나 (18)欺罔하기도 한다. 또 사회에 (19)紛糾를 일으키기도 한다. 심지어는 국민의 의무인 (20)納稅를 (21)忌避하거나 국가에 (22)謀叛하는 사람들까지도 있다.

○ (23)戊戌년 (24)歲暮부터 조선에 (25)災殃이 (26)頻繁하게 일어났다. (27)旱潦의 차이가 극심하여 농사가 잘 안되어 큰 흉년이 들었다. 그러자 굶주린 사람들이 도둑이 되어 민가를 (28)掠奪하기도 했다. 이에 민심은 크게 (29)動搖하였다. 국왕은 크게 (30)煩惱하며, 어느 날은 (31)墮淚하기까지 하였다. 그것을 본 (32)補佐하는 신하들도 따라서 (33)哭泣하였다. 그들은 (34)宗廟를 찾아 더 정치를 잘하여 이 (35)難局을 극복할 것을 조상 앞에 맹세하였다.

◑ 다음 漢字語의 讀音을 쓰시오. (36~45)

(36) 絹織   (37) 播種   (38) 慙愧

(39) 推尋   (40) 燭臺   (41) 霧滴

(42) 塗炭   (43) 逐鹿   (44) 密獵

(45) 醜貌

◑ 다음 漢字의 訓과 音을 쓰시오. (46~72)

(46) 肯   (47) 忙   (48) 只

(49) 懲   (50) 携   (51) 俱

(52) 宰   (53) 暢   (54) 擁

(55) 敍   (56) 昭   (57) 躍

(58) 搜   (59) 僚   (60) 而

(61) 茫   (62) 屢   (63) 坤

(64) 遞   (65) 托   (66) 嫌

(67) 睡   (68) 傍   (69) 騰

(70) 懼   (71) 毁   (72) 隷

◑ 다음 중 첫음절이 長音으로 발음되는 것을 고르시오. (73~77)

(73) ① 詠歌   ② 靈歌

(74) ① 天神   ② 薦新

(75)　① 條文　② 弔問

(76)　① 署員　② 書院

(77)　① 行雲　② 幸運

▶ 다음 문장에서 밑줄 친 漢字語를 漢字(正字)로 쓰시오. (78~107)

○ 우리 (78)자매는 부모님께 (79)유산으로 시골집을 물려받았다. 그래서 (80)퇴직 후에 함께 (81)귀향하여 농촌에서 (82)거처하고 있다. 우리 마을은 (83)경치가 (84)수려하다. 우리는 닭을 길러서 (85)계란을 얻고, (86)과실수를 심어 과일도 맛본다. 또 (87)잡곡도 심어 수확한다. 가까운 산과 들로 (88)소풍도 다니며 (89)건강도 챙기고 있다. 우리는 이 생활에 (90)만족한다.

○ 그는 (91)근면하며 (92)검소하다. 사회 (93)규범을 잘 지키고, 나름대로 국가에 (94)기여도 한다. 한편으로 그는 (95)격렬한 운동을 하면서 (96)승부 겨루기를 즐기기도 한다.

○ 내가 (97)여가가 있을 때 즐기는 (98)취미는 (99)영화 감상이다. 요즘 영화 쪽에서도 (100)한류가 대단하다. "기생충"이나 "오징어게임" 같은 (101)다양한 내용의 좋은 한국 영화들이 많이 나와서 세계인들이 (102)찬탄한다. 세계 영화제에서도 (103)감독, (104)연기 등 여러 분야에서 한국인들이 (105)수상하고 있다. 앞으로도 한국 영화는 더욱 (106)발전해 나가리라고 나는 (107)예측한다.

◆ 다음 漢字와 비슷한 뜻을 가진 漢字(正字)를 ( ) 안에 써서 문장에 적합한 漢字語가 되게 하시오. (108~112)

(108) 강이나 바다를 건너는 곳에는 ( )梁이 세워져 있다.

(109) 요즘 ( )姻하는 사람들이 줄어들고 있어 사회문제가 된다.

(110) 영국 엘리자베스 여왕 장례식은 ( )肅하게 진행되었다.

(111) 초등학교는 대개 附( )된 어린이집을 운영한다.

(112) 서울에서 부산까지 距( )는 약 400km가 된다.

◆ 다음 漢字와 뜻이 反對 또는 相對되는 漢字(正字)를 써서 漢字語를 완성하시오. (113~117)

(113) 엘리베이터는 고층 건물을 사람이나 물건이 乘( )하는 데 도움을 준다.

(114) 사람은 살면서 누구나 起( )이 있기 마련이다.

(115) 운동 경기는 양 팀이 ( )防을 주고받으며 실력을 겨룬다.

(116) 수양대군이 단종을 폐위시킨 사건은 ( )姪 간에 벌어진 비극이다.

(117) 시어머니와 며느리 사이에서는 어쩌다 姑( ) 갈등이 생기기도 한다.

◆ 다음 漢字語의 反對語 또는 相對語를 2음절로 된 漢字(正字)로 쓰시오. (118~122)

(118) 偏頗 ↔ (   )

(119) 正統 ↔ (   )

(120) 應答 ↔ (　　)

(121) 快樂 ↔ (　　)

(122) 解散 ↔ (　　)

:arrow_forward: 다음 漢字語의 동음이의어를 漢字(正字)로 쓰되, 제시된 뜻에 맞는 것으로
하시오. (123~127)

(123) 架設 - (　　) 임시로 만든 주장이나 이론.

(124) 加擔 - (　　) 길거리에 떠도는 말이나 화젯거리.

(125) 寶位 - (　　) 보호하고 지킴.

(126) 前提 - (　　) 권력을 오로지 혼자 갖고 멋대로 처리함.

(127) 支援 - (　　) 어떤 일에 뜻을 두고 구성원이 되기를 바람.

:arrow_forward: 다음 (　) 안에 알맞은 漢字(正字)를 써서 四字成語를 완성하시오. (128~137)

(128) 百折不(　) : 어떠한 난관에도 결코 굽히지 않음.

(129) 明(　)止水 : 맑은 거울과 고요한 물.

(130) 一筆(　)之 : 글씨를 단숨에 죽 내리 씀.

(131) 送舊(　)新 : 묵은해를 보내고 새해를 맞음.

(132) 手不釋(　) : 손에서 책을 놓지 아니하고 늘 글을 읽음.

(133) 悠悠自(　) : 속세를 떠나 아무 속박 없이 조용하고 편안하게 삶.

(134) (　)國之色 :　임금이 혹하여 나라가 기울어져도 모를 정도의 미인.

(135) 群雄割(　) : 여러 영웅이 각기 한 지방씩 차지하고 위세를 부림.

(136) ( )忍不拔 : 굳게 참고 견디어 마음이 흔들리지 않음.

(137) 面( )腹背 : 겉으로는 복종하는 체하면서 내심으로는 배반함.

● 다음 漢字의 部首를 쓰시오. (138～142)

(138) 牽

(139) 幾

(140) 孰

(141) 豚

(142) 募

● 다음 漢字의 略字를 쓰시오. (143～145)

(143) 顯

(144) 歡

(145) 圍

● 다음 漢字語의 뜻을 쓰시오. (146～150)

(146) 肩帶

(147) 凝滯

(148) 繫留

(149) 逮捕

(150) 幽明

➡️ **다음 밑줄 친 漢字語의 讀音을 쓰시오. (1~33)**

○ (1)天使를 (2)修飾할 때는 (3)白衣를 사용하고, 악마나 (4)鬼神을 꾸밀 때에는 대개 흑색을 사용한다. 백색이 (5)衛生的인 것도 사실이다. (6)醫師, (7)看護員, (8)理髮사들이 흰 가운을 입는 것도 그 까닭이다. (9)西洋 신부의 (10)禮服도 면사포까지 백색을 (11)崇尙한다. 그러니 우리 민족이 白衣를 입어온 것을 어느 (12)史家처럼 (13)太陽 숭배의 민족정신이라느니 하는 것은 몰라도, 우리 민족이 미개해서 (14)染料가 (15)發明 안된 까닭이라느니, 색채(16)美感을 모르기 때문이라느니, (17)悲運에 복종하는 (18)心情 때문이라느니 하는 등의 (19)淺薄한 (20)解釋은 삼가야 한다.

〈윤오영, '白衣와 靑松의 변'〉

○ 코로나의 (21)影響으로 석유 소비가 줄어 (22)油價가 (23)小幅 하락하였고, 석웃값 하락은 (24)各種 물가의 하락을 (25)牽引할 것이라 한다. 한편, 산유국들은 석웃값 하락을 막기 위하여 생산량 (26)減縮에 (27)突入하기로 했다고 한다.

○ (28)地球를 살리기 위해 (29)深刻하게 훼손된 자연 (30)環境을 보호하고 물자를 (31)節約하자는 운동이 (32)漸次 전 세계로 (33)擴散되고 있다.

다음 漢字語의 讀音을 쓰시오. (34～45)

(34) 外泊　　(35) 漫評　　(36) 滿了

(37) 血淚　　(38) 奔忙　　(39) 封墳

(40) 押留　　(41) 娛樂　　(42) 甚至於

(43) 攝取　　(44) 慙悔　　(45) 提携

다음 漢字의 訓과 音을 쓰시오. (46～72)

(46) 俊　　(47) 尤　　(48) 雖

(49) 擁　　(50) 妥　　(51) 頗

(52) 抄　　(53) 遞　　(54) 漂

(55) 匹　　(56) 享　　(57) 巷

(58) 亨　　(59) 肩　　(60) 遣

(61) 濫　　(62) 乃　　(63) 旣

(64) 肯　　(65) 邪　　(66) 塗

(67) 侮　　(68) 飜　　(69) 捨

(70) 耶　　(71) 滴　　(72) 枕

다음 중 첫음절이 長音으로 발음되는 것을 고르시오. (73～77)

(73) ① 遺命　② 有名

(74) ① 丈夫　② 帳簿

(75) ① 旱害 ② 寒害

(76) ① 訪問 ② 房門

(77) ① 幹部 ② 姦婦

➡ 다음 문장에서 밑줄 친 漢字語를 漢字(正字)로 쓰시오. (78~107)

○ (78)우수 지나고 경칩도 지나니 (79)춘색이 완연하다. (80)기후는 (81)온화하고 (82)만물이 소생하니 (83)희망이 부풀고 세상에 활기가 넘친다. (84)농촌에서는 농사일 (85)준비에 바쁘고, 도시에서는 겨우내 쌓인 때 벗기는 (86)청소하기에 바쁘다.

○ (87)최근 (88)자율 (89)주행 자동차가 (90)출시되었다는 (91)소식이 있었다. 이 자율주행차에 대한 (92)기대가 (93)특별히 큰 사람들은 (94)연로한 사람들이다. 많은 (95)교통 사고를 (96)방지할 수 있기 때문이다. 운전자의 (97)실수나 (98)도로 (99)주변 (100)상황 파악 미흡, 안전거리 (101)미확보, 중앙선 (102)침범, (103)신호 위반 등으로 인한 사고를 방지할 수 있다고 한다. 그러나 자율주행차가 (104)상용화되려면 몇 (105)단계의 (106)개선과 몇 가지 문제점의 보완이 (107)필요하다고 한다.

➡ 다음 漢字와 비슷한 뜻을 가진 漢字(正字)를 ( ) 안에 써서 문장에 적합한 漢字語가 되게 하시오. (108~112)

(108) 어머니는 아들의 무사 ( )還을 빌고 또 빌었다.

(109) 감독은 그 선수의 장점을 조목조목 羅(　)하였다.

(110) 그 사람은 그 분야에 대해 높은 (　)目을 가지고 있다.

(111) 그 원장의 (　)餘 임기는 1년이다.

(112) 그의 얼굴이 朱(　)색을 칠한듯이 붉어졌다.

◆ 다음 漢字와 뜻이 反對 또는 相對되는 漢字(正字)를 써서 漢字語를 완성하시오. (113~117)

(113) 貧(　) 격차를 줄이기 위한 정책을 수립하였다.

(114) 민생부터 챙기기로 (　)野가 합의하였다.

(115) 황무지를 개간하여 (　)畓을 만들었다.

(116) 損(　)을 계산하느라 바쁘다.

(117) 달리기를 하여 呼(　)이 가빠졌다.

◆ 다음 漢字語의 反對語 또는 相對語를 2음절로 된 漢字(正字)로 쓰시오. (118~122)

(118) 送舊 ↔ (　　)

(119) 模倣 ↔ (　　)

(120) 單純 ↔ (　　)

(121) 處女 ↔ (　　)

(122) 左遷 ↔ (　　)

⮞ 다음 漢字語의 동음이의어를 漢字(正字)로 쓰되, 제시된 뜻에 맞는 것으로 하시오. (123~127)

(123) 侍從 – ( ) : 처음과 끝.

(124) 飛火 – ( ) : 세상에 드러나지 않은 이야기.

(125) 弔辭 – ( ) : 일찍 죽음.

(126) 推計 – ( ) : 가을철.

(127) 空輸 – ( ) : 공격과 수비.

⮞ 다음 ( ) 안에 알맞은 漢字(正字)를 써서 四字成語를 완성하시오. (128~137)

(128) 搖之不( ) : 흔들어도 꼼짝 않음.

(129) ( )掌大笑 : 손뼉을 치고 크게 웃음.

(130) 梁上( )子 : 도둑을 점잖게 이르는 말.

(131) 居安思( ) : 편안히 살 때 위태로움을 생각함.

(132) ( )楊芳草 : 푸른 버드나무와 향기로운 풀.

(133) ( )狗風月 : 서당 개 삼년이면 풍월을 읊는다는 말.

(134) 五( )百果 : 온갖 곡식과 온갖 과일.

(135) 滅( )奉公 : 사적인 것을 버리고 공적인 것을 위하여 힘써 일함.

(136) 臨機( )變 : 그때그때 일의 형편에 따라 일을 처리함.

(137) 破邪( )正 : 그릇된 생각을 깨뜨리고 바른 도리를 드러냄.

⮞ 다음 漢字의 部首를 쓰시오. (138~142)

(138) 貝

(139) 淨

(140) 乞

(141) 鹿

(142) 暮

● 다음 漢字의 略字를 쓰시오. (143~145)

(143) 離

(144) 盡

(145) 壓

● 다음 漢字語의 뜻을 쓰시오. (146~150)

(146) 胡蝶

(147) 幼兒

(148) 腰帶

(149) 蜂蜜

(150) 鹽分

➡ 다음 밑줄 친 漢字語의 讀音을 쓰시오. (1~20)

(1) 우리 선생님은 여유와 浪漫이 있다.

(2) 회사 측과 노조는 오랜 갈등 끝에 극적인 妥協을 이루었다.

(3) 부상 당한 선수를 후보 선수로 交替했다.

(4) 공대 건물이 본부와 서로 隣接해 있다.

(5) 여러 백화점에서 알뜰 구매가 擴散되고 있다.

(6) 작가의 원고를 수정하여 返送하였다.

(7) 동생은 아침잠이 많아 遲刻을 자주 한다.

(8) 친구들과 선물을 나누며 聖誕의 기쁨을 함께했다.

(9) 올해는 밭에서 옥수수를 많이 收穫하였다.

(10) 한국의 우수한 문화를 세계에 지속적으로 傳播해야 한다.

(11) 폐지를 분리수거하여 燒却하였다.

(12) 회사의 퀴즈 잔치에 應募해서 당첨되었다.

(13) 노트북 컴퓨터는 携帶가 용이하다.

(14) 침략군의 무도한 방화와 掠奪이 지속되었다.

(15) 도서관에 가서 참고 서적을 閱覽했다.

(16) 가을이 되니 피부가 乾燥해서 몸이 가렵다.

(17) 그는 나를 廉探하러 온 것이 확실하다.

(18) 주연 배우가 직접 弘報에 나섰다.

(19) 태식이는 여행 준비를 한다고 종일 <u>搖亂</u>을 떨었다.

(20) 무분별한 외국어의 사용으로 우리말 <u>汚染</u>이 심각한 상태이다.

▶ 다음 漢字語의 讀音을 쓰시오. (21~45)

(21) 苦惱	(22) 郊外	(23) 捕捉
(24) 稱讚	(25) 趣味	(26) 避暑
(27) 友邦	(28) 飜覆	(29) 傑作
(30) 白眉	(31) 示範	(32) 遂行
(33) 包攝	(34) 冥福	(35) 金屬
(36) 赴任	(37) 歲暮	(38) 革新
(39) 反射	(40) 竊取	(41) 辯護
(42) 敢鬪	(43) 增幅	(44) 挑戰
(45) 調整		

▶ 다음 漢字의 訓과 音을 쓰시오. (46~72)

(46) 召	(47) 懲	(48) 亨
(49) 娛	(50) 埋	(51) 搜
(52) 輝	(53) 遍	(54) 苗
(55) 棄	(56) 泳	(57) 謹
(58) 嫌	(59) 閨	(60) 毀
(61) 斥	(62) 吟	(63) 枕
(64) 腰	(65) 堤	(66) 賜
(67) 渴	(68) 脣	(69) 薦
(70) 絹	(71) 毫	(72) 肩

◐ 다음 漢字의 部首를 쓰시오. (73~77)

  (73) 騷   (74) 云   (75) 某

  (76) 隷   (77) 夷

◐ 다음 漢字의 略字를 쓰시오. (78~80)

  (78) 盡   (79) 黨   (80) 珍

◐ 다음 漢字語 중 첫소리가 長音인 것을 가려 그 번호를 쓰시오. (81~85)

  (81) ① 幹部 ② 姦婦

  (82) ① 現官 ② 玄關

  (83) ① 統計 ② 通戒

  (84) ① 朝鮮 ② 造船

  (85) ① 諸事 ② 祭祀

◐ 다음 ( ) 안에 밑줄 친 漢字와 뜻이 같거나 비슷한 漢字를 正字로 적어 문장을 완성하시오. (86~90)

  (86) 마을 뒤 선산에 조상의 墳( )가 있다.

  (87) 이 밭은 할아버지로부터 贈( )를 받은 것이다.

  (88) 대학에서 교수 ( )聘 광고를 신문에 게재했다.

  (89) 그녀는 자기 남편을 하늘이 점지해 준 ( )匹이라고 생각했다.

  (90) 현대는 尖( ) 과학의 시대라 할 수 있다.

⬥ 다음 ( ) 안에 밑줄 친 漢字와 뜻이 상대(또는 반대)되는 漢字를 正字로 적어 문장을 완성하시오. (91~95)

(91) 배우와 연출자가 呼( )이 잘 맞는다.

(92) 그는 무슨 말이든 利( )로 따지기 전에 옳고 그름으로 따진다.

(93) 씨름판에서 두 선수가 ( )退를 거듭하며 접전을 벌이고 있다.

(94) 인생살이에는 吉( )이 겹치기 마련이다.

(95) 그는 늘 국가의 安( )를 먼저 생각하는 사람이다.

⬥ 다음 두 단어가 상대(또는 반대)되는 漢字語가 되도록 ( ) 안에 알맞은 漢字(正字)를 쓰시오. (96~100)

(96) 難解 ↔ ( )( )

(97) 拘( ) ↔ 放免

(98) 愼重 ↔ ( )率

(99) 緊( ) ↔ 緩和

(100) ( )( ) ↔ 惡化

⬥ 다음 漢字語의 뜻을 쓰시오. (101~105)

(101) 勸杯

(102) 銳鈍

(103) 回顧

(104) 淸晨

(105) 乳臭

◎ 다음 ( ) 속 단어의 同音異義語를 주어진 뜻에 맞게 漢字(正字)로 쓰시오.
(106~110)

(106) (家慶) 거짓으로 꾸며진 정경.

(107) (無期) 전쟁에 사용되는 기구.

(108) (迷魂) 아직 결혼하지 않음.

(109) (宴遊) 일의 까닭.

(110) (必死) 베끼어 씀.

◎ 다음 ( ) 안에 알맞은 漢字를 적어 四字成語를 완성하시오. (111~120)

(111) 坐井( )天: 우물 속에 앉아 하늘을 봄.

(112) ( )味鳳湯: 용 고기로 맛을 낸 요리와 봉새로 끓인 탕.

(113) 螢( )之功: 반딧불과 눈빛으로 이룬 공.

(114) 矯角( )牛: 소의 뿔을 바로잡으려다가 소를 죽임.

(115) 乘( )長驅: 싸움에 이긴 형세를 타고 계속 몰아침.

(116) 衆寡不( ): 적은 수효로 많은 수효를 대적하지 못함.

(117) 抱腹( )倒: 배를 그러안고 넘어질 정도로 몹시 웃음.

(118) 唯我獨( ): 오직 나만이 존귀함.

(119) ( )鳴狗盜: 하찮은 재주라도 쓰임이 있음.

(120) 傲霜( )節: 차가운 서릿발 속에서도 굴하지 아니하고 외로이 지키는 절개.

◎ 다음 문장의 밑줄 친 漢字語를 正字의 漢字로 쓰시오. (121~150)

(121) 그는 언어 감각이 뛰어난 작가이다.

(122) 담당 관청의 거부로 빌딩 건축이 무산되었다.

(123) 그는 학생들의 장학 기금을 마련하기 위해 노력했다.

(124) 그는 여러 사람 앞에서 나를 망신시켰다.

(125) 개는 주인에게 잘 순종한다.

(126) 그 개념이 학생들에게 납득되기 위해서는 좀더 시간이 필요하다.

(127) 추진된 일의 허실이 드러났다.

(128) 국가와 종교의 분리가 헌법에 명시됐다.

(129) 그는 이 프로그램을 중계하기로 결정했다.

(130) 이 아이는 장차 국민을 다스릴 수 있는 자질이 엿보인다.

(131) 새로 동아리에 가입한 새내기를 소개하겠습니다.

(132) 이 제품은 모든 기능이 원터치로 작동한다.

(133) 그 사업이 실패함에 따라 모든 것이 원점으로 돌아갔다.

(134) 중학생 교복이 다시 부활하였다.

(135) 우리 학교에는 음악과 미술에 특기가 있는 아이들이 많다.

(136) 여러 사람이 이곳을 왕래한다.

(137) 수단과 방법을 가리지 말고 그 일을 성사시켜야 한다.

(138) 대학 입시 개선에 대해 서로 자유롭게 토론해 보자.

(139) 이번 인사의 방향과 방침은 오래 전부터 논의되고 구상돼 온 것이다.

(140) 돌아가신 할아버지의 유물이 아직도 잘 보관되고 있다.

(141) 그 친구의 인품은 내가 보증한다.

(142) 학생들이 컨닝을 못 하도록 철저히 감독해야 한다.

(143) 변호사는 두 사건을 동일인에 의해 발생한 것으로 판명했다.

(144) 우리 주변의 모든 것이 숭고하다.

(145) 보험회사가 대신 돈을 지불하고 사건을 종결지었다.

(146) 선생님은 학생들에게 다음에 배울 과목을 예습해 오라고 말했다.

(147) 이번의 열차 탈선은 장마로 지반이 내려앉아 일어난 사고였다.

(148) 개인의 발전이 회사의 발전과 공존할 수 있게 노력합시다.

(149) 모든 일이 내 추측대로 되어 갔다.

(150) 그 청렴한 학자는 대통령이 요청한 총리직을 계속 고사하고 있다.

漢字能力檢定試驗

㈜한국어문회 주관 · 한국한자능력검정회 시행

▶ 다음 밑줄 친 漢字語의 讀音을 쓰시오. (1~20)

(1) 그는 그 식당에서 심한 侮辱을 느꼈다.

(2) 處暑를 넘겼다고는 하나 늦더위가 여전히 기승을 부린다.

(3) 그는 遵法 정신이 투철하다.

(4) 이 우산은 접을 수 있어 携帶가 간편하다.

(5) 그 금액이 내 계좌에서 그의 계좌로 移替되었다.

(6) 이번 사건은 마피아와 連繫가 되어 있다.

(7) 그는 환경 사진 콘테스트에 應募했다.

(8) 50년 만에 만난 형은 동생을 뜨겁게 抱擁했다.

(9) 이 논문은 논리를 너무 飛躍시켰다.

(10) 귀국한 그는 먼저 어머니의 무덤에 掃墳하였다.

(11) 그들은 피차에 성가신 일들을 피하기 위해 互讓의 원칙을 세웠다.

(12) 구조대가 선체 인양과 실종자 搜索에 나섰다.

(13) 그는 합격이 飜覆되어 회사에 항의했다.

(14) 왜구들이 서남 해안 지방에서 掠奪을 일삼았다.

(15) 서적의 사전 檢閱이 폐지되었다.

(16) 유생들은 왕에게 그 결정을 철회해 달라고 泣訴했다.

(17) 김 교수는 평생 동안 수집한 유물들을 박물관에 寄贈했다.

(18) 아군 함대는 레이더에 捕捉된 적함을 공격했다.

(19) 이 도로에서는 교통 사고가 頻發한다.

(20) 비행기가 연착되오니 여러분들의 諒解를 바랍니다.

▶ 다음 漢字語의 讀音을 쓰시오. (21~45)

(21) 郵遞	(22) 補佐	(23) 凝血
(24) 巧詐	(25) 隷屬	(26) 貪慾
(27) 騷亂	(28) 濫罰	(29) 毀損
(30) 枯渴	(31) 拜謁	(32) 模倣
(33) 優劣	(34) 賜宴	(35) 辨濟
(36) 叛賊	(37) 緩慢	(38) 鈍利
(39) 忌避	(40) 埋藏	(41) 洗濯
(42) 誕辰	(43) 推薦	(44) 蜂起
(45) 罷免		

▶ 다음 漢字의 訓과 音을 쓰시오. (46~72)

(46) 糾	(47) 遲	(48) 塊
(49) 厥	(50) 敏	(51) 逮
(52) 擴	(53) 耶	(54) 嫌
(55) 屢	(56) 粟	(57) 篤
(58) 侯	(59) 騰	(60) 蔽
(61) 惱	(62) 輝	(63) 毫
(64) 牽	(65) 憫	(66) 尋
(67) 燥	(68) 傲	(69) 稻
(70) 奚	(71) 塗	(72) 焉

⮞ 다음 漢字의 部首를 쓰시오. (73~77)

(73) 斥   (74) 廟   (75) 雁

(76) 畓   (77) 頗

⮞ 다음 漢字의 略字를 쓰시오. (78~80)

(78) 繼   (79) 辭   (80) 擇

⮞ 다음 漢字語 중 첫소리가 長音인 것을 가려 그 번호를 쓰시오. (81~85)

(81) ① 家事 ② 假死

(82) ① 貢布 ② 公布

(83) ① 敎示 ② 交市

(84) ① 陶爐 ② 道路

(85) ① 影像 ② 零上

⮞ 다음 ( ) 안에 밑줄 친 漢字와 뜻이 같거나 비슷한 漢字를 正字로 적어 문장을 완성하시오. (86~90)

(86) 이제 후진적 朋( ) 정치는 그만두어야 한다.

(87) 그녀는 드디어 ( )匹을 만났다.

(88) 그는 성정이 敦( )하여 따르는 이가 많다.

(89) 그 범인은 宜( ) 잡힐 수밖에 없었다.

(90) 결혼식에 많은 賓( )이 와서 혼잡했다.

● 다음 ( ) 안에 밑줄 친 漢字와 뜻이 상대(또는 반대)되는 漢字를 正字로 적어 문장을 완성하시오. (91~95)

(91) 이번 안건의 ( )捨를 회장에게 전적으로 일임했다.

(92) 두 사람은 먼 촌수의 ( )姪간이었다.

(93) 그는 돈 되는 일이라면 ( )濁을 불문하고 맡아서 한다.

(94) 털실로 뜬 이 옷은 伸( )이 잘되며 따뜻하다.

(95) 그 집은 姑( ) 사이가 워낙 좋아 화목하다.

● 다음 두 단어가 상대(또는 반대)되는 漢字語가 되도록 ( ) 안에 알맞은 漢字(正字)를 쓰시오. (96~100)

(96) 添加 ↔ 削( )

(97) 吉兆 ↔ ( )兆

(98) 特殊 ↔ ( )遍

(99) 冒( ) ↔ 末尾

(100) ( )勝 ↔ 辛勝

● 다음 漢字語의 뜻을 쓰시오. (101~105)

(101) 掛鏡

(102) 霧散

(103) 毒臭

(104) 旣刊

(105) 油滴

➡ 다음 ( ) 속 단어의 **同音異義語**를 주어진 뜻에 맞게 漢字(正字)로 쓰시오. (106~110)

(106) (脚氣) – 새겨서 기록함.

(107) (干支) – 사이에 끼우는 얇은 종이.

(108) (感受) – 저술이나 편찬 따위를 지도하고 감독함.

(109) (微雪) – 아직 베풀거나 만들지 못함.

(110) (薄收) – 손뼉을 마주 침.

➡ 다음 ( ) 안에 알맞은 漢字를 적어 四字成語를 완성하시오. (111~120)

(111) ( )顧無親: 의지할 만한 사람이 아무도 없음.

(112) ( )楊芳草: 푸른 버드나무와 향기로운 풀.

(113) 白骨( )忘: 죽어서 백골이 되어도 잊을 수 없음.

(114) 茫然自( ): 멍하니 정신을 잃음.

(115) 伯仲之( ): 누가 첫째이고 둘째인지 구분하기 어려움.

(116) ( )令暮改: 아침에 명령을 내렸다가 저녁에 다시 고침.

(117) 矯( )殺牛: 소의 뿔을 바로잡으려다가 소를 죽임.

(118) ( )狗風月:서당개 삼 년이면 풍월을 읊음.

(119) 同( )異夢: 같은 자리에 자면서 다른 꿈을 꿈.

(120) ( )弓新矢: 묵은 활과 새 화살.

➡ 다음 문장의 밑줄 친 漢字語를 正字의 漢字로 쓰시오. (121~150)

(121) 이번 사건은 김 형사가 <u>전담</u>하기로 했다.

(122) 그가 왜 갑자기 내게 잘해 주는지 그 <u>저의</u>를 모르겠다.

(123) 공공서비스 예산이 <u>증액</u>되었다.

(124) 홍경래는 자신을 도와주지 않은 시대가 한탄스러웠다.

(125) 정부는 난개발에 따른 환경 파괴를 막아야 한다.

(126) 집 앞에 버스가 손님을 대기하고 있다.

(127) 너는 나를 악의 구렁텅이로 전락시키려고 하는 거냐?

(128) 오늘은 여성 문제에 대한 광범위한 토의가 있었다.

(129) 그의 수려한 외모에 나는 숨이 막히는 것 같았다.

(130) 위급한 상황에서는 언제나 그가 날 지켜주었다.

(131) 우리는 그의 사정을 충분히 고려했다.

(132) 이 그림은 그의 작품 중에서 가장 걸출하다.

(133) 유럽 사람들은 대부분 검소하다.

(134) 새 프로젝트에 관여한 사람만 해도 백 명이 넘는다.

(135) 그 감독은 좋은 소설을 골라 극화하는 경우가 많다.

(136) 모회사의 지분을 인수하다.

(137) 나는 중고등학교 시절 '별이 빛나는 밤에'를 애청하였다.

(138) 우리나라는 이미 상용 인터넷 접속망이 구축되어 있다.

(139) 아무도 연말 주가를 예측할 수 없다.

(140) 그가 항상 웃는 모습이 인상에 남았다.

(141) 아군은 적의 보급창고를 폭격했다.

(142) 핵무기는 전 세계를 폐허로 만들 수 있는 위력을 가지고 있다.

(143) 그는 늘 양팔을 휘저으면서 양반걸음을 걷는다.

(144) 야외 공연장 쪽에서 웅장한 음악 소리가 들려왔다.

(145) 이 책은 몇 편의 작품과 논평을 묶은 것이다.

(146) 대열의 선두에 섰다.

(147) 그는 계명에 새벽잠을 깨었다.

(148) 고등학생이 전공에 대해 판단을 내리기는 쉽지 않다.

(149) 생명은 그 자체로 존엄한 것이다.

(150) 극심한 탄압 앞에 무릎을 꿇다.

㈜한국어문회 주관 · 한국한자능력검정회 시행

▶ 다음 밑줄 친 漢字語의 讀音을 쓰시오. (1~20)

(1) 그 사람은 성격이 아주 疏脫한 편이다.

(2) 그 일은 우리 사회 질서를 크게 動搖시키고 있다.

(3) 그는 신통한 占卜으로 인근에 널리 알려져 있었다.

(4) 그 가수는 그 영화에서 주연배우로 活躍했다.

(5) 이번에 출전한 팀들의 실력은 優劣을 가리기가 어렵다.

(6) 피의자가 감옥으로 押送되었다.

(7) 노사 분규가 원만히 妥結되었다.

(8) 그는 水泳에서 금메달을 땄다.

(9) 두통약, 치통약, 생리통약은 서로 互換이 된다.

(10) 이 작품은 당시의 시대적 상황과 밀접하게 連繫되어 있다.

(11) 오래간만에 만난 우리는 묵은 懷抱를 풀었다.

(12) 여왕은 그에게 爵位를 한 계급 올려 주었다.

(13) 고위층의 비리를 밝히라는 輿論이 들끓었다.

(14) 그는 반대파를 包攝하면서 세력을 키워나갔다.

(15) 그는 합격이 飜覆되어 회사에 항의했다.

(16) 이 건달은 자신을 청와대 직원으로 詐稱하고 다녔다.

(17) 율곡 이이는 강릉 오죽헌에서 誕生했다.

(18) 정부는 물의를 일으킨 주미대사의 召還을 결정했다.

(19) 잠시도 遲滯 말고 바로 집으로 돌아가시오.

(20) 옛날 생활의 흔적들이 모두 沒刻되고 말았다.

◯ 다음 漢字語의 讀音을 쓰시오. (21~45)

(21) 隷屬　　(22) 崩壞　　(23) 慘敗

(24) 迷惑　　(25) 漫醉　　(26) 遞增

(27) 携帶　　(28) 捕捉　　(29) 燥渴

(30) 憤慨　　(31) 龜裂　　(32) 排斥

(33) 傍點　　(34) 擁護　　(35) 畏懼

(36) 搜索　　(37) 革罷　　(38) 傲慢

(39) 慙愧　　(40) 閱覽　　(41) 寄贈

(42) 懲戒　　(43) 凝固　　(44) 廉探

(45) 嫌疑

◯ 다음 漢字의 訓과 音을 쓰시오. (46~72)

(46) 亨　　(47) 賜　　(48) 輝

(49) 蜂　　(50) 臥　　(51) 棄

(52) 屢　　(53) 抽　　(54) 腰

(55) 蝶　　(56) 逝　　(57) 餓

(58) 蜜　　(59) 睡　　(60) 絹

(61) 暑　　(62) 亥　　(63) 蔬

(64) 雁　　(65) 閏　　(66) 眉

(67) 添　　(68) 埋　　(69) 咸

(70) 坤　　(71) 杯　　(72) 晴

◯ 다음 漢字의 部首를 쓰시오. (73~77)

(73) 縣　　(74) 吾　　(75) 乃

(76) 恕　　(77) 誓

➡ 다음 漢字의 略字를 쓰시오. (78~80)

(78) 廳　　　　　　　(79) 亂　　　　　　　(80) 盡

➡ 다음 漢字語 중 첫소리가 長音인 것을 가려 그 번호를 쓰시오. (81~85)

(81) ① 歌辭　　　② 假死
(82) ① 無期　　　② 武器
(83) ① 邊境　　　② 變更
(84) ① 事情　　　② 射程
(85) ① 移轉　　　② 以前

➡ 다음 ( ) 안에 밑줄 친 漢字와 뜻이 같거나 비슷한 漢字를 正字로 적어 문장을 완성하시오. (86~90)

(86) 현대는 정보화 시대, 尖( ) 과학의 시대라 할 수 있다.
(87) 마을 뒤 선산에는 수많은 조상의 墳( )가 있다.
(88) 음악 감상은 그가 즐기는 유일한 娛( )이다.
(89) ( )倣은 창작의 어머니라고도 한다.
(90) 결혼식에 많은 賓( )이 와서 혼잡했다.

➡ 다음 ( ) 안에 밑줄 친 漢字와 뜻이 상대(또는 반대)되는 漢字를 正字로 적어 문장을 완성하시오. (91~95)

(91) 그는 呼( )을 가다듬기 위해 물 한모금을 마셨다.
(92) 학문은 민족의 흥망을 가름하며 문화의 ( )衰에 관건이 된다.
(93) 시장에서의 ( )買가 언제나 수요와 공급 간의 일치를 보장하는 것은 아니다.

(94) ( )今의 한국 경제가 안팎으로 어려움에 부닥쳤다.

(95) 서해안은 干( )의 차가 심하다.

▶ 다음 두 단어가 상대(또는 반대)되는 漢字語가 되도록 ( ) 안에 알맞은 漢字(正字)를 쓰시오. (96~100)

(96) 愼重 ↔ ( )率

(97) 節( ) ↔ 濫用

(98) 歡喜 ↔ ( )哀

(99) 銳( ) ↔ 鈍濁

(100) 偏頗 ↔ ( )平

▶ 다음 漢字語의 뜻을 쓰시오. (101~105)

(101) 鄕隣

(102) 鹿角

(103) 種豚

(104) 油滴

(105) 屈伸

▶ 다음 ( ) 속 단어의 同音異義語를 주어진 뜻에 맞게 漢字(正字)로 쓰시오. (106~110)

(106) (簡兵) – 앓는 사람을 돌봄.

(107) (盤床) – 양반과 상사람.

(108) (西施) – 책의 첫머리에 서문 대신 쓴 시.

(109) (聯關) – 납으로 만든 대롱.

(110) (何時) – 남을 얕잡아 낮추어 봄.

⊙ 다음 ( ) 안에 알맞은 漢字를 적어 四字成語를 완성하시오. (111~120)

(111) 一刀兩( ): 한 칼에 두 도막을 냄.

(112) ( )楊芳草: 푸른 버드나무와 향기로운 풀.

(113) ( )舟求劍: 융통성 없이 현실에 맞지 않는 낡은 생각을 고집하는 어리석음.

(114) 罔( )之恩: 끝없이 베풀어 주는 혜택이나 고마움.

(115) 牽( )附會: 이치에 맞지 않는 말을 억지로 끌어 붙여 자기에게 유리하게 함.

(116) 塗不拾( ): 길에 떨어진 물건도 주워 가지 않음.

(117) 飽食( )衣: 배부르게 먹고, 따뜻하게 입음.

(118) 昏定晨( ): 밤에는 부모의 잠자리를 보아 드리고 이른 아침에는 부모의 밤새 안부를 여쭘.

(119) 唯我獨( ): 오직 나만이 존귀함.

(120) 鷄鳴狗( ): 하찮은 재주라도 쓰임이 있음.

⊙ 다음 문장의 밑줄 친 漢字語를 正字의 漢字로 쓰시오. (121~150)

(121) 이 지점은 본사가 직영을 한다.

(122) 정부는 전통문화를 그대로 보존시키기 위해서 많은 투자를 아끼지 않았다.

(123) 양국은 무기 감축에 관한 협정을 체결하였다.

(124) 나는 우연한 인연으로 이런 직업을 갖게 되었다.

(125) 김 의원은 여러 사람을 설득하여 자신의 주장을 관철하였다.

(126) 그것은 내가 거절할 수 있는 제안이 아니다.

(127) 정부는 중소기업 육성 방안을 마련 중이다.

(128) 어느 누구도 자유와 방종을 혼동해서는 안 된다.

(129) 민호는 남들보다 반 박자 늦게 춤을 춘다.

(130) 대부분의 가정에서는 이제 제사를 검소하게 지낸다.

(131) 회원들은 회장에게 총무 지명권을 위임했다.

(132) 광복 60주년을 맞은 올 8월은 그 어느 때보다 더 의미 깊다.

(133) 김 사장은 편법으로 부동산을 취득했다는 소문이 있다.

(134) 이 마을 사람들은 보통 소 한 마리씩은 기른다.

(135) 그는 요즘 주식에 과감한 투자를 하고 있다.

(136) 도서관은 시설 정비로 열흘 동안 이용할 수 없게 되었다.

(137) 이력서에 성적 증명을 첨부하였다.

(138) 우리 군은 적진을 향해 진격을 개시했다.

(139) 아무도 그녀가 우는 것을 제지하려 하지 않았다.

(140) 공사는 수개월 더 지속될 전망이다.

(141) 그는 일정한 주거가 없는 떠돌이다.

(142) 그의 그림은 미술 애호가들에게 좋은 평가를 받았다.

(143) 그는 많은 급료를 받는다.

(144) 이곳 기후는 농사짓기에 좋다.

(145) 각 기업에게 체납된 세금을 납부하라고 권고되었다.

(146) 양당은 부동표 공략에 고심하고 있다.

(147) 나는 어제 회사에서 야근했다.

(148) 그는 평생을 독재에 맞서 투쟁하신 분이다.

(149) 회의가 끝나자 회원들이 해산하였다.

(150) 실업자에 대한 제도적 지원이 필요하다.

漢字能力檢定試驗

㈜한국어문회 주관 · 한국한자능력검정회 시행

➡ 다음 밑줄 친 漢字語의 讀音을 쓰시오. (1~20)

(1) 회사는 파업 사태를 아직까지 放棄하고 있다.

(2) 그는 늦은 이유를 장황히 辨明하였다.

(3) 그는 朗誦에도 특별한 재주가 있는 것 같다.

(4) 비가 내렸지만 아직도 解渴은 멀었다.

(5) 여야가 妥協하여 임시 국회를 소집하기로 했다.

(6) 비록 취중이었다 할지라도 그때 그의 행동은 정말 拙劣했다.

(7) 그는 간첩에게 包攝을 당했다.

(8) 이 글은 논리적인 飛躍이 심하다.

(9) 의사는 환자의 혈액을 透析했다.

(10) 10여 개의 팀이 우승을 놓고 角逐을 벌였다.

(11) 담당 직원은 수사기록을 閱覽시켜 주었다.

(12) 그 해결 방식에 대해 사장은 憤慨했다.

(13) 그는 아는 사람의 薦擧를 받아 회사에 취직을 했다.

(14) 그는 奚琴을 매우 잘 켠다.

(15) 김 교수는 평생 수집한 유물들을 박물관에 寄贈했다.

(16) 아버지는 낡은 전구를 새것으로 交替하셨다.

(17) 위대한 문명의 誕生은 놀랍다.

(18) 토론회의 傍聽을 원하는 사람들이 신청서를 냈다.

(19) 관리는 부패하고 국민은 塗炭에 허덕였다.

(20) 무장한 농민들의 蜂起가 전국 곳곳에서 일어났다.

◐ 다음 漢字語의 讀音을 쓰시오. (21~45)

(21) 絹布   (22) 菜蔬   (23) 搜索

(24) 毁損   (25) 墮落   (26) 參酌

(27) 罷業   (28) 隷屬   (29) 敬畏

(30) 頻數   (31) 飜譯   (32) 閣僚

(33) 暴騰   (34) 埋藏   (35) 幾微

(36) 遲延   (37) 零細   (38) 廉探

(39) 驅除   (40) 抱擁   (41) 敦篤

(42) 穀粟   (43) 凝視   (44) 連繫

(45) 逮捕

◐ 다음 漢字의 訓과 音을 쓰시오. (46~72)

(46) 惱   (47) 憫   (48) 携

(49) 亨   (50) 慢   (51) 互

(52) 僅   (53) 遍   (54) 把

(55) 遵   (56) 誓   (57) 醜

(58) 漂   (59) 該   (60) 捉

(61) 傲   (62) 矯   (63) 那

(64) 輿   (65) 燥   (66) 添

(67) 騷   (68) 嫌   (69) 遞

(70) 掠   (71) 糾   (72) 岡

⬗ 다음 漢字의 部首를 쓰시오. (73~77)

(73) 邦　　　　(74) 尋　　　　(75) 唯

(76) 岳　　　　(77) 忌

⬗ 다음 漢字의 略字를 쓰시오. (78~80)

(78) 覺　　　　(79) 與　　　　(80) 雜

⬗ 다음 漢字語 중 첫소리가 長音인 것을 가려 그 번호를 쓰시오. (81~85)

(81) ① 東岸　② 童顏

(82) ① 佳章　② 加張

(83) ① 代價　② 臺架

(84) ① 待機　② 隊旗

(85) ① 邊境　② 變更

⬗ 다음 ( ) 안에 밑줄 친 漢字와 뜻이 같거나 비슷한 漢字를 正字로 적어 문장을 완성하시오. (86~90)

(86) 그는 인생을 ( )惟하며 강변을 걸었다.

(87) 그 학생은 다른 사람 폭행으로 懲( )를 받았다.

(88) 그는 오랜 세월 辛( )의 나날을 보냈다.

(89) 사업 목표를 달성하기에는 아직 遙( )하다.

(90) 그 상인은 많은 과일을 販( )하여 수익을 올렸다.

⬤ 다음 ( ) 안에 밑줄 친 漢字와 뜻이 상대(또는 반대)되는 漢字를 正字로 적어 문장을 완성하시오. (91~95)

(91) 털실로 뜬 이 옷은 伸( )이 잘되며 따뜻하다.

(92) 금융 위기가 닥치자 우리 회사는 ( )廢의 위기에 처하게 되었다.

(93) 목격자는 사건의 ( )緯를 침착하게 진술하였다.

(94) 상여금의 액수는 ( )怠 기록을 기준으로 평가되었다.

(95) 사장은 직원들의 ( )串를 확실히 챙겨 보았다.

⬤ 다음 두 단어가 상대(또는 반대)되는 漢字語가 되도록 ( ) 안에 알맞은 漢字(正字)를 쓰시오. (96~100)

(96) 飢餓 ↔ 飽( )

(97) 寡慾 ↔ ( )欲

(98) ( )譽 ↔ 恥辱

(99) 剛硬 ↔ 軟( )

(100) 愚鈍 ↔ ( )敏

⬤ 다음 漢字語의 뜻을 쓰시오. (101~105)

(101) 下脣

(102) 天旱

(103) 淸晨

(104) 路肩

(105) 冷塊

● 다음 ( ) 속 단어의 同音異義語를 주어진 뜻에 맞게 漢字(正字)로 쓰시오.
(106~110)

(106) (脚氣) – 새겨서 기록함.

(107) (簡兵) – 앓는 사람을 돌봄.

(108) (告祀) – 마을에서 멀리 떨어져 있는 외딴 절.

(109) (公器) – 공사하는 기간.

(110) (寬廣) – 다른 곳의 풍경, 풍습, 문물 따위를 구경함.

● 다음 ( ) 안에 알맞은 漢字를 적어 四字成語를 완성하시오. (111~120)

(111) 咸興差( ): 심부름을 가서 오지 아니함.

(112) 森( )萬象: 우주에 있는 온갖 사물과 현상.

(113) 塞翁之( ): 인생의 길흉화복은 예측하기가 어려움.

(114) 群( )一鶴: 닭의 무리 가운데에서 한 마리의 학.

(115) 萬頃蒼( ): 한없이 넓고 넓은 바다.

(116) 不偏不( ): 어느 한쪽으로 치우치거나 특정 무리에 속하지 않음.

(117) ( )談巷說: 거리나 항간에 떠도는 소문.

(118) 螢( )之功: 반딧불과 눈을 이용한 공부.

(119) 梁上( )子: 도둑을 완곡하게 이름.

(120) 口尙( )臭: 입에서 아직 젖내가 남.

● 다음 문장의 밑줄 친 漢字語를 正字의 漢字로 쓰시오. (121~150)

(121) 많은 식자는 <u>언필칭</u> 국제화니 세계화니 하며 열을 올린다.

(122) 옛 원시부족들은 큰 바위나 나무를 <u>숭배</u>하였다.

(123) 김시습이나 방랑 시인 김삿갓은 일세를 풍미했던 <u>기인</u>이었다.

(124) 군은 엄정한 <u>군기</u>가 생명이다.

(125) 역사는 문화 창조와 <u>계승</u>의 과정이라 할 수 있다.

(126) 어렵게 구한 책의 내용이 너무나 빈약해 <u>허탈</u>했다.

(127) 이 암자는 그가 10년 동안 <u>은신</u>했던 곳이다.

(128) 부모님께도 꼭 <u>안부</u>를 전해주시오.

(129) 그는 고향을 버리고 <u>피란</u>을 떠났다.

(130) 국적 불명의 비행기가 우리 영공을 <u>침범</u>하였다.

(131) 집주인은 <u>잔금</u>을 받고 집문서를 그녀에게 넘겼다.

(132) 사건의 관련자들이 검찰 <u>청사</u>로 불려가 조사를 받았다.

(133) 우리의 결론은 애초의 문제로 다시 <u>귀착</u>했다.

(134) 그는 국립 교향악단에서 가장 뛰어난 <u>지휘</u>자로 손꼽힌다.

(135) 신제품 판매에서 우리 팀의 <u>실적</u>이 많이 늘었다.

(136) 한 가지라도 <u>결점</u>이 없는 사람은 없다.

(137) 손님방에는 손님이 쓸 <u>침구</u>가 따로 갖추어져 있다.

(138) 이 지폐는 특수용지가 아니라 <u>모조지</u>로 만들어졌다.

(139) 시민들은 군인들의 강제 진압에 <u>항쟁</u>했다.

(140) 히틀러는 불같은 <u>웅변</u>으로 대중을 선동했다.

(141) 지방대학교는 학비를 <u>증액</u>시켰다.

(142) 수많은 젊은이들이 조국을 위해 장렬히 <u>산화</u>하였다.

(143) 청년들은 민족주의 <u>진영</u>에 많이 가담하였다.

(144) 헤어졌던 부부가 40년 만에 <u>극적</u>으로 만났다.

(145) 인심이 흉흉해 도처에 <u>도적</u>이 날뛴다.

(146) 나는 다리가 <u>골절</u> 상태라서 움직일 수가 없었다.

(147) 이 도자기를 빚은 도공의 솜씨가 참으로 <u>신묘</u>하다.

(148) 몽골 사람들은 수천 년 동안 <u>유목</u>으로 살아왔다.

(149) 그는 나와 그녀 사이를 <u>이간</u>질하였다.

(150) 유엔은 분쟁 지역에 생활필수품을 <u>지원</u>하였다.

제1회 3급 실전문제

㈜한국어문회 주관 · 한국한자능력검정회 시행

⭕ 다음 漢字語의 讀音을 쓰시오. (1~45)

(1) 胸筋   (2) 尖銳   (3) 曉旦

(4) 炎暑   (5) 播種   (6) 聰慧

(7) 諒察   (8) 毁傷   (9) 荒廢

(10) 謁見   (11) 吉祥   (12) 淫亂

(13) 罷漏   (14) 蝶泳   (15) 隆替

(16) 昏睡   (17) 遲鈍   (18) 粟米

(19) 飢渴   (20) 畏懼   (21) 模倣

(22) 赴任   (23) 鍊磨   (24) 泥炭

(25) 惱殺   (26) 崩壞   (27) 飽腹

(28) 危殆   (29) 禽獸   (30) 卓拔

(31) 麥芽   (32) 寂滅   (33) 謹愼

(34) 隱蔽   (35) 搖落   (36) 丘墓

(37) 懲戒   (38) 削除   (39) 抄錄

(40) 硯滴   (41) 肩章   (42) 愛顧

(43) 晩稻   (44) 該博   (45) 宜當

⭕ 다음 漢字의 訓과 音을 쓰시오. (46~75)

(46) 暇   (47) 射   (48) 納

(49) 端   (50) 負   (51) 慮

(52) 頌	(53) 脈	(54) 普
(55) 輪	(56) 緣	(57) 散
(58) 孤	(59) 樣	(60) 殘
(61) 招	(62) 歎	(63) 疲
(64) 宣	(65) 映	(66) 資
(67) 泉	(68) 寢	(69) 探
(70) 派	(71) 況	(72) 就
(73) 豫	(74) 圍	(75) 帳

⟡ 다음 訓과 音을 지닌 漢字를 쓰시오. (76~105)

(76) 구태여 감	(77) 겨룰 항
(78) 무리 도	(79) 양식 량
(80) 떠날 리	(81) 힘쓸 면
(82) 울 명	(83) 휘두를 휘
(84) 붉을 홍	(85) 던질 투
(86) 벗을 탈	(87) 줄일 축
(88) 다를 차	(89) 다할 진
(90) 가질 지	(91) 조수 조
(92) 오로지 전	(93) 도둑 적
(94) 거동 의	(95) 위엄 위
(96) 탈 연	(97) 이마 액
(98) 높을 숭	(99) 궁할 궁
(100) 붙일 속	(101) 코끼리 상
(102) 비평할 비	(103) 엎드릴 복
(104) 방해할 방	(105) 터럭 발

➡ 다음 빈 칸에 알맞은 漢字를 써 넣어 成語를 완성하시오. (106~110)

(106) 信賞必(　)　　　　　　　　(107) 有(　)無患

(108) 身言書(　)　　　　　　　　(109) 空前(　)後

(110) (　)禍爲福

➡ 다음 漢字와 意味上 反對 또는 對立되는 漢字를 써 넣어 單語를 完成하시오.
(111~116)

(111) 昇(　)　　　　(112) 冷(　)　　　　(113) (　)靜

(114) (　)薄　　　　(115) 開(　)　　　　(116) (　)迎

➡ 다음 빈 칸에 同訓字나 類義字를 써 넣어 單語를 完成하시오. (117~122)

(117) (　)段　　　　(118) (　)聞　　　　(119) 鎭(　)

(120) 組(　)　　　　(121) (　)飾　　　　(122) (　)承

➡ 다음 漢字語 중 첫 音節이 길게 發音되는 단어를 찾아 그 番號를 쓰시오. (123~125)

(123) ① 貫徹　　② 貫革　　③ 貫通　　④ 貫鄕

(124) ① 喪配　　② 喪家　　③ 喪失　　④ 喪主

(125) ① 討伐　　② 討破　　③ 討滅　　④ 討論

➡ 다음 漢字를 略字로 쓰시오. (126~130)

(126) 區　　　　(127) 舊　　　　(128) 處

(129) 寶　　　　(130) 證

◐ 다음 漢字의 部首를 쓰시오. (131~135)

(131) 利   (132) 庭   (133) 從

(134) 看   (135) 聲

◐ 다음 漢字語의 同音異義語를 하나씩만 漢字로 쓰시오. (136~140)

(136) 優秀   (137) 軍刀   (138) 社會

(139) 補修   (140) 古代

◐ 다음 單語를 漢字로 적되, 괄호 속의 뜻에 맞게 하시오. (141~143)

(141) 소식(안부를 전하는 편지나 음신 따위)

(142) 채택(가려서 뽑음)

(143) 권장(권하여 장려함)

◐ 다음 글에서 밑줄 친 單語를 漢字로 고쳐 쓰시오. (144~150)

근본적(144)으로 우리 나라 漢字音은 490음 밖에 없는데 사전(145)에
실린 10數萬 단어의 漢字語를 한글로만 적어서 그 식별(146)이 어려울
것은 自明한 일이다. 이것을 한글로만 적어도 불편(147)이 없다는 것은
漢字 지식이 있는 한글 전용 주장자들의 강변(148)은 될지언정
진리(149)는 아니다. 表意文字인 漢字의 意味 파악이 쉽다는 것은 그
시각성(150)에 근거한 것으로 누구나 아는 상식 이전의 얘기인 것이다.

(144) 근본적(   )   (145) 사전(   )

(146) 식별(   )   (147) 불편(   )

(148) 강변(   )   (149) 진리(   )

(150) 시각성(   )

㈜한국어문회 주관 · 한국한자능력검정회 시행

▶ 다음 漢字語의 讀音을 쓰시오. (1~45)

(1) 仁慈	(2) 觸媒	(3) 貢獻
(4) 遲刻	(5) 依賴	(6) 浸透
(7) 煩雜	(8) 庚戌	(9) 招聘
(10) 懷抱	(11) 交替	(12) 寄贈
(13) 容貌	(14) 干涉	(15) 怪疾
(16) 慙愧	(17) 威脅	(18) 只今
(19) 惡臭	(20) 忽然	(21) 隱蔽
(22) 養蠶	(23) 貨幣	(24) 白眉
(25) 妥當	(26) 維持	(27) 東夷
(28) 崇禮門	(29) 增築	(30) 遷延
(31) 誰何	(32) 稀微	(33) 掃墳
(34) 半熟	(35) 抄錄	(36) 印刷
(37) 荒凉	(38) 鐵尖	(39) 沈沒
(40) 遺棄	(41) 索引	(42) 懲罰
(43) 栗谷	(44) 宗廟	(45) 井邑

▶ 다음 漢字의 訓과 音을 쓰시오. (46~72)

(46) 胃	(47) 叫	(48) 醜
(49) 恥	(50) 影	(51) 枝

(52)	錢	(53)	謙	(54)	堤
(55)	換	(56)	裳	(57)	霧
(58)	亨	(59)	捉	(60)	栽
(61)	皆	(62)	泥	(63)	廉
(64)	候	(65)	漆	(66)	笛
(67)	汚	(68)	頂	(69)	蒸
(70)	雁	(71)	帥	(72)	恕

◑ 다음 訓과 音을 지닌 漢字를 쓰시오. (73~97)

(73)	벽 벽	(74)	보배 진
(75)	마실 흡	(76)	물결 파
(77)	재주 예	(78)	외로울 고
(79)	샘 천	(80)	젖 유
(81)	칠 목	(82)	갈 왕
(83)	고요할 정	(84)	베풀 선
(85)	소나무 송	(86)	거느릴 통
(87)	문서 권	(88)	침노할 침
(89)	재 회	(90)	도망할 도
(91)	납 신	(92)	만날 우
(93)	탈 연	(94)	곤할 곤
(95)	구리 동	(96)	절 사
(97)	붉을 주		

◑ 밑줄 그은 漢字語를 漢字로 쓰시오. (98~107)

(98) 아이들 불장난은 <u>위험</u>하다.

(99) 민주 사회에서는 적극적으로 투표에 참여하는 것이 중요하다.

(100) 우리는 좀더 나은 세계를 위해 문화를 창조한다.

(101) 요즘은 전화기로 영화를 볼 수 있다.

(102) 세상에 비밀이란 없다고들 한다.

(103) '청산별곡' 은 고려 때의 노래다.

(104) 너무 바빠서 책 읽을 여가가 없다.

(105) 지난 스승의 날에는 중학교 때 은사를 찾아 뵈었다.

(106) 고3 학생들은 한여름에도 시험 준비에 바쁘다.

(107) 정부의 각 부처들은 한 곳에 모여 있는 것이 효율적이다.

⯈ 빈칸에 알맞은 漢字를 써넣어 成語를 완성하시오. (108~112)

(108) 烏飛梨( )　　　　(109) 興亡( )衰　　　　(110) 苦盡( )來

(111) 輕( )妄動　　　　(112) ( )頭蛇尾

⯈ 빈칸에 訓이 같은 漢字를 써넣어 單語를 완성하시오. (113~117)

(113) 援( )　　　　(114) ( )固　　　　(115) 委( )

(116) ( )界　　　　(117) 歌( )

⯈ 빈칸에 訓이 反對 또는 相對되는 漢字를 써넣어 單語를 완성하시오.
(118~127)

(118) 貧( )　　　　(119) ( )失　　　　(120) 深( )

(121) ( )伏　　　　(122) 集( )　　　　(123) ( )薄

(124) 哀( )　　　　(125) ( )姪　　　　(126) 攻( )

(127) ( )受

다음 漢字語 중 첫 音節이 길게 發音되는 것을 가려 그 번호를 쓰시오. (128~132)

(128) ① 聯合 ② 軟骨 ③ 蓮根 ④ 鉛筆

(129) ① 橋梁 ② 群舞 ③ 領導 ④ 勸勉

(130) ① 換率 ② 省墓 ③ 唯一 ④ 溫度

(131) ① 著述 ② 硬水 ③ 中央 ④ 祖上

(132) ① 泰山 ② 判例 ③ 遵法 ④ 呼稱

다음 漢字의 部首를 쓰시오. (133~137)

(133) 閑 (134) 載 (135) 雪

(136) 脚 (137) 聲

다음 漢字의 略字를 쓰시오. (138~140)

(138) 辭 (139) 轉 (140) 廳

다음 漢字語의 同音異義語를 한 가지씩 漢字로 쓰시오. (長短音 관계 없이) (141~145)

(141) 劇團 (142) 直腸 (143) 料食

(144) 酸性 (145) 文典

다음 漢字語의 뜻을 간단하게 쓰시오. (146~150)

(146) 渡江 (147) 添加 (148) 大旱

(149) 智慧 (150) 多寡

제99회 3급 기출문제 답안지

■ 사단법인 한국어문회 · 한국한자능력검정회   2022. 11. 26. (토)   ③⓪① ■

수험번호 □□□-□□-□□□□   성명 □□□□□

생년월일 □□□□□□   ※ 유성 싸인펜, 붉은색 필기구 사용 불가.

※ 답안지는 컴퓨터로 처리되므로 구기거나 더럽히지 마시고, 정답 칸 안에만 쓰십시오.
글씨가 채점란으로 들어오면 오답처리가 됩니다.

제99회 전국한자능력검정시험 3급[국가공인] 답안지(1)

번호	정답	1검	2검	번호	정답	1검	2검	번호	정답	1검	2검
1	돈독			24	세모			47	바쁠 망		
2	염치			25	재앙			48	다만 지		
3	근신			26	빈번			49	징계할 징		
4	겸양			27	한서			50	이끌 휴		
5	기아			28	약탈			51	함께 구		
6	구걸			29	동요			52	재상 재		
7	연민			30	번뇌			53	화창할 창		
8	오염			31	타루			54	낄 옹		
9	채소			32	보좌			55	펼 서		
10	재배			33	곡읍			56	밝을 소		
11	봉밀			34	종묘			57	뛸 약		
12	숙박			35	난국			58	찾을 수		
13	접빈			36	견직			59	동료 료		
14	희사			37	파종			60	말이을 이		
15	용렬			38	참괴			61	아득할 망		
16	오만			39	추심			62	여러 루		
17	방자			40	촉대			63	따 곤		
18	기망			41	무적			64	갈릴 체		
19	분규			42	도탄			65	맡길 탁		
20	납세			43	축록			66	싫어할 혐		
21	기피			44	밀렵			67	졸음 수		
22	모반			45	추모			68	곁 방		
23	무술			46	즐길 긍			69	오를 등		

감독위원		채점위원(1)		채점위원(2)		채점위원(3)	
(서명)		(득점)	(서명)	(득점)	(서명)	(득점)	(서명)

※ 본 답안지는 컴퓨터로 처리되므로 구겨지거나 더럽혀지지 않도록 조심하시고 글씨를 칸 안에 또박또박 쓰십시오.

제99회 전국한자능력검정시험 3급[국가공인] 답안지(2)

번호	정답	1검	2검	번호	정답	1검	2검	번호	정답	1검	2검
70	두려워할 구			97	餘暇			124	街談		
71	헐 훼			98	趣味			125	保衛		
72	종 례			99	映畫			126	專制		
73	①			100	韓流			127	志願		
74	②			101	多樣			128	屈		
75	②			102	讚歎			129	鏡		
76	①			103	監督			130	揮		
77	②			104	演技			131	迎		
78	姉妹			105	受賞			132	卷		
79	遺産			106	發展			133	適		
80	退職			107	豫測			134	傾		
81	歸鄕			108	橋			135	據		
82	居處			109	婚			136	堅		
83	景致			110	嚴			137	從		
84	秀麗			111	屬			138	牛		
85	鷄卵			112	離			139	幺		
86	果實樹			113	降			140	子		
87	雜穀			114	伏			141	豕		
88	消(逍)風			115	攻			142	力		
89	健康			116	叔			143	顯		
90	滿足			117	婦			144	欢/歡		
91	勤勉			118	公平			145	囲		
92	儉素			119	異端			146	어깨에 두르게 만든 자루		
93	規範			120	質疑			147	걸리거나 막힘		
94	寄與			121	苦痛			148	밧줄로 붙잡아 매어 놓음		
95	激烈			122	集合			149	사람을 붙잡아 못 움직이게 함		
96	勝負			123	假說			150	어둠과 밝음. 저승과 이승		

제100회 3급 기출문제 답안지

■ 사단법인 한국어문회 · 한국한자능력검정회　　　　2023. 02. 25. (토)　　　301 ■

수험번호 □□□ - □□ - □□□□　　　　성명 □□□□□

생년월일 □□□□□□　　※ 유성 싸인펜, 붉은색 필기구 사용 불가.

※ 답안지는 컴퓨터로 처리되므로 구기거나 더럽히지 마시고, 정답 칸 안에만 쓰십시오.
　 글씨가 채점란으로 들어오면 오답처리가 됩니다.

제100회 전국한자능력검정시험 3급[국가공인] 답안지(1)

번호	정답	1검	2검	번호	정답	1검	2검	번호	정답	1검	2검
1	천사			24	각종			47	더욱 우		
2	수식			25	견인			48	비록 수		
3	백의			26	감축			49	낄 옹		
4	귀신			27	돌입			50	온당할 타		
5	위생적			28	지구			51	자못 파		
6	의사			29	심각			52	뽑을 초		
7	간호원			30	환경			53	갈릴 체		
8	이발			31	절약			54	떠다닐 표		
9	서양			32	점차			55	짝 필		
10	예복			33	확산			56	누릴 향		
11	숭상			34	외박			57	거리 항		
12	사가			35	만평			58	형통할 형		
13	태양			36	만료			59	어깨 견		
14	염료			37	혈루			60	보낼 견		
15	발명			38	분망			61	넘칠 람		
16	미감			39	봉분			62	이에 내		
17	비운			40	압류			63	이미 기		
18	심정			41	오락			64	즐길 궁		
19	천박			42	심지어			65	어찌 나		
20	해석			43	섭취			66	칠할 도		
21	영향			44	참회			67	업신여길 모		
22	유가			45	제휴			68	번역할 번		
23	소폭			46	준걸 준			69	버릴 사		

감독위원	채점위원(1)		채점위원(2)		채점위원(3)	
(서명)	(득점)	(서명)	(득점)	(서명)	(득점)	(서명)

※ 본 답안지는 컴퓨터로 처리되므로 구겨지거나 더렵혀지지 않도록 조심하시고 글씨를 칸 안에 또박또박 쓰십시오.

제100회 전국한자능력검정시험 3급[국가공인] 답안지(2)

번호	정답	1검	2검	번호	정답	1검	2검	번호	정답	1검	2검
70	어조사 야			97	失手			124	祕話		
71	물방울 적			98	道路			125	早死		
72	베개 침			99	周邊			126	秋季		
73	②			100	狀況			127	攻守		
74	①			101	未確保			128	動		
75	①			102	侵犯			129	拍		
76	①			103	信號			130	君		
77	②			104	常用化			131	危		
78	雨水			105	段階			132	綠		
79	春色			106	改善			133	堂		
80	氣候			107	必要			134	穀		
81	溫和			108	歸			135	私		
82	萬物			109	列			136	應		
83	希望			110	眼			137	顯		
84	農村			111	殘			138	貝		
85	準備			112	紅			139	水(氵)		
86	淸掃			113	富			140	乙		
87	最近			114	與			141	鹿		
88	自律			115	田			142	日		
89	走行			116	益			143	离/文隹		
90	出市			117	吸			144	尽		
91	消息			118	迎新			145	圧/压		
92	期待			119	創造			146	호랑나비		
93	特別			120	複雜			147	어린이(어린아이)		
94	年老			121	總角			148	허리띠		
95	交通			122	榮轉			149	꿀		
96	防止			123	始終			150	소금기		

제101회 3급 기출문제 답안지

■ 사단법인 한국어문회·한국한자능력검정회　　　2023. 06. 03. (토)　　　③⓪① ■

수험번호 □□□-□□-□□□□　　　성명 □□□□□

생년월일 □□□□□□　　※ 유성 싸인펜, 붉은색 필기구 사용 불가.

※ 답안지는 컴퓨터로 처리되므로 구기거나 더럽히지 마시고, 정답 칸 안에만 쓰십시오.
　 글씨가 채점란으로 들어오면 오답처리가 됩니다.

제101회 전국한자능력검정시험 3급[국가공인] 답안지(1)

번호	정답	1검	2검	번호	정답	1검	2검	번호	정답	1검	2검
1	낭만			24	칭찬			47	징계할 징		
2	타협			25	취미			48	형통할 형		
3	교체			26	피서			49	즐길 오		
4	인접			27	우방			50	묻을 매		
5	확산			28	번복			51	찾을 수		
6	반송			29	걸작			52	빛날 휘		
7	지각			30	백미			53	두루 편		
8	성탄			31	시범			54	모 묘		
9	수확			32	수행			55	버릴 기		
10	전파			33	포섭			56	헤엄칠 영		
11	소각			34	명복			57	삼갈 근		
12	응모			35	금속			58	싫어할 혐		
13	휴대			36	부임			59	윤달 윤		
14	약탈			37	세모			60	헐 훼		
15	열람			38	혁신			61	물리칠 척		
16	건조			39	반사			62	읊을 음		
17	염탐			40	절취			63	베개 침		
18	홍보			41	변호			64	허리 요		
19	요란			42	감투			65	둑 제		
20	오염			43	증폭			66	줄 사		
21	고뇌			44	도전			67	목마를 갈		
22	교외			45	조정			68	입술 순		
23	포착			46	부를 소			69	천거할 천		

감독위원	채점위원(1)		채점위원(2)		채점위원(3)	
(서명)	(득점)	(서명)	(득점)	(서명)	(득점)	(서명)

※ 본 답안지는 컴퓨터로 처리되므로 구겨지거나 더럽혀지지 않도록 조심하시고 글씨를 칸 안에 또박또박 쓰십시오.

제101회 전국한자능력검정시험 3급[국가공인] 답안지(2)

번호	정답	1검	2검	번호	정답	1검	2검	번호	정답	1검	2검
70	비단 견			97	束			124	亡身		
71	터럭 호			98	輕			125	順從		
72	어깨 견			99	縮			126	納得		
73	馬			100	好轉			127	虛實		
74	二			101	술잔을 권함.			128	分離		
75	木			102	날카로움과 둔함/민첩함과 우둔함.			129	中繼		
76	隶			103	뒤를 돌아봄			130	資質		
77	大			104	맑은 첫새벽.			131	加入		
78	尽			105	젖내.			132	機能		
79	党			106	假景			133	原點		
80	珎			107	武器			134	復活		
81	② 姦婦			108	未婚			135	特技		
82	① 現官			109	緣由			136	往來		
83	① 統計			110	筆寫			137	手段		
84	② 造船			111	觀			138	討論		
85	② 祭祀			112	龍			139	構想		
86	墓			113	雪			140	遺物		
87	與			114	殺			141	保證		
88	招			115	勝			142	監督		
89	配			116	敵			143	判明		
90	端			117	絕			144	崇高		
91	吸			118	尊			145	終結		
92	害			119	鷄			146	豫習		
93	進			120	孤			147	脫線		
94	凶			121	感覺			148	共存		
95	危			122	拒否			149	推測		
96	容易			123	奬學			150	固辭		

부록 Ⅱ

제102회 3급 기출문제 답안지

■ 사단법인 한국어문회 • 한국한자능력검정회　　　　2023. 08. 06. (토)　　　[3][0][1] ■

수험번호 □□□-□□-□□□□　　　　　성명 □□□□□

생년월일 □□□□□□　　※ 유성 싸인펜, 붉은색 필기구 사용 불가.

※ 답안지는 컴퓨터로 처리되므로 구기거나 더럽히지 마시고, 정답 칸 안에만 쓰십시오.
　글씨가 채점란으로 들어오면 오답처리가 됩니다.

제102회 전국한자능력검정시험 3급[국가공인] 답안지(1)

번호	정답	1검	2검	번호	정답	1검	2검	번호	정답	1검	2검
1	모욕			24	교사			47	더딜/늦을 지		
2	처서			25	예속			48	흙덩이 괴		
3	준법			26	탐욕			49	그 궐		
4	휴대			27	소란			50	민첩할 민		
5	이체			28	남벌			51	잡을 체		
6	연계			29	훼손			52	넓힐 확		
7	응모			30	고갈			53	어조사 야		
8	포옹			31	배알			54	싫어할 혐		
9	비약			32	모방			55	여러 루		
10	소분			33	우열			56	조 속		
11	호양			34	사연			57	도타울 독		
12	수색			35	변제			58	제후 후		
13	번복			36	반적			59	오를 등		
14	약탈			37	완만			60	덮을 폐		
15	검열			38	둔리			61	번뇌할 뇌		
16	읍소			39	기피			62	빛날 휘		
17	기증			40	매장			63	터럭 호		
18	포착			41	세탁			64	끌 견		
19	빈발			42	탄신			65	민망할 민		
20	양해			43	추천			66	찾을 심		
21	우체			44	봉기			67	마를 조		
22	보좌			45	파면			68	거만할 오		
23	응혈			46	얽힐 규			69	벼 도		

감독위원	채점위원(1)		채점위원(2)		채점위원(3)	
(서명)	(득점)	(서명)	(득점)	(서명)	(득점)	(서명)

※ 본 답안지는 컴퓨터로 처리되므로 구겨지거나 더럽혀지지 않도록 조심하시고 글씨를 칸 안에 또박또박 쓰십시오.

제102회 전국한자능력검정시험 3급[국가공인] 답안지(2)

번호	정답	1검	2검	번호	정답	1검	2검	번호	정답	1검	2검
70	어찌 해			97	凶			124	恨歎		
71	칠할 도			98	普			125	環境		
72	어찌 언			99	頭			126	待機		
73	斤			100	樂			127	轉落		
74	广			101	벽이나 기둥에 거는 거울.			128	討議		
75	佳			102	안개가 걷히듯 흩어져 없어짐.			129	秀麗		
76	田			103	몹시 강하고 자극적인 냄새.			130	危急		
77	頁			104	이미 간행됨.			131	考慮		
78	継			105	기름방울.			132	傑出		
79	辞			106	刻記			133	儉素		
80	択			107	間紙			134	關與		
81	② 假死			108	監修			135	劇化		
82	① 貢布			109	未設			136	持分		
83	① 敎示			110	拍手			137	愛聽		
84	② 道路			111	四			138	構築		
85	① 影像			112	綠			139	豫測		
86	黨			113	難			140	印象		
87	配			114	失			141	爆擊		
88	厚			115	勢			142	威力		
89	當			116	朝			143	兩班		
90	客			117	角			144	雄壯		
91	取			118	堂			145	論評		
92	叔			119	床			146	隊列		
93	淸			120	舊			147	鷄鳴		
94	縮			121	專擔			148	判斷		
95	婦			122	底意			149	尊嚴		
96	除			123	增額			150	彈壓		

부록 Ⅱ

제103회 3급 기출문제 답안지

■ 사단법인 한국어문회 · 한국한자능력검정회　　　　2023. 11. 11. (토)　　　③ ⓪ ① ■

수험번호 □□□ - □□ - □□□□　　　　성명 □□□□□

생년월일 □□□□□□　　※ 유성 싸인펜, 붉은색 필기구 사용 불가.

※ 답안지는 컴퓨터로 처리되므로 구기거나 더럽히지 마시고, 정답 칸 안에만 쓰십시오.
　 글씨가 채점란으로 들어오면 오답처리가 됩니다.

제103회 전국한자능력검정시험 3급[국가공인] 답안지(1)

번호	정답	1검	2검	번호	정답	1검	2검	번호	정답	1검	2검
1	소탈			24	미혹			47	줄 사		
2	동요			25	만취			48	빛날 휘		
3	점복			26	체증			49	벌 봉		
4	활약			27	휴대			50	누울 와		
5	우열			28	포착			51	버릴 기		
6	압송			29	조갈			52	여러 루		
7	타결			30	분개			53	뽑을 추		
8	수영			31	균열			54	허리 요		
9	호환			32	배척			55	나비 접		
10	연계			33	방점			56	갈[往] 서		
11	회포			34	옹호			57	주릴 아		
12	작위			35	외구			58	꿀 밀		
13	여론			36	수색			59	졸음 수		
14	포섭			37	혁파			60	비단 견		
15	번복			38	오만			61	더울 서		
16	사칭			39	참괴			62	돼지 해		
17	탄생			40	열람			63	나물 소		
18	소환			41	기증			64	기러기 안		
19	지체			42	징계			65	윤달 윤		
20	몰각			43	응고			66	눈썹 미		
21	예속			44	염탐			67	더할 첨		
22	붕괴			45	혐의			68	묻을 매		
23	참패			46	형통할 형			69	다 함		

감독위원	채점위원(1)		채점위원(2)		채점위원(3)	
(서명)	(득점)	(서명)	(득점)	(서명)	(득점)	(서명)

※ 본 답안지는 컴퓨터로 처리되므로 구겨지거나 더렵혀지지 않도록 조심하시고 글씨를 칸 안에 또박또박 쓰십시오.

제103회 전국한자능력검정시험 3급[국가공인] 답안지(2)

번호	정답	1검	2검	번호	정답	1검	2검	번호	정답	1검	2검
70	따 곤			97	約			124	因緣		
71	잔 배			98	悲			125	主張		
72	갤 청			99	利			126	拒絕		
73	糸			100	公			127	政府		
74	口			101	고향의 이웃.			128	混同		
75	ノ			102	사슴뿔			129	拍子		
76	心			103	씨돼지.			130	儉素		
77	言			104	기름방울.			131	委任		
78	广			105	팔, 다리 따위를 굽혔다 폈다 함.			132	意味		
79	乱			106	看病			133	取得		
80	尽			107	班常			134	普通		
81	② 假死			108	序詩			135	投資		
82	② 武器			109	鉛管			136	整備		
83	② 變更			110	下視			137	證明		
84	① 事情			111	斷			138	進擊		
85	② 以前			112	綠			139	制止		
86	端			113	刻			140	持續		
87	墓			114	極			141	住居		
88	樂			115	強			142	評價		
89	模			116	遺			143	給料		
90	客			117	暖			144	氣候		
91	吸			118	省			145	勸告		
92	盛			119	尊			146	攻略		
93	賣			120	盜			147	夜勤		
94	昨			121	直營			148	鬪爭		
95	滿			122	保存			149	解散		
96	輕			123	減縮			150	支援		

제104회 3급 기출문제 답안지

■ 사단법인 한국어문회 · 한국한자능력검정회　　　　2024. 02. 24. (토)　　　③ 0 1 ■

수험번호 □□□-□□-□□□□　　　성명 □□□□□

생년월일 □□□□□□　　※ 유성 싸인펜, 붉은색 필기구 사용 불가.

※ 답안지는 컴퓨터로 처리되므로 구기거나 더럽히지 마시고, 정답 칸 안에만 쓰십시오.
　글씨가 채점란으로 들어오면 오답처리가 됩니다.

제104회 전국한자능력검정시험 3급[국가공인] 답안지(1)

번호	정답	1검	2검	번호	정답	1검	2검	번호	정답	1검	2검
1	방기			24	훼손			47	민망할 민		
2	변명			25	타락			48	이끌 휴		
3	낭송			26	참작			49	형통할 형		
4	해갈			27	파업			50	거만할 만		
5	타협			28	예속			51	서로 호		
6	졸렬			29	경외			52	겨우 근		
7	포섭			30	빈삭			53	두루 편		
8	비약			31	번역			54	잡을 파		
9	투석			32	각료			55	좇을 준		
10	각축			33	폭등			56	맹세할 서		
11	열람			34	매장			57	추할 추		
12	분개			35	기미			58	떠다닐 표		
13	천거			36	지연			59	갖출/마땅 해		
14	해금			37	영세			60	잡을 착		
15	기증			38	염탐			61	거만할 오		
16	교체			39	구제			62	바로잡을 교		
17	탄생			40	포옹			63	어찌 나		
18	방청			41	돈독			64	수레 여		
19	도탄			42	곡속			65	마를 조		
20	봉기			43	응시			66	더할 첨		
21	견포			44	연계			67	떠들 소		
22	채소			45	체포			68	싫어할 혐		
23	수색			46	번뇌할 뇌			69	갈릴 체		

감독위원	채점위원(1)		채점위원(2)		채점위원(3)	
(서명)	(득점)	(서명)	(득점)	(서명)	(득점)	(서명)

※ 본 답안지는 컴퓨터로 처리되므로 구겨지거나 더럽혀지지 않도록 조심하시고 글씨를 칸 안에 또박또박 쓰십시오.

제104회 전국한자능력검정시험 3급[국가공인] 답안지(2)

번호	정답	1검	2검	번호	정답	1검	2검	번호	정답	1검	2검
70	노략질할 략			97	多/過			124	軍紀		
71	얽힐 규			98	名			125	繼承		
72	없을 망			99	弱			126	虛脫		
73	邑(阝)			100	英			127	隱身		
74	寸			101	아랫입술.			128	安否		
75	口			102	가뭄.			129	避亂		
76	山			103	맑은 첫새벽.			130	侵犯		
77	心			104	갓길/길어깨			131	殘金		
78	覚			105	차가운 덩어리.			132	廳舍		
79	与			106	刻記			133	歸着		
80	雜			107	看病			134	指揮者		
81	② 童顔			108	孤寺			135	實績		
82	① 佳章			109	工期			136	缺點		
83	① 代價			110	觀光			137	寢具		
84	① 待機			111	使			138	模造紙		
85	② 變更			112	羅			139	抗爭		
86	思			113	馬			140	雄辯		
87	戒			114	鷄			141	增額		
88	苦			115	波			142	散華(花)		
89	遠			116	黨			143	陣營		
90	賣			117	街			144	劇的		
91	縮			118	雪			145	盜賊		
92	存			119	君			146	骨折		
93	經			120	乳			147	神妙		
94	勤			121	言必稱			148	遊牧		
95	慶			122	崇拜			149	離間		
96	食			123	奇人			150	支援		

■ 사단법인 한국어문회 • 한국한자능력검정회　　　　　3 0 1 ■

수험번호 □□□-□□-□□□□　　　성명 □□□□□

생년월일 □□□□□□　　※ 유성 싸인펜, 붉은색 필기구 사용 불가.

※ 답안지는 컴퓨터로 처리되므로 구기거나 더럽히지 마시고, 정답 칸 안에만 쓰십시오.
　 글씨가 채점란으로 들어오면 오답처리가 됩니다.

제1회 전국한자능력검정시험 3급 실전문제 답안지(1)

번호	정답	1검	2검	번호	정답	1검	2검	번호	정답	1검	2검
1	흉근			24	이탄			47	쏠 사		
2	첨예			25	뇌쇄			48	들일 납		
3	효단			26	붕괴			49	끝 단		
4	염서			27	포복			50	질 부		
5	파종			28	위태			51	생각할 려		
6	총혜			29	금수			52	칭송할/기릴 송		
7	양찰			30	탁발			53	줄기 맥		
8	훼상			31	맥아			54	넓을 보		
9	황폐			32	적멸			55	바퀴 륜		
10	알현			33	근신			56	인연 연		
11	길상			34	은폐			57	흩을 산		
12	음란			35	요락			58	외로울 고		
13	파루			36	구묘			59	모양 양		
14	접영			37	징계			60	남을 잔		
15	융체			38	삭제			61	부를 초		
16	혼수			39	초록			62	탄식할 탄		
17	지둔			40	연적			63	피곤할 피		
18	속미			41	견장			64	베풀 선		
19	기갈			42	애고			65	비칠 영		
20	외구			43	만도			66	재물 자		
21	모방			44	해박			67	샘 천		
22	부임			45	의당			68	잘 침		
23	연마			46	겨를(틈) 가			69	찾을 탐		

감독위원	채점위원(1)		채점위원(2)		채점위원(3)	
(서명)	(득점)	(서명)	(득점)	(서명)	(득점)	(서명)

※ 본 답안지는 컴퓨터로 처리되므로 구겨지거나 더럽혀지지 않도록 조심하시고 글씨를 칸 안에 또박또박 쓰십시오.

제1회 전국한자능력검정시험 3급 실전문제 답안지(2)

번호	정답	1검	2검	번호	정답	1검	2검	번호	정답	1검	2검
70	갈래 파			97	額			124	①		
71	상황 황			98	崇			125	④		
72	나아갈 취			99	窮			126	区		
73	미리 예			100	屬			127	旧		
74	에워쌀 위			101	象			128	処		
75	장막 장			102	批			129	宝		
76	敢			103	伏			130	証		
77	抗			104	妨			131	刀(刂)		
78	徒			105	髮			132	广		
79	糧			106	罰			133	彳		
80	離			107	備			134	目		
81	勉			108	判			135	耳		
82	鳴			109	絕			136	憂愁,右手,偶數,雨水		
83	揮			110	轉			137	群島,群盜,君道,軍徒,軍道,郡道		
84	紅			111	降			138	司會,死灰,沙灰,私回,司誨		
85	投			112	溫(또는 熱)			139	保守(報酬,保手,保授,步數,報讐,保囚,寶樹)		
86	脫			113	動			140	苦待(高大,高臺)		
87	縮			114	厚			141	消息		
88	差			115	閉			142	採擇		
89	盡			116	送			143	勸奬		
90	持			117	階			144	根本的		
91	潮			118	聽			145	辭典		
92	專			119	壓			146	識別		
93	賊			120	織			147	不便		
94	儀			121	裝			148	強辯		
95	威			122	繼			149	眞理		
96	燃			123	②			150	視覺性		

제2회 3급 실전문제 답안지

■ 사단법인 한국어문회 • 한국한자능력검정회   ③ ⓪ ① ■

수험번호 ☐☐☐ - ☐☐ - ☐☐☐☐   성명 ☐☐☐☐☐

생년월일 ☐☐☐☐☐☐   ※ 유성 싸인펜, 붉은색 필기구 사용 불가.

※ 답안지는 컴퓨터로 처리되므로 구기거나 더럽히지 마시고, 정답 칸 안에만 쓰십시오.
글씨가 채점란으로 들어오면 오답처리가 됩니다.

제2회 전국한자능력검정시험 3급 실전문제 답안지(1)

번호	정답	1검	2검	번호	정답	1검	2검	번호	정답	1검	2검
1	인자			24	백미			47	부르짖을 규		
2	촉매			25	타당			48	추할 추		
3	공헌			26	유지			49	부끄러울 치		
4	지각			27	동이			50	그림자 영		
5	의뢰			28	숭례문			51	가지 지		
6	침투			29	증축			52	돈 전		
7	번잡			30	천연			53	겸손할 겸		
8	경술			31	수하			54	둑 제		
9	초빙			32	희미			55	바꿀 환		
10	회포			33	소분			56	치마 상		
11	교체			34	반숙			57	안개 무		
12	기증			35	초록			58	형통할 형		
13	용모			36	인쇄			59	잡을 착		
14	간섭			37	황량			60	심을 재		
15	괴질			38	철첨			61	다 개		
16	참괴			39	침몰			62	진흙 니		
17	위협			40	유기			63	청렴할 렴		
18	지금			41	색인			64	기후 후		
19	악취			42	징벌			65	옻 칠		
20	홀연			43	율곡			66	피리 적		
21	은폐			44	종묘			67	더러울 오		
22	양잠			45	정읍			68	정수리 정		
23	화폐			46	밥통 위			69	찔 증		

감독위원	채점위원(1)		채점위원(2)		채점위원(3)	
(서명)	(득점)	(서명)	(득점)	(서명)	(득점)	(서명)

※ 본 답안지는 컴퓨터로 처리되므로 구겨지거나 더렵혀지지 않도록 조심하시고 글씨를 칸 안에 또박또박 쓰십시오.

제2회 전국한자능력검정시험 3급 실전문제 답안지(2)

번호	정답	1검	2검	번호	정답	1검	2검	번호	정답	1검	2검
70	기러기 안			97	朱			124	歡		
71	장수 수			98	危險			125	叔		
72	용서할 서			99	投票			126	守, 防		
73	壁			100	創造			127	授		
74	珍			101	映畫			128	②		
75	吸			102	祕密			129	④		
76	波			103	高麗			130	①		
77	藝			104	餘暇			131	①		
78	孤			105	恩師			132	③		
79	泉			106	準備			133	門		
80	乳			107	政府			134	車		
81	牧			108	落			135	雨		
82	往			109	盛			136	月(肉)		
83	靜			110	甘			137	耳		
84	宣			111	擧			138	辞		
85	松			112	龍			139	転		
86	統			113	助			140	庁		
87	劵			114	堅			141	極端, 劇壇		
88	侵			115	任			142	職場, 織匠, 職長		
89	灰			116	境			143	要式		
90	逃			117	謠			144	山城, 散聲, 産聲		
91	申			118	富			145	門前, 門箭		
92	遇			119	得			146	강을 건넘		
93	燃			120	淺			147	덧붙임		
94	困			121	起			148	큰 가물, 큰 가뭄		
95	銅			122	散			149	슬기		
96	寺			123	厚			150	많고 적음		

螢雪之功 형설지공

반딧불과 눈빛으로 글을 읽었다 하여 애써 공부한 보람을 의미함

MEMO

塞翁之馬

새옹지마

인생에 있어서 길흉화복은 항상 바뀌어
미리 헤아릴 수가 없다는 뜻

저자 남기탁(南基卓)

약력 한국어문교육연구회 편찬위원장

사단법인 한국어문회 이사

한국한자능력검정회 회장

강원대학교 인문대학 국어국문학과 교수

한자능력검정시험 3급

초판발행 2004년 3월 20일

19판발행 2024년 8월 10일

발행인 한국어문교육연구회

발행처 한국어문교육연구회

주소 서울시 서초구 사임당로 64, 401호(서초동, 교대벤처타워)

전화 1566-1400

등록번호 제22-1555호

ISBN 979-11-91238-68-6 13700

이 책의 무단 전재 또는 복제 행위는 저작권법 제136조 제1항에 의거 5년 이하의 징역 또는 5000만원 이하의 벌금에 처하거나 이를 병과할 수 있습니다.

정가 29,000원

공급처   푸른하늘 T.02-332-1275, 1276 | F.02-332-1274
www.skymiru.co.kr